SACHSEN

Mit Dresden, Leipzig, Erzgebirge, Sächsischer Schweiz

Kerstin Sucher, Bernd Wurlitzer

TRESCHER VERLAG

5., aktualisierte Auflage 2020

Trescher Verlag
Reinhardtstr. 9
10117 Berlin
www.trescher-verlag.de

ISBN 978-3-89794-540-1

Herausgegeben von Bernd Schwenkros und Detlev von Oppeln

Reihenentwurf und Gesamtgestaltung:
Bernd Chill

Gestaltung, Satz und Bildbearbeitung:
Martina Gerber
Lektorat: Corinna Grulich
Karten: Johann Maria Just, Martin Kapp,
Bernd Chill

Gedruckt auf chlorfrei gebleichtem Papier

Printed in Germany

Alle Angaben in diesem Reiseführer wurden sorgfältig recherchiert und überprüft. Dennoch können Entwicklungen vor Ort dazu führen, dass einzelne Informationen nicht mehr aktuell sind. Gerne nehmen wir dazu Ihre Hinweise und Anregungen entgegen. Bitte schreiben Sie an **post@trescher-verlag.de.**

Titel: Alte Wasserkunst und Michaeliskirche in Bautzen (→ S. 187)
Vordere Umschlagklappe: Konzert im Dresdner Zwinger (→ S. 86)
Hintere Umschlagklappe: Die Elbe bei Schmilka (→ S. 138)

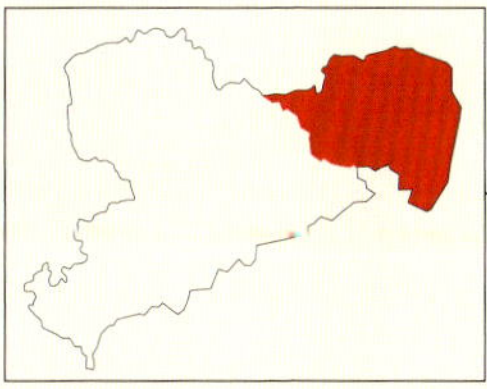

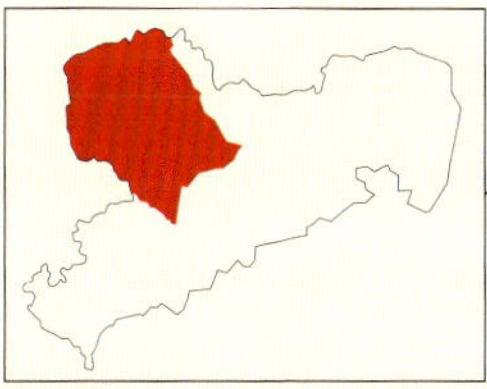

Haus in Höfgen bei Grimma

EXTRA

Im Park von Schloss Wackerbarth in Radebeul

Vorwort

An attraktiven Sehenswürdigkeiten herrscht in Sachsen kein Mangel. Denn es ist ein Land mit imponierender Kunst und Kultur, mit großer Geschichte und jahrhundertealten Traditionen. Zu Wohlstand hat Sachsen frühzeitig der Bergbau verholfen, die pompösen Hallenkirchen sind Zeugen dieser Zeit. Mit August dem Starken, dem berühmtesten Wettiner, zog Pracht ins Sachsenland ein. August und nach ihm sein Sohn August III. jagten ganze Heerscharen von Aufkäufern durch halb Europa, um Kunstschätze zu erwerben. Hüter des sächsischen Staatsschatzes und Ziel von Millionen Gästen aus aller Welt sind solch berühmte Dresdner Museen wie die Gemäldegalerie Alte Meister, das Grüne Gewölbe, die Porzellan- und die Skulpturensammlung. Bereits 1749 schwärmte der berühmte Kunstgelehrte Johann Joachim Winckelmann: »Wer Dresden nicht siehet, hat nichts Schönes gesehen« und der Schriftsteller Erich Kästner meinte gar, »dort liegt Europa«. Dresden mit dem Zwinger und der wieder aufgebauten Frauenkirche ist zweifelsohne eine der schönsten Kunst- und Kulturstädte Europas, aber Sachsen ist mehr. Dazu gehören auch Leipzig und Meißen, Bautzen und Görlitz, wo Künstler aus ganz Europa Bauten von der Renaissance bis zum Jugendstil errichtet haben. Sitzt man mit einem Sachsen bei einem Scheelchen Heeßen (einer Tasse Kaffee), einer Eierschecke, Leipziger Lerche oder zur Weihnachtszeit einem Stück Stollen zusammen, wird der die Aufzählung ins Unendliche weiterführen: Semperoper, Gewandhausorchester, Sächsische Staatskapelle, Thomanerchor, Kreuzchor … Und er wird mehr als drei Dutzend renommierte Musikfestivals nennen sowie auf die rund 1000 Schlösser, Burgen und Gärten verweisen. Das alles hat Sachsen zum Kulturreiseziel Nummer 1 in Deutschland gemacht.

Sachsen, das sind aber auch reizvolle Landschaften, allen voran das Sächsische Schweiz genannte Elbsandsteingebirge, das Künstler wie Caspar David Friedrich, Carl Maria von Weber und Richard Wagner inspirierte. Von Dresden aus lässt man sich auf der Elbe mit einem historischen Schaufelraddampfer zu der wildromantischen Felsenwelt tragen. Wer nicht radeln oder wandern möchte, setzt sich in einen dampflokgezogenen Zug und zuckelt damit durchs Zittauer Gebirge, die Moritzburger Teichlandschaft oder das Erzgebirge, das sich zur Weihnachtszeit in ein einziges Lichtermeer verwandelt. Gegenwärtig sind die seit jeher als »fischelant« geltenden Sachsen dabei, ganze Landschaften zu verändern. Die tiefen Krater, die der Braunkohletagebau um Leipzig und in der Oberlausitz hinterlassen hat, gestalten sie zu Wasserparadiesen, mit Sandstränden und Feriensiedlungen, mit Surfern und Seglern auf dem Wasser. Bei so vielen kulturellen und landschaftlichen Glanzlichtern dürfte sich niemand mehr wundern, dass Sachsen zu einem der beliebtesten Reiseziele in Deutschland wurde.

Kerstin Sucher und Bernd Wurlitzer

Herausragende Sehenswürdigkeiten

Dresden

Der Reichtum an Kunst ist unvorstellbar! Raffaels »Sixtinische Madonna« in der Gemäldegalerie Alte Meister und die Juwelengarnituren Augusts des Starken und seines Sohnes im Grünen Gewölbe des Residenzschlosses sind die Prachtstücke der Kunstsammlungen. Zu den Touristenmagneten der sächsischen Landeshauptstadt gehören aber auch Brühlsche Terrasse, Albertinum, Frauenkirche, Semperoper und Zwinger sowie das pulsierende Leben in der Äußeren Neustadt. → S. 80

Sächsische Schweiz ▲

Elbsandsteingebirge heißt das Märchen aus Stein offiziell, als Sächsische Schweiz wurde der deutsche Teil des Gebirges bekannt: Felstürme, Schluchten, Fichtenwald, und dazwischen eingebettet die Elbe. Die Natur hat hier ein Meisterwerk geschaffen, das zu den beliebtesten Ferien- und Wanderdestinationen Deutschlands gehört. Wer es ein wenig romantisch mag, der reist von Dresden mit einem der historischen Schaufelraddampfer elbaufwärts. → S. 124

Meißen ►

Die Albrechtsburg als die Keimzelle Sachsens und der Dom mit seiner hervorragenden Ausstattung beherrschen die Silhouette Meißens. Am bekanntesten jedoch ist das Meissener Porzellan, das seit 1710 in der Elbestadt gefertigt wird. Auf der Albrechtsburg oberhalb der Elbe gründete August der Starke die Manufaktur, die wenige Jahre später ins Triebischtal zog. → S. 144

Muskauer Park ▲

Das Naturkunstwerk an der Lausitzer Neiße hat Hermann Fürst von Pückler-Muskau ab 1815 als eine »zusammengezogene idealisierte Natur« geschaffen. Die UNESCO hat den bis nach Polen reichenden Park im englischen Landschaftsstil mit Altem und Neuem Schloss sowie vielen Denkmälern auf die Welterbeliste gesetzt. → S. 171

Bautzen ▶

17 Türme und Bastionen prägen das Gesicht von Bautzen. Zu dem Zeugnis mittelalterlicher Stadtbaukunst gehören aber auch der Dom St. Peter und die Ortenburg mit dem Sorbischen Museum und dem Deutsch-Sorbischen-Volkstheater, denn die Stadt ist das kulturelle Zentrum der sorbischen Minderheit. → S. 184

Görlitz

Das größte Flächendenkmal Deutschlands: Görlitz besitzt mit der Altstadt eine der bedeutendsten Renaissanceanlagen nördlich der Alpen sowie um den Stadtpark eines der größten erhalten gebliebenen Gründerzeitviertel Deutschlands. Fast 4000 Gebäude stehen unter Denkmalschutz. → S. 202

Leipzig und Leipziger Neuseenland ▲

Als Messestadt ist Leipzig bekannt, aber auch als Stadt von Kunst und Kultur. Gegenwärtig verwandelt sich Leipzig in eine Wasserstadt. Vom neuen Stadthafen wird man mit dem Boot über wieder freigelegte Flüsschen und Kanäle ins Leipziger Neuseenland fahren. Das entsteht vor den Toren der Stadt – die Restlöcher stillgelegter Braunkohlegruben verwandeln sich in Seen mit Badestränden, Feriendörfern und Segelbooten auf dem Wasser. → S. 230

Freiberg

Die über 800 Jahre alte Bergbaustadt punktet mit seiner reichen Montangeschichte und zahlreichen Sehenswürdigkeiten wie dem Dom mit Goldener Pforte und zwei Silbermann-Orgeln sowie der Terra Mineralia, einer faszinierenden Mineralienausstellung. Sie überrascht aber auch mit einem jungen Flair, ist sie doch auch Universitätsstadt. → S. 313

Seiffen ▼

Nirgendwo anders werden weihnachtliche Traditionen noch so gepflegt wie im Erzgebirge, das deshalb auch gern als »Weihnachtsland« bezeichnet wird. Im Spielzeugmacherdorf Seiffen entstehen in zahlreichen kleinen Werkstätten Nussknacker, Schwibbögen, Lichterengel, Räuchermännchen und die nur hier beheimateten Reifentiere. → S. 351

Das Wichtigste in Kürze

Anreise

Das Straßennetz ist dicht, Autobahnen führen von West nach Ost (A4, A14, A72) und von Nord nach Süd (A13, A17) durch den Freistaat. Mit der Bahn und Fernbussen ist Sachsen ebenfalls zu erreichen. Internationale Flughäfen befinden sich in Dresden und Leipzig.

Auskunft

Informationen erteilt die Tourismus Marketing Gesellschaft Sachsen mbH, Bautzner Str. 45–47, 01099 Dresden, Tel. 0351/ 491700. www.sachsen-tourismus.de.

Internet

Alle wichtigen touristischen Informationen sind unter www.sachsen-tourismus.de zu erfahren, wer mehr vom Land wissen möchte, ist auf der Website www.sachsen.de richtig. Über das aktuelle Reisewetter informiert www.wetteronline.de/Sachsen.

Unterkünfte

Das Angebot reicht von Jugendherbergen und Privatzimmern über Ferienwohnungen und schlichte Pensionen bis zu Luxushotels. Im Reiseführer werden bei den praktischen Hinweisen einige Empfehlungen für Unterkünfte gegeben, weitere Angebote gibt es auf den Webseiten der einzelnen Orte. Buchungen sind meist auch über die Tourist-Informationen der jeweiligen Orte möglich.

Preisniveau

Wer in den Zentren der großen Städte wohnen möchte, muss tiefer in die Geldbörse greifen, bei Autoreisenden kommt fast immer noch der nicht gerade preiswerte Parkplatz dazu. Günstiger ist es, sich ein Zimmer am Stadtrand zu nehmen und mit öffentlichen Verkehrsmitteln zu fahren.
Preisgünstig wohnt man in den oftmals familiengeführten Hotels und Pensionen der kleinen Orte im Vogtland, Erzgebirge und der Oberlausitz.

Klima und Reisezeit

Die Unterschiede bei den mittleren Jahrestemperaturen sind groß. Das Leipziger Tiefland erreicht einen Durchschnittswert von 9 Grad Celsius, auf dem Fichtelberg sind es hingegen nur 3 Grad.
Das Elbtal gehört zu den klimatisch begünstigten Regionen, deshalb wurde die höchste Tagestemperatur Sachsens in Dresden mit 39 Grad (20. August 1943) gemessen, die tiefste im erzgebirgischen Marienberg mit minus 35,5 Grad (1. Februar 1956). Viele Regionen wie das Vogtland, das Erzgebirge und die Lausitz mit dem Zittauer Gebirge sind ganzjährig beliebte Reiseziele, Städtereisen werden vorwiegend im Frühjahr und Herbst unternommen.
Die Niederschläge sind sehr unterschiedlich, auf dem Fichtelberg fallen im Jahresdurchschnitt 1200 Millimeter, im Leipziger Tiefland dagegen nur rund 530 Millimeter.

Renaissanceportal in Pirna

Unterwegs mit Kindern

Sachsen präsentiert sich als familienfreundliches Land – mit Hotels, Restaurants und Freizeiteinrichtungen, in denen Kindern besondere Aufmerksamkeit geschenkt wird. Erkennbar sind diese familienfreundlichen Einrichtungen an der **»Familienplakette«**. Die darf nur anbringen, wer eine Prüfung erfolgreich bestanden hat. Die Prüfer erscheinen alle drei Jahre und schauen sich gründlich um. Rund 90 Einrichtungen haben sich den strengen Blicken erfolgreich gestellt und dürfen sich mit der Plakette schmücken. Das sind erstaunlich wenig, hat doch Sachsen von Leipzig im Nordwesten bis Kleinwelka im Südosten viel mehr vorzuweisen, das Kinder begeistert.
www.sachsen-tourismus.de/reisethemen/familie-jugend

Im Karl-May-Museum in Radebeul

Dresden, Sächsische Schweiz und Elbland

Dresden hält für Kinder viel bereit, so gibt es im **Verkehrsmuseum** in den einzelnen Bereichen Kindertreffs zum Spielen und Experimentieren. Wer sich als Lokführer ausprobieren möchte, besteigt die Führerstände der Schmalspurlok IVK von 1898 und der E-Lok 71 30 von 1921 oder man wird am Flugsimulator in der Ausstellung *Luftverkehr* zum Piloten. → S. 95

Spannende Erlebnisse hält auch das **Hygiene-Museum** bereit. Hier haben Kinder die Möglichkeit, die fünf Sinne – Hören, Sehen, Fühlen, Riechen und Schmecken – an interaktiven Stationen zu erleben und auszuprobieren. Sie können auf einem Riesenklavier herumhopsen und sich beim Blick in Zerrspiegel amüsieren. → S. 99

Dresden von einem nostalgischen **Raddampfer** aus kennenzulernen, erfreut auch Kinder. Gemächlich tuckern die Schiffe mit den riesigen Wasserschaufeln auf der Elbe entlang, sie starten zu Stadtrundfahrten oder zu Fahrten in die nähere Umgebung. Dazu gehört Radebeul mit dem **Karl-May-Museum**. Größere Kinder interessieren vor allem die Räume, in denen die Abenteuer des Apachenhäuptlings Winnetou und seines weißen Freundes Old Shatterhand erfunden wurden. In der Villa Bärenfett im Garten residiert lebensgroß der Sioux-Häuptling American Horse, dessen Frau vor einem Tipi sitzt. → S. 109, S. 119

Von Bad Schandau aus fährt man mit der **Kirnitzschtalbahn** in den Nationalpark Sächsische Schweiz. Gemütlich zuckelt die Straßenbahn durch das wildromantische Flusstal. Die Fahrt endet am Lichtenhainer Wasserfall, der sich als die künstliche Anstauung eines Bergbaches entpuppt. → S. 138

Bei zahlreichen Dresden-Besuchern steht Schloss Moritzburg auf dem Reiseplan, nicht zu vergessen das **Wildgehege Moritzburg**. In dem schließt man Bekanntschaft mit heimischen Tieren, die man in der freien Natur kaum zu Gesicht bekommt. Dazu zählen Wölfe, die wieder durch die Wälder der nahen Oberlausitz schleichen. Angst vor Wölfen ist aber unbegründet, sie sind äußert scheu. → S. 117

Oberlausitz und Zittauer Gebirge

In ein Museum hat sich das ehemalige Sägewerk am Mühlteich in **Sagar** verwandelt. Von Bad Muskau sind es sechs Kilometer zu fahren oder zu laufen. Während sich die Erwachsenen Dampfmaschine und Stellmacherei anschauen, zieht es die Kinder in die Spielzeugausstellung mit vielen Blechautos, Teddybären und Puppen. Die kleinste von ihnen misst 1,5 Zentimeter. www.museum-sagar.de

Mancher sammelt Sticker oder Briefmarken, in Rietschen werden Häuser gesammelt. Im **Erlichthof** sind sie zu sehen. Viele der Gebäude standen einst in Dörfern, die der Braunkohle weichen mussten. Sie wurden abgebaut und »wanderten« nach Rietschen, wo man die Einzelteile wieder zusammenfügte. So lagerten in der heutigen Keramikscheune einst Stroh und Heu. Sie stand in dem seit 1995 nicht mehr existenten Dorf Zweibrücken und wurde nach Rietschen »umgesetzt«, wie es fachlich korrekt heißt. → S. 174

Eine Reise in die Vergangenheit wird im **Saurierpark Kleinwelka** unternommen. Man begegnet Urmenschen und riesigen Tieren, die vor Millionen Jahren lebten. Der gewaltige Brachiosaurus spazierte vor rund 150 Millionen Jahren durch die Wälder Nordamerikas, er war bis zu 23 Meter lang, 13 Meter hoch und erreichte ein Gewicht von bis zu 44 Tonnen.→ S. 191

Leckere Pfefferkuchen entstanden jahrhundertelang in dem Haus Nr. 3 am Marktplatz in Weißenberg, heute das **Pfefferkuchenmuseum** (→ S. 192). Pfefferkuchen, in anderen Gegenden Lebkuchen genannt, sind ein besonders aromatisches Weihnachtsgebäck. Und der Pfeffer? Der wurde nie verwendet. Im Mittelalter war das Wort »Pfeffer« der Sammelbegriff für alle aus fernen Ländern stammenden Gewürze.

Kampf der Giganten im Saurierpark Kleinwelka

In der **Kulturinsel Einsiedel** hängen eigenwillig konstruierte Baumhäuser in acht bis zehn Meter Höhe im Wald. Hier zu übernachten ist ein besonderes Erlebnis. Tagsüber tollt man herum, entert ein Piratenschiff, klettert durch Geheimgänge oder balanciert über Brücken. Alles soll an den slawischen Stamm der Turiseder erinnern, der in dieser Region vor etwa 1000 Jahren beheimatet war. → S. 210

Leipzig und das Heide- und Burgenland

Im Leipzig bildet **Gondwanaland** den Anziehungspunkt, eine Tropenlandschaft im Zoo, größer als zwei Fußballfelder. Im grünen Regenwald leben exotische Tiere. Von Hängebrücken und Dschungelpfaden aus werden sie beobachtet, die Totenkopfäffchen beispielsweise, die munter klettern und springen oder die Leguane, die scheinbar apathisch daliegen, wie auch die Faultiere, die in den Baumkronen hängen. Vom asiatischen Dorf Mubaan starten Boote, auf dem Urwaldfluss Gamanil geht es in den tropischen Wald. → S. 245

Durch die heimische Natur rollt am Rand von Leipzig die **Auenseebahn**. Mädchen und Jungen spielen hier in ihrer Freizeit Eisenbahner: Sie geben das Abfahrtssignal, kontrollieren die Fahrscheine, bedienen die Schranken. Gemächlich rumpelt die Bahn um den Auensee. Eine ähnliche besitzt Dresden mit der Parkeisenbahn, die mit bis zu 20 Stundenkilometer durch den Großen Garten rollt und bei der ebenfalls Mädchen und Jungen das Sagen haben.
www.parkeisenbahn-auensee-leipzig.de
www.parkeisenbahn-dresden.de

Mutige steigen im zwischen dem Cospudener und dem Zwenkauer See gelegenen **Freizeitpark Belantis** in die Schiffsschaukel *Santa Maria*. Oder sie stürzen sich von der 38 Meter hohen Pyramide im Tal der *Pharaonen* in einer rasanten Wildwasserfahrt in die Tiefe. Mehr als 60 Fahrattraktionen sorgen in acht Themenwelten für Spaß und Abwechslung. → S. 255

Tief in die Geschichte taucht ein, wer die Burgen im Muldetal besucht. So gibt es im **Schloss Rochlitz** Erlebnisführungen für kleine Entdecker, die erfahren, ob Prinzen vor Hunderten von Jahren auch die Schule besuchten und wie man einst ohne Mikrowelle kochte. → S. 276

Sein eigener Kapitän kann man auf der **Talsperre Kriebstein** sein, indem man ein Ruder- oder Paddelboot mietet und über das Wasser schippert. Wem das zu anstrengend ist, der steigt auf ein Fahrgastschiff. Wer vom Wasser genug hat, hangelt im Kletterwald von Baum zu Baum, über Netzbrücken und schwankende Bohlen. → S. 285

Erzgebirge und Vogtland

Ein großes Riesenrad markiert den **Sonnenland-Park** in Lichtenau bei Chemnitz. Der Erlebnis- und Freizeitpark bietet viele Attraktionen, so einen Riesenrutschenturm und einen Indoorspielplatz. Wer Action erleben möchte, steigt auf ein Kinder-Quad. www.sonnenlandpark.de

Ebenso erlebnisreich gestaltet sich ein Tag im **Freizeitpark Plohn**. Hier versetzt die Floßfahrt durchs Dinoland in die Urzeit, lebensgroß begegnen einem Drachen und Dinosaurier. Wesentlich schneller, nämlich mit 75 km/h, rast der Zug auf der Holzachterbahn *El Toro*. → S. 382

Auf der **Sommerrodelbahn Mühlleiten** geht es 800 Meter ins Tal, der Schleppaufzug bringt die Schlitten bequem wieder nach oben. www.klingenthal.de

Die **Augustusburg** mit ihren zahlreichen Museen ist mit der Seilbahn zu erreichen. Spannend sind die Flugvorführungen von Bussarden, Adlern, Geiern und Uhus, aber auch ein Blick in den 130 Meter tiefen Brunnen und der Aufstieg auf den Aussichtsturm. → S. 299

In der **Familienburg Scharfenstein** erleben die Kids allerlei Märchenhaftes und können selbst kreativ werden. Drehen, Drücken und Kurbeln ist in der Ausstellung *Volkskunst mit Augenzwinkern* ausdrücklich erwünscht, Basteln und Klöppeln sind in der *Bastelkiste* möglich. → S. 348

Fast das gesamte Dorf Blankenhain wurde zum Museum, 80 Gebäude und bauliche Anlagen bilden das **Deutsche Landwirtschaftsmuseum Schloss Blankenhain**. Dazu gehört ein Klassenzimmer, das eingerichtet wurde, wie es vor 100 Jahren aussah. Im Obergeschoss darf in die Wohnung des Dorfschullehrers geblickt werden. → S. 310

In der **Freilichtausstellung Klein-Erzgebirge** im Stadtpark von Oederan stehen rund 200 Modelle von regionalen Sehenswürdigkeiten. Im Sauseschritt kann man hier durch das Erzgebirge eilen. → S. 318

In der **Schauanlage Heimatecke** in Waschleithe werden viele der Modelle durch das Wasser des Seifenbachs angetrieben, so hört man beispielsweise das Pochen des Hammerwerks. → S. 328

Fast sechs Meter hoch ragt der Nussknacker auf, der die Besucher vor dem **Nussknackermuseum Neuhausen** begrüßt. Insgesamt versammeln sich in dem Museum rund 5500 Nussknacker, darunter der kleinste, der gerade mal 4,9 Millimeter misst und aus einem Zahnstocher gebastelt wurde. Obwohl er voll funktionsfähig sein soll, wird er nicht gebraucht, denn es gibt für ihn keine passenden Nüsse. → S. 353

Zehn Jahre alt muss man mindestens sein, um als Bergmann auf Zeit etwas ganz Besonderes zu erleben. Im **Besucherbergwerk Zinngrube Ehrenfriedersdorf** geht es per Seilfahrt in 100 Meter Tiefe, in das Innere des Sauberges, in dem vor fast 800 Jahren der Abbau von Zinn begann. Ein 1,3 Kilometer langer Fußweg führt tief unter der Erdoberfläche zu Arbeitsplätzen, die anschaulich die schwere Tätigkeit der Bergleute zeigen. → S. 338

Bei jedem Wetter geht es im **Stockhausen Spielzeugland** in Olbernhau turbulent zu. Beliebt sind die zehn Meter hohe Megakletterburg mit einer Röhrenrutsche, die begehbare Würfelwelt und die Bastelwerkstatt. Im Freien bereiten das Märchen-Spiel-Labyrinth, Minigolf, die Kletterburg und der Buddelbereich Spaß. → S. 353

Großartige Schöpfungen barocker Baukunst, Kunstwerke von Weltgeltung, zauberhafte Parks und Schlösser, international berühmte Orchester, dazu Landschaften zum Wandern, Radeln, Klettern, zum Segeln und Windsurfen – das zieht die Gäste nach Sachsen. Viele kommen aber auch, um sich auf die Spuren von Johann Sebastian Bach, Robert Schumann, Richard Wagner, Karl May, August Horch und nicht zuletzt von Kurfürst August dem Starken zu begeben.

Die Elbe bei Stadt Wehlen

LAND UND LEUTE

Sachsen im Überblick

Das sächsische Landeswappen

Lage und Größe: Mit 18420 Quadratkilometern ist Sachsen das viertkleinste Flächenland Deutschlands, bevölkerungsmäßig liegt es mit 4,1 Millionen Einwohnern an sechster Stelle. In Ost-West-Richtung misst der Freistaat etwa 210 Kilometer, von Nord nach Süd rund 170 Kilometer. Sachsen hat gemeinsame Grenzen mit Brandenburg, Sachsen-Anhalt, Thüringen und Bayern sowie mit Tschechien (454 Kilometer) und mit Polen (123 Kilometer).

Natur: Das nordsächsische Flachland steigt von 100 Meter über NN auf etwa 160 Meter an, Sachsens Hügelland kommt auf etwa 280 Meter. Zu den Mittelgebirgen gehören Vogtland, Erzgebirge, Elbsandsteingebirge, Oberlausitzer Bergland und Zittauer Gebirge. Der Fichtelberg ist mit 1215 Metern Sachsens höchste Erhebung. Die höchstgelegene Stadt ist Kurort Oberwiesenthal auf 920 Metern Höhe. Im Freistaat bestehen der Nationalpark Sächsische Schweiz, das Biosphärenreservat Oberlausitzer Heide- und Teichlandschaft sowie die Naturparks Erzgebirge/Vogtland, Dübener Heide und Zittauer Gebirge.

Längster und einzig schiffbarer Fluss ist die Elbe, die Sachsen von Südosten nach Nordwesten durchzieht.

Klima: Sachsen liegt in der Übergangszone zwischen maritimem westeuropäischem und kontinentalem osteuropäischen Klima. Das Elbtal zwischen Pirna und Meißen sowie die Leipziger Tieflandsbucht sind klimatisch begünstigt. Im Bergland überwiegt raue Witterung mit höheren Niederschlagsmengen.

Religion: Etwa 75 Prozent der Sachsen gehören keiner Kirche an, 18 Prozent sind protestantisch, 4 Prozent katholisch.

Die größten Städte: Leipzig (588 000 Einwohner) und Dresden (557 000), gefolgt von Chemnitz (247 000).

Verwaltung: Seit 2008 bestehen die drei kreisfreien Städte Dresden, Leipzig, Chemnitz und die zehn Landkreise Bautzen, Görlitz, Leipzig, Meißen, Zwickau, Mittelsachsen, Nordsachsen, der Vogtlandkreis und der Landkreis Sächsische Schweiz-Osterzgebirge. Seit 2014 regiert eine Koalition aus CDU und SPD.

Wappen: Der Rautenkranz stammt von den Askaniern, die Wettiner fügten ihn ihrem schwarz-goldenen Schild hinzu. Der Freistaat Sachsen übernahm 1918 das Wappen, der 1990 wieder entstandene Freistaat setzt die Tradition fort.

Wirtschaft: Sachsen gehört seit jeher zu den wirtschaftlich dominanten Gebieten Deutschlands. Gegenwärtig sind die Mikroelektronik, die Elektrotechnik, der Maschinen- und Fahrzeugbau sowie die Metallerzeugung und -bearbeitung bedeutend. Aber auch Manufakturen wie die Uhrenbetriebe in Glashütte, die Porzellanmanufaktur Meissen sowie das Kunsthandwerk gehören dazu.

Tourismus: In den reichlich 2000 Hotels, Pensionen, Jugendherbergen und Campingplätzen buchen jährlich 8 Millionen Gäste etwa 20 Millionen Übernachtungen. Jeder zehnte Gast kommt aus dem Ausland, die meisten aus den Niederlanden, gefolgt von der Schweiz, Österreich, den USA und Polen.

Geographie

Sachsens Landschaft steigt von Nordwesten nach Südosten hin an, der tiefste Punkt liegt mit 73 Metern über NN bei Torgau, der höchste ist der Fichtelberg mit 1215 Metern. Im Nordwesten Sachsens dehnt sich die Leipziger Tieflandsbucht aus, in der bereits im Mittelalter der Wald weitgehend gerodet wurde. Reste verblieben in den Flusstälern der Weißen Elster und der Pleiße. Große Teile des Leipziger Landes hat der zu DDR-Zeiten in großem Stil betriebene Braunkohleabbau verwüstet. Die Braunkohle war in der DDR der wichtigste Energielieferant. Gegenwärtig verändert sich das Land um Leipzig zum Teil völlig. Die vom Braunkohlebergbau hinterlassene geschundene Landschaft verwandelt sich in ein Wasserparadies, Leipziger Neuseenland sagen die Touristiker dazu. Der Kulkwitzer See, schon zu DDR-Zeiten entstanden, war das erste Badegewässer. Ihm folgte der Cospudener See mit dem längsten Sandstrand Sachsens. Ein Kanal wird ihn in Zukunft mit dem benachbarten Zwenkauer See verbinden. Insgesamt wird es im Leipziger Neuseenland in einigen Jahren 20 Seen geben, nicht alle sind jedoch für Wassersportfreunde gedacht. So sind der Bockwitzer, der Kahnsdorfer und der Grabschützer See zum überwiegenden Teil Natur- und Landschaftsschutzgebiet, das sich schon heute mehr als 270 Vogelarten als Heimat auserkoren haben. Entstanden sind Naturlehrpfade, Wander- und Radwege. Die sich östlich des Leipziger Neuseenlands ausdehnende Dahlener sowie die Dübener Heide mit ihren großen Kiefernwäldern sind von Sandböden geprägt. Pilz- und Beerensammler schwärmen von dieser Region.

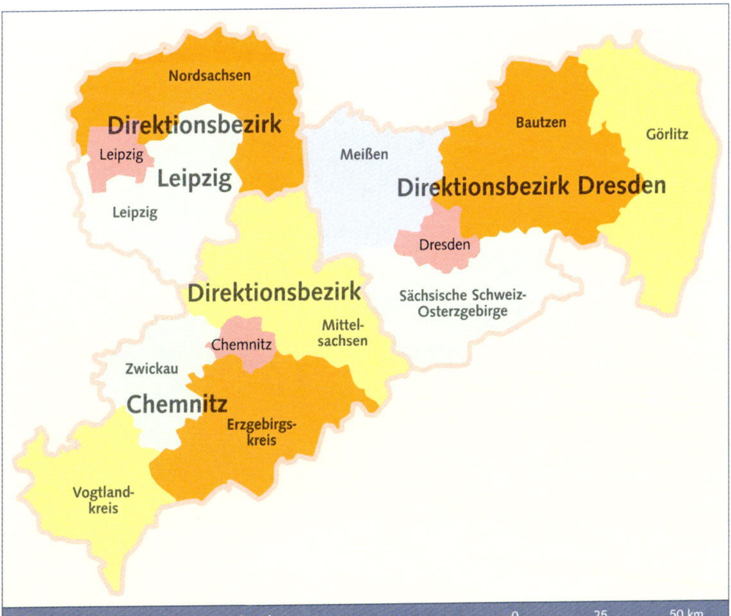

Sachsen, Verwaltungsgliederung

Die Landschaft im Osten Sachsens heißt Oberlausitz, im Westen begrenzt von den Städten Sebnitz, Großröhrsdorf und Pulsnitz, im Norden von der Landesgrenze zu Brandenburg. Wie im Leipziger Gebiet fraßen sich auch hier die Braunkohlebagger ins Erdreich, Straßen und Flüsse wurden verlegt, Dörfer verschwanden, die Rekultivierung blieb hinter dem Neuabbau weit zurück. Gegenwärtig vollzieht sich auch hier ein gravierender Wandel. Die Mondlandschaften verwandeln sich in Europas größte von Menschenhand geschaffene Wasserlandschaft, insgesamt 23 Seen entstehen. Im sich anschließenden Oberlausitzer Heide- und Teichgebiet, der Name bringt es zum Ausdruck, sind viele bereits im Mittelalter angelegte Teiche vorhanden. Der südliche Teil der Region mit weitgeschwungenen Höhen und nicht sonderlich tief eingeschnittenen Tälern heißt bei den Geographen Lausitzer Bergland, die Touristiker dagegen sprechen nur vom Oberlausitzer Bergland.

Im östlichen Teil gibt es Reste vulkanischer Durchbrüche, die Landeskrone am Stadtrand von Görlitz ist der nördlichste davon. Die höchsten Erhebungen des Berglandes sind der Valtenberg mit 587 Metern und der Kottmar mit 583 Metern. Der Name Lausitz – die Niederlausitz liegt im Bundesland Brandenburg – ist eine historisch entstandene Landschaftsbezeichnung. Der Name kommt aus dem Slawischen und bedeutet in etwa Wasserloch, Wasserpfütze, was auf eine wasserreiche Gegend hinweist. In der südöstlichsten Spitze, begrenzt von Polen und Tschechien, erhebt sich etwa 500 bis 600 Meter über dem Zittauer Becken das Zittauer Gebirge. Deutschlands kleinstes Mittelgebirge, das vorwiegend aus hellem Sand- und dunklem Vulkangestein besteht, besitzt tiefe Täler und Berge. Die sind oft skurril geformt und tragen deshalb eigenartige Namen. Der größte Teil des knapp 50 Quadratkilometer großen formenreichen Gebirges gehört zu

Aussicht vom Schwartenberg im Erzgebirge

Tschechien, wo es Luzicke hory (Lausitzer Gebirge) heißt. Eine ähnliche Gesteinszusammensetzung weist das ebenfalls nach Tschechien reichende Elbsandsteingebirge auf, dessen deutscher Teil seit dem 19. Jahrhundert Sächsische Schweiz genannt wird. In der Kreidezeit vor rund 100 Millionen Jahren bedeckte ein riesiges Meer fast ganz Mitteleuropa, das Sand ablagerte, der sich langsam zu einer gewaltigen Steinplatte verfestigte. Bewegungen der Erdkruste führten zu Rissen, Spalten und Kluften, einzelne Steine wurden vom Massiv abgetrennt. Die folgende Eiszeit sowie Sturm, Regen und Eis nagen bis in die Gegenwart an dem porösen Sandstein und gaben ihm jenes faszinierend bizarre Aussehen. Heinrich von Kleist, einer der prominentesten Besucher des Gebirges, notierte 1801, dass die Felsen »wie ein bewegtes Meer von Erde aussehen und in den schönsten Linien geformt sind, als hätten da die Engel im Sande gespielt.« Das Gestein des Gebirges wurde vor allem als Baumaterial geschätzt, auf der Elbe transportierte man die Sandsteinquader nach Dresden und Meißen. Höchster Felsen ist der Große Zschirnstein (562 Meter).

Im Lausitzer Seenland

Sachsen und Böhmen verbindet das Erzgebirge. Der Name leitet sich her von den unterirdischen Schätzen Silber, Zinn, Kupfer und Eisen, später kamen Zink und Uran dazu. 130 Kilometer lang und durchschnittlich 35 Kilometer breit zieht sich der deutsche Teil des Erzgebirges vom Auersberg im Westen bis zum Geisingberg im Osten hin. Chemnitz, Zwickau und Freiberg gelten als die Eingangstore. Der in Tschechien liegende Teil trägt den Namen Krusné hory. Typisch für das Erzgebirge sind tiefeingeschnittene Täler und Felsklippen, etwa 70 Prozent der Fläche sind von Wald bedeckt. Auf deutschem Gebiet hat das Erzgebirge mit dem Fichtelberg (1215 Meter) seine höchste Erhebung. Westlich an das Erzgebirge schließt sich das bis in den Freistaat Thüringen reichende Vogtland an, eine hügelige, waldreiche Landschaft mit dem Großen Rammelsberg (963 Meter) als höchstem Berg. Zu ihrem Namen kam die Region durch die einzigartige Machtfülle kaiserlicher Reichsvögte. Das war vor mehr als sieben Jahrhunderten.

Gewässer

Durch Sachsen fließen zahlreiche Flüsse, insgesamt haben die Fließgewässer eine Länge von 15389 Kilometern. Der bedeutendste und bekannteste ist die aus dem tschechischen Riesengebirge kommende Elbe, die 179 Kilometer durch den Freistaat fließt. Im Osten bildet die Neiße die Grenze zu Polen. Die im östlichen

Am Zwenkauer See, einem ehemaligen Braunkohlerestloch

Erzgebirge entspringende Freiberger Mulde vereinigt sich südlich von Grimma mit der Zwickauer Mulde zur Mulde, die bei Dessau (Bundesland Sachsen-Anhalt) in die Elbe mündet. Die Weiße Elster kommt aus dem Elstergebirge, in Leipzig nimmt sie die Pleiße auf. Die Spree – vor allem im Zusammenhang mit der Hauptstadt Berlin weithin ein Begriff – entspringt in der Oberlausitz. Drei Quellen hat der Fluss, die höchstgelegene sprudelt am Berg Kottmar, eine weitere in Ebersbach und die dritte im Volksbad von Neugersdorf. Mit natürlichen Seen wurde Sachsen jedoch schlecht bedacht, hier halfen die Menschen nach und schufen zahlreiche künstliche Standgewässer. Sie entstanden durch den Anstau von Flüssen und in jüngster Zeit durch die Flutung von Tagebaurestlöchern.

Geschützte Landschaften

Die DDR ging mit der Natur mehr als sorglos um. So pusteten die Schlote der Kraftwerke Thierbach, Lippendorf, Hirschfelde, Berzdorf und Hagenwerder jährlich rund 590 000 Tonnen Staub in die Welt, der Dörfer und Städte, Wälder und Wiesen überzog. Zu Staub und Asche kamen noch 1,5 Millionen Tonnen Schwefeldioxid und 635 000 Tonnen Kohlenmonoxid. So steht es im Umweltbericht 1991 des damals noch jungen Freistaates Sachsen. Im Erzgebirge erstickten die Wälder an den Industrieabgasen, die der Wind auch vom Nachbarn, dem heutigen Tschechien, herüberwehte, und den Boden schädigte der saure Regen. Um die Schönheiten vieler Landschaften weitestgehend zu erhalten beziehungsweise wiederherzustellen, wurden in Sachsen vier große Gebiete unter Schutz gestellt. So bekam ein Viertel des Elbsandsteingebirges mit seinen bizarren Felsen, wuchtigen Tafelbergen und wilden Schluchten 1990 den höchsten Schutzstatus: 93,5 Quadratkilometer erklärte man zum Nationalpark Sächsische Schweiz, der sich in zwei Teilen über die rechtselbischen Kerngebiete des Elbsandsteingebirges erstreckt. In der oft schwer zugänglichen Felsenlandschaft fühlen sich Fischotter, Luchs, Schwarzstorch, Wanderfalke und Uhu wohl.

Südlich von Hoyerswerda erstreckt sich in östlicher Richtung das 301 Quadratkilometer große Biosphärenreservat Oberlausitzer Heide- und Teichlandschaft, mit rund 250 Teichen die größte derartige Landschaft Deutschlands. Zusammen mit Dünen, Mooren, Auwäldern und Heiden bilden die Teiche ein einzigartiges Landschaftsmosaik. Weltweit gibt es mehr als 300 solcher Biosphärenreservate, die Bestandteil des UNESCO-Forschungsprogramms »Der Mensch und die Biosphäre« sind. In ihnen wird eine von Menschenhand geprägte Kulturlandschaft geschützt, gepflegt und entwickelt, im Gegensatz zu den Nationalparks, in denen sich die Natur – zumindest in den Kernzonen – ohne menschliches Zutun nach ihren eigenen Gesetzen entwickeln darf. Heimisch geworden ist in dieser Region auch wieder der Wolf, der 1998 erstmals beobachtet wurde. Zwei Jahre später wurden erstmals wieder Wolfswelpen im Freien geboren, gegenwärtig leben im sächsischen Teil der Lausitz 17 Wolfsrudel und -paare. Von der UNESCO anerkannt ist auch die Eiszeitlandschaft Muskauer Faltenbogen, ein 580 Quadratkilometer großer Geopark mit dem Findlingspark Nochten und der Muskauer Waldeisenbahn, der bis nach Polen reicht (Luk Mušzakowa). UNESCO Global Geoparks sind Gebiete mit geologischen Stätten und Landschaften von internationaler geowissenschaftlicher Bedeutung.

Der länderübergreifende 750 Quadratkilometer große Naturpark Dübener Heide, von dem 360 Quadratkilometer zu Sachsen gehören, schützt eine von der Saaleeiszeit geprägte, abwechslungsreiche hügelige Heidelandschaft. Der Park liegt zwischen den Flussauen der Elbe und Mulde und etwa zu gleichen Teilen im Freistaat Sachsen und im Bundesland Sachsen-Anhalt. Die Landschaft besteht überwiegend aus Nadel- und Mischwald, aus Seen, Moor und Grünland. Die Kiefer ist die dominierende Baumart. Über den Wäldern und Wiesen kreisen Kraniche und Seeadler, an den Ufern der Flussläufe haben sich Biber eingerichtet.

Der Naturpark Erzgebirge/Vogtland führt entlang der Grenze zu Tschechien und umfasst eine Fläche von 1495 Quadratkilometern, die zu fast Dreiviertel Wald bedeckt. Er beginnt im Westen im vogtländischen Bad Elster und endet 120 Kilometer weiter im osterzgebirgischen Holzhau. Durch den Naturpark führen rund 5000 Kilometer ausgeschilderte Wanderwege sowie die Ferienstraße Silberstraße. 2008 wurde das Zittauer Gebirge im Länderdreieck Deutschland/Tschechien/Polen zum Naturpark erklärt. Er hat eine Größe von lediglich 133 Quadratkilometern.

In der Dübener Heide leben Biber

Bevölkerung

Die Sachsen gelten als fleißig und beharrlich, als ideenreich und redegewandt. Ihre Gemütlichkeit, aber auch ihre Reiselust ist berühmt. Selbst bezeichnen sie sich gern als »fischelante« Leute, anspielend auf das, was sie alles so erfunden und geschaffen haben. Doch nicht alle, die in Sachsen wohnen, sind auch Sachsen, was man vor allem an der Sprache merkt. Es gibt die Vogtländer, die Erzgebirgler und die Sorben. In der gesamten Lausitz leben etwa 60 000 Sorben. Ihre Heimat ist an den in Deutschland nur in dieser Gegend vorkommenden zweisprachigen Orts- und Straßenschildern zu erkennen. Die Sorben, auch Wenden genannt, sind Nachfahren des slawischen Stammes der Milzener, die ab dem 6 Jahrhundert dieses Gebiet besiedelten. Sorbe ist die wissenschaftlich exakte Bezeichnung, in ihrer eigenen Muttersprache sagen sie Serb – Sorbe. Wenden nannten einst die Deutschen alle slawischen Stämme zwischen Elbe und Oder, vermutlich geht die Bezeichnung auf die römischen Geschichtsschreiber Plinius und Tacitus zurück, die von Venedi und Venethi berichteten. Das kleine slawische Volk konnte in der bäuerlichen Familie und der dörflichen Gemeinschaft seine Kultur über die Jahrhunderte hinweg bewahren und weitergeben. Die sächsische Landesverfassung garantiert den Sorben den Schutz ihres Siedlungsgebietes und die »Bewahrung ihrer Identität sowie Pflege ihrer Sprache, Religion, Kultur und Überlieferung«. Die Zweisprachigkeit konnten die Sorben in ihrer Heimat, der Lausitz, bis heute bewahren. Die deutsche und die sorbische Ortsbezeichnung sind gleichberechtigt, beispielsweise Bautzen und Budyšin. Doch das Bundesfinanzministerium scherte dieses verbriefte Recht nicht. Die Bautzener Stadtverwaltung konnte im Jahr 2002 nicht erreichen, dass auf der Sonderbriefmarke zum 1000-jährigen Stadtjubiläum auch der Name Budyšin erschien.

Zu DDR-Zeiten verließen bis zum Bau der Berliner Mauer 1961 jährlich tausende Sachsen das Land. Bei der friedlichen Revolution 1989 erwiesen sich die Sachsen als der Motor. In Leipzig, Dresden, Plauen haben Zehntausende den Ruf nach Freiheit und Demokratie erschallen lassen. Nach den politischen Verände-

Zweisprachiges Straßenschild in der Lausitz

rungen in der DDR und dem fast völligen Zusammenbruch der Wirtschaft setzte sich die Auswanderungswelle fort, erneut strömten viele in Richtung Westen, dorthin, wo es Arbeit gab. Seit dem 3. Oktober 1990 verlor Sachsen mehr als zehn Prozent seiner Bevölkerung. Der Einwohnerrückgang vieler Orte ist gravierend, als Beispiel sei Chemnitz genannt. 1982 lebten in der Stadt 320 000 Menschen, 1990 waren es 294 000, und gegenwärtig verzeichnete die Stadt 247 000 Einwohner. Problematisch ist, dass vor allem junge Menschen Sachsen verlassen, die Alterspyramide verändert sich sehr nachteilig.

Auf dem Dixieland-Festival in Dresden

Sport

Die Sachsen können auf viele sportliche Erfolge verweisen, von Weltmeisterschaften und Olympischen Spielen brachten sie manche Medaille mit in die Heimat. 1936 bei den Olympischen Spielen maß der Leipziger Carl Ludwig »Luz« Long mit dem legendären Jesse Owens seine Kräfte und erkämpfte die Silbermedaille im Weitsprung. Rudolf Harbig, nach dem das größte Stadion in Dresden benannt wurde, konnte mit der deutschen 4x400 Meter Staffel 1936 eine Bronzemedaille erringen. Beide Sportler verloren wenige Jahre später im Zweiten Weltkrieg ihr junges Leben. In Erinnerung bleibt auch die Dresdnerin Ingrid Krämer, die für die DDR bei den Olympischen Sommerspielen 1960 und 1964 drei Goldmedaillen und eine Silbermedaille gewann und damit die Siegesserie der USA-Springerinnen durchbrach, die bis dahin sämtliche Olympiasiege seit 1924 geholt hatten. Die Kugelstoßerin Margitta Gummel gewann bei den Olympischen Spielen 1968 in Mexiko die Goldmedaille, und Christoph Höhne, in den 1960er- und 1970er Jahren einer der weltbesten 50-Kilometer-Geher, wurde in Mexiko 1968 Olympiasieger, dazu kommen zwei Europameistertitel. Die in Leipzig geborene Schwimmerin Kristin Otto kam 1988 von den Olympischen Spielen aus Seoul mit sechs Goldmedaillen zurück, und der in Zwickau geborene Diskuswerfer Lars Riedel gewann olympisches Gold, ferner fünf Weltmeistertitel und einen Europameistertitel.

Bergab ging es jedoch mit dem einstmals bekannten sächsischen Fußball. Vorbei sind die Zeiten, als 1903 der erste deutsche Fußballmeister VfB Leipzig hieß, der diesen Erfolg 1906 und 1913 wiederholen konnte. Die Dresdner holten diesen Titel 1943 und 1944 in die Elbestadt. Zu DDR-Zeiten spielten manchmal vier sächsische Vereine in der DDR-Oberliga (Leipzig, Dresden, Zwickau, Aue), heute sind alle nur noch Mittelmaß – bis auf den 2009 neu gegründeten RB Leipzig. Die Mannschaft stieg im Jahr 2016 in die 1. Bundesliga auf und wurde 2017 Vizemeister, die Saison 2018/19 beendete sie als Tabellendritter.

Wintersportler in Altenberg

Die Ruhmesliste der Wintersportler beginnt mit dem Klingenthaler Harry Glaß, der 1956 mit einer Bronzemedaille von Olympischen Winterspielen zurückkehrte. Ulrich Wehling, für den SC Traktor Oberwiesenthal startend, vollbrachte als einziger nordischer Kombinierter eine sensationelle Leistung: Gold bei den Olympischen Spielen 1972, 1976 und 1980. Der Oberwiesenthaler Jens Weißflog (→ S. 66), der erfolgreichste Skispringer aller Zeiten, errang drei olympische Goldmedaillen und vier Gesamtsiege bei der Vierschanzentournee. Die in Karl-Marx-Stadt geborene Sylke Otto, die in Oberwiesenthal die Sportschule besuchte, ist die erfolgreichste Rennrodlerin in ihrer Disziplin: zweifache Olympiasiegerin, sechsfache Weltmeisterin sowie fünffache Europameisterin.

Nicht zu vergessen die Karl-Marx-Städter (Chemnitzer) Katharina Witt, der mit zweimal Olympiagold, vier Weltmeister- und sechs Europameistertitel erfolgreichsten Eiskunstläuferin. Zuvor hatten Gaby Seifert und Anett Pötzsch Furore gemacht, die beide in vielen Ländern auf dem Siegerpodest standen. Trainiert hat diese Sportler in Karl-Marx-Stadt die hochangesehene Jutta Müller, deren Schützlinge insgesamt 73 Olympia-, Welt-, Europameister und DDR-Meisterschaftstitel errangen. Als Trainer einen Namen machte sich in der jüngsten Vergangenheit der in Karl-Marx-Stadt geborene einstige Eiskunstläufer Ingo Steuer. Er führte das Sportpaar Aljona Savchenko und Robin Szolkowy, das sich 2014 trennte, zu neun Welt-und Europameistertiteln. Steuer gehörte zu jenen, die als inoffizielle Mitarbeiter, IM genannt, mit der Stasi zusammenarbeiteten. In deren Visier standen alle Spitzensportler, denn unbedingt sollte verhindert werden, dass einer von ihnen bei Wettkämpfen im Westen der DDR den Rücken kehrte. Die Stasi zog auch beim Doping die Strippen. Leistungsfördernde Substanzen wurden als »Entmüdungsgetränk« oder Vitaminpillen getarnt verabreicht, spätere Gesundheitsschäden waren oftmals die Folge.

Wirtschaft und Gesellschaft

Der Einfallsreichtum der Sachsen ist beachtlich, kluge Köpfe hatte das Land seit jeher. 1708/09 erfand Johann Friedrich Böttger mit Ehrenfried Walther von Tschirnhaus das weiße europäische Hartporzellan, 1785 warf man in Sachsen die erste deutsche Dampfmaschine an, 1837 schnaufte die erste von ihnen gebaute deutsche Lokomotive »Saxonia« los, 1839 nahmen sie die erste Eisenbahn-Fernstrecke Deutschlands zwischen Leipzig und Dresden in Betrieb, 1850 ließ man den in Chemnitz entwickelten ersten mechanischen Tuchwebstuhl patentrechtlich schützen, die erste industriell produzierte Rechenmaschine erblickte 1878 in Glashütte das Licht der Welt. 1895 wurde in Dresden ein »Leibchen, das die Brust in Form hält« als erster Büstenhalter der Welt als Patent angemeldet. In Sachsen wurden das Mundwasser, die Reiseschreibmaschine, die Spiegelreflexkamera, der erste funktionstechnische Computer und der Teebeutel erfunden. 1850 war Sachsen das einzige Land in Deutschland, in dem mehr als die Hälfte der Bevölkerung von Gewerbe und Industrie lebte; in Preußen war es nur etwa ein Viertel. Chemnitz, ein Zentrum des Maschinenbaus in Europa, hieß einst »Sächsisches Manchester«. Leipzig war nicht nur Messestadt, sondern auch die Stadt des Buches. Zu DDR-Zeiten druckte man von den jährlich mehr als 6000 erschienenen Titeln ein Drittel in Leipzig.

Auch heute genießen Produkte aus Sachsen hohes Ansehen. Das Land verbessert sich seit Jahren im Ranking der Wirtschaftsstandorte, es ist ein international wettbewerbsfähiger Hochtechnologiestandort. Im mittelsächsischen Ballungsraum um Chemnitz und Zwickau konzentrieren sich traditionell der Maschinen- und Fahrzeugbau, Mikroelektronik und Elektrotechnik sind zwischen Dresden und Freiberg beheimatet. Beispielsweise kommt jeder fünfte weltweit verkaufte Mikrochip aus Sachsen.

Auch viele der traditionsreichen Produkte besitzen nach wie vor über die Landesgrenzen hinaus einen hervorragenden Ruf. An erster Stelle dürfte das Meissener Porzellan stehen, dazu gehören auch Plauener Spitze, Instrumente aus

Die Gläserne Manufaktur von Volkswagen in Dresden

Auch das Odol-Mundwasser ist eine sächsische Erfindung (Werbung von 1895)

dem vogtländischen Musikwinkel und Uhren aus Glashütte. 1845 begann in dem kleinen Ort im Osterzgebirge die Uhrenproduktion, die bald Weltruhm erlangte, Kaiser Wilhelm II. überreichte 1898 bei seinem Staatsbesuch in Konstantinopel eine prunkvolle Taschenuhr aus Glashütte als Gastgeschenk, die heute noch dort im Museum aufbewahrt wird. In Glashütte entstehen nicht mehr wie zu DDR-Zeiten Massenprodukte; was heute Glashütte verlässt, sind wieder Luxusuhren, noble Erzeugnisse, höchstens 8000 Stück im Jahr. Deren Preis liegt zwischen rund 13 000 und 390 000 Euro. Doch alle diese Erfolgsmeldungen ändern nichts an der Tatsache, dass es noch viel zu wenige Arbeitsplätze gibt und die Arbeitslosenzahl immer noch bedeutend höher ist als in den Ländern der alten Bundesrepublik.

Hochqualifizierte Zentren der Ausbildung und Forschung sind die Hochschulen. Nach der Einheit wurden sie neu strukturiert, es entstanden die vier Universitäten Technische Universität Dresden, Universität Leipzig, Technische Universität Chemnitz, Technische Universität Bergakademie Freiberg, fünf Kunsthochschulen und fünf Fachhochschulen. Die meisten Studenten hat die Technische Universität Dresden, die größte ihrer Art in Deutschland, mit rund 34 000, gefolgt von der Universität Leipzig mit etwa 29 000 Studierenden. Aufbewahrt wird das über Jahrhunderte erworbene Wissen in Bibliotheken und Archiven. Am Leipziger Standort der Deutschen Nationalbibliothek (ehemals Deutsche Bücherei) stehen rund 16 von insgesamt 27 Einheiten aller deutschen Publikationen.

Sachsen ist der älteste Freistaat in Deutschland. Mit Freistaat betont man, dass das Land nicht von einem Souverän, sondern von freien Bürgern regiert wird. Der Sächsische Landtag ist das Parlament des Freistaates, der vom ihm gewählte Ministerpräsident und die Staatsminister bilden die Staatsregierung als oberste exekutive Gewalt des Landes. Der Landtag wird für fünf Jahre gewählt und zählt in der aktuellen 7. Wahlperiode (2019–2024) insgesamt 119 Abgeordnete, darunter auch 38 von der AfD. Erstmals nach der Wende gibt es in Sachsen ein Regierungsbündnis aus drei Parteien. CDU, SPD und Grüne bilden mit 67 Abgeordneten die sogenannte Kenia-Koalition.

Buchstadt Leipzig

Leipzig war und ist nicht nur Messestadt, als zweiten Beinamen trug es den Namen Buchstadt. Seit dem 18. Jahrhundert nahm Leipzig eine führende Stellung auf dem Buchmarkt ein. 1825 wurde in der Stadt der Börsenverein des Deutschen Buchhandels gegründet. Leipzig war rund zwei Jahrhunderte lang Deutschlands Buchstadt Nummer eins. Etwa 1500 Unternehmen des herstellenden und vertreibenden Buchhandels sowie der polygrafischen Industrie waren hier ansässig.

Das Ende dieser Ära kam 1945, als die US-Amerikaner im Juni und Juli die Stadt räumten und vereinbarungsgemäß der östlichen Siegermacht des Zweiten Weltkrieges übergaben. Sie stellten Lkw bereit, damit Verleger Maschinen und vieles von dem geistigen Gut in die amerikanische Besatzungszone bringen konnten. Den Kommunisten sollte nichts in die Hände fallen. Langsam ging es aber trotzdem wieder aufwärts: Seemann, Insel, Reclam, Bibliographisches Institut, Brockhaus und Musikverlage arbeiteten wieder, dazu kamen neue Verlage. Leipzig war wieder eine angesehene Buchstadt geworden. 38 Verlage gab es zu DDR-Zeiten in Leipzig, das waren rund 50 Prozent aller staatseigenen DDR-Verlage. Sie produzierten hervorragend lektorierte, gut ausgestattete und in großen Auflagen gedruckte preiswerte Bücher, von denen westliche Verlage oftmals große Teile in Lizenz übernahmen.

Nach der Einheit begann der Niedergang, die Treuhand vereinte, verhökerte und liquidierte, so sagen es Insider. Viele größere Verlage lösten entgegen ihren ursprünglichen Versprechungen ihre Leipziger Dependancen auf. Die waren entstanden, weil man Ostverlage wie Reclam oder Brockhaus mit gleichnamigen Westverlagen zusammengeführt hatte. Selbst die Buchmesse war nach der Einheit in Gefahr. Siegfried Unseld, der legendäre Leiter des Suhrkamp Verlags, sprach aus, was viele im Westen meinten: »Die Leipziger Buchmesse wird nicht gebraucht. Wir haben Frankfurt!«

Die großen Verlagsnamen verschwanden nach und nach aus Leipzig, einige wie Brockhaus haben wenigstens in Straßennamen überlebt. Mittlerweile gibt es aber in Leipzig wieder eine Verlagsszene, etwa 30 Verlage, darunter Hörbuch- und Internet-Verlage, am bekanntesten dürfte der von Berlin in die Pleißestadt gezogene Verlag Faber & Faber sein.

Und Leipzig ist auch wieder Buchstadt, denn die Buchmesse gibt es nach wie vor, die sich mit »Leipzig liest« bestens platzierte. Dazu kommen die ehemalige Deutsche Bücherei, die seit 2006 offiziell als Deutsche Nationalbibliothek in Leipzig firmiert, mit dem Deutschen Buch- und Schriftmuseum, ferner eine bedeutende Universitätsbibliothek sowie im Stadtteil Plagwitz ein Museum für Druckkunst.

Buchmesse in Leipzig

Bergbau

Der Bergbau hat die Grundlagen für Sachsens wirtschaftliche Entwicklung gelegt. Begonnen hat es ab 1168 mit dem »großen Bergkgeschrey«, vergleichbar mit der Goldgräberstimmung in den Vereinigten Staaten. Tausende strömten in die abgelegene Landschaft, die man später Erzgebirge nannte, um nach Silber zu graben. Berg- und Hüttenwerke entstanden, Städte wie Freiberg kamen zu Wohlstand. Vom 12. Jahrhundert an wühlten Menschen in der sächsischen Erde wie Maulwürfe, über Tage hinterließen sie die vielfach das Landschaftsbild prägenden pyramidenhaften Halden. Rigoros wurden die ausgedehnten Wälder des Erzgebirges geschlagen, aufgeforstet wurde in Monokultur mit der schnell wachsenden Fichte.

Der Steinkohlebergbau im Zwickau-Oelsnitzer Revier begann 1846, nachdem zwei Jahre zuvor Bohrungen nach dem schwarzen Gold erfolgreich waren. Die Bergleute drangen in immer tiefere Schichten, zuletzt arbeitete man in 900 Metern Tiefe. In den 1970er Jahren war Schluss, der Steinkohlebergbau war nicht mehr ergiebig. Die Braunkohlevorkommen bei Borna und Delitzsch wurden bereits im 18. Jahrhundert entdeckt, doch der wirtschaftliche Abbau begann erst Mitte des 19. Jahrhunderts. Ein weiteres riesiges Braunkohleabbaugebiet entstand in der Lausitz. In der DDR war die Braunkohle der mit Abstand wichtigste Energierohstoff und somit unentbehrlich, 1989 verbuchte die DDR ein Sechstel der Welt-Braunkohleförderung. Der Bergbau veränderte die über Jahrhunderte gewachsenen Landschaftsstrukturen erheblich, nicht wenige Siedlungen und Straßen mussten der Kohle weichen, Wälder und Felder verschwanden. Zurück blieb eine Mondlandschaft. Die Wiederurbarmachung der Abraumhalden und Tagebaurestlöcher hinkte zu DDR-Zeiten wegen des hohen finanziellen Aufwands den Neuaufschlüssen hinterher. Seit der Wiedervereinigung ist der Braunkohlebergbau zurückgegangen und hatte nach dem Ausstieg aus der Atomenergie erneut an Bedeutung gewonnen. Inzwischen hat die Bundesregierung die Energiewende beschlossen, Ende 2038 soll Schluss sein mit der klimaschädlichen Kohleverstromung.

Nach 1945 begann man im Erzgebirge nach Uran zu suchen, die Sowjetunion brauchte es für den Bau von Atombomben. Häuser, Felder und Sanatorien walzten sie nieder, dafür entstanden Fördertürme, Baracken als Unterkünfte, Halden. Die Kumpel bekamen doppelten Lohn, reichlich zu essen, ein Dach über dem Kopf, fast kostenlosen Schnaps und bunte Orden als Auszeichnung. Unzählige Propagandisten hämmerten ihnen ein, Uran sei das »Erz des Friedens«. Es war die Zeit des Kalten Krieges, aber auch die Not nach dem eben verlorengegangenen Weltkrieg. Wer aus dem unversehrt zurückgekommen war, fragte nicht nach gesundheitlichen Schäden. Die zeigen sich bei vielen erst heute, Jahrzehnte nach der großen Zeit des Uranbergbaus. »Sowjetische Aktiengesellschaft Wismut« hieß das Unternehmen, das zeitweise mehr als 100 000 Menschen beschäftigte und viele Gegenden des Erzgebirges durchbohrte.

1954 durfte auch die DDR in die Wismut einsteigen, das Unternehmen wurde zur Sowjetisch-Deutschen Aktiengesellschaft, an der Spitze stand ein aus Moskau eingeflogener Generaldirektor. Die Wismut war nach den USA und Kana-

Rest des Schaufelrad-Baggers SRs 6300 bei Delitzsch

Museum in Bad Schlema: die Geschichte des erzgebirgischen Uranbergbaus

da der drittgrößte Uran-Produzent der Welt. Rund 231 000 Tonnen Uran holte man im Erzgebirge aus dem Boden. Der bis 1990 betriebene Uranbergbau hat zu erheblichen Umweltschäden geführt, von denen aber die meisten schon nicht mehr erkennbar sind, so tragen die Halden fast alle ein grünes Kleid. Nach dem DDR-Ende trugen Bagger die Halden ab, begradigten Böschungen, deckten die verstrahlten Kippen ab. Schächte und Stollen wurden verfüllt und geflutet, viele Werksgebäude abgerissen. Doch immer wieder kommt es zu Überraschungen, so zur Jahreswende 2014/15 in Bad Schlema, als sich mitten im Ort ein großes Loch auftat – ein Einsturz von Untertageschächten.

Neuerdings erklingt im Erzgebirge wieder »Bergkgeschrey«, der 1991 eingestellte Bergbau soll wieder belebt werden. Die explodierenden Rohstoffpreise auf dem Weltmarkt haben moderne Schatzsucher angelockt, die nach Kupfer, Silber und Eisen suchen. Bei Zinn hat man eins der weltgrößten Vorkommen entdeckt, der erste Flussspat wurde bereits im Jahr 2012 gefördert. 2019 wurde dem Bergbau im Erzgebirge eine große Ehre zuteil. Länderübergreifend wurden 22 traditionelle Bergbaustätten im deutschen und 5 im tschechischen Teil des Erzgebirges in die Welterbeliste der UNESCO aufgenommen.

Maschinenbau und Textilindustrie

Große wirtschaftliche Bedeutung besaßen der Maschinenbau und die Textilindustrie. Bereits 1791 wurde in Lößnitz die erste vollmechanisierte Spinnerei eröffnet, und 1818 ratterte in Zschopau der erste durch Pferdegöpel angetriebene Baumwollwebstuhl. Der Textilindustrie folgte der Maschinenbau, der vor allem Textilmaschinen herstellte. In der ersten Hälfte des 19. Jahrhunderts war Sachsen das größte Industriegebiet Deutschlands. 38 Prozent aller deutschen Spinnereien und 32 Prozent aller deutschen Webereien arbeiteten hier. Das erste deutsche Erzeugnis, das auf einer Weltausstellung eine Goldmedaille erhielt, kam aus

Chemnitz: Die gab es 1862 in Paris für eine Maschine zur Metallbearbeitung der Firma Zimmermann. Sachsen gilt als die Wiege des deutschen Maschinen- und Werkzeugmaschinenbaus. Nach dem Zweiten Weltkrieg waren die Startbedingungen in Sachsen wie auch in den anderen von der Sowjetunion besetzten Gebieten wesentlich ungünstiger als im Westen, wo der Marshallplan eine großartige Hilfe darstellte. Die Sowjets demontierten alle großen Industriebetriebe als Reparationsleistungen, selbst Eisenbahnschienen wurden abgebaut, weitere Reparationen in Milliardenhöhe flossen in den folgenden Jahren in Richtung Moskau. Dazu kam der Flüchtlingsstrom in Richtung Westen, viele gut ausgebildete Fachleute verließen das Land.

Nach der Wende ging es mit der Textilindustrie bergab, die meisten der vielen kleinen Unternehmen waren der westlichen Konkurrenz unterlegen und mussten schließen. Im Maschinenbau jedoch ging es wieder aufwärts. Ein Beweis dafür ist die Nachricht, die im Sommer 2010 durch die Medien ging: Die Radebeuler Planetawerke haben die bisher größte Druckmaschine der Welt hergestellt. Sie wiegt 220 Tonnen und wurde, in ihre Einzelteile zerlegt, nach Saudi-Arabien verschifft.

Autobau

Ein bedeutendes Kapitel der deutschen Automobil- und Motorradindustrie hat Sachsen mitgeschrieben. 1904 begannen Horch und 1909 Audi in Zwickau mit der Produktion. Wer in den 1930er Jahren etwas auf sich hielt, fuhr einen »Horch«. 1932 schlossen sich Audi, DKW, Horch und Wanderer zur Auto Union AG zusammen, zum damals zweitgrößten Automobilhersteller in Deutschland. Vor dem Zweiten Weltkrieg kam fast ein Viertel aller deutschen Autos aus Sachsen. Nach dem Zweiten Weltkrieg führte das Zwickauer Sachsenring-Werk die Tradition fort, das unter anderem den Trabant produzierte. Heute sind

Ein Wanderer W25 von 1936 im Industriemuseum Chemnitz

es Volkswagen in Zwickau, Chemnitz und Dresden sowie BMW und Porsche in Leipzig. In Zschopau waren die Motorrad-Werke nach 1925 der weltgrößte Motorradproduzent. Zu DDR-Zeiten fuhren die legendären MZ-Maschinen aus Zschopau auf vielen Straßen der Welt. Nach der Einheit hatte die Treuhand aber offensichtlich keine glückliche Hand bei der Auswahl der Käufer. Nach unzähligen Managementfehlern und Produktirrtümern diverser Geschäftemacher kam 2013 das Aus für das Traditionsunternehmen. Nach fast neun Jahrzehnten verschwanden die Motorräder aus Zschopau vom Markt.

Kultstatus hatten in der DDR Diamant-Fahrräder. Der sächsische Fahrradhersteller wurde 1885 gegründet und gilt deshalb als ältester deutscher Fahrradproduzent. Zu seinem Ruhm hat wesentlich Gustav-Adolf (»Täve«) Schur beigetragen, die Radsportlegende der DDR, der auf Diamant 1958 und 1959 Straßen-Weltmeister wurde. Jährlich haben die Fabrikhallen in Karl-Marx-Stadt (Chemnitz) bis zu 150 000 Fahrräder verlassen, gegenwärtig sind es am neuen Standort Hartmannsdorf fast ebenso viele, die Marken Trek und Villiger mitgerechnet.

Mit Dampf durchs Land

Sachsen und die Eisenbahn – das gehört unweigerlich zusammen. Die erste funktionstüchtige in Deutschland produzierte Lokomotive, die Saxonia, hat ein Vogtländer gebaut, der in Wernesgrün geborene Johann Andreas Schubert (1808–1870). Als über die Elster und die Göltzsch Eisenbahnbrücken gebaut werden sollten, hatte Schubert im Auftrag der Sächsisch-Bayerischen Eisenbahngesellschaft die eingereichten Entwürfe zu begutachten. Keiner fand seine Zustimmung, für eine zweite Ausschreibung forderte er einen »soliden Steinbau« und einen »Etagenbau«, um Reparaturen besser ausführen zu können. Doch zu dieser zweiten Ausschreibung kam es nicht, Schubert musste den Bau der beiden Brücken selbst ausführen.

Nachbau der Saxonia-Lokomotive im Verkehrsmuseum Dresden

Eisenbahngeschichte geschrieben hat auch der Chemnitzer Unternehmer Richard Hartmann, der »sächsische Lokomotivkönig«. 1848 verließ die erste Dampflok sein Werk, insgesamt 4699 Lokomotiven rollten bis 1928 von Chemnitz aus hinaus auf die Gleise.

Einige kleine Schwestern der mächtigen Dampfrosse schnaufen noch in mancher Gegend Sachsens. Dampflokgezogene Schmalspurzüge zuckeln gemächlich durch Täler und Dörfer, die

Die Zittauer Schmalspurbahn in Oybin

Fahrgäste können bequem die landschaftlichen Reize genießen. Sachsen besaß einst 30 Schmalspurstrecken mit der einheitlichen Spurweite von 750 Millimetern und einer Länge von 541 Kilometern. Das war das größte staatliche Schmalspurbahnnetz Deutschlands. Schmalspurstrecken waren schneller und billiger zu errichten als die mit Normatlspur. Sie haben einen geringen Bogenradius und sind somit besser in das Gelände einzufügen, was oft half, kostenaufwendige Bauten wie Brücken und Tunnel zu vermeiden. Durch den Bau von Schmalspurbahnen erfolgte der wirtschaftliche Anschluss zahlreicher Randgebiete an die Zentren Sachsens.

Viele der Strecken wurden in den letzten Jahrzehnten stillgelegt, weil sie unrentabel geworden waren. Die Döllnitzbahn (Oschatz – Glossen) war die letzte Schmalspurbahn mit öffentlichem Güterverkehr in Sachsen, 2001 erst wurde er eingestellt. Heute verkehren hier nur noch Schülerzüge und an bestimmten Tagen dampfbespannte Sonderzüge. Sachsen kann sich jedoch rühmen, noch fünf Schmalspurstrecken mit fast 100 Kilometern Länge täglich in Betrieb zu haben. Ansonsten hat aber die Deutsche Bahn den Freistaat weitgehend vom modernen Verkehrsnetz abgekoppelt.

Kunsthandwerk

Viele Erzeugnisse aus Sachsen besitzen eine lange Tradition: Pyramiden, Nussknacker und Räuchermännchen aus dem Erzgebirge ebenso wie Meissener Porzellan. Das Erzgebirge ist mit dem Thüringer Wald eines der beiden historisch gewachsenen Spielzeugzentren im Osten Deutschlands. In dem 1796 herausgegebenen »Handbuch für Reisende durch die Sächsischen Lande« ist zu lesen: »Gegenwärtig werden hier viele hölzerne Spielwaren gefertigt, die man bis nach Ost- und Westindien versendet.« Heute sind es überwiegend gedrechselte kunstgewerbliche Gegenstände, die die Werkstätten verlassen.

Porzellan

In Meißen produziert die älteste Porzellanmanufaktur Europas. August der Starke gründete sie 1710. Die Manufaktur besitzt an die 10 000 Farbrezepturen, die nicht veröffentlicht werden. Sie ist in der Lage, alle Stücke aus ihrem reichhaltigen Fundus zu reproduzieren. Das echte Meissener ist nach wie vor an dem Markenzeichen zu erkennen, den Blauen Schwertern. Die gegenwärtige Krise verschont aber auch das berühmte Porzellan nicht, Auftragseinbrüche wie noch nie sind zu verzeichnen. Um aus den roten Zahlen herauszukommen, hat die Geschäftsleitung für 2020 ein radikales Sparprogramm verkündet, rund ein Drittel der Mitarbeiter verliert seinen Arbeitsplatz. Neben der Meissener Manufaktur hat sich auch die Sächsische Porzellan-Manufaktur Dresden über die Landesgrenzen hinweg einen guten Namen gemacht. Das 1872 in Freital bei Dresden gegründete Unternehmen überraschte überwiegend mit Formen des Spätbarocks und Rokokos. Die Zukunft des Unternehmens ist gegenwärtig wieder einmal völlig ungewiss, nachdem den Mitarbeitern gekündigt wurde. Das Zentrum der Glasherstellung war Weißwasser, an der Wende vom 19. zum 20. Jahrhundert gab es hier mehr als 40 Schmelzöfen. Heute sind in Weißwasser und Umgebung nicht einmal mehr eine Handvoll kleiner Unternehmen tätig.

Musikinstrumente

Im Vogtland gibt es den Musikwinkel, zu dem etwa anderthalb Dutzend Ortschaften gehören wie Klingenthal, Markneukirchen oder Schöneck. Musikinstrumente von dort schätzen namhafte Solisten vieler Länder. Die Kunst des Geigenbaus brachten böhmische Einwanderer ins Vogtland. Zwölf von ihnen schlossen sich 1677 zur »ehrbaren Zunft der Geigenmacher zu Neukirchen« zusammen. Der von der kurfürstlich-sächsischen Kanzlei zu Moritzburg bestätigte Artikelbrief gilt als die Geburtsstunde des vogtländischen Musikinstrumentenbaus. Die Vogtländer waren auf den Weltausstellungen in London 1851 und 1862, in Wien 1873 und in Philadelphia 1876 vertreten. Rund 20 Millionäre brachte der Musikinstrumenten-

Spielzeugherstellung im Erzgebirge

Arbeitsplatz eines Geigenbauers in Markneukirchen

Exporthandel hervor, Markneukirchen war zu Beginn des 20. Jahrhundert eine reiche Stadt. Damals kam mehr als die Hälfte aller auf der Erde gehandelten Musikinstrumente aus dem vogtländischen Musikwinkel. Die USA erachteten Markneukirchen für so bedeutsam, dass ihr Konsulat in der Stadt von 1893 bis 1916 eine Zweigstelle unterhielt. Heute hat Markneukirchen nicht einmal mehr ein Postamt. Die goldenen Zeiten sind vorbei, geblieben aber ist das Können der Musikinstrumentenbauer, die wieder volle Auftragsbücher verzeichnen.

Plauener Spitzen

Die Erfindung der maschinengestickten Tüllspitze 1881 verhalf der Vogtlandstadt Plauen zu Weltruf. Wer seinerzeit etwas auf sich hielt, trug Spitze aus Plauen. Unter den Marken »Dentelles de Saxe«, »Saxon Lace«, »Plauen Lace« oder »Dentelles de Plauen« wurde dieses Erzeugnis auf den internationalen Märkten bekannt und konnte das Schweizer Marktmonopol brechen. Am 18. August 1900 erhielten Plauener Stickereifabrikanten den Grand Prix auf der Weltausstellung in Paris. Zu DDR-Zeiten wurde Plauener Spitze in über 40 Länder exportiert, 1989 produzierte man sie auf 1400 Stickmaschinen. Von 1963 bis 1989 wurde Plauener Spitze mit 33 Goldmedaillen der Leipziger Messe für ihr Design und technologische Meisterschaft ausgezeichnet. Heute hat die Spitze an Bedeutung verloren, dennoch sind in Plauen und Umgebung noch rund drei Dutzend überwiegend kleine Familienbetriebe tätig.

Spitze und Posamenten aus dem Erzgebirge

Die erzgebirgische Volkskunst ist eng mit dem Bergbau verbunden. Der Niedergang des Bergbaus vor 300 Jahren war es, der im mittleren Erzgebirge viele zwang, sich nach einem neuen Broterwerb umzuschauen. Neben dem Schnitzen und Drechseln gehörte dazu auch das Klöppeln. Erzgebirgische Handklöppelspitze lag bald in jedem guten Textilgeschäft vieler europäischer Länder. An der

Wende vom 17. zum 18. Jahrhundert saßen zehntausende Frauen, Mädchen und Kinder, aber auch Männer am Klöppelsack. Die älteste Nachricht, die auf die Spitzenherstellung im Erzgebirge hindeutet, stammt aus dem Jahr 1550. In den Aufzeichnungen des Annaberger Chronisten Paulus Jenisius ist zu lesen: »Im Jahre 1561 hat man begonnen, weißen, gedrehten Faden in phrygischer Arbeit in verschiedene Formen zu bringen, was, soweit es zu mäßigem Schmuck verarbeitet wird, keinesfalls getadelt werden kann, besonders da der Bergwerksertrag sich rasch erschöpft hat.« Heute lässt man die Klöppel nur noch aus Freude tanzen.

Zum Erzgebirge gehören ferner die Posamenten. Unter dem Begriff Posamenten werden Borten, Quasten, Litzen und Fransen zusammengefasst, die seit Jahrhunderten vor allem als modisches Beiwerk für die Kleidung unentbehrlich sind. Wann die ersten im Erzgebirge gefertigt wurden, verzeichnet keine Chronik. Es dürfte aber vor 1525 gewesen sein, denn in jenem Jahr malte Hans Hesse für den Annaberger Bergaltar ein Bild, auf dem ein mit zweifarbiger Borte besetzter Mantel zu sehen ist. Um 1870 war Annaberg einer der Posamentenhandelsplätze der Welt, es gab mehr als 100 Manufakturen, die die begehrten Artikel bis in die USA verkauften. Sie richteten in Annaberg von 1879 bis 1908 sogar ein eigenes Konsulat ein, Firmen aus Annaberg und Buchholz hatten Vertretungen in Paris, London und Mailand. Heute werden die feinen Textilerzeugnisse noch von einigen kleinen Unternehmen produziert.

Kunstblumen

Den Weltmarkt eroberten ab Mitte des 19. Jahrhunderts Kunstblumen aus Sebnitz. Auch zu DDR-Zeiten wurden sie in alle Welt exportiert, nach der Einheit Deutschlands machte ihnen die billige Konkurrenz aus Südostasien zu schaffen. Die Herstellung von künstlichen Blumen begann in Sebnitz und Umgebung ab 1834, Blumenmacher aus dem benachbarten Böhmen hatten die Produktion begründet. Um 1900 gab es hier über 200 Betriebe, die Kunstblumen oder Blumenbestandteile herstellten. 1907 kamen drei Viertel aller aus Deutschland exportierten Kunstblumen aus Sebnitz, Hauptabnehmer waren die USA und Großbritannien.

Zu DDR-Zeiten waren in Sebnitz etwa 3000 Blümlerinnen tätig, wie die Kunstblumenherstellerinnen genannt werden, jetzt sind es gerade mal noch ein Dutzend. Zu den textilen Erzeugnissen mit Tradition zählt auch der Blaudruck. In Pulsnitz arbeitet die älteste Blaudruckwerkstatt Sachsens noch mit Modeln (Druckstöcken) aus dem 19 Jahrhundert.

Töpferwaren

Tradition besitzt in Sachsen ebenfalls die Töpferei. In Frohburg, Kohren-Sahlis, Waldenburg, Pulsnitz, Neukirch und anderen Orten rotieren in unseren Tagen wie vor Jahrhunderten die Töpferscheiben. In Kohren-Sahlis wurde 1656 die erste Töpferinnung gegründet, seine Blütezeit erlebte hier das Töpferhandwerk im 18. und Anfang des 19. Jahrhunderts. 1809 gab es 14 Meister, die 40 Gesellen und 17 Lehrlinge beschäftigten. In der Oberlausitz ist die Töpferei heute mit etwa 30 Betrieben vertreten, eine von ihnen, die Töpferei Jürgel in Pulsnitz, wurde bereits im 14. Jahrhundert in den Chroniken der Stadt erwähnt. Ein Jürgel übernahm 1828 die Werkstatt, seitdem wird sie in der sechsten Generation geführt.

Das »Weiße Gold«

Weltweit ist Meissener Porzellan begehrt. Bis heute haben die zeitlosen Meisterwerke nichts von ihrer Strahlkraft eingebüßt, auch wenn gegenwärtig ein scharfer Wind durch das Unternehmen weht, das rote Zahlen schreibt. Die Zeiten haben sich gewandelt, man lädt nicht mehr zu großen Feierlichkeiten nach Hause ein, bei denen mit dem Meissener geprotzt wird. Meissener wird in Vitrinen gestellt und als Einzelstück verschenkt, das führt zu weniger Verkäufen.

Die Geschichte des »weißen Goldes« begann in Sachsen vor mehr als 300 Jahren. In den Katakomben der Dresdner Jungfernbastei war es dem Apothekergehilfen Johann Friedrich Böttger gemeinsam mit dem Naturwissenschaftler Ehrenfried Walther von Tschirnhaus gelungen, das weiße europäische Hartporzellan herzustellen. Am 23. Januar 1710 verkündete August der Starke die Erfindung des europäischen Porzellans und die Gründung einer Porzellanmanufaktur. Seit 1722 sind die gekreuzten »Blauen Schwerter« das Markenzeichen. Etwa 200 000 Modelle und Arbeitsformen aus der gesamten Schaffensperiode bewahrt das Unternehmen auf, das Zwiebelmuster, das erfolgreichste Dekor, gehört seit mehr als 250 Jahren ununterbrochen zum Produktionsprogramm, 740 verschiedene Artikel gibt es mittlerweile davon. Als einziges Unternehmen seiner Art leistet sich die Manufaktur ein eigenes Bergwerk, das kleinste Deutschlands. Im zwölf Kilometer entfernten Seilitz fördern zwei Bergleute das für die Porzellanherstellung so wichtige Kaolin. Die 10 000 verschiedenen feuerfesten Farben werden im eigenen Labor gemischt, die Rezepturen wie ein Staatsschatz gehütet. Doch das wichtigste in der Manufaktur ist die menschliche Hand: Meissener Porzellan entsteht in Handarbeit.

Aufmerksame Leser werden sich über die unterschiedliche Schreibweise wundern, mal »Meißen« und ein andermal »Meissen«. Die Erklärung ist einfach: Der Name der Manufaktur wird mit Doppel-ss geschrieben (Meissener Porzellan), die Stadt Meißen dagegen schreibt sich mit »ß«. Beide gehören aber untrennbar zusammen. Ohne die Meissener Manufaktur würde wohl kaum einer in der Welt die Stadt Meißen kennen.

Meissener Porzellan wird in Handarbeit erschaffen

Tourismus

Als Wirtschaftsfaktur hat der Tourismus seit der Einheit an Bedeutung gewonnen. Mehr als sieben Millionen Gäste kommen jedes Jahr in den Freistaat. Sachsen wurde Kulturreiseland Nr. 1 in Deutschland. Kunst hat in Sachsen spätestens seit der Regierungszeit von August dem Starken einen besonderen Stellenwert. Die Wettiner haben unermessliche Kunstschätze zusammengetragen, die so umfangreich waren, dass man eigene Museen einrichtete. Weltbekannt sind die Gemäldegalerie Alte Meister im Dresdner Semperbau und das Residenzschloss mit dem Grünen Gewölbe.

Musikfreunde ziehen die großen Namen an, mit denen Sachsens Musikgeschichte verbunden ist, das sind Johann Sebastian Bach, Robert Schumann, Richard Wagner, das sind der Dresdner Kreuzchor und der Leipziger Thomanerchor, das Gewandhausorchester in Leipzig, die Sächsische Staatskapelle in Dresden und die Semperoper. Aber auch die rund 100 Schlösser, Burgen und Gärten aller Epochen haben Sachsen zu einer der reichsten und vielfältigsten Kulturlandschaften Europas gemacht. Rund 50 dieser Anlagen gehören dem Freistaat.

Aber nicht nur Kultur- und Studienreisen nach Dresden und Leipzig stehen hoch im Kurs, immer mehr Touristen entscheiden sich für Wandern in der Sächsischen Schweiz und im Erzgebirge oder für Radfahren entlang der Elbe. Der Bergbau spielte in Sachsen Jahrhunderte eine dominante Rolle, nirgendwo anders stehen Denkmale der Bergbaugeschichte in solcher Dichte beieinander wie im Erzgebirge.

Die Sächsische Staatskapelle Dresden

Landwirtschaft

Die Landwirtschaft betreibt man in Sachsen seit jeher intensiv. Mehr als die Hälfte der Landesfläche wurde in den letzten DDR-Jahren agrarisch genutzt, daran hat sich bis heute nichts geändert. Der überwiegend größte Teil dieser Flächen liegt in der Oberlausitz, in Mittelsachsen und in der Leipziger Tieflandsbucht. Angebaut werden vorwiegend Getreide und Raps.

Eine lange Tradition besitzt der Weinbau im Elbtal zwischen Pirna und dem Raum Meißen. Die erste urkundliche Erwähnung erfolgte bereits im Jahr 1161. Die Rebfläche ist besonders stark nach der Einheit gewachsen, charakteristisch sind die Steil- und Terrassenlagen im Elbtal.

Etwa zwei Drittel der Gesamterlöse der Landwirtschaft stammen aus der Tierhaltung. In Sachsens Ställen stehen vor allem Rinder, aber auch Schweine, Schafe und Legehennen werden gehalten.

Schon seit dem Mittelalter ist die Karpfenzucht in Sachsen verbürgt. Mönche haben Teiche angelegt, um nahrhafte Speisen in ihrer Nähe zu haben. Einen wahren Boom erlebte die Karpfenzucht im 15. und 16. Jahrhundert, als die Wettiner sich für Karpfen begeisterten. Kurfürst Moritz, der den Grundstein für Schloss Moritzburg legte, ließ Karpfen in seine Teiche setzen, und von August dem Starken ist überliefert, dass er Karpfen in Honigsauce liebte. Heute tummeln sich Karpfen in Teichen auf mehr als 8000 Hektar Fläche.

Geschichte

Die vor mehr als 1000 Jahren gegründete Albrechtsburg in Meißen gilt als die Wiege Sachsens, das rund 800 Jahre von dem Geschlecht der Wettiner regiert wurde. Der Bergbau sorgte im Mittelalter für einen Aufschwung von Handel und Handwerk und machte Sachsen zu einem der reichsten deutschen Länder. Nach dem Dreißigjährigen Krieg gab es einen Niedergang, einen erneuten wirtschaftlichen und kulturellen Aufschwung erlebte das Land unter August dem Starken und danach unter seinem Sohn August III. Von 1952 bis zum DDR-Ende war Sachsen von den Landkarten verschwunden, man hatte es in die Bezirke Dresden, Leipzig und Chemnitz aufgegliedert. 1990 erfolgte eine Neugründung.

Frühzeit und Mittelalter

Eroberungszüge führten ab dem 5. Jahrhundert vor Christus einen großen Stammes-verband der Germanen von der Nordseeküste ins heutige Niedersachsen. Ihre Hauptwaffe war ein einschneidiges, kurzes Hiebschwert, Sax genannt. Der Waffenname gab dem Stamm den Namen, das behauptet zumindest eine Überlieferung aus dem 9. Jahrhundert.

Die Saxones zogen weiter ins Land zwischen der mittleren Elbe und der Saale. Dort muss es ihnen gefallen haben, denn sie blieben, und aus den Saxones wurden die Sachsen. Bei kriegerischen Auseinandersetzungen wählten sie einen aus ihrer Mitte, der »vor ihrem Heer zog«, das war der Herzog.

Das Wappen der Wettiner

Um 600 begann die Besiedlung des Landes durch die slawischen Sorben, die aus dem Gebiet des heutigen Polen und Tschechien kamen. 929 ließ König Heinrich I. inmitten der slawischen Region die Burg Meißen bauen, um die beginnende deutsche Besiedlung zu sichern. Die Burg entwickelte sich zum Zentrum der Markgrafenschaft Meißen und Kern der wettinischen Besitzungen. Seit 968 saß hier ein dem Erzbistum Magdeburg unterstellter Bischof, der die Sorben des Landes zu missionieren und die deutsche Herrschaft zu sichern hatte.

1089 wurde Heinrich I., Graf von Eilenburg aus dem Hause Wettin, mit der Mark Meißen belehnt. Die Adelsdynastie der Wettiner nannte sich nach der Burg Wettin an der Saale. Fast 800 Jahre wurde Sachsen von den Wettinern regiert, die somit länger als jede andere deutsche Dynastie an der Macht waren. 1127 bekam Konrad von Wettin vom König bestätigt, die Markgrafenschaft Meißen dürfe vererbt werden. 1168 setzte mit dem Silberbergbau in Freiberg das »Bergkgeschrey« ein, unter Markgraf Otto dem Reichen erlebte das Land seine erste wirtschaftliche Blüte. Viele neue Dörfer und Städte entstanden.

1346 schlossen sich die Städte Kamenz, Bautzen, Görlitz, Löbau, Zittau und Lauban (heute Luban, Republik Polen) zum Sechsstädtebund zusammen, um gemeinsam die Handelswege vor räuberischen Rittern zu schützen und die politische Macht gegenüber dem Adel auszubauen. 1355 sanktionierte Karl IV. diesen Bund, dessen Ende gekommen war, als Görlitz und Lauban 1815 an Preußen fielen. 1409 wurde die Universität in Leipzig gegründet, die somit zu den ältesten Europas gehört. 1423 erwarb Markgraf Friedrich der Streitbare das bisher askanische Herzogtum Sachsen-Wittenberg und die Kurwürde, von da an wurden alle Besitzungen mit dem Namen Kursachsen bezeichnet. Der 1459 in Eger unterzeichnete Vertrag bestimmte den Erzgebirgskamm als böhmisch-sächsische Grenze. 1481 druckte Marcus Brandis in Leipzig das erste Buch und begründete damit den Ruf Leipzigs als Stadt des Buches.

1485 teilte man das Haus Wettin in zwei Linien: Die ernestinische erhielt das Gebiet Wittenberg mit Torgau und Gräfenhainichen sowie Thüringen, das Leipziger Gebiet und das nördliche Thüringen. Den Albertinern fiel der südöstliche Teil des Besitztums zu. Sie wählten Dresden als ihre Residenz. 1491 kam es im oberen Erzgebirge zu großen Silberfunden und dadurch zu einem Zuzug tausender von Menschen. Nachdem Kaiser Maximilian I. Leipzig 1497 das Messeprivileg und 1507 das Stapelrecht verliehen hatte, stieg Leipzig zur führenden Messe- und Handelsstadt Mitteldeutschlands auf.

Regierungszeiten der wettinischen Herrscher

1123 - 1156	Konrad, Markgraf von Meißen (um 1098 - 1157)
1156 - 1190	Otto (der Reiche), Markgraf von Meißen (1125 - 1190)
1190 - 1195	Albrecht (der Stolze), Markgraf von Meißen (1158 - 1195)
1197 - 1221	Dietrich (der Bedrängte), Markgraf von Meißen (1162 - 1221)
1221 - 1288	Heinrich (der Erlauchte), Markgraf von Meißen (1215/16 - 1288)
1288 - 1307	Albrecht II. (der Entartete), Markgraf von Meißen (1240 - 1315)
1307 - 1323	Friedrich (der Gebissene oder der Freidige), Markgraf von Meißen (1257 - 1323)
1324 - 1349	Friedrich II. (der Ernsthafte), Markgraf von Meißen (1310 - 1349)
1349 - 1381	Friedrich III. (der Strenge), Markgraf von Meißen (1332 - 1381)
1381 - 1428	Friedrich (der Streitbare), Markgraf von Meißen, Herzog und Kurfürst von Sachsen seit 1423 (137 - 1428)
1428 - 1464	Friedrich II. (der Sanftmütige), Kurfürst von Sachsen (1412 - 1464)
1464 - 1486	Ernst, Kurfürst von Sachsen (1441 - 1486)
1486 - 1500	Albrecht (der Beherzte), Herzog zu Sachsen und Markgraf von Meißen (1443 - 1500)
1500 - 1539	Georg (der Bärtige), Herzog von Sachsen (1471 - 1539)
1539 - 1541	Heinrich (der Fromme), Herzog von Sachsen (1473 - 1541)
1541 - 1553	Moritz, Herzog von Sachsen, ab 1547 Kurfürst von Sachsen (1521 - 1553)
1553 - 1586	August, Kurfürst von Sachsen (1526 - 1586)
1586 - 1591	Christian I., Kurfürst von Sachsen (1560 - 1591)
1591 - 1611	Christian II., Kurfürst von Sachsen (1583 - 1611)
1611 - 1656	Johann Georg I., Kurfürst von Sachsen (1585 - 1656)
1656 - 1680	Johann Georg II., Kurfürst von Sachsen (1613 - 1680)
1680 - 1691	Johann Georg III., Kurfürst von Sachsen (1647 - 1691)
1691 - 1694	Johann Georg IV., Kurfürst von Sachsen (1668 - 1694)
1694 - 1733	Friedrich August I. (der Starke), Kurfürst von Sachsen, als König von Polen seit 1697 August II. (1670 - 1733)
1733 - 1763	Friedrich August II. (der Dicke), Kurfürst von Sachsen, als König von Polen seit 1733 August III. (1696 - 1763)
1763	Friedrich Christian, Kurfürst von Sachsen (1722 - 1763)
1763 - 1827	Friedrich August III. (der Gerechte), Kurfürst von Sachsen, als König von Sachsen seit 1806 Friedrich August I. (1750 - 1827)
1827 - 1836	Anton (der Gütige), König von Sachsen (1755 - 1836)
1836 - 1854	Friedrich August II., König von Sachsen (1797 - 1854)
1854 - 1873	Johann, König von Sachsen (1801 - 1873)
1873 - 1902	Albert, König von Sachsen (1828 - 1902)
1902 - 1904	Georg, König von Sachsen (1832 - 1904)
1904 - 1918	Friedrich August III., König von Sachsen (1865 - 1932)

Die in Klammern angegebenen Zahlen sind die Lebensdaten der Herrscher.

Von der Reformation bis zur Reichsgründung

Martin Luther, der 1517 mit dem Anschlag seiner 95 Thesen an die Schlosskirche in Wittenberg (damals zu Sachsen gehörend) die Reformation auslöste, traf sich im Sommer 1519 in Leipzig zu dem später berühmt gewordenen Streitgespräch mit dem Ingolstädter Theologieprofessor Johannes Eck. Mit einem feierlichen Gottesdienst in der Dresdner Kreuzkirche wurde 1539 die Reformation im albertinischen Sachsen eingeführt.

1553 kam August auf den Thron, der als Kurfürst Sachsen zu beachtlicher wirtschaftlicher Blüte führt. 1635 erhielt Kursachsen durch den Prager Frieden die Ober- und die Niederlausitz zugesprochen, nach dem Westfälischen Frieden 1648 verlor Sachsen zunehmend an politischer Bedeutung im Reich. Am 1. Juli 1650 konnte man in Leipzig die erste Tageszeitung der Welt lesen, die ohne Unterbrechung bis 1921 erschien.

1694 begann die Regierungszeit von Friedrich August I. (der Starke), 1697 erlangte er die polnische Königskrone, nachdem gewaltige 39 Millionen Reichstaler an die Wahlberechtigten, den polnischen Adel, geflossen waren. Im Ergebnis des Nordischen Krieges ging die Krone 1706 verloren, aber 1709 konnte sie August der Starke zurückgewinnen. Sein Sohn und Nachfolger, Kurfürst Friedrich August II., der 1733 auf den Thron stieg, erwarb gleichfalls die polnische Königskrone. 1754 traf Raffaels Bild »Sixtinische Madonna« in Dresden ein und wurde rasch die Attraktion der Gemäldegalerie. 1756 begann Friedrich II., der Alte Fritz, wie er in Preußen genannt wurde, mit seinem Einmarsch in Sachsen einen Krieg, der als Siebenjähriger Krieg in die Geschichte einging.

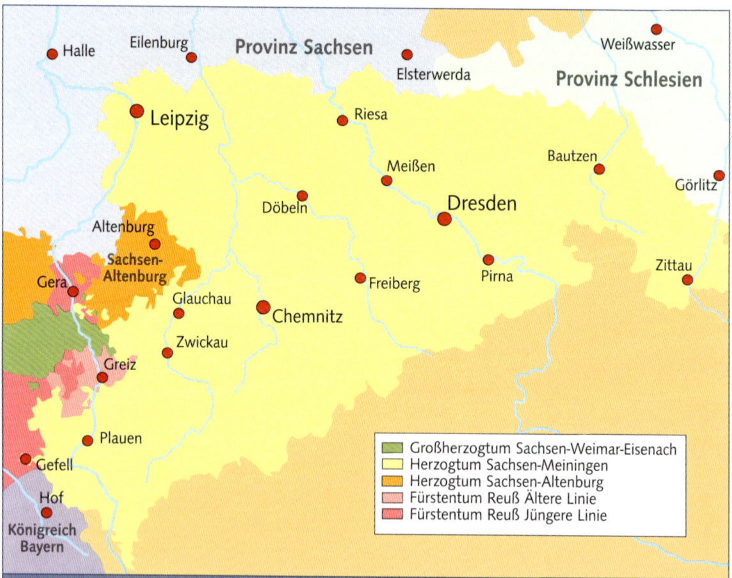

Das Königreich Sachsen nach 1815

Der Goldene Reiter, August der Starke, in Dresden

1805 wurde die allgemeine Schulpflicht eingeführt. Nach der Niederlage Preußens gegen Napoleon schloss Sachsen mit Frankreich 1806 den Frieden von Posen und wurde Königreich von Napoleons Gnaden. 1811 erhellen die ersten Gaslaternen in Europa die Fischergasse in Freiberg, nachdem die erste Gasanstalt auf dem europäischen Festland entstanden war.

In der Völkerschlacht bei Leipzig 1813, der ersten Massenschlacht der Neuzeit, standen die Sachsen mit ihren grün-weißen Fahnen auf der falschen Seite, sie kämpften mit Kaiser Napoleon Bonaparte und verloren, was sie als Strafe rund die Hälfte ihres Territoriums kostete. Auf dem Wiener Kongress 1815, an dem ihr König Friedrich August I. nicht teilnehmen durfte, mussten die östliche Oberlausitz, die Niederlausitz, die Gebiete um Wittenberg, Torgau, Merseburg, Naumburg und Nordthüringen abgetreten werden. Von da an war Sachsen das kleinste Königreich in Deutschland.

1826 begann die Firma Brockhaus in Leipzig mit der industriellen Herstellung von Büchern, 1828 gründete Anton Philipp Reclam in Leipzig die erste Leihbibliothek, später einen Verlag. Die revolutionären Unruhen im September 1830 und im April 1831 führten zur konstitutionellen Monarchie und dem Erlass einer Verfassung. 1838 baute der Vogtländer Johann Andreas Schubert in der »1. Maschinenbauanstalt Dresden-Übigau« die berühmte »Saxonia«-Lokomotive, die 1839 auf der ersten deutschen Eisenbahnfernverbindung von Leipzig nach Dresden fuhr. Am Dresdner Maiaufstand 1849 beteiligten sich Richard Wagner und Gottfried Semper, beide mussten nach dessen Niederschlagung die Stadt verlassen.

Die frühe Industrialisierung brachte Sachsen Wohlstand, aber auch soziale Spannungen. 1863 gründete Ferdinand Lassalle in Leipzig den Allgemeinen Deutschen Arbeiterverein. 1871 riefen die deutschen Fürsten im Spiegelsaal von Versailles den preußischen König Wilhelm zum deutschen Kaiser aus, Sachsen als fünftgrößter Staat ging im Kaiserreich auf. Die deutsche Mark wurde 1873 eingeführt, die Landeswährungen abgeschafft. Münzeinheit und das metrische System vereinheitlichten Handel und Gewerbe in Deutschland. Die Leipziger Warenmesse fand 1895 erstmals als Mustermesse statt.

Das 20. und 21. Jahrhundert

1903, bei den ersten Reichstagswahlen nach der Jahrhundertwende, gewannen die Sozialdemokraten 22 von 23 sächsischen Wahlkreisen. Von da an wurde vom »roten Königreich« gesprochen. Am 13. Oktober 1912 trafen sich 60 Delegierte aus 31 Vereinen in Hoyerswerda und gründeten die Domowina, den politisch unabhängigen Dachverband der Sorben. Der Name Domowina (Heimat) stammt vom Mitbegründer, dem Pfarrer Gotthold Schwela.

1918, am Ende des Ersten Weltkrieges, hatte Sachsen 210 000 Tote und etwa 20 000 vermisste Soldaten zu beklagen. Am 10. November 1918 erfolgte die Ausrufung der Republik, die Sachsen schickten ihren »Geenich« Friedrich August III. ins Exil. Der dankte am 13. November ab, angeblich mit den Worten: »Na, da machd Eiern Dregg alleene!« Am 25. Februar 1919 traten die sächsischen Abgeordneten als »Volkskammer« zusammen und proklamierten Sachsen als Freistaat. 1920 gab sich Sachsen eine demokratische Verfassung. Im Landtag war die SPD die führende Kraft, die bis 1929 den Ministerpräsidenten stellte, danach regierten bis 1933 Kabinette konservativer Parteien.

Das zerstörte Dresdner Schloss 1945

Bei den Reichstagswahlen 1933 erhielten die Nationalsozialisten 45 Prozent der Stimmen, sie setzten den Ministerpräsidenten ab und einen Reichskommissar ein. Sachsen wurde gleichgeschaltet, die Verfolgung politischer Gegner und Juden begann. 1937 verboten die Nationalsozialisten den Dachverband der Sorben, Domowina, sorbisch zu sprechen war verboten. Im Zweiten Weltkrieg richteten angloamerikanische Bombenangriffe in Dresden, Chemnitz, Plauen und Leipzig schwere Zerstörungen an. Leipzig erlebte den schwersten Bombenangriff 1943, Dresden im Februar 1945. »Wer das Weinen verlernt hat, der lernt es wieder beim Untergang Dresdens«, notierte der greise Schriftsteller Gerhart Hauptmann, der von den Loschwitzer Höhen in Dresden die Luftangriffe erlebte. Im April 1945 trafen sich Vorauskommandos amerikanischer und sowjetischer Truppen an der Elbe südlich von Torgau. Die Amerikaner zogen sich bis zum Juli aus großen Gebieten Sachsens zurück und übergaben sie, wie auf der Konferenz von Jalta beschlossen, der Sowjetunion. Im Ergebnis des Krieges wurden die 1815 abgetrennten Gebiete um Görlitz und Hoyerswerda wieder Sachsen angegliedert.

Nach der Bodenreform im Herbst 1945 entstanden 20 000 neue Bauernwirtschaften, das enteignete Land erhielten Landarbeiter, Kleinbauern und Vertriebene aus den ehemaligen deutschen Ostgebieten. Am 30. Juni 1946 waren die Sachsen zu einem Volksentscheid aufgerufen. 77,8 Prozent von ihnen sprachen sich für eine entschädigungslose Enteignung von Nazi- und Kriegsverbrechern aus.

Am 13. Oktober 1948 überbot der Bergmann Adolf Hennecke im Zwickau-Oelsnitzer-Steinkohlenrevier in einer vorbereiteten propagandistischen Aktion die Norm um 387 Prozent. Von vielen seiner Kumpels wurde er als »Arbeiterverräter« beschimpft, weil seine Leistung im normalen Arbeitsbetrieb nicht zu erreichen war. Hennecke, später Volkskammerabgeordneter und Mitglied des Zentralkomitees der SED, war fortan der »Pionier« der Aktivistenbewegung in der DDR. 1949 wurde Sachsen ein Land der am 7. Oktober gegründeten DDR. 1952 beschloss der Landtag auf der Grundlage einer Volkskammerverfügung in einer nur 80 Minuten dauernden Sitzung, Sachsen aufzulösen, es wurde in die Bezirke Leipzig, Chemnitz und Dresden gegliedert. 1953 erhielt Chemnitz den Namen Karl-Marx-Stadt. Aus Protest gegen verordnete Leistungs- und Preiserhöhungen kam es im Juni 1953 auch in Industriegebieten Sachsens zu Streiks und Demonstrationen, Görlitz und Niesky waren die Zentren. 1954 erlebte Sachsen die größten Überschwemmungen seit Jahrhunderten, so stand auf dem Zwickauer Hauptmarkt das Wasser 2,10 Meter hoch, nachdem am 10. Juli ein Muldendamm gebrochen war. Die Förderung von Steinkohle im Zwickau-Oelsnitzer Revier endete am 30. Oktober 1977. Am 26. August 1978 startete der Sachse Sigmund Jähn als erster Deutscher an Bord der sowjetischen Raumstation Salut 6 zu einem Flug ins Weltall.

Am 25. September 1989 fand in Leipzig die erste Montagsdemonstration mit mehreren tausend Teilnehmern statt. In Dresden wurden vom 4. bis 8. Oktober bei Auseinandersetzungen zwischen ausreisewilligen Demonstranten und Sicherheitskräften über 1300 Personen festgenommen. Am 9. Oktober wurde der Aufruf der »Sechs von Leipzig«, darunter der Dirigent Kurt Masur, zu friedlichen Veränderungen veröffentlicht. Bei der Demonstration am gleichen Tag zog die Staatsmacht die bereitstehenden Einsatzkräfte zurück. Es erschallte der Ruf »Wir sind das Volk!« Auf den folgenden Montagsdemonstrationen in Leipzig, an denen bis zu 300 000 Menschen teilnahmen, häuften sich die Forderungen nach der Einheit Deutschlands. Am 18. März 1990 fanden die ersten freien Wahlen in der 40-jährigen Geschichte der DDR statt, am 3. Oktober trat die DDR der Bundesrepublik Deutschland bei, der Freistaat Sachsen entstand wieder mit Dresden als Landeshauptstadt. Die Landtagswahl im Oktober 1990 brachte folgendes Ergebnis: CDU 92, SPD 32, PDS (heute Die Linke) 17, Neues Forum 10, FDP 9 Sitze. Am 6. Juni 1992 trat die neue sächsische Verfassung in Kraft. Nach den Landtagswahlen am 11. September 1994 sah die Sitzverteilung im verkleinerten Landtag so aus: CDU 77, SPD 22, PDS 21. Kurt Biedenkopf wurde erneut Regierungschef. Im April 1996 eröffnete der Bundespräsident das neue supermoderne Messegelände in Leipzig. Die Landtagswahlen am 19. September 1999 bestätigten die CDU-Alleinregierung unter Kurt Biedenkopf, denn die CDU konnte 76 Sitze erringen, die SPD 14 und die PDS 30. Am 16. Januar 2002 erklärte Kurt Biedenkopf seinen Rücktritt als Ministerpräsident zum 18. April, am gleichen Tag wurde Georg Milbradt (CDU) zum Ministerpräsidenten gewählt.

Im August 2002 waren weite Teile des Freistaates Sachsen von einer Hochwasserkatastrophe bisher nicht gekannten Ausmaßes betroffen. Am 17. August betrug der Höchststand der Elbe 9,40 Meter, normal ist ein Pegelstand von 1,26 Meter. 30000 Gebäude vernichtete oder beschädigte das Wasser, 750 Kilometer Straße, 540 Kilometer Bahngleise und 180 Brücken zerstörte es, 20 Menschen verloren ihr Leben. Durch eine beachtenswerte Welle der Unterstützung und Hilfsbereitschaft aus ganz Deutschland konnten weitere Schäden vermieden werden und der Wiederaufbau erfolgen.

Die UNESCO nahm 2004 das Dresdner Elbtal zwischen Söbrigen bei Pillnitz im Südosten und Übigau im Westen sowie den Muskauer Park in die Welterbeliste auf, 2009 erfolgte die Streichung des Elbtals wegen des Baus der umstrittenen Waldschlösschenbrücke in Dresden. Bei den Landtagswahlen am 19. September 2004 verlor die CDU erstmals ihre absolute Mehrheit. Es kam zur Koalition mit der SPD, erstmals zog die NPD in den Landtag ein. Die Sitzverteilung: CDU 55, PDS 31, SPD 13, NPD 12, FDP 7, Grüne 6. Georg Milbradt wurde im Amt des Ministerpräsidenten bestätigt. Am 14. April 2008 kündigte Georg Milbradt die Übergabe seiner Ämter als Regierungschef und Parteivorsitzender der sächsischen CDU an, die Stanislaw Tillich, ein Sorbe, übernahm. Die Landtagswahlen am 31. August 2014 führten zu folgender Sitzverteilung: CDU 59, Die Linke 27, SPD 18, AfD 14 und Grüne 8. Es kam zur Koalition aus CDU und SPD, Stanislaw Tillich (CDU) wurde erneut zum Ministerpräsident gewählt. Im August 2010 ließen starker Regen und der Bruch eines Staudamms in Polen die Neiße und weitere kleine Flüsse gewaltig anschwellen, im Südosten Sachsens wurde Katastrophenalarm ausgelöst.

In jüngster Zeit bekam Sachsen, vornehmlich Dresden, durch das fremdenfeindliche Bündnis Pegida oft negative Schlagzeilen. Stark besucht sind aber auch die Gegendemonstrationen. Bei der Bundestagswahl im September 2017 ging die AfD mit 27 Prozent als Sieger hervor, Stanislaw Tillich legte daraufhin alle politischen Ämter nieder. Nachfolger als Parteivorsitzender und Ministerpräsident wurde Michael Kretschmer. Bei der Landtagswahl am 1. September 2019 blieb die CDU mit 32,1 Prozent zwar stärkste Kraft, musste aber Verluste von 7,3 Prozent hinnehmen. Die AfD erreichte 27,5 Prozent, gefolgt von Die Linke mit 10,4 Prozent, den Grünen mit 8,6 Prozent und der SPD mit 7,7 Prozent. Die Regierung bildet erstmals ein Dreier-Bündnis aus CDU, SPD und Grünen. Michael Kretschmer wurde als Ministerpräsident wiedergewählt.Im Jahr 2017 wurden die Bergparaden und Bergaufzüge im Erzgebirge, die Pulsnitzer Blaudrucktechnik und die Porzellanmalerei in Meißen in das Bundesweite Verzeichnis des Immateriellen Kulturerbes aufgenommen. Seit 2019 stehen 22 Objekte des Bergbaus im Erzgebirge/Krušnohoří, davon 17 im sächsischen und 5 im tschechischen Teil des Erzgebirges auf der Welterbeliste der UNESCO.

Kunst und Kultur

Die Kunst- und Kulturlandschaft des Freistaates ist einzigartig. Kein anderes Bundesland kann mit einer solchen Fülle an Museen, Konzerthäusern und Bühnen aufwarten. Zu den bedeutendsten musealen Einrichtungen der Welt gehören die Staatlichen Kunstsammlungen Dresden mit ihren insgesamt 14 Museen. Der wirtschaftliche und kulturelle Reichtum der Vergangenheit ist besonders an vielen historischen Stadtkernen sichtbar, beispielsweise in Bautzen, Freiberg und Görlitz, Meißen und Pirna. Dafür stehen aber auch die großen spätgotischen Hallenkirchen wie in Annaberg, Schwarzenberg oder Görlitz, die vor allem ab Ende des 15. Jahrhunderts errichtet wurden. Vielfältig sind ebenfalls die Zeugnisse ländlicher Bauweise, unter denen die Umgebindehäuser in der Oberlausitz herausragen.

Musik und Theater

Sachsen ist ein Mekka der Musik. In Sachsen komponierte Heinrich Schütz mit »Daphne« die erste deutsche Oper, weitere von Richard Wagner und Carl Maria von Weber folgten. Johann Sebastian Bach hatte in Leipzig seine schaffensreichsten Jahre, in den 27 Jahren seiner Tätigkeit an der Thomaskirche brachte er hunderte von Kantaten, Motetten und die Johannespassion zu Papier. Musikgeschichte geschrieben haben in Sachsen ebenfalls Felix Mendelssohn Bartholdy und Robert Schumann.

Fast 800 Jahre singen die berühmten Knabenchöre, die Kruzianer in der Dresdner Kreuzkirche und die Thomaner in der Leipziger Thomaskirche. Der Kreuzchor gehört zur Identität von Dresden, er ist eine Institution. Ähnlich verhält es sich mit dem Thomanerchor in Leipzig, dem berühmte Kantoren wie Johann Sebastian Bach, Johannes Kuhnau und Johann Adam Hiller zu Weltruhm verhalfen.

Der Thomanerchor Leipzig

Inszenierungen auf höchstem Niveau: Semperoper Dresden

Weltruf besitzen auch die Dresdner Philharmonie sowie die 1550 gegründete Sächsische Staatskapelle, die seit etwa 300 Jahren auch in der Sächsischen Staatsoper Dresden, der berühmten Semperoper, spielt. Die Semperoper zählt wiederum zu den führenden Theatern der Welt. Nach den schweren Zerstörungen im Zweiten Weltkrieg wurde sie 1985 mit Webers »Freischütz« wiedereröffnet.

Zu den europäischen Spitzenorchestern gehört das Leipziger Gewandhausorchester, das älteste bürgerliche Konzertorchester der Welt. Robert Schumann wird in seiner Geburtsstadt Zwickau geehrt, aber auch in Leipzig, wo er viele Jahre tätig war. Johann Sebastian Bach und Felix Mendelssohn Bartholdy kann man ebenfalls in Leipzig besuchen. Bachs Denkmal steht vor der Thomaskirche, in der sich sein Grab befindet, nur wenige Schritte davon entfernt lädt das Bachmuseum ein. Die ehemaligen Wohnräume von Mendelssohn Bartholdy in der Goldschmidtstraße wurden zum Museum, sein Denkmal steht am Ring nahe der Thomaskirche.

Die Sächsin Friederike Caroline Neuber erneuerte mit ihrer Truppe im 18. Jahrhundert das Theater in den deutschen Ländern, »Mutter des deutschen Schauspiels« wird sie genannt. Der Kamenzer Gotthold Ephraim Lessing schrieb die Erfolgsstücke »Emilia Galotti«, »Nathan der Weise« und »Minna von Barnhelm«, Heinrich von Kleist hat in Dresden das »Käthchen von Heilbronn« und die Meisternovelle »Michael Kohlhaas« verfasst. »Ich bin ein Deutscher aus Dresden in Sachsen«, bekannte Erich Kästner in seinem Buch »Als ich ein kleiner Junge war«. Kästner, von den Nationalsozialisten mit Schreibverbot belegt, wuchs in der Dresdner Neustadt auf. Erich Loest, im sächsischen Mittweida geboren, vom DDR-Regime in Bautzen eingesperrt, bekam 1996 von seiner Heimatstadt Leipzig die Ehrenbürgerschaft verliehen. Der erfolgreichste sächsische Autor ist jedoch Karl May. Der Erfinder von Old Shatterhand und Winnetou wurde in Hohenstein-Ernstthal geboren, jahrelang lebte und arbeitete er in Radebeul bei

Dresden, wo er auch verstarb. Fast 100 Millionen Exemplare beträgt allein die deutschsprachige Gesamtauflage seiner Bücher. Auf der Freilichtbühne in Rathen, umrahmt von den Felsen der Sächsischen Schweiz, agieren in den Sommermonaten die Helden von Karl May.

Eine Besonderheit hat Sachsen mit dem Deutsch-Sorbischen Volkstheater in Bautzen zu bieten, das Stücke sowohl in deutscher als auch in sorbischer Sprache auf die Bühne bringt.

Architektur

Höhepunkte in der Baukunst gibt es viele in Sachsen. An erster Stelle rangiert wohl der Dresdner Zwinger, eins der berühmtesten Bauwerke Europas. »Römische Schauburg« nannte der Baumeister Matthäus Daniel Pöppelmann sein prachtvolles Werk. Ein wenig in den Schatten stellt ihn die Frauenkirche. Die steinerne Kuppel des im Zweiten Weltkrieg zerbombten und nach der Einheit wiederaufgebauten Gotteshauses prägt erneut die Silhouette der Elbestadt.

Zahlreiche Baumeister haben sich mit ihren Werken einen bleibenden Platz in der Geschichte der deutschen Baukunst gesichert: Arnold von Westphalen mit dem Großen Wendelstein an der Meißner Albrechtsburg, Nickel Grohmann mit der Schlosskirche von Torgau, Hieronymus Lotter mit dem Alten Rathaus in Leipzig und Schloss Augustusburg. Aus der Reihe der namhaftesten Baumeister sei noch Gottfried Semper erwähnt, von dem in Dresden das Opernhaus und das Gebäude der Gemäldegalerie Alte Meister stammen. Semperoper und Semper-

Vestibül der Semperoper in Dresden

Die Frauenkirche in Dresden

bau heißen beide kurz in der Kunstgeschichte. Die Hallenkirchen in Freiberg, Zwickau, Pirna, Annaberg, Schneeberg und anderen Städten mit kostbarer Innenausstattung bilden den Höhepunkt spätgotischen Bauens.

Der Zweite Weltkrieg hat manches an historischer Bausubstanz vernichtet, anderes verkam durch Vernachlässigung zu DDR-Zeiten. Aber trotz fehlenden Geldes und permanenten Materialmangels hat die DDR-Regierung manche der Sehenswürdigkeiten wieder errichten lassen, so den Zwinger und die Semperoper in Dresden. Vieles konnte jedoch erst nach der Einheit in Angriff genommen werden, darunter die größte baukünstlerische Leistung der jüngsten Vergangenheit, der Wiederaufbau der Frauenkirche in Dresden.

Blickpunkt in vielen Dörfern im mittleren Erzgebirge bilden wehrhafte Kirchen, in denen die Menschen Schutz vor brandschatzenden Soldaten suchten. In Dörnthal, Lauterbach und Großrückerswalde sind solche alten Wehrkirchen erhalten, die ab dem 16. Jahrhundert ihre Bedeutung als dörfliche Zufluchtsstätte verloren. In zahlreichen Kirchen erklingen Orgeln des berühmtesten sächsischen Orgelbaumeisters Gottfried Silbermann, deren Klang schon Johann Sebastian Bach rühmte. Die größte Silbermannorgel steht im Freiberger Dom.

Wie aus einer Spielzeugschachtel muten die für die Oberlausitz typischen Umgebindehäuser an, eine regionale Sonderform der Holzbauweise. Der in Blockbauweise errichteten Wohnstube aus Holz im Erdgeschoss ist ein Balkengefüge als tragendes Gerüst für das meist in Fachwerk errichtete Obergeschoss und die Dachkonstruktion wie eine Blendarkade vorgelegt. Ein Rundbogen verbindet je zwei Ständer miteinander, diese Bögen umrahmen die oft mehrfach unterteilten Fenster. Aufwendig gestaltete Türstöcke aus Granit oder Sandstein, hölzerne Verzierungen oder die gegen die Witterung nützlichen Schieferplatten verschönern die Häuser. Nur in wenigen Regionen der Erde befinden sich auf einer solch eng begrenzten Fläche wie in der Oberlausitz so viele Zeugnisse einer Volksarchitektur. Die Häuser stammen überwiegend aus dem 18. und 19. Jahrhundert. Das letzte Umgebindehaus – insgesamt soll es in der Oberlausitz noch etwa 3000 geben – wurde 1907 in Sohland gebaut.

Kleinode der Landschaftsgestaltung sind oftmals die Schlossgärten. Was Hermann Fürst von Pückler-Muskau in der ersten Hälfte des 19. Jahrhunderts in Bad Muskau geschaffen hat, gehört zu den vollendetsten Meisterwerken der Gartenkunst. Johann Wolfgang von Goethe soll es gewesen sein, der Pückler in Weimar durch den Park an der Ilm führte und ihm den Rat gab: »Verfolgen Sie diese Richtung, Sie scheinen Talent dafür zu haben.« Nach dem Tod des Vaters ging der junge Graf – gefürstet wurde er erst 1822 – daran, seine große Vision in Muskau umzusetzen. Er schuf eine gestaltete Landschaft, die ihresgleichen sucht.

Bildende Kunst

Zu den eindrucksvollsten Leistungen der bildenden Kunst zählen das im 13 Jahrhundert entstandene Skulpturenportal »Goldene Pforte« des Freiberger Doms und die Skulpturen von Balthasar Permoser am Dresdner Zwinger. Zu den großen bildenden Künstlern gehört der Leipziger Bildhauer, Maler und Grafiker Max Klinger, dessen bedeutendstes bildhauerisches Werk, das Beethoven-Denkmal, im Leipziger Gewandhaus seinen Platz bekam. Bemerkenswerte Leistungen auf dem Gebiet der Malerei haben zu DDR-Zeiten die Leipziger Werner Tübke, Wolfgang Mattheuer und Bernhard Heisig erzielt.

Der Italiener Bernardo Bellotto, genannt Canaletto, malte zur Zeit Augusts II. in Dresden, später Anton Graff, der bedeutendste Porträtmaler Deutschlands in der Zeit der Aufklärung. Caspar David Friedrich, der sein Kunstprogramm mit den Worten »Ein Bild muß nicht erfunden, sondern empfunden sein« umriss, verbrachte 48 Jahre seines Lebens in Dresden. Durch seine Bilder erwarb sich Adrian Ludwig Richter den Ruf eines Entdeckers der Umgebung von Dresden. Kunstgeschichte schrieb Anfang des 20. Jahrhunderts die expressionistische »Brücke«, mit der der Aufbruch in die Moderne in Deutschland begann. Zu der Künstlergruppe hatten sich die aus Chemnitz stammenden Architekturstudenten Erich Heckel, Ernst Ludwig Kirchner, Karl Schmidt-Rottluff und der aus Zwickau stammende Fritz Bleyl 1905 zusammengeschlossen. Arbeiten von »Brücke«-Künstlern, die in der Zeit der Nationalsozialisten verfemt waren und die man aus den deutschen Museen entfernte, besitzen die Galerie Neue Meister im Dresdner Albertinum, das Museum der bildenden Künste in Leipzig, die Städtischen Kunstsammlungen Zwickau und in Chemnitz die Städtischen Kunstsammlungen und das Museum Gunzenhauser.

Künstlerische Glanzleistungen vollbrachte der Dresdner Hofgoldschmied Johann Melchior Dinglinger. Seine schönsten Arbeiten sind im Grünen Gewölbe zu bewundern, auch das Schaustück »Der Hofstaat zu Delhi am Geburtstag des Großmoguls Aureng-Zeb«. Sieben Jahre lang arbeitete Dinglinger mit seinen bei-

Harlekin mit Deckelkanne von Johann Joachim Kaendler, 1764

den Brüdern und 14 Gehilfen an dem aus 137 goldenen, farbig emaillierten Figuren bestehenden Werk. Über 500 Diamanten, Smaragde, Perlen und Rubine haben sie verarbeitet. Zum Weltruhm der Meissener Porzellanmanufaktur trugen wesentlich die Leistungen von Johann Gregorius Höroldt (1696–1775) bei, dem bedeutenden Dekorgestalter des 18. Jahrhunderts, der als Schöpfer der europäischen Porzellanmalerei gilt, und von Johann Joachim Kaendler (1706–1775), dem großen Porzellanmodelleur zur Zeit August des Starken.

Adam Ries

Berühmte Persönlichkeiten

Nicht wenige Menschen aus Sachsen gelangten zu Ruhm, weil sie Herausragendes schufen. Einige wurden hier geboren, andere ließen sich hier nieder. Etliche der Wohn- und Wirkungsstätten dieser Persönlichkeiten aus Kunst und Technik sind heute Museen. Hier sind einige dieser berühmten Leute in der Reihenfolge ihres Geburtsjahres:

Adam Ries – der große Rechenmeister

Der Silberbergbau hat Ries (1492–1559) vermutlich in das sächsische Städtchen Annaberg gelockt. In den aufstrebenden und reichen Bergstädten fand er ein reiches Betätigungsfeld auf mathematischem Gebiet. Wie zuvor in Erfurt, wo er von 1518 bis 1522 gelebt hatte, gründete Ries auch in Annaberg eine private Rechenschule. Seine Schüler – Kinder und Erwachsene gleichermaßen – benutzten die von ihm verfassten methodischen Rechenbücher. Vor allem sein Buch »Rechnung auf der Linien und Federn« war weit verbreitet und teilweise noch im 18. Jahrhundert in Gebrauch, es erlebte 108 Auflagen. Adam Ries hat die Rechenkunst vereinfacht, er wollte mithelfen, dass »der arme gemeyne man nicht übersetzt (betrogen) wurde.« Ries schrieb seine Rechenbücher in deutscher Sprache, damit sie jeder verstehen konnte, denn das damals weithin verbreite Latein beherrschten die einfachen Menschen nicht. Er ersetzte auch die bis dahin gebräuchlichen römischen Ziffern durch die heute üblichen arabischen.
→ *Adam-Ries-Museum, Annaberg-Buchholz, S. 337*

August der Starke – der Hufeisenverbieger

Um den berühmtesten Kurfürst aus dem Hause Wettin ranken sich unzählige Sagen, er wird als Draufgänger bezeichnet, seine Leibeskräfte werden in den schillerndsten Farben gepriesen, was Friedrich August I. (1670–1733) den Beinamen der Starke einbrachte. Als Kind habe er Löwenmilch getrunken, wussten die einen zu berichten, andere wollen dabei gewesen sein, als er silberne Teller wie Papier

August der Starke

zusammengerollt und mit bloßen Händen Hufeisen zerbrochen habe. Auch im Bett soll der Monarch ein Kraftprotz gewesen sein, 354 Kinder werden ihm angedichtet. Wissenschaftler haben in den Archiven gewühlt, Chroniken und andere Urkunden zur Hand genommen und festgestellt: Neun legitimierte Kinder hatte August der Starke, darunter einen ehelichen Sohn. Für den Thron war der 1670 geborene Prinz nicht bestimmt, denn er war nur der zweitgeborene Sohn von Kurfürst Johann Georg III. Als sein älterer Bruder sechsundzwanzigjährig an den Blattern starb, hinterließ der keinen rechtmäßigen Erben, nur eine unehelich geborene Tochter. Das war die Stunde für Friedrich August. Mit 24 Jahren wurde er unerwartet Kurfürst von Sachsen, in wenigen Jahren machte er Sachsen zu einem der bedeutendsten Länder Europas. 1727 starb seine Gemahlin Christiane Eberhardine mit 55 Jahren, sechs Jahre später vollendete sich das Leben Augusts des Starken in Warschau. Beigesetzt wurde er im Dom zu Krakau, sein Herz kam in einer silbernen, innen vergoldeten Kapsel nach Dresden und befindet sich in der Kathedrale St. Trinitatis.
→ *Residenzschloss Dresden, S. 83*

Gräfin Cosel – machtbesessene Mätresse

Die kluge und schöne Anna Constantia von Brockdorff (1680–1765) war 1703 als 23-Jährige nach Dresden gekommen. August der Starke wählte sie zur Mätresse, als solche wurde sie zur Reichsgräfin von Cosel und rasch zur ersten Dame des Dresdner Hofes. Die Cosel war, so Zeitberichte, eine Frau voller Schönheit, Anmut und Charme. Der Kurfürst vermachte ihr pompöse Geschenke, ließ für sie unweit des Schlosses das Taschenbergpalais errichten und schenkte ihr Schloss Pillnitz. Drei Kinder gebar sie dem Kurfürsten, für die er stets sorgte: 1708 Auguste Cons-tantine Gräfin von Friesen, 1709 Friederike Alexandrine von Cosel, 1712 Friedrich August von Cosel. Als die Reichsgräfin mit dem Kur-

Gräfin Cosel

fürsten nicht mehr nur das Bett teilen wollte, als sie zu intrigant und ehrgeizig geworden war, fiel sie 1713 in Ungnade. Die Cosel ließ sich aber nicht abservieren, sie bestand auf ihren Rechten, wollte das schriftliche Eheversprechen nicht herausgeben. Verzweifelt floh sie nach Preußen. In Halle ergriffen sie schließlich die Häscher Augusts des Starken und brachten sie auf Schloss Nossen. Weihnachten 1716 kam die Cosel auf die Burg Stolpen. Auch nach dem Tod Augusts des Starken erlangte sie nicht die Freiheit, lediglich die Haftbedingungen lockerten sich. 49 Jahre, bis zu ihrem Tod, verbrachte die Cosel auf der Burg. → *Burg Stolpen, S. 122*

Johann Friedrich Böttger

Johann Friedrich Böttger – der Porzellanerfinder

»Tu mir zurecht Böttger, sonst …« drohte August der Starke dem Alchimisten Johann Friedrich Böttger (1682–1719), als dieser ihm immer noch kein Gold präsentieren konnte. Ob aus Angst vor seinem Kurfürsten oder aus Freude am Experimentieren – der Apothekergehilfe gönnte sich fast keine Pause. Schließlich konnte Böttger mit Graf Ehrenfried Walther von Tschirnhaus an der Seite glückstrahlend eine Formel notieren. Es war allerdings nicht die von August dem Starken erhoffte, sondern die für das »weiße Gold«, für das europäische Porzellan. Der Alchimist Böttger war über Nacht zur bestbewachten Person Sachsens geworden, niemand sollte die Porzellanformel erfahren. Auf der Albrechtsburg wurde eine Porzellanmanufaktur eingerichtet, die erste in Europa, Böttger unter strenger Bewachung dorthin gebracht. 1713 reiste das erste Porzellan von Meißen aus zur Leipziger Ostermesse, ein Jahr später bekam Böttger seine Freiheit zurück. Vorher musste er seinem Monarchen schriftlich versichern, das Produktionsgeheimnis nicht zu verraten. Nur wenige Jahre konnte Böttger seinen Ruhm genießen, er starb, durch Gefangenschaft und Laboratorium gesundheitlich stark angegriffen, im Alter von nur 37 Jahren. Zehn Tage später wurde er »ohne jeden Aufhebens« bestattet, sein Grab hat sich nicht erhalten. → *Porzellanmanufaktur Meissen, S. 43, 149*

Johann Sebastian Bach – der geniale Musiker

»Nicht Bach, sondern Meer sollte er heißen, wegen seines unendlichen, unerschöpflichen Reichtums von Tonkombinationen und Harmonien!« urteilte Ludwig van Beethoven über seinen Komponisten-Kollegen. Seine bedeutendsten Werke – die Johannespassion, die Matthäuspassion und das Weihnachtsoratorium – schrieb er in Leipzig. Dort wirkte Bach (1685–1750) seit 1723 als Thomaskantor. 27 Jahre lang bewohnte er mit seiner Familie die Kantorenwohnung in der nur wenige Schritte entfernten, nicht mehr vorhandenen Thomasschule. Bach war nicht nur ein herausragender Komponist und exzellenter Kantor, sondern auch ein

Johann Sebastian Bach

Karl Stülpner

Orgelexperte. Das musikalische Erbe bewahrten Bachs Söhne und seine Schüler. Mit der Aufführung der Matthäuspassion durch Felix Mendelssohn Bartholdy 1829 fand die Wiederentdeckung Bachs statt. Neun seiner 20 Kinder aus zwei Ehen überlebten den Vater, die Söhne Wilhelm Friedemann, Carl Philipp Emmanuel, Johann Christoph Friedrich und Johann Christian wurden ebenfalls erfolgreiche Komponisten. Am Ende seines Lebens war Bach erblindet, verstorben ist er nach einem Schlaganfall. → *Bach-Museum Leipzig, S. 241*

Karl Stülpner – Robin Hood des Erzgebirges

Die Obrigkeit konnte Karl Stülpner (1762–1841), den Robin Hood des Erzgebirges, trotz hoher Kopfprämien nicht fassen, die einfachen Menschen schützten und verbargen ihn. Stülpner, der als siebtes Kind eines armen Mahlburschen zur Welt kam, wurde mit 16 Jahren Soldat. Nach 1794 lehnte er sich gegen die Obrigkeit auf, vor allem gegen die feudalen Jagdgesetze. Er wurde zum Raubschütz, wie die Adligen es nannten, denen das Jagdrecht allein gehörte. Die Bauern im Erzgebirge litten damals sehr unter dem Wildreichtum, so war es ihnen recht, wenn Stülpner Wildschweine, Hirsche und Hasen schoss und ihnen sogar noch Fleisch und Felle vor die Haustür legte.

1795 belagerte er mit Gleichgesinnten die Burg Scharfenstein, danach wurde er steckbrieflich gesucht. Verarmt und fast erblindet nahm ihn 1839 seine Heimatgemeinde auf. Der Gemeinderat beschloss, ihn »alle acht Tage von Hauß zu Hauß zu schicken, wo ein jeder Hauswirth verbunten ist, Stilpner acht Tage lang behalten muß«.

Stülpners Abenteuer dienten Genera-tionen von Schreibenden als Stoff für legendenhaft verklärte Erzählungen, Romane und Theaterstücke. Bereits 1835, also noch zu Lebzeiten des Wildschützen, erschien ein Stülpner-Buch des Zschopauer Lehrers Carl Schönberg. Fast die gesamte Auflage beschlagnahmten die königlichen Behörden. Den erfolgreichsten Stülpner-Roman »Der Sohn der Wälder« schrieb 1922 Kurt Arnold Findeisen. → *Museum sächsisch-böhmisches Erzgebirge, Marienberg, S. 347, Burg Scharfenstein, S. 348*

Fürst Pückler-Muskau – kreativer Gartengestalter

Hermann Fürst von Pückler-Muskau (1785 – 1871) war einer der bedeutendsten Gartenarchitekten des 19. Jahrhunderts, aber auch eine der schillerndsten Persönlichkeiten seiner Zeit. Um Lucie, der wohlhabenden Tochter des Staatskanzlers Karl August von Hardenberg zu imponieren, paradierte er in Berlin in einer von vier Hirschen gezogenen Kutsche die Straße Unter den Linden entlang. Mit Erfolg: Lucie vertraute ihm ihr Geld an, das Pückler mit leichter Hand ausgab. In England kaufte er Stühle, in Paris antike Gipsabdrücke, »so daß wir künftig etwas hier in Muskau haben werden, was auf dem Land einzig ist,« schrieb er seiner späteren Frau. 1826 war er finanziell am Ende, Lucie, seine »Schnucke«, hatte die geniale Idee, ihr Hermann solle nach England reisen und sich dort eine Millionärin angeln. Das Paar ließ sich pro forma scheiden. In England absolvierte Pückler nach eigenen Angaben 1400 Morgenvisiten in acht Monaten, ausführlich davon berichtete er in Briefen an Lucie. Der Ruf als »toller Pückler«, den er seit seiner Leipziger Studienzeit innehatte, war dem Fürsten vorausgeeilt, die englische Damenwelt amüsierte sich über den Hasardeur. Als er 1829 unverrichteter Dinge nach Muskau zurückkehrte, lagen seine aus England geschickten Briefe als Buch da, Lucie hatte sie unter dem Titel »Briefe eines Verstorbenen« drucken lassen. Zahlreiche weitere Bücher folgen. Keine reiche Frau, sondern die Schriftstellerei verhalf dem Fürsten wieder zu Geld. → *Neues Schloss, Bad Muskau, S. 172*

Robert Schumann – der Schöpfer der »Träumerei«

»Ich bin in Zwickau geboren am 8ten Juni 1810… Ich war fromm, kindisch und hübsch, lernte fleißig …«, das schrieb Robert Schumann (1810 – 1856) als 15-Jähriger. Das Manuskript wird im Robert-Schumann-Haus in Zwickau aufbewahrt, das das Werk des Tondichters pflegt. Schumann gilt als eine der Musikerpersönlichkeiten des 19. Jahrhunderts. Nach dem Jurastudium wandte er sich ganz der Musik zu. Eine Fingerlähmung bereitete jedoch der Pianistenlaufbahn ein Ende.

Bis 1839 komponierte Schumann ausschließlich Klavierwerke, darunter die berühmte »Träumerei«. Danach schuf er vor allem Lieder, ein Drittel seiner

Hermann Fürst von Pückler-Muskau

Robert Schumann

Kompositionen entstand in Dresden, darunter die große C-Dur-Sinfonie. In der Vertonung von Heines Gedicht »Die beiden Grenadiere« lässt er, beeindruckt von den Revolutionsereignissen 1848/49, Motive der Marseillaise anklingen. 1850 folgt Schumann, seit 1840 mit der bekannten Pianistin Clara Wieck verheiratet, dem Ruf Düsseldorfs als Städtischer Musikdirektor, sechs Jahre später stirbt er an einer Nervenkrankheit. Sein großer Kollege Franz Liszt äußerte über ihn: »Als Mensch fühlte er den Drang, Schriftstellertum und Musik zu verbinden – als Musiker das Bedürfnis, die Geschichte der Musik mit denen der Poesie und Literatur in immer engere Verbindungen zu bringen.« → *Robert-Schumann-Haus, Zwickau, S. 306*

Karl May

Karl May – der Bestsellerautor

Die rund 80 Bücher von Karl May (1842–1912) wurden in 43 Sprachen übersetzt. Die Helden heißen Winnetou und Old Shatterhand. Abenteuerwelt oder historische Wahrheit? »Ich bin wirklich Old Shatterhand«, schrieb May 1887 in einem Brief, »und ich habe erlebt, was ich erzähle«. Schon lange ist jedoch erwiesen: Mays Beschreibungen des Wilden Westens sind frei erfunden und ein Produkt seiner Phantasie. Erst 1908 besuchte er Nordamerika, als seine Helden schon weithin bekannt waren. Viele Prozesse musste May durchstehen, den letzten gewann er ein Jahr vor seinem Tod. Vielfach ging es um den Vorwurf des Schreibens »abgrundtiefer unsittlicher« Dinge und meist wurde auch in Mays Leben gekramt. Das war in den ersten Jahrzehnten nicht besonders geradlinig verlaufen, mehrfach wurde er als Hochstapler und Betrüger verhaftet und verurteilt. Zu seiner Beerdigung kam auch eine Indianerdelegation. Der Sioux-Häuptling Susetscha Tanka sagte am Grab von Karl May: »Uns steht keiner so nahe wie du, dessen Lebenswerk eine einzige Verherrlichung der Tugenden des roten Mannes ist.« → *Karl-May-Haus Hohenstein-Ernstthal, S. 299, Karl-May-Museum Radebeul, S. 119.*

Wilhelm Ostwald – Sachsens Nobelpreisträger

»Ostwald wird ein Stern erster Größe auf dem Grenzgebiet zwischen Chemie und Physik«, prophezeite 1881 der Chemieprofessor Schmidt von der Universität Dorpat (heute Tartu, Estland). Im selben Jahr wurde der erst 28-jährige Wilhelm Ostwald (1853 – 1932) als Professor nach Riga berufen. Nach der Rückkehr aus den USA, wo er an der Harvard-Universität lehrte, siedelte er nach Großbothen über, um sich freier Forschungstätigkeit zu widmen. 1909 wurde ihm der Nobelpreis für Chemie verliehen. Georg Bredig, einer seiner Schüler, hatte im Vorschlag an das Nobelpreiskomitee geschrieben: »Ostwalds Bedeutung besteht weniger in einer wichtigen Einzelentdeckung, sondern dem ungeheuren allgemeinen Einfluss, den er auf die Entwicklung der modernen Chemie gehabt hat …« Dennoch gab es eine herausragende wissenschaftliche Einzelleistung: die naturgesetzliche Klärung des Katalyse-Begriffs. Ostwald verfasste 45 Lehr- und Handbücher und etwa 10 000 fachliche Kurzreferate und Buchbesprechungen. Das von ihm aufgebaute Farbsystem lehrte man an den sächsischen Volksschulen, die Porzellanmanufaktur Meissen sowie Textilunternehmen kennzeichneten die Farben ihrer Muster mit »Wilhelm-Ostwald-Normen«. → *Wilhelm-Ostwald-Park Großbothen, S. 275*

Wilhelm Ostwald

August Horch – Automobilpionier

Bereits als Zehnjähriger soll August Horch ein Dreirad gebaut haben, wird erzählt. 28 Jahre später ließ der Name August Horch (1868 – 1951) zum ersten Mal aufhorchen. Der Horch Phaeton der August Horch&Cie. Motorwagenwerke AG aus Zwickau errang bei der 2. Herkomer-Fahrt den Sieg. Das Rennen führte über 1647 Kilometer von Frankfurt über Wien nach München. Wegen Differenzen mit dem Vorstand gründete Horch ein neues Unternehmen. Ein neuer Name musste her. Der Sohn eines Freundes soll vorgeschlagen haben, den Imperativ von Hören (horch) ins Lateinische zu übersetzen und der lautet: Audi. So entstanden in Zwickau die Audi Automobilwerke GmbH, später dann AG Zwickau. 1932 wurde die Auto-Union AG gegründet, das Unternehmen mit den vier Ringen. Audi, DKW, Horch und Wanderer schlossen sich zusammen. August Horch, der sich aus dem aktiven Ingenieursleben zurückgezogen hatte und als freiberuflicher Kraftfahrzeug-Sachverständiger wirkte, wurde in den Aufsichtsrat berufen.

August Horch 1905

1937 kam seine Autobiographie »Ich baute Autos« auf den Markt. Er ist Ehrenbürger Zwickaus sowie seiner Geburtsstadt Winningen an der Mosel und Ehrendoktor der Technischen Hochschule Braunschweig. In Sachsen wird August Horch als »Vater des sächsischen Automobilbaus« verehrt. → *August-Horch-Museum Zwickau, S. 307*

Jens Weißflog – der Skisprungkönig vom Fichtelberg

Mit vier Siegen bei der Internationalen Vierschanzentournee, 33 Weltcupsiegen und vier Medaillen bei Olympischen Spielen gilt er als Deutschlands erfolgreichster Skispringer aller Zeiten: Jens Weißflog (geboren 1964) aus Oberwiesenthal. »Er ist der Paradespringer meiner Trainerzeit«, äußerte nach dem Gesamtsieg in Bischofshofen 1996 der damalige Bundestrainer glücklich. Und der Cheftrainer der Österreicher fügte hinzu: »Jens ist der größte Skispringer aller Zeiten. Sensationell, wie er sich immer wieder aus Tiefs herausgearbeitet hat.« Geboren wurde Weißflog im erzgebirgischen Pöhla, nicht weit von seinem heutigen Wohnort Oberwiesenthal entfernt, der ihn zum Ehrenbürger ernannte. 1977, im Alter von 15 Jahren, war Jens in Oberhof bereits 113 Meter weit geflogen. Zwischen 1989 und 1991, als sich die Springer der Welt vom Parallel-

Jens Weißflog

auf den V-Stil umstellten, schien die sportliche Karriere des von Verletzungen geplagten Weißflog am Ende zu sein. Doch er schaffte mit einer beispielhaften Zähigkeit nicht nur den Anschluss an die Weltelite, sondern er setzte sich sogar wieder an deren Spitze. Auf dem Höhepunkt seiner Karriere trat er 1996 ab, den Abschluss bildete sein 31. Weltcupsieg in seinem 31. Lebensjahr. Am 15. Juni 1996 stieg der weltbeste Skispringer nochmals die Fichtelbergschanze hoch, um sich von seinen Fans zu verabschieden, die Skisprungelite von einst und jetzt nahm an dem Riesenspektakel am Fichtelberg teil. → *Museum im Wiesenthaler K3, Oberwiesenthal, S. 342*

Essen und Trinken

Sachsen hat keine einheitliche Küche, jeder Landstrich weist Besonderheiten auf, die Vielfalt reicht von herzhaft-deftig bis zu zuckersüß. Die Vogtländer warten mit vorzüglichen Klößen auf, die Leipziger mit ihrem berühmten Allerlei, die Lausitzer mit Plinsen. Und Dresden wurde mit dem Christstollen weithin bekannt.

Getränke

Eins mögen alle Sachsen, frischgebrühten Kaffee, ihr Nationalgetränk, das ihnen zum Spitznamen »Kaffeesachsen« verhalf. »Heeß« muss er sein und süß, so lieben sie ihn. Ist er schwach, schlecht gebrüht, wird er als Muckefuck, Lorke oder Plempe bezeichnet. Wer das Gerücht vom »Bliemchengaffee« aufgebracht hat – der so dünn sei, dass man das Blümchenmuster am Tassengrund erkennen könne – konnte bis heute nicht geklärt werden. Zugeschoben wird es den Preußen, die neidvoll zu den kaffeeschlürfenden Sachsen schauten, weil ihnen ihr König Friedrich II. den Kaffeegenuss strikt untersagt hatte. Bereits Johann Sebastian Bach widmete dem Kaffee, der »lieblicher als tausend Küsse« schmecke, seine berühmte Kaffeekantate.

Beliebt ist auch Bier, bekannte Marken sind Wernesgrüner und Radeberger. Die Radeberger Brauerei war ab 1905 sogar königlich-sächsischer Hoflieferant, verbürgt ist auch, dass die nachfolgenden Regierungen bis zur letzten DDR-Regierung das Radeberger bevorzugten. Aber auch das in Görlitz gebraute Landskron-Bier hat Liebhaber und ebenso das Eibauer Schwarzbier, das hinter den Landesgrenzen Sachsens allerdings kaum bekannt ist. In Eibau begann das Bierbrauen 1810, als Sachsenkönig Friedrich August I. Eibau als Standort für die erste Landbrauerei im Raum Zittau bestätigte.

Ein spezielles regionales Getränk ist die Gose, ein obergäriges, leicht säuerliches Weißbier, das in Leipzig gebraut und ausgeschenkt wird. Ursprünglich kam dieses Bier aus Goslar nach Leipzig, benannt ist es nach dem dortigen Flüsschen Gose. Auch regionale Weine gibt es, was viele nicht wissen: An der Elbe von Pirna über Meißen bis Diesbar-Seußlitz erstreckt sich das Weinanbaugebiet, die hier gekelterten trockenen Weine sind begehrt, die Anbauflächen aber klein. Meißner Weine sind deshalb Raritäten und gehören zu den teuersten Weinen Deutschlands. Wer den Abschied von Sachsen stilvoll begehen möchte, greift zum Sekt aus Radebeul, dem »Schloss Wackerbarth«, der schon seit 1836 hergestellt wird.

Regionale Spezialitäten

Wer nach Sachsen reist, sollte wissen, was sich hinter den regionalen Spezialitäten verbirgt, beispielsweise, dass das Leipziger Allerlei kein Eintopf ist, sondern eine aus vielen zarten Frischgemüsen bestehende Beilage, die zum Hauptgericht gereicht wird, traditionell zu Schnitzel mit Kartoffeln. Das echte Leipziger Allerlei besteht nur aus frischem gegarten Gemüse der Jahreszeiten und einem Flusskrebs obenauf. Und die Plinsen in der Lausitz? Die bestehen aus Eierkuchenteig, der in die heiße Pfanne gegossen und beidseitig goldgelb gebacken wird. Serviert werden die Plinsen mit Apfelmus und einem Sahnehäubchen, mit Marmelade, zerlassener Butter oder mit Zucker und Zimt.

Die Kartoffel – von den Vogtländern Erdäpfel genannt – spielt in der Küche Sachsens eine große Rolle, denn die Sachsen haben sie um 1647 als erste in Deutschland angebaut, behaupten sie. Im Erzgebirge und Vogtland, wo der dürftige Boden und das raue Klima nicht viel hergaben, wurde sie rasch zum Hauptnahrungsmittel. Ein Hans Wolf aus Würschnitz soll die ersten Knollen aus Amsterdam mitgebracht und in seinem Hausgarten angepflanzt haben. Die Klöße, der Vogtländer sagt mundartlich Griegeniffte dazu, bestehen aus geriebenen rohen Kartoffeln, deshalb werden sie auch als grüne oder rohe Klöße bezeichnet; nur selten werden etwas gekochte Kartoffeln beigemischt. Dazu reicht man viel Brieh (Soße) und Sauerbraten, aber auch Rouladen, Hasenbraten oder Geflügel. Gute Köche orientieren sich bei der Kloßqualität noch heute an dem, was am 16. Januar 1898 in der Zeitung »Vogtländischer Anzeiger und Tageblatt« zu lesen war: »Ein richtiger Kloß muß so groß sein wie ein kleiner Kindskopf, hellgrau aussehen und was die Hauptsache ist, er muß in der Schüssel zittern.« Grüne Klöße sollen 20 Minuten in Salzwasser köcheln und »dann gleich auf den Tisch kommen und gegessen werden, denn durch das Stehen werden sie hart.« Wird der Kloßteig in der Pfanne gebacken, ergibt das Glitscher, der Vogtländer sagt Bambes dazu.

Wenn der Sachse zum Senf greift, dann meist zu dem aus Bautzen. An der Rezeptur des Mittelscharfen hat sich seit DDR-Zeiten nichts geändert, mittlerweile hat er in den neuen Bundesländern einen Marktanteil von 70 Prozent. In Bautzen gehört er heutzutage sogar zum Tourismus, während man beispielsweise

Dresdner Stollen

Teichfischer in der Oberlausitz

das Erzgebirge mit einem Nussknacker oder Räuchermännchen als Souvenir verlässt, sind es in Bautzen Gläser voller Senf. Gekauft in den beiden Senfläden in der Heringstraße und am Fleischmarkt, die ein breites Sortiment anbieten.

Suppen mit viel Gemüse rangieren in Sachsen ganz vorn, sämig macht man sie durch die Beigabe pürierter Kartoffeln. Mit zahlreichen Zutaten wie Äpfel, Gemüse, Eier, Gurke oder Fisch wird der Kartoffelsalat zubereitet. Beliebt sind saure Eier in Specksoße, aber auch die sauren Flecke, ein süßsaures Gericht aus kleingeschnittenen Rindsmagen und Kartoffelstückchen, das mit Äpfeln gekocht und mit Speckgrieben abgeschmeckt wird.

Im Vogtland sollte man Karpfen probieren, der hier mit viel Gemüse in Bier gedünstet wird, dazu werden Rotkraut und Kartoffeln gereicht. Wer frischen Fisch mag, Karpfen, Zander, Hecht, Wels und Stör, fährt von Ende September bis Ende Oktober zu den Lausitzer Fischwochen. Die Oberlausitz ist mit rund 1000 Teichen Deutschlands größtes bewirtschaftetes Teichgebiet. Man darf beim Einholen der »Ernte des Jahres«, dem Abfischen, zuschauen und die sich an den Fischwochen beteiligten Restaurants haben in dieser Zeit mindestens drei Gerichte aus einheimischem Fisch auf der Speisekarte stehen.

Süßes

Eine beliebte sächsische Süßspeise sind die Quarkkeulchen, die aus zwei Drittel geriebenen Pellkartoffeln und einem Drittel Magerquark, Eiern und Mehl bestehen. Verfeinert werden sie mit Zucker, Zimt, Vanillezucker sowie abgeriebener Zitronenschale, oftmals kommen auch Rosinen dazu. Die Quarkkeulchen, in Form und Größe den Kartoffelpuffern ähnelnd, werden in Butterschmalz goldbraun gebraten und mit Zucker oder Apfelmus serviert. Köstlich schmeckt im Vogtland der mit Zucker und Zimt bestreute Aardäppelkuchn, vor allem, wenn er noch warm ist. Zum Nachtisch empfiehlt sich in der Heimat von Hermann Fürst von Pückler-Muskau das nach ihm benannte Eis aus fruchtigen Schichten halb-

Leipziger Lerche

gefrorener Sahne. Der Fürst war zwar sehr kreativ, doch das Eis geht nicht auf sein Konto. Ein pfiffiger Konditor benannte es aus Werbegründen nach dem Fürsten, der gegen diesen unverhofften Popularitätsstoß nichts einzuwenden hatte.

Sitzen Sachsen am Nachmittag gemütlich zusammen, greifen sie gern zu Dresdner Eierschecke oder Leipziger Lerchen. Die Eierschecke ist ein Hefeblechkuchen, der mit einem dicken Quarkbelag und einer dicksämigen, unter anderem aus saurer Sahne, Eiern und Vanillezucker bestehenden Mischung bestrichen wird. Leipziger Lerchen sind eine Variante des Makronentörtchens aus Mürbeteig, die man mit einer Masse aus geriebenen Mandeln, Nüssen und Erdbeerkonfitüre füllt. Verziert sind die Lerchen mit zwei überkreuzten Teigstreifen.

Zur Weihnachtszeit wird zum Kaffee Stollen gegessen, das ist in allen sächsischen Gebieten so. Vielerorts wird der Teig noch heute in der Wohnung nach alten Familienrezepten mit viel Mandeln und Rosinen zubereitet, backen lässt man ihn allerdings beim Bäcker. Kleinlich sind die Hausfrauen auch bei der Quantität nicht – der letzte Stollen wird oft zu Ostern angeschnitten. Der Dresdner Christstollen wird gut verpackt in alle Welt verschickt. Historiker haben herausgefunden, dass in einer im Ratsarchiv aufgefundenen Akte von 1530 Christstollen genannt werden, andere behaupten, seine Geschichte lasse sich bis um das Jahr 1400 zurückverfolgen. Seine Form, so meint man, weise auf ein in Windeln gewickeltes und in einer Krippe liegendes Christkind hin. Der echte Dresdner Stollen kommt natürlich nur aus Dresden, um das kenntlich zu machen, haben sich 1991 über 100 Backwarenbetriebe zum Schutzverband »Dresdner Stollen« zusammengeschlossen. Die von ihnen hergestellten Stollen tragen als Gütesiegel den Goldenen Reiter auf dem Etikett – nur die so markierten sind also echte Dresdner Stollen.

Zwischen den Hauptmahlzeiten greift der Sachse zur »Bemme« oder dem »Bemmchen«. Das sind zwei mit Butter oder Margarine bestrichene Brotscheiben, die mit Wurst oder Käse belegt und zusammengeklappt werden. Hat man zu viel gegessen, sollte man zur Verdauung einen Kräuterlikör trinken, vielleicht den aus Altenberg, der aus 33 verschiedenen Blüten, Blättern und Wurzeln entsteht.

EXTRA

Weine von den Elbhängen

Seit rund 1000 Jahren baut man an den Hängen des Elbtals zwischen Pillnitz und Diesbar-Seußlitz Wein an. Die Böden sind hier fruchtbar, die Sonne verwöhnt die Gegend mit einer durchschnittlichen Sonnenscheindauer von 1500 bis 1700 Stunden im Jahr, und das Klima ist bis in den Herbst hinein mild – alles ideale Bedingungen für den Anbau von Wein. Die Elbe und einer der schönsten Radwege Deutschlands an ihren Ufern verbinden die idyllischen Weindörfer.

Die Meißner Bischöfe sollen die ersten gewesen sein, die Wein von den Elbhängen genossen haben. Um 1250 stand der Weinbau, wenn man den Annalen glauben darf, bei dem Dorf Zadel in voller Blüte und breitete sich von hier rasch aus. Der Dresdner Hof schenkte dem Weinanbau große Aufmerksamkeit, doch selbst trank man keine sächsischen Weine. Das war nicht standesgemäß. Einheimische Weine standen bei den höheren Bediensteten und dem Bürgertum auf dem Tisch. 1588 erließ man sogar eine für ganz Sachsen geltende Weinbergsordnung. Die bestimmte unter anderen, dass Steine aus den Weinbergen gelesen werden mussten. Das erklärt die kleinen Steinhalden, die noch heute vielfach an den Weinbergrändern zu sehen sind.

Ende des 19. Jahrhunderts endete der Weinbau schlagartig, als die bis dahin völlig unbekannte Reblaus die Rebstöcke massenhaft befiel. In den folgenden Jahrzehnten wurden viele Weinberge verkauft, als Bauland genutzt oder mit Obstbäumen bepflanzt. Als es reblausresistente Pfropfreben gab, begann in den 1920er Jahren eine Wiederaufrebung, die sich ab etwa 1970 fortsetzte. Vor allem nach der Einheit wuchsen die Rebflächen. Dennoch ist das Anbaugebiet vergleichsweise klein, Weine von den Elbhängen sind deshalb rar und wegen ihrer Qualität begehrt. Die Weine vom Elbtal gelten als trocken, durchgegoren, ohne Restzucker mit fruchtiger Säure.

Entlang der Sächsischen Weinstraße werden von den Winzern bevorzugt angebaut:

Müller-Thurgau: Die Rebe ist nach dem Schweizer Hermann Müller aus dem Kanton Thurgau benannt, der sie 1882 aus einer Kreuzung zwischen Riesling und Silvaner gewann. Sie wird früh reif, besitzt eine feine dezente Muskatnote und rangiert im Elbtal an erster Stelle.

Elbhänge mit Weinreben

Riesling: Eine der ältesten Rebsorten, die sich besonders für die steilen Hänge des Elbtals eignet, wo sie auf Platz 2 rangiert. Sie reift spät, nimmt also die sonnigen Herbsttage mit auf. Der Riesling zeichnet sich durch eine feine Säure aus, das zarte blumige Bukett erinnert an Pfirsich.

Weißburgunder: Ein fülliger, abgerundeter Qualitätswein mit voller Geschmacksnote und zartblumigem Bukett, der zu jeder Gelegenheit passt. Die Rebsorte französischer Herkunft wird nachweisbar seit über 200 Jahren an den Elbhängen angebaut, heute rangiert sie hier auf Platz 3.

Goldriesling: Die Rebsorte wird nur im Elbtal angebaut. Der Goldriesling treibt spät aus und wird früh reif, wodurch er sich gut für Randlagen eignet. Der leicht fruchtige Wein besitzt ein neutrales Bukett und kleine Säure. Er gilt als hervorragender Kneipwein, wie leichte, süffige Schoppenweine bezeichnet werden, von denen man dank ihres niedrigen Alkoholgehalts auch größere Mengen konsumieren kann.

Traminer: Eine der Spezialitäten im Weinanbaugebiet an der Elbe, würzig, an Rosenduft erinnernd. Nach dem italienischen Ort Tramin benannt, spätreif, anspruchsvoll.

Ruländer: Wenig säurebetonter, kräftiger Wein mit einem an Honig erinnernden vollen Bukett, der vor allem zu kalten Speisen gereicht wird. Die Reben beanspruchen beste Lagen.

Etwa 2500 Weinbauern und Hobbywinzer bewirtschaften die Rebflächen in steiler, terrassenförmiger Lage. Das größte private Weingut ist »Schloss Proschwitz« von Georg Prinz zur Lippe. Knapp 90 Hektar bewirtschaftet er und stellt jährlich 450 000 Flaschen Wein und Sekt her, andere haben nur fünf Hektar, doch was sie darauf ernten, reicht immerhin für jährlich rund 30000 Flaschen. Für nicht wenige jedoch ist der Weinanbau Freizeitbeschäftigung, Spalier-Winzer werden sie oft genannt, weil sie vielfach nur eine Handvoll Rebenstöcke ihr Eigen nennen. Sitzt man mit ihnen zusammen, erfährt man viel Wissenswertes, beispielsweise: Meißner Weine sollten jung getrunken werden, sie länger als vier bis fünf Jahre zu lagern, wird nicht empfohlen, weil sich die Qualität in den Flaschen verändert. Der Wein soll dunkel und kühl aufbewahrt werden, Weißwein bei einer Temperatur von 8 bis 12 Grad Celsius. Den Wein sollte man nicht zu kalt, aber auch nicht zu warm servieren. Kälte bindet die Duft- und Geschmacksstoffe, Wärme nimmt dem Wein die Frische und betont den Alkohol. Weißweine sollten so viele Wärmegrade haben als sie Prozente Alkoholvolumen enthalten, also zwischen 10 und 12 Grad Celsius.

Im Herbst herrscht in den idyllischen Weindörfern Weinseligkeit, man lädt zu Weinfesten, die Einheimische und Touristen gleichermaßen anziehen. Als das stimmungsvollste gilt das Ende September auf dem Dorfanger von Altkötzschenbroda. Traditionell beginnt es mit dem Einzug der Sächsischen Weinkönigin und dem Weingott Bacchus, die das erste Fass vom Federweißen anstechen, einen milchig-trüben Traubenmost aus der jüngsten Lese, der sich zum Wein entwickelt. Sein Aussehen erinnert an tausend wirbelnde Federchen, daher der Name Federweißer; am besten schmeckt er, wenn die Gärung zur Hälfte abgelaufen ist. Federweißer, das behaupten Kenner, sei ein Gesundheitsgetränk, er förderte wegen seines hohen Hefezellenanteils die Verdauung und reinige das Blut. Doch Vorsicht ist trotzdem geboten, manch einer soll nach mehreren Gläschen Federweißem schon sein Hotel nicht mehr gefunden haben.

Feste, Traditionen und Events

Die Sachsen feiern gern. Kein Wochenende dürfte vergehen, an dem nicht irgendwo ein Volks- oder Heimatfest stattfindet. Zu erleben gibt es in Sachsen viel, oft sind die Einheimischen nicht mehr allein, Tausende kommen zum Mitfeiern angereist, beispielsweise wenn im Erzgebirge die Bergbrüderschaften in ihren schmucken Uniformen aufmarschieren. Den Jahresreigen der Feste eröffnen die Sorben am 25. Januar mit der Vogelhochzeit, und den Abschluss bilden die Weihnachtsmärkte, zu denen vielfach Bergparaden gehören. Nicht wenige Events sind über die Landesgrenzen hinaus bekannt, vor allem hochkarätige Musikveranstaltungen. Oftmals muss man sich rechtzeitig bemühen, um eine Eintrittskarte zu ergattern.

Musikfeste

Sachsen ist ein Musikland par excellence, entsprechend vielseitig sind die Musikfeste. Im Mai wird in Dresden gejazzt. Zum Internationalen **Dixieland Festival Dresden** kommen die Jazzbands von weither angereist und erfüllen eine Woche lang die Stadt mit ihren Rhythmen. Gespielt wird in Konzertsälen und Clubs, auf Straßen und Plätzen und auf Schaufelraddampfern auf der Elbe. Aber auch Leipzig hat sich zu einer bedeutenden Stätte der europäischen Jazzlandschaft entwickelt. Ende September treffen sich bei den **Leipziger Jazztagen** etablierte und Nachwuchskünstler, um vor allem zeitgenössischen Jazz zu spielen. In Görlitz findet man sich Ende Mai, Anfang Juni zu den **Jazztagen** ein, einem multimedialen Projekt, das Tanz, Film, Literatur und Pantomime verbindet. Gespielt wird vor allem in Räumen mit außergewöhnlichem Ambiente wie Fabrikhallen, Kellergewölben, Höfen, Dachböden oder Villen.

Fast das ganze Jahr über finden die hochkarätigen Veranstaltungen des **Festivals Sandstein & Musik** in Schlössern, Burgen, Gärten, Kirchen und Steinbrüchen der Sächsischen Schweiz statt. Als eines der angesehensten Festi-

Schlossfest in Delitzsch

Konzert auf Schloss Wackerbarth in Radebeul

vals der Kammermusik gilt weltweit das **Moritzburg Festival** im August. Gespielt wird in den Schlössern Moritzburg und Proschwitz, der Kirche in Moritzburg, aber auch in Dresden. Der **MDR-Musiksommer** lässt Musik, Architektur und Landschaft miteinander verschmelzen – die schönsten Orte Sachsens (sowie Sachsen-Anhalts und Thüringens) bilden eine eindrucksvolle Kulisse.

Jedes Jahr zwischen Mai und Juni bringen die **Dresdner Musikfestspiele** Kunstgenuss, sie stehen stets unter einem bestimmten Motto. Die Veranstaltungen des **Mittelsächsischen Kultursommers** von Mitte Juni bis Mitte September sollen die Menschen für die Kultur Mittelsachsens begeistern, und im Juni machen die **Zwingerkonzerte** den Innenhof des pompösen Dresdner Bauwerks zum Festsaal unter freiem Himmel. Im Juni kommen Bach-Freunde aus aller Welt zum **Bachfest Leipzig**, um an originalen Wirkungsstätten Bachs oder ungewöhnlichen Aufführungsorten der Musik des Meisters zu lauschen.

Seit 1987 finden Anfang Oktober die **Dresdner Tage der zeitgenössischen Musik** statt. Das Programm des Festivals der Gegenwartsmusik reicht von Musiktheater, Sinfonik, Tanz- und Filmmusik über Kammer- und elektronische Musik bis hin zu multimedialen Performances. Mit ungewöhnlichen Veranstaltungen an ebenso ungewöhnlichen Orten warten die **artmontan-Kulturtage** auf: Untertage-Räume im Erzgebirge sowie Produktionsstätten von Industriebetrieben. Ein Feuerwerk der europäischen Blasmusik ist jährlich im September im Kurbad Schlema zu erleben. Rund 800 Musiker, die in einem Dutzend Spitzenorchestern spielen, treffen sich zum **Europäischen Blasmusikfestival** der Bergmannsblasorchester. An einem einzigen Wochenende finden nonstop mehr als 60 Konzerte statt.

Zu den über Deutschlands Grenzen hinaus bekannten Musikwettbewerben gehört der **Internationale Instrumentalwettbewerb Markneukirchen** im Mai, der im jährlichen Wechsel von Streich- und Blasinstrumenten durchgeführt wird. Als der größte internationale Treffpunkt der Mundharmonikaspieler gilt das **Festival Mundharmonika-live** am dritten Septemberwochenende in Klingenthal und Umgebung.

Historische Feste

Mit großem Spektakel werden historische Bräuche und Traditionen gepflegt, viele sind mit dem Bergbau verknüpft. Höhepunkt der Feste im Erzgebirge sind die **Aufzüge der Bergbrüderschaften** in schmucken Uniformen. Den größten Bergaufzug erlebt am Tag Maria Magdalena (22. Juli) Schneeberg, er geht auf das Jahr 1494 zurück, als die Bergleute mit einem Aufzug – Protestmarsch würden wir heute dazu sagen – gegen die Kürzung ihres Wochenlohnes protestierten. In der Chronik steht dazu: »Man wollte ihnen einen Groschen an ihrem Häuerlohn abbrechen, und dies erbitterte sie so, dass die Autorität aller Behörden auf dem Schneeberg gänzlich verschwand.« Später machten die Schneeberger ihren »Streittag« alljährlich zum arbeitsfreien Feiertag und begingen ihn mit Berggottesdiensten und Aufzügen, Kurfürst Johann Georg II. sanktionierte das 1665. Das größte Volksfest im Erzgebirge, das schon seit 1520 gefeiert wird, ist die **Annaberger Kät**.

Am Himmelfahrtstag trifft man sich in Diesbar-Seußlitz zum **Heiratsmarkt** – zur größten Vatertagsparty, wie es heißt. Das Fest hat seinen Ursprung in einer Legende aus dem Jahr 1541. Damals sollen die Nonnen eines aufgelösten Klosters zum Jahrmarkt geeilt seien, der am Himmelfahrtstag in Seußlitz stattfand. Das sprach sich unter den Männern der Umgebung herum, die wegen der großen Auswahl an unverheirateten Frauen in Scharen nach Seußlitz zogen.

In Dresden ist das traditionsreichste Volksfest die im Juli stattfindende **Vogelwiese**. Um 1465 ging die Vogelwiese aus dem Pfingstschießen der Bogenschützen hervor, die das Schießen auf Vögel praktizierten. Das **Forstfest** in Kamenz wurde bereits 1521 urkundlich erwähnt. Das heutige Schul- und Heimatfest findet in der Woche um den Bartholomäustag (24. August) statt und endet mit dem festlichen Fackeleinzug der Kamenzer Schüler und Lehrer in die hell erleuchtete Stadt.

Reich an Sitten und Bräuchen ist die Oberlausitz, die besonders um Bautzen und Kamenz – dem Herzland der katholischen Sorben – gepflegt werden. Der Festkalender der Sorben beginnt bereits mit der **Vogelhochzeit** am 25. Januar, dem das **Zampern** vor der Fastenzeit folgt. Höhepunkt ist zweifelsohne das **Osterreiten**. Die »Bräuche und Feste der Lausitzer Sorben im Jahresverlauf« wurden zum Nationalen Immateriellen Kulturerbe erklärt, die Aufnahme in die Liste der UNESCO wird angestrebt.

Forstfest in Kamenz

Wie die Osterbräuche zur Lausitz gehören, so gehört die Kirmes zum Vogtland. Einmal im Jahr brachte sie Abwechslung in die anstrengende Tagesarbeit der vogtländischen Bauernfamilien. Die **Kirwe** – wie der Obervogtländer sagt – war ursprünglich das Fest der Kirchweihe. Doch bald wurde aus dem Jahrestag der Kirchweihe ein weltliches Fest, dominierten der sich anschließende Markt und das Volksfest. Der Dichter Julius Mosen (1803 – 1867) erinnert sich: »Da wurden Sägeböcke und ausgehobene Türen herbeigeschafft, welche darauf gelegt wurden, um mit Pfefferkuchen befrachtet zu werden; ja, es fehlte auch nicht an Glücksbuden, wo um Kleinigkeiten gewürfelt wurde und wo man im glücklichsten Falle etwas Unnützes gewinne, auf jeden Fall seinen Kupferdreier loswerden konnte.« Einst dauerte die Kirwe von Sonntag bis Dienstag, und der Montag war natürlich schulfrei. Die Kirmes wird auch heute noch gefeiert, das Volksfest dauert aber meist nur noch einen Tag, hier und dort aber auch ein Wochenende.

Besonders aufwendig wird im Erzgebirge der **Schulbeginn** begangen, er ist ein riesiges Familienfest, das der Hochzeit nicht nachsteht. Da die Wohnungen die vielen Gäste nicht aufnehmen können, werden die Feiern in die Gaststätten verlegt. Für Touristen sind das keine guten Tage, weil sie oft vor verschlossenen Türen stehen, an denen man liest: »Heute geschlossene Gesellschaft«.

In Sachsen, so sagt man, habe **Weihnachten** seine Heimat. Das Erzgebirge gilt als das Weihnachtsland Deutschlands schlechthin, es wird in dieser Region regelrecht zelebriert, was mit der Geschichte zusammenhängt. Das Licht ist für den Bergmann seit jeher ein Zeichen für Leben und Hoffnung, für Geborgenheit und Glück. Er verließ das Haus im Dunkeln und fuhr ins Dunkle ein, bevor die Sonne die Nacht zum Tag machte und wenn er heimkehrte, war es meist schon wieder dunkel. Deshalb erstrahlen zu Weihnachten die Städte und Dörfer im Lichterglanz. Sie verkörpern die Sehnsucht der Bergleute nach dem Licht, von dem sie unter Tage so wenig zu sehen bekamen. In den Wohnstuben halten Dutzende von Bergmannsfiguren, Nussknacker, Räuchermännchen und Pyramiden Einzug, Tausende von Kerzen leuchten aus den Fenstern in die Dunkelheit. Die Pyramiden, meterhohe Meisterwerke der Schnitzkunst, werden auf die Markt- und Gemeindeplätze gerückt. Auch die kerzenbestückten Schwibbögen leuchten überall, die ihren Ursprung ebenfalls im Bergbau haben. Zur **Mettenschicht**, der letzten vor dem Weihnachtsfest, hängten die Bergleute im Huthaus ihr Geleucht in einem Bogen auf, der das Stollenmundloch symbolisieren sollte. Ein Bergschmied namens Teller aus Johanngeorgenstadt fertigte daraufhin 1740 erstmals bogenförmige Eisenleuchter, Schwibbogen genannt. Bis in die 1930er Jahre waren Schwibbögen fast nur im Gebiet um Johanngeorgenstadt bekannt. 1937 wurde ein Schwibbogen als Signum für eine Volkskunstschau in Schwarzenberg ausgewählt, danach begann seine Verbreitung.

Im Vogtland stellt man in der Weihnachtszeit den Moosmann auf, der neben dem obligaten Stock eine Kerze trägt. »Der Mousma« ist ein gütiger Waldgeist, der in allen Sagen den armen Menschen hilft. Um 1840 tauchten zum ersten Mal in Falkenstein Moosmänner als Weihnachtsfiguren auf. Wer dem Duft von Lebkuchen, Bratäpfeln und Tannengrün folgt, gelangt zu einem der vielen Weihnachtsmärkte, die im Erzgebirge eine ganz besondere Atmosphäre ausstrahlen. Am berühmtesten ist der traditionsreiche **Dresdner Striezelmarkt**, dessen Geburtsstunde anno 1484 schlug, als Bäcker der Stadt das Recht bekamen, ihre Backwaren auf dem Markt feilzubieten. »Rück mer weng' zsamm!« sagen die Schneeberger am 2. Advent, wenn Tausende sich in den Gassen zum **Lichtelfest** drängen, wenn vom Rathausturm Bläser Weihnachtslieder erklingen lassen. Höhepunkt der weihnachtlichen Festlichkeit ist der Heiligabend, es findet die Bescherung mit Geschenken für die Lieben statt, das Abendessen ist Treff der gesamten Familie. Wer am nächsten Morgen zur **Christmette** geht, legt sich beizeiten schlafen, denn es heißt früh in die kalte Winternacht zu treten, die Mette beginnt meist um 5 oder 6 Uhr. Die Christmette mit dem Krippenspiel wird schon lange nicht mehr nur von Gläubigen besucht, sie gehört traditionell zum Weihnachtsfest wie Stollen und Räuchermännchen.

Sonstige Feste und Festivals

Das größte Volks- und Heimatfest im Freistaat ist der **Tag der Sachsen** an jedem ersten Septemberwochenende. Jährlich findet er in einem anderen Ort statt.

Zum **Skifasching** am Fichtelberghang am Sonntag vor Rosenmontag sind in Oberwiesenthal die Narren los. Dazu gehört ein Gaudi-Programm am Skihang, mit Narrenspringen.

Eine der größten Veranstaltungen der neoromantischen Schwarzen Szene ist das **Wave-Gotik-Treffen**, das jährlich am Pfingstwochenende in Leipzig stattfindet. Vier Tage lang stehen Dutzende von Konzerten sowie Filmvorführungen, Club-Partys, Ausstellungen und Mittelaltermärkte auf dem Programm.

Ebenfalls in Leipzig trifft sich Anfang November die europäische Szene zum **Festival des zeitgenössischen europäischen Theaters**. Geboten werden Tanz- und Sprechtheater sowie die Zwischenbereiche der Performance-Kunst und musikalische Bühnenformen.

Dresden ist Mitte April Gastgeber für das **Dresdner Filmfest**, eines der bedeutendsten Kurzfilmfestivals in Deutschland. Wenig später, am 1. Mai, zieht die **Dampferparade** jährlich Tausende in die Elbestadt. Alle Schiffe legen gemeinsam am Vormittag am Terrassenufer ab, auf jedem Dampfer sorgt eine Kapelle für schwungvolle Unterhaltung.

Am dritten Juni-Wochenende geht es dann in der Äußeren Neustadt in Dresden hoch her, wenn das Fest **Bunte Republik Neustadt** gefeiert wird. Theatergruppen treten auf, Gaukler und Musikanten zeigen ihr Können, Trödelmarkte laden zum Stöbern. Neben dem **Elbhangfest**, das am letzten Wochenende im Juni entlang der Elbe von Loschwitz bis Pillnitz stattfindet, ist das Fest Bunte Republik Neustadt das Lieblingsfest der Dresdner. Genau eine Woche vor dem Einzug der West-Mark 1990 in die DDR proklamierten Alternative in der Inneren Neustadt eine eigene Republik, sie bildeten eine provisorische Regierung und brachten eigenes Geld in Umlauf. Die Grenzen der Republik, das Karree Bautzener Straße, Königsbrücker Straße, Bischofsweg und Prießnitzstraße, markierte man mit weißen Streifen auf dem Straßenpflaster. Übriggeblieben von der Bunten Republik ist das alternative Fest als beliebtes Nachbarschafts-, Kunst- und Kulturfest.

An drei Tagen im Sommer scheinen alle Görlitzer auf den Beinen zu sein. Das **Internationale Straßentheaterfestival Via Thea** verwandelt das Stadtzentrum in eine riesige Bühne. Mehr als 100 Künstler nicht nur aus Europa reisen an.

Dresden, die Perle des Barock, die Kunst- und Kulturstadt an der Elbe mit ihren unermesslichen Schätzen ist das Ziel von Touristen aus aller Welt. Elbaufwärts fahren nostalgische Schaufelraddampfer zur Felsenwelt der Sächsischen Schweiz, nicht minder schön ist es, auf dem Elberadweg vorbei an den Weinbergen nach Meißen mit der Albrechtsburg und der Porzellanmanufaktur und weiter nach Torgau zu radeln.

Dresden, Blick auf die Brühlsche Terrasse und die Frauenkirche

DRESDEN, SÄCHSISCHE SCHWEIZ UND ELBLAND

Dresden

Johann Gottfried Herder taufte die Stadt an der Elbe »deutsches Florenz«. Wegen ihrer Bauwerke und Kunstsammlungen, aber auch wegen der Schönheit der sie umgebenden Landschaft. Widersprochen soll Herder bis heute niemand haben. Sachsens Landeshauptstadt (557 000 Einwohner) liegt, umgeben von sanften Höhenzügen, im weiten Elbtal. An der Stadtgrenze klettern Weinreben die Hänge hoch, auf denen Villen und Schlösser stehen. Auch Dichterfürst Goethe schwärmte: »Dresden ist ein Ort, der herrlich ist...«, und über die berühmte Gemäldegalerie notierte er: »Ich trat in dieses Heiligtum, und meine Verwunderung überstieg jeden Begriff, den ich mir gemacht hatte.« Der Schriftsteller Erich Kästner, in Dresden geboren und aufgewachsen, schreibt, dass »Geschichte, Kunst und Natur... über Stadt und Tal« schweben »wie ein von seiner eigenen Harmonie bezauberter Akkord ...«

Die einen kommen in die Stadt, um auf einen der historischen Schaufelraddampfer zu steigen und sich hinaus in die Landschaft fahren zu lassen, andere bewundern die Prachtbauten wie **Zwinger** und **Frauenkirche**. Die meisten aber ziehen die reichen Schätze an: Die im **Grünen Gewölbe** glitzernden Smaragde, Diamanten und Rubine und die Bilder der **Gemäldegalerie**.

Auf der Brühlschen Terrasse

▲ Karte: hintere Umschlagklappe

Dresden sorgt aber auch immer wieder für Schlagzeilen, vor Jahren war es die Frauenkirche, die aus den Trümmern auferstand und deren Bilder um die Welt gingen, später dann drehte sich alles um die Waldschlösschenbrücke: eine Überquerung über die Elbe, die die Dresdner haben wollten, wie eine Volksabstimmung ergab. Die UNESCO aber bezeichnete die vierspurige Brücke als einen gravierenden Eingriff in die Kulturlandschaft Dresdner Elbtal. Die Dresdner scherte die Drohung der UNESCO, man werde der Stadt den Welterbestatus aberkennen, wenig. 2009 erfolgte dann auch die Aberkennung. Die Dresdner bestanden auf ihrer Brücke, sie sind überzeugt, die Touristen kümmert es nicht, ob es einen Welterbestatus gibt oder nicht. Und sie scheinen recht zu behalten, wie die weiterhin steigenden Touristenzahlen belegen. In jüngster Zeit rücken die Demonstrationen der »Pegida«-Gruppierung und die Gegendemonstrationen für Weltoffenheit und Toleranz die Stadt in die Schlagzeilen.

Residenz der albertinischen Linie der Wettiner wurde das urkundlich 1206 erstmals genannte Dresden 1485, der Ausbau zur faszinierenden deutschen Barockstadt erfolgte im 18. Jahrhundert unter dem prachtliebenden August dem Starken und seinem Sohn. Die industrielle Entwicklung setzte ein, nachdem 1839 die erste deutsche Ferneisenbahn von Leipzig nach Dresden den Betrieb aufnahm. 1843 wurde Richard Wagner Hofkapellmeister, 1862 nahm die erste Zigarettenfabrik Deutschlands die Produktion auf, 1872 erfolgte die

In der Schloßstraße

Gründung der Dresdner Bank. Die militärisch unbedeutende Stadt erlebte in der Nacht vom 13. zum 14. Februar 1945 einen gewaltigen Bombenangriff, der fast die gesamte Innenstadt zerstörte; viele Kunst- und Kulturschätze verbrannten in dem Feuersturm. Die meisten der historischen Bauwerke wurden in den Jahrzehnten danach wieder aufgebaut. Dresden gehört wieder zu den schönsten Städten Europas.

Im Jahr 2025 strebt die Stadt an, Kulturhauptstadt Europas zu werden, voraussichtlich Ende 2019 soll der Bewerbungsantrag abgegeben werden.

Die Altstadt

Das, was Dresdens Gäste vor allem sehen möchten, liegt in der historischen Altstadt, also verhältnismäßig dicht beieinander und ist bequem zu Fuß erreichbar. Die »Grenze« der Altstadt markiert im Norden die Elbe, im Westen sind es Zwinger und Postplatz, im Süden und Osten die auf dem Gelände der alten Stadtbefestigung erbaute Wallstraße, der Dr.-Külz-Ring und die St.-Petersburger Straße. Ein guter Ausgangspunkt für einen Stadtrundgang ist der Altmarkt.

Altmarkt

Seit Jahrhunderten bildet der Altmarkt das Herz Dresdens, vor allem im Mittelalter bauten auf ihm Kaufleute ihre Stände auf. Ein wenig davon hat sich mit dem Striezelmarkt erhalten, Dresdens berühmten Weihnachtsmarkt. In der südöstlichen Ecke ragt die **Kreuzkirche** hervor. Das älteste Gotteshaus der Stadt ist neuerdidngs etwas verdeckt, nachdem die Südseite des Platzes ein im Sommer 2010 eröffnetes Hotel abschließt. Die Wohn- und Geschäftsblöcke an der Ost- und Westseite des Altmarktes gehörten zu den ersten Häusern, mit denen der Wiederaufbau nach den enormen Zerstörungen des Zweiten Weltkrieges begonnen hatte. Lange Zeit waren sie verpönt, wurden abwertend als »Stalinbarock« bezeichnet, doch mittlerweile stehen sie unter Denkmalschutz, und selbst Fachleute äußern heute anerkennend, dass sie gut in das Stadtbild passen. Der 1969 fertiggestellte **Kulturpalast** mit seinem kupferblechgedeckten Dach, ein Werk

Am Neumarkt wird man selten allein unterwegs sein

der neueren DDR-Architektur, schließt die Nordseite des Altmarktes ab. Das Gebäude, die Heimstatt der Dresdner Philharmoniker, besitzt Dresdens größten Konzertsaal mit einer Orgel, die mit 3800 Pfeifen in 56 Registern erklingt. Nach der 2017 abgeschlossenen Modernisierung sind in das Haus auch das bekannte Kabarett »Die Herkuleskeule« sowie die Zentralbibliothek eingezogen. Wer die Wilsdruffer Straße etwas in Richtung Osten läuft, kommt zum **Alten Landhaus** (1770 - 1776), einem der Kleinode unter den Baudenkmälern der Altstadt. In ihm tagten einst die Landstände, ab 1833 der Landtag, heute informiert hier das Stadtmuseum über Dresdens Geschichte.

Kreuzkirche

Die heutige Kreuzkirche mit ihrer klassizistisch geprägten Fassade entstand 1764 bis 1792. Sie hat 3600 Plätze und gehört somit zu Deutschlands größten evangelischen Kirchen. Anfang der 1950er Jahre entschloss man sich, das Innere der im Februar 1945 völlig ausgebrannten Kirche provisorisch mit schlichtem hellem Rauhputz zu versehen. Bei dem Provisorium ist es geblieben, weil diese Schmucklosigkeit am ehesten an die Schrecken des Krieges erinnert. Wie durch ein Wunder hat das **Altarbild Kreuzigung** (1900) von Anton Dietrich die Feuerbrunst überstanden, ist aber seitdem rußgeschwärzt. Eng mit der Kirche verbunden ist der weltberühmte **Kreuzchor**, einer der ältesten Knabenchöre der Welt. Sogar im fernen Japan standen die Menschen stundenlang nach Eintrittskarten für ein Konzert des Kreuzchors an. Der Chor wird in den Annalen Dresdens schon im 14 Jahrhundert erwähnt, heute singen etwa 150 Kruzianer im Alter von 9 bis 19 Jahren, der Chor setzt sich aus den Stimmlagen Sopran, Alt, Tenor und Bass zusammen.

▲ Karte: hintere Umschlagklappe

Das Neue Rathaus

Neues Rathaus

Hinter der Kreuzkirche beeindruckt das gewaltige sandsteinverkleidete Neue Rathaus (1905 - 1910) mit dem achteckigen 100 Meter hohen Turm. Ganz oben thront die 4,90 Meter hohe Figur des **Goldenen Mannes** (1908 - 1910) von Richard Guhr. Modell für den bärtigen Mann, der den Schutzpatron Herkules symbolisieren soll, stand der 1884 geborene Zirkuskünstler und Kraftakrobat Ewald Redam. Als Sachsenmeister im Ringen (Schwergewicht) fand er die Aufmerksamkeit des Bildhauers. In den 1920er Jahren reiste Redam mit einer von ihm gegründeten Kraftakrobatengruppe durch mehrere Kontinente, danach war er Lehrer an der Artistenschule in Moskau und nach dem Zweiten Weltkrieg Dolmetscher der sowjetischen Kommandantur in Meißen, bis er sich 1947 wegen totaler Verschuldung das Leben nahm.

Der unregelmäßige vier- bis fünfgeschossige Gebäudekomplex mit fünf Innenhöfen hat einen Gesamtumfang von

467 Metern, wer alle Korridore entlangläuft, legt 2,9 Kilometer zurück. Das **Neue Gewandhaus** (1768 – 1770) hinter dem Rathaus, einst Heimstatt der Tuchmacher, wurde nach der Kriegszerstörung als Hotel wiederaufgebaut.

Residenzschloss

Der Wiederaufbau des Schlosses als »Residenz der Kunst und Wissenschaft« soll im Jahr 2021 abgeschlossen sein. Das historisch vielfältigste und reichste Baudenkmal Sachsens, heute eins der bedeutendsten Kunst- und Kulturzentren Europas, schufen namhafte Baumeister vom 12. bis zum Ende des 19. Jahrhunderts. Sein Neorenaissance-Aussehen bekam das Schloss bei einer umfassenden Erneuerung 1889/90, der Südflügel wurde seinerzeit völlig neu errichtet. Der Wiederaufbau erfolgte nicht in der Gestalt, die das Schloss bis zur Zerstörung 1945 hatte. Man entschied sich für Grundrisse und Fassadengestaltungen, die für bestimmte Zeitepochen typisch waren. Beispielsweise gestaltete man die Fassaden und Giebel im Großen Schlosshof mit dem Aussehen von 1557, die Straßenfassaden dagegen prägt das Erscheinungsbild des Umbaus zur Jahrhundertwende. Der 101 Meter hohe **Hausmannsturm** wurde so rekonstruiert, wie ihn Wolf Caspar von Klengel von 1674 bis 1676 schuf. Besuchermagnet ist das aus zwei Ausstellungen bestehende **Grüne Gewölbe**, Europas größtes, reichstes und ältestes Schatzkammer-Museum: Das **Neue Grüne Gewölbe**, in dem das Kunstobjekt im Vordergrund steht, und das **Historische Grüne Gewölbe**, das neben den Kunstobjekten durch die prachtvolle Ausstattung der Räume fasziniert. Der Name stammt von dem teilweise grünen Anstrich des gewölbten Tresorraumes in dem sich die Schätze von 1729 bis zu ihrer Auslagerung 1942 befanden.

Die **Rüstkammer**, eine der weltweit bedeutendsten Sammlungen von Prunkwaffen, Rüstungen und historischen Textilien, zeigt fünf Dauerausstellungen im 2. Obergeschoss. Zu den Höhepunkten des Schlossrundgangs gehören die **Königlichen Paraderäume Augusts des Starken** im Westflügel sowie das **Porzellankabinett** im Turmzimmer. Die originalgetreu rekonstruierten Prunkräume entstanden 1719 für die Feierlichkeiten zur Vermählung des Kurprinzen Friedrich August II. mit der österreichischen Kaisertochter

Das Residenzschloss

Vom Kleinen Schlosshof geht es zu den Sammlungen

Maria Josepha. Zu sehen sind neben dem Audienzstuhl auch die originalen Bestandteile des Krönungsornats von August dem Starken sowie die Kronfahnen und Kronschwerter Polens und Litauens zur Krönung Augusts III. im Jahr 1734. Im Schloss befindet sich auch das **Kupferstichkabinett**, das im Obergeschoss in thematischen Wechselausstellungen eine Auswahl seiner Arbeiten zeigt. Mit etwa 500 000 Blättern gehört es zu den größten und zugleich ältesten grafischen Sammlungen der Welt. Das **Münzkabinett** gibt im Georgenbau Einblick in seine Schätze. Von den rund 300 000 Münzen, Medaillen, Papierscheinen, Münz- und Medaillenstempeln sowie Siegelabdrucken und Petschaften vom Altertum bis zur Gegenwart werden 3300 ausgewählte Einzelobjekte gezeigt.

■ Neues Grünes Gewölbe

Der erste Teil der berühmten Schatzkammersammlung kam nach mehr als sechs Jahrzehnten im Jahr 2004 an seinen ursprünglichen Standort ins Residenzschloss zurück. Im ersten Obergeschoss des Westflügels werden in zehn Räumen insgesamt 1068 Kunstwerke gezeigt. Das »Neu« soll auf die moderne Präsentation hinweisen.

In den Vitrinen glitzert und funkelt es hundertfach. Zu den bekanntesten Exponaten des Neuen Grünen Gewölbes gehört der **Kirschkern**, der in einem Turmzimmer einen prominenten Platz erhalten hat. Er gilt als Wunderwerk menschlicher Kunstfertigkeit, denn 185 Gesichter sollen in ihm eingeschnitzt sein. Kurfürst Christian II erhielt den Kern 1595 als Geschenk überreicht. In den folgenden Jahrhunderten nahmen Experten den Kern im wahrsten Sinne des Wortes mehrfach unter die Lupe, und die neueste Zählung ergab genau 11 Köpfe.

Zu bewundern ist auch die Miniaturarchitektur **Der Hofstaat zu Delhi am Geburtstag des Großmoguls Aureng-Zeb**, den der Hofgoldschmied von August dem Starken, Johann Melchior Dinglinger, mit seinen beiden Brüdern und 14 Gehilfen geschaffen hat. In sieben Jahren haben sie 132 Figuren aus Gold gegossen und emailliert sowie über 5000 Diamanten, Smaragde, Rubine und Perlen verarbeitet. Dinglingers Arbeit gilt heute als einzigartiges und unübertroffenes Hauptwerk der europäischen Juwelierkunst des Barock. 58 485 Taler bot August der Starke seinem Hofgoldschmied für das Schaustück, das er zum Repräsentieren unbedingt haben wollte, das entsprach dem Jahressold von 1000 Beamten. Doch als es ans Bezahlen ging, kam der Kurfürst in Verlegenheit, die Schatulle war wieder einmal fast leer, so dass er Ratenzahlung aushandeln ließ.

■ Historisches Grünes Gewölbe

Kaum vorstellbare Schätze werden hier aufbewahrt und präsentiert. Insgesamt rund 3000 Meisterwerke der Juwelier- und Goldschmiedekunst sowie Kostbarkeiten aus Bernstein, Elfenbein, Edelsteingefäße und kunstvolle Bronzestatuetten.

▲ Karte: hintere Umschlagklappe

Vor reich verzierten und verspiegelten Schauwänden sind sie frei aufgestellt, durch die vielfachen Spiegelungen steigert sich die Wirkung. Beschriftungen sind nicht angebracht, der Gast wird von einem Audioguide geführt.

Zu den bekanntesten Exponaten gehört der **Mohr mit der Smaragdstufe** im Juwelenzimmer, eine etwa 64 Zentimeter große Skulptur aus dunkelbraun lackiertem Birnholz, deren Körperschmuck mit Rubinen, Smaragden, Topasen und weiteren Edelsteinen belegt ist. Den Höhepunkt der Ausstellung bilden die **Juwelengarnituren von August dem Starken** und seinem Sohn.

Ende November 2019 wurde das Juwelenzimmer mit seinen wertvollen Schätzen Schauplatz eines dreisten Diebstahls. Unbekannte drangen brutal in das Historische Grüne Gewölbe ein, zerschlugen das Panzerglas gezielt ausgesuchter Vitrinen und erbeuteten 20 Einzelteile dreier Juwelengarnituren von August dem Starken. Der verbrecherische Coup dauerte nur wenige Minuten, von Tätern und Beute fehlt bislang jede Spur. Sachsen und die Kunstwelt zeigten sich tief betroffen von dem Verlust der kostbaren Pretiosen.

■ Rüstkammer

Der Name täuscht: Man tritt in keine Kammer, sondern in ein prunkvolles Museum. Hier werden fürstliche Ausstattungen, vom Festgewand bis zum Waffenschmuck, aufbewahrt. Mit etwa 10 000 Meisterwerken deutscher und europäischer Handwerkskunst zählt die Rüstkammer neben den Sammlungen in Madrid und Wien zu den drei prunkvollsten ihrer Art auf der Welt. Pistolen und Gewehre bilden den Hauptbestandteil der Sammlung, gefertigt haben sie die namhaftesten Büchsenschmiede Europas vom 16. bis zum 19. Jahrhundert.

Im 1. Obergeschoss des Ostflügels werden in der Dauerausstellung **Auf dem**

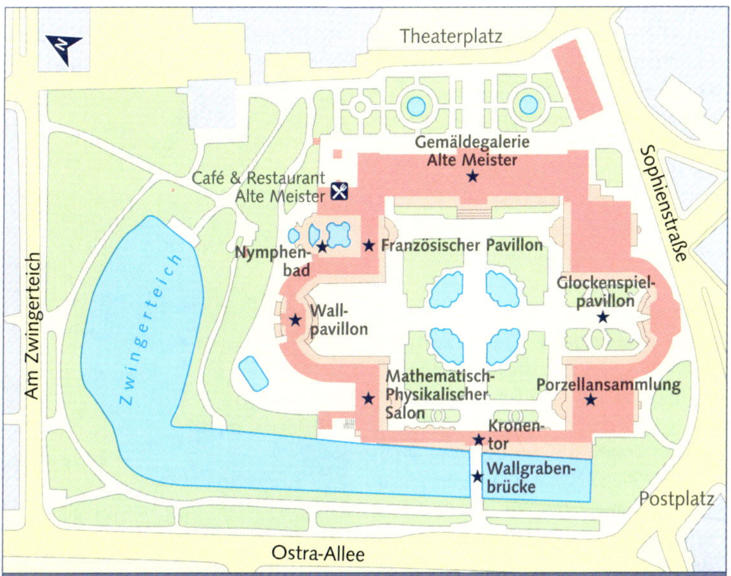

Dresden, Zwinger

Weg zur Kurfürstenmacht und im Nordflügel in der Dauerausstellung **Kurfürstliche Garderobe** Objekte aus dem weltweit größten Schatz an Prunkwaffen und Gewändern der Reformationszeit und des frühen Barock präsentiert. Die 27 Herrscherkostüme aus der Zeit von 1550 bis 1650 sind wegen ihrer Empfindlichkeit wechselnd zu sehen. Die Ausstellungen schließen nicht nur räumlich, sondern auch inhaltlich an die Dauerausstellung **Weltsicht und Wissen um 1600** an. Im 2. Obergeschoss werden im Riesensaal das Turnierwesen und Prunkwaffen gezeigt. Der Name des Raumes geht nicht auf die Größe von 57 mal 13 Meter zurück, sondern auf riesenhafte Figuren, die einst zwischen den Fenstern aufgemalt waren. Die **Türckische Cammer** beinhaltet osmanische Waffen und das größte Objekt, ein 20 Meter langes, acht Meter breites und sechs Meter hohes osmanisches Staatszelt. Die Schätze, die zu den weltweit prächtigsten außerhalb der Türkei gehören, haben die sächsischen Herrscher über mehrere Jahrhunderte zusammengetragen. Es sind Beutestücke, Geschenke und Ankäufe.

Der **Lange Gang**, von dem einst die Adligen die höfischen Turniere und Hetzjagden beobachteten, wird demnächst in der Fassung von 1733 fertiggestellt. In ihm wird die Rüstkammer rund 500 kurfürstliche barocke Feuerwaffen zeigen.

Zwinger

Das Ensemble des Dresdner Zwingers gehört zu den großartigsten Schöpfungen barocker Baukunst nördlich der Alpen. Matthäus Daniel Pöppelmann hat den Traum aus Sandstein geschaffen (1709 - 1732), die Fülle an plastischem Schmuck stammt von Balthasar Permoser. Rauschende Feste erlebte der Zwinger, eins war pompöser als das andere, August der Starke ließ keine Gelegenheit zum Protzen und Prahlen aus. Als 1719 die Hochzeit des Kurprinzen Friedrich August II. mit der Kaisertochter Maria Josepha stattfand, amüsierte man sich vier Wochen lang im Zwinger. Der Name Zwinger stammt aus der Festungsbaukunst im späten Mittelalter, so wurde der Freiraum zwischen der äußeren und der inneren Wehrmauer bezeichnet. Wurde dort der Feind nicht bezwungen, stand die Eroberung der Stadt bevor.

Die Anlage erweckt durch ihre Geschlossenheit und das phantastische Zusammenspiel von Architektur und Bildschmuck den Eindruck, als sei sie einheitlich geplant und erbaut worden. Doch dem ist nicht so. Was heute bewundert wird, entstand in mehreren Etappen. Den architektonischen Höhepunkt der ersten Baugruppe bildet der seiner Heiterkeit und Leichtigkeit wegen zum Symbol der Anlage gewordene **Wallpavillon**, mit dem Pöppelmann eins der Spitzenwerke europäischer Barockarchitektur schuf. Der Figurenschmuck mit dem Herkules, der die Weltkugel trägt, gehört zum

Der Zwinger, ein Traum aus Sandstein

▶ Karte: hintere Umschlagklappe/S. 85

Figurenschmuck am Wallpavillon

Besten, was Permoser hinterlassen hat. Auf der Südseite entstand mit dem **Glockenspielpavillon** die spiegelgleiche Wiederholung dieses Architekturkomplexes. Das von Pöppelmann vorgesehene Glockenspiel aus Meissener Porzellan kam nicht zur Ausführung, erst 1930 gelangte es in den Pavillon. Den besten Blick auf die Gesamtanlage hat man von den reich mit Vasen und Putten geschmückten Balustraden.

Porzellansammlung

Mehr als 20 000 Porzellane gehören zu der Sammlung im Südwestpavillon des Zwingers. Damit ist sie neben der des chinesischen Kaiserpalastes und dem Serail-Museum in Istanbul eins der größten Keramikmuseen der Welt. August der Starke hatte ab 1710 begonnen, Porzellan für ein geplantes Porzellanschloss zu sammeln. Zu sehen sind vor allem chinesische und japanische Porzellane; das Dresdner Museum besitzt den größten Bestand an japanischem Porzellan außerhalb Japans.

Ausgestellt sind auch einen Meter hohe Deckelvasen mit blauer Unterglasurmalerei, in der Kunstgeschichte kurz als **Dragonervasen** bezeichnet. August der Starke hat sie 1717 mit weiteren Porzellanen von Preußenkönig Friedrich Wilhelm I. bekommen – bezahlt hat er mit 600 sächsischen Dragonern.

Staatlicher Mathematisch-Physikalischer-Salon

Bereits 1730 wurden die Sammlungen im Zwinger untergebracht, seinen Namen bekam das Museum im Nordwestpavillon schon 1746. Weltruf besitzt die **Uhrensammlung**, die einen Überblick über 500 Jahre Zeitmessung gibt. Zu ihren seltenen Stücken zählt eine russische Holztaschenuhr (um 1850), bei der man fast alle Teile wie Zahnräder, Zeiger und Verschraubungen aus Birkenwurzelholz geschnitzt hat. Zu den größten Sammlungen ihrer Art in Deutschland gehören die **Erd- und Himmelsgloben** (13. – 19. Jahrhundert), zu den wertvollsten Stücken ein 1279 in Damaskus geschaffener Himmelsglobus. Internationale Bedeutung besitzen auch die **Sammlungen geodätischer Instrumente** für Längen- und Winkelmessungen, artilleristische Instrumente, Thermometer und Barometer, Zeichenhilfsmittel, Längenmaße, Waagen und Wägestücke, astronomische Instrumente, Rechenhilfsmittel, Brillen.

Theaterplatz

Der Theaterplatz ist Dresdens repräsentativster Platz mit Baudenkmalen von Weltruf, wohl jeder Dresden-Besucher eilt hierher. Im weiten Bogen umrahmen den Theaterplatz monumentale Bauwerke: Semperoper, Italienisches Dörfchen, Gemäldegalerie Alte Meister, Residenzschloss und Kathedrale. Alle ordnen sich harmonisch zu einem Ensemble, der Theaterplatz ist zweifellos einer der schönsten Plätze Europas.

Mitten auf der weiten gepflasterten Fläche steht das bronzene **Reiterdenkmal**

König Johanns (1889) von Johannes Schilling. Der Monarch schaut in Richtung der ehemaligen Hofkirche und es wird behauptet, er achte seit nunmehr über 100 Jahren darauf, dass sein besonders schmuckreicher Sarkophag aus der Gruft der Kirche nicht entwendet werde. Die Sorge dürfte aber unbegründet sein, denn wer vermag schon heimlich fünf Tonnen die Treppen hochzuwuchten. Der von 1854 bis 1873 regierende Johann war den Wissenschaften sehr zugetan, er galt als Danteforscher und gehörte rund 30 europäischen wissenschaftlichen Gesellschaften an. Ein wenig versteckt zwischen Oper und Gemäldegalerie hat man das **Bronzedenkmal für Carl Maria von Weber** (um 1855) platziert. Ernst Rietschel hat den Komponisten mit 2,26 Metern überlebensgroß dargestellt.

Die **Altstädter Wache** (1830 - 1832) besitzt große Ähnlichkeit mit der Neuen Wache in Berlin Unter den Linden. Wen wundert's: Hat doch Karl Friedrich Schinkel, Preußens großer Baumeister des Klassizismus, beide entworfen. In Dresden und in Berlin lehnte er sich an antike Architekturformen an. Während Schinkel in Berlin aber die blockhafte Form eines römischen Kastells mit dorischen Säulen wählte, entschied er sich in Dresden für einen ionischen Tempel mit einem Portikus von sechs Säulen und einem Giebeldreieck mit schlichtem plastischen Schmuck. Jede der sechs 7,5 Meter hohen und 260 Zentner schweren Säulen ist aus einem einzigen Stück Elbsandstein gearbeitet. Das Sandsteinbauwerk wird vielfach auch Schinkelwache genannt.

Die Altstädter Wache

▲ Karte: hintere Umschlagklappe

Der Name des Restaurantkomplexes **Italienisches Dörfchen** an der Elbseite des Theaterplatzes erinnert an italienische Bauarbeiter, die die Hofkirche mit errichteten. Wo das flache, sandsteinverkleidete Bauwerk (1911 - 1913) entstand, hatten sich einst deren Wohnbaracken befunden. Das im Zweiten Weltkrieg zerstörte Gebäude wurde von 1956 bis 1957 wiederaufgebaut, bei der 1994 vollendeten Restaurierung bekamen die Räume ihre historische Ausmalung zurück.

Zwischen Italienischem Dörfchen und Brühlscher Terrasse führt die **Augustusbrücke** über die Elbe zur Neustadt, vom Chronisten Iccander 1719 als die »berühmteste Elbbrücke« bezeichnet. Am Landpfeiler auf der Altstädter Seite schaut das **Brückenmännchen** flussabwärts. Die kleine kauernde Figur mit dem tief in die Augen gezogenen Mützchen soll den Baumeister der ersten steinernen Brücke im 13. Jahrhundert zeigen, den Italiener Matteo Foccio. Andere behaupten, das Brückenmännchen sei der Schutzgeist der Augustusbrücke.

■ Gemäldegalerie Alte Meister

Die Sammlungen des Museums gehören zu den reichsten Europas. Viele Bilder sind Schätze der Weltkultur, sie treten seit der Wiedereröffnung im Jahr 2020 in Wechselwirkung mit der Skulpturensammlung bis 1800. Zu der gehören die kolossalen Statuen des 2,20 Meter hohen Apoll und der 2,45 Meter hohen Minerva des Zwinger-Erbauers Permoser. 1746 erschienen die Kunstagenten Fried-

Im Rundfoyer der Semperoper

rich August des III. im rechten Augenblick bei dem hochverschuldeten Herzog von Modena. Der verschleuderte einen großen Teil seiner Bildersammlung, die 100 besten gingen nach Dresden, darunter Tizians »Zinsgroschen«. 1754 kam jenes Bild in Dresden an, das lange Zeit als das vollkommenste Werk der europäischen Malerei galt und zum Star der Dresdner Galerie wurde: Raffaels **Sixtinische Madonna**. Für dieses Gemälde, das bis dahin in der Klosterkirche San Sisto zu Piacenza gehangen hatte, mussten 60 000 Taler – einschließlich der Kosten für eine Kopie, die seitdem im Kloster San Sisto hängt – bezahlt werden. Das waren rund 10 000 Taler mehr, als der Rohbau des Schlosses Moritzburg gekostet hatte.

In der Gemäldegalerie hängen auch **Bilder flämischer und holländischer Maler des 17. Jahrhunderts**, die zu den Meisterwerken zählen: Rembrandts »Selbstbildnis mit Saskia«, Vermeer van Delfts »Bei der Kupplerin« und Peter Paul Rubens »Wildschweinjagd«. Unter den Gemälden deutscher Maler ragen das »Bildnis des Bernhard von Reesen« und »Sieben Schmerzen Mariä« von Albrecht Dürer, »Bildnis des Charles de Soilier Sieur de Morette« von Hans Holbein dem Jüngeren und von Lucas Cranach dem Älteren der Katharinenaltar heraus. Im Rahmen den Rundgangs lädt ein **Café** mit Blick auf die barocke Pracht des Zwingerhofs zum Verweilen ein.

Goethe bezeichnete die weltberühmte Galerie als »Heiligtum«. Sie befindet sich im sogenannten **Semperbau**. Der schließt seit 1854 den zur Elbe hin offen gebliebenen Teil des Zwingers ab und wurde nach seinem Baumeister Gottfried Semper benannt.

Semperoper

Die Semperoper, der Ruhmestempel der sächsischen Kunst, gehört zu den schönsten Musiktheatern Europas. Volkstümlich nach ihrem Baumeister Semperoper genannt, ist es der dritte Opernbau an dieser Stelle. Alle drei entstanden, und das ist in der Geschichte der Architektur gewiss einmalig, nach Plänen ein und desselben Architekten. Das Erste Opernhaus schuf Gottfried Semper von 1828 bis 1841, nach einem Brand entstand die Oper zwischen 1871 und 1878 zum zweiten Mal, am 13. Februar 1985, genau 40 Jahre nach ihrer Zerstörung im Zweiten Weltkrieg, wurde sie mit Webers »Freischütz« wiedereröffnet.

Die Rekonstruktion nach der Kriegszerstörung stellte den Originalzustand des zweiten Semperbaus mit der kolossalen Fassade im Stil der Hochrenaissance wieder her. Auch der Zuschauerraum mit seiner kostbaren Ausstattung und seinem reichen Dekor entstand originalgetreu wieder, die Akustik ist nach wie vor exzellent.

Kathedrale St. Trinitatis

Mit 4793 Quadratmeter Grundfläche ist die ehemalige Katholische Hofkirche mit der Grablege der Wettiner Sachsens größtes Gotteshaus. Sie gilt als letzte große Leistung des römischen Barocks. Um seine Macht zu erhöhen, war August der Starke zum katholischen Glauben gewechselt, mit hohen Geldbeträgen hatte er den polnischen Adel bestochen und schließlich unter neun Bewerbern die polnische Königskrone errungen.

Im Jahr 1697 hatte er sein Ziel erreicht, er war nicht mehr nur Kurfürst Friedrich August I. von Sachsen, sondern auch König August II. von Polen! Und als solcher ließ er 1739 bis 1754 im protestantischen Dresden eine katholische Kirche erbauen. Als Baumeister holte er den Katholiken Gaetano Chiaveri aus Italien, der alle Register seines Könnens zog. Im Innern besitzt die dreischiffige Basilika mit dem 3,50 Meter breiten **Prozessionsgang** um das Mittelschiff eine Besonderheit, denn im evangelischen Dresden durften keine katholischen Prozessionen im Freien stattfinden. Die zurückhaltende Ausstattung weist bedeutende Werke auf, so das über 9,30 Meter hohe und 4,20 Meter breite **Altarbild Christi Himmelfahrt** (1752 - 1765) mit einem Rahmen, der mehr als eine Tonne wiegt. Zu erwähnen sind noch die prachtvolle, aus Holz geschnitzte weiße, teilweise vergoldete **Kanzel** (1712 - 1722) von Hofbildhauer Balthasar Permoser, das 4,20 Meter hohe und fünf Zentner schwere Kruzifix (1756) und die sechs über zwei Meter hohen **Silberleuchter** (1752) auf dem Altar. Zu den Kostbarkeiten der Innenausstattung gehört die **Silbermannorgel** (1753), das letzte und größte Werk des berühmten sächsischen Orgelbauers Gottfried Silbermann.

In den **Grufträumen** mit ihren 5,20 Meter starken Mauern ruhen in 49 Sarkophagen die katholischen Kurfürsten und Könige Sachsens sowie ihre Angehörigen. Von August dem Starken wird nur das Herz aufbewahrt, sein Leib ruht im Dom zu Krakau, der Grablege der polnischen Könige. Als letzter Wettiner wurde 1943 Kronprinz Georg von Sachsen beigesetzt. 1980 erhob ein päpstliches Dekret die ehemalige Hofkirche zur Kathedrale des Bistums Dresden-Meißen; die Dresdner nennen sie allerdings weiterhin Hofkirche.

Im **Taschenbergpalais** (um 1705) zwischen Zwinger und Residenzschloss wohnte einst die Gräfin Cosel. August der

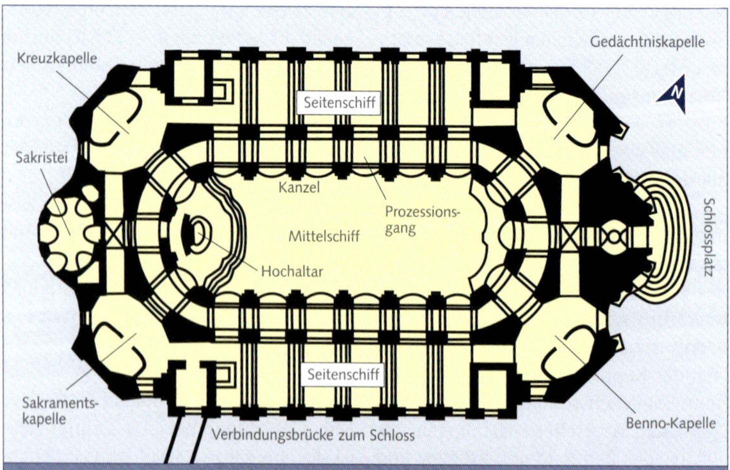

Kathedrale St. Trinitatis

Das Taschenbergpalais

Starke konnte also zu Fuß zu seiner Mätresse eilen. West- und Ostflügel kamen einige Jahre später hinzu, als die jeweiligen Kurprinzen mit ihren Familien Wohnungen benötigten. Die Bombennacht im Februar 1945 verwandelte das Palais in eine Ruine, nach dem Wiederaufbau logierten Anfang 1995 die ersten Gäste in Sachsens Nobelhotel.

Brühlsche Terrasse

Die Sachsen haben den schönsten Balkon Europas, sagt man. Gemeint ist damit die Brühlsche Terrasse. Von hier eröffnet sich ein wunderschöner Blick auf die Elbe und die am anderen Ufer liegende Neustadt. Die etwa 500 Meter lange und bis zu 200 Meter breite Anlage, zu der vom Schlossplatz eine Freitreppe führt, verbindet Geschichte und Architektur in beeindruckender Weise. Die Brühlsche Terrasse bekam ihren Namen von Minister Heinrich Graf von Brühl, dem Kurfürst Friedrich August II. den östlich der Augustusbrücke gelegenen Teil der Festungsanlage schenkte. Der Graf ließ auf dem Festungsplateau mehrere Bauwerke errichten und einen Garten anlegen. Das **Neue Ständehaus** (1900 – 1906) rechter Hand am Aufgang, aus Gewohnheit oft noch als Landtagsgebäude bezeichnet, entstand als Tagungsstätte für das Sächsische Parlament. Da der Vierflügelbau mit einem großen Innenhof sich für heutige parlamentarische Arbeit nur noch bedingt eignen würde, ließen sich die Volksvertreter des Freistaates hinter der Semperoper am Elbufer einen lichtdurchfluteten Neubau (1991 – 1994) errichten.

Die benachbarte **Sekundogenitur**, die alte Bibliothek des Grafen Brühl, wurde durch eine Verbindungsbrücke in den Gebäudekomplex des Hotels Dresden Hilton einbezogen. Von 1791 an diente das Gebäude mehr als 100 Jahre lang der Kunstakademie. Der lateinische Name stammt aus der Zeit, als das Haus dem zweitgeborenen Prinzen gehörte, der in ihm seine Bibliothek und Sammlungen aufbewahrte.

Die **Kunstakademie** und das mit ihr verbundene Ausstellungsgebäude (1887 – 1895) vereinen die üppigsten Formen aller Dresdner Profanbauwerke des ausgehenden 19. Jahrhunderts. Mit diesem formenreichen und monumentalen Gebäudekomplex sollte die Rolle Dresdens als Kunst- und Kulturstadt her-

Die Dresdner Kathedrale St. Trinitatis

vorgehoben werden. Die weithin sichtbare Glaskuppel nennt der Volksmund »Zitronenpresse«. Bekrönt wird sie von einer vergoldeten 1,7 Tonnen schweren Figur, die lange Zeit als Siegesgöttin Nike angesehen wurde. Aber aus einem vor einiger Zeit aufgefundenen Dokument des Schöpfers Robert Henze geht hervor, dass er Fama geschaffen hat, in der römischen Mythologie die Göttin des Gerüchts.

Die Brühlsche Terrasse schmücken zahlreiche **Denkmäler und Plastiken**, so wird vor der Sekundogenitur der berühmte Bildhauer Ernst Rietschel geehrt (1876). Das Caspar-David-Friedrich-Denkmal (1989/90) ist dem Maler der Romantik gewidmet, der 42 Jahre lang in Dresden lebte. Die Böttger-Gedenkstele (1982) bekam dort ihren Platz, wo der Alchimist die Formel für das europäische Porzellan entwickelt hat. Gegenüber, im Geländer der Brühlschen Terrasse, ist eine blankgescheuerte Vertiefung zu erkennen. Das soll der Daumenabdruck von August dem Starken sein, der hier zwischen »einem Bilderkauf, zwei Staatsakten und drei Liebesspielen« seine vielgerühmten Kräfte ausprobiert haben soll. Was die Dresdner ihren Gästen gern verschweigen: August der Starke ist 1733 verstorben, das schlichte Geländer an dieser Stelle wurde aber erst nach 1747 angebracht. Unterhalb der Brühlschen Terrasse hat die größte und älteste **Raddampferflotte** der Welt ihren Liegeplatz. Seit 1910 starten von hier die historischen Raddampfer zu Fahrten elbaufwärts in die Sächsische Schweiz und elbabwärts bis Diesbar-Seußlitz. Die Schiffe mit den roten Schaufelrädern im wappenverzierten Radkasten gehören zum Stadtbild Dresdens und seiner Umgebung. 1836 gilt als das Geburtsjahr, denn da erhielten zwölf Kaufleute »das Privileg zur Dampfschifffahrt für fünf Jahre auf der Elbe im Königreich Sachsen«. Am 6. August 1837 startete der erste Raddampfer, es war die »Königin Maria«, die von Dresden nach Rathen am Fuße des Basteifelsens dampfte. Unter der Brühlschen Terrasse verbergen sich große Teile der ältesten deutschen **Bastionsfestung**. Mit der Wiedereröffnung Ende 2019 ist auf 1500 Quadratmeter das moderne multimediale Erlebnismuseum **Festung Xperience** entstanden. Herzog Moritz, der die Festung anlegen ließ, führt die Besucher am authentischen Ort durch 450 Jahre wechselvolle Geschichte Dresdens. An 25 Stationen wird die Historie in 360-Grad-Projektionen und mit stimmungsvoller Audiotechnik inszeniert.

▲ Karte: hintere Umschlagklappe

Raddampferparade in Dresden

Zwei monumentale Bauwerke fallen beim Blick von der Brühlschen Terrasse am gegenüberliegenden Elbufer auf, die am besten über die Carolabrücke zu erreichen sind: Das **Gesamtministerialgebäude** (1904 - 1906) mit breitem Turmaufbau und der vergoldeten Königskrone obenauf - heute Sitz des sächsischen Ministerpräsidenten und der Staatskanzlei - und gegenüber das **Finanzministerium** (1890 - 1896) mit einem großen Wandbild zum Thema »Geld« im Giebel.

Albertinum

Zwei Museen beherbergt das legendäre Albertinum (1884 - 1887), das gewaltige vierflügelige Museums- und Archivgebäude am östlichen Ende der Brühlschen Terrasse, benannt nach dem damals regierenden König Albert: die Galerie Neue Meister und die Skulpturensammlung ab 1800. In der Dauerausstellung macht das Albertinum Themen und Künstler aus Romantik, Impressionismus, Expressionismus, Neuer Sachlichkeit und Gegenwart in einem Rundgang erlebbar. Der beginnt mit Meisterwerken von Caspar David Friedrich, dem bedeutendsten deutschen Künstler der Romantik, und er endet mit zwei Räumen, in dem Gemälde des in Dresden geborenen Gerhard Richter zu sehen sind. Eigene Räume haben auch die international renommierten Künstler A. R. Penck und Georg Baselitz erhalten, die beide sächsische Wurzeln haben. Die Werke der Malerei treten vielfach in ein wunderschönes Zusammenspiel mit Skulpturen, die aus derselben Epoche stammen. Vertreten sind auch die Dresdner Künstlergruppe Die Brücke und Kunst aus der DDR-Zeit. In Sonderausstellungen zeigen die beiden Museen regelmäßig ebenfalls Kunstwerke von Weltgeltung. Nach der Hochwasserflut im August 2002 begann eine sechsjährige Modernisierungszeit

Skulpturensammlung im Albertinum

des Albertinums, die Staatlichen Kunstsammlungen benötigten dringend hochwassersichere Depots und Restaurierungswerkstätten. Die sind in 17 Meter Höhe über dem vormals offenen Innenhof entstanden, indem man eine spektakuläre 2700 Tonnen schwere stählerne Brückenkonstruktion einbaute. Die **Galerie Neue Meister** entstand 1931, als man die zeitgenössischen deutschen Gemälde aus der Gemäldegalerie ausgliederte und eigens eine für die Neuen Meister schuf. Die gehört heute zu den bedeutenden Museen der Moderne.
Die **Skulpturensammlung** entstand zwischen 1717 und 1728 als Galerie antiker Skulpturen, lange Zeit war sie die größte ihrer Art außerhalb Italiens. Die Skulpturen bis 1800 sind in der Gemäldegalerie Alte Meister im Semperbau zu sehen.

Neumarkt

Der im Wiederaufbau befindliche Platz zwischen Elbe und Altmarkt lebt vom Zusammenspiel neu errichteter Bauten im historischen Stil und sensibel eingefügten modernen Fassaden. Die historischen Stile bewegen sich von der Gotik über Renaissance und Barock bis zum Biedermeier. Über den Wiederaufbau des Neumarktes, der vor dem Zweiten

Weltkrieg einen der städtebaulichen Höhepunkte Dresdens bildete, wurde jedoch heftig gestritten. Die Gegner der Bebauungspläne wollten, dass sich alles an historischen Vorbildern orientiert, der Neumarkt mit seinen Gebäuden und den Blickbeziehungen wieder so entsteht, wie er bis zum Zweiten Weltkrieg bestand. Sie vergaßen, dass die Zeit nicht stehengeblieben ist und man nicht alles zurückdrehen kann. Wo beispielsweise sollten die Handwerker herkommen, die einst die Erdgeschosse und Hinterhöfe bevölkerten? Heutzutage möchte man hier Cafés, Restaurants, Boutiquen haben, wie sie zum großen Teil schon eingezogen sind. Als erstes Bauwerk wurde im Jahr 2000 an der Ostseite das **Coselpalais** (1744–1746) wieder errichtet, benannt nach einem Sohn August des Starken, der aus seiner Verbindung mit der Gräfin Cosel hervorgegangen ist. Wiederaufgebaut

Das Coselpalais am Neumarkt

hat man auch das traditionsreiche **Hotel de Saxe**, das die Steigenberger-Gruppe betreibt, mit dem **Standbild Friedrich Augusts II.** (um 1867) davor. Der spektakulärste, international weit beachtete Wiederaufbau war allerdings der der Frauenkirche.

Frauenkirche

Seit dem Jahr 2004 prägt die elegante Kuppel von Sachsens bedeutendster protestantischer Kirche wieder wie einst Dresdens Silhouette. Der 95 Meter hohe Zentralbau über achteckigem Grundriss von George Bähr war am Ende des Zweiten Weltkrieges fast vollständig zerstört worden. Die Ruine blieb zu DDR-Zeiten ein Mahnmal gegen den Krieg, an dem sich an jedem 13. Februar Tausende versammelten, um an die Toten der Bombennacht im Februar 1945 zu erinnern. 1993 begann der weitgehend aus Spenden finanzierte und nicht unumstrittene Wiederaufbau. Rund ein Drittel der Steine wurden aus der Ruine geborgen, exakt erfasst und – erkennbar an der dunklen Färbung – in den Bau einbezogen. Dadurch wird auch für kommende Generationen das tragische Schicksal des Gotteshauses ablesbar bleiben. Als ersten Teil des Wiederaufbaus weihte man im August 1996 das Kellergewölbe als Unterkirche ein, im Juni 2004 wurde die Kirche mit dem Aufsetzen der Turmhaube und des Turmkreuzes äußerlich vollendet. Nach dem Innenausbau erfolgte die Weihe am 30. Oktober 2005.

Orgel in der Frauenkirche

Verkehrsmuseum Dresden

Das Museum an der Westseite des Neumarktes gehört zu den wenigen international bedeutsamen Sammlungen, die alle Zweige des Verkehrswesens darstellen: Eisenbahn, Nahverkehr, Kraftfahrzeuge, Schifffahrt und Luftverkehr. Das Museum befindet sich im **Johanneum** (1586 – 1590), dem ehemaligen Stallgebäude, in dem die Pferde und Kutschen der Kurfürsten standen. Durch den **Langen Gang** (1586 – 1588) ist es mit dem Georgentor des Residenzschlosses verbunden, dessen offene Bogenhalle im **Stallhof** 20 toskanische Säulen tragen. Der Stallhof, der prunkvolle Turniere erlebte, gilt als der älteste original erhaltene Turnierplatz dieser Art auf der Welt.

Fürstenzug

An der Außenseite des Langen Ganges in der Augustusstraße zeigt der Fürstenzug alle Herrscher des Hauses Wettin in einem Reiterzug. Die 957 Quadratmeter große beeindruckende Ahnengalerie der Wettiner ist das größte Porzellanbild der Welt, 101,90 Meter lang und aus 25 000 Meissener Porzellanfliesen bestehend. Auf ihm sind insgesamt 93 Personen zu sehen, darunter 35 Markgrafen, Kurfürsten und Könige. Wer sich in der Geschichte der Wettiner ein wenig auskennt, wird den letzten Regierenden vermissen. König Friedrich August III. fehlt, weil er noch ein Bub von sieben Jahren war, als 1872 mit dem Fries begonnen wurde. Dafür hat sich der Schöpfer dieses einzigartigen Kunstwerkes, der Aka-

Der Fürstenzug

demieprofessor Wilhelm Walther, am Ende des Frieses selbst verewigt.

Seit dem Jahr 2002 hat Dresden ein weiteres Porzellanbild. Das 90 Quadratmeter große Wandbild ist in der **Empfangshalle des Neustädter Bahnhofs** zu sehen. Auf 753 Porzellanplatten sind 22 der bedeutendsten sächsischen Sehenswürdigkeiten abgebildet.

Rund um die Altstadt

Dresden breitete sich Anfang des 19. Jahrhunderts aus, als die Festungsanlagen keine Bedeutung mehr hatten. So entstand beispielsweise aus sechs Dörfern die Wilsdruffer Vorstadt, die heute auf dem linken Elbufer hinter der Altstadtgrenze beginnt. Hier entstand mit dem **Kraftwerk Mitte** ein moderner Kultur- und Freizeitkomplex auf dem Gelände des alten Kraftwerks. Das versorgte von 1899 an die Dresdner Straßenbahnen und die Häuser der Innenstadt mit Elektrizität, bis man 1994 in den Turbinenhallen die letzten Schalter auf »Aus« legte. Die frühere Maschinenhalle wurde Domizil des **Theaters Junge Generation** und der **Staatsoperette**, deren Zuschauersaal mit 700 Plätzen an die Maschinenhalle angebaut wurde. Neben den beiden Theatern beleben Ateliers, Galerien, das **Dresdner Energiemuseum** und ein Musikclub das Gelände, auch Ausstellungen wird es geben.

Aber auch auf der grünen Wiese wurde gebaut, so entstand südlich des heutigen Hauptbahnhofes die Südstadt. Die gut betuchten Dresdner erwarben Baugrundstücke in Blasewitz und Tolkewitz. Sehenswürdigkeiten sind auf Grund der geschichtlichen Entwicklung hier dünner gesät, doch wer Zeit hat, sollte sich auch rund um die historische Altstadt umschauen.

Yenidze

Die Yenidze ist Dresdens originellstes Bauwerk. Die verglaste Kuppel der einstigen Zigarettenfabrik Yenidze ist nicht zu übersehen. Die Bauvorschriften verboten es zu Beginn des 20. Jahrhunderts, Industrieanlagen mit hohen Schornsteinen im Zentrum zu errichten. Denn die Silhouette als Kunst- und Residenzstadt sollte erhalten bleiben. Zigarettenfabrikant Hugo Zietz umging diese Vorschrift auf elegante Weise, indem er seinem Fabrikneubau (1909 – 1912) die Gestalt einer Moschee gab, der er eine riesige Glaskuppel mit 17 Meter Durchmesser aufsetzte. Der Schornstein bekam das Aussehen eines Minaretts. Bis 1953 war

▸ Karte S. 94

die Yenidze Zigarettenfabrik, danach das zentrale Tabakkontor der DDR, heute ist das Gebäude Büro- und Veranstaltungsort. Benannt ist das Bauwerk nach einem kleinen osmanischen, heute in Griechenland liegenden Tabakanbaugebiet.

Prager Straße

Auf dem Fußgängern vorbehaltenen Bummelboulevard (1965 – 1969) laden Cafés und Restaurants zum Verweilen ein, hier gibt es Hotels, Geschäfte, ein Warenhaus und mit der neuen Centrum-Galerie seit 2009 eine schicke Shopping-Mall. Im alten Dresden war die Prager Straße die Flaniermeile Nummer 1, doch die Bombennacht im Februar 1945 hatte von der einst belebten und glanzvollen Straße nichts stehengelassen. Die Städteplaner konzipierten beim Wiederaufbau anstelle der engen, nur 14 bis 17 Meter breiten Straßenschlucht ein weiträumiges städtebauliches Ensemble.

Die Prager Straße verbindet die Altstadt mit dem Wiener Platz und dem 1898 eröffneten **Hauptbahnhof**, der zwischen 2001 und 2005 vom englischen Stararchitekten Sir Norman Foster umgebaut wurde. Hinter dem Hauptbahnhof leuchten in den Farben Gold und Grün die fünf Zwiebeltürmchen der **Russisch-orthodoxen Kirche**. Erbaut wurde sie 1872 bis 1874 für die Angehörigen der am sächsischen Königshof akkreditierten russischen Gesandtschaft.

Kuppel der Yenidze

In der Prager Straße

Wenige Schritte von hier dehnt sich der Gebäudekomplex der Technischen Universität aus, mit rund 35 000 Studenten die größte akademische Lehreinrichtung in Sachsen. Wahrzeichen der Universität ist der 40 Meter hohe **Beyer-Bau** (1910 – 1913).

Buchmuseum

Kostbarkeiten aus mehr als einem Jahrtausend Buchgeschichte bewahrt das Buchmuseum der Sächsischen Landesbibliothek auf. Herausragend sind ein **Skizzenbuch von Albrecht Dürer**, der erste Dreifarbdruck der Welt von 1457 und die umfangreichste und am besten erhaltene der drei weltweit existierenden **Maya-Handschriften** aus dem 13. Jahrhundert. Die Sächsische Landesbibliothek besitzt mehr als sieben Millionen Medien, darunter 4,3 Millionen Bücher und Zeitschriften.

Panometer

Von der zwölf Meter hohen Plattform genießt man einen herrlichen Panoramablick auf das barocke Dresden in den Jahren 1695 bis 1760. Der Berliner Künstler Yadegar Asisi hat, wie auch in Leipzig, ein 360-Grad-Panoramabild geschaffen und damit dem ausgedienten Gasspeicher (1879/80) in Reick neues Leben eingehaucht. Jedes Jahr, in den Wochen rund um den Gedenktag der Bombardierung Dresdens im Februar 1945, wird das Panorama **Dresden 1945** gezeigt. Vom Rathausturm, dem fiktiven Standort, geht der Blick über die zerstörte Stadt.

Um den Großen Garten

In Dresdens größter und ältester Parkanlage vereinen sich der englische Stil und ein barocker Lustgarten harmonisch. Die Wege in der weitläufigen Anlage haben insgesamt eine Länge von 34 Kilometern. Wer nach dem Sightseeing nicht mehr laufen mag, lässt sich von der **Parkeisenbahn** 5, Kilometer durch den Großen Garten fahren. Die Schmalspurbahn verkehrt von April bis Oktober, betreut wird sie von Schülern, nur die Lokomotivführer und Bahnhofsleiter sind den Kinderschuhen entwachsen.

Einst stolzierten die sächsischen Kurfürsten mit ihren Pagen durch den ab 1676 von Johann Georg II. angelegten Großen Garten, erst 1813 wurde der Park zur allgemeinen Benutzung freigegeben. Mittendrin erhielt das **Palais** seinen Platz, Sachsens frühester Barockbau, eine Mischung aus deutschem Lusthaus, italienischer Villa und französischem Schloss. Der Hof lud in das reich geschmückte Bauwerk zu sommerlichen Vergnügungen. Im Februar 1945 glaubten tausende von Dresdnern, im Großen Garten vor den Bombenangriffen sicher zu sein. Doch die Flugzeuge klinkten ihre todbringende Last auch über dem Park aus, das Blutbad war entsetzlich.

Gläserne Manufaktur

In der nordwestlichen Ecke des Großen Gartens errichtete der Volkswagenkonzern eine monumentale Halle (1999–2001). Auf zwei Ebenen der innovativen Produktionsstätte montiert Volkswagen seit 2017 den e-Golf. Gebaut hat man die Produktionsstätte für

Der Carolasee im Großen Garten

▲ Karte: hintere Umschlagklappe

Katta-Insel im Dresdner Zoo

den VW Phaeton, dessen Produktion im Jahr zuvor eingestellt wurde. Die Bauelemente bringt eine Güterstraßenbahn werbewirksam in das unterirdische Logistikzentrum. In einem 40 Meter hohen Glasturm warten die fertigen Fahrzeuge auf ihre Abholung. Besucher können nach Voranmeldung hinter der transparenten Fassade den Produktionsprozess verfolgen.

Zoo

Rund 1700 Tiere in fast 300 Arten leben im Dresdner Zoo. Der 1861 eröffnete Zoo erwarb 1873 eine Schimpansin, mit der die bis heute erfolgreiche Zucht von Menschenaffen begann. Anziehungspunkte bilden das zur begehbaren **Katta-Insel** umgestaltete Robbenbecken, das zum afrikanischen Teil des Zoos gehört. Dieser Teil erstreckt sich über die Löwen- und Karakalanlage bis zur Giraffen- und Zebraanlage. Neu ist das **Tropenhaus**, in dessen großen Schaugehegen Affen, Faultiere und Kleinkantschile gezogen sind. Publikumslieblinge sind die beiden Koalas Mullaya und Iraga. Täglich um 9.30 Uhr erhalten die beiden Beuteltiere frischen Eukalyptus.

Hygiene-Museum

Am Lingnerplatz gibt es ein in Europa einzigartiges Museum: Das im Bauhausstil errichtete Deutsche Hygiene-Museum (1927 - 1930), das sich dem menschlichen Körper widmet. Die Anregung zu diesem Museum kam vom Dresdner Pharmazie-Großindustriellen Karl August Lingner (1861 - 1916), dem Erfinder des Odol-Mundwassers. Das hochinteressante Museum zeigt als Attraktion den Gläsernen Menschen und sieben Themenbereiche, darunter Essen und Trinken und Sexualität.

Rechtes Elbufer

In der Dresdner Neustadt hat sich eine für Sachsen einmalige, lebendige Café-, Restaurant- und Kneipenszene entwickelt. Während der Wendezeit fanden sich Menschen oftmals in Abrisshäusern zusammen, weil es hier leerstehende Räume gab, aus diesen gingen dann vielfach die Kneipen hervor.

Wer von der Altstadt losgeht, läuft über die Augustusbrücke und kommt zum Neustädter Markt mit dem Reiterstandbild von August dem Starken. Das mit Blatt-

Die Gläserne Frau im Hygiene-Museum

Figur am Japanischen Palais

gold belegte Denkmal heißt allgemein nur der **Goldene Reiter** (1736). Ohne diesen kunstsinnigen Friedrich August I. und seinen Sohn Friedrich August II. würde es die Kunst- und Kulturstadt Dresden nicht geben, Augusteisches Zeitalter werden die rund 70 Jahre von 1694 bis 1763 genannt, in denen die beiden regierten und den Weltruf Dresdens begründeten. Ergiebige Silbervorkommen und eine florierende Wirtschaft hatten das Haus Wettin reich werden lassen, der Hofstaat Augusts des Starken war glanzvoller als der des Kaisers, von Dresden nach Warschau reiste er mit 60 vier- und über 70 sechsspännigen Wagen.

Japanisches Palais

August der Starke plante, das Gebäude als »Porzellanschloss« herzurichten. Matthäus Daniel Pöppelmann baute es von 1727 bis 1733 um, es entstand unter anderem das Dach in fernöstlichen Formen, das der Vierflügelanlage zum Namen verhalf. Doch August dem Starken fehlte das Geld für den Innenausbau, das Porzellanschloss blieb ein Traum. Den holten die gegenwärtig in Dresden Regierenden 2009 aus der Schublade und wärmten das Vorhaben eines Porzellanschlosses auf. Doch so schnell wie die Idee hervorgeholt wurde, verschwand sie auch wieder angesichts des leeren Staatssäckels.

In dem 1945 ausgebrannten sandsteinverkleideten Bauwerk zeigt seit der Wiederherstellung das **Museum für Völkerkunde** den ersten Teil einer Dauerausstellung. Die **Senckenberg Naturhistorischen Sammlungen Dresden**, die aus dem Museum für Tierkunde und dem Museum für Mineralogie und Geologie bestehen, präsentieren Sonderausstellungen.

Wer die Straße etwas östlich weiterläuft, vorbei am Goldenen Reiter, der kommt zum **Jägerhof**, einem der wenigen erhaltenen Gebäude aus der Renaissancezeit. In ihm befindet sich das 1896 gegründete **Museum für Sächsische Volkskunst**. Zu den wichtigsten Beständen gehören Möbel, Hausrat aus vorindustrieller Zeit sowie volkskünstlerische Textilien wie Blaudrucke, Klöppelspitzen und verschiedenartige Stickereien.

Hauptstraße

Am Neustädter Markt beginnt die Hauptstraße, ein bei Dresdnern und ihren Gästen beliebter Fußgängerboulevard mit dem **Museum zur Dresdner Frühromantik**. Eingerichtet wurde es im Haus Nr. 13, in dem der Maler Gerhard von Kügelgen (1772–1820) wohnte, deshalb auch Kügelgenhaus genannt. An einem der Fenster stand 1813 Johann Wolfgang von Goethe und beobachtete den Einzug der russischen und preußischen Regimenter, die Kaiser Napoleon Bonaparte verfolgten. Sehenswert das nachgebildete Atelier Gerhard von Kügelgens.

Die **Dreikönigskirche** wird im Volksmund »Sächsische Paulskirche«, genannt, weil

▶ Karte: hintere Umschlagklappe

in ihr – ähnlich wie die Nationalversammlung 1848 in Frankfurt – von 1990 bis 1993 mangels anderer geeigneter Räumlichkeiten der Sächsische Landtag beriet. Der im Zweiten Weltkrieg zerstörte Sakralbau entstand bis 1990 als »Haus der Kirche«. Äußerlich zeigt sich das Bauwerk, wie es einst George Bähr und Matthäus Daniel Pöppelmann schufen, das Innere wurde dem neuen Nutzungszweck angepasst. Vom Barockaltar (1741) hat das Feuer vom Februar 1945 nur einen Torso übrig gelassen; die Kriegsruine soll als Mahnmal an den Zweiten Weltkrieg erinnern.

Albertplatz

Am Ende der Hauptstraße steht man am Albertplatz, dem heutigen Verkehrsmittelpunkt der Neustadt. Zehn Straßen gehen von ihm sternförmig ab. Eine davon ist die Königstraße, eines der letzten Bauvorhaben Augusts des Starken mit zahlreichen wertvollen Häusern. In den Grünanlagen des Albertplatzes erfreuen zwei wunderschöne **Brunnenanlagen**

Kästner-Denkmal am Albertplatz

Reste des Altars in der Dreikönigskirche

(1894) von Robert Diez das Auge: Auf der Ostseite das »Stille Wasser« und auf der Westseite die Gruppe »Stürmische Wogen«.

Das **Schillerdenkmal** (1913) ist eine antikisierende Statue aus weißem Marmor, neueren Datums ist das bronzene **Erich-Kästner-Denkmal** (1987), denn der Schriftsteller war im nahen Haus Königsbrücker Straße 66 zur Welt gekommen. »Ich bin ein Deutscher aus Dresden in Sachsen«, bekannte der Autor in seinem Buch »Als ich noch ein kleiner Junge war«. Das Wasser im eleganten **Brunnentempel** (1906) an der Ecke zur Königsbrücker Straße kommt aus einer Tiefe von 243 Metern.

Das **DDR-Museum** zeigt dem Besucher, wie die Menschen im Osten Deutschlands einst wohnten, was sie einkauften, welche Autos und Motorräder auf den Straßen fuhren und was in den Küchen und Büros stand. Das Museum befindet sich im 1929 eröffneten Hochhaus am Albertplatz, dem ältesten Bürohochhaus Dresdens.

Installation in der Kunsthofpassage

Kunsthofpassage

Vom Hof der Tiere gelangt man zum Hof der Metamorphosen. Weiter geht es zum Hof der Fabelwesen mit schwebenden Figuren und Vögeln, zum Hof des Lichts und der Elemente, in dem Wasser durch verschlungene Rohre nach unten rauscht, bei Regen und Sonne und von Frühjahr bis Herbst zu jeder vollen und halben Stunde. Die Kunsthofpassage zwischer der Görlitzer Straße und der Alaunstraße ist ein Besuchermagnet, ein farbenfroher Hingucker. Sie enstand aus fünf dunklen, miteinander verbundenen Hinterhöfen in der Äußeren Neustadt, heute Dresdens Szeneviertel. Zwischen Albert- und Alaunplatz drängen sich unzählige Kneipen, Bars, Diskos und kleine Läden. Einmütig finden sich Einheimische, Studenten und Touristen an Tischen und Bartresen zusammen, in der warmen Jahreszeit sitzen sie auch auf Bordsteinen und ausgebauten Fenstersimsen. So richtig turbulent wird es erst nach Mitternacht.

▸ Karte: hintere Umschlagklappe

Militärhistorisches Museum der Bundeswehr

Das Museum bietet einen Streifzug durch mehr als 600 Jahre deutscher Militärgeschichte. Es besitzt etwa 1,5 Millionen Objekte und gehört somit zu den größten seiner Art auf der Welt. Zu den besonderen Schaustücken zählen das erste deutsche U-Boot »Brandtaucher« (1850/51), der Landeapparat des Raumschiffes »Sojus 29« (1978) und die »Faule Magd«, Europas ältestes Riesengeschütz (um 1430), aus dem allerdings nie ein Schuss abgegeben wurde.

Die architektonische Neugestaltung des Museums (2004 – 2011) erfolgte nach einem Entwurf des berühmten Architekten Daniel Libeskind. Der Neubau aus Stahl, Glas und Beton durchschneidet in Form eines Keils das alte Arsenal. Mit 20 000 Quadratmeter Ausstellungsfläche ist das Dresdner Museum das größte militärhistorische Museum Deutschlands.

Der schönste Milchladen der Welt

Die Wandflächen, die Decke, sogar der Fußboden sind mit farbigen Fliesen belegt, sie sind so schön wie ein buntes Bilderbuch gestaltet. Pfunds Molkerei in der Bautzener Straße 79 in Dresden ist ein künstlerisches Kleinod besonderer Art, es ist der wohl schönste Milchladen der Welt. Restauratoren bewahrten das einmalige Kunstwerk vor dem Verfall, das seit Oktober 1995 wieder im neuen, alten Glanz erstrahlt.

Die handgemalten Abbildungen erzählen viel über die Milchherstellung und -verarbeitung, sie zeigen weidende Kühe ebenso wie den Milchverkauf, sie dokumentieren das innovative Konzept des Firmengründers Paul Gustav Pfund. Der hatte 1879/80 mit seinem Bruder Friedrich begonnen, Dresdens Bevölkerung hygienisch einwandfreie Milch anzubieten. Durch ein Fenster im Verkaufsraum konnte die Kundschaft zusehen, wie die Kühe gemolken wurden.

Die Dresdner Molkerei Gebrüder Pfund stellte als erste in Deutschland Kondensmilch her, entwickelte Kindernahrung mit Muttermilchqualität und Milchseife für empfindliche Haut. 1900 führte Pfund die heute nicht mehr wegzudenkende Pasteurisierung für die gesamte Milch aus seinem Betrieb ein.

Zu dem Unternehmen gehörten eine »Bierschwemme« für die Milchkutscher, es gab einen Kindergarten und einen Festsaal mit Theater. Anfangs wurden täglich etwa 150 Liter Milch verkauft, in den 1930er Jahren verarbeitete man jeden Tag rund 60 000 Liter zu Milchprodukten aller Art.

Die 1891/92 entstandene geflieste Farbenpracht hatte die Bombardierungen im Zweiten Weltkrieg überdauert, 1972 wurde von den DDR-Behörden das Unternehmen verstaatlicht, 1990 der Laden geschlossen. Einige Jahre später erfolgte die Wiederbelebung, die fehlenden oder beschädigten Fliesen formte man nach alten Unterlagen nach, und so zeigt sich der Laden seit 1995 wieder so schön, wie ihn Paul Pfund vor mehr als 100 Jahren geschaffen hat.

Der heutige Käseladen gehört wieder zu Dresdens Sehenswürdigkeiten. Bei nicht wenigen Reiseveranstaltern steht ein Besuch von Pfunds Molkerei im Dresden-Programm, deshalb kann es hier manchmal ziemlich voll sein. Von Frisch- über Weichkäse, Schnitt- und Hartkäse wird die gesamte Variation der Milchveredlung angeboten, sogar an Sonnabenden und Sonntagen. Milch zum Trinken gibt es auch.

Fliesen im Milchladen – ein Bilderbuch der Milchproduktion

Dresdens Vororte

Vor allem auf dem rechtselbischen Ufer entstanden begehrte Wohnadressen, der Weiße Hirsch entwickelte sich zu Dresdens Nobelvorort. Nicht vergessen wurden die Arbeitnehmer, für sie entstand die Gartenstadt Hellerau. Am bekanntesten jedoch ist nach wie vor Pillnitz durch sein Schloss- und Parkensemble.

Elbschlösser

Eine Reise auf einem der Elbdampfer gehört zum Muss eines Dresdenbesuchs. Wer elbaufwärts in Richtung Pillnitz und Sächsische Schweiz reist, der sieht linker Hand zwischen Neustadt und Loschwitz hoch über dem Fluss die drei Elbschlösser: **Schloss Albrechtsberg** (1850 – 1854), das sich Prinz Albrecht von Preußen, ein Bruder von Kaiser Wilhelm I., erbaute, das **Lingner-Schloss** (1850 – 1853), auch Villa Stockhausen genannt, das der preußische Prinz für seinen Kammerherrn errichten ließ und das später der Erfinder des Odol-Mundwassers Karl August Lingner erwarb, sowie das burgenähnliche **Schloss Eckberg** (1859 – 1861), das für einen Großkaufmann erbaut wurde. Schloss Albrechtsberg und das Lingner-Schloss werden heute für Veranstaltungen genutzt, Schloss Eckberg ist ein Hotel.

Schloss Eckberg

Das Blaue Wunder

1893 wurde Dresdens berühmteste Brücke eingeweiht, die offiziell **Loschwitzer Brücke** heißt und Blasewitz und Loschwitz miteinander verbindet. Am Ende des Zweiten Weltkrieges geschah ein weiteres Wunder: Beherzte Bürger durchschnitten die Zündkabel der angebrachten Sprengstoffladung, das Blaue Wunder blieb erhalten. Ihren Namen bekam die Brücke von dem blauen Anstrich und »Wunder« in Anerkennung der technischen Leistung seinerzeit, die der Bau der 3500 Tonnen schweren Eisenkonstruktion (1891 – 1893) dar-

Das Blaue Wunder – Sachsens berühmteste Brücke

▲ Karte: hintere Umschlagklappe

stellte. Vor der Einweihung bekamen die Verantwortlichen plötzlich Magendrücken, sie fürchteten, das Bauwerk könnte der Belastung nicht standhalten. Flugs wurde eine Probe veranlasst: Drei Dampfwalzen, drei mit Steinen beladene Straßenbahnloren, sechs vierspännige Pferdewalzen, ein vollbesetzter Straßenbahnwagen, vier gefüllte Wassersprengwagen, drei Kutschen, fünf Pferde, ein beladener Materialwagen, eine Kompanie des Dresdner Jägerbataillons und 150 Freiwillige mussten auf die Brücke. Voller Spannung schauten alle, was passieren würde. Es passierte nichts – das Bauwerk hielt der Belastung stand und das bis heute.

Die Dampfschiffe legen hinter der Brücke am rechten Ufer in Blasewitz an, dort, wo die **Gaststätte Schillergarten** an den berühmten Dichter erinnert. In dem seinerzeit vorhandenen Schenkgut kehrte Friedrich Schiller gern ein, vermutlich auch wegen der Wirtstochter Justine Segedin, die als Frau Renner 1856 im Alter von 90 Jahren starb. Als »Gustel von Blasewitz« setzte ihr Friedrich Schiller in seinem Werk »Wallensteins Lager« ein literarisches Denkmal. Wer die Justine/Gustel in Sandstein betrachten möchte, muss zum Blasewitzer Rathaus laufen, dort steht sie in einer Nische unterm Baldachin.

Bergbahnen

Vom Körnerplatz fährt seit 1895 die **Standseilbahn** hinauf zum Villenviertel Weißer Hirsch, es ist die letzte Bahn ihrer Bauart in Europa. Die 547 Meter lange Strecke legt sie in drei Minuten zurück, die Geschwindigkeit beträgt fünf Meter in der Sekunde. Einige Schritte von der Standseilbahn entfernt, in der Pillnitzer Landstraße, fährt seit 1901 die älteste **Bergschwebebahn** der Welt los, ihr Ziel ist Oberloschwitz. Die an einem Trage-

Bergstation der Standseilbahn

gerüst hängenden Wagen benötigen für die 273,80 Meter lange Strecke knapp drei Minuten.

Nur wenige Schritte sind es von der Talstation der Bergschwebebahn bis zur **Loschwitzer Kirche**, die in ihrer Bauart dem barocken Zentralbau der berühmten Frauenkirche ähnelt und gern als deren »kleine Schwester« bezeichnet wird. Kein Wunder, denn hier wie dort hat Baumeister George Bähr gewirkt. Das barocke Gotteshaus birgt als wertvollstes Ausstattungsstück den Nosseni-Altar, der schwer beschädigt aus der beim Bombenangriff im Februar 1945 zerstörten und heute nicht mehr existierenden Sophienkirche gerettet und wiederhergestellt werden konnte.

Weißer Hirsch

Der Weiße Hirsch entwickelte sich vom Kurort zum Nobelviertel mit luxuriösen Villen. Ende des 19. Jahrhunderts gab es hier ein weithin bekanntes naturheilkundliches Sanatorium, einige Jahrzehnte später entstand eine Villa nach der anderen. In den 1950er Jahren begann der Wissenschaftler Manfred Baron von Ardenne sein wissenschaftliches Institut in dieser Nobelgegend einzurichten, die der Autor Uwe Tellkamp mit seinem Erfolgsroman »Der Turm«, den die ARD als Zweiteiler verfilmte, deutschlandweit bekannt machte.

Fast jedes Haus kann spannende Geschichte erzählen. So die Villa **San Remo** in der Bergbahnstraße, die dem deutsch-amerikanischen Kameraproduzenten Charles Alfred Noble gehörte, der die US-Bomberverbände am 13. Februar 1945 über Dresden gelenkt haben soll. In dem Haus **Preußstraße 10** wohnte nach seiner Rückkehr aus sowjetischer Kriegsgefangenschaft von 1953 an Hitlers Generalfeldmarschall a. D. Friedrich Paulus, der sich mit den Resten der 6. Armee in Stalingrad ergeben hatte. Im Haus **Hermann-Prell-Straße 6** ließen es sich der einstige kubanische Staatschef Fidel Castro und der nordkoreanische Diktator Kim Il Sung gut gehen. Dort befand sich bis zum DDR-Ende das Gästehaus der SED-Bezirksleitung Dresden. Uwe Tellkamp wohnte mit seinen Eltern im ersten Stock des Hauses **Oskar-Pletsch-Straße 9**, das er im Roman Haus »Karavelle« nannte.

Pillnitz

Seit 200 Jahren hat sich nichts verändert: Nach Pillnitz wird von Dresden aus auf dem Wasserweg gereist. Der sächsische Hofstaat kam einst mit prachtvollen Gondeln, die Touristen unserer Tage auf Seitenraddampfern.

Das Schloss im längst nach Dresden eingemeindeten Pillnitz hatte August der Starke seiner Gräfin Cosel zum Geschenk gemacht. Als sie in Ungnade gefallen war und es wieder hergeben musste, ließ der Kurfürst ab 1720 das Wasser- und das Bergpalais erbauen, Pillnitz avancierte zur Sommerresidenz des Dresdner Hofes. Das **Wasserpalais** und das spiegelgleich errichtete **Bergpalais** zählen zu den größten Chinoiserie-Bauten der Welt, das Neue Palais (1722), im Stil des Klassizismus mit barocken Anklängen erbaut, ordnet sich mit seinen geschwungenen Dächern gut in die Anlage ein. In beiden Palais zeigt das **Kunstgewerbemuseum Dresden** eine Fülle kunsthandwerklicher Objekte vom ausgehenden Mittelalter bis zur Gegenwart. Das **Schlossmuseum** im Neuen Palais informiert über die Ge-

Wasserpalais in Pillnitz

▲ Karte: hintere Umschlagklappe/107

schichte der Schlossanlage und das höfische Leben seiner Bewohner.

Die weitläufigen Pillnitzer Gartenanlagen mit dem Englischen Garten und dem Chinesischen Garten haben mehrere Generationen geschaffen. Anziehungspunkt ist eine dendrologische Kostbarkeit: die über 200 Jahre alte japanische Kamelie, die als einzige von einst vier nach Europa gebrachten Exemplaren überlebte. Sie ist fast neun Meter hoch, hat einen Kronendurchmesser von zwölf Metern und erfreut die Besucher jedes Jahr von März bis Mai mit bis zu 15000 Blüten. Um den empfindlichen Baum im Winter zu schützen, entstand 1992 ein modernes 54 Tonnen schweres Stahl-Glas-Haus, das zu Beginn der kalten Jahreszeit über ihn gefahren wird. Temperatur, Luftfeuchte, Beschattung und Belüftung werden computergesteuert. Oberhalb des Weinbergweges, von dem man herrliche Blicke

Gartenstadt Hellerau: Die Bewerbung für die UNESCO-Welterbeliste wird angestrebt

zum Elbsandsteingebirge und zum Osterzgebirge hat, ließ August der Starke von seinem Oberlandbaumeister Matthäus Daniel Pöppelmann die barocke **Weinbergkirche** (1723 - 1727) errichten. In dem Winzerhaus Dresdner Straße 44 im sich westlich anschließenden Stadtteil Hosterwitz verbrachte Carl Maria von Weber von 1818 bis 1824 mehrere Sommer mit seiner Familie. Das Haus, in dem Weber bedeutende Teile der »Freischütz«-Partitur schrieb, wurde zum Museum.

Hellerau

Die **Gartenstadt Hellerau** mit ihren kleinen Reihenhäusern und blühenden Vorgärten soll Weltkulturerbe werden. Die Bemühungen eines Fördervereins werden von der Staatsregierung unterstützt. Entstanden ist Deutschlands erste Gartenstadt Anfang des 20. Jahrhunderts in der hügeligen, waldreichen Gegend am Rande der Dresdner Heide. Wohnen und Arbeiten miteinander verbinden, die Erlösung von der Mietskaserne, das war das Credo des Gründers der Gartenstadt und Gründers der Deutschen Werkstätten für Handwerkskunst (DWH), Karl Schmidt. Westlich und nördlich der Fabrik entstanden Kleinwohnhäuser in schlichter Architektur. Fast jedem Ex-DDR-Bürger ist der Name Hellerau heute noch geläufig, denn Hellerau-Möbel standen in fast jeder Wohnung des dahingeschiedenen Staates. Kein Möbel verbuchte jemals in Europa eine solche Variabilität und einen solchen Erfolg wie das in Großfertigung hergestellte MDW-Programm (Montagemöbel der Deutschen Werkstätten), das einen Hauch von Ikea hatte. Die **Hellerauer Möbelwerkstätten** konnten in der ersten Hälfte des 20. Jahrhunderts zahlreiche internationale Auszeichnungen erringen, und auch gegenwärtig sind sie am Ball: Die Ausstattung des neuen Sächsischen Landtages und die der restaurierten Elbe-Raddampfer stammt unter anderem aus Hellerau. Das schmucklose **Festspielhaus** (1910–1912) avancierte rasch zu einem »Tempel der Kunst«, es war geistiger und kultureller Mittelpunkt der Siedlung. Nach aufwändiger Sanierung ist es heute Heimstätte des **Europäischen Zentrums der Künste** Hellerau.

▸ Karte S. 107/hintere Umschlagklappe

Dresden-Informationen

Allgemeines

Vorwahl: 0351.
Postleitzahl: 01067 (Zentrum).
Dresden Information an der Frauenkirche, QF-Passage, Neumarkt 2, und **Dresden Information im Hauptbahnhof**, Wiener Platz 4, Tel. 501501, www.dresden.de.

Unterwegs in Dresden

Gut beraten ist, wer für seinen Dresden-Aufenthalt eine der angebotenen **Welcome Cards** nutzt, die in verschiedenen Varianten erhältlich sind. Die Cards bieten viele Vergünstigungen: freie Fahrt mit Bus, Straßenbahn und S-Bahn in Dresden und dem Umland, freien Eintritt in die Museen, attraktive Ermäßigungen bei zahlreichen touristischen Dienstleistern. Erhältlich sind die Vorteilskarten für 1, 2 oder 3 Tage für Einzelpersonen sowie Familien mit zwei Erwachsenen und bis zu vier Kindern bis 14 Jahre. Preise von 12 bis 65 Euro, Infos und Buchungen unter www.dresden.de.

■ Schiffsrundfahrten

Sächsische Dampfschifffahrt. Schiffsfahrten mit historischen Raddampfern nach Meißen und Diesbar-Seußlitz, nach Pillnitz und in die Sächsische Schweiz. www.saechsische-dampfschifffahrt.de
Elbetaxi, Tel. 417242440. Rundfahrten mit schnellen Sportbooten, ab Fährgarten Johannstadt. www.elbe-taxi.de

Unterkunft

■ Hotels

Dresden erhebt seit einigen Jahren eine umstrittene **Beherbergungssteuer**, anderswo auch Bettensteuer oder Tourismusabgabe genannt, die Privatreisende zuzüglich zum Übernachtungspreis zu zahlen haben.
Steigenberger Hotel de Saxe, Neumarkt 9, Altstadt, Tel. 43860; 185 Zi., DZ ab 119 Euro ohne Frühstück. Exklusive Lage vis-à-vis der Frauenkirche, schöner Ausblick auf die barocke Pracht Dresdens. Dazu kommen komfortable Zimmer und ein ausgezeichneter Service.
www.desaxe-dresden.steigenberger.de
Leonardo Hotel Dresden-Altstadt, Magdeburger Str. 1a, Tel. 486700; 162 Zi., DZ ab 83 Euro. Komfortable Zimmer unweit des unmittelbaren Zentrums.
www.leonardo-hotels.de
Aparthotel Am Zwinger, Maxstr. 3–7, Tel. 89900100; 36 Zi./Ap., ab 60 Euro ohne Frühstück. Große behagliche Zimmer mit eigener Küche, in der Nähe der Sehenswürdigkeiten. www.aparthotel-zwinger.de

Der historische Erlweinspeicher wurde zu einem modernen Hotel umgebaut

Hotel Privat, Forststr. 22, Tel. 811770; 30 Zi., DZ ab 81 Euro. Familiengeführtes Haus in ruhiger grüner Lage in der Neustadt, Allergie- und asthmagerecht eingerichtete Zimmer, Haustiere sind deshalb nicht erlaubt. www.das-nichtraucher-hotel.de

Alttolkewitzer Hof, Alttolkewitz 7, OT Laubegast, Tel. 21767930; 24 Zi., DZ ab 88 Euro. Individuelle Gastlichkeit in einem Privathotel, Zimmer im Landhausstil. www.alttolkewitzer-hof.de

Villa Weltemühle, Merbitzer Str. 53, OT Briesnitz, Tel. 42550; 46 Zi., DZ ab 79 Euro ohne Frühstück. Etwas außerhalb der Stadt, dafür mitten in der Natur. Hübsche Zimmer sowie Spa mit Sauna und Beauty- und Massageanwendungen. www.hotel-weltemuehle.de

Campingplätze

Campingplatz Wostra, An der Wostra 7, OT Zschieren, Tel. 2013254, April–Okt. 60 Stellplätze am Stadtrand von Dresden Richtung Heidenau, 200 m von der Elbe. Das FKK-Strandbad Wostra und das Freibad Wostra befinden sich in direkter Nachbarschaft.

Camping- und Freizeitpark Luxoase, Arnsdorfer Str. 1, Kleinröhrsdorf, Tel. 035952/ 56666. 17 Kilometer von Dresden entfernt, 182 Stellplätze für Zelte, Caravan und Wohnmobile sowie Wohnmietwagen und Ferienwohnungen. Wellnessbereich mit Pool, Sauna, Dampfbad. www.luxoase.de

Gastronomie

Restaurants

Feldschlösschen-Stammhaus, Budapester Str. 32, Tel. 4718855; tägl. ab 12 Uhr. Uriges Ambiente in Brauhaustradition, Feldschlösschen-Bier und deftige sächsische Küche, hausgebackenes Brot. Im Turm ist kostenlos das Biermuseum zu besichtigen. www.feldschloesschen-stammhaus.de

Fischhaus Alberthafen, Magdeburger Str. 58, Tel. 4982110; tägl. ab 11 Uhr. Restaurant über drei Etagen im maritimen Stil. Gekocht wird regional und mit frischen Produkten. Zusätzlich gibt es eine öffentliche Kantine mit preiswertem Frühstücks- und Mittagsangebot (Mo–Fr 8–14 Uhr). www.fischhaus-alberthafen.de

Freiberger Schankhaus, Neumarkt 8, Tel. 5004347; tägl. ab 12 Uhr. Sächsisch-bürgerliche Küche und Bierspezialitäten. Im Sommer große Terrasse auf dem Neumarkt. www.freiberger-schankhaus.de.

Italienisches Dörfchen, Theaterplatz 3, Tel. 498160. 100-jährige Tradition mit dem rustikalen **Stadtwaldschlösschen** (tägl. ab 12 Uhr), **Milchmädchens Kaffeehaus** (tägl. ab 8 Uhr) und dem italienischen Restaurant **Centro Brunetto** (Mi–Sa ab 17, So ab 12 Uhr). www.italienisches-doerfchen.com

Kuppelrestaurant in der Yenidze, Weißeritzstr. 3, Tel. 4905990; tägl. ab 12 Uhr. Orientalisches Flair unter der riesigen bunten Glaskuppel der ehemaligen Tabakfabrik, im Sommer Dresdens höchster Biergarten. Sächsische und internationale Küche, auch Orientalisches. www.kuppelrestaurant.de

Wirtshaus Lindenschänke, OT Altmickten 1, Tel. 8599577; tägl. ab 11 Uhr. Im Dorfkern von Altmickten am Elberadweg stehen vor allem frisch zubereitete sächsische Köstlichkeiten auf der Karte. www.wirtshaus-lindenschaenke.com

Schillergarten, Schillerplatz 9, OT Blasewitz, Tel. 811990; tägl. ab 11 Uhr. Traditionshaus am Blauen Wunder, einst Schillers Stammlokal. Von sächsischem Sauerbraten bis Goldbroiler (Grillhühnchen). 1000 Plätze im Biergarten mit Blick auf die Elbe, große Tageskarte. www.schillergarten.de

Pulverturm, An der Frauenkirche 12, Tel. 262600; tägl. ab 11 Uhr. Auf den historischen Fragmenten des Pulverturms errichtet, urig und mit viel Klamauk. Deftige sächsische Küche. www.pulverturm-dresden.de

Café & Restaurant Alte Meister, Theaterplatz 1a, Tel. 4810426; Mo ab 17, Di–So ab 12 Uhr. Tagsüber Museumscafé, abends stilvolles Restaurant mit französisch orientierter Küche. www.altemeister.net

Kunst-Café-Antik, An der Frauenkirche 5, Tel. 4965217; tägl. ab 11 Uhr. Interessante Komposition aus Café-Restaurant und Antiquitätenladen. www.kunstcafe-antik.de

Cafés

Café Vis-à-Vis, Brühlsche Terrasse 3, Tel. 8642837; tägl. ab 11 Uhr. Kaffeehaus mit eigener Patisserie. Im Sommer wunderbarer Freisitz auf der Brühlschen Terrasse mit Blick über die Elbe. www.hilton.de/dresden

Grand Café Coselpalais, An der Frauenkirche 12a, Tel. 4962444; tägl. ab 11 Uhr. Barockes Palais neben der Frauenkirche, große Auswahl an Kuchen und Torten. www.coselpalais-dresden.de

Café Toscana, Schillerplatz 7, OT Blasewitz, Tel. 3100744; tägl. ab 9 Uhr. Seit über 100 Jahren die Grande Dame der Dresdner Cafélandschaft. www.cafe-toscana.de

Eiscafé Venezia, Hauptstr. 2a, Tel. 8045458; tägl. ab 10 Uhr. Beliebtes Eiscafé am Eingang zum Neustädter Markt, immer neue Eiskreationen.

Café & Konditorei Kreutzkamm, Altmarkt 25 (in der Altmarktgalerie), Tel. 4954172; Mo–Fr ab 10, Sa/So ab 12 Uhr. Café im Stil der 1920er Jahre. Köstliche Eierschecke, Baumkuchen, Buttercreme- und Sahnetorten, Christstollen und Gebäck. www.kreutzkamm.de

Nachtleben

Dresdens Nachtleben ist vielgestaltig, es reicht von der Kneipenszene in der Neustadt mit über 100 Kneipen, Pubs und Nachtlokalen über Locations in alten Fabrikkellern bis zu Lifestyle-Clubs mit mediterranem Flair. Informieren kann man sich auf den Seiten www.dresden-nightlife.de oder www.dd-inside.com.

Sonderbar, Würzburger Str. 40, Tel. 33949780; Mo–Sa ab 18 Uhr. 350 verschiedene Cocktails, über 700 internationale Spirituosen. www.sonderbar.de

Newtown Bar, Helgolandstr. 9b, Tel. 79691122; tägl. ab 17 Uhr. Gemütliche Cocktailbar mit umfangreichem Angebot, Billard und Dart. www.newtownbar.de

Katys Garage, Alaunstr. 48, Tel. 6567701; So–Di ab 19, Mi–Sa ab 20 Uhr. Angesagter Szeneclub mit umfangreichem Programm. www.katysgarage.de

Kultur

Museen

Stadtmuseum Dresden im Landhaus und **Städtische Galerie Dresden**, Kunstsammlung, Wilsdruffer Str. 2, Tel. 4887301; Di–Do, Sa/So 10–18, Fr 10–19 Uhr. www.museen-dresden.de

Turm der Kreuzkirche, An der Kreuzkirche 6, Tel. 4393920; Mo–Fr 10–18, Sa 10–15, So 12–18 Uhr. www.kreuzkirche-dresden.de

Rathausturm, Eingang Kreuzstraße; gegenwärtig geschlossen.

Residenzschloss, Taschenberg 2, Tel. 49142000; Historisches Grünes Gewölbe, Neues Grünes Gewölbe, Königliche Paraderäume, Rüstkammer, Kupferstichkabinett, Münzkabinett Mo, Mi–So 10–18 Uhr; Hausmannsturm April–Okt. Das Historische Grüne Gewölbe kann nur mit einem Zeitticket besichtigt werden, zu erhalten ist es im Vorverkauf, online, telefonisch oder im Besucherzentrum Art & Info des Residenzschlosses. 40 Prozent des Tageskartenkontingents ist aber auch an der Kasse für denselben Tag verfügbar. www.skd.museum

Zwinger mit Semperbau, im Zwinger, Theaterplatz 1, Tel. 49142000, mit Gemäldegalerie Alte Meister, Porzellansammlung, Mathematisch-Physikalischer Salon und Skulpturensammlung bis 1800; Di–So 10–18 Uhr. www.skd.museum

Im Jägerhof befindet sich das Museum für Sächsische Volkskunst

Kathedrale St. Trinitatis (katholische Hofkirche), Schlossplatz, Tel. 4844712; Mo–Do 9–17, Fr 13–17, Sa 10–17, So 12–16 Uhr. Mi, Sa 11.30–12 Uhr Orgel am Mittag. www.kathedrale-dresden.de

Festung Xperience, Brühlsche Terrasse/Terrassenufer, Tel. 43870320; tägl. 10–18 Uhr. www.festung-xperience.de

Albertinum – Galerie Neue Meister und **Skulpturensammlung ab 1800**, Brühlsche Terrasse und Georg-Treu-Platz, Tel. 49142000; Di–So 10–18 Uhr. www.skd.museum

Frauenkirche, Georg-Treu-Platz 3, Tel. 65606100; offene Kirche Mo–Fr 10–12 und 13–18 Uhr, am Wochenende wechselnde Zeiten. Kuppelaufstieg März–Okt. Mo–Sa 10–18, So 12.30–18, Nov.–Febr. Mo–Sa 10–16, So 12.30–16 Uhr. Orgelandachten mit Kirchenführung Mo–Sa 12, Mo–Mi, Fr 18 Uhr. www.frauenkirche-dresden.de

Verkehrsmuseum Dresden, im Johanneum, Augustusstr. 1 (am Neumarkt), Tel. 86440; Di–So 10–18 Uhr. www.verkehrsmuseum-dresden.de

DDR-Museum, Antonstr. 2a, Tel. 56340888; tägl. 10–18 Uhr. www.weltderddr.de

Dresdner Energiemuseum, Kraftwerk Mitte 26, Tel. 8604180; Mi 10–17, zusätzlich Okt.–Juni Sa 13–17 Uhr. www.kraftwerk-museum.de

Buchmuseum der Sächsischen Landesbibliothek, Staats- und Universitätsbibliothek Dresden (SLUB), Zellescher Weg 18, OT Südvorstadt-Ost, Tel. 4677580; Buchmuseum/Schatzkammer tägl. 10–18 Uhr, Führung Sa 14 Uhr. www.slub-dresden.de

Panometer, Gasanstaltstr. 8b, OT Reick, Tel. 8603940; Mo–Fr 10–17, Sa/So 10–18 Uhr. www.panometer.de

Zoo Dresden, Tiergartenstr. 1, Tel. 478060; tägl. April–3. Okt. 8.30–18.30, Okt., Mitte Febr.–März 8.30–17.30, Nov.–Mitte Febr. 8.30–16.30 Uhr. www.zoo-dresden.de

Deutsches Hygiene-Museum, Lingnerplatz 1, Tel. 4846400; Di–So 10–18 Uhr. Die Eintrittskarte ist an zwei aufeinanderfolgenden Öffnungstagen gültig. www.dhmd.de

Museum für Völkerkunde, im Japanischen Palais, Palaisplatz 11, Tel. 49143508; Di–So 10–18 Uhr. www.voelkerkunde-dresden.de

Senckenberg Naturhistorische Sammlungen Dresden, im Japanischen Palais, Palaisplatz 11, Tel. 7958414408; Di–So 10–18 Uhr. www.senckenberg.de

Museum für Sächsische Volkskunst mit Puppentheatersammlung, im Jägerhof, Köpckestr. 1, Tel. 49142000; Di–So 10–18 Uhr. www.skd.museum

Kügelgenhaus – Museum der Dresdner Romantik, Hauptstr. 13, OT Neustadt, Tel. 8044760; Mi–So 10–18 Uhr. www.museen-dresden.de

Turm der Dreikönigskirche, An der Dreikönigskirche 12, Eingang D; März–Okt. 1. u. 3. Di im Monat 11.30–16, Mi–Sa 11–17, So 11.30–17, Nov.–Febr. Mi 12–16, Do–Sa 10–16, So 11.30–16.30 Uhr. www.hdk-dkk.de

Erich-Kästner-Museum, Villa Augustin, Antonstr. 1, Tel. 8045086; So–Mi, Fr 10–18 Uhr. www.erich-kaestner-museum.de

Militärhistorisches Museum der Bundeswehr, Olbrichtplatz 2, Tel. 8232803; Mo 10–21 Uhr, Di, Do–So 10–18 Uhr. www.mhmbw.de

Schloss Pillnitz, August-Böckstiegel-Str. 2, Tel. 2613260; Schlossmuseum und Kunst-

Das Militärhistorische Museum

gewerbemuseum April–Okt. Di–So 10–18, Führungen Mai–Okt. tägl., Nov.–April Sa/So 11, 12, 13, 14 Uhr; Park ganzjährig ab 6 Uhr bis Einbruch der Dunkelheit, kostenpflichtig April–Okt. 9–18, Palmenhaus tägl. April–Okt 9–18, Nov.–März 10–16 Uhr. www.schlosspillnitz.de

Carl-Maria-von-Weber-Museum, Dresdner Str. 44, OT Hosterwitz, Tel. 2618234; Mi–So 13–18 Uhr. www.museen-dresden.de

Theater und Konzerte

Sächsische Staatsoper Dresden (Semperoper), **Sächsische Staatskapelle**, Theaterplatz 2, Tel. 4911705. Ein Haus von Weltruf, Spielstätte der Sächsischen Staatskapelle. www.semperoper.de

Dresdner Philharmonie, Schloßstr. 2, im Kulturpalast, Tel. 4866866. Heimspielstätte des renommierten Orchesters ist nach abgeschlossener Sanierung wieder der Kulturpalast. www.dresdnerphilharmonie.de

Dresdner Kreuzchor, Kreuzkirche am Altmarkt, Tel. 4965807. Weltberühmter Knabenchor, der sich vor allem geistlicher und weltlicher A-capella-Musik widmet. www.kreuzchor.de

Staatsoperette Dresden, Kraftwerk Mitte 1, Tel. 32042222. Klassische Operetten, Shows, musikalische Komödien am neuen Standort im Kraftwerk Mitte. www.staatsoperette-dresden.de

Staatsschauspiel Dresden–Schauspielhaus, Theaterstr. 2, Tel. 4913555. Hochkarätige Schauspielaufführungen. www.staatsschauspiel-dresden.de

Comödie Dresden, Freiberger Str. 39 (im World Trade Center), Tel. 866410. Theater für ein breites Publikum. www.comoedie-dresden.de

Theaterkahn – Dresdner Brettl, Terrassenufer an der Augustusbrücke, Tel. 4969450. Musikalisches Kabarett und komödiantisches Theater in kleiner Form an einem ungewöhnlichen Veranstaltungsort. www.theaterkahn.de

Festspielhaus Hellerau, Karl-Liebknecht-Str. 56, Tel. 264620. Zeitgenössischer Tanz und Musik. www.hellerau.org

tjg. Theater Junge Generation, Kraftwerk Mitte 1, Tel. 32042777. Kinder- und Jugendtheater, für Kinder und Jugendliche von 2 bis 16 Jahren. www.tjg-dresden.de

Herkuleskeule, Schloßstr. 2, im Kulturpalast, Tel. 4925555. Politisches Kabarett, Spaß und Provokation. www.herkuleskeule.de

Dresdner Friedrichstatt Palast, Wettiner Platz 10, Tel. 4904009. Satire mit Biss im preisgekrönten Kabarett (ehemals Breschke & Schuch) www.dresdner-friedrichstatt-palast.de

Societätstheater, An der Dreikönigskirche 1a, Tel. 8036810. Freies Theater im barocken Gebäude der Neustadt. www.societaetstheater.de

Veranstaltungen

Traditionelle Dampferparade der Sächsischen Dampfschifffahrt, am 1. Mai. Zum Saisonstart fahren die neun historischen Schaufelraddampfer nach Pillnitz und zurück. www.saechsische-dampfschifffahrt.de

Dresdner Musikfestspiele, Mitte Mai–Mitte Juni. Konzerte mit Künstlern von Rang an verschiedenen Spielstätten. www.musikfestspiele.com

Dixieland-Festival, Mitte Mai. Europas größtes Oldtime-Jazz-Festival mit einer mehr als vier Jahrzehnte langen Tradition. www.dixielandfestival-dresden.com

Filmnächte am Elbufer, Juli/Aug. Open-Air-Kino und Konzerte an der Elbe. www.filmnaechte.de

Elbhangfest, letztes Juni-Wochenende. Buntes Volksfest an der Sächsischen Weinstraße von Dresden-Loschwitz bis Pillnitz. www.elbhangfest.de

Dresdner Schlössernacht, Mitte Juli. Die Parkanlagen von Schloss Albrechtsberg, Lingnerschloss, Schloss Eckberg und der Saloppe laden zu Überraschungen. www.dresdner-schloessernacht.de

Dresdner Striezelmarkt, auf dem Altmarkt, Ende Nov./Dez. Ältester und einer der größten Weihnachtsmärkte Deutschlands. www.striezelmarkt.de

Sport und Aktivitäten

Energieverbund-Arena, Magdeburger Str. 10, Tel. 4885252; Okt.–März. Eissporthalle und Eislaufbahn im Sportpark Ostragehege. www.dresden.de

Skate-Park Dresden, Lingnerallee (am großen Garten). Für Anfänger und Fortgeschrittene gleichermaßen geeignet.

■ Fahrradfahren

Der **Elberadweg** quert Dresden direkt am Fluss, quasi vorbei an den Sehenswürdigkeiten der Stadt. www.elberadweg.de.

Fahrradverleih im Hauptbahnhof, Tel. 4613232; tägl. 6.15–21.30 Uhr.

■ Schwimmbäder

Georg-Arnhold-Bad, Helmut-Schön-Allee 2, Tel. 4942203. Historischer Schwimmkomplex am Großen Garten mit Hallenbad (tägl. geöffnet) und Freibad (Mai–Sept.). www.dresdner-baeder.de

Erlebnisbad Elbamare, Wölfnitzer Ring 65, OT Gorbitz, Tel. 410090; tägl. 10–22 Uhr. Bade- und Saunalandschaft, mit Kinderbereich. www.elbamare.de

■ Klettern

Kletterwald Dresdner Heide, Nesselgrundweg 80, Tel. 7958709; April–Okt Di–Fr ab 14, Sa/So ab 10 Uhr. Auf 9 Parcours mit 100 Elementen sind Kletterkünste gefragt. www.kletterwald-dresdner-heide.de

In der Kunsthofpassage

Symbol des Elberadwegs

Waldseilpark Dresden-Bühlau, Grundstr. 169, OT Bühlau, Tel. 0172/3568650; April–Okt. Mo–Fr 14–18, Sa/So 10–18 Uhr. Mut und Geschicklichkeit beweisen beim Klettern und Hangeln in luftiger Höhe bis zu 20 Meter, 12 verschiedene Parcours, insgesamt mehr als 100 Kletterelemente. www.waldseilpark-dresden.de

Einkaufen

So facettenreich wie die Stadt ist auch das Shoppingangebot. Es reicht von den klassischen Shoppingmeilen an **Prager Straße**, **Altmarkt** und **Schloßstraße** über das Einkaufsparadies für Individualisten zwischen Haupt- und Königsstraße und den **Kunsthandwerkerpassagen** in der Neustadt bis zu den kleinen Läden in der Äußeren Neustadt, wo auch die **Kunsthofpassage** (zwischen Alaun- und Görlitzer Straße) durch vier Höfe führt.

Die **Neustädter Markthalle** in der Metzer Straße 1 besticht allein schon durch ihre Architektur.

Jeden Sa von 7 bis 14 Uhr findet der **Elbeflohmarkt** an der Albertbrücke statt. www.elbeflohmarkt.de

Dresdens Umgebung

Sachsens Landeshauptstadt dürfte eine der schönsten Umgebungen aller vergleichbaren Städte haben. Manches wie die Moritzburg gehört mittlerweile zum Muss einen Dresden-Besuches. Nicht weit ist es auch in die romantische Sächsische Schweiz oder in die andere Richtung im Elbetal, das von terrassenförmigen Weinbergen begrenzt wird.

Tharandter Wald

Vom Tharandter Wald, einem 6000 Hektar großen Waldgebiet mit Tälern, Bächen, Felsen und dem **Jagdhaus Grillenburg** (1554 – 1558), schwärmten Dichter und Maler der Romantik in Versen und phantasievollen Bildern. Der Tharandter Wald ist eng mit Heinrich von Cotta (1763 – 1844) verbunden, dem »Vater der Forstwissenschaften«. 1811 hatte Cotta in der Kleinstadt **Tharandt** (5500 Einwohner), etwa 15 Kilometer vom Dresdner Stadtzentrum entfernt, eine Forstlehranstalt gegründet, aus der fünf Jahre später die Königliche Sächsische Forstakademie entstand. Der 34 Hektar große Forstbotanische Garten ist heute das **Sächsische Landesarboretum**. Im **Schweizerhaus** (1842) richtete man bereits 1885 das **Forstbotanische Museum** ein. Die malerisch über Tharandt thronende **Ruine** sind die Reste ei-

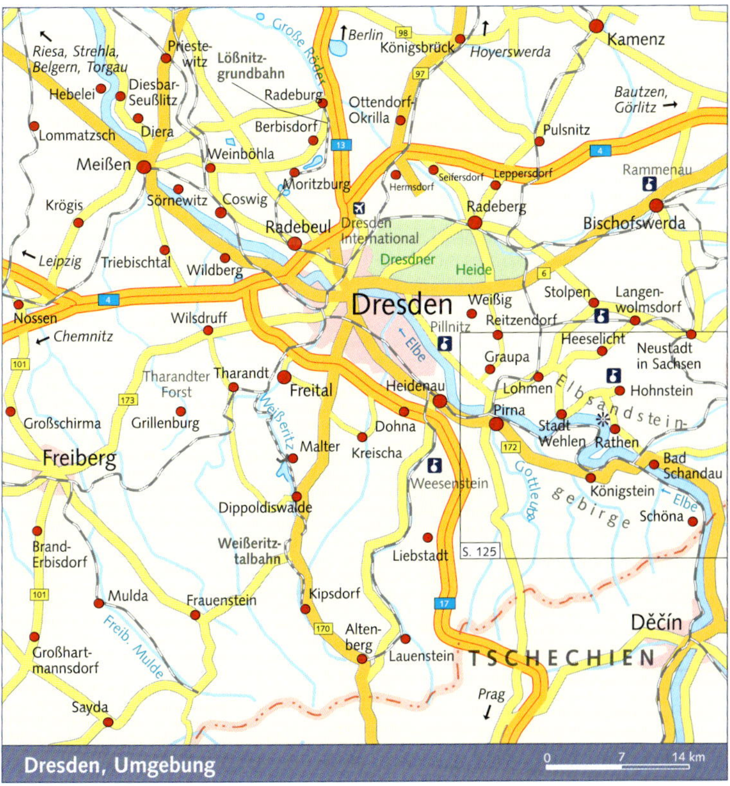

Dresden, Umgebung

Blick von der Burgruine Tharandt

ner Burg aus dem 12./13. Jahrhundert, einst die größte im meißnisch-sächsischen Raum. Als die Wettiner mit ihr nichts mehr anzufangen wussten, gaben sie das Bauwerk 1568 zum Abbruch frei. Auf den Mauern der verfallenen Unterburg entstand 1626 bis 1629 die **Bergkirche zum Heiligen Kreuz**. Der Rotbuchenwald am Hang des Weißeritztales oberhalb von Tharandt bekam von den Romantikern den Namen »Heilige Hallen«.

Moritzburg

Schloss Moritzburg gehört mit zu den schönsten Schlössern des Sachsenlandes. Harmonisch liegt es eingebettet in der reizvollen Teichlandschaft. Ein bescheidenes Jagdhaus, das sich Herzog Moritz 1544 erbauen ließ, gestaltete Matthäus Daniel Pöppelmann 1723 – 1736 für August den Starken zum Schloss mit vier Prunksälen und über 200 Räumen um. In dem barocken Bauwerk wohnten bis zum Ende des Zweiten Weltkrieges die Wettiner. Diana, der Göttin der Jagd, war der Schlossneubau gewidmet, in den vergangenen Jahrhunderten wurde er deshalb auch oft Dianenburg genannt. Kulturhistorisch besonders wertvoll sind die Ledertapeten, die zahlreiche Räume der Moritzburg schmücken. Faszinierend ist das Federzimmer mit rund einer Million in Leinwand gewebten, verschiedenartigen Vogelfedern. Die Ausstattung vieler Räume, so sämtlicher Säle, sind der höfischen Jagd gewidmet. Die Sammlung der Rothirschgeweihe gehört zu den bedeutendsten in Europa.

Im **Rüdenhof**, Meißner Straße 7, wird die berühmte Grafikerin und Bildhauerin Käthe Kollwitz gewürdigt. Der letzte in Moritzburg (8300 Einwohner) lebende Wettiner Ernst Heinrich Prinz von Sachsen hatte die Künstlerin 1944 nach Moritzburg eingeladen, um sie vor den besonders in Berlin drohenden Kriegsgefahren zu schützen. »Hier in Moritzburg haben wir etwas Gutes«, schrieb die Kollwitz. »Landschaftlich ist die Lage schön. Wenn ich am Fenster sitze und drüben auf den gefärbten Herbstwald sehe, freue ich mich über die Weite des Blickes.« Im Rüdenhof verstarb Käthe Kollwitz am 22. April 1945.

▶ Karte S. 115

Die reizvolle Gegend um Schloss Moritzburg, als Kulturlandschaft Moritzburg bezeichnet, ist eine in mehr als 400 Jahren von Menschenhand schöpferisch gestaltete Region. Selbst alle Teiche sind künstlich angelegt. Das **Wildgehege** entstand bereits Ende des 17. Jahrhunderts unter Kurfürst Johann Georg IV. In den artgerechten Quartieren fühlen sich vor allem heimische Tiere wohl, zu denen mittlerweile wieder Wölfe gehören. Für die Jagden waren auch Pferde erforderlich, die ab 1733 in geräumige Stallanlagen Einzug hielten, das heutige **Sächsische Landgestüt**. Jedes Jahr im September dreht sich in Moritzburg alles ums Pferd, seit 1929 finden Hengstparaden statt, die Pferdebegeisterte aus ganz Deutschland anreisen lassen.

Nach chinoisen Vorbildern entstand das **Fasanenschlösschen** (1769 - 1772) mit Kabinettstuben, Schlafräumen sowie einem Speisesaal mit ausgestopften Fasanen an den Wänden. Das Haus diente dem Hof zum Sommeraufenthalt und als Repräsentationsobjekt. Am **Bärnsdorfer Großteich** ließ Kurfürst Friedrich August III. 1776 einen Hafen mit Mole und **Leuchtturm** bauen, die in ihrer ursprünglichen Form erhalten blieben. Der Kurfürst wollte Seeabenteuer erleben, Mittelpunkt der Spielchen waren zwei Segelschiffe, mit denen man auch die Seeschlacht von 1770 am Bosporus nacherlebte, als die Russen die Türken bezwangen. Wie es seinerzeit zuging, zeigt ein Gemälde im Fasanenschlösschen.

Im Karl-May-Museum

Die »Jahrestreppe« in Radebeul

Radebeul

Der Übergang von Dresden nach Radebeul (34 000 Einwohner) ist fließend. Die Elbhänge zogen einst Adlige und reiche Bürger Dresdens an, die in sogenannten Weinberghäusern die Sommermonate verbrachten. Entstanden ist die Villen- und Gartenstadt 1935 durch den Zusammenschluss von neun Gemeinden der Elbtal- und Lößnitzaue.

Schloss Moritzburg

Die vielen hübschen Villen im Stil von Barock und Klassizismus geben der etwa acht Kilometer langen Stadt ein besonderes Gepräge. Eins dieser Bauwerke, das Berg- und Lusthaus (1648 - 1650), ließen sich die Wettiner erbauen. Heute beherbergt der original erhalten gebliebene Fachwerkbau das **Weinbaumuseum Hoflößnitz,** in dessen üppig ausgemaltem Festsaal im Obergeschoss zu Konzerten und Lesungen geladen wird. Die Zierde des Raumes bilden 80 Darstellungen brasilianischer Vögel von Albert Eyckhout (17. Jahrhundert) auf Leinwand; der Holländer war nach einem Brasilienaufenthalt Hofmaler am sächsischen Hof geworden. Sorgfältig restauriert wurden in den 1990er Jahren der Wohnraum der Kurfürstin (links) und der des Kurfürsten (rechts).

Hinter dem Museum beginnt Sachsens längste **Treppenanlage** (1747 - 1750), geschaffen vom berühmten Matthäus Daniel Pöppelmann. Sie führt durch einen Weinberg hinauf zum **Bismarckturm** und der **Gaststätte Spitzhaus**. Das weithin sichtbare Bauwerk entstand um 1722 als Weinberghaus, später bekam es seine heutige bauliche Gestalt mit Spitzturm und den beiden Seitenflügeln. Jahrestreppe sagt der Volksmund zu der Treppenanlage, weil sie angeblich 365 Stufen haben soll, in Wirklichkeit sind es jedoch etliche mehr: Von der Straße Am Goldenen Wagen sind es 395 Stufen, wer an der unteren Hoflößnitzstraße losgeht, hat gar 458 Stufen zu steigen. Um den Namen Jahrestreppe nicht aufgeben zu müssen, steht an der entsprechenden Stelle im unteren Treppenteil eine Tafel mit dem Text: »Damit der Volksmund recht behält, wird künftig erst ab hier gezählt. Von hier an ist es wirklich wahr, bis oben hin ergibt's ein Jahr.«

Bedeutendstes Weingut und älteste Sektkellerei Sachsens ist **Schloss Wackerbarth** (1727 - 1729) in einem Park im französischen Stil. Hinter dem zitronengelben Belvedere klettern die Reben die Weinhänge hoch. Die Gäste erwartet hier eine Erlebnismanufaktur, in der man die 850-jährige Weinbautradition in Sachsen als multimediales Erlebnis inszeniert. Jedes Jahr im Herbst treffen sich die Liebhaber der Elbtalweine in Radebeul (und auch in anderen Orten) zum Herbst- und Weinfest. Drei Tage wird gefeiert, wird zu Tanz, Theater und Musik geladen.

Radebeul mochte auch einer, der durch phantastische Geschichten zu Reichtum gelangt war und sich eine hochherrschaftliche Villa leisten konnte: **Karl May** (→ S. 64). Am 23. Dezember 1895 schrieb er dem Hamburger Caféhausbesitzer Carl Felber, einem Verehrer seiner Bücher: »Kauf einer neuen Villa! Großer Umzug und neue Einrichtung! Tag und Nacht Manuskripte schreiben!« Im Dezember 1895 hatte May die Gründerzeitvilla in Radebeul in der heutigen Karl-May-Straße 5 erworben und ihr den Namen »Villa Shatterhand« gegeben. 1928 wurde sie als **Karl-May-Museum** eröffnet, das über Leben und Werk des Schriftstellers informiert, dessen Abenteuerromane weltweit übersetzt wurden. Nach dem Tod von Mays Witwe Klara verkaufte die DDR den Nachlass 1960 ins westliche Bamberg, 1994 kehrte das Mobiliar nach vielem Hin und Her wieder nach Radebeul zurück. Dass Karl May bereits zu Lebzeiten vermögend war, belegt seine Grabanlage auf dem Friedhof in der Serkowitzer Straße. Seine letzte Ruhestätte fand er unter der Nachgestaltung des Nike-Tempels der Akropolis von Athen. In der **Villa Bärenfett**, einem im Garten der May-Villa errichteten Blockhaus (1925), wird die Ausstellung **Indianer Nordamerikas** gezeigt; zusammengetragen hat sie der Artist Patty Frank.

Lößnitzgrundbahn – gemächlich durch die Landschaft

»Lößnitzdackel« sagt der Volksmund liebevoll zu den Schmalspurbahnzügen, die von Radebeul-Ost durch das Lößnitztal und die Moritzburger Teichlandschaft nach Radeburg dampfen. Das Bähnel, offiziell trägt es den Namen Lößnitzgrundbahn, schnauft auf 750 Millimeter breiten Gleisen durch elf Bahnhöfe beziehungsweise Haltepunkte sowie über 19 Brücken. Am 15. September 1884 wurde der Betrieb aufgenommen, es war die vierte sächsische Schmalspurstrecke. Die Geschwindigkeit beträgt heute noch wie im Erbauungsjahr gemächliche 25 Stundenkilometer, knapp eine Stunde benötigen die dampfbetriebenen Züge für die 16,5 Kilometer lange Strecke. Gefahren wird im Zwei-Stunden-Takt, bei schönem Wetter werden auch offene Wagen eingesetzt.

An der Nordseite des Bahnhofs Radebeul-Ost endet beziehungsweise beginnt die Schmalspurbahn. Radebeul liegt an der ersten Fernbahnstrecke Deutschlands, die zwischen 1837 und 1839 gebaut wurde und Dresden mit Leipzig verband. Als Karl May 1888 seine Villa in Radebeul bezog, rollte die Schmalspurbahn bereits durch den Ort. Der berühmte Schriftsteller soll zu Ausflügen öfter mit der Bahn gefahren sein, erzählt man sich. Durch Radebeul dampfend erreicht der Zug den Haltepunkt **Weißes Roß**, benannt nach dem benachbarten 1789 eröffneten Gasthof. Die 1911 bis 1913 errichtete denkmalgeschützte Bahnstation liegt nahe der Meißner Straße, wo sich die Schmalspurbahn und die Dresdner Straßenbahnlinie 4 kreuzen.

Entlang der Weinberghänge geht es danach hinein in den engen Lößnitzgrund mit seinen von Laubwald bedeckten eingeschnittenen Hängen. Nach den Haltepunkten **Lößnitzgrund** und **Friedewald** wird der Bahnhof **Friedewald Bad** erreicht. Hat der Zug auf dem 210 Meter langen Damm den Dippelsdorfer Teich überquert, fährt er in den Bahnhof **Moritzburg** ein.

Wenig später taucht auf der linken Seite der Großteich auf, auch Bärwalder Teich genannt, das mit 87 Hektar größte Gewässer der Moritzburger Teichlandschaft. Um 1913 hat man den Teich durch einen Damm geteilt. Am Haltepunkt **Cunnertswalde** heißt es für alle jene aussteigen, die zum Fasanenschlösschen, zum Leuchtturm und zum Wildgehege möchten.

Die Lößnitzgrundbahn im Bahnhof Moritzburg

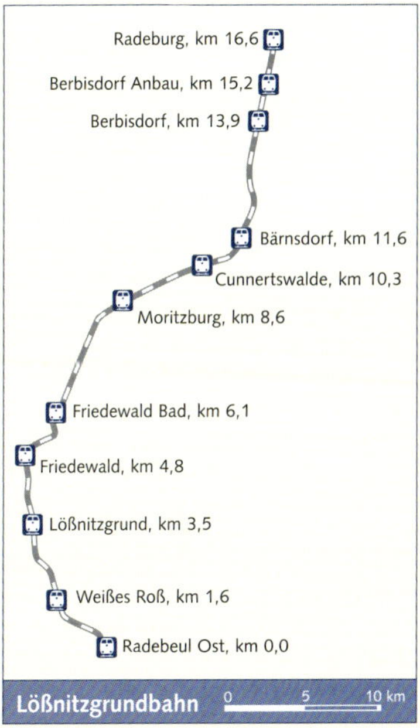

Nach dem Haltepunkt **Bärnsdorf** geht es dampfend und fauchend durch Berbisdorf mit einem alten, kleinen Wasserschloss nach **Berbisdorf Anbau** und schließlich zur Endstation **Radeburg**, dem Geburtsort des später in Berlin berühmt gewordenen »Milljöh«-Zeichners Heinrich Zille (1858 - 1929). Das Heimatmuseum in der Heinrich-Zille-Straße 9 gibt Einblick in Leben und Werk von Pinselheinrich, wie ihn seine Bewunderer liebevoll nennen. Eine Tafel am Markt erinnert daran, wo das Haus seiner Eltern stand.

Geplant wurde die Bahnlinie, um der intensiven Land- und Forstwirtschaft dieser Gegend sowie der Industrie der Stadt Radeburg einen günstigen Anschluss nach Dresden zu ermöglichen. Aus Kostengründen entschied man sich für die preisgünstige Schmalspur. Reichlich ein Jahr dauerten die Bauarbeiten, in dieser Zeit entstanden 17 Brücken und 22 000 Schwellen, rund 40 Kilometer Gleise wurden verlegt. Bald spielte die Bahn aber auch für den Personenverkehr eine große Rolle, Rekordjahr war 1913 mit mehr als 400 000 Fahrgästen. In den 1950er Jahren gab es einen weiteren Höhepunkt mit 28 Zügen täglich. Heute befahren drei Züge die gesamte Strecke, dazu kommen weitere drei (im Sommer vier), die auf der Teilstrecke Moritzburg–Radebeul-Ost eingesetzt werden.

An bestimmten Tagen im Jahr schnauft ein Traditionszug die Gleise entlang, mit dem der erlebnisreiche Ausflug vier bis fünf Stunden dauert, denn unterwegs sind Fotohalte und Besichtigungen vorgesehen. Der Dampf der Lokomotive hüllt die historischen Schmalspurwagen mit Holzbänken oder Polstersesseln, Kanonenöfen und handgeknüpften Gepäcknetzen ein. Das Zugpersonal trägt Uniformen der Königlich-Sächsischen Staatseisenbahnen, die Reisenden werden in die Tage der Ur-Großeltern zurückversetzt.

1966 und 1998 drohte der Schmalspurstrecke das Aus. Eisenbahnfreunden ist es zu danken, dass der Fahrtbetrieb fortgeführt werden konnte und die geschichtsträchtigen Schmalspurwagen vor der Verschrottung gerettet wurden. Die beiden ältesten Dampfloks vom Typ IV K der Baureihe 99.51–60 wurden 1899 und 1913 bei Hartmann in Chemnitz gebaut und haben rund 210 PS, die Eisenbahnwagen stammen aus den Jahren 1913 bis 1930.

Die Tradition der Schmalspurbahn wird im historischen Güterboden des Bahnhofs Radebeul-Ost bewahrt. In den fast 100 Meter langen Ladeschuppen, in dem bis Anfang der 1990er Jahre die Waren zwischen Schmalspur- und Normalspurbahn umgeschlagen wurden, zog das **Schmalspurbahnmuseum**, das einen Überblick über alle Schmalspurbahnen Sachsens gibt.

EXTRA

Stolpen

800 Jahre lang ist die Burggeschichte, doch fast alle Besucher interessieren sich nur für 49 Jahre: für jene, in der die Gräfin Cosel (→ S. 60) in dem Bauwerk Staatsgefangene war. Die berühmteste Mätresse Augusts des Starken brachte man 1716 als 36-jährige auf die Burg, in der sie bis zu ihrem Tod 1765 lebte. Im **Johannisturm** (1509), im Volksmund Coselturm genannt, sind die drei von der Cosel genutzten Turmzimmer zu besichtigen. Authentische Gegenstände aus ihrem Besitz sind nicht erhalten, mit zeitgenössischem Mobiliar wird jedoch gezeigt, wie sie gelebt haben könnte. Das Grab der Gräfin wurde 1881 im Burghof IV entdeckt. Schon von weitem grüßt der Schlossberg, an dessen Nordhang sich das Städtchen Stolpen (5600 Einwohner) schmiegt. Die Burg auf diesem Basaltkegel, 1218 erstmals erwähnt, war als Grenzbefestigung der Bischöfe von Meißen 1559 in kursächsischen Besitz gekommen. Kurfürst Johann Georg II. ließ um 1675 die Burg zur Festung ausbauen, 1813 zerstörten napoleonische Truppen umfangreiche Teile. Seit 1877 ist die Burg öffentlich zugänglich. Den fast quadratischen **Marktplatz** von Stolpen säumen Bürgerhäuser aus dem 18. und 19. Jahrhundert.

Dresdens Umgebung

Tourist-Information Moritzburg, Schlossallee 3b, 01468 Moritzburg, Tel. 035207/8540. www.kulturlandschaft-moritzburg.de.

Tourist-Information Radebeul, Hauptstr. 12, 01445 Radebeul, Tel. 0351/8311830. www.radebeul.de.

Tourist-Information Stolpen, Markt 26, 01833 Stolpen, Tel. 035973/27313. www.stolpen.de.

Lößnitzgrundbahn, Sächsische Dampfeisenbahngesellschaft, Am Bahnhof 1, Moritzburg, Auskünfte/Tickets Tel. 035207/89290. Täglicher Betrieb zwischen Radebeul-Ost und Radeburg, Sonderfahrten, Lokmitfahrten, Sonderzüge mit Rahmenprogramm. www.loessnitzgrundbahn.de

Churfürstliche Waldschänke, Große Fasanenstraße, Moritzburg, Tel. 035207/8600; 33 Zi./DZ ab 96 Euro. Absolut ruhig mitten in der Wald- und Teichlandschaft, Zimmer im romantischen Stil. Im Restaurant Fleisch-, Fisch- und Wildgerichte aus Sachsen (tägl. ab 11 Uhr). www.waldschaenke-moritzburg.de

Radisson Blu Park Hotel, Nizzastr. 55, Radebeul, Tel. 0351/83210; 450 Zi., Studios und Suiten, DZ ab 99 Euro. Stilvolles 4-Sterne-Hotel unterhalb der Weinberge mit geräumigen Zimmern in verschiedenen Gebäuden. Großer Wellnessbereich mit 25-m-Pool. www.parkhotel-dresden.com

Romantik Hotel Villa Sorgenfrei, Augustusweg 48, Radebeul, Tel. 0351/7956660; 16 Zi., DZ ab 99 Euro. Romantisch wohnen im kleinen Weinschlösschen in der Villen- und Gartenstadt Radebeul. Klassisch-moderne französische Gourmetküche im Restaurant *Atelier Sanssouci* (Do–Mo ab 18.30 Uhr). www.hotel-villa-sorgenfrei.de

Adams Gasthof Moritzburg, Markt 9, Tel. 035207/99775; tägl. ab 11 Uhr. Frischer Fisch und Wildgerichte im traditionsreichen Gasthof. www.adamsgasthof.de

Gasthaus Schloss Wackerbarth, Wackerbarthstr. 1, Radebeul, Tel. 0351/8955310; Do–Sa ab 12, So ab 10 Uhr, April–Dez. auch Di/Mi ab 12 Uhr, Jan. geschl. Feine sächsische Küche, prickelnder Sekt und erlesene Weine von Schloss Wackerbarth. www.schloss-wackerbarth.de

Spitzhaus, Spitzhausstr. 36, Radebeul, Tel. 0351/8309305; Mi–Mo ab 11 Uhr. Gutbürgerliche Küche und sächsische Weine

Karte S. 115

werden im Panoramarestaurant serviert, von dem man einen schönen Blick auf das Elbtal hat. www.spitzhaus-radebeul.de

Forstbotanisches Garten Tharandt, Am Forstgarten 1, Tel. 035203/3831274; Garten April–Okt. tägl. 8–17 Uhr, Museum und Shop Mi–Fr 11.30–14, Sa/So 11–15.30 Uhr. www.forstpark.de

Schloss Moritzburg, Tel. 03520/8730; April–Okt. tägl. 10–18, Führungen durch Barocketage mit Festsälen, Porzellanquartier und Federzimmer tägl. 10.30, 12, 14 und 15.30 Uhr. Ausstellung *Drei Haselnüsse für Aschenbrödel* Mitte Nov.–Febr. Di–So 10–17 Uhr. www.schloss-moritzburg.de

Käthe-Kollwitz-Haus Moritzburg, Meißner Str. 7, Tel. 035207/82818; April–Okt. Mo–Fr 11–17, Sa/So 10–17 Uhr, Nov.–März Di–Fr 12–16, Sa/So 11–16 Uhr. www.kollwitz-moritzburg.de

Fasanenschlösschen Moritzburg, Tel. 035207/873610; Mai–Okt. geführte Rundgänge Mo–Fr stündlich 10–16 Uhr, Sa/So halbstündlich 10–18 Uhr. Voranmeldung empfohlen; Leuchtturm, Mai–Okt. jeden So 11–16 Uhr geführte Aufstiege.

Wildgehege Moritzburg, Radeburger Straße 2, Tel. 035207/99790; Jan./Febr. Sa/So 9–16 (sächsische Winterferien tägl. 9–16 Uhr), März–Okt. tägl. 10–18, Nov./Dez. tägl. 9–16 Uhr. www.sbs.sachsen.de/wildgehege-moritzburg-7432.html

Sächsisches Weinbaumuseum Hoflößnitz, Knohllweg 37, Radebeul, Tel. 0351/8398341; Di–So 10–18 Uhr, Führung Sa/So 11 Uhr oder mit Anmeldung. www.hofloessnitz.de

Schloss Wackerbarth, Wackerbarthstr. 1, Radebeul, Tel. 0351/89550; tägl. Wein- und Sektführungen, Verkostungen. www.schloss-wackerbarth.de

Karl-May-Museum, Karl-May-Str. 5, Radebeul, Tel. 0351/8373010; Di–So März–Okt. 9–18, Nov.–Febr. 10–17 Uhr. www.karl-may-museum.de

Burg Stolpen, Schloßstr. 10, Stolpen, Tel. 035973/23410; tägl. April–Okt. 10–18, Nov.–März Di–So 10–16 Uhr. www.burg-stolpen.org

Moritzburg Festival, im Aug. Renommiertes Kammermusikfestival im Schloss Moritzburg und an div. anderen Orten. www.moritzburgfestival.de

Hengstparaden des Sächsischen Landgestüts, verschiedene Termine im Sept.

Landesbühnen Sachsen, Meißner Landstraße 152, Radebeul, Tel. 0351/8954214. Musiktheater, Konzerte, Ballett und Schauspiel, im Sommer Vorstellungen im Innenhof des Zwingers, außerdem Bespielung der Felsenbühne Rathen. www.landesbuehnen-sachsen.de

Karl-May-Festtage, Ende Mai. Den Helden aus Karl Mays Büchern gewidmetes Fest. www.karl-may-fest.de

Herbst- und Weinfest Radebeul, letztes Wochenende Sept. Buntes Volksfest im Ortsteil Altkötzschenbroda, viele Weingüter haben geöffnet, Wandertheaterfestival. www.weinfest-radebeul.de

Sächsisches Landgestüt Moritzburg, Schlossallee 1, Tel. 035207/890101. Hengstpräsentationen sowie Lehrgänge im Reiten und Fahren bietet das Gestüt. Besichtigungen und Führungen möglich. www.saechsische-gestuetsverwaltung.de

Gutsmarkt Schloss Wackerbarth, Wackerbarthstr. 1, Tel. 0351/89550; tägl. geöffnet. Verkauf der hauseigenen Weine und Sekte im Weingut. www.schloss-wackerbarth.de

Ratags-Kunsthandwerkerhaus, Hauptstr. 120, Stolpen OT Langenwolmsdorf, Tel. 035973/62490; tägl. 10–18 Uhr. Schauwerkstatt und Werksverkauf von erzgebirgischer Holzkunst, Weihnachts- und Frühlingshaus, Bauernwirtschaft, Märchenwald, Tiergarten und Spielplatz. www.ratags.de

Sächsische Schweiz

Ein Märchen aus Stein: Die einzigartige Landschaft an der Elbe mit Felstürmen, Schluchten, Fichtenwald und phantastischen Rundblicken fasziniert immer wieder aufs Neue. **Sächsische Schweiz** wird der zu Deutschlands gehörende 360 Quadratkilometer große Teil des Elbsandsteingebirges genannt. Die letzte DDR-Regierung stellte 1990 zwei große Abschnitte dieser einmaligen Naturlandschaft – insgesamt 93 Quadratkilometer – unter den höchsten Schutzstatus, sie wurden zum Nationalpark erklärt. Hunderttausende begeistert diese steinerne Wunderwelt jährlich, sie kommen von Dresden elbaufwärts mit dem Schaufelraddampfer, mit der S-Bahn, oder sie radeln auf dem **Elberadweg**. Vor mehr als 200 Jahren war das noch nicht so bequem. Die Schweizer Maler Adrian Zingg und Anton Graff hatten 1764 in Dresden ihr Ränzchen geschnürt und waren zu Fuß in das Gebirge südöstlich von Dresden gewandert. In den bizarren Formen der Landschaft beiderseits der Elbe erkannten sie viel von ihrer Heimat wieder und sprachen deshalb von der Sächsischen Schweiz. Nach Zingg und Graf machten sich weitere Künstler auf diesen Weg, aber auch wer nicht malen konnte, erfreute sich an den Schluchten und Gipfeln. Heute wandern jährlich Tausende auf dem 112 Kilometer langen **Malerweg**, wie er nun genannt wird.

Felsformationen in der Sächsischen Schweiz

▶ Karte S. 125

Der Tourismus in die Sächsische Schweiz setzte ein, als von Dresden ab 1837 Dampfschiffe fuhren und ab 1851 die Eisenbahn eine mühelose Anreise möglich machte. Heute gehört die Sächsische Schweiz zu den beliebtesten Ferien- und Wanderdestinationen Deutschlands. Die markierten Wanderwege haben eine Länge von rund 1200 Kilometern. Die Sächsische Schweiz ist aber auch ein beliebtes Kletterrevier, insgesamt finden Kletterer rund 14 000 Wege an genau 1099 zugelassenen Gipfeln.

Pirna

Die Stadt mit prachtvoll aus heimischem Sandstein gearbeiteten Portalen, Giebeln, Brunnen und Erkern gilt als Pforte zur Sächsischen Schweiz. Doch viele fahren von Dresden aus nur durch, denn die Baukunst versteckt sich abseits der Fahrtroute in der Altstadt.

Um 1200 begann westlich einer Burg der Bau der Stadt mit Markt und Kirche, die 1233 erstmals in den Urkunden genannt wurde. Als Gründer wird Markgraf Heinrich der Erlauchte von Meißen angesehen. 1291 wurde die Siedlung erstmals als »civitas« (Stadt) bezeichnet. Die planmäßige Anlage, am schachbrettartigen Grundriss der Altstadt ablesbar, war im späten Mittelalter ein wichti-

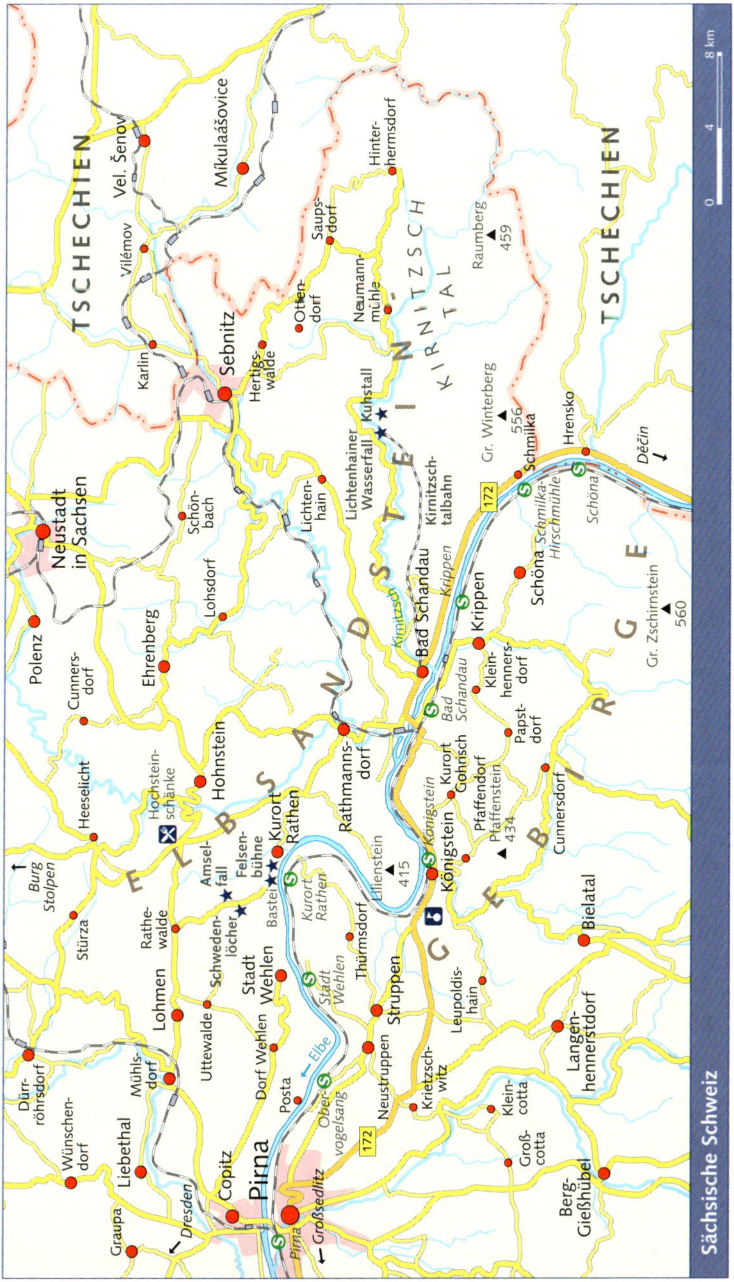

Dresden, Sächsische Schweiz und Elbland

ger Handels- und Umschlagplatz zwischen Sachsen und Böhmen. Im 18. und 19. Jahrhundert erlangte Pirna durch den Sandsteinabbau Bedeutung und kam so zu Wohlstand. Von ihrem historisch-kleinstädtischen Aussehen hat sich die Stadt (37 600 Einwohner) viel bewahrt. Der Markt zum Beispiel zeigt sich heute fast noch so, wie ihn der Dresdner Hofmaler Canaletto vor rund 250 Jahren auf seinem Bild »Der Marktplatz von Pirna« (1753/54) festgehalten hat, das sich im Besitz der Gemäldegalerie Alte Meister in Dresden befindet.

Markt

Seit dem Mittelalter hat der Markt seine Größe von 90 mal 65 Meter nicht verändert, geteilt wird er von dem in der Mitte stehenden Rathaus: zur Elbe hin der Untermarkt, an der Südseite der breitere Obermarkt. Von der Schuhgasse eröffnet sich jener Blick, den Canaletto festgehalten hat. Das **Rathaus** wurde mehrfach umgebaut und vereint deshalb drei Baustile: Aus der Gotik stammen einige Portale, die Volutengiebel blieben aus der Renaissance erhalten, der grazile Turm mit seiner Haube ist aus dem Barock. An der Ostseite ist die mehrmals erneuerte **Kunstuhr** (1557) angebracht: Zu jeder Viertelstunde schlagen der linke und zu jeder vollen Stunde der rechte Löwe mit ihren Pranken gegen den Birnbaum. Die Löwen gehören zum 1549 vom späteren Kaiser Ferdinand I. verliehenen Stadtwappen, das zwei rote Löwen unter dem Birnbaum zeigt, der sieben goldene Früchte trägt. Die Südseite des Rathauses ziert eine Sonnenuhr.
Den Marktplatz säumen alte **Bürgerhäuser**, darunter das Haus Nr. 7 (1520) mit einem markanten spätgotischen Spitzgiebel, das als ältestes erhalten gebliebenes Renaissancehaus Sachsens gilt. Bekannt ist es als **Canalettohaus**, weil es auf dem berühmten Bild »Der Marktplatz von Pirna« des Venezianers zu sehen ist. Ob der 1747 nach Dresden gekommene Bernardo Bellotto,

Brunnen auf dem Kirchplatz

genannt Canaletto, darin gewohnt hat, ist nicht bewiesen. Das Haus Nr. 20 wird wegen der gotischen Marienfigur (1514) im zweiten Stock unter der Dachtraufe **Marien-Eck** genannt. Im September 1813 hat Kaiser Napoleon Bonaparte in dem Haus übernachtet.

Marienkirche

Die Marienkirche ist eine der großartigsten spätgotischen Hallenkirchen (1502–1546). Charakteristisch für die Stadtkirche ist das über 19 Meter hohe Dach. Im Inneren fällt die **Ausmalung des Deckengewölbes** (1544 - 1546) auf, die nach Motiven der ersten Lutherbibel von 1534 entstand. Wer genau hinschaut, erkennt in der Chorapsis bei den Evangelisten Lukas und Markus die Gesichtszüge von Luther und Melanchthon. Der zehn Meter hohe und fünf Meter breite **Spätrenaissance-Altar** (1611 - 1614) aus Pirnaer Sandstein sowie die spätgotische **Kanzel** (um 1520) mit vier 70 Zentimeter hohen Figuren am Korb sind die Prunkstücke der Ausstattung. Der **Taufstein** (1561) mit 26 Kinderfiguren am Fuß hat bereits Goethe gefallen.

Stadtmuseum/Klosterkirche

Um 1300 gründeten Dominikanermönche ein Kloster, von dessen zahlreichen Gebäuden nach der Auflösung 1545 die Klosterkirche und das frühgotische Kapitelsaalgebäude erhalten blieben, in das 1923 das **Stadtmuseum** zog. Das 1861 gegründete Museum gehört zu den ältesten in Sachsen. Die Ausstellungen sind dem Elbsandstein und der Stadtgeschichte gewidmet. Die zweischiffige gotische **Klosterkirche** mit bedeutenden Seccomalereien (um 1400) im Inneren wurde Jahrhunderte fremdgenutzt, so dass von der ursprünglichen Ausstattung nichts erhalten blieb. 1957 erhielt sie ihre Weihe als Kirche St. Heinrich.

Weitere Sehenswürdigkeiten

Südlich des Marktes, im schön restaurierten **Haus Schmiedestraße 19**, kam vermutlich 1465 der Dominikanermönch Johannes Tetzel zur Welt (andere Quellen nennen das Jahr 1455 und die Stadt Leipzig), der als Ablasskrämer durch die Lande zog. Mit dem ihm zugeschriebenen Ausspruch »Wenn das Geld im Kasten klingt, die Seele in den Himmel springt...« ist er in die Geschichte eingegangen. Tetzel, der 1519 im Leipziger Paulinerkloster

Am Marktplatz von Pirna

wahrscheinlich an der Pest verstorben ist, machte sich zum Widersacher Martin Luthers. Die 4,50 Meter hohe **Postmeilensäule** an der Grohmannstraße/Ecke Jacobäerstraße wurde 1722 aufgestellt. Einst hatte sie ihren Platz am Eingang zur Breiten Straße. Und dort hat sie Canaletto auf seinem Bild »Die Breite Gasse in Pirna« (1753 - 1755) verewigt.

In den vom Markt abgehenden und nach Gewerken genannten Gassen sind zahlreiche beachtenswerte Häuser zu entdecken, so in der Schlössergasse 3 das **Rochowsche Haus** mit barocker Fassadenmalerei. Prachtvoll sind vielfach auch die Portale an den Bürgerhäusern, die schönsten sind die des **Romantik-Hotels Deutsches Haus** in der Niederen Burgstaße 1 und am spätgotischen **Bürgerhaus Lange Straße 10**. Das Stadtbild bereichern auch zahlreiche schlichte Brunnen, so der bereits 1384 genannte **Erlpeterbrunnen** an der Ostseite des Hauses Obere Burgstraße 14.

Östlich des Marktplatzes erhebt sich die 1269 erstmals urkundliche erwähnte ehemalige **Festung Schloss Sonnenstein**, deren Besatzung im Dreißigjährigen Krieg erfolgreich den Schweden trotzte. Während der Zeit des Nationalsozialismus wurden hier in einer Gaskammer etwa 15 000 Menschen umgebracht. An diese Verbrechen erinnern der Gedenkbereich und eine Dauerausstellung.

Graupa

Der kleine Ort (3000 Einwohner) nahe Pirna ist das Ziel von Wagner-Fans. Im Sommer 1846 verbrachte Richard Wagner, damals Kapellmeister an der Dresdner Hofoper, drei Monate mit seiner ersten Frau Minna in dem Gehöft des Bauern Schäfer. Hier skizzierte er die Musik für die Oper »Lohengrin«. Heute befindet sich in dem Bauernhaus das älteste **Richard-Wagner-Museum**, **Lohengrinhaus** genannt. In ihm sind die rekonstruierten Wohnräume des Komponisten sowie eine Ausstellung zur Oper »Lohengrin« zu besichtigen. Zu den Richard-Wagner-Stätten Graupa gehört weiterhin das keine 200 Meter entfernte **Jagdschloss Graupa**, in dem es noch mehr zu Wagner zu sehen gibt. Hörstationen laden ein, der Musik Wagners zu lauschen.

»Gott sei Lob, ich bin auf dem Lande, drei Std. von Dresden, in der reizendsten Gegend von der Sächsischen Schweiz und

Wagners Arbeitszimmer in Graupa

▲ Karte S. 126/125

Obere Orangerie im Barockgarten Großsedlitz

fange wieder an, als Mensch und Künstler aufzuatmen!« schrieb Wagner am 21. Mai 1846 an Karl Gaillard in Berlin. Er wanderte von dem Bauernhof aus in den Liebethaler Grund zur Lochmühle, zur Bastei und auf den Borsberg. Wagner hatte es in dem damaligen Groß-Graupa so gut gefallen, dass er 1881 nochmals hierher kam, um das Dorf seiner zweiten Frau Cosima und den Kindern Siegfried und Eva zu zeigen. 100 Meter vom Lohengrinhaus, an der Bushaltestelle Tschaikowskiplatz, beginnt der **Wagner-Kulturpfad** mit 17 Tafeln über wichtige Lebensstationen Wagners. Er führt auch zur **Richard-Wagner-Stele** (1933) von Bildhauer Richard Guhr am Schwanenteich. Der Kopf der Stele ist ein Abguss vom Wagner-Denkmal im Liebethaler Grund, wie ein Teil des Wesenitztals genannt wird. Durch den ging Wagner gern spazieren. Deshalb stellte man hier 1933 das zwölf Meter hohe bronzene Denkmal auf, das den Komponisten in überlebensgroßer Gestalt als Gralsritter zeigt, umgeben von vier Meter hohen Figuren, die wesentliche Elemente seiner Musik symbolisieren. Im eigenen Auftrag und auf eigene Kosten errichtete Richard Guhr, der Schöpfer des Dresdner Rathausmannes, das Denkmal.

Großsedlitz

Wer ein grandioses Gartenkunstwerk des Spätbarock kennenlernen möchte, besucht den **Barockgarten Großsedlitz** (1719 - 1732), etwa fünf Kilometer von Pirna entfernt. Der 18 Hektar große Park, in dem sich einst die Hautevolee zu rauschenden Festen traf, wurde zu Zeiten von August dem Starken geschaffen. Er gehört zu den schönsten Kompositionen französischer Gartenkunst auf deutschem Boden.

Das von August dem Starken vorgesehene Schloss, Friedrichschlösschen genannt, entstand erst 1874, allerdings bescheidener als ursprünglich geplant. Der Festsaal der Anlage ist das **Untere Orangerieparterre** zwischen der Unteren Orangerie und der »Stillen Musik«, einem Fontänebecken mit geschwungenen Balustraden und musizierenden Putten. Von den einst 360 Sandsteinskulpturen haben sich 52 erhalten, geschaffen haben sie die besten Bildhauer der damaligen Zeit. Die Bepflanzung der Blumenrabatten erfolgt in Anlehnung an historische Pflanzpläne, im Sommer stehen über 400 Kübelpflanzen, darunter 150 Bitterorangen, im Unteren und Oberen Parterre.

Weesenstein

In **Schloss Weesenstein** scheint alles auf dem Kopf zu sehen: Der Festsaal auf dem Dachboden, im fünften Stock die Pferdeställe, darunter die herrschaftlichen Wohnräume. Die architektonischen Eigenwilligkeiten entstanden, weil das Schloss in dem kleinen Ort im engen Müglitztal von oben am Fels heruntergebaut wurde. So befindet sich der älteste Baukörper, der Turm, mit seinem Fundament fünf Etagen über dem Jahrhunderte später gebauten klassizistischen Wintergarten. Die durch Treppen, Gänge und Korridore miteinander verbundenen Bauteile sind völlig verschachtelt, so dass die Orientierung schwerfällt. Das Schloss, seit 1830 im Besitz des sächsischen Königshauses, war von 1838 bis 1873 bevorzugter Aufenthaltsort des Dante-Übersetzers, König Johann von Sachsen. In der 1865 eingerichteten königlichen **Schlossküche** darf seit 1996 erstmals auch der »Normalbürger« Platz nehmen – sie wurde ein öffentliches Restaurant. Die **Schlosskapelle** (1738 – 1741), für die meisten der Höhepunkt der Besichtigung, entstand nach Plänen von Johann George Schmidt, der nach dem Tod von George Bähr in Dresden die Frauenkirche vollendete. Sehenswert ist auch der **Schlosspark**, den das Jahrhunderthochwasser 2002 fast völlig zerstörte, der aber heute wieder in alter Schönheit erstrahlt.

Schloss Weesenstein

Stadt Wehlen

Stadt Wehlen (1600 Einwohner) erstreckt sich beiderseits der Elbe, eine Fähre verbindet den alten Teil mit dem Ortsteil Pötzscha auf dem linken Ufer. Bereits seit 1419 darf sich der kleine Ort Stadt nennen und sogar offiziell im Namen, wohl zum Unterschied zum nahen Dorf Wehlen. Den kleinen zauberhaften **Marktplatz** mit Rathaus (1747) und neogotischer Kirche (1883) überragt das **Burgplateau** mit den kümmerlichen Resten einer mittelalterlichen Burg. Seit 1547 wurde die nicht mehr bewohnt und verfiel nach und nach. Vom Plateau, oft auch Schlossberg genannt, das man vom Marktplatz links an der Kirche vorbeigehend über die Kirchstraße erreicht, hat man einen herrlichen Blick über den Marktplatz zum anderen Elbufer. Zum **Heimatmuseum** in der Lohmener Straße 18 gehört ein bereits 1924 angelegter, 5400 Quadratmeter großer alpiner **Pflanzengarten**. Eine besondere Attraktion bildet der gläserne Bienenstock.

Wer Stadt Wehlen besucht, kommt zwangsläufig durch **Dorf Wehlen**. Hier hat man aus Elbsandstein die bekanntesten Felsformationen entlang des Malerwegs nachgebildet und bekannte Sehenswürdigkeiten in Miniatur hinzugestellt. In der **Modellanlage Kleine Sächsische Schweiz** fährt eine Miniatur-Bergbahn die Besucher vom Eingangsbereich aus rund 900 Meter weit durch das Gelände. Zu sehen sind Mini-Nachbauten von Sehenswürdigkeiten aus der Region.

▸ Karte S. 125

Pirna und Umgebung

Vorwahl: 03501, **Postleitzahl**: 01796.
Tourist Service Pirna, Am Markt 7 (im Canalettohaus), Tel. 556446. www.pirna.de
Touristinformation Stadt Wehlen, Markt 7, 01829 Stadt Wehlen, Tel. 035024/70414. www.stadt-wehlen.de
www.wehlen-online.de

Romantikhotel Deutsches Haus, Niedere Burgstr. 1, Tel. 46880; 40 Zi., DZ ab 110 Euro. Individuell eingerichtete Zimmer in einem wunderschönen alten Renaissancehaus mitten in der historischen Altstadt von Pirna. Restaurant mit feinen regionalen Spezialitäten (tägl. ab 12 Uhr). www.romantikhotel-pirna.de
Hotel Pirn'scher Hof, Am Markt 4, Tel. 44380; 24 Zi., DZ ab 90 Euro. Charmantes Hotel garni in einem renovierten mittelalterlichen Haus. www.pirnscher-hof.de
Hotel Elbparadies, Oberposta 2, Pirna OT Posta, Tel. 56740; 30 Zi., DZ ab 87 Euro. An der Elbe gelegenes, familiär geführtes Hotel. Restaurant mit saisonal ausgerichtetem Angebot (Di–Fr ab 17, Sa/So ab 11.30 Uhr). www.hotel-elbparadies.de
Manufaktur Hotel, Markt 9, Stadt Wehlen, Tel. 035024/79110; 26 Zi., DZ ab 79 Euro. Auf der einen Seite Blick zur Elbe, auf der anderen zum hübschen Marktplatz. Im Restaurant *Wehlmuschel* (April–Okt. Di–Fr ab 17, Sa/So ab 12, März Sa/So ab 12 Uhr) frische regionale Küche und Pasta aus der hauseigenen, gläsernen Pastamanufaktur. www.manufakturhotel.de

Waldcamping Pirna-Copitz, Äußere Pillnitzer Str. 19, Tel. 523773; April–Okt. Kleiner Platz am Natursee mit moderner Ausstattung, auch Bungalows und Caravan-Stellplätze.www.waldcamping-pirna.com

Restaurant Schifftor, Lange Str. 31, Tel. 7798496; tägl. ab 17 Uhr, Di–So auch 11.30–14 Uhr. Fischspezialitäten-Restaurant, hübsche Innenterrasse. Einige Gerichte auch für Nicht-Fischesser.
www.restaurant-schifftor.de
Brauhaus Pirna Zum Gießer, Basteistr. 60, Pirna OT Copitz, Tel. 464646; tägl. ab 11.30 Uhr. Zünftige und anspruchsvolle Brauhausküche und saisonale Köstlichkeiten, hauseigene Biere und Destillate aus der Schaudestillerie *Geist von Rathen*.
www.brauhaus-pirna.de
Panoramarestaurant Bastei, Lohmen/Bastei, Tel. 035024/7790; tägl. ab 10 Uhr. Fantastischer Blick auf die Elbe und die Felsformationen, dazu internationale Küche. www.bastei-berghotel.de

Stadtmuseum, Klosterhof 2/3, Pirna, Tel. 556461; Di–So 10–17 Uhr. www.museum-pirna.de
Festung Sonnenstein, Tel. 556446; Führungen (Bastionen und Terrassengärten) Ostern–Okt. So 14 Uhr.
www.pirna.de
Gedenkstätte Pirna-Sonnenstein, Schlosspark 11, Tel. 710960; Mo–Fr 9–16, Sa/So 11–17 Uhr. www.stsg.de
Richard-Wagner-Stätten, **Lohengrinhaus**, Richard-Wagner-Str. 6, und **Jagdschloss**, Tschaikowskiplatz 7, Graupa, Tel. 4619650; Karfreitag–Okt. Di–Fr 11–17, Sa/So 10–18, Nov.–Gründonnerstag Di–Fr 11–17, Sa/So 10–17 Uhr.
www.wagnerstaetten.de
Barockgarten Großsedlitz, Parkstr 85, Heidenau OT Großsedlitz, Tel. 03529/56390; April–Mitte Okt. tägl. 10–18, Mitte–Ende Okt. bis 17 Uhr.
www.barockgarten-grosssedlitz.de
Schloss Weesenstein, Am Schlossberg 1, Müglitztal OT Weesenstein, Tel. 035027/6260; April–Okt. tägl. 10–18, Nov.–März Di–So 10–16 Uhr.
www.schloss-weesenstein.de
Heimatmuseum Stadt Wehlen und Pflanzengarten, Lohmener Str. 18, Tel. 035024/70413; Mai–Okt. 8–18 Uhr.

Miniaturpark »Die kleine Sächsische Schweiz«, Schustergasse 8, Dorf Wehlen, Tel. 035024/70631; April–Anf. Nov. tägl. 10–18 Uhr. Außerhalb der Saison Mo–Fr 9.30–16.30 Uhr nur Werkstattverkauf. www.kleine-saechsische-schweiz.de

Festival Sandstein und Musik, März–Dez. Musik, Kultur und Natur in Harmonie, einmalige Konzerterlebnisse an besonderen Orten der Sächsischen Schweiz. www.sandstein-musik.de

Richard-Wagner-Spiele, Juni/Juli. Einmaliges Theater-Open-Air-Spektakel im Hof des Jagdschlosses Graupa. www.richard-wagner-spiele.com

Elbe-Adventure, Saarstr 5, Stadt Wehlen OT Pötzscha, Tel. 0152/08563885. Abenteuerurlaub mit Motorboot, Schlauchboot, Fahrrad, Quad und zu Fuß, Touren- und Kombiangebote. www.elbe-adventure.de

Geibeltbad Pirna, Rottwerndorfer Str. 56c, Tel. 710900; tägl. geöffnet. Badelandschaft mit 25-m-Sportbecken, Riesenrutsche, Außenbecken und Saunalandschaft. Von Mai–Sept. ist auch das Freibad geöffnet. www.geibeltbad-pirna.de

Pferdehof Bothmann, Daube Nr. 5, Lohmen OT Daube, Tel. 586018. Reiterhof in ruhiger Lage inkl. einer Ferienwohnung. Reiterferien, Ausritte. www.pferdehof-bothmann.de

Reitstall Schiekel, Mittelweg 18, Dorf Wehlen, Tel. 035024/70459. Ausbildung von Reiter und Pferd, Reitunterricht, Reitferien, Kutschfahrten.

Malerweg. Romantischer, 112 Kilometer langer Wanderweg, von Pirna ausgehend 68 Kilometer auf der rechten Elbseite über die Bastei, Hohnstein, das Kirnitzschtal und nach Schmilka führend sowie 44 Kilometer auf der linken Flussseite über meist offene Flächen, den Pfaffenstein und die Festung Königstein wieder zurück nach Pirna. Ausgeschildert ist der Wanderweg mit einem »M« oder »Malerweg«. Komplett-angebote für »Wandern ohne Gepäck« gibt es beim Tourismusverband Sächsische Schweiz. www.saechsische-schweiz.de/malerweg

Kurort Rathen

Wer mit dem Schiff auf der Elbe anreist, um den Basteifelsen (305 Meter) zu besuchen, den wohl schönsten und berühmtesten Aussichtspunkt in der Sächsischen Schweiz, steigt in Rathen (350 Einwohner) aus. Die Anlegestelle befindet sich auf dem rechten Elbufer im Ortsteil **Niederrathen**. Die Anfahrt für Auto-Tagestouristen ist nur am gegenüberliegenden Elbufer gestattet, dem Ortsteil **Oberrathen**. Hier erfreut die **Klangterrasse** mit Musik einheimischer Künstler im 8-Kanal-Ton. Aus den in Säulen installierten Lautsprechern erklingt die in einzelne Bestandteile zerlegte Musik. Je nachdem, welche Position man auf der Klangterrasse einnimmt, verändert sich nicht nur die Lautstärke, sondern auch das Mischungsverhältnis. Man erhält den Eindruck, sich mitten in einem Orchester zu befinden. Das optimale Klangbild hat man in der Mitte der Lautsprecheranordnung. Die drei installierten Musikstücke haben eine Länge von etwa zehn Minuten, gespielt wird von Ostern bis Oktober von 10 bis 21 Uhr zu jeder vollen und halben Stunde. Um 21 Uhr löst der unweit davon stehende **Lichterbrunnen** die Klangterrasse ab, bis 22 Uhr erklingt die Musik im Wechselspiel mit Licht und Wasser, die Fontänen des Brunnens, von

▸ Karte S. 125

Lichtspots farbig angestrahlt, bewegen sich im Rhythmus der Musik.

Wenige Meter von der Klangterrasse entfernt entstanden die **Eisenbahnwelten Kurort Rathen**, eine Garten-Bahnanlage im Maßstab 1:22,5. Auf dem rund 7500 Quadratmeter großen Gartenareal wurden 4550 Meter Gleise verlegt, auf denen ständig 32 Züge der Spur G (45 mm) gleichzeitig über 30 Brücken, durch 25 Tunnel und an 200 Sehenswürdigkeiten und Landschaftsmotiven vorbeifahren. Von Oberrathen setzt man mit einer **Personenfähre** nach Niederrathen über. Hier befindet sich die **Felsenbühne Rathen** (1935/36) mit 2000 Sitzplätzen. Durch die malerische Steinkulisse, die das Naturtheater einrahmt, gehört es zu den schönsten in Europa. Nicht weit vom Theater zwängt sich der durch den Stau des Grünbaches entstandene **Amselsee** in die Felsenwelt. Von Mai bis Mitte Oktober kann man mit dem Ruderboot über den See fahren.

Basteifelsen

Der Blick vom Basteifelsen aus 194 Meter Höhe gehört mit zum Spektakulärsten, das die Sächsische Schweiz zu bieten hat. Im Jahr 2016 musste das Geländer auf der berühmten Aussichtsplattform – vorübergehend, wie es hieß – zurückgebaut werden, weil aus Sicherheitsbedenken das letzte Stück nicht mehr begehbar sei. Untersuchungen haben ergeben, dass das für immer so bleiben muss, weil sich der Felsen im Inneren in Sand verwandelt hat. Kurz nachdem die ersten Reisenden hier aufgetaucht waren, trafen die Geschäftemacher ein. Ein Fleischermeister aus Lohmen erbaute zwei Hütten und bot ab Pfingsten 1812 Erfrischungen an, später kamen ein massives Haus und Stallungen für 60 bis 70 Pferde dazu. Bereits zu dieser Zeit baute man eine hölzerne Brücke über die Marderdelle, wie die 50 Meter tiefe Schlucht zwischen der Bastei und dem vorgelagerten Felsenriff heißt. Dem steigenden Besucherstrom war das hölzerne Bauwerk nicht gewachsen, und so entstand 1851 die noch heute bestehende und vielfach fotografierte, 76,5 Meter lange sandsteinerne **Basteibrücke**. Der Auf- oder Abstieg von Kurort Rathen zur oder von der Bastei führt an der **Felsenburg Neurathen** vorbei, einem mittelalterlichen, 170 Meter langen und 100 Meter breiten, im 15. Jahrhundert geschleiften Rittersitz. Der zerklüftete Felsen trug Bauten aus Holz und Fachwerk, von denen allerdings keines erhalten ist.

Blick auf Rathen

Die Festung Königstein

Festung Königstein

361 Meter über dem Meeresspiegel und 240 Meter über der Elbe thront die Festung Königsstein. Hierher flüchtete das sächsische Herrscherhaus samt Kunst- und Staatsschätzen, wenn es sich bedroht sah. Hier wurde aber auch gefeiert, zu den bekanntesten Gästen zählten Russlands Zar Peter I., die preußischen Könige Friedrich Wilhelm I. und Friedrich II. sowie Kaiser Napoleon Bonaparte. Die Geschichtschronik verzeichnet aber auch den Schornsteinfeger Sebastian Abratzky aus Mehlis bei Oschatz. Der 18-Jährige kletterte am 19. März 1848 aus Übermut ohne Hilfsmittel an der steilen Südseite den Felsen hinauf. Als er oben ankam, gab es zur Belohnung nicht etwa Blumen und Sekt, sondern zwölf Tage Arrest. Während des Zweiten Weltkrieges, am 17. April 1942, gelang es dem französischen General Henri Giraud (1879 - 1949), sich abzuseilen. Zwei Jahre hatte der General die Flucht vorbereitet. Von den Lebensmittelpaketen, die seine Ehefrau schickte, sammelte er die Bindfäden und flocht sie mit einem 50 Meter langen Kupferdraht, der einem der Pakete beilag, zu einem Seil. General Giraud entkam. Die Wachmannschaft wurde für ihre Unaufmerksamkeit mit der Versetzung an die Ostfront bestraft, der Kommandant musste in die bayerische Festung Germersheim einziehen. Die Festung Königstein war auch Sachsens berüchtigstes und bekanntestes Staatsgefängnis. Der Porzellanerfinder Johann Friedrich Böttger (→ S. 61), der Sozialist August Bebel und der Dramatiker Frank Wedekind waren einige der prominenten Häftlinge auf der 9,5 Hektar großen Anlage mit einer Ummauerung von 1800 Meter Länge.

Seit 1955 darf jedermann die Burg betreten, heute ein **Freilichtmuseum** mit mehr als 50 historischen Militärbauten und ausgedehnten Grünanlagen. Rund eine halbe Million Besucher werden jährlich gezählt. Die müssen keinen beschwerlichen Aufstieg meistern, sie können sich bequem mit zwei Personenaufzügen oder von der Stadt Königstein mit dem Festungs-Express auf das Plateau fahren lassen. Für einen Besuch der Festung soll-

▸ Karte S. 125

te man mindestens zwei Stunden einplanen. Wer sich einer Führung anschließt, sieht auch die 400 Jahre alten Tiefkeller und unterirdischen Kasematten. In den Gebäuden sind zahlreiche **Dauerausstellungen** zu sehen. Der **Festungsbrunnen** (1563 - 1569) ist mit 152,5 Metern Tiefe eine technische Leistung der damaligen Zeit.

Die Umgebung der Festung Königstein

Gegenüber von Königstein, auf dem rechten Elbufer, dort, wo der große Bogen der Elbe beginnt, ragt der **Lilienstein** (415 Meter) auf, der charakteristischste Tafelberg des Gebirges. Kurfürst August der Starke bestieg 1708 den Felsen, weil er die Festung Königsstein aus ungewöhnlicher Perspektive betrachten wollte. Der Aufstieg schien ihm zu beschwerlich, und so ließ er Stufen in die Südseite schlagen. Der Nordaufstieg, so wie er sich heute darbietet, stammt von 1900. Zur Erinnerung an den Aufstieg des Sachsenkönigs stellte man auf der Ostseite des Felsplateaus ein vier Meter hohes Denkmal auf, das irgendwann verschwand. Im August 2008 wurde eine Replik dieses Obelisken enthüllt.

Etwa zwei Kilometer südlich von Königstein erhebt sich der trutzige **Pfaffenstein** (434 Meter), von dessen 620 Meter langem und 300 Meter breitem Plateau man einen wunderschönen Ausblick genießt. Den steinernen Aussichtsturm gibt es seit 1904. Berühmt ist die 43 Meter hohe Felsnadel **Barbarine** an der Südostseite des Berges, die Erosionen zu zerstören drohten. Bergsteiger sicherten das geologische Naturdenkmal mit Klammern und Zement. Seit 1975 darf diese kühne Felsnadel nicht mehr bestiegen werden.

Kurort Rathen und Königstein

Vorwahl: 035024 (Kurort Rathen), 035021 (Königstein).

Postleitzahl: 01824.

Haus des Gastes Kurort Rathen, Füllhölzelweg 1, Tel. 70422. www.kurort-rathen.de.

Tourist-Information/Haus des Gastes Königstein, Pirnaer Str. 2, Tel. 68261. www.koenigstein-sachsen.de

Elbschlösschen, Kottesteig 5, Rathen OT Niederrathen, Tel. 750; 70 Zi., DZ ab 100 Euro. Auf der rechten Elbseite gelegen, unterschiedlich große Zimmer, teilweise mit Balkon und Elbblick. Wellnessbereich mit Schwimmbad und Sauna, Beauty-Salon. Restaurant mit kreativer Frischeküche (tägl. ab 12 Uhr). www.hotelelbschloesschen.de

Amselgrundschlösschen, Amselgrund 3, Rathen, Tel. 74333; 40 Zi., 6 Apartments, DZ ab 94 Euro. Ruhige gemütliche Zimmer am Fuße der Bastei und am Eingang zum Amselgrund. Saunalandschaft, Spa-Bereich und Wellness-Behandlungen. www.amselgrund.de

Panoramahotel Lilienstein, Ebenheit 7, Königstein, Tel. 035022/53100; 32 Zi., DZ ab 94 Euro. Auf einem Plateau am Fuß des Liliensteins mit Blick zur Festung Königstein. Freundliche Zimmer, schöne Sonnenterrasse. Restaurant mit schöner Panoramaterrasse (tägl. ab 11 Uhr). www.hotel-lilienstein.de

Hotel Lindenhof, Gohrischer Str. 2, Königstein, Tel. 68243; 30 Zi., DZ ab 84 Euro. Hanglage mit Blick auf Elbe und Lilienstein, Drei-Sterne-Komfort, Restaurant (tägl. ab 11 Uhr), Sauna und Salzgrotte im Gewölbekeller. www.lindenhof-koenigstein.com

Festungsgastronomie, auf der Festung Königstein, Tel. 6444; tägl. ab 9 Uhr. Verschiedene Restaurants mit kulinarischen Zeitreisen durch die sächsische Festungsgeschichte. Frisches Brot, wagenradgroße

Kuchen und der originale Festungsstollen werden in der Festungsbäckerei gebacken. www.festung.de

Elb-Panoramagaststätte Bomätscher, Am alten Sägewerk 4, Königstein, Tel. 9908200; April–Okt. tägl., Nov./Dez./ März Fr–So ab 10 Uhr. Am Ortsausgang von Königstein, direkt an der Elbe, wird gutbürgerliche und saisonale Küche serviert. www.bomaetscher-koenigstein.de

Berggaststätte Pfaffenstein, Fels Pfaffenstein 1, Königstein OT Pfaffendorf, Tel. 59410; April–Okt. Mi–So 11–17, Nov.–März Sa/So 11–16 Uhr. Auf dem Plateau des Pfaffensteins gelegener, rustikal eingerichteter Berggasthof. Schöner Panoramablick vom Aussichtsturm nebenan. www.pfaffenstein.com

Felsenburg Neurathen, am Aussichtspunkt Bastei, Tel. 03501/581024; tägl. 9–18 Uhr. Reste einer mittelalterlichen Felsenburg, schöner Blick in den Wehlgrund.

Eisenbahnwelten, Elbweg 10, Kurort Rathen, Tel. 59428; April–Okt. tägl. 10–18 Uhr. www.eisenbahnwelten-rathen.de

Festung Königstein, Königstein, Tel. 64607; tägl. April–Okt. 9–18, Nov.–März 9–17 Uhr. www.festung-koenigstein.de

Felsenbühne Rathen, Amselgrund 7, Kurort Rathen, Kasse vor Ort Tel. 7770, Auskünfte und Tickets über Landesbühnen Sachsen Radebeul, Tel. 0351/8954214; Mai–Sept. Theater- und Musikaufführungen auf einer der schönsten Freilichtbühnen Deutschlands inmitten der Sandsteinfelsen der Sächsischen Schweiz. www.felsenbuehne-rathen.de

Kanu Aktiv Tours, Elbpromenade, Schandauer Str. 17–19, Königstein, Tel. 599960. Vermietung von Kajaks, Kanadiern, Schlauchbooten und Fahrrädern; Floßtouren, Klettern, Höhlenerkundungen. www.kanu-aktiv-tours.de

Elbe-Freizeitland, Schandauer Str. 51, Königstein, Tel. 9908103; April–Okt. tägl. 10–18 Uhr. Spiel und Spaß für die ganze Familie verspricht das Freizeitland mit einem Erlebnislabyrinth, einer muskelbetriebenen Hochbahn, einem Klettergarten mit Freifallrutsche, einem Abenteuerspielplatz, Trampolin und Bungeespringen. Falkner-Vorführungen Mi–So 11, 13 und 15 Uhr. www.elbefreizeitland-koenigstein.de

Bad Schandau

Wer von Dresden mit dem Schiff losgefahren ist, hat nach etwa sechs Stunden Fahrt Bad Schandau (3800 Einwohner) erreicht. Wer es eiliger hat, der kommt vom Dresdner Hauptbahnhof mit der S-Bahn, die etwa eine Stunde benötigt. Der Dichter Theodor Körner, der sich 1806 und 1807 in Schandau aufhielt, hat das Städtchen als »Kraft- und Prachtplatz der Natur« bezeichnet. Bis ins 18. Jahrhundert war Schandau ein beschauliches Schifferstädtchen. Das Aussehen veränderte der im 19. Jahrhundert aufkommende Tourismus und der Badebetrieb; den Beinamen Bad darf die Stadt seit 1920 führen.

▸ Karte S. 125

Marktplatz

Den Markt schmücken der **Sendig-Brunnen** (1896), benannt nach dem Hotelier und Ehrenbürger der Stadt, der den Brunnen stiftete, sowie auf der Elbseite das einzige Fünf-Sterne-Hotel in der Sächsischen Schweiz. Das entstand nach der Jahrhundertflut im August 2002, als auf dem Markt das Wasser 4,28 Meter hoch stand. Bei der Sanierung von historischen Häusern mussten zwei abgerissen werden, die man durch Neubauten ersetzte, ein anderes stürzte ein und wurde originalgetreu wieder aufgebaut. Heute bilden acht miteinander verbundene Häuser das Hotel. Am Ostende des Platzes erhebt sich die spätgotische **St. Johanniskirche** (14./15. Jahrhundert) mit zwei bemerkenswerten Kunstwerken im Inneren: der aus einem einzigen Stück Sandstein herausgearbeiteten barocken Kanzel (1705) und dem dreigeschossigen Altar (1572) von Hans Walther II., der bis zum Siebenjährigen Krieg in der Dresdner Kreuzkirche stand, danach in die Annenkirche Dresdens gelangte und schließlich 1927 nach Bad Schandau kam. Der Altar besteht aus heimischem Sandstein und ist mit Halbedelsteinen aus dem Erzgebirge verziert. Eine grundlegende Neugestaltung des Inneren erfolgte nach dem Hochwasser 1845. Die Kirche erhielt eine hölzerne Kassettendecke, einstöckige Emporen und farbige Fenster im Altarraum. Das Jahrhunderthochwasser im August 2002 richtete an der Inneneinrichtung große Schäden an. Erst zwei Jahre später konnte die sanierte Kirche mit neuem Gestühl wieder eingeweiht werden. Auf das alte auf Holzpodesten montierte Kirchengestühl verzichtete man jedoch, die Kirche erhielt mobiles Gestühl. Das bewährte sich bereits beim Hochwasser im Frühjahr 2006, als das

Marktplatz in Bad Schandau

Personenaufzug im Stählernen Turm

Wasser rund 30 Zentimeter im Kirchenschiff stand, sowie beim Hochwasser im Juni 2013. Die Stühle konnten schnell und ohne großen Aufwand auf die Empore getragen werden.

Ausstellungen

Das **Nationalparkzentrum Sächsische Schweiz** in der Dresdner Straße 2b präsentiert Ausstellungen, eine Multivisionsshow und zahlreiche aktive Erlebnis- und Informationsbereiche.

Das **Stadtmuseum** in der Badallee 10/11 widmet sich nicht nur der Stadtgeschichte und dem Bergsteigen, sondern auch dem in Bad Schandau aufgewachsenen und hier verstorbenen Völkerkundler und Schriftsteller Erich Wustmann (1907–1994), dessen 56 Bücher in der DDR Rekordauflagen erlebten und dessen Vorträge große Säle füllten.

Stählerner Turm

Zum Villenvorort Ostrau führt ein unter Denkmalschutz 50 Meter hoher elektrischer Personenaufzug (1904). Der freistehende stählerne Turm ist durch eine 35 Meter lange und 3 Meter breite Brücke mit dem Weg oben in Ostrau verbunden.

Toskana-Therme

Wen Wandern, Radeln oder Klettern erschöpft haben, der holt sich neue Kraft in der Toskana-Therme am Elbufer und entspannt im Liquid-Sound-Tempel, einem wassergefüllten Konzertsaal. Liquid Sound, »flüssiger Klang«, sagt man zum Baden in Wasser, Licht und Musik.

Schmilka

Das vier Kilometer von Bad Schandau entfernte Schmilka (100 Einwohner), ein ehemaliges Fischer-, Schiffer- und Waldarbeiterdorf, liegt direkt an der Grenze zu Tschechien. Dort setzt sich das Elbsandsteingebirge unter dem Namen Böhmische Schweiz (Ceské Svycarsko) fort. Ältestes Gebäude von Schmilka ist die 1665 errichtete Wassermühle, die bereits im 19. Jahrhundert den Mahlbetrieb einstellte. Nach alten Vorlagen, darunter ein Kupferstich von Adrian Ludwig Richter, dem bedeutenden Maler und Zeichner der deutschen Romantik, konnte die **Schmilksche Mühle** originalgetreu wiederaufgebaut werden. Im Frühjahr 2007 waren die Arbeiten beendet. Dort, wo einst Richter stand und die Mühle zeichnete, befindet sich eine Stele, die dem heutigen Besucher die Veränderungen zeigt, die sich seitdem vollzogen haben.

Beliebtes Wanderziel von Schmilka aus sind das zwölf Quadratkilometer große Gebiet der **Schrammsteine** westlich des Ortes, eine unbeschreiblich schöne Felsenwelt mit stark verwitterten Steinen, die sich etwa drei Kilometer lang über dem Elbtal aufbauen. Der **Große Winterberg** (552 Meter) ist der höchste Berg dieser Gegend, dichter Wald versperrt allerdings die Aussicht. Nordöstlich davon befindet sich der 3,5 Meter hohe und 4 bis 4,5 Meter breite **Kleine Kuhstall**, eine der in der Gegend um Schmilka besonders zahlreichen Sandsteinhöhlen. Wahrzeichen der Schrammsteine ist der **Falkenstein** (378 Meter), ein freistehender Sandsteinklotz, der mit 111 Aufstiegswegen zu den beliebtesten Kletterfelsen in der Sächsischen Schweiz gehört; am 6. März 1864 wurde er zum ersten Mal bezwungen.

Kirnitzschtal

Unmittelbar hinter der Kurpromenade von Bad Schandau beginnt das Kirnitzschtal mit einer geradezu verschwenderischen Fülle an landschaftlichen Schönheiten. Entlang von teilweise bis zu

▲ Karte S. 125

Die Schmilksche Mühle

Haltestelle der Kirnitzschtalbahn

60 Meter hohen Felswänden und der Kirnitzsch, in deren klarem Wasser sich noch Bach- und Regenbogenforellen tummeln, rollt von Bad Schandau eine **Bahn**, die nach 32 Minuten Fahrt am Lichtenhainer Wasserfall endet. Die am 28 Mai 1898 in Betrieb genommene elektrische Straßenbahn wurde für den Touristenverkehr erbaut, 8,3 Kilometer legt sie zurück. Der **Lichtenhainer Wasserfall** ist die künstliche Anstauung eines Bergbaches. Von ihm führt eine steiler Anstieg zum **Kuhstall**, einem 11 Meter hohen, 17 Meter breiten und 24 Meter tiefen Felsentor, hinter das sich die Menschen früher bei Gefahr mit ihrem Hab und Gut flüchteten. Ein anderer Wanderweg führt zum **Technischen Denkmal Neumannmühle**, einer Säge- und Holzschliffmühle aus dem 14. Jahrhundert. Durch das Hochwasser im August 2010 war die Anlage schwer beschädigt worden, ist aber inzwischen wieder zu besichtigen.

Hinterhermsdorf

Der am weitesten östlich gelegene Ort der Sächsischen Schweiz ist Hinterhermsdorf (650 Einwohner), das sich mit etwa 70 Umgebindehäusern schmückt. Von Bad Schandau sind es etwa 15 Kilometer durch das Kirnitzschtal bis zu dem Ort, den von drei Seiten die Tschechische Republik umgibt. Beliebtes Ausflugsziel von Hinterhermsdorf aus ist die **Obere Schleuse** in der wildromantischen Kirnitzschklamm, eine im 16. Jahrhundert errichtete 700 Meter lange Stauanlage, die einst als Sammelbecken für Holzstämme angelegt wurde. Touristische Bootsfahrten finden auf der Oberen Schleuse schon seit 1879 statt. Die Wassertemperatur der Kirnitzsch steigt auch im Hochsommer nicht über acht Grad Celsius an. Vom Parkplatz Buchenparkallee sind es etwa 45 Minuten Fußweg bis zur Bootsstation, eine Fahrt dauert etwa 20 Minuten. Wer sich im Winter in diese Ecke der Sächsischen Schweiz verirrt, wird sich verwundert die Augen reiben, denn die Stauanlage ist verschwunden. Die Erklärung ist einfach: In der kalten Jahreszeit wird das Wasser nicht angestaut, die Kirnitzsch fließt in ihrem ursprünglichen Bett.

Sebnitz

Rund 15 000 Blümlerinnen, wie die Kunstblumenfacharbeiterinnen umgangssprachlich genannt werden, gab es vor rund 100 Jahren in Sebnitz, zu DDR-Zeiten waren es etwa 5000. Übrigge-

Marktplatz in Sebnitz

blieben sind nicht einmal ein Dutzend. Kunstblumen werden heute preiswert in asiatischen Ländern gefertigt.

Das von Bad Schandau etwa 15 Kilometer entfernte Sebnitz (9900 Einwohner) war zu Beginn des 20. Jahrhunderts das Zentrum der Kunstblumenindustrie in Deutschland. Blumenmacher aus dem benachbarten Böhmen hatten diesen Erwerbszweig nach 1834 begründet. Das **Sebnitzer Kunstblumen- und Heimatmuseum Prof. Alfred Meiche** in der Hertigswalder Straße 12 widmet den Kunstblumen breiten Raum. In der **Schaumanufaktur Deutsche Kunstblume Sebnitz**, Neustädter Weg 10, in der heute noch künstliche Blumen in traditioneller Handarbeit hergestellt werden, kann man den Mitarbeitern beim »Blümeln« zuschauen.

Zum touristischen Anziehungspunkt wurde der 1996 eröffnete **Urzeitpark** am Forstweg kurz vor dem Grenzübergang, in dem auf etwa 10 000 Quadratmetern rund 400 lebensgroße Plastiken zur frühesten Tier- und Pflanzenentwicklung zu sehen sind. Schöpfer ist Franz Gruß, der den Saurierpark in Kleinwelka bei Bautzen begründet hat.

Nach den Museumsbesuchen führt der Weg zum **Marktplatz**, an dem Cafés und Restaurants zum Ausruhen einladen. Der Markt, wie er sich heute zeigt, wurde nach dem großen Stadtbrand von 1854 im spätklassizistischen Stil bebaut. Südlich davon erhebt sich als ältestes Bauwerk die **Stadtkirche St. Peter und Paul** mit einer Inneneinrichtung, die überwiegend aus dem 16. und 17. Jahrhundert stammt. Hervorzuheben sind die Kanzel und der Altar von 1586 sowie die mit einer reichen Bilderfolge versehenen Brüstungen der Doppelempore und die hölzerne Kassettendecke mit Wappen, Handwerkszeichen und Namen von Familien aus Sebnitz und Umgebung.

▸ Karte S. 125

Hohnstein

Hoch über dem Polenztal erhebt sich auf steilem Fels die zehn Kilometer von Bad Schandau entfernte **Burg Hohnstein**. Ihr heutiges Aussehen bekam sie im Wesentlichen im 15./16 Jahrhundert. In ihrer reichen Geschichte war die Burg Justizamt, Haftanstalt, mit rund 1000 Schlafplätzen Deutschlands größte Jugendherberge und während des Dritten Reiches eins der ersten Konzentrationslager. Der älteste Nachweis über die Existenz einer Burg in der Kleinstadt (3400 Einwohner) stammt aus dem Jahre 1353, ausgestellt in Prag: Einem Ritter Hinko Berka von Duba wurde die Burg als Lehen übergeben. Seit 1997 ist die Burg Naturfreundehaus und Jugendgästehaus, zu dem das **Naturkunde- und Historische Museum** gehört. Vom Turmhaus des Oberen Schlosses genießt man einen weiten Blick. Die Pläne für die barocke **Stadtkirche** (1725 - 1728) stammen von George Bähr. Der Zentralbau gilt als einer der Vorläufer der Dresdner Frauenkirche. Die Orgel stammt aus dem Dorf Stöntzsch bei Borna, das es seit 1964 nicht mehr gibt. Der Braunkohletagebau Profen hat es überbaggert. Die 1678 gefertigte Orgel wurde nach einem Umbau am 4. Februar 1732 durch Johann Sebastian Bach geprüft.

In dem Städtchen mit zahlreichen Umgebindehäusern ist das **Rathaus** (1688) in der Rathausstraße sehenswert. Zum ältesten Fachwerkgebäude der Stadt gelangt man vom steilen Markt über die Rathausstraße und die Rathausstufen. Gegenüber dem Rathaus, im Haus der Tourist-Information, entstand die **Traditionsstätte Hohnsteiner Handpuppenspiel**. Die seinerzeit weithin bekannten Hohnsteiner Puppenspiele hatte Max Jacob (1888–1967) begründet. Gespielt wurde viele Jahre auf der Hohnsteiner Burg, im Mittelpunkt des Figurentheaters stand der Hohnsteiner Kasper.

Marktplatz in Hohnstein

Bad Schandau und Umgebung

Tourist-Service im Haus des Gastes Bad Schandau, Markt 12, 01814 Bad Schandau, Tel. 035022/90030, und im Nationalparkbahnhof, Bahnhof 6, Tel. 035022/41247. www.bad-schandau.de
Tourist-Information Hinterhermsdorf, Weifbergstr. 1, 01855 Hinterhermsdorf, Tel. 035974/5210. www.hinterhermsdorf.de.
Tourist-Information Sebnitz, Neustädter Weg 10, 01855 Sebnitz, Tel. 035971/70960. www.sebnitz.de.
Touristinformation Hohnstein, Rathausstr. 9, 01848 Hohnstein, Tel. 035975/86813. www.hohnstein.de.

Kirnitzschtalbahn, Tel. 035022/5480. Straßenbahn von Bad Schandau bis zum Lichtenhainer Wasserfall. www.ovps.de

Elbresidenz Bad Schandau, Markt 1–11, Tel. 035022/919700; 207 Zi., DZ ab 155 Euro. Häuserensemble mit elegant und modern eingerichteten Zimmern. Großer Wellnesspark mit Pool, Fitness, Saunen und Wellness-Behandlungen. Das Restaurant *Elbterrasse* hält kulinarische Überraschungen bereit (tägl. ab 12 Uhr). www.elbresidenz-bad-schandau.de
Parkhotel Bad Schandau, Rudolf-Sendig-Str. 12, Tel. 035022/520; 75 Zi., DZ ab 92 Euro. In einer Parkanlage an der Elbe gelegen. Modern ausgestattete Zimmer in der historischen *Villa Sendig* oder der neu errichteten *Residenz Elbblick*. Großzügiger Wellnessbereich. Im Restaurant Regionales mit mediterraner Note (tägl. ab 12 Uhr). www.parkhotel-bad-schandau.de
Erbgericht, Bächelweg 4, Krippen, Tel. 035028/86290; 70 Zi, DZ ab 68 Euro. Traditionelles, familienfreundliches Haus mit komfortablen Zimmern und angenehmem Service. www.erbgericht-krippen.com
Bio- und Nationalparkhotel Helvetia, Schmilka Nr. 11, Schmilka, Tel. 035022/9130; 22 Zi., DZ/HP ab 190 Euro. Mit viel Liebe zum Detail eingerichtetes Bio-Hotel in idyllische Lage an der Elbe mit Blick auf die Schrammsteine. Bio-Vital-Küche im Restaurant *Strandgut*, viele Zutaten kommen aus dem eigenen Kräuter- und Gemüsegarten (tägl. ab 12 Uhr). www.hotelhelvetia.eu
Pension Rauschenstein, Mühlweg 30, Schmilka, Tel. 035022/92230; 10 Zi., DZ ab 89 Euro, (April–Okt.). Am Bergbach in Schmilka neben der Wassermühle gelegen, familiäre Atmosphäre in den gemütlichen Zimmern. Bio-Frühstücksbüfett. www.pension-rauschenstein.de
Hotel Steiger Sebnitzer Hof, Markt 13, Sebnitz, Tel. 035971/9010; 56 Zi., DZ/F ab 89 Euro. Individuelle Zimmer, Wellnessbereich mit Pool und Sauna. Zwei Restaurants mit Klassikern der regionalen Küche (tägl. ab 12 Uhr, Buffetrestaurant ab 18 Uhr). www.sebnitzer-hof.de

Brand-Baude, Brandstr. 27, Hohnstein, Tel. 035975/84425; 27 Betten, DZ ab 45 Euro, in der Wanderherberge 14 Euro pro Person. Bergwirtschaft (April–Okt. tägl. 10–19 Uhr) und Baude an der Brand-Aussicht. www.brand-baude.de

Campingplatz Ostrauer Mühle, im Kirnitzschtal, Tel. 035022/42742. Wunderbar ruhige Lage an der Kirnitzsch, zusätzlich kleine Pension mit 5 DZ (ab 60 Euro) und Wanderquartiere (ab 9 Euro/Pers.). Gaststätte *Flößerstube* (April–Okt. tägl., Winter Sa/So). www.ostrauer-muehle.de

Restaurant Tilia, im Hotel Lindenhof, Rudolf-Sendig-Str. 11, Bad Schandau, Tel. 035022/4890; tägl. ab 12 Uhr. Im Stil der 1920er Jahre eingerichtetes Restaurant mit bürgerlicher Küche sowie saisonalen Spezialitäten. www.lindenhof-bad-schandau.de

▶ Karte S. 125

Landgasthaus Ziegelscheune Krippen, Elbweg 22, Krippen, Tel. 035028/80437; April–Okt. tägl. ab 10 Uhr, Nov.–März Mo–Fr ab 15, Sa/So ab 11 Uhr. Historische Gaststube am Elberadweg, Terrasse mit Blick auf die Elbe, regionale, frisch zubereitete Gerichte. www.ziegelscheune.de
Gasthaus Polenztal, Polenztal 2, Hohnstein, Tel. 035975/80826; April–Okt. tägl. ab 11 Uhr, Nov.–März Mi geschl., Jan/Febr. nur Sa/So ab 11 Uhr. Ausflugsgaststätte am Malerweg, auch 27 Pensionszimmer (DZ ab 72 Euro).www.polenztal.de

Museum Bad Schandau, Badallee 10/11, Tel. 035022/42173; Mai–Okt. Di–Fr 14–17, Sa/So 10–17, Nov.–April Di–So 14–17 Uhr, Jan. geschlossen.
Nationalparkzentrum Sächsische Schweiz, Dresdner Str. 2b, Bad Schan-dau, Tel. 035022/50240; April–Okt. tägl. 9–18, Nov.–März Di–So 9–17 Uhr, Jan. geschlossen. www.nationalpark-saechsische-schweiz.de, www.lanu.de
Technisches Denkmal Neumannmühle, Kirnitzschtalstr. 5, Kirnitzschtal OT Ottendorf, Tel. 035971/57489; Ostern, Mai–Okt. Di–So 11–17 Uhr.
www.neumann-muehle.de
Städtische Sammlungen Sebnitz mit Kunstblumen- und Heimatmuseum und **Afrikahaus**, Hertigswalder Str. 12–14, Tel. 035971/80730; Di–So 10–17 Uhr, 2020 wg. Bauarbeiten geschlossen.
www.staedtische-sammlungen-sebnitz.de
Schaumanufaktur Deutsche Kunstblume Sebnitz, Neustädter Weg 10, Tel. 035971/53181; Manufaktur Di–So 10–17 Uhr, Verkauf tägl. 10–17 Uhr.
www.deutsche-kunstblume-sebnitz.de
Urzeitpark Sebnitz, Forstweg 14, Tel. 035971/58800; Ostern–Okt. tägl. 10–17 Uhr. www.sauriergarten.com
Burg Hohnstein mit Naturkunde- und Geschichtsmuseum, Markt 1, Tel. 035975/81202; April–Okt. tägl. 10–17 Uhr.
www.burg-hohnstein.info

Pferdehof Eschenbach, Neudorfstr. 12a, Hinterhermsdorf, Tel. 035974/50244. Kutsch-, Kremser- und Pferdeschlittenfahrten. Von Mai bis Oktober Kremser-Pendelverkehr zur historischen Kahnfahrt Obere Schleuse in Hinterhermsdorf.
www.pferdehof-eschenbach.de

Aktiv-Zentrum Sächsische Schweiz, Markt, Bad Schandau, Tel. 035022/90050. Aktivangebote wie Wandern, Felsklettern, Verleih von Rädern, E-Bikes, Wander- und Kletterausrüstung. www.bad-schandau.de
Insider-Bergsport, Marktstr. 4, Bad Schandau, Tel. 035022/42372. Kletterkurse für alle Leistungsstufen, Kletterwanderungen, umweltfreundliche Naturerlebnisse. www.bergsport-arnold.de
Outdoortours, Hauptstr. 27, Sebnitz OT Ottendorf, Tel. 035971/56907. Info-Punkt für Wanderer und Kletterer, Kurse Felsklettern, verschiedene Komplettangebote, Herberge *Ottendorfer Hütte* und Schankwirtschaft. www.klettern-sachsen.de

Kahnfahrten auf der Oberen Schleuse in Hinterhermsdorf; Ostern–Okt. tägl. 9.30–16.30 Uhr, letzte Fahrt 16 Uhr.

Toskana-Therme, Rudolf-Sendig-Str. 8a, Bad Schandau, Tel. 035022/54610; tägl. geöffnet, bei Vollmond bis 1 Uhr. Baden in Licht, Farben und Klang.
www.toskanaworld.net

Hollerbusch Naturladen, Poststr. 16, Bad Schandau, Tel. 035022/927410; Mo–Fr 10–18, Sa 10–14 Uhr. Heil-, Duft- und Gewürzkräuter, Tee und Gewürzmischungen, ätherische Öle, Fruchtweine und -liköre, Dekoartikel aus Naturmaterialien. Angeboten werden auch Kräuterwanderungen.
www.hollerbusch-naturladen.de

Das Elbland

Von Dresden elbabwärts geht es nach Meißen und Torgau, Ziel ist auch das kleinste Weinanbaugebiet Deutschlands, bereits 1161 wurde es erstmals urkundlich erwähnt: Markgraf Otto der Reiche übereignete einen Weinberg einem Kloster. Die Meißner Bischöfe sollen die ersten gewesen sein, die Wein von den Hängen an der Elbe genossen haben. Um 1250 stand der Weinbau, wenn man den Annalen glauben darf, bei dem Dorf Zadel in voller Blüte und breitete sich von hier rasch aus. Im 15. Jahrhundert war der Weinanbau nach dem erzgebirgischen Silberbergbau eine bedeutende Wirtschaftssäule des Landes. Als 1889 die bis dahin völlig unbekannte Reblaus die Rebstöcke massenhaft befiel, war dies das Ende der Winzerei. Von 6000 Hektar Rebfläche blieben lediglich 320 Hektar übrig. Anfang der 1980er Jahre begann die Wiederaufrebung vieler Flächen. Um auf diese Region aufmerksam zu machen, entstand die von Pirna über Dresden nach Diesbar-Seußlitz führende 55 Kilometer lange **Sächsische Weinstraße**.

Meißen

Meißen (27 000 Einwohner) gehört zu den besterhaltenen mittelalterlichen Städten Deutschlands. Im Gegensatz zum benachbarten Dresden geht es jedoch in Meißen heute immer noch beschaulich zu. In der Welt bekannt gemacht hat die Stadt an der Elbe das Meissener Porzellan, zum Wahrzeichen wurde der Burgberg mit dem großartigen Bauensemble von **Albrechtsburg** und **Dom** hoch über der Elbe. Meißen gilt als die Wiege Sachsens. Unterhalb der Burg »Misni«, die der erste deutsche König Heinrich I. im Winter 928/29 gründete, entstand das heutige Meißen. Um 1200 begann die planmäßige Erweiterung der Siedlung zur Bürgerstadt. Der Burgberg war als herzogliche Residenz und Bischofssitz das Machtzentrum, es verlor seine Bedeutung mit der Reformation und der Verlegung der Residenz nach Dresden. Die Stadt war nach Hamburg und Magdeburg lange Zeit der bedeutendste Handelsplatz an der Elbe. Nachdem Johann Friedrich Böttger (→ S. 61) das europäische Porzellan erfunden hatte,

Elberadweg mit Blick auf den Meißner Burgberg

▲ Karte S. 145

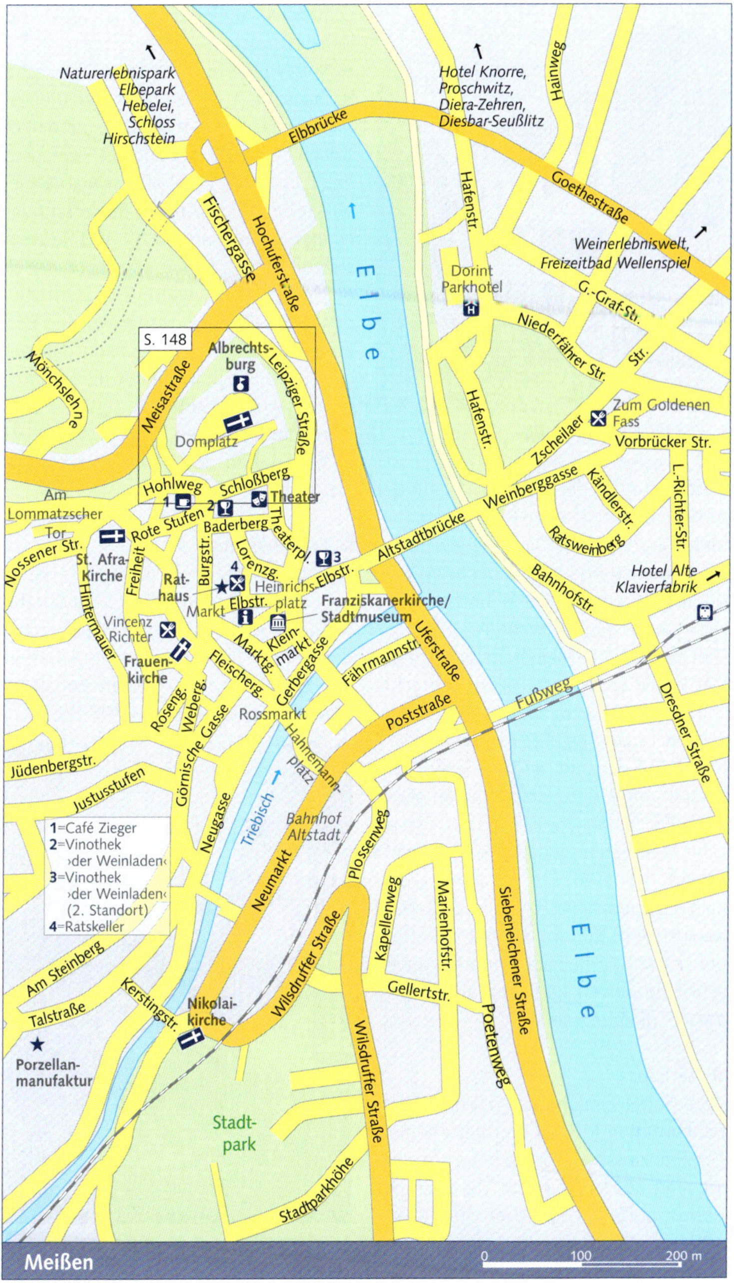
Naturerlebnispark Elbepark Hebelei, Schloss Hirschstein
Hotel Knorre, Proschwitz, Diera-Zehren, Diesbar-Seußlitz
Hainweg
Elbbrücke
Goethestraße
Weinerlebniswelt, Freizeitbad Wellenspiel
Hafenstr.
Fischergasse
Hochuferstraße
Elbe
Dorint Parkhotel
G.-Graf-Str.
Niederfährer Str.
Str.
S. 148
Albrechtsburg
Leipziger Straße
Mönchslehne
Meisastraße
Domplatz
Hafenstr.
Zum Goldenen Fass
Zscheilaer
Vorbrücker Str.
Hohlweg
Schloßberg
Theater
Am Lommatzscher Tor
Rote Stufen
Baderberg
Weinberggasse
Kändlerstr.
L.-Richter-Str.
Nossener Str.
St. Afra-Kirche
Freiheit
Burgstr.
Lorenzg.
Theaterpl.
Altstadtbrücke
Ratsweinberg
Rathaus
Heinrichsplatz
Elbstr.
Bahnhofstr.
Hotel Alte Klavierfabrik
Hintermauer
Markt
Elbstr.
Franziskanerkirche/Stadtmuseum
Vincenz Richter
Frauenkirche
Marktg.
Kleinmarkt
Fleischerg.
Gerbergasse
Fährmannstr.
Uferstraße
Fußweg
Dresdner Straße
Roseng.
Weberg.
Rossmarkt
Poststraße
Görnische Gasse
Hahnemannplatz
Jüdenbergstr.
Justusstufen
Neugasse
Triebisch
Bahnhof Altstadt
Plossenweg
1=Café Zieger
2=Vinothek ›der Weinladen‹
3=Vinothek ›der Weinladen‹ (2. Standort)
4=Ratskeller
Neumarkt
Kapellenweg
Marienhofstr.
Siebeneichener Straße
Elbe
Wilsdruffer Straße
Am Steinberg
Kerstingstr.
Nikolaikirche
Gellertstr.
Poetenweg
Talstraße
Porzellanmanufaktur
Wilsdruffer Straße
Stadtpark
Stadtparkhöhe
Meißen
0
100
200 m

In der Altstadt von Meißen

richtete August der Starke 1710 auf der Albrechtsburg die erste **Porzellanmanufaktur** Europas ein. Die Burg war leicht zu bewachen und bot so beste Voraussetzungen, um das Geheimnis der Porzellanherstellung zu wahren.

Die Spezialität in Meißen heißt **Fummel**. Das ist ein knuspriges, leicht zerbrechliches Gebäck, das mindestens zu 90 Prozent aus Luft besteht. Als Geburtsjahr wird 1710 genannt, und der Einfall hierzu soll von August dem Starken stammen. Der Kurier des Kurfürsten – so erzählt man sich – sei dem Meißner Wein zugetan gewesen. Der König habe deshalb befohlen, ein zerbrechliches Gebäck herzustellen. Konnte der reitende Bote bei seiner Rückkehr die Fummel unversehrt vorweisen, galt das als Beweis, dass er nüchtern sei.

Rathaus

Vorbei am Heinrichsplatz mit dem **Heinrichsbrunnen** (1863) und der ehemaligen Franziskaner-Klosterkirche aus dem 14. und 15. Jahrhundert, die nach der Reformation als Speicher diente und 1901 das **Stadtmuseum** aufnahm, wird der Marktplatz erreicht. Ihn säumen beachtenswerte Gebäude aus Gotik und Renaissance.

▸ Karte S. 145

An der Nordseite steht das spätgotische **Rathaus** (1470 – 1486), der bedeutendste bürgerliche Bau in Meißen, mit einem steilen Dach. Die Fassade des Rathauses misst 11 Meter, das 13 000 Quadratmeter große Dach – bei der Sanierung vor einigen Jahren waren 52 000 Rautenspitzbiber erforderlich – dagegen hat eine Höhe von 18 Metern. Das Stadtwappen oberhalb des Eingangs wurde 1865 angebracht, der kleine Balkon darüber erst 1910. Noch jünger ist die Sonnenuhr, sie wurde 1969 gefertigt.

Den **Marktbrunnen** (1863) schmückt das Standbild des deutschen Kaisers Heinrich I.

Frauenkirche

An der südwestlichen Marktplatzecke erhebt sich die Frauenkirche (15./16. Jahrhundert), eine dreischiffige Hallenkirche, deren Turm bestiegen werden kann. In dem hängt das erste spielbare **Porzellanglockenspiel** der Welt (1929). Die 37 in

Meißner Burgstraße mit Blick zur Frauenkirche

der Meissener Porzellanmanufaktur gefertigten Glocken erklingen zu folgenden Zeiten: 6.30 Uhr (Wachet auf, ruft uns die Stimme), 8.30 Uhr (Großer Gott, wir loben Dich), 11.30 Uhr (Die Himmel rühmen des Ewigen Ehr), 14.30 Uhr (Wir treten zum Beten), 17.30 Uhr (Ein feste Burg ist unser Gott), 20.30 Uhr (Lobet den Herrn). Die Frauenkirche besitzt eine wertvolle Innenausstattung, zu der der spätgotische Schnitzaltar aus der Zeit um 1480 bis 1490 gehört. Da der Künstler namentlich nicht bekannt ist, wird er in der Kunstgeschichte als »Meister des Meißner Frauenkirchaltars« bezeichnet. Das Tafelbild »Luther und Melanchthon« im nördlichen Seitenschiff entstand um 1650, die drei farbigen Chorfenster wurden 1888 hergestellt.

Weingaststätte Vincenz Richter

Gegenüber der Frauenkirche fällt ein idyllisches, mit einem Türmchen versehenes Fachwerkhaus auf: die Weingaststätte Vincenz Richter. Das Haus, dessen Grundsteinlegung 1523 gewesen sein soll, war das Zunftgebäude der Meißner Tuchmacher. Doch so, wie es sich heute zeigt, entstand es nach dem Dreißigjährigen Krieg. 1873 erwarb ein Vincenz Richter das Haus und eröffnete darin eine Gaststätte, die heute wegen ihres historischen Inventars, darunter Kelter- und Küferwerkzeuge sowie historische Waffen, weithin bekannt ist. Nach dem Zweiten Weltkrieg mussten alle Waffen abgegeben werden. Für die Gaststätte wurde eine Ausnahme gemacht, wie ein Dokument vom 4. Juli 1945 informiert. Alle historischen Waffen konnten verbleiben, aber der Lauf musste zugeschweißt oder angebohrt werden.

Burgbergensemble

Der Dom und die Albrechtsburg bilden ein großartiges Bauensemble von internationaler Bedeutung, um das sich Bischofsschloss, Domherrenhäuser und Kornhaus gruppieren. Vom Markt erreicht man den Burgberg über die Burgstraße, die Roten Stufen und die Schlossbrücke (um 1225). Ein Abstecher führt zur **Afrakirche**, einer der ältesten Pfarrkirchen Sachsens, hervorgegangen aus einer Wegekapelle des Augustiner-Chorherrenstifts von 984. In das einstige **Augustinerkloster St. Afra** links neben der Kirche zog 1543 die Fürsten- und Landesschule, eine humanistische Internatsschule, die unter anderem Christian Fürchtegott Gellert und Gotthold Ephraim Lessing besucht haben. Heute gehört es zum Gymnasium St. Afra.

Bis zur Auflösung durch die Reformation residierten die Bischöfe in dem schlicht **Schloss** (1476 - 1518) genannten Bauwerk rechter Hand vom Dom. Von den **Domherrenhäusern** fällt das Haus Nr. 7 auf, die ehemalige **Dompropstei** (1497 -1503), eines der schönsten spätgotischen Gebäude Meißens. Erkennbar ist es an dem Sitznischenportal mit einer Plastik des Evangelisten Johannes und dem Wappen des Bauherrn Propst Melchior von Meckau darüber. Wer in den stimmungsvollen Hof schaut, sieht eine umlaufende vorkragende Galerie.

Den Burgberg von seiner grünen Seite erlebt, wer den historischen **Promenadenweg** nutzt. Der führt durch die Parkanlagen entlang der Außenmauern von Kornhaus, Albrechtsburg und Dom bis zu den Amtsgerichtsstufen. Schön sind die Ausblicke auf das Elbtal und die Meißner Altstadt, zahlreiche Informationstafeln entlang der etwa 500 Meter langen Strecke vermitteln Wissenswertes.

Der Domberg lässt sich bequem mit dem **Panorama-Aufzug** in 40 Sekunden erreichen, direkt an der Talstation befindet sich ein Parkdeck.

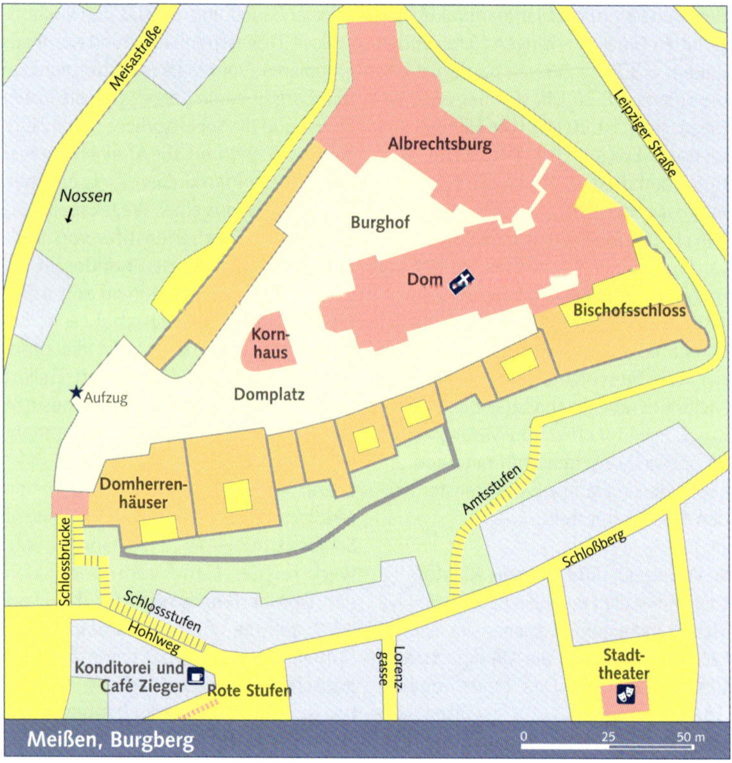

Albrechtsburg

Die Albrechtsburg (1471 – 1523) gilt als erstes Schloss der deutschen Baugeschichte. Sie ist die erste Anlage dieser Art, bei der der Wehrcharakter zugunsten repräsentativen Wohnens aufgegeben wurde. Ihr Aussehen bekam sie im Wesentlichen durch den sächsischen Landesbaumeister Arnold von Westphalen, einen der hervorragendsten Architekten seiner Zeit. Die Burg wird heute als der bedeutendste rein spätgotische Profanbau in Deutschland bezeichnet. Sie besitzt – was seinerzeit noch nicht üblich war – klare Fassaden mit hellen großen Fenstern und Räume von großzügigem Zuschnitt.

Beeindruckend an der Hofseite ist der an Kunstfertigkeit und Größe einmalige Treppenturm, der **Große Wendelstein**, ein Meisterwerk des Treppenbaus zu seiner Zeit. Von der Albrechtsburg aus wollten die Brüder Ernst und Albrecht Sachsen und Thüringen regieren. Durch die Landesteilung und die Verlegung der Residenz durch Albrecht nach Dresden war die Burg allerdings nie Regierungssitz. Von 1873 bis 1882 erfolgte im Auftrag von König Johann die prachtvolle Ausmalung der Räume im damals modernen historisierenden Stil durch Künstler der Dresdner Kunstakademie. Dazu gehören auch 25 große Historienbilder, die aus zeitgenössischer Sicht wichtige Ereignisse der Burggeschichte, der Mark Meißen und des Hauses Wettin widerspiegeln. 1881 öffnete die Albrechtsburg als **Museum und Denkmal der sächsischen Geschichte** sowie des regierenden Fürstenhauses seine Türen. Heute präsentieren mehrere Ausstellungsbereiche die Geschichte des Schlosses.

Dom

Der an die Albrechtsburg angebaute frühgotische Dom war die Kathedrale des Bistums Meißen. 1250 hat man mit dem Bau begonnen, um 1400 war er vollendet. Die Gesamtlänge beträgt 97,3 Meter, das Langhaus hat bis zum Gewölbe eine Höhe von 17,8 Meter. Die Ausstattung gehört zum Wertvollsten, was Sachsen an Kunst zu bieten hat. Die überlebensgroßen **Stifter- und Patronatsfiguren** (um 1260), darunter die der Gründer des Bistums Meißen, Kaiser Otto I. und Kaiserin Adelheid, zählen zu den bedeutendsten bildhauerischen Arbeiten des 13. Jahrhunderts in Mitteleuropa, geschaffen haben sie Meister der Naumburger Bildhauerwerkstatt. Die **Gemälde des Laienaltars** vor dem Lettner stammen aus der Werkstatt von Lucas Cranach dem Älteren (1526), **Kruzifix** und **Altarleuchter** (1760) sind aus

Blick zum Domberg

Meissener Porzellan, der Schöpfer ist Johann Joachim Kaendler. Im Westteil des Langhauses, unter dem Lettner und im Kreuzgang, stehen 164 **Grabplatten** von Bischöfen, Burggrafen, Domherren und reichen Bürgern; sie befinden sich dort seit der Renovierung des Doms zwischen 1903 und 1912.
Die vorgelagerte **Fürstenkapelle** ist eine der Begräbnisstätten der Wettiner. Von den Grabdenkmälern, die aus der berühmten Nürnberger Vischer-Werkstatt stammen, sind die für den 1428 verstorbenen Kurfürst Friedrich den Streitbaren und für den 1464 verstorbenen Friedrich den Sanftmütigen bemerkenswert. In der spätgotischen Georgskapelle ruhen der 1539 verstorbene Herzog Georg der Bärtige und seine Gemahlin.

Porzellanmanufaktur

Im Frühjahr 1710 fuhr ein Reisewagen mit Eskorte den Pflasterweg zum Burghof hinauf, in ihm saß Johann Friedrich Böttger (→ S. 61), der für seinen Kurfürsten das Porzellan erfand. Auf der Albrechtsburg hatte er die Einrichtung der Porzellanmanufaktur zu überwachen. Ab 1863 zog die Manufaktur hinunter ins Triebischtal in die noch heute genutzten Werkanlagen. Dort ist die Porzellanherstellung nach wie vor Handarbeit, Meißen ist nicht Fabrik, sondern Manufaktur. Die weltberühmten gekreuzten Blauen Schwerter – das Markenzeichen der Manufaktur – gehen auf eine Idee des Manufaktur-Inspektors Johann Melchior Steinbrück zurück. Der unterbreitete den Vorschlag, »etwas aus dem Chursächs. Wappen, als etwa die Chur-Schwerter zur Markierung zu nehmen«. Seit 1722 werden die Schwerter in kobaltblauer Farbe in Handmalerei auf allen Erzeugnissen angebracht.
Zur Porzellanmanufaktur gehört ein **Porzellanmuseum**, das mehr als 20 000 Por-

zellane besitzt. Etwa 3000 davon aus allen Schaffensperioden werden in der Schauhalle gezeigt. Meissener Porzellan sammeln zahlreiche Museen, doch nur das in der Elbestadt dokumentiert die Entwicklungsgeschichte des Meissener Porzellans von den Anfängen bis zur Gegenwart nahezu lückenlos, es zieht deshalb Porzellanliebhaber aus aller Welt an. Am bekanntesten dürfte das aus fast 2200 Einzelteilen bestehende Schwanenservice des Grafen Brühl sein, das umfangreichste Tafelservice, das jemals geschaffen wurde. Zu sehen ist auch das Zwiebelmuster, das als das erfolgreichste Dekor der Manufaktur gilt, 740 verschiedene Einzelstücke gibt es davon mittlerweile. Gegenwärtig produzieren mehr als 50 Unternehmen auf der Welt Zwiebelmuster nach Meissener Art, das echte ist auf Anhieb zu erkennen: Die Blauen Schwerter sind nicht nur auf der Unterseite der Stücke, sondern auch im Dekor zu sehen (im Fuße des Bambusstabes). Dem Porzellanmuseum angeschlossen sind zwei **Schauwerkstätten**, in der die Arbeitsvorrichtungen des Drehers, Bossierers, Unterglasur- und Aufglasurmalers gezeigt werden.

Nikolaikirche

Wenige Minuten sind es von der Manufaktur bis zur kleinen um 1150 entstandenen Nikolaikirche mit einem romanischen **Altarraum**, der vermutlich noch vor der Albrechtsburg erbaut wurde. Die Kirche steht auf der anderen Seite der Triebisch am Rand des Stadtparks. 1923 bis 1928 gestaltete man sie zur Gedenkstätte für die Toten des Ersten Weltkrieges um. In ihr befinden sich die größten aus Meissener Porzellan hergestellten Figuren der Welt, eine 250 Zentimeter hohe Gruppe trauernder Mütter mit ihren Kindern. Schöpfer ist Emil Paul Börner, der damalige künstlerische Leiter der Manufaktur.

Weinerlebniswelt

Nach dem Stadtrundgang sind die Beine gewiss pflastermüde, und die vielen Eindrücke müssen verarbeitetet werden. Ein Gläschen Meißner Wein dürfte da das Richtige sein. Die Winzergenossenschaft hat am Bennoweg, im einstigen kurfürstlichen Weingut, eine Weinerlebniswelt eingerichtet. Hier kann man in der Vinothek Wein probieren und kaufen, man erfährt auch viel Wissenswertes

Aufglasurmalerei in der Staatlichen Porzellanmanufaktur Meissen

▲ Karte S. 148

über die Geschichte des Weinbaus und der Reben. 1799 wurde in der Stadt die Sächsische Weinbaugesellschaft gegründet, die die erste europäische Winzerschule ins Leben rief, die allerdings nur 15 Jahre bestand.
Die 1938 gegründete Winzergenossenschaft Meißen hat 1800 Mitglieder, jährlich werden im Durchschnitt 800 000 Flaschen abgefüllt

Diesbar-Seußlitz

Bekanntestes Weindorf der Region ist Diesbar-Seußlitz (300 Einwohner), mit neun Grad Celsius Jahresmitteltemperatur Sachsens wärmste Gegend. Der Wein-anbau hat hier eine 700-jährige Tradi-tion, denn 1272 soll Markgraf Heinrich der Erlauchte dem Kloster Seußlitz einen Weinberg übereignet haben. Der berühmte Baumeister der Dresdner Frauenkirche, George Bähr, hat in Diesbar-Seußlitz das barocke **Schloss Seußlitz** (um 1722) errichtet, er verwendete dazu die Grundmauern eines Klosters aus dem 13. Jahrhundert. Der vorwiegend im französischen Stil angelegte **Schlossgarten** blieb nahezu in seiner ursprünglichen Gestalt erhalten, er geht in den englischen Parkteil mit einem reizvollen Teich über. Die an das Schloss angebaute **Kirche** entstand ebenfalls nach einem Entwurf von George Bähr, die vier Sandsteinfiguren auf der Parkseite vor der Kirche stammen aus der Werkstatt von Balthasar Permoser. **Heinrichsburg** wird das kleine zweigeschossige Gartenhaus auf der Anhöhe gegenüber Schloss und Kirche genannt. In diesem Pavillon bekamen früher die Gäste der Schlossbesitzer den Nachmittagstee oder -kaffee gereicht. Das Winzerhäuschen am gegenüberliegenden Weinberg trägt den Namen **Luisenburg**. Beide Gebäude sind nach den Kindern des ersten Schlossbesitzers benannt.

Die Heinrichsburg in Diesbar-Seußlitz

Von Seußlitz tuckert eine Personenfähre über die Elbe nach **Niederlommatzsch**, in dem sich Fischer- und Schifferhäuschen erhalten haben. Die Fährverbindung existiert nachweisbar schon seit über 700 Jahren. Ein wenig südlich, im kleinen Ortsteil Hebelei, entstand das Naturerlebniszentrum **Elbepark Hebelei** mit großzügigen Gehegen und Koppeln, ein Tierparadies für vom Aussterben bedrohte einheimische Arten und Rassen. Wenige Kilometer nördlich vom Elbepark Hebelei erhebt sich auf einem steil abfallenden, 25 Meter hohen Felssporn **Schloss Hirschstein**, das auf eine wechselvolle Geschichte zurückblicken kann. Bereits im 10. Jahrhundert erwähnt, erhielt es seine heutige Form im Stil der Neorenaissance zwischen 1892 und 1894. 1944 beschlagnahmte Hitler das in Privatbesitz befindliche Schloss und machte es zum Staatsgefängnis für den belgischen König und seine Familie. Zu DDR-Zeiten und nach der Wende bis 2006 wurde das Schloss als Klinik genutzt, nunmehr saniert die Gemeinde behutsam und in kleinen Schritten das Anwesen und haucht ihm mit zahlreichen Ausstellungen, Konzerten und Lesungen neues kulturelles Leben ein. Wunderschön ist auch der Blick vom Schloss ins Elbtal.

Meißen und Umgebung

Vorwahl: 03521.
Postleitzahl: 01662.
Tourist-Information Meißen, Markt 3, Tel. 41940. www.touristinfo-meissen.de.

Dorint Meißen Parkhotel, Hafenstr. 27–31, Tel. 72250; 118 Zi., DZ ab 91 Euro. Aus mehreren Gebäuden bestehendes Hotelensemble mit Blick auf die Albrechtsburg. Das elegante Restaurant *Ohms* befindet sich in der fliesenverkleideten Jugendstilvilla (tägl. 12–14 und ab 18 Uhr), Entspannung finden Gäste im *Veduta Spa*. www.dorint.com/meissen

Goldener Löwe, Heinrichsplatz 6, Tel. 41110; 36 Zi., DZ ab 125 Euro. Historisches Haus von 1657 mit stilvollen Zimmern mitten in der Altstadt. Frische regionale und internationale Küche im Restaurant (tägl. ab 12 Uhr). www.goldener-loewe-meissen.com

Hotel Alte Klavierfabrik, Ferdinandstr. 2, Tel. 7984350; 85 Zi., DZ ab 97 Euro. Auf der rechten Elbseite gelegen, mit hellen Zimmern auf vier Etagen. www.travdo-hotels.de

Historisches Restaurant Vincenz Richter, An der Frauenkirche 12, Tel. 453285; Di–Sa ab 11.30 Uhr. Meißens traditionsreichstes Wein- und Speiselokal mit uriger Atmosphäre, der Wein kommt vom eigenen Weinberg. Eine Besonderheit ist die originelle Antiquitätensammlung. www.vincenz-richter.de

Zum Goldenen Fass, Vorbrücker Str. 1, Tel. 7192010; tägl. ab 18 Uhr. Motto der Küche: aus der Region, in der Saison. Schmackhafte sächsische Küche, Weine aus dem Elbtal. www.goldenes-fass-meissen.de

Ratskeller, Markt 1, Tel. 7274740; tägl. ab 11 Uhr. Angenehmes Speisen unter dem historischen Kreuzgewölbe. www.ratskeller-meissen.com

Knorre, Elbtalstr. 3, OT Winkwitz, Tel. 72810; tägl. ab 11 Uhr. Vor den Toren Meißens direkt an der Elbe, schöne Terrasse mit Blick auf die Albrechtsburg. Moderne sächsische Küche. www.meissen-hotel.com

Konditorei und Café Zieger, Rote Stufen, Tel. 453147; Mo geschl. Unterhalb der Albrechtsburg warten viele Leckereien auf Genießer. Hier gibt es die echte Meißner Fummel (→ S. 146). www.konditorei-zieger.de

Weinerlebniswelt der Sächsischen Winzergenossenschaft, Bennoweg 9, Tel. 780970; April–Dez. tägl. geöffnet, Jan.–März So geschl. Vinothek zum Probieren und Kaufen. www.winzergenossenschaft-meissen.de

Weingut Schloss Proschwitz, Dorfanger 19, Zadel, Tel. 76760. Prinz zur Lippe offeriert erlesene sächsische Weine aus eigenem Anbau. www.schloss-proschwitz.de

Vinothek der weinladen, Elbstr. 11 und Burgstr. 18, Tel. 0172/3750933. Weinverkauf und Verkostungen von regionalen Weinen. Auch Weinversand. www.vinothek-meissen.de

Albrechtsburg, Domplatz 1, Tel. 47470; tägl. März–Okt. 10–18, Nov.–Febr. 10–17 Uhr. www.albrechtsburg-meissen.de

Dom zu Meißen, Tel. 452490; tägl. April 10–18, Mai–Okt. 9–18, Nov.–März 10–16 Uhr, Dom-Führungen April–Okt. 10.30, 11.30 (nicht So), 12.30 (nicht So), 13.30 und 14.30, Nov.–März tägl. 10–16 Uhr, Führungen lt. Aushang, Turmführungen Mai–Okt. tägl. 13, 14, 15, 16 Uhr, April–Okt. Mo–Sa 12–12.30 Uhr Orgelmusik am Mittag. www.dom-zu-meissen.de

Frauenkirche, An der Frauenkirche 1, Tel. 453832; Mo–Sa 10–17, So 12–17 Uhr. www.sankt-afra-meissen.de

▸ Karte S. 145

Porzellanmanufaktur Meissen, Talstraße 9, Tel. 468233; Porzellanmuseum, Schauwerkstätten und Verkauf Mai–Okt. tägl. 9–18, Nov.–April tägl. 9–17 Uhr. www.meissen.com
www.erlebniswelt-meissen.com
Stadtmuseum Meißen, Heinrichsplatz. 3, Tel. 458857; Di–So 10–18 Uhr.
Naturerlebnispark Elbepark Hebelei, Hebelei 16, Diera-Zehren, Tel. 035247/ 51220; tägl. April–Okt. 9–18, Nov.–März 9 Uhr bis Einbruch der Dunkelheit. www.tierpark-hebelei.de
Schloss Hirschstein, Schloßstr. 12, Neuhirschstein; Infopunkt April–Okt. So 13.30–16.30 Uhr, Anmeldung Führungen Tel. 035266/8180 (Gemeindeverwaltung). www.hirschstein.de
www.schloss-hirschstein.de

Theater Meißen, Theaterplatz 15, Tickets: Tel. 41550. Das historische Theater wartet mit rund 100 Gastspielen unterschiedlicher Genres pro Saison auf. www.theater-meissen.de
Literaturfest, zweite Juniwoche. Open-Air-Lesefest, rund 200 Leseveranstaltungen an historischen Plätzen, in Gassen und Höfen. www.literaturfest-meissen.de
Weinfest, am dritten Wochenende im Sept. Dreitägiges Fest zum Abschluss der Weinlese, mit Festumzug und Feuerwerk. www.meissner-weinfest.de

Meissener Porzellan, in der Porzellanmanufaktur. Die umfangreichste Auswahl des exklusiven Porzellans in der Meissen-Boutique; im Meissen-Outlet reichhaltige Auswahl an Porzellan in Zweitsortierung.

Sächsischer Weinwanderweg. Wanderweg, der über rund 90 Kilometer von Pirna bis Diesbar-Seußlitz in sechs Etappen zu 15–18 Kilometer abgewandert werden kann. www.saechsischer-weinwanderweg.de

Elberadweg: Der insgesamt 890 Kilometer lange Radweg (von Cuxhaven bis Bad Schandau) verläuft in der Region entlang der Sächsischen Weinstraße. Zwischen Mai und Oktober fahren Fahrradbusse. www.elberadweg.de.

Sächsische Dampfschifffahrt, Schiffsfahrten auf der Elbe von Meißen nach Dresden und nach Diesbar-Seußlitz. www.saechsische-dampfschifffahrt.de.

Freizeitbad Wellenspiel, Berghausstr. 2, Tel. 701130; tägl. 10–22 Uhr. 25-m-Sportbad, Wellenbad (Sa/So 11–20 Uhr stündlich), Saunawelt, Natursolebecken. www.wellenspiel.de

Riesa

Zu DDR-Zeiten gab es in Riesa ein gigantisches Stahl- und Walzwerk mit über 12 000 Arbeitnehmern, die Stadt gehörte zu den bedeutendsten Industriestandorten in der DDR. 52 000 Einwohner zählte Riesa 1990.

Nach dem Ende des Arbeiter-und-Bauern-Staates ging es mit der Industrie bergab, die Menschen zogen dorthin, wo es Arbeit gab. Heute verzeichnet die Statistik nur noch 30 900 Einwohner und das auch nur, weil es 1994 und 1996

Zu Gast im Riesaer Nudelcenter

Die Klosterkirche von Riesa

Eingemeindungen gab. An die reiche Industriegeschichte erinnert eine riesige **Stahlskulptur** (1999) mit dem Namen Elbquelle vor dem Mercure Hotel in der Bahnhofstraße. Sie ist 25 Meter hoch, wiegt 234 Tonnen und gilt als die größte Eisenskulptur der Welt. Geschaffen hat sie der berühmte Künstler Jörg Immendorff (1945 - 2007).

Industriell erblühte Riesa ab 1830, nachdem die Dampfschifffahrt auf der Elbe begonnen hatte und ab 1839 die Stadt an die Bahnlinie Leipzig–Dresden angeschlossen wurde. Um 1900 besaß Riesa den wichtigsten Elbehafen in Sachsen. Seit Mitte der 1990er Jahre vollzog sich ein Imagewechsel von der Stahl- zur Sportstadt. Durch zahlreiche Großveranstaltungen, darunter Welt- und Europameisterschaften, wurde der Name der Stadt international bekannt. In die 8000 Quadratmeter große **Sachsen-Arena**, eine bis zu 13 000 Zuschauer fassenden Multifunktionshalle, wird nicht nur zu Sportveranstaltungen, sondern auch zu Konzerten und anderen Events geladen.

In dem 1119 erstmals erwähnten Kloster befindet sich das **Rathaus**. Das ist nicht zu übersehen, denn es wird nahezu vollständig von einer kletternden Wisteria (Blauregen) eingehüllt. Wer im Mai vor dem Rathaus steht, erblickt einen blau leuchtenden Blütenteppich.

Hinter dem Bauwerk, im Ostflügel der Anlage, dort, wo einst Benediktinermönche wohnten, befindet sich heute ein 20 000 Liter Wasser fassendes **Aquarium** für Elbfische. Es gehört zum Tierpark, der im Klostergelände entstand.

Die benachbarte **Klosterkirche** ist Riesas ältestes Gotteshaus, doch die Silhouette der Stadt prägt die **Trinitatiskirche** mit ihrem mächtigen, 75 Meter hohen Turm. Der neuromanische Zentralbau auf kreuzförmigem Grundriss wurde 1897 geweiht, sehenswert ist die Jehmlich-Orgel mit 4200 Pfeifen. Den Rathausplatz ziert der **Zunftbaum** (2004) mit 35 bunten Zunftzeichen der Handwerkerinnungen.

Seit 1914 werden in Riesa Teigwaren hergestellt. Heute ist das Werk der zweitgrößte deutsche Teigwarenproduzent und Marktführer in den neuen Bundesländern. Auf dem Betriebsgelände entstand ein **Nudelcenter** mit dem Nudelmuseum, dem Nudelrestaurant und einem Nudelshop, den man nach der Betriebsführung besucht. Ausgewählt werden kann unter mehr als 100 Sorten.

Strehla

Wie ein blaues Band windet sich die Elbe in einem weiten Bogen an Strehla (3800 Einwohner) vorüber, dessen Altstadtkern über Jahrhunderte in schlichter Schönheit erhalten blieb.

Die **Kirche**, die sich auf dem höchsten Punkt der Stadt erhebt und eine farbig glasierte Keramikkanzel besitzt, der rechteckige Marktplatz mit barockem **Rathaus** (1756) und schönem Wappenschmuck über dem Eingangsportal sowie zahlreiche weitere Häuser und die Postmeilensäule wurden unter Denkmalschutz gestellt.

Das sich in Privatbesitz befindliche **Renaissanceschloss** mit seinen beiden viereckigen Türmen umrahmt ein weiträumiger Park mit teilweise altem Baumbestand, die obere Terrasse gibt den Blick frei auf die Elbauenlandschaft.

In Strehla begegneten sich am Mittag des 25. April 1945, wenige Tage vor dem Ende des Zweiten Weltkrieges, erstmals Angehörige der Roten Armee und der US-Armee. An die historische Begegnung am Elbufer, dort, wo eine Personenfähre den Fluss überquert, erinnert eine **Gedenkstätte**. Die Fährverbindung in das am anderen Elbufer liegende Lorenzkirch besteht seit 1471.

EXTRA

Begegnung an der Elbe

Das Bild ging um die Welt und ist in vielen Geschichtsbüchern unserer Tage zu finden: Amerikanische und sowjetische Soldaten und Offiziere reichen sich am 26. April 1945 in Torgau an der Elbe die Hand. Es war angeblich die erste Begegnung der Alliierten auf dem Schlachtfeld im Kampf gegen das Hitlerregime. Der US-Fotograf Allen Jackson hatte sich drei »Yankees« und drei »Reds« (Rote Armee) ausgesucht und auf der zerstörten Elbebrücke aufgebaut, um sein berühmt gewordenes Bild aufzunehmen. Torgau schrieb durch Zufall ein kleines Stück Weltgeschichte der jüngsten Vergangenheit mit. Das große Ereignis passierte aber einige Kilometer südlich der Stadt, in den Elbedörfern Strehla, Krenitz und Lorenzkirch.

In den Mittagsstunden des 25. April traf Leutnant Albert Kotzebue von der 69. Division der 1. US-Army mit sieben Jeeps in Strehla ein. Der Offizier war mit einem Spähtrupp unterwegs, um die »Reds« zu suchen. Die obersten Kriegsherrn Truman und Stalin hatten vereinbart, dass sich Amerikaner und Sowjets an der Elbe die Hand reichen sollten. In Strehla begegnete Kotzebue einer Vorhut der Sowjets, die auf dem gegenüberliegenden Elbufer in Lorenzkirch Stellung bezogen hatten. Der US-Leutnant ruderte gegen 12.30 Uhr mit fünf seiner Leute dorthin, unter ihnen der Soldat Joe Polowsky, der zu Ruhm gelangte, weil er 1983 entsprechend seinem letzten Willen auf dem Friedhof im nahen Torgau beerdigt wurde.

In Lorenzkirch reichten sich erstmals zwei Offiziere der Alliierten auf dem Schlachtfeld die Hand: Der US-Leutnant Kotzebue und der sowjetische Oberstleutnant Alexander Gordejew von der Vorausabteilung des 175. Gardeschützen Regiments. Doch Lorenzkirch war für dieses weltgeschichtliche Ereignis denkbar ungeeignet. Hunderte von Leichen lagen auf dem Boden, denn die deutsche Wehrmacht hatte kurz zuvor eine Pontonbrücke mit Menschen und Fuhrwerken in die Luft gesprengt und die Rote Armee hatte den Ort mit unzähligen Flüchtlingen mit Artillerie beschossen. Die Sowjets beendeten das Treffen abrupt.

Eine reichliche Stunde später setzten die Amerikaner bei dem drei Kilometer flussabwärts gelegenen Kreinitz erneut über die Elbe. Während in Kreinitz Amerikaner und Sowjets im Freudentaumel waren und der Alkohol reichlich floss, traf eine zweite US-Patrouille in Torgau ein. Am folgenden 26. April stand der erste US-General an der Elbe, und wenig später entstand das berühmt gewordene Foto, das Torgau in die Geschichtsbücher brachte.

April 1945 in Torgau

Die historische erste Begegnung in Strehla ist aber nicht vergessen. Dort, wo die Fähre den Fluss überquert, weihte man genau 50 Jahre später eine Gedenkstätte ein. Die künstlerische Gestaltung und die Herstellung der Reliefs übernahm Russland, die USA das Fahnenmast-Ensemble und Deutschland besorgte die Bauarbeiten.

Riesa und Umgebung

Vorwahl: 03525.
Postleitzahl: 01589.
Riesa-Information, Hauptstraße 61, Tel. 529420. www.riesa.de.
Strehla-Information, Am Schlosspark 1, Tel. 035264/90739, 01616 Strehla. www.strehla.de.

Mercure Hotel, Bahnhofstr. 40, Riesa, Tel. 7090; 103 Zi., DZ ab 106 Euro. Angenehme Zimmer in Zentrumsnähe. www.mercure.com

Wettiner Hof, Hohe Straße 4, Riesa, Tel. 7180; 44 Zi., DZ ab 89 Euro. Familiär geführtes Haus, moderner Einrichtungsstil. Gepflegte Gastronomie (tägl.ab 12 Uhr). Spezielle Preise für Radtouristen. www.wettiner-hof.de

Spanischer Hof, Hauptstr. 15a, Gröditz, Tel. 035263/440; 46 Zi., DZ ab 64 Euro. Spanisches Landhausambiente mit südländischem Flair, im Restaurant spanische Küche (Mo–Sa 12–14 und ab 17.30, So ab 12 Uhr). www.spanischer-hof.de

Ambiente Hotel Strehla, Torgauer Str. 20, Strehla, Tel. 035264/9860; 16 Zi., DZ ab 82 Euro. Kleines Hotel mit komfortablen Zimmern direkt an der Elbe. www.ambiente-hotel-strehla.de

Gasthausbrauerei Hammerbräu, Bahnhofstr. 42, Riesa, Tel. 530930; Mo–Mi, Fr ab 17, Sa/So ab 11 Uhr. Brauereigaststätte mit Erlebnis-gastronomie. Das Bier kommt direkt vom Braukessel ins Glas. Regelmäßig kulturelle Veranstaltungen. www.hammerbraeu.de

Elbklause Niederlommatzsch, Fährgasse 6, Diera-Zehren OT Niederlommatzsch, Tel. 035247/51414; Mo ab 15, Di–So ab 11 Uhr. Nettes ländliches Lokal an der Elbe; möglich sind einstündige Schiffsfahrten auf der Elbe (März–Silvester, mit Anmeldung!). Vorhanden sind auch 19 Nichtraucherzimmer im Landhausstil (ab 79 Euro). www.elbklause.de

Kloster und Tierpark Riesa, Rathausplatz 1; Tägl. April–Sept. 9–18, März/Okt. 9–17, Nov.–Febr. 9–16 Uhr. www.tierpark-riesa.de

Stadtmuseum Riesa, Poppitzer Platz 3, Tel. 659300; Di–Fr 10–18, So 14–18 Uhr. Exponate zu Natur-, Besiedlungs-, Regional- und Industriegeschichte. www.stadtmuseum-riesa.de

Nudelcenter Riesa, Merzdorfer Str. 21–25, Tel. 720355; Gläserne Produktion Führungen Mo–Fr 9–17 Uhr (anmelden!), Nudelmuseum Mo–Fr 9–17 Uhr, Nudelkontor Mo–Fr 9–18 Uhr; Restaurant *Makkaroni* (Mo–Fr 10.30–20 Uhr) und Kochkurse. www.teigwaren-riesa.de

Elblandphilharmonie Sachsen, Kirchstr. 3, Riesa, Tel. 72260. Philharmonische und Unterhaltungskonzerte in Stadthalle und Trinitatiskirche. www.elbland-philharmonie-sachsen.de

Sachsenarena, Am Sportzentrum 5, Riesa, Tel. 601160. Mehrzweckhalle für große Sport- und Kulturveranstaltungen. www.sachsenarena.de

Stadtfest mit Drachenbootfestival, letztes Augustwochenende.

Nach Riesa fährt man traditionell zum Einkaufen. Bummeln kann man entlang der **Hauptstraße** mit zahlreichen Geschäften, Kaufhäusern und Einkaufscentern. www.einkaufsmeile-riesa.de.

Dazu kommen zwei große Einkaufsmärkte: die Elbgalerie (Hauptstr. 74–78) mit mehr als 30 Fachgeschäften und Dienstleistern sowie der **Riesapark** (Riesapark 2) mit über 50 Geschäften. www.elbgalerie-riesa.de www.riesa-park.de

Riesaer Wassersportverein, Elbstr. 14a, Tel. 734738. Kanuverleih.
www.riesaer-wassersportverein.de

Schiffsfahrten, Riesa, Tel. 5294797. Fahrten nach Fahrplan, Tagesausflüge, Charterfahrten mit dem Motorschiff *Riesa*.
www.elbe-events-riesa.de

Torgau

Ein geflügeltes Wort lautet: »Wittenberg ist die Mutter, Torgau die Amme der Reformation«. Die in Torgau (20 000 Einwohner) residierenden sächsischen Kurfürsten und das aufgeschlossene Bürgertum unterstützten die reformatorischen Ideen Martin Luthers, der mehr als vierzigmal in der Stadt weilte. Das Pfarrhaus diente ihm meist als Unterkunft. Torgau hat einen fast vollständig erhaltenen historischen Stadtkern, in dem es rund 500 Einzeldenkmale gibt. Die im Jahre 973 erstmals urkundlich erwähnte Stadt am westlichen Elbufer war 1423 einer der wettinischen Hauptsitze geworden. Aber erst Kurfürst Johann Friedrich der Großmütige ließ ab 1532 das Schloss zu seiner Hauptresidenz ausbauen. 1521 predigte Luther das erste Mal in Torgau, 1527 war er bei der Hochzeit des Kurprinzen Johann Friedrich zugegen; die Feier dauerte neun Tage, 31 000 Gäste sollen beköstigt worden sein. Als 1547 die Kurwürde an die in Dresden regierenden Albertiner überging, verlor Torgau seine Funktion als Residenzstadt. Das Schloss blieb als zweitgrößtes in Sachsen weiterhin bevorzugte Stätte höfischer Festlichkeiten.

Schloss Hartenfels

Wer die 163 Stufen im **Hausmannsturm** von Schloss Hartenfels zur Aussichtsplattform hinaufsteigt, wird mit einem weiten Blick belohnt. Das Schloss ist das einzig

erhaltene der deutschen Frührenaissance. Bedeutende Baumeister der damaligen Zeit haben am Bau mitgewirkt, so Arnold von Westphalen, Conrad Pflüger, Konrad Krebs und Nickel Grohmann. Der die Hoffront beherrschende **Große Wendel´stein** mit der freitragenden Treppe (1532 - 1543) zählt zu den Kostbarkeiten der Baukunst des 16. Jahrhunderts. Der Flügel B fällt durch den mit Reliefs und Ornamenten reich dekorierten **Schönen Erker** (1544) auf. Im sechs Meter tiefen, in den Fels gesprengten **Schlossgraben** befindet sich wie im Mittelalter ein Bärenfreigehege.

Im Flaschenturm, den Kurfürstlichen Gemächern und auf der Fürstenempore in der Schlosskapelle, also in geschichtlich und architektonisch bedeutenden Räumen, wird die **Dauerausstellung Standfest. Bibelfest. Trinkfest** gezeigt. Die Besucher erfahren viel über die Schlossgeschichte und lernen die beiden wichtigsten fürstlichen Bewohner kennen, Kurfürst Johann Friedrich den Großmütigen und seine Gemahlin Sibylle von Creve. Der Kurfürst residierte in Torgau von 1533 bis 1547.

Schlosskapelle

Der erste protestantische Kirchenbau Deutschlands wurde am 5. Oktober 1544 durch Martin Luther geweiht. In ihrer schlichten Gestaltung, außen wie innen, verkörpert die Kapelle im elbseitigen Flügel von Schloss Hartenfels anschaulich das geistige Programm der Reformation. Die Emporen waren für die fürstliche Familie reserviert, die von den Wohnräumen direkten Zugang hatte, unten saßen die Bediensteten.

Die Farbgestaltung der Kirche und des Schlosses ist Lucas Cranach dem Älteren zu verdanken. Der malte auch neun Bilder für das Gotteshaus, die aber bis auf eines verschollen sind.

Schloss Hartenfels

Denkmal der Begegnung

Hinter dem Schloss, nördlich der alten Elbbrücke, erinnert das Denkmal der Begegnung an das Treffen amerikanischer und sowjetischer Soldaten am 25. April 1945, also noch vor dem offiziellen Ende des Zweiten Weltkrieges. Die alte Elbbrücke galt als Symbol für den Kampf gegen den Hitlerfaschismus, weil hier das Treffen stattgefunden hatte. Nach der Einheit Deutschlands war die Brücke dem zunehmenden Verkehr nicht mehr gewachsen, deshalb entstand etwas weiter südlich eine moderne Spannbetonbrücke, über die im Juli 1993 erstmals der Verkehr rollte. Die alte Brücke sollte als Friedensmahnmal stehenbleiben, so forderten es viele Torgauer Bürger, aber auch Kriegsveteranen in den USA und Russland. Der Erhalt und die Sanierung der Brücke hätten jedoch nach Schätzung von Experten Millionen Euro gekostet, die keiner aufbringen konnte und wollte. Um Protesten der Bürger zuvorzukommen, wurde die Brücke in einer Nacht-und-Nebel-Aktion im Juni 1994 gesprengt.

Gedenkstätte Katharina-Luther-Stube

Vom Schloss zur Marienkirche kommt man durch die Katharinenstraße. Das Renaissance-Wohnhaus mit der Nummer 11 wurde 1552 Katharina von Boras Krankenlager und Sterbehaus. Die Ehefrau Martin Luthers war in Torgau verstorben, nachdem sie Wittenberg wegen der dort herrschenden Pest verlassen hatte. Auf der Flucht erlitt sie einen Unfall, von dem sie sich nicht wieder erholte. Das Museum macht mit dem Leben und dem geistigen Umfeld dieser außergewöhnlichen Frau vertraut.

Stadtkirche St. Marien

In Sichtweite des Schlosses erhebt sich die spätgotische Marienkirche, in der ein mächtiger barocker **Hochaltar** (1694 – 1698) von Giovanni Simonetti sowie das **Gemälde »Die vierzehn Nothelfer«** von Lucas Cranach dem Älteren (um 1506) beeindrucken.

Beachtung verdienen auch die **Bronzegrabplatte der Sophie von Mecklenburg** aus der Nürnberger Vischer-Werkstatt (1504) und die steinerne **Grabplatte der in Torgau verstorbenen Katharina von Bora**, Luthers Ehefrau, die in ihren Händen die lutherische Bibel hält, das Lebenswerk ihres Mannes. Am 21. Dezember 1552 geleiteten sie Hunderte von Torgauern und die führenden Vertreter der Wittenberger Universität zu ihrer letzten Ruhestätte.

Markt

Über die Pfarrstraße und den Fleischmarkt wird der Markt erreicht, der mit den Bürgerhäusern und dem **Renaissancerathaus** (1563 – 1579) an seiner Westseite zu den schönsten Sachsens gehört. Am reich skulptierten Rathaus-Runderker (1577) sind unter anderem Kurfürst August und seine Gemahlin Anna sowie Allegorien bürgerlicher Tugenden zu erkennen.

Im Hof des Rathauses stehen noch Teile der ehemaligen katholischen **Nikolaikirche**, die seit der Reformation als Kaufhaus, später als Lager und Gefängnis genutzt wurde.

Das Haus der **Mohrenapotheke** an der Nordseite des Platzes gehört zu den ältesten der Stadt. Die Mohrenapotheke wurde bereits 1503 mit kurfürstlichem Privileg versehen und dürfte somit auch eine der ältesten Apotheken Sachsens sein.

Belgern

Der sechs Meter hohe steinerne **Roland** am Rathaus wurde zum Wahrzeichen Belgerns (2900 Einwohner), das verwaltungsmäßig seit 2013 mit Schildau (→ S. 266) vereint ist.

Weitere Besichtigungsobjekte in und um Belgern bilden die **Bartholomäuskirche**, das **Oschatzer Tor** sowie am Elberadweg der **Erlebnisrastplatz** mit verkleinerten Nachbildungen von 14 Rolandfiguren anderer deutscher Städte.

i Torgau

Vorwahl: 03421.

Postleitzahl: 04860.

Torgau-Informations-Center, Markt 1, Tel. 70140. www.tic-torgau.de.

Hotel Goldener Anker, Markt 6, Tel. 73213; 40 Zi., DZ/F ab 85 Euro. Wohnen im historischen Gebäude am Markt. Im Restaurant regionale Küche, im Sommer schöne Terrasse mit Blick auf das Rathaus und die sehenswerten Bürgerhäuser (tägl. ab 11 Uhr).
www.goldener-anker-torgau.de

Torgauer Brauhof, Warschauer Str. 7, Tel. 73000; 39 Zi., DZ ab 70 Euro. Moderner Neubau am Rand der Altstadt, gutbürgerliche Küche im Restaurant (tägl. ab 17 Uhr).
www.hotel-torgauer-brauhof.de

▸ Karte S. 158

Herr Käthe, Katharinenstr. 4, Tel. 778665; tägl. ab 11.30 Uhr. Ein Hauch Mittelalter durchzieht das ehrwürdige Gemäuer, die Speisekarte mit den witzigen Namen der Gerichte macht Appetit. www.herrkaethe-torgau.de

Schloss Hartenfels, Schloßstr. 27, Tel. 70140; Ausstellungen Di–So April–Okt. 10–18, Nov.–März 10–16 Uhr, Schlosskapelle April Di–So 11–17, Mai–Okt. 10–18 Uhr, Hausmannsturm Di–So 10–18, Winter 10–16 Uhr (witterungsabhängig), Lapidarium Di–So April 10–17, Mai–Okt. 10–18 Uhr, Dokumentations- und Informationszentrum *Spuren des Unrechts* tägl. 10–18 Uhr. www.schloss-hartenfels.de

Stadt- und Kulturgeschichtliches Museum und Torgauer Museumspfad, Wintergrüne 5, Tel. 70336; Mai–Okt. 10–18, Nov.-April 10–17 Uhr. www.museum-torgau.de

Katharina-Luther-Stube, Katharinenstr. 11, Tel. 70140; Di–So April 10–17, Mai–Okt. 10–18 Uhr. www.museum-torgau.de

Gedenkstätte Geschlossener Jugendwerkhof Torgau, Fischerdörfchen 15, Tel. 714203; Di–So April–Okt. 10–18, Nov.–März 10–17 Uhr. www.jugendwerkhof-torgau.de

Elbe Day, Ende April. Umfangreiches Programm aus Anlass des Zusammentreffens russischer und amerikanischer Truppen 1945. www.elbeday.de

Torgauer Kultursommer, im Juli. Open-Air-Musik- und Theateraufführungen im Innenhof von Schloss Hartenfels.

Aquavita Sport- und Freizeitbad, Nordring 14, Tel. 773270; tägl. geöffnet. Bade- und Saunalandschaft mit 25-m-Becken, verschiedenen Saunen im Innen- und Außenbereich, Floating-Becken, Wintergarten, Sonnenterrasse. www.aquavita-torgau.de

Elbfähre bei Belgern

Wald, Wiesen, viele Teiche und Städte mit mittelalterlichem Flair bestimmen das Gesicht der Landschaft im Osten Sachsens. Gegenwärtig erfährt sie eine Bereicherung: Aus Braunkohlegruben entsteht das Lausitzer Seenland, ein Paradies für Wassersportfreunde. Wer es bergiger liebt, fährt weiter ins Zittauer Gebirge. Die Lausitz ist das Land der Sorben, erkennbar an den zweisprachigen Orts- und Straßenschildern.

Bautzen mit Alter Wasserkunst und Michaeliskirche

OBERLAUSITZ UND ZITTAUER GEBIRGE

Lausitzer Seenland

Die geschundene Region befreit sich von der Vergangenheit des Braunkohleabbaus, sie bekommt ein völlig neues Aussehen. Bis zum Jahr 2018 entsteht in der Lausitz Europas größte von Menschenhand geschaffene Seenlandschaft. Die Restlöcher ehemaliger Braunkohletagebaue werden geflutet und in Seen umgewandelt. 23 künstliche Seen gehören zu der entstehenden Wasserwelt, die in das Bundesland Brandenburg hineinreicht. Den Kern der Lausitzer Seenkette bilden zehn Seen zwischen Senftenberg im Brandenburgischen und Hoyerswerda,

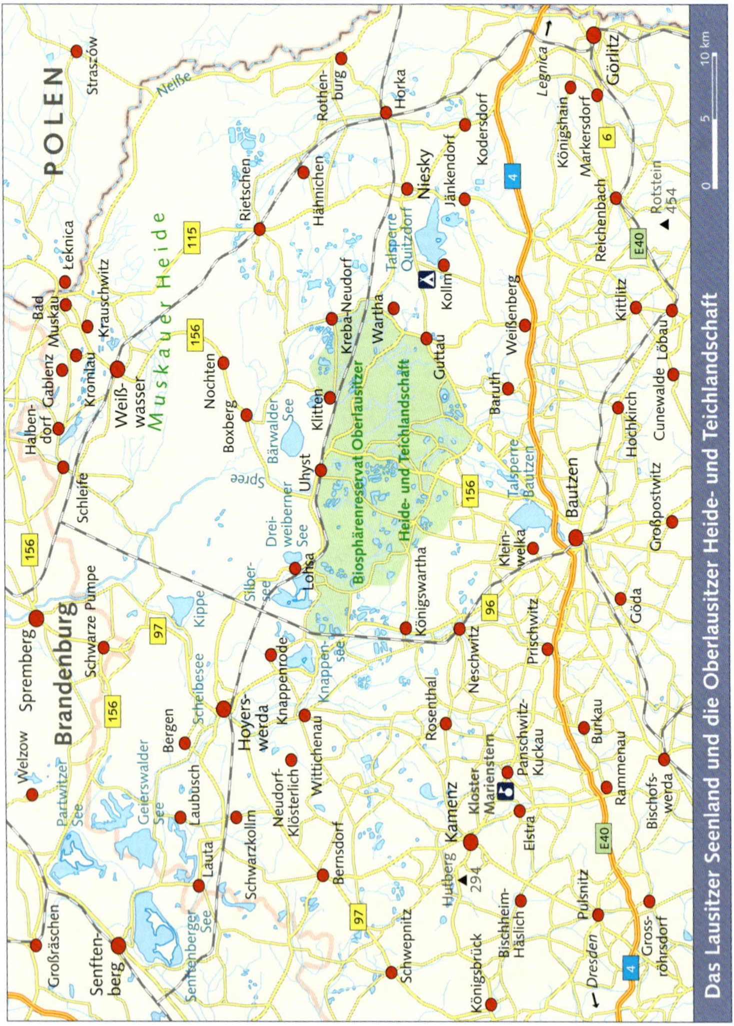

Das Lausitzer Seenland und die Oberlausitzer Heide- und Teichlandschaft

Am Geierswalder See

die schiffbare Kanäle schon teilweise verbinden. An den Ufern von Deutschlands viertgrößtem Seengebiet entstehen Marinas, Hotels und Restaurants.

Hoyerswerda

Bis in die 1950er Jahre war Hoyerswerda ein beschauliches Städtchen mit lediglich 7000 Einwohnern. Danach wuchs es gewaltig, eine Wohnsiedlung nach der anderen schoss auf der grünen Wiese empor, denn das unscheinbare Ackerbürgerstädtchen hatte man zur Wohnstadt der Berg- und Energiearbeiter des nahen Kohleveredlungskombinats Schwarze Pumpe, umliegender Kraftwerke sowie Braunkohlegruben auserkoren. Eine Zeitlang lebte in der Stadt die Schriftstellerin Brigitte Reimann (1933 – 1973), die in ihrer kurzen Lebenszeit beachtliche Werke wie »Die Geschwister« und »Franziska Linkerhand« schuf. Zum DDR-Ende zählte Hoyerswerda 67 900 Einwohner. Heute, nachdem der Abbau der Braunkohle stark zurückgefahren wurde, wohnen in der Stadt etwa 35 000 Menschen weniger. Viele der DDR-Neubauten werden zurückgebaut, sprich: abgerissen, weil es keine Mieter mehr für die Wohnungen gibt.

■ Sehenswürdigkeiten

Im historischen Stadtkern sind reizvolle Ecken erhalten geblieben, die **Lange Gasse** beispielsweise, die im 18 Jahrhundert mit 220 Metern Länge Hoyerswerdas Handwerkergasse war. In den 1980er Jahren wurde diese Tradition wieder belebt, doch heute sind in der schmalen kopfsteingepflasterten Straße mit ihren niedrigen Häuschen keine Handwerker mehr anzutreffen. Dennoch lässt es sich gut durch die Gasse bummeln.

In der Nähe befindet sich der Markt mit dem **Rathaus** an der Westseite, ein dreigeschossiger Renaissancebau mit doppelläufiger Freitreppe und Rundbogenportal, der sein heutiges Aussehen 1680 nach einem Stadtbrand bekam. Ältestes Bauwerk der Stadt ist das Ende des 16. Jahrhunderts erbaute **Schloss**. 1705 war es das Abschiedsgeschenk König Augusts des Starken an seine Mätresse Ursula Katharina von Teschen, die der berühmten Gräfin Cosel weichen musste. Das **Stadtmuseum** im Schloss präsentiert regionale Geschichte und informiert über die Kultur- und Lebensweise. Eingerahmt wird das Schloss vom Zoo, in dem rund 1000 Tiere in 100 Arten leben.

Die Lange Gasse in Hoyerswerda

Berühmtester Bürger der Stadt ist Konrad Zuse (1910 - 1995), der Erfinder des Computers. Er verbrachte seine Jugend in Hoyerswerda und legte hier 1928 das Abitur ab. Am 19. September 1995 verlieh ihm die Stadt die Ehrenbürgerschaft, bei diesem Besuch weihte er eine ihm zu Ehren aufgebaute Ausstellung ein. Aus der ging das **Konrad-Zuse-Computermuseum** hervor, das Zeugnis von der rasanten Computerentwicklung ablegt. Zuse stellte 1941 seine Rechenmaschine Z3 vor, die als erster funktionstüchtiger Computer der Welt gilt. Die Stadt setzte Zuse ein ungewöhnliches überdimensionales Denkmal. An der Fassade eines elfgeschossigen Wohnhauses an der Virchowstraße wurden an den Balkonbrüstungen LED-Leuchten installiert, bei Dunkelheit sieht das Haus wie ein Großrechner aus. Auf einer Freifläche steht die **Skulptur eines Laptops**, der im Umkreis von zwölf Metern kostenlosen Internetzugang ermöglicht.

Schwarzkollm

Krabat, der geheimnisvolle Zaubermeister der Oberlausitz, der den Armen Gutes tat, wurde zur bekanntesten Sagengestalt der Sorben. In der Schwarzen Mühle bei Schwarzkollm, 11 Kilometer westlich von Hoyerswerda, soll er nicht nur das Müllerhandwerk, sondern auch die Zauberei erlernt haben. Die Schwarze Mühle gibt es nicht mehr, der **Erlebnishof Krabat-Mühle** entstand in unserer Zeit, er soll sorbisches Brauchtum pflegen. Zu erleben sind auch traditionelle Handwerkstechniken. Die Gebäude sind unter anderem mit Original-Requisiten aus dem Film »Krabat« (2008) ausgestattet. Krabats Leben wurde beschrieben, vertont, inszeniert und verfilmt.

▲ Karte S. 164

Knappenrode

1993 war Schluss: Die letzte Schicht endete in der Brikettfabrik Knappenrode, Turbinen, Trockner und Pressen wurden ausgeschaltet. Zurück blieben Maschinen, die ein bedeutendes Stück Industriegeschichte verkörpern. Ein dreiviertel Jahrhundert presste man hinter der backsteinroten Fassade in Knappenrode (700 Einwohner), drei Kilometer von Hoyerswerda entfernt, Kohle zu Briketts. Das historische Gebäude ist heute das Sächsische **Industriemuseum Energiefabrik Knappenrode**. Dreimal ertönt von Dienstag bis Sonntag die Fabriksirene. Das bedeutet Schichtbeginn, dann werden die Maschinen in Bewegung gesetzt, die ohrenbetäubenden Lärm ma-

Erlebnishof Krabat-Mühle

Im Industriemuseum Knappenrode

chen, nur die Hitze und der Staub von einst fehlen. Das Museum zeigt auch die Mineralien-Ausstellung **Schätze der Erde** sowie **Heiß geliebt**, Sachsens größte Sammlung historischer Öfen.

Knappensee

Der Braunkohlebergbau gab den Menschen hier lange Zeit Arbeit und Brot. Was seinerzeit kaum einer ahnte, er hat auch für die Landschaft gute Seiten: Der Bergbau fügte ihr Seen hinzu, die heute ein Paradies für Segler, Surfer und Angler sind. Einer von ihnen ist der 264 Hektar große Knappensee, der allerdings nicht planmäßig entstand wie die Seen gegenwärtig. Er ging aus einer unkontrollierten Flutung im Mai 1945 hervor. In dem sauberen Wasser des Knappensees tummelte sich Jahrzehnte an warmen Sommertagen Jung und Alt. Doch die Natur zeigte plötzlich ihre Launen, es kam zu Geländeabbrüchen, der See musste für die Nutzung gesperrt werden und ist gegenwärtig rundum mit einem Zaun gesichert. Das Sächsische Oberbergamt hat »Gefahrenabwehrmaßnahmen« ergriffen, wie es in der Amtssprache heißt, Ufer-, Böschungs- und Hinterlandbereiche werden gesichert. Die Arbeiten dauern vermutlich bis zum Jahr 2022.

Während des Bergbaus wurde der Abraum nur locker gelagert, dennoch war er lange Zeit nicht rutschgefährdet, weil das Grundwasser abgesenkt wurde. Doch die Braunkohleförderung ist seit den 1990er Jahren zurückgegangen, das Grundwasser wird nicht mehr abgepumpt, steigt also ständig und sättigt den Abraumboden, der dadurch seine Standsicherheit verliert. Zu Badespaß, Wassersport und Angeln lädt der östlich vom Knappensee gelegene 340 Hektar große **Silbersee** ein, der nach 1971 planmäßig aus einem Braunkohletagebau entstand wie auch der nahe, aber bereits zum Bundesland Brandenburg gehörende **Senftenberger See**.

Bärwalder See

Das Restloch des Braunkohletagebaus Bärwalde ist verschwunden, entstanden ist südwestlich des Kraftwerkes Boxberg Sachsens größter See mit einer Fläche von 13 Quadratkilometern. Die Flutung begann am 13. November 1997. Heute sind auf dem neuen Gewässer Segler, Surfer und Motorbootfahrer in ihrem Element, Inlineskater und Radfahrer bevölkern den 25 Kilometer langen, asphaltierten **Seenrundweg**.

Nochten

Rund 6000 Findlinge aus umliegenden Tagebauen hat man nach Nochten geschleppt und damit auf einer künstlich aufgeschütteten Hügellandschaft den **Lausitzer Findlingspark** geschaffen. Der großflächige Landschaftsgarten mit Gehölzen und Wasserläufen hat sich zu einer Touristenattraktion entwickelt. Die riesigen Gesteinsbrocken haben die Gletscher der Eiszeit aus Nordeuropa in die Lausitz geschoben, beim Abbau der Braunkohle kamen sie zutage. An den Wegen geben Tafeln Auskunft über die Stauden und Gehölze. Wer den Hauptrundweg geht, sollte etwa zwei Stunden einplanen.

Hoyerswerda und Umgebung

Vorwahl: 03571.
Postleitzahl: 02977.
Tourist-Information Lausitzer Seenland, Braugasse 1, Hoyerswerda, Tel. 2096170, www.hoyerswerda.de
www.lausitzerseenland.de.
Touristinformationszentrum Bärwalder See, Zur Strandpromenade 1, 02943 Boxberg/O.L., Tel. 035774/489579; April–Okt. www.baerwalder-see.eu

City Hotel Hoyerswerda, Bautzener Allee 1a, Tel. 4700; 89 Zi., DZ ab 50 Euro ohne Frühstück. Außerhalb der Altstadt, Zimmer in unterschiedlichen Kategorien. www.dormero.de
Akzent Congresshotel Lausitz, Dr.-Wilhelm-Külz-Str. 1, Tel. 4630, 136 Zi., DZ ab 88 Euro. Moderne Zimmer unweit des Zentrums, viele mit komplett eingerichteten Kleinküchen. Klassische Küche im Restaurant Colosseum (tägl. ab 11 Uhr). www.congresshotel-hoyerswerda.de
Hotel Zur Mühle, An der Mühle 4, Tel. 03571/4770; 19 Zi., DZ/F ab 85 Euro. An der Stelle einer Mühle befindet sich heute ein gastfreundliches Hotel. Im Restaurant *Mulino* mediterrane Küche aus frischen Zutaten (Di–Sa ab 17.30 Uhr). www.muehle-hotel.de

Stadtmuseum im Schloss, Schlossplatz 1, Tel. 603530; tägl. Sommerzeit tägl. 10–18, Winterzeit 11–17 Uhr.
www.museum-hy.de
Zuse-Computermuseum, Dietrich-Bonhoeffer-Str. 1–3, Tel. 2096080; Di–So 10–17 Uhr. www.zuse-computer-museum.com
Zoo Hoyerswerda, Am Haag 20, Tel. 4763700; Sommerzeit tägl. 9–18 Uhr, Winterzeit tägl. 10–17 Uhr; Fütterungen: Faultier 14.30 Uhr, Fischotter 10.15 und 14 Uhr. www.kulturzoo-hy.de
Sächsisches Industriemuseum Energiefabrik Knappenrode, Ernst-Thälmann-Str. 8, Knappenrode, Tel. 604267; Di–So 10–18 Uhr, Anfahren der Maschinen in der Brikettfabrik 12, 14 und 16 Uhr, Draisinenfahrten April–Okt. tägl. 11–16 Uhr, nach Anmeldung! Wiedereröffnung im Juli 2020.
www.saechsisches-industriemuseum.de
Findlingspark Nochten, Parkstr. 7, Boxberg OT Nochten, Tel. 035774/74711; 15. März–Okt. tägl. 10–18, 1.–15. Nov. bis 17 Uhr. www.findlingspark-nochten.de
Erlebnishof Krabat-Mühle, Koselbruch 22, Hoyerswerda OT Schwarzkollm, Tel. 035722/951133; tägl. April–Okt. 10–18, Nov.–März 11.30–17 Uhr, Führung April–Okt. Sa/So 15 Uhr. www.krabat-muehle.de

Lausitzhalle, Lausitzer Platz 4, Tel. 9040. Kultur- und Tagungszentrum der Stadt mit breiter Veranstaltungspalette, Konzerte, Theater-aufführungen, Ballett, Kabarett, Bälle, Tanzveranstaltungen.
www.lausitzhalle.de
Musikfesttage Hoyerswerda, Mitte April–Anfang Mai, Tickets Tel. 904105. Traditionsreiches Musikfest.
www.musikfesttage-hoyerswerda.de
Stadtfest Hoyerswerda, Mitte Sept. Live-Musik, Show-Programm, Rummel, viele Attraktionen. www.stadtfest-hoyerswerda.de

Lausitzer Ölmühle, August-Bebel-Str. 5, Tel. 406298; Mo–Fr und jeden 1. Sa im Monat geöffnet. Werksverkauf des kaltgepressten Leinöls, Geschenkartikel. Führungen und Verkostungen auf Anmeldung. www.lausitzer-oelmuehle.de

Gut ausgebaute, asphaltierte, breite und vorwiegend flache Radwege rund um die Lausitzer Seen. Es gibt ausgeschilderte Radwege wie die **Niederlausitzer Bergbautour** (500 Kilometer, www.niederlausitz.de), den **Spreeradweg**

Karte S. 164

(420 Kilometer, www.spreeradweg.de) oder den **Froschradweg** (260 Kilometer, www.radwandern-oberlausitz.de).

Badestellen gibt es an allen Seen in der Umgebung, so am Knappensee, Silbersee, Senftenberger See sowie an den neueren Seen Bärwalder See, Geierswalder See, Gräbendorfer See, Dreiweiberner See. Allerdings sind noch nicht alle Uferbereiche saniert, so dass es zu Einschränkungen kommen kann.

Paddeln, Segeln, Surfen, Boot- und Jetskifahren auf dem Knappensee, dem Senftenberger und dem Bärwalder See. Surfschulen gibt es am Geierswalder und Senftenberger See, Sportbootschulen am Geierswalder, Bärwalder, Senftenberger See und Knappensee.
Landschaftspark Bärwalder See. Baden, Surfen, Segeln, Skaten, Wandern, Radeln, viele kulturelle Veranstaltungen.
www.baerwalder-see.eu
www.lsc-baerwalder-see.de

Lausitzbad, Am Gondelteich 1, Tel. 469580; tägl. geöffnet. Attraktives Erlebnisbad für die ganze Familie, mit Innen- und Außenbecken, 25-m-Sportbecken, Sauna mit Saunagarten.
www.lausitzbad.de

Knappensee, Silbersee und Senftenberger See bieten beste Bedingungen für Angler. Bei Vorlage eines Fischereischeines sind Angelkarten in den Tourist-Informationen rund um die Seen erhältlich.

Quad Event, Schäfereiweg 4, Elsterheide OT Klein Partwitz, Tel. 0173/9786598. Quadtouren in die Bereiche des früheren Bergbaugebietes, Quadsafaris, Kursfahrten.
www.quadtouren-deutschland.de

Im Lausitzer Findlingspark Nochten

Oberlausitzer Heide- und Teichlandschaft

Die nordöstlichste Ecke Sachsens gehört zu den dünnbesiedelten Gebieten Deutschlands. Tausende anspruchsloser Kiefern wachsen auf dem Sandboden, ab und zu sind einige Birken zu sehen. Die **Muskauer Heide** hat eine Fläche von 400 Quadratkilometern. Rot-, Dam-, Reh- und Schwarzwild hat hier sein Zuhause, neuerdings haben sich wieder Wölfe angesiedelt, die über Polen eingewandert sind. In und auf den vielen kleinen Teichen tummeln sich Wasservögel, aber auch Fischotter, Biber, See- und Fischadler fühlen sich hier wohl. Wer die B115 entlangfährt, die die Heide durchschneidet, sieht links und rechts große Sperrschilder. Die sollte man beachten, denn in der Muskauer Heide wird scharf geschossen. Hier befindet sich der einzige noch militärisch genutzte Truppenübungsplatz Sachsens.

Südwestlich der Muskauer Heide bilden ausgedehnte Waldflächen und mehr als 1000 Teiche das größte wirtschaftlich genutzte **Teichgebiet** Deutschlands. Angelegt wurden sie einst von Mönchen zur Fischzucht. Jedes Jahr zu den Lausitzer Fischwochen kommen unzählige Gäste, um beim Abfischen dabei zu sein. Von Mitte September bis Anfang November bestimmt der Karpfen die Speisekarten vieler Restaurants der Region.

Aber nicht nur die in ihrer Art einmalige Natur macht diese Landschaft so erlebenswert. Auch die vielerorts erhaltenen **historischen Dorfanlagen** mit ehema-ligen Guts- und Herrenhäusern, kleinen Schlössern und Parks erinnern an das Leben zu früheren Zeiten und beeindrucken durch ihre schlichte Schönheit. Die meisten Orte sind aus slawischen Siedlungen hervorgegangen. Bis heute hat sich über Jahrhunderte hinweg das kleinste slawische Volk, die Lausitzer Sorben, seine nationalen Eigenheiten bewahrt. Dem Überlebenswillen dieses kleinen Volkes ist es zu verdanken, dass die Lausitz heute noch zweisprachig ist und Leben und Kultur hier vielgestaltiger sind. Sorbische Trachten sind nicht nur im Museum zu bewundern, an Fest- und Feiertagen bereichern sie das Bild der Städte und Dörfer, wie auch die zweisprachigen Orts- und Straßenschilder.

Landschaft in der nördlichen Oberlausitz

▲ Karte S. 164

Bad Muskau

Seit dem Jahr 2004 ist Bad Muskau (3600 Einwohner) international bekannt. Die UNESCO setzte den von Hermann Fürst von Pückler-Muskau geschaffenen Park auf ihre Welterbeliste, Deutschlands schönsten Park im englischen Landschaftsstil, wie vielfach behauptet wird. Das Credo seines Schöpfers war: »Der Park soll den Charakter der Landschaft haben, die Hand des Menschen wenig darin sichtbar sein.« So interessant wie der Park, so interessant ist auch das Leben des Hermann Fürst von Pückler-Muskau (1785–1871; → S. 63). Er war nicht nur Gartenkünstler, er war Frauenheld, Reisender, Schriftsteller und er lebte auf großem Fuß. 36 000 Taler verjubelte der Fürst allein in den Monaten März und April des Jahres 1817, 2000 Taler hätten im Jahr für ein luxuriöses Leben gereicht.

Fürst-Pückler-Park

Der Park im Tal der Neiße ist so schön und hat eine so spannende Geschichte, dass ihn die UNESCO 2004 in ihre Welterbeliste aufnahm. Errichten ließ den englischen Landschaftspark zwischen 1815 und 1845 Hermann Fürst von Pückler-Muskau. Majestätische Bäume, weitläufige Wiesen, geschwungene Wege, kleine Seen und Flüsse, Brücken und Stege hat der Fürst zu einem einzigartigen Gartenkunstwerk zusammengefügt. Pückler steckte ein Vermögen in die Anlage, die ihn letztlich in den Ruin trieb. Er musste Muskau verkaufen, seinen Leidenschaften frönte er fortan auf dem verbliebenen Landsitz in Branitz bei Cottbus. Als Folge des Zweiten Weltkrieges wurde der 830 Hektar große Muskauer Park geteilt, die zwei Drittel auf der östlichen Seite gehören seit 1945 zu Polen. Seit dem Beitritt Polens zur EU gibt es eine verstärkte Zusammenarbeit zwischen beiden Ländern, sichtbarer Ausdruck dafür ist die

Im Fürst-Pückler-Park

wieder aufgebaute **Doppelbrücke** über die Neiße, die seit der Aufnahme Polens in den Bereich des Schengen-Abkommens im Dezember 2007 ohne Passkontrolle überschritten werden darf. Wiederhergestellt hat man zahlreiche der von Pückler geschaffenen **Sichtachsen**, so die Blickverbindung zwischen dem Neuem Schloss im deutschen Parkteil und dem Pücklerstein im polnischen Teil, der an den Parkschöpfer erinnert. Dominierendes Gestaltungselement des Parks mit einem 27 Kilometer langen Wegenetz ist das **Neue Schloss**, in dem der Fürst gewohnt hat. In der **Orangerie**, einst Überwinterungsquartier für die empfindlichen Orangenbäume, hat die Stiftung Fürst-Pückler-Park Bad Muskau ihren Sitz. Und im wieder schön hergerichteten Schlossvorwerk lädt ein **Café** ein, in dem nicht nur selbstgemachte Toren und Kuchen serviert werden, sondern auch das geschichtete Pückler-Eis in Schoko-Vanille-Erdbeere. Der Fürst war zwar sehr kreativ, doch das Halbgefrorene geht nicht auf sein Konto. Ein pfiffiger Berliner Konditor soll es kreiert und aus Werbegründen nach dem Fürsten benannt haben, der gegen diesen unverhofften Popularitätsstoß nichts einzuwenden hatte.

Neues Schloss

Zur Ausstellung im Neuen Schloss gehört ein Liebesbriefautomat. An dem kann man sich aus Pücklers romantischen Liebesbriefen einen eigenen zusammenstellen. Der automatische Sekretär möchte lediglich wissen, ob es ein verliebter, verzweifelter oder eifersüchtiger Brief sein soll. Wenig später hält man den gedruckten Brief im Pücklerschen Stil, fein gefaltet und zusammengeklebt, in den Händen und kann sich weiter die multimediale **Ausstellung Pückler! Pückler? Einfach nicht zu fassen!** anschauen. Die stellt den genialen Gartengestalter auf moderne und unterhaltsame Weise vor. So lassen sich an den Hör-Herzen Pücklers Liebesangelegenheiten belauschen, im Berliner Salon trifft man auf Zeitgenossen Pücklers, und eine automatische Kutsche fährt sechs Minuten lang durch die Pücklersche Traumwelt, wie er sie in seinem Buch »Andeutungen über Landschaftsgärtnerei« zu Papier gebracht hat. Pücklers am Ende des Zweiten Weltkrieges zerstörtes Wohnschloss (1520–1530), im 19. Jahrhundert im Stil der Neorenaissance umgebaut, war jahrzehntelang Ruine, erst seit 2009 werden hier wieder (Museums-) Gäste empfangen. Originale Einrichtungsgegenstände gab es nicht, Pücklers Studier- und Arbeitszimmer rekonstruierte man nach historischen Bildern. Vom Turm hat man einen schönen Blick auf den Park und auch auf das Amtshaus am Muskauer Parkeingang (1863 – 66), heute **Altes Schloss** genannt.

Das Neue Schloss in Bad Muskau

▲ Karte S. 164

Kromlau

Besonders im späten Frühjahr zeigt sich der **Kromlauer Park**, fünf Kilometer westlich von Bad Muskau, in einem farbenprächtigen Blütenmeer. Wunderschön blühen Tausende von Rhododendren und Azaleen. Angeregt durch die Schöpfungen des berühmten Fürst von Pückler-Muskau ließ der Gutsbesitzer Friedrich Hermann Rötschke (1805 – 1891) ab 1844 die Hälfte seines Landbesitzes zu einer 200 Hektar großen Parkanlage gestalten. Heute faszinieren prachtvolle einheimische und fremdländische Gehölze, 30 Meter hohe Tulpenbäume ebenso wie Magnolien, Scheinzypressen und Platanen. Die **Rakotzbrücke** (um 1860), oft auch Teufelsbrücke genannt, überspannt freitragend den an dieser Stelle 35 Meter breiten Rakotzsee. Zehn Jahre wurde an ihr gebaut. Während des Zweiten Weltkrieges und danach verkam der Park von Kromlau, zahlreiche Putten gingen verloren, große Flächen wurden abgeholzt und in Ackerland umgewandelt. Pflege- und Rekonstruktionsarbeiten begannen in den 1960er Jahren, gegenwärtig finden wieder umfangreiche Sanierungsarbeiten statt, für die 2,4 Millionen Euro bereitstehen. Vorrangig geht es um die einsturzgefährdete Rakotzbrücke, wieder aufgebaut werden soll die in den 1950er Jahren zusammengefallene Basaltgrotte.

Weißwasser

Zu Beginn des 20. Jahrhunderts war Weißwasser (16 800 Einwohner) eine der Glasmetropolen Europas, worauf die beiden Römergläser im seit 1927 beste-

Die Rakotzbrücke im Kromlauer Park

henden Wappen verweisen. Schlägel und Eisen verraten, dass zuvor Bergbau betrieben worden war. Auch zu DDR-Zeiten besaßen die Glasbläser von Weißwasser hohe internationale Anerkennung, mit der Einheit Deutschlands begann der Niedergang dieser Industrie, da vor allem die osteuropäischen Absatzmärkte verlorengingen. An die ruhmreichen Zeiten erinnern noch der Straßenname Straße der Glasmacher sowie das **Glasmuseum** in der noblen Villa (1924/25) des einstigen Glashüttenfabrikanten Wilhelm Gelsdorf in der Forster Straße 12.

In Weißwasser startet die zur Touristenattraktion gewordene **Waldeisenbahn** nach Kromlau und Bad Muskau. 1895 nahm eine Pferdebahn den Betrieb auf, ein Jahr später bekam die »Gräflich von Arnimsche Kleinbahn«, wie sie offiziell hieß, die erste Dampflokomotive, die bis 1966 ihren Dienst versah. Die Bahn verband Braunkohlegruben, Sägewerke und Papierfabriken, die 600 Millimeter schmalen Gleise hatten eine Länge von 80 Kilometern. Nach dem Zweiten Weltkrieg, als es an Autos und Benzin fehlte, erwies sich die Bahn erneut als wichtiges Verkehrsmittel. Sie beförderte Kohle, Ton, Torf und Holz. 1978 erfolgte die Stilllegung. 1992 begannen Eisenbahnfreunde mit der Inbetriebnahme einer vier Kilometer langen Teilstrecke nach Kromlau, seit 1995 rollt die Bahn auf sieben Kilometern auch wieder nach Bad Muskau. Los geht es am Waldeisenbahnhof an der Teichstraße am östlichen Stadtrand, gefahren wird von April bis Oktober. Die Fahrzeit nach Bad Muskau beträgt 35 Minuten, die nach Kromlau 20 Minuten. Etwa 200 Meter von der Ausfahrt Teichstraße entfernt befindet sich der **Museumsbahnhof Anlage Mitte** mit historischen Lokomotiven und Wagen.

Schleife

Mit »Witajce k nam!«, »Herzlich willkommen«, wird der Gast im Sorbischen Kulturzentrum von Schleife (2600 Einwohner) begrüßt. In dieser Gegend leben besonders viele Sorben, die ihre Kultur bis in unsere Tage erhalten haben. So schlüpfen an jedem 25. Januar Kinder in Vogelkostüme und feiern die Vogelhochzeit, zu Ostern werden Eier kunstvoll bemalt. Ältere Frauen sind an Festtagen noch in der Tracht mit mehreren übereinander getragenen Röcken, Blaudruckschürzen und bunten Häubchen zu sehen. Viel davon ist im **Sorbischen Kulturzentrum Schleife** (Serbski kulturny centrum Slepo) zu sehen. Über 100 zwischen 25 und 100 Zentimeter große Puppen zeigen mehr als 60 Ankleidevarianten der Schleifer Tracht. Was man hier sieht, wird nur in Schleife und den umliegenden sieben Dörfern des Kirchspiels getragen. Die Tracht verrät beispielsweise dem Kenner, ob die Trägerin ledig oder verheiratet ist, sich in Trauer befindet, ob sie zu einem Fest oder zur Arbeit geht. Wunderschön anzuschauen sind auch die sorbischen Ostereier.

Rietschen

Es gibt sie wieder: freilebende Wölfe in Deutschland. Im Nordosten Sachsens streifen gegenwärtig 14 Wolfsrudel, drei Paare und ein Einzeltier umher. Im **Erlichthof** in Rietschen (2600 Einwohner) hört man aus einem Erdloch das Heulen junger Wölfe, das allerdings vom Band kommt. Der Wurfbau gehört zur Wolfsausstellung, die über die Biologie und Lebensweise des Wolfes informiert. Im Jahr 2000 zog ein aus Polen zugewandertes Wolfspaar erstmals seit 150 Jahren in der Oberlausitz wieder Welpen auf.

Der Rietschener Erlichthof, von Bad Muskau etwa 16 Kilometer entfernt, zeigt, wie die Menschen einst in der Muskauer Heide wohnten und lebten. Die denkmalgeschützten, bis zu 300 Jahre alten Häuser – in denen sich Geschäfte, Cafés, Handwerker und ein Theater befinden – stammen überwiegend aus Dörfern, die dem Braunkohleabbau weichen mussten und die man ab 1991 hierher umsetzte. Die Häuser entstanden weitgehend in der Schrotholzbauweise, die in der Muskauer Heide verbreitet war: Die Stämme haute man mit dem Schrotbeil kantig, man »schrotete« sie, wie man hier dazu sagt. Charakteristisch für diese Häuser ist die glatte Außenwand der fugenlos aufeinanderliegenden Balken.

Erlichthof in Rietschen

Niesky

Bei Eigenheimbesitzern besaß Niesky (9500 Einwohner) in der Weimarer Republik einen guten Ruf. In der kleinen Stadt fertigte man damals begehrte Fertighäuser aus Holz. Eines der vielen **Niesky-Häuser** wurde berühmt: das Sommerhaus des Nobelpreisträgers Albert Einstein am Schwielowsee nahe Potsdam. Musterhäuser entstanden an verschiedenen Stellen in Niesky, etwa in der Christoph-, der Schubert- und der Raschkestraße; dorthin führte man die Kunden. Etwa hundert von diesen Häusern blieben weitgehend im Original erhalten.

Im ehemaligen Direktorenwohnhaus in der Goethestraße 2 wird die Dauerausstellung **Holzbauten der Moderne – Entwicklung des industriellen Holzhausbaus** gezeigt. Gegründet wurde Niesky, wie das berühmtere Herrnhut, von böhmischen Emigranten, die aus Glaubensgründen ihre katholische Heimat verlassen mussten und sich 1742 hier ansiedeln durften. Im schlichten barocken Baustil zeigt sich der Zinzendorfplatz. In eins der ersten drei erbauten Häuser (1742) an diesem Platz zog das **Museum Niesky**. Die **Kirche der Herrnhuter Brüdergemeine** (1774/75) fand an der Westseite ihren Platz.

Die Umgebung von Niesky

Etwa vier Kilometer sind es südwestlich bis zur **Talsperre Quitzdorf**, an warmen Sommertagen der ideale Platz zum Baden, Surfen und Bootfahren. Die Angler kommen vor allem im Herbst, wenn Zander, Wels und Hecht reiche Fänge versprechen. Den Namen bekam der seit 1972 bestehende Stausee vom überflu-

▶ Karte S. 164

teten Dörfchen Quitzdorf. Wer das Gewässer umrunden möchte, hat 18 Kilometer zurückzulegen.

Die Gegend um Niesky ist Brutstätte für Zugvögel und viele zum Teil bedrohte Tier- und Pflanzenarten wie Moorveilchen, Sonnentau und Glockenheide. Hier kommen auch Fischotter, Weißstorch und Eisvogel vor, und mit etwas Glück sind Seeadler zu beobachten. Der größte Greifvogel Mitteleuropas ist in Sachsen wieder heimisch geworden. Um den Tieren ihren natürlichen Lebensraum zu erhalten, wurde ein großer Landschaftsteil von der UNESCO zum **Biosphärenreservat Oberlausitzer Heide- und Teichlandschaft** erklärt. In dem Bereich wurde ein rund 80 Kilometer **Seeadlerrundweg** eingerichtet, von dem sich der seltene Vogel – auch Weißstörche, Kraniche und andere Vogelarten – gut beobachten lässt. Der Weg mit 13 Informationsstellen beginnt am Sitz der Biosphärenverwaltung in Malschwitz, Ortsteil Wartha. Hier entstand auch das **Haus der Tausend Teiche** mit dem Informationszentrum des Biosphärenreservats Oberlausitzer Heide- und Teichlandschaft.

Bad Muskau, Weißwasser, Niesky

Touristinformation Bad Muskau Touristik, Kirchplatz 5, 02953 Bad Muskau, Tel. 035771/50492. www.muskau.info www.badmuskau.de.

Tourismuszentrum Muskauer Park, Neues Schloss, 02953 Bad Muskau, Telefon 035771/63100. www.muskauer-park.de.

Geopark-Informationszentrum Döbern, Muskauer Str. 14, 03159 Döbern, Tel. 035600/368712.
www.muskauer-faltenbogen.de.

Tourist-Information Kromlau, Altes Schloss 11, 02953 Gablenz OT Kromlau, Tel. 03576/222828.
www.kromlau-online.de.

Tourismusinformation Weißwasser, Bahnhofstr. 19, 02943 Weißwasser, Tel. 03576/2171117.
www.stadtverein-weisswasser.de
www.weisswasser.de.

Natur- und Tourist-Information Erlichthofsiedlung, Turnerweg 6, 02956 Rietschen, Tel. 035772/40235.
www.erlichthofsiedlung.de.

Tourist-Information Niesky, Zinzendorfplatz 8, 02906 Niesky, Tel. 03588/25580.
www.niesky.de

Biosphärenreservat Oberlausitzer Heide- und Teichlandschaft, Dorfstr. 29, 02694 Malschwitz OT Wartha, Tel. 035932/3650.
www.biosphaerenreservat-oberlausitz.de.

Waldeisenbahn Muskau, Tel. 03576/207472. 600-mm-Schmalspurbahn von Weißwasser nach Kromlau und Bad Muskau, Abfahrt Bahnhof Weißwasser, Teichstraße; am Wochenende, an Feiertagen und an festgelegten Tagen. Wann die Bahn im Dampfbetrieb fährt, ist dem Fahrplan zu entnehmen.
www.waldeisenbahn.de

Museumsbahnhof Anlage Mitte der Waldeisenbahn Bad Muskau, Teichstraße, Weißwasser, 10–18 Uhr an den Tagen mit Dampfbetrieb.
www.waldeisenbahn.de.

Kulturhotel Fürst Pückler, Schloßstr. 8, Bad Muskau, Tel. 035771/5330; 100 Zi., DZ ab 106 Euro. Kur- und Wellnesshotel am Marktplatz, großer Bereich für Moor-, Kreide- und Thermalsoleanwendungen sowie Eisenvitriol-Trinkquelle. Restaurant *Grüner Fürst* mit frischer regionaler und saisonaler Küche (tägl. ab 12 Uhr). Regelmäßig finden kleinkulturelle Veranstaltungen statt.
www.kulturhotel-fuerst-pueckler-park.de

Turmvilla, Hermannsbad 9, Bad Muskau, Tel. 035771/50029; 17 Zi., DZ ab 88 Euro. Gemütlich ausgestattete Zimmer in Naturmaterialien.Im Bistro gibt es Snacks und kleine warme Mahlzeiten (Mo–Fr

8–15.30, Sa 8–18 Uhr). Zahlreiche Veranstaltungen. www.turmvilla.de

Am Schlossbrunnen, Köbelner Str. 68, Bad Muskau, Tel. 035771/5230; 13 Zi., DZ ab 72 Euro. Familiengeführtes Haus in ruhiger Lage am Fürst-Pückler-Park. Oberlausitzer Fischspezialitäten, schlesische Küche und Steakvarianten im Restaurant (tägl. ab 17 Uhr). www.schlossbrunnen.de

Parkstadthotel, Schulstr 45, Bad Muskau, Tel. 035771/6860; 18 Zi., DZ ab 70 Euro. Farblich gestaltete Zimmer mit viel Holz, etwas außerhalb, dafür unmittelbar im Grünen am Park. Restaurant mit regionalen und internationalen Spezialitäten (tägl. ab 17 Uhr). www.parkstadthotel.de

Hotel Kristall, Karl-Liebknecht-Str. 34, Weißwasser, Tel. 03576/2640; 40 Zi., DZ ab89 Euro. Großzügige helle Zimmer, im Zentrum. Vielseitige moderne Küche (Mo–Sa ab 17 Uhr). www.hotelkristall.de

Hotel und Restaurant Bürgerhaus Niesky, Muskauer Str. 31/35, Niesky, Tel. 25770; 24 Zi., DZ ab 69 Euro. Einfache Zimmer, Restaurant mit gutbürgerlicher regionaler Küche (tägl. ab 11 Uhr). Tägl. bis zu drei verschiedene preiswerte Mittagessen im Selbstbedienungsrestaurant im Obergeschoss. Regelmäßig unterschiedlichste Veranstaltungen. www.buergerhaus-niesky.de

Campingplatz am Halbendorfer See, Dorfstr. 45a, Halbendorf, Tel. 035773/76413; April–Okt. Am Nordstrand Textil-Campingplatz (120 Stellplätze), am Südufer FKK-Campingplatz (60 Stellplätze), Badebetrieb und Wassersportmöglichkeiten, Wakeboard- und Wasserskianlage. Ein 5,6 Kilometer langer asphaltierter Weg führt rund um den See. www.halbendorfersee.de

Ferienpark Stausee Quitzdorf, Am See 5, Quitzdorf am See OT Kollm, Tel. 2599477. Campingplatz im Wald, grenzt an den See. www.stausee.de

Café Vorwerg, Bauhof 14, im Vorwerk des Muskauer Parks, Tel. 035771/64488; April–Okt. tägl. 10–18, März–Nov. Mi–So 11–17 Uhr. Natürlich gibt es hier hausgemachtes Fürst-Pückler-Eis (Parfait) sowie Fürst-Pückler-Torte. www.cafe-vorwerg-badmuskau.de

Pückler-Ausstellung im Neuen Schloss Muskau und Ausstellung in der Schlossgärtnerei, Tel. 035771/63100; April–Okt. tägl. 10–18 Uhr; Parkführungen April–Okt. Sa/So 14 Uhr. www.muskauer-park.de

Glasmuseum Weißwasser, Forster Str. 12, Tel. 03576/204000; Mo, Di, Do 8–15, Mi 8–17, Sa 13–17, So 14–17 Uhr. www.glasmuseum-weisswasser.de

Sorbisches Kulturzentrum Schleife, Friedensstr. 65, Tel. 035773/77230; Di–Fr 10–17, So 13–17 Uhr. www.sorbisches-kulturzentrum.de

Museums-Gehöft Erlichthof Rietschen, Turnerweg 6, Tel. 035772/40235; Di–So 10–17 Uhr. www.erlichthofsiedlung.de

Museum Niesky, Zinzendorfplatz 8, Tel. 25600; Johann-Raschke-Haus Mo–Fr 10–17, So 14–17 Uhr, Konrad-Wachsmann-Haus Mo–Do, So 10–16 Uhr. www.museum.niesky.de

Haus der tausend Teiche, Warthaer Dorfstr. 29, Malschwitz OT Wartha, Tel. 035932/36560; Febr.–Dez. Di–So 9–17 Uhr. Multimediale Ausstellung zur Teichwirtschaft, Aquarium mit einheimischen Fischen, Wassererlebnisgelände. www.haus-der-tausend-teiche.de

Sorbischer Ostereiermarkt in Schleife, im Sorbischen Kulturzentrum Schleife, zweites Wochenende vor Ostern.

Stölzle Lausitz GmbH, Berliner Str. 22, Weißwasser, Tel. 03576/2680; Mo–Fr

Karte S. 164

10–18, Sa 10–13 Uhr. Werksverkauf von Kristallgläsern, Bemalung und Gravur nach eigenen Wünschen. www.stoelzle-lausitz.com

Hofladen im Erlichthof, Am Erlichthof 6, Rietschen, Tel. 0173/9460656; März–4. Advent Mi–So 10–17 Uhr. In der einstigen Scheune werden Erzeugnisse regionaler Handwerker und Direktvermarkter angeboten: Produkte einheimischer Fleischer und Käsereien, Moorprodukte, Senf und Gurken, Blaudruck, rustikale Holzerzeugnisse. www.erlichthofsiedlung.de

Bauernhof Ladusch, Nieskyer Str. 26, Kreba-Neudorf, Tel. 035893/6300; Mitte Febr.–Weihnachten Di–Fr 9–12.30, 14.30–18, Sa 9–12 Uhr. Frische Produkte vom Bauern, Honig, Fruchtsäfte, Keramik, Schafwolle, Handgewebtes sowie Fleisch aus der eigenen Galloway-Züchtung. www.bauernhof-ladusch.de

Oder-Neiße-, **Frosch-** und **Wolfsradwanderweg** führen durch die Region. Weitere Infos zum Radeln: www.radwandern-oberlausitz.de.

Reit- und Sportverein Parkidylle Kromlau/Gablenz, Spremberger Straße 8, Gablenz, Tel. 03576/201132. Reitunterricht für Anfänger und Fortgeschrittene, Kremser- und Kutschfahrten, Mehrtagesritte, Reitferien für Kinder. www.reit-fahrtouristik-gablenz.de

Stausee Quitzdorf, Tel. 25280,. Badestellen, Verleih von Ruderbooten. www.stausee.de

Kanu & Natur-Camp, Quizdorfer Weg 3, Kollm, Tel. 0160/8013000. Natur aktiv und entspannt erleben bei Kanu- und Paddeltouren auf dem Quitzdorfer Stausee, auf der Spree und im Lausitzer Seenland. www.kanu-mp.de

Neiße-Tours, Thormersdorfer Allee 1, Rothenburg, Tel. 035891/189993. Bootstouren auf der Neiße. www.neisse-tours.de

Erlebniswelt Krauschwitz, Görlitzer Str. 28, Tel. 035771/61020; Mo–Fr 14–22 (in den Ferien in Sachsen und Brandenburg ab 10 Uhr), Sa/So 10–22 Uhr. Erlebnisbad mit acht verschiedenen Saunen, Wellnessangebote, Gradierwerk und Solebecken. www.badeparadies.com

Der Stausee Quitzdorf ist ein Paradies für Angler. **Angelberechtigungen** an der Rezeption der Feriengesellschaft.

Kamenz

Gotthold Ephraim Lessing hat Kamenz (15 300 Einwohner) bekannt gemacht. Er ist so etwas wie der Bestsellerautor der Oberlausitz. 1729 wurde er in Kamenz geboren, die ersten zwölf Lebensjahre verbrachte er in der Stadt. Das Haus im Lessinggässchen, in dem der große Dichter und Aufklärer als zweitältester Sohn von zwölf Kindern einer Pfarrersfamilie zur Welt kam, wurde beim Stadtbrand von 1842 vernichtet. Der richtete, wie schon der Brand 1707, schweren Schaden an.

Einen schönen Blick auf Kamenz hat man vom **Hutberg** (294 Meter) am westlichen Stadtrand, besonders zur Zeit der Rhododendronblüte im Mai/Juni lohnt ein Spaziergang.

Auf dem Berg steht der 24 Meter hohe **Lessingturm**, der bestiegen werden kann. 2010 bekam er einen sechs Meter hohen gläsernen Aufbau, da die inzwischen hochgewachsenen Baumkronen die Aussicht versperrten. Die **Freilichtbühne** mit 10 000 Plätzen ist ein angesagter Veranstaltungsort.

Das Kamenzer Rathaus

Lessingmuseum

Über Lessings Wirken und Leben informiert ausführlich das 1931 eröffnete Lessingmuseum am Lessingplatz 1–3 mit der bronzene Büste (1863) des Dichters davor. Die Grabsteine der Eltern Lessings und der des Großvaters stehen im Vorraum der Marienkirche. Gotthold Ephraim Lessing gilt als bedeutender Aufklärer und Wegbereiter des deutschen Nationaltheaters, seine Werke wie »Minna von Barnhelm«, »Emilia Galotti« und »Nathan der Weise« wurden in mehr als 40 Sprachen übersetzt. In den ungeraden Jahren finden im Januar und Februar – zwischen Geburts- und Todestag des Dichters – die Lessing-Tage mit zahlreichen wissenschaftlichen und künstlerischen Veranstaltungen statt, in den Zwischenjahren die Lessing-Akzente in kleinerem Rahmen.

Kamenzer Altäre

Kamenz besitzt einen besonderen Schatz: acht kunstvolle spätgotische Flügelaltäre, die in drei Kirchen zu bewundern sind, in der Hauptkirche St. Marien, der St. Justkirche und der zum Museum gewordenen Klosterkirche St. Annen. Die Kunstwerke entstanden um 1500, geschaffen haben sie Meister, deren Namen der Nachwelt nicht hinterlassen wurden.

Der schlanke 63 Meter hohe Turm der spätgotischen **Kirche St. Marien** ist das dominierende Bauwerk der Altstadt. 1400 begann man mit dem Bau des Gotteshauses, nach 80 Jahren war es vollendet. Zur reichen Innenausstattung gehören zwei der acht erwähnten Schnitzaltäre. Vom nicht mehr vorhandenen Franziskanerkloster stammt die 1512 geweihte **Klosterkirche St. Annen**. Heute befindet sich hier das **Sakralmuseum**, in dem fünf der wertvollen Altäre aus der Erstausstattung der Kirche sowie neu entdeckte mittelalterliche Wandmalereien zu sehen sind. In der kleinen **St. Justkirche** außerhalb des Stadtkerns faszinieren Wandmalereien aus der Zeit um 1380, die zu den bedeutendsten Bildwerken jener Zeit in der Lausitz gehören. In ihr steht der achte Altar, der um 1770 aus der Klosterkirche hierher kam.

Marktplatz

An der Nordwestecke des Marktplatzes bekam das **Rathaus** seinen Platz, das nach dem Stadtbrand von 1842 im Stil eines italienischen Palastes entstand. Der **Andreasbrunnen** (1570) aus Sandstein daneben ist nach seinem Stifter benannt, dem Bürgermeister Andreas Günther. Drei toskanische Säulen tragen einen baldachinartigen Aufbau, auf dem Justitia mit Schwert und Waage steht. Den Brunnen zieren die Wappen von Kamenz, des Königreichs Böhmen und das deutsche Reichswappen. An den **Fleischbänken** mit gewölbtem Laubengang hinter dem Rathaus boten die Fleischer bis Anfang des 20. Jahrhunderts ihre Waren an. Erstmals erwähnt sind sie 1487, nach dem großen Stadtbrand von 1842 entstanden sie im Stil des Spätklassizismus neu.

Museum der Westlausitz

Vom Markt wird über die Zwingerstraße das Museum der Westlausitz im **Ponickau-Haus** in der Pulsnitzer Straße 16 erreicht, ein Bürgerhaus mit schöner Barockfassade (1745). In dem hielt das **Elementarium** Einzug, eine moderne, interaktive Ausstellung zur Entwicklung der Westlausitz von der Natur- zur heutigen Kulturlandschaft. Eine gläserne Brücke stellt die Verbindung zum **Malzhaus** (18. Jahrhundert) her, in dem Kamenzer Stadtgeschichte lebendig wird. Neben dem Malzhaus steht der **Basteiturm** (um 1600), der letzte von einst zwölf Verteidigungstürmen. Sein volkstümlicher Name »Pichschuppen« stammt aus der

Das Lessingmuseum in Kamenz

Zeit um 1827, als in dem alten Gemäuer Brauer ihre Bierfässer auspichten (von innen mit Pech überzogen).

Rosenthal

Mehrmals im Jahr ziehen an Wallfahrtstagen tausende Katholiken in das sechs Kilometer östlich von Kamenz entfernte Rosenthal (1600 Einwohner). Ihr Ziel ist die barocke **Marien-Wallfahrtskirche** mit der 30 Zentimeter hohen, aus Lindenholz geschnitzten Statue Unsere Liebe Frau von der Linde. Die Figur wurde Ende des 15. Jahrhunderts in der Höhlung einer Linde gefunden, so hat es die Legende überliefert. An dieser Stelle entstand die erste Kirche. Die heutige weithin sichtbare Wallfahrtskirche errichtete man in den Jahren 1776 bis 1778. Mit 42 Metern Länge und 19 Metern Breite gehört sie zu den größten Dorfkirchen Sachsens. In den letzten Tagen des Zweiten Weltkrieges brannte das Gotteshaus aus, die Marienfigur konnte jedoch gerettet werden. Wenige Jahre später war die Kirche in der Gestalt von 1778 wieder aufgebaut. Dem Wasser der munter plätschernden **Marienquelle**, die man 1909 mit einem Häuschen überbaut hat, wird seit Jahrhunderten heilende Wirkung nachgesagt.

▸ Karte S. 164

Ein Abstecher in das benachbarte **Ralbitz** lohnt wegen einer Besonderheit. Den dortigen sorbisch-katholischen Friedhof in der Ortsmitte schmückt ein Meer aus weißen und gleich großen, mit sorbischen und christlichen Symbolen versehenen Grabkreuzen. Die sollen ausdrücken, dass jeder im Tod vor Gott gleich ist.

Kloster St. Marienstern

Ununterbrochen seit 1248 leben im Zisterzienserinnenkloster Marienstern Nonnen nach den Regeln des heiligen Benedikt. Aus der Erbauungszeit sind Kreuzgang, Kreuzkapelle und Kapitelsaal erhalten. Die gotische **Klosterkirche** mit ihrer rotbraun-weiß verblendeten Westfassade ist für jedermann geöffnet. Sie wurde wie alle Klostergebäude am Rand von **Panschwitz-Kuckau** (2100 Einwohner) von 1720 bis 1732 barock umgestaltet. Im öffentlich zugänglichen **Klosterhof** mit dem Löwenbrunnen (1739) und drei Betsäulen beginnt jährlich am Ostersonntag eine der Prozessionen des traditionellen sorbischen Osterreitens. Goldschmiedekunst, Perlstickereien, Holzskulpturen, Mariendarstellungen und Textilien versetzen die Besucher der **Schatzkammer** in Erstaunen.

Sorbische Osterreiter

Neschwitz

Zehn Kilometer sind es von Panschwitz-Kuckau bis Neschwitz (2500 Einwohner) mit **Schloss und Park**, die zu den künstlerisch bedeutsamen Leistungen des 18. Jahrhunderts in der Oberlausitz gehören. Prinz Friedrich Ludwig von Württemberg-Winnental, Generalfeldzeugmeister im Dienste Augusts des Starken, ließ die Wasserburg bis auf das heute noch zu sehende Kellergewölbe abreißen und 1721 bis 1723 das barocke Jagdschloss errichten. Er hatte in Dresden Gefallen an der Reichsfürstin von Teschen gefunden, der einstigen polnischen Mätresse Augusts des Starken, und benötigte das Schloss als ein würdiges Brautgeschenk. Heute wird in das Schloss zu Konzerten geladen, finden Kunstausstellungen statt. Gleichzeitig mit dem Schloss entstand der Barockgarten im französischen Stil, den in die freie Natur übergehenden englischen Landschaftsgarten legte man Ende des 18. Jahrhunderts an.

Rammenau

Der Ort (1400 Einwohner) schmückt sich mit einem der schönsten **Barockschlösser** Sachsens. Johann Christoph Knöffel, der als Begründer des sächsischen Rokoko gilt, war vermutlich der Baumeister. Ein Kleinod sind die barock und klassizistisch ausgestatteten Innenräume, darunter das Goldene Zimmer mit zahlreichen Porträts und Landschaftsbildern sowie das Chinesische Zimmer mit bemalten Leinwandtapeten. Regelmäßig finden im neobarocken Spiegelsaal oder im Schlosspark Konzerte und vielfältige Veranstaltungen statt. Der ursprünglich barocke Garten wurde im 19. Jahrhundert im englischen Landschaftsstil umgestaltet.

Als Sohn armer Bandweber kam 1762 **Johann Gottlieb Fichte** in Rammenau zur Welt, Philosoph und der erste gewählte Rektor der Berliner Universität. An ihn erinnern Denkmäler im Schlosspark und an der Johann-Gottlieb-Fichte-Straße. Fichte erwarb durch die Protektion des Schlossbesitzers Freiherr von Miltiz eine gute Schulbildung, unter anderem studierte er in Leipzig und Jena.

Chinesisches Zimmer in Schloss Rammenau

Pulsnitz

Pulsnitz (7500 Einwohner) ist Blaudruck-, Pfefferkuchen- und Töpferstadt. Pfefferkuchen wurden erstmals 1558 erwähnt. Die Bezeichnung für dieses schmackhafte Gebäck – das anderswo Lebkuchen heißt – entstand im Mittelalter, als fremdländische Gewürze noch mit dem Sammel-begriff »Pfeffer« bezeichnet wurden. Auch heute noch schwebt das ganze Jahr über der süße Duft von Pfefferkuchen durch manche Gasse von Pulsnitz, denn acht Handwerksbetriebe und eine Backfabrik stellen die beliebte Leckerei her. Pfefferkuchenbacken erfordert Geduld, denn der Teig muss viele Monate lagern, ehe er formenreich den Backofen verlässt. Ein Meister habe, so erzählt man sich, einmal bei der Geburt seines Sohnes einen Grundteig hergestellt, den dieser erst bei der Geschäftsübernahme aus dem hölzernen Bottich holen durfte.

Sorbische Begrüßung mit Brot und Salz

Sehenswürdigkeiten

In der **Schauwerkstatt des Pfefferkuchen-Museums** mit einer Ausstattung aus der Zeit um 1900 kann man sich – nach Voranmeldung – selbst als Pfefferküchler ausprobieren. Das **Stadtmuseum** gibt Einblick in die langjährigen Pulsnitzer Handwerke, zu sehen ist ferner eine Heimweberstube, viel erfährt man über den 1804 in Pulsnitz geborenen berühmten Bildhauer Ernst Rietschel.

1840 baute sich ein Blaudrucker am Pulsnitz-Bach ein Haus, in dem sich heute die einzige noch arbeitende historische **Blaudruckwerkstatt** Sachsens befindet. Hier, im Haus Bachstraße 7, entstehen blaugedruckte Stoffe nach einer in Jahrhunderten nahezu unverändert gebliebenen Technologie. Auch die Töpferei ist in Pulsnitz noch zu Hause. Allerdings sind es nicht mehr 15 Töpfereien wie um 1900, aber immerhin noch drei. Ein Meisterwerk der Töpfer ist der Altar (1796) in der westlich des Marktplatzes gelegenen **Stadtkirche St. Nikolai** (1742 - 1745), den die Töpferinnung stiftete. Vor dem **Renaissance-Rathaus** am Marktplatz steht ein Denkmal (1891) für Ernst Rietschel, geschaffen von einem Schüler des bekannten Bildhauers. Der achteckige **Brunnen** aus Sandstein plätschert schon seit 1797 auf dem Markt, die Brunnenschale mit vier wasserspeienden Schlangenhälsen war abhandengekommen, sie wurde nach alten Vorlagen neu gegossen und vervollständigt den Brunnen seit 1995. Östlich von Pulsnitz ragt der **Schwedenstein** (418 Meter) auf, mit Aussichtsturm und einem durch hausgebackenen Kuchen und Wildgerichte beliebten Bergrestaurant.

i Kamenz und Umgebung

Vorwahl: 03578.
Postleitzahl: 01917.
Kamenz-Information, Schulplatz 5, Kamenz, Tel. 379205. www.kamenz.de.
Pulsnitz-Information, Haus des Gastes, Am Markt 3, 01896 Pulsnitz, Tel. 035955/44246.
www.kultur-tourismus-pulsnitz.de.
Gemeinde Ralbitz-Rosenthal.
www.ralbitz-rosenthal.de.

Goldner Hirsch, Markt 10, Kamenz, Tel. 78350; 30 Zi., DZ ab 105 Euro. Im Renaissancestil eingerichtete Zimmer, im dazugehörigen Ratskeller regionale Spezialitäten und internationale Küche (Mo–Fr 11–14.30 und ab 18 Uhr, Sa/So ab 11 Uhr). www.hotel-kamenz.de
Villa Weiße, Poststr. 17, Kamenz, Tel. 378470; 14 Zi., DZ ab 89 Euro. In der Nähe des Bahnhofs, großzügige Parkanlage, Restaurant (tägl. 11.30–14 und ab 17 Uhr). www.villa-weisse.de
Hotel Schwedenstein, Schwedenstein 19, Steina, Tel. 035955/71670; 12 Zi., DZ ab 65 Euro. Familiengeführtes Hotel auf dem Schwedenstein mit dem Schwedensteinturm und dem Bergrestaurant (tägl. ab 11 Uhr).
www.hotel-schwedenstein.de

▶ Karte S. 164

Altertumsschänke, Pulsnitzer Str. 74, Kamenz, Tel. 786858; tägl. 11–14 Uhr und Mo–Sa ab 17.30 Uhr. Seit 1870 werden hier Gäste empfangen. Schöner Biergarten.www.altertumsschaenke.de

Hutberggaststätte, Am Hutberg 25, Kamenz, Tel. 3737733; Mi–So ab 11 Uhr. Gaststätte, Ballsaal und Biergarten auf dem Hutberg. Deutsche und sächsische Küche jahreszeitlich ausgerichtet. www.hutberggaststaette-kamenz.de

Lessing-Museum, Lessingplatz 1–3, Tel. 379111; Di–Fr 9–17, Sa/So 13–17 Uhr. www.lessingmuseum.de

Klosterkirche und Sakralmuseum St. Annen, Schulplatz 5, Tel. 379205; April–Okt. Mo–Fr 10–18, Sa/So 10–13, 14–18 Uhr, Nov.–März Mo–Fr 10–18, Sa/So 11–16 Uhr. www.kamenz.de

Museum der Westlausitz – Elementarium und Stadtgeschichtliche Ausstellung im Malzhaus, Pulsnitzer Str. 16, Tel. 78830; Di–So 10–18 Uhr. www.museum-westlausitz.de

Lessingturm, auf dem Hutberg; tägl. 8–20 Uhr, über ein Drehkreuz (1 Euro) begehbar.

Zisterzienserinnenkloster St. Marienstern, Cisinskistr. 35, Panschwitz-Kuckau, Tel. 035769/99444; Schatzkammer April–Sept. Di–Fr 10–12.30, 13–16.30, Sa/So 12.30–16.15 Uhr, Klostergarten von Mai–Okt. geöffnet. www.marienstern.de

Heimatmuseum Neschwitz, Kamenzer Str. 2a, Tel. 035933/30179; So 13–17 Uhr.

Schloss Neschwitz, Park 4, Tel. 035933/32669; April–15. Okt. Mi/Do 13–17, Fr–So 10–12, 13–17 Uhr. www.neschwitz.de

Schloss Rammenau, Am Schloss 4, Tel. 03594/703559; April–Okt. tägl. 10–18, Nov.–März Mo, Mi–So 10–16 Uhr. www.barockschloss-rammenau.com

Stadtmuseum Pulsnitz, Goethestr. 20a, Tel. 035955/44246, Di, Do, Fr 12–17, Mi 10–17, Sa/So 10–16 Uhr.

Museum Pfefferkuchen-Schauwerkstatt Pulsnitz, Markt 3, Tel. 035955/44246; Di, Do, Fr 12–17, Mi 10–17, Sa/So 10–16 Uhr. www.kultur-tourismus-pulsnitz.de

Stadttheater, Pulsnitzer Str 11, Kamenz, Tel. 379205. Theater, Konzerte, Kabarett. www.stadttheater-kamenz.de

Hutbergbühne Kamenz; Mai–Sept. Beliebte Open-Air-Bühne und Veranstaltungsort für Konzerte und andere Veranstaltungen. www.hutbergbuehne-kamenz.de

Lessingtage, alle zwei Jahre im Jan./Febr. (wieder 2021) in Kamenz. Kultureller Höhepunkt mit vielen Veranstaltungen zum Thema Lessing, in den Zwischenjahren finden die Lessing-Akzente mit kleinem Programm statt (wieder 2020).

Kamenzer Forstfest, Ende Aug. Die Stadt ist ein großer Vergnügungspark mit Fahrgeschäften und Gastronomie. www.forstfest-kamenz.de

Pfefferkuchenmarkt Pulsnitz, erstes November-Wochenende. Veranstaltet von der Innung der Pfefferküchler. www.pfefferkuchenmarkt.de

Klosterladen, Kloster St. Marienstern, Panschwitz-Kuckau, Telefon 035796/97121; Mo–Fr 10–16.30, Sa 12.30–16 Uhr. Devotionalien, regionale Produkte wie Honig, Säfte, Öle, Kräutertees, Klosterbier und -likör, Keramik, verzierte Eier.

Blaudruckwerkstatt, Bachstr. 7, Pulsnitz, Tel. 035955/73873; Di–Fr 9–13, 14–17, Sa 9–12 Uhr. Alles traditionelle Handarbeit: umfangreiches Sortiment an Decken, Läufern, Sets, Weihnachts- und Osterartikel. Besichtigungen nach Absprache möglich. www.blaudruckpulsnitz.de

Pulsnitzer Pfefferkuchen, E.C. Groschky, Rietschelstr. 15, Pulsnitz, Tel. 035955/82631; Mo–Fr 9–13, 14–18, 1. und 2. Sa im Monat 9–13 Uhr. Echte Pulsnitzer Pfefferkuchen, gefüllte Spitzen, Makronen, Sonderanfertigungen.www.groschky.de

Oberlausitzer Bergland

An das flache Hügelland südlich von Bautzen und Görlitz schließen sich schmale Höhenzüge mit flachen Tälern an. Die Dörfer sind langgestreckt und voller zweigeschossiger Umgebindehäuser, bei denen eine Ständerkonstruktion das Erdgeschoss umgibt und das Obergeschoss trägt. Bei Umgebindehäusern sind die einzelnen Bauteile lediglich mit Holzstiften zusammengefügt, so dass sie regelrecht auseinandergenommen werden konnten. Deshalb seien sie in der Vergangenheit so beliebt gewesen. Beim Umzug hätten nicht wenige ihr Haus rasch auseinandergebaut und einfach zum neuen Standort transportiert, erzählt man in der Gegend mit einem schelmischen Schmunzeln.

Bautzen

Bautzen ist die Stadt der Türme und Bastionen. Sage und schreibe 17 Stück gibt es davon, hinterlassen hat sie das Mittelalter. Sie prägen das Gesicht Bautzens (39 600 Einwohner), einem Zeugnis mittelalterlicher Stadtbaukunst. Das Grundrissgefüge des Altstadtkerns hat sich in den vergangenen 300 Jahren kaum verändert, »sächsisches Nürnberg« wird Bautzen wegen seiner etwa 1500 Baudenkmäler oft genannt.

Blick vom Reichenturm auf Bautzen

▸ Karte S. 186

Bautzen gilt als die Hauptstadt der sorbischen nationalen Minderheit in Deutschland, was jedem Besucher sofort auffällt: Nicht nur das Ortseingangsschild ist zweisprachig (sorbisch Budyšin), auch alle Straßenschilder sind es. Viele Informationen über das kleine westslawische Volk hält die **Sorbische Kulturinformation** im Haus der Sorben am Postplatz 2 bereit. 1002 ist erstmals in den Annalen eine »civitas budussin« erwähnt, 1213 erhielt Bautzen das Stadtrecht verliehen, das durch die Lage am Schnittpunkt zweier bedeutender Handelsstraßen (Halle – Breslau, Brandenburg – Prag) schon früh zu Wohlstand gelangt war. 1346 erfolgte der Zusammenschluss mit Görlitz, Löbau, Lauban (heute Lubán, Polen), Kamenz und Zittau zum Oberlausitzer Sechsstädtebund, der bis 1815 bestand. Um 1400 lag Bautzen in der Einwohnerzahl an achter Stelle in Deutschland. 1634, im Dreißigjährigen Krieg, ließ Wallenstein die Stadt zerstören.

1868 wurde erstmals der Name Bautzen amtlich durch eine sächsische Ministerialverordnung festgelegt, bis dahin wurde die Stadt auch Budissin genannt. Im 20. Jahrhundert entwickelte sich Bautzen zu einem bedeutenden Industrie-standort (Waggon- und Maschinenbau, Gießereien) in der Oberlausitz. Ein **Geschichtspfad** führt auf einem sogenannten **Inneren Weg** zu 33 charakteristischen Baudenkmalen der Altstadt, durch roman-tische Gassen in versteckte Winkel. Wer mehr Zeit hat, für den gibt es noch den **Äußeren Weg**, der mit 24 Denkmalen außerhalb der Innenstadt bekannt macht. Die Tourist-Information hält ein Faltblatt mit Plänen beider Wege bereit.

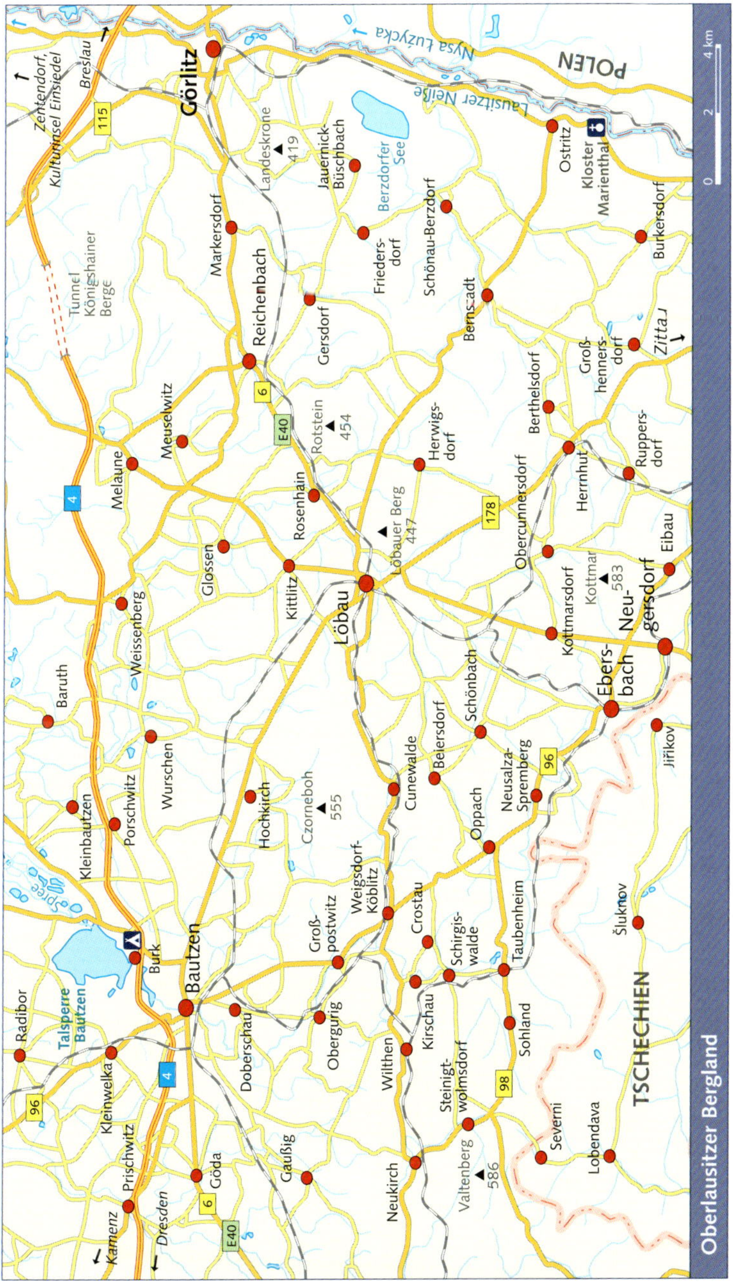

Oberlausitz und Zittauer Gebirge

Dom St. Petri

Eine ein Meter hohe Barriere trennt Katholiken und evangelische Christen. Der Dom ist die einzige historische Simultankirche im Osten Deutschlands, bereits seit 1524 nutzen die Katholiken den Chorraum und die evangelischen Christen das Langhaus. Zur Trennung beider Konfessionen wurde 1851 ein 4,50 Meter Gitter eingebaut. Die vierschiffige Hallenkirche mit Netz- und Sterngewölbe entstand ab 1213 in mehreren Bauetappen überwiegend aus Granit. Von der Innenausstattung sind beachtenswert: der vom Italiener Giovanni Maria Fossatio aus sächsischem Marmor gefertigte **Hochaltar** (1722 - 1724) und die lebensgroßen **Sandsteinskulpturen** (links Johannes der Täufer, rechts Johannes der Evangelist) vom Permoser-Schüler Benjamin Thomae. Von Balthasar Permoser selbst stammt das überlebensgroße hölzerne **Kruzifix** (1713/14) an der Südwand. Da der Dom Begräbnisstätte für die Geistlichen sowie den Adel der Umgebung war, sind zahlreiche **Grabmale** vorhanden. Wer die 214 Stufen im Turm bis zur **Aussichtsplattform** in 52 Meter Höhe hochsteigt, wird mit einem

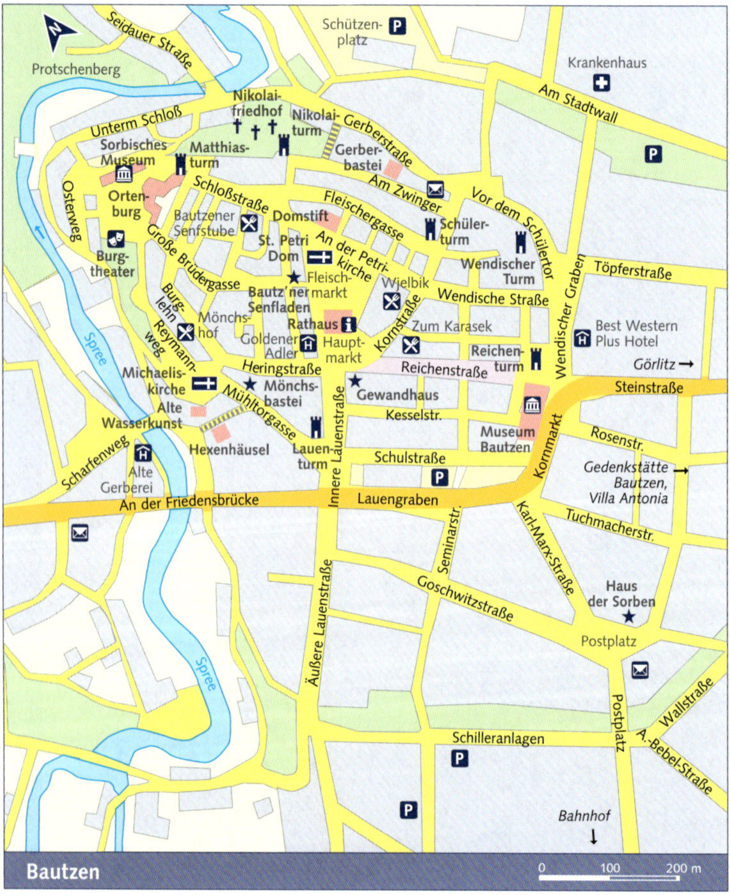

Trenngitter mit Pforte im Dom

prachtvollen Rundblick belohnt. Auf dem Fleischmarkt steht der älteste **Brunnen** (um 1611) der Stadt, den seit 1865 das Standbild des sächsischen Kurfürsten Johann Georg I. ziert.

■ Domschatzkammer St. Petri

Die in der Schatzkammer aufbewahrten Kultgegenstände wie liturgische Gefäße, kunstvoll bestickte Messgewänder, Bilder und Figuren dienen nach wie vor dem liturgischen Gebrauch.

Eine Kostbarkeit stellt die spätgotische Monstranz aus Gold und Silber von 1520 dar, ältestes Stück ist der kupfervergoldete Einbanddeckel eines Evangelistenbuches aus dem 13. Jahrhundert, dessen Rahmen Edelsteine zieren. Die Schatzkammer befindet sich im umfangreichen Gebäudekomplex des Domstifts nördlich des Doms. Das **Domstift** wurde um 1217 gegründet, es diente dem Domkapitel als Wohn- und Arbeitsstätte. In Deutschland gibt es nur wenige geistliche Archive und Bibliotheken, die sich seit nahezu 800 Jahren ununterbrochen am selben Ort befinden. Das vielfotografierte Portal und die Südfront des Gebäudes wurden 1755 im böhmischen Barock fertiggestellt.

■ Hauptmarkt

An der Nordseite des Hauptmarktes beeindruckt seit Jahrhunderten das barocke **Rathaus**, dessen heutiges Aussehen im Wesentlichen von 1729 bis 1732 datiert und seit eh und je in Gelb erstrahlt. Am hohen Turm bilden zwei mechanische Uhren und eine Sonnenuhr den Blickpunkt. Auf der Ostseite steht das wohl schmalste Haus (15. Jahrhundert) der Oberlausitz, wegen seiner Zwei-Fenster-Breite im Volksmund das »Handtuch« genannt. Auf eine lange Geschichte blickt das **Gewandhaus** an der Ecke zur Inneren Lauenstraße zurück: Es wurde 1284 errichtet und gilt als ältestes Haus der Oberlausitz, doch sein heutiges Neorenaissanceaussehen bekam der Repräsentationsbau erst 1882/83. Gegenüber steht das von 1720 bis 1734 erbaute **Hartmannsche Haus**, auch Fürstenhaus genannt, weil in dem barocken Prachtbau in der Vergangenheit viel Prominenz logierte: Friedrich II. von Preußen, Kaiser Napoleon Bonaparte, Zar Alexander I.

■ Alte Wasserkunst

Die Innere Lauenstraße führt zum **Lauenturm** (1400 – 1403) und, vorbei an der Ruine der **Mönchsbastei**, zur **Alten Wasserkunst**, Bautzens Wahrzeichen. Die 1495/96 erbaute Alte Wasserkunst ist

Das Bautzener Domstiftsportal

Blick auf die Ortenburg

ein geniales Pumpwerk des Mittelalters. 1496 konnten die Bautzener auf dem Fleischmarkt erstmals Spreewasser in ihre Behälter füllen, das aus Rohrleitungen floss. 1558 errichtete Wenzel Röhrscheidt der Ältere die Alte Wasserkunst neu, diesmal aus Stein. Und dieses Bauwerk mit einem historischen Pumpwerk, einst das Herzstück der städtischen Wasserversorgung, hat sich bis heute erhalten. Das technische Museum im Inneren informiert über die Wasserversorgung im Mittelalter. Der Besucher erfährt ferner, dass die Anlage bald nicht mehr genügte und deshalb Wenzel Röhrscheid der Jüngere den Auftrag bekam, 1608 bis 1610 die **Neue Wasserkunst** zu erbauen, die am Äußeren Geschichtspfad liegt.

Hinter der Alten Wasserkunst steht die um 1430 entstandene dreischiffige **Michaeliskirche**, seit 1619 die Pfarrkirche der evangelischen Sorben. Die schlichte neogotische Innengestaltung stammt aus dem Jahre 1892.

■ Ortenburg

Über Burglehn und Burgplatz kommt man zur spätgotischen Ortenburg, die als Keimzelle Bautzens gilt und eindrucksvoll das Stadtbild prägt. Entstanden ist sie um das Jahr 1000 als Grenzburg. Das heutige Bauwerk ließ Matthias Corvinus errichten (1483 – 1486), der neben der ungarischen auch die böhmische Königswürde besaß. Vom Jahr 1067 an – von kurzen Unterbrechungen abgesehen – gehörte Bautzen bis 1635 zu Böhmen, danach kam die Stadt mit der Lausitz zum Kurfürstentum Sachsen. Baukünstlerisch wertvoll ist der spätgotische **Schloss- oder Matthiasturm** (15. Jahrhundert) am Nordflügel. An der Ostseite des Turms sitzt in einer Rundbogennische König Matthias Corvinus. Neun Meter hoch ist das Denkmal aus Sandstein (1486), Kopien gibt es auch in Budapest und Szeged. Die Ortenburg war nie ständiger Fürstensitz, auf ihr residierten die königlichen Verwalter der Oberlausitz. Heute befindet sich in dem Komplex unter anderem das **Sorbische Museum**, das Einblick in die Arbeits- und Feiertagswelt, in Traditionen und Brauchtum der Sorgen gibt. Besonders faszinieren die sorbischen Volkstrachten. In Bautzen werden seit 1842 Bücher und Zeitungen in sorbischer Sprache gedruckt. Das **Deutsch-Sorbische Volkstheater** in der Seminarstraße ist das einzige zweisprachige Theater im Osten Deutschlands, in der Stadt hat die **Domowina,** der Dachverband sorbischer Vereinigungen, seinen Sitz.

▸ Karte S. 186

Sorbische Bräuche

Tausende säumen die Straßen und Wege, wenn am Ostersonntag festlich gekleidete Reiter die Nachricht vom Auferstandenen in die Dörfer tragen. Zehn sorbische Osterreiterprozessionen gibt es. Das Ritual findet noch wie im 15. Jahrhundert statt, als es in den Chroniken zum ersten Mal erwähnt wird. Ausgangspunkt eines jeden Rittes ist die Pfarrkirche, wo die Reiter vom Pfarrer den Segen erhalten. Sie übernehmen das Kreuz, Kirchenfahnen und meist eine Statue des Auferstandenen. Die Reiter im schwarzen Gehrock mit Zylinder sitzen auf mit großen, weißen Schwanzschleifen geschmückten Pferden. Wer zum ersten Mal am Osterreiten teilnimmt, trägt ein grünes Myrthenkränzchen. Unter Glockengeläut setzt sich die Prozession in Bewegung, zunächst geht es dreimal um Kirche und Friedhof, unterwegs wird in sorbischer Sprache gesungen und gebetet. Am Zielort umrunden die Reiter ebenfalls Kirche und Friedhof dreimal, um den Verstorbenen die Botschaft von der Auferstehung zu verkünden. Nach einer Pause bei Familien des Dorfes beginnt der Rückweg.

Das Osterreiten und andere sorbische Bräuche sind keine touristischen Folkloreveranstaltungen. Sie gehören zum Leben vieler sorbischer Familien in der Lausitz, aus Tradition, aus religiöser Gläubigkeit oder weil es Freude macht. Besonders viel Aufmerksamkeit schenken die Sorben dem Ei als Symbol der Fruchtbarkeit und Liebe, sie verwandeln ausgeblasene Eier zu kleinen Kunstwerken. Verzierte Ostereier schmücken manch kleines Bäumchen, sie sind aber auch ein beliebtes Mitbringsel der Gäste. Die meisten sorbischen Bräuche finden in der freien Natur statt, in die es die Menschen nach den tristen Wintermonaten zieht. Ihr Jahreskalender beginnt mit der Vogelhochzeit, obersorbisch »Ptači kwas«, die traditionell am 25. Januar gefeiert wird. Am Vorabend stellen die Kinder einen Teller auf das Fensterbrett oder vor die Haustür, auf dem sie am nächsten Morgen Süßigkeiten in Form von Vögeln und Nestern finden. Im Kindergarten oder in der Schule feiern die Kinder dann als Vögel verkleidet die eigentliche Vogelhochzeit. Beliebt ist auch das »Zampern« vor der Fastenzeit, mit dem der Winter vertrieben wird. Man zieht teilweise kostümiert mit Rasseln und Trompeten durch die Dörfer, klopft an die Türen und erheischt Zutaten für das Zamperessen.

Sorbische Ostereier

Türme

Sachsens »schiefer Turm« steht in Bautzen! 144 Zentimeter ist der 55 Meter hohe **Reichenturm** (1490 – 1492) aus dem Lot geraten. Das Malheur ist das Ergebnis von Bodensenkungen. Begonnen hat die Neigung um 1715, als die Holzhaube des Turms durch eine aus Stein ersetzt wurde. Den Untergrund konnte man aber so präparieren, dass niemand eine weitere Neigung befürchten muss und deshalb ohne Angst zur Aussichtsterrasse hinaufzusteigen kann. Vom Turm führt die Fußgängern vorbehaltene Reichenstraße mit zahlreichen Barockhäusern zum Hauptmarkt. Von dem sind es 350 Meter zum **Nikolaiturm**, der um 1400 entstanden sein soll, der steinerne Aufbau kam vermutlich 1522 hinzu. Die spätgotische Nikolaikirche, von 1440 bis 1467 erbaut, ist seit dem Dreißigjährigen Krieg Ruine, der katholische Friedhof bezieht seit mehr als 200 Jahren auch den einstigen Innenraum der Kirche ein. Die nahe **Gerberbastei** mit ihrem fünfgeschossigen Rundturm und meist drei Meter dicken Mauern stammt von 1503. Wann der Schülerturm in der Nähe errichtet wurde, konnte bis heute nicht ermittelt werden. 1515 jedoch, so ist in den Annalen vermerkt, fanden an ihm Reparaturarbeiten statt. Demzufolge dürfte er schon einige Jahrzehnte früher erbaut worden sein. Beim **Wendischen Turm** kennt man das Entstehungsjahr genau: 1408. Dem berühmten Baumeister Gottfried Semper hat der Turm offensichtlich so gut gefallen, dass er ihn 1842 bis 1844 beim Bau der Kaserne in das Ensemble mit einbezog.

Der Reichenturm in Bautzen

▲ Karte S. 186

Museum Bautzen

Frisch und modern macht das Museum mit Bautzens Stadtgeschichte vertraut. Es befindet sich am wenige Schritte vom Reichenturm entfernten Kornmarkt und gibt Einblick in die Lebens- und Arbeitsweise früherer Jahrhunderte, zeigt aber auch sakrale Plastiken des 15. bis 17. Jahrhunderts. In der Gemäldegalerie hängen unter anderem Werke der deutschen Malerei des 15. und 16. Jahrhunderts wie Max Liebermanns »Auf der Düne« (1890) und »Blühen und Vergehen« (1911) von Otto Dix.

Gedenkstätte

Der »Stasi-Knast«, das Gefängnis Bautzen II (1902 – 1906) in der Weigangstraße 8, ist heute Gedenkstätte. Hier wird an die Opfer der beiden Bautzener Gefängnisse erinnert. In den Haftanstalten Bautzen I und Bautzen II wurden von den Nationalsozialisten, der sowjetischen Besatzungsmacht sowie dem SED-Regime politische Gegner unter unmenschlichen Bedingungen gefangen gehalten. Zu DDR-Zeiten saßen hier Kritiker des Regimes, »Republikflüchtlinge« und

Im Saurierpark Kleinwelka

Spione ein. Der Verleger Walter Janka (1914 - 1994), der Schriftsteller Erich Loest (1926 - 2013), der SED-Funktionär Heinz Brandt (1909–1986) sowie der Philosoph und prominente DDR-Dissident Rudolf Bahro (1935 - 1997) mussten in Bautzen II, dem Stasi-Knast, ihre Strafen verbüßen.

Die Haftanstalt I in der Breitscheidstraße, wegen ihrer gelben Klinkerfassade **»Gelbes Elend«** genannt, nutzte die sowjetische Besatzungsmacht nach Kriegsende als »Speziallager«. In ihm waren nationalsozialistische Funktionsträger eingesperrt, aber auch Gegner des stalinistischen Systems und auf Grund von Denunziationen willkürlich Verhaftete. Insgesamt etwa 27 000 Personen waren inhaftiert, mussten Hunger leiden und Kälte ertragen, etwa 3000 Menschen überlebten das nicht. Zu DDR-Zeiten saßen im »Gelben Elend« neben kriminellen auch immer politische Häftlinge ein, vor Weihnachten 1989 hat man die letzten von ihnen entlassen. Bautzen I ist bis heute ein Gefängnis, Bautzen II wurde 1992 geschlossen und Gedenkstätte.

Kleinwelka

In dem kleinen Ort (750 Einwohner) vier Kilometer von Bautzen entfernt fletscht der Tyrannosaurus rex die Zähne. Gefährlich werden kann er jedoch nicht, denn der größte bekannte landlebende Fleischfresser lebte vor rund 65 Millionen Jahren. Er brachte es auf eine Länge von 13 Metern und erreichte ein Gewicht von fast sieben Tonnen.

Der Tyrannosaurus rex und viele seiner Artgenossen stehen in Lebensgröße in einem Wäldchen. In dem spaziert man auf den Spuren ausgestorbener Riesenechsen durch die Erdgeschichte. Im **Saurierpark Kleinwelka** und im angrenzenden **Gruß'schen Sauriergarten** sind insgesamt mehr als 200 Reptilien aus Eisen und Beton zu sehen.

In Kleinwelka wartet außerdem noch ein **Irrgarten** auf Besucher. Zu ihm gehören auch ein Abenteuerlabyrinth mit Riesenrutschen, Hängebrücken und Hindernissen sowie ein Rätselgarten. Die 6000 Quadratmeter große, gepflegte Anlage hat ein 7,5 Kilometer langes Wegenetz.

Im Museum Alte Pfefferküchlerei

Weißenberg

Am Marktplatz des 17 Kilometer von Bautzen entfernten Städtchens (3300 Einwohner) lädt in einem Haus aus dem 17. Jahrhundert das **Museum »Alte Pfefferküchlerei«** zum Besuch. Von 1684 bis 1937 haben in diesem Haus die Familien Brauer und Opitz Pfefferkuchen (anderswo Lebkuchen genannt) gebacken. Erhalten haben sich der **Laden** mit der Einrichtung aus dem 18./19. Jahrhundert sowie die **Backstuben** für die Teigherstellung und die Feinbearbeitung. Gebacken wurden die Pfefferkuchen in einem fast drei Meter tiefen massiven Ofen, den die Gesellen mit Holzscheiten heizten.

Sehenswert in dem Ort sind weiterhin das barocke **Rathaus** mit hohem Rundturm von 1788 sowie einer überdachten Wendeltreppe zum Obergeschoss, die Kirche von 1725 mit einer Renaissancekanzel aus dem 17. Jahrhundert sowie Grabdenkmälern aus dem 16. und 17. Jahrhundert.

Bautzen und Umgebung

Vorwahl: 03591.

Postleitzahl: 02625.

Tourist-Information Bautzen/Budyšin, Hauptmarkt 1, Tel. 42016. www.bautzen.de

Sorbische Kulturinformation/Serbska kulturna informacija, Postplatz 2, Tel. 42105. http://ski.sorben.com.

Goldener Adler, Hauptmarkt 4, Tel. 48660; 30 Zi., DZ ab 120 Euro. Angenehm logieren im Traditionshotel garni, einem Renaissancegebäude von 1540, mit individuell geschnittenen und modern eingerichteten Zimmern. www.goldeneradlerbautzen.de

Best Western Plus Hotel Bautzen, Wendischer Graben 20, Tel. 4920; 157 Zi., DZ ab 118 Euro. Moderne und komfortabel eingerichtete Zimmer mit Blick auf die Altstadt oder ins Spreetal. Fitness- und Saunabereich. Im Restaurant *Lubin* (tägl. 11.30–14 und ab 17 Uhr) wird eine junge frische Küche gekocht. Mo–Fr gibt es

▶ Karte S. 185/186

mit dem Quick Lunch einen preiswerten Mittagstisch.
www.bwbautzen.de

Hotel Alte Gerberei, Uferweg 1, Tel. 272390; 11 Zi., DZ ab 76 Euro. Individuelle Zimmer, liebevolles Ambiente, am Ufer der Spree mit Ausblick auf die Altstadt. Restaurant mit traditioneller deutscher Küche, im Sommer schöne Spreeterrasse (April–Dez. Do–Sa ab 18 Uhr).
www.hotel-alte-gerberei.de

Villa Antonia, Lessingstr. 1, Tel. 501020; 16 Zi., DZ ab 89 Euro. Stadtvilla mit gemütlichen, zeitlos modernen Zimmern, 10 Minuten bis zur Innenstadt. Alpenländisch geprägte Küche im Restaurant Tiroler Stuben (Di–Sa ab 17.30 Uhr).
www.hotel-villa-antonia.de

Camping Bautzen, Nimschützer Str. 41, Bautzen OT Burk, Tel. 271267. Mitten in der Natur gelegen: 100 Stellplätze für Wohnwagen und Wohnmobile auf 50 000 Quadratmetern Fläche am Stausee Bautzen. Abenteuercamping in Jurten und Tipis sowie viele Sportangebote.
www.camping-bautzen.de

Sorbisches Restaurant Wjelbik, Kornstr. 7, Tel. 42060; Di–So 11–15 und Di–Sa ab 17.30 Uhr. Sorbische Traditionen mit frisch zubereiteten regionalen Speisen im Gewölbekeller. Hier bekommt man beispielsweise das Sorbische Hochzeitsessen.
www.wjelbik.de

Zum Karasek, Hintere Reichenstr. 2, Tel. 45066; Di–Sa ab 11, So ab 11.30 Uhr. In einem historischen Gewölbe unmittelbar am Hauptmarkt der Stadt, rustikales gediegenes Ambiente beim *Räuberschmaus*.
www.zum-karasek.de

Bautzener Senfstube, Schloßstr. 3, Tel. 598015; tägl. ab 11 Uhr. Im ersten Bautzener Senfrestaurant dreht sich natürlich alles um den Senf, der in vielen Varianten die Speisen bereichert.
www.senf-stube.de

Mönchshof zu Bautzen, Burglehn 1, Tel. 490141; tägl. ab 11 Uhr. Mittelalterliche Originalität im historischen Gewölbe, deftige Kost, hausgebackenes Brot und Met. Spielleute und Gaukler sorgen für Unterhaltung.
www.moenchshof.de

Museum Bautzen, Kornmarkt 1, Tel. 534933; Di–So April–Sept. 10–17, Okt.–März 10–18 Uhr, Führungen Di, Do, Sa 11 Uhr. www.museum-bautzen.de

Alte Wasserkunst, Wendischer Kirchhof 2, Tel. 41588; April–Okt. tägl. 10–17, Febr./März und Nov./Dez. tägl. 10–16, Jan. Sa/So 10–16 Uhr.
www.altewasserkunstbautzen.de

Reichenturm, Reichenstraße, Tel. 460431, April–Oktober tägl. 10–17 Uhr.

Dom St. Petri, Fleischmarkt, Tel. 31180; April/Mai und Okt. Mo–Fr 10–15, Sa 10–16, So 12–16 Uhr, Juni–Sept. Mo–Sa 10–16, So 12–16 Uhr, Nov.–Ostern Mo–Fr 10–12, Sa 10–16, So 12–16 Uhr. Domturm zur Besteigung Ostern–Dez. Sa/So 13–17 Uhr. www.st-petri-bautzen.de

Domschatzkammer St. Petri, An der Petrikirche 6, Tel. 351950, Mo–Fr 10–12, 13–16 Uhr.

Sorbisches Museum, Ortenburg 3–5, Tel. 2708700; Di–So 10–18 Uhr.
www.sorbisches-museum.de

Gedenkstätte Bautzen, Weigangstr. 8a, Tel. 40474; tägl. 10–18, Fr 10–20 Uhr, Führungen Fr 17, Sa/So 11 und 14 Uhr.
www.gedenkstaette-bautzen.de

Saurierpark Kleinwelka, Saurierpark 1, Bautzen OT Kleinwelka, Tel. 035935/3036; April–Okt. tägl. 9–18, Juli/Aug. 9–19 Uhr. www.saurierpark.de

Irrgarten Kleinwelka, Tel. 035935/20575; tägl. Mitte März 10–18, Mai–Okt. 9–18, Juli/Aug. 9–19 Uhr.
www.irrgarten-kleinwelka.de

Museum Alte Pfefferküchlerei, August-Bebel-Platz 3, Weißenberg, Tel. 035876/40429; Di–Fr 10–12, 13–16, Sa/So 14–16 Uhr. www.stadt-weissenberg.de

Deutsch-Sorbisches Volkstheater (mit Burgtheater), Seminarstr. 12, Tel. Tickets Tel. 584225. Einziges zweisprachiges Theater in Deutschland, Schauspielproduktionen in deutscher und sorbischer Sprache, Musical, Ballett, Oper, Operette und Konzerte. Im Burgtheater, Ortenburg 7, Kinder- und Jugendtheater, Puppentheater. www.theater-bautzen.de

Vogelhochzeit, ab Mitte Januar, Aufführungen des sorbischen Brauches im Deutsch-Sorbischen Volkstheater.

Ostern in Bautzen, traditionelles deutsch-sorbisches Osterfest mit traditionellen Osterbräuchen, Prozession der Osterreiter, Bautzner Eierschieben, Ostervolksfest. www.ostern-bautzen.de

Lausitzer Musiksommer, alle zwei Jahre im Juli (wieder 2020), Tel. 03591/534410. Musik aus der Region von Solisten und Ensembles der Spitzenklasse, in Bautzen und ausgewählten Orten der Oberlausitz. www.musiksommer-bautzen.de

Bautzener Theatersommer, Mitte Juni–Juli. Theater-Open-Air in der Ortenburg.

Lausitzer Fischwochen, Ende Sept.–Anfang Nov. Veranstaltungen und Kulinarisches rund um den Lausitzer Fisch in der Region um Bautzen. www.lausitzer-fischwochen.de

Bautz'ner Senfladen, Manufaktur und Museum, Fleischmarkt 5, Tel. 597118; April–Dez. Mo–Sa 10–18, So 10–16, Jan.–März Mo–Sa 10–17, So 10–16 Uhr. Viele verschiedene Sorten Senf, auch als Geschenk im Keramiktopf, Verkostungen und kleines Senf-Museum. www.bautzner-senfladen.de

Durch Bautzen verlaufen die Fernradwege **Spreeradweg** und **Sächsische Städteroute**. Das gut ausgebaute regionale Radwandernetz umfasst rund 3000 Kilometer. Weitere Informationen unter: www.radwandern-oberlausitz.de.

Little John Bikes, Holzmarkt 29, Tel. 530507. Fahrradverleih mit Hol- und Bring-Service. www.littlejohnbikes.de

Löbau

Die Stadt (15 500 Einwohner), die 2012 die 6. Sächsische Landesgartenschau ausrichtete, ist die flächenmäßig größte Ostsachsens. Sie wurde zum ersten Mal in einer Urkunde des Meißner Bischofs Bruno II. von 1221 erwähnt. Im 14. und 15. Jahrhundert fanden im Refektorium des Klosters die Tagungen des Oberlausitzer Sechsstädtebundes statt. Dem gehörten neben Löbau noch Bautzen, Görlitz, Kamenz, Zittau und Lauban (heute Lubán, Polen) an.

Sehenswertes

Beachtenswert ist das Ensemble des **Altmarktes** mit barocken und klassizistischen Bürgerhäusern und dem **Rathaus**, das nach dem großen Stadtbrand 1710 entstand. Der Blick zum spätgotischen

Uhren am Löbauer Rathaus

Karte S. 185

Turm lohnt: Neben den beiden Sonnenuhren ist es die Turmuhr zur Marktseite, die Aufmerksamkeit erweckt. Denn ihre Zeiger sind auf einem Judutenkopf montiert. Der Judute - er war im mittelalterlichen Löbau der Gesetzeshüter - öffnet und schließt alle 15 Minuten den Mund, über 35 000 Mal im Jahr.

Östlich vom Rathaus erhebt sich die spätgotische **Johanniskirche** (vermutlich 15. Jahrhundert), mit der Löbau ein ganz besonderes Veranstaltungshaus zu bieten hat: das **Kulturzentrum des Sechsstädtebundes und der Euroregion Neiße**. Die 1336 erstmals genannte Johanniskirche, die seit 1966 nicht mehr kirchlich genutzt wird, bekam einen modernen Funktionsbau und wurde innen umgebaut. Heute lädt sie zu vielfältigen Veranstaltungen ein, die Palette reicht von Vorträgen über Kinoveranstaltungen bis zu Konzerten.

Das **Stadtmuseum** in der Johannisstraße 3-5 bewahrt den Original-Pokal des Sechsstädtebundes auf. Der mit drei Flaschen Wein gefüllte Pokal machte im Kloster die Runde, wenn es galt, auf gemeinsame Beschlüsse anzustoßen. Auch zahlreiche Sonderausstellungen sind zu sehen.

Auf dem Bautzener Platz hat sich die östlichste **Postmeilensäule** (18. Jahrhundert) Sachsens erhalten, von denen es in Löbau noch zwei weitere gibt. Herausragendes Beispiel für »Neues Bauen« ist die vom Bauhausarchitekten Hans Scharoun in Stahlskelettbauweise mit viel Glas erbaute **Villa Schminke** (1930 - 1933) in der Kirschallee 1. Das Haus, das sich der Löbauer Nudelfabrikant Fritz Schminke errichten ließ, war im Stil seinerzeit revolutionär modern, heute verzeichnet es jedes Architekturlexikon.

Ein gusseisernes Kunstwerk ist weithin vom Löbauer Berg (447 Meter) sichtbar. Der **Aussichtsturm** ist wahrlich ein

Aussichtsturm auf dem Löbauer Berg

Meisterwerk, 1854 ließ ihn ein Löbauer Bäckermeister erbauen. Der 28 Meter hohe und 70 Tonnen schwere Koloss besteht aus rund 1000 Einzelteilen, aus filigran gearbeiteten ineinander gesteckten Platten und Säulen, die mit Blei verschlagen sind. Nichts ist hier geschraubt oder vernietet. In die Jahre gekommen, musste der Turm im September 1993 komplett abgebaut werden, nach einer gründlichen Aufarbeitung stand er bereits ein Jahr später wieder an seiner angestammten Stelle.

Wer die 120 Stufen der gusseisernen Wendeltreppe nach oben gestiegen ist, hat von der letzten der drei Aussichtsplattformen einen weiten Rundblick.

Steinerne Hinweisschilder

Postmeilensäulen sind etwas typisch Sächsisches. August der Starke hatte 1721 in einem Dekret bestimmt, dass an den »Land- und Poststraßen steinerne Säulen aufgerichtet« werden sollen. Die meisten der weit über 1000 Säulen, die an bedeutenden Post- und Handelsstraßen und in fast allen Städten des Kurfürstentums Sachsen aufgestellt wurden, hat man in den letzten 100 Jahren abgebaut oder vernichtet. In jüngster Zeit aber wurden zahlreiche restauriert oder rekonstruiert. 200 Stück soll es inzwischen wieder geben. Fast jeder größere Ort in Sachsen, der etwas auf sich hält, hat mittlerweile wieder seine Postmeilensäule. Löbau in der Oberlausitz schmückt sich, wie auch Freiberg und Johanngeorgenstadt im Erzgebirge, sogar mit drei Säulen. Da Sachsen zur Zeit Augusts des Starken wesentlich größer war als der Freistaat heute, stehen Postmeilensäulen auch in Thüringen, Brandenburg, Sachsen-Anhalt sowie in Polen.

Die Säulen entstanden als Richtungs- und Entfernungsweiser, aufgestellt wurden vier Arten: Distanzsäulen, die eine Höhe von etwa 4,70 Meter hatten, ferner Straßensäulen als Ganzmeilensäulen mit einer Höhe von 3,75 Meter, Halbmeilensäulen von drei Meter Höhe und Viertelmeilensteine, die es auf 1,45 Meter brachten. Mit der Vermessung wurde der Vogtländer Adam Friedrich Zürner (1679 - 1742) beauftragt, der bei Großenhain als Pfarrer tätig war. Der hatte mit seinem handgezeichneten »Atlas Augusteus«, von dem sich heute noch ein Exemplar im Sächsischen Staatsarchiv befindet, die Anerkennung Augusts des Starken gefunden. Zürner, vom Kurfürsten mit dem klangvollen Titel »Land- und Grenz-Commissarius« geehrt, legte sein Pfarramt nieder und widmete sich voll der neuen Aufgabe. Er konstruierte den sogenannten »Geometrischen Wagen«, mit dem er während der Fahrt die gefahrene und vermessene Wegstrecke ablesen konnte. Die an den Säulen vermerkte »Stunde« ist entgegen anderslautenden Behauptungen keine Zeitstunde von 60 Minuten, auch hat sie nichts mit der Fahrzeit der Postkutsche zu schaffen. Es ist eine Entfernungsangabe: Eine Post- oder Polizeimeile betrug in Kursachsen 9,062 Kilometer, und eine solche Meile wurde mit »2 Stunden« angegeben. Auf den Säulen sind ferner die Orte eingemeißelt, die man vom Standort der Säule aus auf dem Postkutschenweg erreichen konnte, das Aufstellungsjahr sowie das Posthorn und die Initialen AR für Augustus Rex. Ihre Bedeutung verloren die Säulen, als in Sachsen 1840 die Meile von 7500 Meter eingeführt wurde, die 1873 der Kilometer ablöste.

Postmeilensäule in Königstein

Cunewalde

Cunewalde (4900 Einwohner), ein Ort mit hübschen **Umgebindehäusern**, besitzt die größte evangelische barocke **Dorfkirche** Deutschlands (1780 - 1793), bezogen auf die Zahl der Sitzplätze. 2632 Besucher finden in der Kirche von 53 Meter Länge und 23 Meter Breite Platz! Die Cunewalder wollten genau wissen, ob ihr Gotteshaus wirklich das größte Deutschlands ist. Im Jahr 1993 erkundigten sie sich bundesweit bei allen evangelischen Landeskirchen, ob es »bei Ihnen eine Dorfkirche gibt, die mehr Sitzplätze hat als unsere?«. Das Ergebnis war eindeutig. Der Taufstein aus heimischem Granit (15. Jahrhundert) und die Kanzel (1656) stammen aus dem Vorgängerbau, der Altar, der an einen griechischen Tempel erinnert, kam um 1890 in die Kirche.

In der Gegend gibt es noch ein weiteres Highlight: Auf dem **Czorneboh** (556 Meter) steht der älteste Aussichtsturm der Oberlausitz, 1852 wurde er eingeweiht. Im **Umgebindehaus-Park** sind 19 für die Gegend typische Umgebindehäuser im Maßstab 1 zu 5 zu sehen.

Kirchenorgel in Cunewalde

Wilthen

Auf einer Verkehrsinsel an der Bahnhofstraße in Wilthen (5100 Einwohner) begrüßt Pumphut die Gäste, der Hexenmeister der Oberlausitz, eine der zahlreichen Sagengestalten der Region. Der Müllerbursche mit dem hohen breitkrempigen Zauberhut ist der Schalk der Region, viele Geschichten ranken sich um ihn. Der Hut verhalf ihm zum Namen, denn solche trugen seinerzeit die Pumpenbauer. Die 1939 in Wilthen aufgestellte Figur war die erste, mittlerweile gibt es mehrere, allein in Wilthen drei. Überregional bekannt gemacht hat die Stadt aber nicht der Müllerbursche, sondern der Weinbrand, der bei Kennern einen guten Ruf besitzt. Bei Führungen wird auch das Fasslager mit dem »Pariser Fass« besucht, so genannt, weil der darin lagernde Weinbrand 1900 auf der Weltausstellung in Paris eine Goldmedaille erringen konnte. Das Rezept und die Brenngeheimnisse werden von Brennmeister zu Brennmeister weitergereicht und streng gehütet. Auf dem nahen **Mönchsberg** (449 m) steht seit 1885 ein **Aussichtsturm**. Von ihm hat man eine wunderbare Aussicht auf große Teile der Oberlausitz.

Schirgiswalde-Kirschau

Wegen seiner vielen Umgebindehäuser nennt sich Schirgiswalde (6500 Einwohner) gern »Perle der Oberlausitz«. Einen weiteren Anziehungspunkt bildet die einschiffige barocke **Kirche** mit ihrem Carillon, einem in der Glockengießerstadt Apolda gegossenen Glockenspiel, das im Südturm der Kirche hängt. Es war ein Geschenk des damaligen Bischofs anlässlich des 250-jährigen Kirchweihjubiläums. Von Ostern bis Ende Okto-

Die Sagenfigur Pumphut in Wilthen

ber erklingt das Glockenspiel Dienstag und Donnerstag um 15 Uhr und Sonnabend um 17 Uhr sowie zu besonderen Ereignissen. Das **Heimatmuseum** in der Hauptstraße 11a/Rathausstraße 15 trägt den Namen seines Gründers und langjährigen Leiters Carl Swoboda. Zu sehen ist eine Oberlausitzer Weberstube, es gibt aber auch Informationen zur interessanten Stadtgeschichte: Das Spreestädtchen Schirgiswalde war von 1809 bis 1845 ein Freistaat ohne Zoll und Militär, es gehörte weder zu Böhmen noch zu Sachsen und entwickelte sich dadurch zu einem wahren Schmugglerparadies. Im Ortsteil **Crostau** überrascht die Dorfkirche mit einem besonderen Schmuckstück: einer Orgel von Gottfried Silbermann, dem berühmten Orgelbaumeister aus dem 18. Jahrhundert. Sie wurde 1732 vollendet und erfreut die Zuhörer seitdem bei zahlreichen Konzerten mit ihrem besonderen Klang.

Taubenheim

Das Dorf (1500 Einwohner) zieren 35 Sonnenuhren und machen es damit zum »Sonnenuhrendorf«. Viele Uhren erzählen ein wenig Dorfgeschichte, so die 1983/84 an dem Haus Sohlander Straße 50 angebrachte, das einst dem Bauer und Feuerwehrhauptmann Ernst Julius Kretschmar gehörte. Der weigerte sich 1926, das Haus abreißen zu lassen, womit Platz für eine Brücke und Straße geschaffen werden sollte. Heute ist es das älteste erhaltene **Bauernhaus** des Dorfes (Baujahr 1753), und auf der Südostuhr ist ein Porträt von Kretschmar zu sehen.

Ebersbach-Neugersdorf

Drei Orte reklamieren die **Quelle der Spree** für sich. Den geschichtlich ältesten belegten Nachweis besitzt Ebersbach (12 500 Einwohner). Bereits 1736 bauten die Ebersbacher über ihre Quelle ein Häuschen mit Zwiebeldach, der heutige gusseiserne, achtseitige **Spreebornpavillon** steht seit 1896. Im heutigen Ortsteil Neugersdorf fasste man die Spreequelle am Eingang des Bades im Jahr 1888 mit einem schmiedeeisernen Gitter ein. Zu Worte meldete sich auch Eibau, das behauptet, die Spree würde in einer Hangnische an ihrem Berg Kottmar entspringen, dort, wo man 1921 eine halbkreisförmige Phonolithmauer errichtete. Der Alterspräsident des Deutschen Reichstages, Generalfeldmarschall Helmut von Moltke, war das Gezeter leid. Er orderte alte Landkarten und be-

Sonnenuhr mit Kretschmar-Porträt

▲ Karte S. 185

stimmte 1887, die in Ebersbach sei die richtige und einzige Spreequelle. Zwischenzeitlich sind alle drei Quellen »anerkannt«, und die Touristiker schufen den 22 Kilometer langen **Spreequellenradweg**, der sie verbindet. Markiert ist er mit zwei blauen Wellen. Auf dem 583 Meter hohen **Kottmar**, von den Einheimischen auch Kupper genannt, befindet sich ein 15 Meter hoher Aussichtsturm, der 1881 errichtet wurde. Der Berg lässt sich nur zu Fuß erreichen, das Auto muss auf dem Parkplatz zurückblieben.

Obercunnersdorf

Dicht drängen sich in dem langgestreckten Dorf (1500 Einwohner) rund 250 meist schieferverkleidete **Umgebindehäuser**. Nirgend anderswo gibt es einen so großen zusammenhängenden Bestand an Wohnhäusern dieser Bauart. Wegen dieses einmaligen Gesamtensembles dörflicher Lebensweise und Volksarchitektur aus dem 17.–19. Jahrhundert darf sich Obercunnersdorf auch Denkmalort nennen. Ein Kleinod der ländlichen Barockbaukunst verkörpert die letztmalig 1749 veränderte **Dorfkirche**. Wenn möglich, sollte man in das Innere blicken, denn die barocke Bauernmalerei (17. Jahrhundert) ist wunderschön.

In Obercunnersdorf heißt die Gaststätte – wie in vielen Orten der Oberlausitz – »Kretscham«, in der Oberlausitzer Mundart »Kratschn« ausgesprochen. Das Wort stammt aus dem Slawischen und bedeutet Dorfschenke oder Gasthaus. Gerichtskretscham heißen jene Gaststätten, in denen sich nach dem Urteil des Dorfrichters die Streitenden trafen: Der Gewinner begoss den Sieg, der Unterlegene spülte den Kummer herunter. Mitte des 19. Jahrhunderts soll es in dieser Gegend mehr als zwei Dutzend Windmühlen gegeben haben. Von der »Windmühlenlandschaft« sprach man

Das Schunkelhaus in Obercunnersdorf

damals. Übriggeblieben ist die 1843 im nahen Kottmarsdorf erbaute **Bockwindmühle**, deren Flügel eine Spannweite von 17 Metern haben. Die alte Technik kann besichtigt werden.

Herrnhut

Etwa 200 000 Herrnhuter Sterne verlassen jährlich den kleinen Ort, die papierne Nachbildung des Sterns von Bethlehem. Weltweit ist der Brauch verbreitet, die Herrnhuter Sterne im Familienkreis zusammenzubauen und sie am ersten Advent aufzuhängen. Die Weihnachtssterne entstehen nach wie vor in Handarbeit, zum **Besucherzentrum der Herrnhuter Sterne GmbH** gehören neben einer Ausstellung auch eine Schauwerkstatt sowie die Herrnhuter Entdeckerwelt mit Indoorspielbereich und Bastelwerkstatt. Die Kleinstadt (6300 Einwohner) ist in der Welt bekannt, denn jährlich werden in Herrnhut die Losungstexte für jeden Tag gezogen. Das Losungsbüchlein verbindet als ältestes evangelisches Andachtsbuch Christen in aller Welt.

Die Geschichte des Herrnhuter Gemeinwesens und zahlreiche Baudenkmale ziehen jährlich Tausende an: 1722 nahm

Die Kirche von Herrnhut

Nikolaus Ludwig Graf von Zinzendorf (1700 - 1760) mährische und böhmische Exulanten auf, die wegen ihres Glaubens ihre Heimat verlassen mussten. Herrnhut entstand als barocke Siedlung mit der Kirche (1756), Gemeinsaal genannt, in der Mitte des regelmäßigen Straßennetzes. Etliche Häuser haben noch die für die Entstehungszeit charakteristischen Formen bewahrt.

Da die Glaubensflüchtlinge Verfolgung und Entrechtung am eigenen Leib kennengelernt hatten, besaßen sie ein starkes Mitgefühl für jene, denen es ähnlich erging. Ab 1732 reisten deshalb Hunderte von ihnen, meist einfache Handwerker ohne theologische Ausbildung, von Herrnhut aus als Missionare oder Lehrer in alle Welt. Von dort schickten sie zahlreiche ethnographische Gegenstände an ihre Angehörigen. 1878 wurden diese völker- und länderkundlichen Objekte im Brüderhaus der Evangelischen Brüder-Unität erstmals gezeigt. 1900 erbaute die Brüder-Unität das Museumsgebäude Goethestraße 1, in dem sich heute das **Völkerkundemuseum** befindet. Über die Herrnhuter Ortsgeschichte informiert das **Heimatmuseum**, Comeniusstraße 6.

▲ Karte S. 185

Neusalza-Spremberg

Vor allem in der südlichen Oberlausitz pflegte man den Brauch des Ritterstechens: Die Mädchen mussten mit verbundenen Augen eine Lanze in das Herz eines hölzernen Ritters stechen. Wer am besten traf, wurde Reiterkönigin und bekam das Reiterbild, das man am väterlichen Haus anbrachte. 1874 war die Tochter eines Kleinbauern Siegerin, und seitdem heißt das Haus an der B96 das **Reiterhaus** – am Giebel prangt schon seit mehr als 100 Jahren die hölzerne Reiterfigur. Es ist vermutlich das älteste Umgebindehaus der Oberlausitz, vor 1660 soll es erbaut worden sein. Zu sehen ist darin eine über 300 Jahre alte Weberstube mit einer Einrichtung aus dem 19. Jahrhundert, eine Schusterstube sowie eine Ausstellung zur Umgebindebauweise.

Neusalza-Spremberg (3400 Einwohner) entstand 1929 aus dem Dorf Spremberg und der Stadt Neu-Salza. An das einstige Nebeneinanderbestehen der beiden Orte erinnern noch die zwei Kirchen: auf einer Anhöhe über der Spree die **Dorfkirche** von Spremberg (1901/02) und in **Neu-Salza** das 1679 als **Exulantenkirche** geweihte Gotteshaus.

Reiterhaus in Neusalza-Spremberg

Löbau und Umgebung

Tourist-Information Löbau, Altmarkt 1, 02708 Löbau, Tel. 03585/450141. www.loebau.de.

Tourist-Information/Haus des Gastes Blaue Kugel und **Dreiseitenhof**, Hauptstr. 97, 02733 Cunewalde, Tel. 035877/80888. www.cunewalde.de

Tourist-Information Wilthen, Stadthaus, Bahnhofstr 8, 02681 Wilthen, Tel. 03592/385416. www.wilthen.de

Tourist-Information Schirgiswalde-Kirschau, Rathausstr. 4, 02681 Schirgiswalde-Kirschau OT Schirgiswalde, Tel. 03592/386636. www.schirgiswalde-kirschau.de

Gästebüro Ebersbach-Neugersdorf, Reichsstr. 1, 02730 Ebersbach-Neugersdorf OT Ebersbach, Tel. 03586/763175. www.ebersbach-neugersdorf.de.

Tourist-Information Obercunnersdorf, Hauptstr. 65, 02708 Obercunnersdorf, Tel. 035875/60954. www.obercunnersdorf.de.

Tourist-Information Herrnhut, Comeniusstr. 6, 02747 Herrnhut, Tel. 035873/2288. www.herrnhut.de

Neusalza-Spremberg: www.neusalza-spremberg.de.

Hotel Berggasthof Honigbrunnen, Löbauer Berg 4, Löbau, Tel. 03585/4139130; 23 Zi., DZ ab 100 Euro. Hotel im schweizerischen Stil mit behaglichen Gästezimmern und wunderschöner Aussicht auf dem Löbauer Berg. Traditionelles Restaurant, in dem südländische und Oberlausitzer Küche auf den Tisch kommt (tägl. ab 11 Uhr). www.honigbrunnen.de

Hotel Stadt Löbau, Elisenstr. 1, Telefon 03585/861830; 35 Zi., DZ ab 80 Euro. Komfortabel ausgestattete helle freundliche Zimmer, das Restaurant ist bekannt für seine gute, bürgerliche Küche (Mo–Fr ab 16.30, Sa/So ab 11 Uhr). www.hotel-stadt-loebau.de

Landidyll Hotel Erbgericht Tautewalde, Tautewalde 61, Tel. 03592/38300; 31 Zi., DZ ab 108 Euro. Vier-Sterne-Komfort in erholsamer Atmosphäre. Vielgelobtes Restaurant mit kulinarischen Raffinessen der leichten mediterranen Küche (Mo–Sa ab 18, Fr/Sa zusätzlich 11.30–14 Uhr. www.tautewalde.de

Turmgaststätte Löbauer Berg, Tel. 03585/832590; tägl. ab 10 Uhr. Ambiente einer gemütlichen Bergbaude direkt neben dem gusseisernen Turm, großer Biergarten und Grillplatz. www.loebauer-berg.de

Kulturzentrum Johanniskirche, Johannisplatz 6/8, Löbau, Tel. 03585/450140. Symbiose von historischem Kirchengebäude und modernem Kulturzentrum. Vielfältiges Veranstaltungsprogramm aller Genres, Konzerte, Kabarett, Kino, Vorträge. www.loebau.de

Stadtmuseum Löbau, Johannisstr. 3–5, Tel. 03585/450363; Di–Fr 10–17, Sa/So 13–17 Uhr.

Haus Schminke, Kirschallee 1b, Löbau, Tel. 03585/862133; Do–So 12–17 Uhr. www.stiftung-hausschminke.eu

König-Friedrich-August-Turm, Löbau, Zufahrt über Herwigsdorfer Straße bis Parkplatz; Mai–Sept. Mo–Fr 9–20, Sa/So 9–22, Okt.–April Mo–Fr 10–18, Sa/So 10–20 Uhr.

Umgebindehaus-Park Cunewalde, Schlosskellergasse 4, Tel. 035877/80888; Ostern–Okt. www.cunewalde.de

Museum Schunkelhaus, Klippelgasse 2, Obercunnersdorf, Tel. 035875/60954; Mai–Okt. Mo–Fr 10–17, Sa 10–14, Fei 13.30–16.30 Uhr, Nov.–April Mo–Fr 10–16 Uhr. Anmeldung über die Tourist-Information. www.obercunnersdorf.de

Bockwindmühle Kottmarsdorf, Tel. 035875/62395; Mai–Okt. Sa/So 14–

16 Uhr (Juni–Aug. 14–17 Uhr), Schaubacktage 10–17 Uhr und Veranstaltungen laut Terminplan. www.kottmarsdorf.de

Heimatmuseum Carl Swoboda Schirgiswalde, Rathausstr. 15, Tel. 03592/386638, Di 14–17 Uhr oder nach Vereinbarung.

Völkerkundemuseum Herrnhut, Goethestr. 1, Tel. 035873/49144261; Di–So 9–17 Uhr.
www.voelkerkunde-herrnhut.de

Heimatmuseum Herrnhut, Comeniusstr. 6, Tel. 035873/30733; Di–Fr 9–17, Sa/So 9–12, 13–17 Uhr.

Schauwerkstatt Herrnhuter Sterne, Oderwitzer Str. 8, Tel. 035873/3640; Mo–Fr 9–18 Uhr, Sa 10–17 Uhr. Schauwerkstatt, Entdeckerwelt, Ausstellung, Filmvorführung. www.herrnhuter-sterne.de

Reiterhaus Neusalza-Spremberg, Kirchstr. 17, Tel. 035872/32957; April–Okt. Di–So 13–17 Uhr. www.reiterhaus.de

Orgelkonzerte auf der Silbermann-Orgel in Crostau, ganzjährig laut Terminkalender. www.silbermannorgel-crostau.de.

Räucher-Häus'l, Untere Dorfstr. 53, Herrnhut OT Ruppersdorf, Tel. 035873/40487; Mo, Di, Do, Fr 10–12, 14–17, Sa 10–12 Uhr. Oberlausitzer Räucherspezialitäten: Schinken, Speck, Käse, einheimischer Fisch. Mit Schauräucherei. Auch Führungen mit Verkostung sind möglich, im Sommer Biergarten-Bewirtschaftung. www.räucher-häusl.de

Gildenhaus Herrnhut, August-Bebel-Str. 11, Tel. 035873/2571; Di–Fr 10.30–18 Uhr. Verkaufsausstellung der Herrnhuter Künstlergilde, präsentiert Kunst und Kunsthandwerk der gesamten Region, geschwämmelte Keramik, mundgeblasene Gläser, Aquarelle, Textilien, Holz, Schmuck, Blaudrucke. Vorführungen und Kreativkurse.

Körse-Therme Kirschau, Badweg 3, Tel. 03592/515830, Mo–Sa 10–22, So 10–21 Uhr. Größtes Solebad in Ostsachsen mit Bade- und Saunalandschaft, Innen- und Außenbecken, Strömungskanal sowie Wellnessangeboten. www.koerse-therme.de

Görlitz

Die Stadt gehört zu den schönsten Städten in Deutschland, doch bis zum DDR-Ende war das nahezu unbekannt, weil sich die Schönheit hinter dem tristen Einheitsgrau des Arbeiter-und-Bauern-Staates verbarg. Görlitz (54 000 Einwohner), im Zweiten Weltkrieg unzerstört geblieben, zeigt sich dem Besucher als ein Bilderbuch aus 800 Jahren Kulturgeschichte mit Bauten von der Gotik bis zum Jugendstil. Es ist das größte Flächendenkmal Deutschlands. Das zieht auch die Filmbranche an, die vor der stimmungsvollen Görlitzer Kulisse so preisgekrönte Filme wie »The Grand Budapest Hotel«, »Der Vorleser« oder »Der Turm« drehte. Kein Wunder, dass Insider schon von »Görliwood« sprechen. Mit der Altstadt besitzt Görlitz eine der bedeutendsten Renaissanceanlagen nördlich der Alpen sowie eins der größten erhalten gebliebenen Gründerzeitviertel mit dem **Postplatz** als repräsentativem Mittelpunkt, auf dem der riesige Kunstbrunnen (1887) plätschert. Rund 3500 Gebäude stehen unter Denkmalschutz. Von 1995 bis 2016 überwies ein anonymer Gönner jedes Jahr der Stadt 500 000 Euro für die Altstadtsanierung, verbunden mit dem Hinweis, dass die Geldquelle versiegt, wenn der Name des mysteriösen Wohltäters bekannt würde. Die mit diesem Geld geförderten Sanierungsobjekte sind mit einer Plakette gekennzeichnet.

Die günstige geographische Lage an einem bedeutenden Neißeübergang ließ

▸ Karte S. 185/203

die 1071 erstmals urkundlich genannte Siedlung Gorelic rasch zur Stadt werden. Görlitz war bereits im 14. Jahrhundert ein angesehenes Gewerbe- und Handelszentrum. Die Erzeugnisse der Tuchmacher waren weithin begehrt. 1303 erhielt Görlitz Stadtrecht, 1346 schloss es sich als reichste und mächtigste Stadt der Oberlausitz mit Zittau, Löbau, Bautzen, Kamenz und Lauban (Lubán, Polen) zum Sechsstädtebund zusammen. Der Wiederaufbau nach dem Stadtbrand von 1525 erfolgte einheitlich im Stil der Frührenaissance, typisch ist die Fassadengestaltung mit Pilastern und Gesimsen.

1830 begann eine Wagenbauanstalt ihre Tätigkeit, in der 1849 die ersten Eisenbahnwaggons gebaut wurden. Aus diesem Unternehmen ging der heute größte Görlitzer Arbeitgeber, das Eisenbahnwaggonwerk, hervor. Der Stadtteil östlich der Neiße gehört unter dem Namen Zgorzelec seit dem Ende des Zweiten Weltkrieges zu Polen. Brücke zwischen Ost und West – das ist das 900-jährige, an der Grenze zwischen Deutschland und Polen gelegene Görlitz heute.

Obermarkt

Die Altstadt erschließt sich am besten vom Obermarkt aus. Der 50 Meter hohe **Reichenbacher Turm** mit einer barocken Haube, 1376 erstmals urkundlich erwähnt, war Teil der mittelalterlichen Stadtbefestigung. Der letzte Türmer räumte 1904 seine Stuben im Turm, nachdem das Läutewerk elektrifiziert worden war. Die Türmerstuben können besichtigt werden. Die Nordseite des Obermarktes säumen beachtenswerte Barockhäuser, eins der schönsten wird **Napoleonhaus** genannt (Nr. 29), da der französische Kaiser vom Balkon dieses Gebäudes 1813 eine Heerschau seiner Truppen abgehalten haben soll. Die schlichte **Dreifaltigkeitskirche** (14./15. Jahrhundert) besitzt mit dem zwischen 1371 und 1381 errichteten Chor das älteste gotische Bauwerk in Görlitz. Die Turmuhr der Dreifaltigkeitskirche hat schon manchen Touristen irritiert. Denn solange man zurückdenken kann, geht die Uhr sieben Minuten vor und so ertönt auch der Glockenschlag. Die Legende hält mehrere Erklärungen bereit, unter anderem die: Die Schüler des einstigen Gymnasiums am Klosterplatz sollten aufgeschreckt werden, um sich für den pünktlichen Unterrichtsbeginn rechtzeitig auf den Weg zu machen. Der Brunnen vor der Kirche stammt von 1590, die Sandsteinfigur des antikischen Kriegers wurde erst 1674 hinzugefügt.

Kaisertrutz

Hinter dem Reichenbacher Turm, am Demianiplatz, fällt das Rondell des Kaisertrutzes (1490) auf. Die mächtigen Mauern entstanden zum Schutz des westlichen Stadtzugangs, der Bau war offensichtlich keine Geldverschwendung, denn im Dreißigjährigen Krieg trotzte die von den Schweden besetzte Stadt den kaiserlichen Truppen. 1850 erfolgte eine Umgestaltung, bei der der Vorbau hinzugefügt wurde. Im Kaisertrutz präsentiert das **Kulturhistorische Museum** eine Zeitreise durch die kulturgeschichtliche Entwicklung von Stadt und Region. In der Galerie der Moderne sind rund 200 Werke der Malerei, Bildhauerei, Grafik und angewandten Kunst des 20. und 21. Jahrhunderts zu sehen. Sie stammen von Künstlern, die in der Neißestadt tätig waren oder ihre Wurzeln hier haben. Zum Museum gehört auch das für einen Leinwand- und Damastgroßhändler erbaute **Barockhaus Neißstraße 30**

▲ Karte S. 203

Blick auf den Obermarkt von Görlitz

Der Kaisertrutz

(1727 - 1729), in dem in prachtvollen, mit Stuckdecken verzierten Räumen die Dauerausstellung **Bürgerliche Kultur des Barocks. Wissenschaft und Kunst um 1800** zu sehen ist. In dem Haus befindet sich auch die weithin bekannte Oberlausitzische Bibliothek der Wissenschaften mit rund 140 000 Bänden ein wahrer Hort großer Schätze. Zu dem gehören Inkunabeln aus der Zeit Gutenbergs, Handschriften und Flugschriften aus dem 16. Jahrhundert sowie rund 3000 historische Karten und Atlanten bedeutender europäischer Verlage.

Schlesisches Museum

Die Brüderstraße führt vom Obermarkt zum Untermarkt, vorbei am ältesten datierten deutschen Renaissancebürgerhaus (1526), dem **Schönhof**. Hier stiegen in den vergangenen Jahrhunderten vor allem die fürstlichen Gäste der Stadt ab. Hinter der schönen Renaissancearchitektur des Schönhofes wird 900 Jahre schlesische Geschichte aufbewahrt und im modernen Ausstellungsdesign präsentiert: Der Schönhof beherbergt heute das Schlesische Museum Görlitz. 1815 kam Görlitz mit einem Teil der Oberlausitz zur preußischen Provinz Niederschlesien, dort blieb die Stadt bis zum Ende des Zweiten Weltkrieges. Das Museum zeigt Kunsthandwerk und Kunstgewerbe des 17. bis 19. Jahrhunderts, Objekte der Alltagskultur, des Handwerks, des Großstadtlebens und Kunst aus dem 19. und frühen 20. Jahrhundert.

Untermarkt

Welche Fülle an historischer Architektur! Der Untermarkt ist das Kernstück der Altstadt, umgeben von Bauten der Spätgotik, der Renaissance und des Barock. Genannt werden soll als Beispiel nur der Renaissancebau (1550) an der Ecke Peterstraße. In dem Gebäude befand sich einst die Ratsapotheke. Die Sonnenuhr an dem Haus war die amtliche Görlitzer Uhr, da die Stadt genau auf dem 15. Meridian liegt, lieferte sie (natürlich nur bei Sonne) die exakte mitteleuropäische Zeit. Bedeutendstes Bauwerk am Untermarkt ist zweifelsohne das aus vier Gebäudeteilen bestehende **Rathaus**, das die gesamte Westseite einnimmt. Der älteste Teil stammt aus dem 14. Jahrhundert, der jüngere, das **Neue Rathaus**, entstand 1903. Die Uhr mit zwei Zifferblättern übereinander am Rathausturm tickte zum ersten Mal 1584. Sie ist ein kunstvolles

Sommertheater auf dem Untermarkt

Meisterwerk: Am oberen Zifferblatt mit 24 beziehungsweise 30 Ziffern können an einem Zeiger die Phasen des Mondes abgelesen werden, die zweite zeigt die Stunde des Tages. Das untere Zifferblatt hat die üblichen zwölf Ziffern. Heute selbstverständlich, vor 400 Jahren jedoch war diese Zwölfteilung des Zifferblattes neu. Der Schöpfer der Uhr, Bartholomäus Scultetus, führte sie in der Oberlausitz ein und gleichzeitig den Gregorianischen Kalender.

Am ehemaligen Gerichtsflügel des Rathauses, an der Ecke zur Brüderstraße, hat sich die baukünstlerisch bedeutende **Freitreppe** (1537/38) von Wendel Rosskopf dem Älteren erhalten, über der das Wappen (1488) des Königs Matthias Corvinus von Ungarn und Böhmen prangt. Vor der »Zeile«, wie das Haus in der Platzmitte seit jeher genannt wird, steht der **Neptunbrunnen** (1756). Typisch für Görlitz sind die Hallenhäuser, deren Eingangshallen ganzen Pferdefuhrwerken Platz boten.

Kirche St. Peter und Paul

Hoch über der Neiße thront das Wahrzeichen von Görlitz: die zweitürmige St.-Peter-und-Paul-Kirche. Vor allem, wenn man von Osten über die Neiße schaut, bietet sie dem Betrachter einen imposanten Anblick. Der mächtige Ostchor mit dem spitz aufragenden Kupferdach kündet vom einstigen Reichtum der Stadt. Von der ersten Kirche, um 1230 entstanden, hat sich der spätromanische Westbau erhalten. Die mächtige fünfschiffige Halle, 62 Meter lang und 38 Meter breit, wurde von 1423 bis 1497 errichtet. Das Mittelschiff ist 27 Meter hoch. Die weithin sichtbaren schlanken neogotischen Betonturmspitzen kamen erst zwischen 1889 und 1891 hinzu. In der Kirche zählen das ornamental geschmiedete **Taufgitter** (1617), der mächtige, aus Sandstein und Stuckmarmor gefertigte **Altar** (1695) mit hölzernen Skulpturen sowie kunstvolle **Epitaphe** aus der Zeit des Barock zu den Kostbarkeiten. Die prachtvolle **Sonnenorgel** von Eugenio Casparini von Ende des 17. Jahrhunderts ist ein wahres Meisterwerk und wird regelmäßig gespielt.

▸ Karte S. 203

Nikolaikirche und -friedhof

Westlich der Peterkirche, über Nikolaistraße und Bogenstraße laufend, wird die Nikolaikirche (15./16. Jahrhundert) mit dem Nikolaifriedhof erreicht. In der parkähnlichen Anlage sind kunstvolle Grufthäuser und Grabmale, vor allem aus der Zeit des Barock, zu sehen, darunter das Grab von Jacob Böhme (1575 – 1624) mit einem Stein aus dem 19. Jahrhundert. »Philosophus teutonicus« nannten seine Verehrer den 1599 als Schuhmachergeselle in seine Heimatstadt zurückgekehrten Böhme, einen der bedeutendsten deutschen Denker zwischen Reformation und Aufklärung. Böhme schrieb kraftvoll, naiv und bildhaft, er hinterließ ein 4000 Seiten umfassendes Werk, mit dem er sich gegen den erstarrten Protestantismus wandte.

Die Görlitzer St.-Peter-und-Paul-Kirche

Nachbildung der Jerusalemer Heilig-Grab-Kapelle

Sein einstiges Wohnhaus befindet sich in dem heute zu Polen gehörenden Teil von Görlitz, das in Lauchhammer gegossene **Böhme-Denkmal** (1898) steht im Stadtpark.

Heiliges Grab

Über die Friedhofstraße kommt man zu etwas Einzigartigem: dem Heiligen Grab, einer originalgetreuen Nachbildung der heiligen Stätten in Jerusalem in seiner spätmittelalterlichen Gestalt. Erbaut wurde der Komplex zwischen 1481 und 1504 nach der Jerusalemer Sühne-Pilgerfahrt des Görlitzer Tuchhändlers und späteren Bürgermeisters Georg Emmerich, der die Stätte aus eigenen Mitteln finanzierte. An die zweigeschossige **Kreuzkapelle**, das **Salbhäuschen** sowie das Heilige Grab schließt sich ein hügeliges Gelände an, das an das Jerusalemer Kidrontal mit Ölberg und dem Garten Gethsemane erinnert.

Weitere Sehenswürdigkeiten

Am Marienplatz befindet sich das **Jugendstil-Kaufhaus** (1912/13) mit einem zentralen Lichthof und einem wunderschönen Galeriesystem. Es ist das einzige Kaufhaus in Sachsen, das sein Aussehen aus der Zeit vor dem Ersten Weltkrieg behalten hat. Seit Jahren steht es leer, soll aber bald wieder öffnen. Zumindest verkündete das ein Investor. An diesem Platz können noch besucht werden: die spätgotische dreischiffige **Frauenkirche** (15. Jahrhundert), der 45 Meter hohe **Dicke Turm** (13. Jahrhundert), dessen Mauern im unteren Teil fünf Meter stark sind, und das **Senckenberg Museum für Naturkunde**, das zu einem spannenden Rundgang zu den Tieren und Pflanzen der Oberlausitz einlädt.

Im Stadtpark steht der **Meridianstein** in Gestalt eines Globus, er markiert genau die Länge des 15. Meridian, des Längenkreises der mitteleuropäischen Zeit. Wenige Schritte weiter erhebt sich die im klassizistischen Jugendstil erbaute **Stadthalle** (1900). Am Rand des Stadtparks ließ die jüdische Gemeinde der Stadt von 1909 bis 1911 in den Formen des Jugendstils ihre **Synagoge** errichten, die in der Pogromnacht des 9. November 1938 kaum Beschädigungen erlitt. Das 1963 an die Stadt verkaufte Gebäude wird heute als Kultur- und Begegnungsstätte genutzt.

Im Süden liegt am Ufer der Neiße der **Park am Weinberg**. In ihm fährt seit

Marienplatz mit Dickem Turm

1976 die **Görlitzer Parkeisenbahn**. Unter fachlicher und pädagogischer Anleitung bedienen Kinder die Anlage. Die Lok ist ein Nachbau der »Adler«, die als erste deutsche Eisenbahn von Nürnberg nach Fürth zuckelte. Auf dem 665 Meter langen Rundkurs auf Gleisen mit einer Spurweite von 600 Millimeter zieht sie sechs Waggons. An die Frühzeit des Eisenbahnverkehrs in Deutschlands erinnert der **Neißeviadukt** (1844 - 1847) mit 32 großen Bögen, er ist mit 474 Metern Länge und 35 Metern Höhe ein bedeutendes technisches Denkmal und für den Eisenbahnverkehr in Richtung Osten von großer Bedeutung.

Landeskrone

Der »Görlitzer Hausberg« (420 Meter) südwestlich des Stadtzentrums gehört zu den beliebten Ausflugszielen der Görlitzer. Der Aussichtsturm, bereits 1796 errichtet, bietet einen prachtvollen Rundblick, das »Burghotel Landeskrone« gemütliche, gut eingerichtete Zimmer und eine Küche, die schlesische Spezialitäten bereithält. Unterhalb des Gipfels bekam Theodor Körner ein Denkmal (1895), das an den Aufenthalt des Dichters erinnert, als er 1809 ins Riesengebirge wanderte. Vom Zentrum fährt die Straßenbahn bis zum Fuß des Berges, von dort wandert man entweder auf dem Naturlehrpfad nach oben oder man geht auf der schmalen Straße.

Berzdorfer See

Vor Jahrzehnten hätte das keiner gedacht: Görlitz bekommt an seiner südlichen Stadtgrenze einen See. Mit fünf Kilometer Länge und zwei Kilometer Breite ist es nicht einmal ein kleiner. Entstanden ist der See aus dem Restloch des ehemaligen Braunkohletagebaus Berzdorf. Um 1835 hatte in dieser Gegend der Abbau von Braunkohle begonnen. In der DDR

Der Berzdorfer See

entwickelte sich der Braunkohletagebau rasch, sogar Dörfer mussten ihm weichen wie beispielsweise Deutsch-Ossig 1988. Pro Jahr wurden bis zu sieben Millionen Tonnen Braunkohle gefördert, in den 1980er Jahren arbeiteten hier bis zu 7000 Menschen. 1997 endete die Kohleförderung, 2002 begann die Flutung. Heute wird in dem sauberen Wasser gebadet, es wird gesurft und gesegelt, ein Bootshafen und ein 18 Kilometer langer Seeuferweg mit mehreren Aussichtspunkten sind bereits entstanden. Und auch die Tierwelt hat den See für sich entdeckt, zahlreiche Wasservögel fühlen sich hier inzwischen wohl.

Markersdorf

An der B6, am Ortseingang von Markersdorf aus Richtung Görlitz, empfängt das **Schlesisch-Oberlausitzer Dorfmuseum** Gäste. In dem aus Wohnhaus, Stall, Scheune und Nebengebäuden bestehenden Vier-Seiten-Hof (Ende 18. Jahrhundert) wird das vergangene Leben auf dem Lande dargestellt. Die Dreschmaschine in der Scheune, vom Anfang des 20. Jahrhunderts stammend, war seinerzeit ein bedeutender technischer Fortschritt. Etwas abseits steht das aus Fachwerk mit Strohdach errichtete Brunnenhaus.

▲ Karte S. 203/185

Reichenbach

Von Markersdorf sind es auf der B6 nur rund sechs Kilometer bis zum Städtchen Reichenbach (5000 Einwohner). Am geräumigen Marktplatz, im barocken Haus der Adler-Apotheke an der Ecke zur Görlitzer Straße, hielt sich 1812 und 1813 Kaiser Napoleon Bonaparte auf. Im Haus gegenüber übernachtete vom 11. zum 12. August 1809 der Dichter Theodor Körner auf seiner Reise ins Riesengebirge. Die Kirche St. Johannis (15. Jahrhundert) diente den Bürgern der Stadt oft als Schutz. Reichenbach, an der alten Via regia gelegen, war von keiner Stadtmauer umgeben und hatte unter durchziehenden Kriegerhaufen besonders oft zu leiden.

Zu den Sehenswürdigkeiten gehört das imposante **Schloss Krobnitz**, wo im Schlossmuseum die Geschichte des Herrensitzes erzählt wird. Man erfährt, dass das Bauwerk sein heutiges klassizistisches Aussehen bekam, als Generalfeldmarschall Albrecht Graf von Roon (1803 - 1879), Kriegsminister und kurzzeitig preußischer Ministerpräsident, das heute zu Reichenbach gehörende Krobnitz als Alterswohnsitz wählte. Den ließ er sich nach dem Vorbild des Reichskriegsministeriums in Berlin errichten. So war in Sachsen ein Stück Preußen entstanden. Übrigens völlig korrekt, denn damals gehörte diese Region zur preußischen Provinz Schlesien.

Ostritz

Das **Kloster St. Marienthal** im Ortsteil Marienthal ist das älteste Frauenkloster des Zisterzienserordens in Deutschland, seit seiner Gründung 1234 besteht es bis heute ununterbrochen. Die Gebäude erstrahlen in weißen und rosenholzfarbenen Tönen, wie sie für Kirchenbauten dieser Gegend typisch sind. Sein heutiges Aussehen bekam das jederzeit zugängliche Bauensemble von großer Schönheit in den Jahren 1683 bis 1744. Das Kloster hat das **Internationale Begegnungszentrum** gegründet, das sich als Brücke zwischen Ost und West sieht, dass die Zusammenkunft von Menschen ohne Unterschied des Geschlechts, des Alters, der nationalen Herkunft und der Religion fördern möchte.

Im August 2010, als in Polen eine Staumauer brach, richtete das Wasser der Neiße Verwüstungen an, wie es sie in diesem Ausmaß in der gesamten Klostergeschichte bislang nicht gegeben hatte.

Kloster St. Marienthal

Baumhäuser in der Kulturinsel Einsiedel

In jahrelanger Arbeit war das Kloster seit der Einheit restauriert worden, Millionen Euro hatten die aufwändigen Arbeiten verschlungen – das Hochwasser vernichtete alles in wenigen Stunden, zerstörte Inneneinrichtungen und die Gartenanlagen, auch die Dauerausstellung **Ora et labora – Geschichte und Gegenwart der Zisterzienser**. Immens sind auch die Schäden an den Gebäuden. Damit sich das Kloster recht bald wieder in alter Schönheit zeigen kann, bittet das aus 13 Schwestern bestehende Konvent weiterhin um Spenden. Nördlich der Klosterkirche dehnt sich der **Friedhof** mit den Gräbern der Nonnen und Äbtissinnen aus. Einen guten Überblick über die Klosteranlage bietet sich vom **Stationsberg** mit der Kreuzigungsgruppe (1728).

Das Städtchen Ostritz (2500 Einwohner) hat eine Besonderheit vorzuweisen: Der Ostritzer Bahnhof heißt seit Ende des Zweiten Weltkrieges **Krzewina Zgorzelecka**, denn er liegt auf dem östlichen Neißeufer und gehört seit 1945 zu Polen. Das ist ein Ergebnis des Potsdamer Abkommens, das die östlich der Neiße liegenden Gebiete Polen zusprach. Die Bahnstrecke durch das Neißetal verlässt also kurz vor Ostritz für 12,5 Kilometer Deutschland, kurz vor Hirschfelde erreicht sie wieder deutsches Territorium. Wer nach Ostritz mit der Lausitzbahn anreist, kommt in Polen an und betritt über die Neißebrücke Deutschland. Bis zum Dezember 2007 war das mit Grenzkontrollen verbunden.

Kulturinsel Einsiedel

Der **Abenteuerfreizeitpark** am östlichsten Rand Deutschlands lässt die Bau- und Lebensweise des lange verschollenen Volkes der Turiseder wieder entstehen. Das lebte vor etwa 1000 Jahren in den Neißeauen. Unerwartete Erlebnisse warten auf die Gäste, Durchklettern und Durchkriechen ist angesagt, aber auch Erforschen und Ausprobieren. 500 Meter unterirdische Tunnelgänge verbinden die Attraktionen, zu denen auch ein Streichelzoo und ein Wikingerschiff gehören. Die fünf Hektar große Anlage verbindet Natur, Kunst und Kultur. Wer länger bleiben möchte, der mietet sich im **Baumhaushotel** ein. In acht bis zehn Meter Höhe befinden sich die Ferienquartiere mit Sitzecke, Schlafnischen, Minitoilette und eventuell sogar einem Balkon.

▶ Karte S. 203/185

Görlitz und Umgebung

Vorwahl: 03581, **Postleitzahl**: 02826. **Europastadt Görlitz/Zgorzelec-Information**, Obermarkt 32 (Post: Fleischerstr. 19), Tel. 03581/47570. www.goerlitz.de. www.europastadt-goerlitz.de.

Romantik Hotel Tuchmacher, Peterstr. 8, Tel. 47310; 60 Zi., DZ ab 133 Euro. In einem Renaissancehaus aus dem 16. Jahrhundert unweit der St.-Peter-und Paul-Kirche sind moderne Zimmer im 4-Sterne-Komfort eingerichtet. Das vielgelobte Restaurant *Schneiderstube* offeriert gehobene Spezialitäten aus Sachsen und Schlesien (tägl. ab 18 Uhr, Di–So 11.30–14 Uhr). www.tuchmacher.de

Insel der Sinne, Am See 33, Tel. 035822/5540; 46 Zi., DZ ab 100 Euro ohne Frühstück. Am Berzdorfer See vor den Toren von Görlitz gelegenes Haus, großzügige Zimmer mit großen Fensterfronten und teilweise direktem Seezugang. Im Restaurant (tägl. ab 12 Uhr) saisonale Küche, schöne Seeterrasse. www.inseldersinne.de

Hotel Paul Otto, Nikolaistr. 5, Tel. 7252982; 24 Zi., DZ ab 90 Euro. Familiär geführtes Haus in der Innenstadt, modern ausgestattete Zimmer mit Stuckdecken, Holzbalken und Kreuzgewölben. Zum Hotel gehört das Restaurant *Destille*, → Restaurants. www.hotelpaulotto.de

Akzent Hotel Am Goldenen Strauss, Struvestr. 1, Tel. 4281810; 46 Zi., DZ ab 79 Euro. Im restaurierten Jugendstilgebäude erwarten den Gast charmant-komfortable Zimmer. www.stadthotel-goerlitz.de

Hotel zum Hothertor garni, Große Wallstr. 1, Tel. 661100; 19 Zi., DZ ab 59 Euro. Vor den Toren der alten Stadtmauer, funktional eingerichtete Zimmer. www.zum-hothertor.de

Burghotel Landeskrone, Fahrstr. 1, Tel. 74320; 9 Zi., DZ ab 80 Euro. Nette Zimmer auf der Landeskrone, dem Hausberg von Görlitz. Schlesische Küche im Restaurant mit schöner Sommerterrasse (April–Okt. tägl. ab 10, Nov./Dez. Mi–So, Jan.–März Fr–So ab 11 Uhr). www.burghotel-landeskrone.de

Baumhaushotel, Kulturinsel Einsiedel 1, Neißeaue/Zentendorf, Tel. 035891/49113; 9 Baumhäuser für bis zu 6 Personen, ab 160 Euro. Für Abenteuerlustige: Schlafen in zehn Meter Höhe in den Baumwipfeln, mit Sitzecke, Schlafnische und Mini-Toilette, drei Häuser mit Dusche. www.kulturinsel.com

Dreibeiniger Hund, Büttnerstr. 13, Tel. 423980; tägl. ab 11 Uhr. Rustikales Flair in den Gasträumen der Kelleranlage, deutsche und schlesische Küche. Unbedingt die Geschichte vom dreibeinigen Hund lesen oder sich erzählen lassen! www.dreibeinigerhund.de

Destille Görlitz, Nikolaistr. 6, Tel. 405302; tägl. 11.30–14.30 und ab 17.30 Uhr. Hier soll sich eine Tuchfärberei befunden haben. Restaurant mit mediterraner und schlesischer Küche. www.destille-goerlitz.de

Acanthus & Via Regia, Neißstr. 19/20, Tel. 661811 bzw. 402070; tägl. 11.30–14.30 und ab 17.30 Uhr. Kellerlabyrinth mit 12 Gasträumen und Gartenrestaurant an der Stadtmauer im Sommer. Schlesische Küche sowie Fleisch und Fisch vom Lavasteingrill. www.acanthus-viaregia.de

Klosterschenke St. Marienthal, Klosterstr. 138, Ostritz, Tel. 035823/87715; tägl. ab 11 Uhr. Spezialitäten der Oberlausitzer Küche und traditionelle Klostergerichte in rustikalem Ambiente.

Schlesisches Museum zu Görlitz, Schönhof, Brüderstr. 8, Tel. 87910; Di–Do 10–17, Fr–So 10–18 Uhr; jeden ersten So im Monat Eintritt frei, Führung Mo 10 Uhr. www.schlesisches-museum.de

Kulturhistorisches Museum mit Kaisertrutz, **Reichenbacher Turm** und **Barockhaus Neißstraße 30**, Tel. 671355; April–

Dez. Di–Do 10–17, Sa/So 10–18 Uhr, Jan.–März Di–So 10–16 Uhr, Reichenbacher Turm April–Okt. geöffnet.
www.museum-goerlitz.de
Heiliges Grab und Ölberggarten, Heilige-Grab-Str. 79/80, Tel. 315864; tägl. März/April/Sept./Okt. 9–17, Mai–Aug. 9–18, Nov.–Febr. 9–16 Uhr. Führungen tägl. 10 und 15 Uhr.
www.evkulturstiftunggr.de
Senckenberg Museum für Naturkunde, Am Museum 1 (Marienplatz), Tel. 4760100; Di–Fr 10–17, Sa/So 10–18 Uhr.
www.senckenberg.de
Görlitzer Oldtimer Parkeisenbahn, im Park am Weinberg, Tel. 407090; April–Juni, Sept./Okt. Sa 13.30–17, So 10–17, Juli/Aug. Mi 10–17, Sa 13.30–18, So 10–18 Uhr. Fahrbetrieb witterungsabhängig.
www.goerlitzerparkeisenbahn.de
Dorfmuseum Markersdorf, Kirchstr. 2, Markersdorf, Tel. 035829/60329; März–Okt. Mi–Fr 10–16, Sa/So 13–17 Uhr.
www.oberlausitz-museum.de
Ackerbürgermuseum Reichenbach, Görlitzer Str. 25, Reichenbach, Tel. 035828/72093; Sa/So 13–17 Uhr. Vom Tagewerk der »kleinen Leute«.
www.oberlausitz-museum.de
Schloss Krobnitz, Am Friedenstal 5, Reichenbach OT Krobnitz, Tel. 035828/88700; April–Okt. Mi–So 11–17 Uhr.
www.oberlausitz-museum.de
Kloster St. Marienthal, Ostritz, Informationen über Führungen und Besichtigungen unter Tel. 035823/77300.
www.kloster-marienthal.de.

Gerhard-Hauptmann-Theater Görlitz-Zittau, Demianiplatz 2, Tickets Tel. 474747. Oper, Operette, Musical, Ballett sowie Konzerte seines Orchesters, der Neuen Lausitzer Philharmonie. www.g-h-t.de
Sommertheater Görlitz, Juli. Open-Air-Konzerte und Theateraufführungen im Stadthallengarten Görlitz, im Klosterhof Zittau und auf der Waldbühne Jonsdorf.
www.g-h-t.de
Internationales Straßentheater-Festival Via Thea Görlitz, Demianiplatz 28, Tel. 474747. Anfang Aug. verwandeln sich die Straßen und Plätze der Stadt in eine große Open-Air-Theaterbühne. www.viathea.de
Altstadtfest Görlitz, letztes Wochenende im Aug. Historisches Spektakel in der Altstadt und in Zgorzelec.
Schlesischer Christkindelmarkt, in der Adventszeit. Kunsthandwerker, Händler und Gastronomen kommen aus Schlesien, Sachsen, Polen und Böhmen.

Klostermarkt St. Marienthal, Ostritz, Tel. 035823/77367; Mo–Fr 9–17, Sa/So 10–17 Uhr. Souvenirs, Devotionalien, Geschenkartikel, Erzeugnisse der Klostergärtnerei und Klosterbäckerei, Handarbeiten der Schwestern und der Behindertenwerkstatt. www.kloster-marienthal.de

Auf dem 500 Kilometer langen **Oder-Neiße-Radweg** entlang der deutsch-polnischen Grenze bis nach Ueckermünde am Stettiner Haff. Auf alten Pilgerwegen und Handelsstraßen rund 200 Kilometer entlang der Via sacra (Heilige Straße) zu sakralen Schätzen in der Oberlausitz.
www.via-sacra.info.

Neiße-Tours, Thormersdorfer Allee 1, Rothenburg, Tel. 035891/189993; April–Okt. Bootsvermietung, Bootstouren auf der Neiße, Fahrradverleih.
www.neisse-tours.de

Grüngeringelter Abenteuerfreizeitpark, Kulturinsel Einsiedel 1, Neißeaue/Zentendorf, Tel. 035891/49113; Ende März–Anfang Nov. tägl. ab 10 Uhr. Eine ungewöhnliche Abenteuerspielwildnis zum Erforschen und Ausprobieren. In der Scheune Kulturveranstaltungen. Auch ein Piratenschiff gibt es.
www.kulturinsel.com

Karte S. 203/185

Zittauer Gebirge

Im Süden, dort, wo Polen, Tschechien und Deutschland aneinandergrenzen, erhebt sich das Zittauer Gebirge, das seinen Namen von der alten Handelsstadt Zittau bekam. Es ist der deutsche Teil des sich an der sächsisch-böhmischen Grenze hinziehenden Lausitzer Gebirges, das zu den Sudeten gehört. Das kleinste Mittelgebirge Deutschlands wurde im Jahr 2008 in die Naturpark-Familie aufgenommen.

Die Kreidesandsteinplatte mit der **Lausche** (792 Meter) und dem **Hochwald** (749 Meter) als den markantesten Bergen erhebt sich etwa 500 bis 600 Meter über dem Zittauer Becken. Die Berge haben oft skurrile Formen und warten deshalb mit eigenartigen Namen auf. Das Gebirge mit etwa 300 Kilometern gut markierten Wanderwegen und vielen Aussichtspunkten ist seit jeher ein beliebtes Wander-, Kletter- und Wintersportgebiet, in den letzten Jahren haben es auch die Mountainbiker für sich entdeckt. Seitdem Tschechien zum Bereich des Schengener Abkommens gehört, kann die Grenze an jeder Stelle überschritten werden. Bekannt gemacht haben den Landstrich auch die Romantiker. Die reizvolle Berglandschaft zog namhafte Maler an. Carl Gustav Carus malte den »Friedhof auf dem Oybin« und Caspar David Friedrich die »Kirchenruine Oybin«.

Zittau

Die mittelalterliche Stadtmauer ist verschwunden, stattdessen umgibt seit dem 19. Jahrhundert der **Grüne Ring** die historische Innenstadt. Gern verweisen die Zittauer darauf, dass die wohl berühmteste Ringstraße Europas, der Wiener

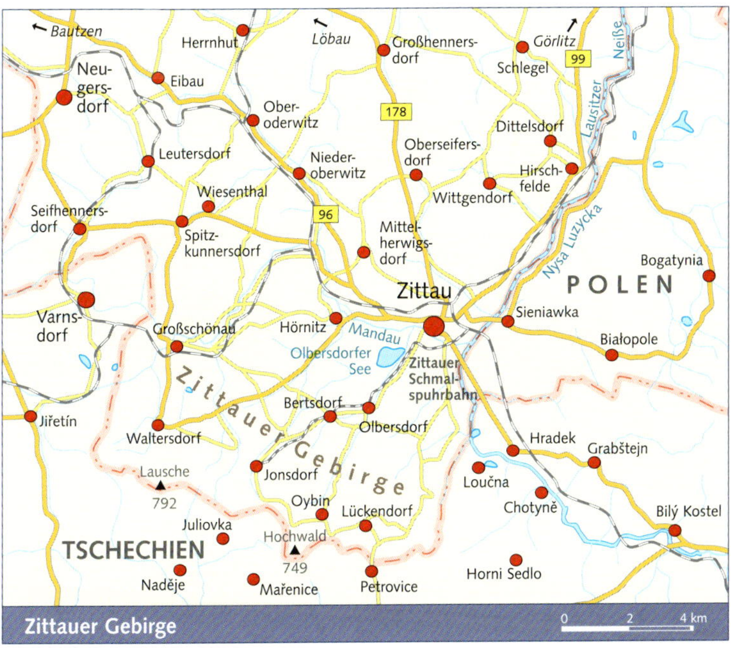

Zittauer Gebirge

Ring, rund 30 Jahre später entstand. Der Zittauer Ring hat nicht nur Linden, Eiben und Lärchen zu bieten, auch manche Sehenswürdigkeit.

Die südöstlichste Stadt (26 000 Einwohner) Deutschlands wartet mit einem komplett erhaltenen historischen Stadtkern auf. Die frühere Wohlhabenheit hat beachtliche Bauwerke hinterlassen. Zittau im Dreiländereck (Deutschland, Polen, Tschechische Republik) ist Ausgangspunkt für Ausflüge ins Zittauer Gebirge und in die beiden Nachbarländer. Von hier verkehrt eine dampflokgezogene Schmalspurbahn nach Kurort Oybin und Kurort Jonsdorf.

Ein überliefertes Gründungsjahr kann Zittau nicht vorweisen, in einer Urkunde ist die Stadt 1238 erstmals genannt. Bereits im 14. Jahrhundert, zur Regierungszeit Kaiser Karls IV., blühten Kunst, Kultur und Wissenschaft. Im 1346 gegründeten Oberlausitzer Sechsstädtebund war Zittau die reichste Stadt. Der Handel, die Tuchmacherei und die Bierbrauerei spielten eine große Rolle. Durch den Prager Frieden 1635 gelangte Zittau mit der Oberlausitz von Böhmen zu Sachsen.

Die Stadtchronik verzeichnet den 23. Juli 1757 als großen Unglückstag: Die Österreicher legten im Siebenjährigen Krieg drei Viertel der Stadt in Schutt und Asche. Die spätbarocken Bürgerhäuser, die heute Zittaus Gesicht bestimmen, entstanden danach. Das Stadtbild veränderte sich im 19. Jahrhundert, als mit der aufkommenden Industrie Fabriken und Arbeiterwohnviertel gebaut wurden. Vornehmlich die Textilindustrie breitete sich aus.

Seit 1914 bereits besteht der **Zittauer Kultur- und Denkmalpfad**, der zu 54 Sehenswürdigkeiten führt, die sich innerhalb des Zentrums auf engem Raum

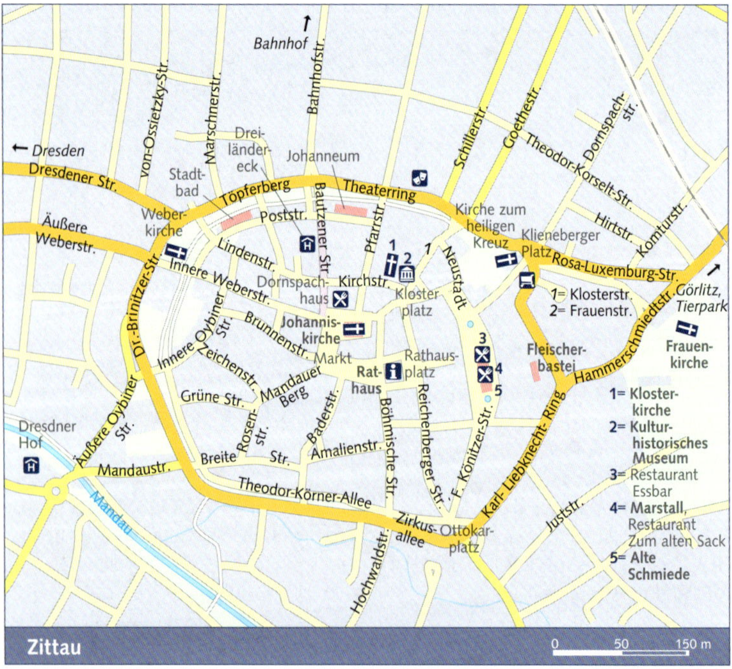

Am Zittauer Markt

drängen und deshalb bequem zu Fuß zu erreichen sind. Im historischen Stadtkern, der vom Grünen Ring umschlossen ist, haben sich Bauten der Gotik, Renaissance, des Barock und Klassizismus erhalten.

Markt und Rathausplatz

Zwei Plätze, der Markt und der Rathausplatz, sind im Herzen der Stadt miteinander verbunden, getrennt durch das **Rathaus** (1840 - 1845). Der Entwurf für diesen im Stil der italienischen Renaissance errichteten Bau - übrigens der vierte an dieser Stelle - stammt von Karl Friedrich Schinkel.

Unter den einstigen Handelshäusern am Markt ragt an der Nordseite das barocke **Noacksche Haus** (1689) hervor, das als Zittaus schönstes Patrizierhaus gilt, daneben die **Stadtapotheke** von 1519. An der Südseite verdienen das **Barockhaus** (Nr. 9) von 1720 und die im Rokokostil erbaute **Fürstenherberge** (Nr. 13) von 1767 Beachtung. Das Haus kam zu seinem Namen, weil Kaiser Ferdinand II., Kurfürst Friedrich August II. von Sachsen und Kaiser Napoleon Bonaparte in ihm logierten. Der **Rolandbrunnen**, oft auch Marsbrunnen genannt, steht seit 1585 an dieser Stelle.

Wer sich für alte **Handelshöfe** interessiert, sollte durch die Innere Weberstraße bummeln. In der einstigen Hauptstraße Zittaus, die westlich vom Markt abgeht, ließen sich reiche Kaufleute prachtvolle Wohnhäuser errichten, an die sich nach hinten ein oder zwei Höfe mit Lagerhäusern anschließen. Aufmerksamkeit verdienen die meist prachtvollen Portale.

Johanniskirche

Hinter dem Markt erhebt sich auf dem Johannisplatz die Johanniskirche. 1757 brannte sie ab, nach einem Entwurf von Karl Friedrich Schinkel entstand sie im klassizistischen Stil neu (1837). Sie ist der einzige Sakralbau des berühmten preußischen Baumeisters in Sachsen. Vom abgebrannten gotischen Vorgängerbau blieb der Nordturm stehen.

Vom 60 Meter hohen Südturm, in dem 266 Stufen nach oben führen, hat man einen weiten Blick. Im September 1995 wurde vor zahlreichen Interessierten die vergoldete Turmkugel geöffnet, die Neugier, was sie enthalten würde, war groß. Zum Vorschein kamen Zeitdokumente aus den vergangenen Jahrhunderten, so Geld aus der Inflationszeit und aus dem Jahr der Kugelvergoldung 1961.

Am Johannisplatz ist noch das **Alte Gymnasium** (1568) sehenswert, das Bürgermeister Nikolaus von Dornspach stiftete, dessen lebensgroßes Grabmal sich auf dem ehemaligen Johannisfriedhof bei der Kirche befindet. In dem schönen Renaissancebau mit Erker und Arkadenhof linker Hand, dem **Dornspachhaus** (1553), dem ältesten Bürgerhaus Zittaus, wohnte der angesehene Bürgermeister bis zu seinem Tod 1580.

Neustadt

Gleich drei Brunnen hat der Neustadt genannte Platz vorzuweisen: den Schwanenbrunnen (1710), den Herkulesbrunnen (1709) und den Samariterinnenbrunnen (1679).

Inmitten des Platzes, den schöne Renaissance- und Barockhäuser (16./17. Jahrhundert) säumen, erhebt sich der wuchtige Marstall (1511). Das Gebäude, unter dessen hohem Dach sich fünf Böden befinden, diente als Salzhaus und Rüstkammer. 1713 wurde an den Marstall die barocke Stadtschmiede angebaut.

Kulturhistorisches Museum Franziskanerkloster

Am Klosterplatz hat im ehemaligen Franziskanerkloster das Kulturhistorische Museum sein Domizil. In der **Dauerausstellung Zittauer Lebensräume** werden kunsthandwerkliche Meisterwerke von europäischem Rang präsentiert. Ferner wird im ehemaligen Vorratskeller eine nachgestaltete **Folterkammer** mit Zeugnissen der Gerichtsbarkeit des 16.

Epitaphe in der Zittauer Klosterkirche

Das große Zittauer Fastentuch

bis 19. Jahrhundert gezeigt. Zu den Kulturschätzen Zittaus von überregionaler Bedeutung gehören etwa 80 **Epitaphe** aus dem 16. bis 18. Jahrhundert, die überwiegend in der **Klosterkirche St. Peter und Paul** zu sehen sind. In der spätgotischen Hallenkirche wurde das Kirchenschiff zum Museum, den mit einer Glaswand abgetrennten Chorraum nutzt auch die Gemeinde. Der Kreuzgang verbindet das Museumshauptgebäude mit dem **Heffterbau**. Dessen Name ist von einem Bürgermeister des 17. Jahrhunderts abgeleitet, auf den der Ausbau des Gebäudes und der schöne Renaissancegiebel zurückgehen. Krönender Abschluss des Museumsbesuches ist der über die einzigartige hölzerne Wendeltreppe erreichbare prachtvolle Barocksaal (1703), der die Wunderkammer der Zittauer Ratsbibliothek beherbergt. Der Saal zeugt eindrucksvoll vom kulturellen Anspruch, von Weltläufigkeit und Reichtum der Stadt Zittau im Barock. Vor dem Museum steht der **Grüne Born** (1679), ein Brunnen mit schmiedeeiserner Kuppel.

▲ Karte S. 214

Zittauer Fastentücher

8,20 Meter in der Höhe und 6,80 Meter in der Breite misst Zittaus Bilderbibel, offiziell Großes Zittauer Fastentuch genannt. Die 1472 gestiftete textile Kostbarkeit gehört zu den bedeutendsten Kunstwerken der abendländischen Überlieferung. Im Mittelalter hing es zur Fastenzeit in der St. Johanniskirche zwischen Langhaus und Chor. Im Jahr 1849 entdeckte man das Tuch zusammengerollt in der Zittauer Ratsbibliothek. Heute ist das 56 Quadratmeter große Leinwandtuch in der größten Museumsvitrine der Welt (laut Guinness-Buch der Rekorde) im **Museum Kirche zum Heiligen Kreuz** zu sehen. Es erzählt Geschichten aus dem Alten und Neuen Testament in 90 Bildern, von der Erschaffung der Welt bis zum Jüngsten Gericht. Die gotische Kirche blieb seit 1410 unverändert.

Zittau hat nicht nur ein Großes Fastentuch, sondern noch ein kleines von 1573, das als ebenfalls einzigartig in Deutschland gilt. Es ist 4,30 Meter hoch und 3,50 Meter breit und zeigt eine monumentale Kreuzigungsszene, umrahmt von den Leidenswerkzeugen Christi wie Dornenkrone, Geiselsäule, Schweißtuch, Hammer, Nägel und Zange. Das **Kleine Fastentuch** ist im **Kulturhistorischen Museum Franziskanerkloster** zu sehen, in einem eigens dafür geschaffenen Raum.

Grüner Ring

Der die Altstadt umschließende Grüne Ring entstand ab 1824, nachdem der Stadtrat beschlossen hatte, die Festungsanlagen aufzugeben. Besonders lieben die Zittauer den Teil bei der Fleischerbastei (1513 – 1562), der einzig erhaltenen von einst 13 Basteien. Vom Museum zum Heiligen Kreuz geht es zum **Schleifermännchenbrunnen** gegenüber und von hier weiter zur **Fleischerbastei** mit der **Blumenuhr** (1908) an der Südseite, die mit ihren etwa 4800 Pflanzen ein duftendes Wahrzeichen Zittaus ist. Zusätzlichen Reiz bietet das **Meissener Porzellanglockenspiel** (1966) daneben, das zu jeder vollen Stunde erklingt.

Blumenuhr an der Fleischerbastei

Zittauer Schmalspurbahn – auf schmalen Gleisen bergauf

8,9 Kilometer sind es von Zittau nach Bertsdorf, wo sich der Schienenstrang der Zittauer Schmalspurbahn gabelt. Von hier geht es weitere 3,3 Kilometer nach Kurort Oybin oder 3,8 Kilometer nach Kurort Jonsdorf. Am 25. November 1890 dampfte die Bahn das erste Mal durch die Landschaft, am gleichen Tag verließ um 18.30 Uhr die letzte Postkutsche Oybin. Im 19. Jahrhundert übersetzte der Volksmund die an den Waggons angebrachten Buchstaben »Z.O.J.E.« mit »Zug ohne jede Eile«, was jedoch offiziell »Zittau-Oybin-Jonsdorfer-Eisenbahngesellschaft« hieß. Eilig haben es die Züge der Bimmelbahn, wie sie oft genannt wird, auch heute nicht: Die Höchstgeschwindigkeit beträgt nach wie vor 25 Stundenkilometer. In **Zittau** fahren die Züge in der Nähe des Hauptbahnhofs ab, überqueren die Gleise der Deutschen Bahn und stoppen bereits nach 1,2 Kilometern zum ersten Mal am Haltepunkt Zittau. Danach überqueren sie die Bundesstraße 99, durchfahren den **Neißeviadukt** mit seinen 39 Bogen und halten in **Zittau Süd**. Schon bald erkennt man am Horizont das Ziel: das Zittauer Gebirge. Die beste Aussicht genießen jene, die einen Platz links in Fahrtrichtung gewählt haben. Nach **Zittau Vorstadt** zischt und dampft die Bimmelbahn durch das einstige Olbersdorfer Braunkohlenrevier, das sich enorm gemausert hat. 1991 wurde in **Olbersdorf** die Braunkohlegewinnung eingestellt und das Tagebaurestloch der 1909 erschlossenen Braunkohlengrube Glückauf geflutet. Inzwischen hat es sich zu einem beliebten Erholungssee entwickelt. Wer ihn besuchen möchte, steigt in **Olbersdorf Niederdorf** aus, nach 1,6 Kilometern wird nochmals in **Olbersdorf Oberdorf** gehalten. Für Wanderer interessant zu wissen: Von hier aus sind es zu Fuß lediglich vier Kilometer bis Oybin.

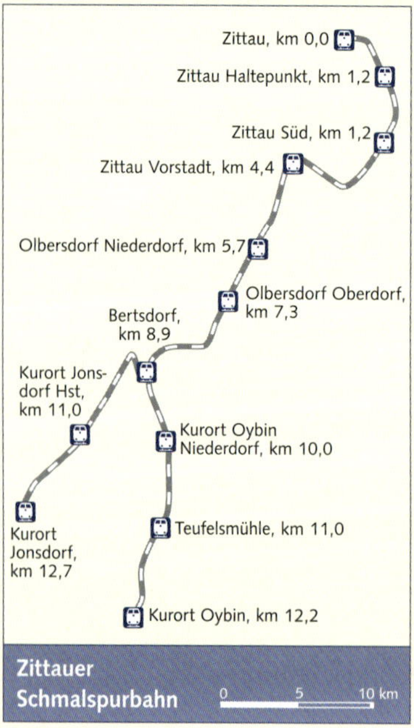

In **Bertsdorf** teilt sich die Strecke: In südöstlicher Richtung geht es nach **Oybin**, in südwestlicher nach **Jonsdorf**. Fotofreunde kommen hier auf ihre Kosten, denn oftmals verlassen zwei Züge gleichzeitig den Bahnhof, der sich etwa zwei Kilometer vom Dorf Bertsdorf entfernt befindet.

Die Schmalspurbahn fand nach ihrer Einweihung großen Zuspruch. Einer der Spitzentage war der Pfingstmontag 1909, an dem man 12337 Fahrgäste zählte. Oftmals war der Ansturm so groß, dass die Personenwagen nicht reichten. Pfingsten 1914 war das zum Beispiel der Fall, als zu den 47 Personenwagen noch 38 Güterwagen eingesetzt werden mussten. An warmen Sommertagen beförderte die Bahn manchmal 5000 bis 7000 Personen. Um dem Ansturm gerecht zu wer-

Die Zittauer Schmalspurbahn

den, begann am 15. April 1913 der zweigleisige Verkehr. Die Zittauer Schmalspurbahn war neben der Borkumer Kleinbahn die einzige Schmalspurbahn in Deutschland mit zweigleisigem Betrieb. Das zweite Gleis wurde jedoch nach 1943 abgebaut, denn die Nationalsozialisten brauchten Stahl für die Rüstung. Bis in die 1980er Jahre fand neben dem Personen- auch ein reger Güterverkehr statt. Dafür wurden auf dem Zittauer Bahnhof Regelspurgüterwagen auf Schmalspur-Rollfahrzeuge geladen. Zum Fahrzeugpark gehören heute sechs Lokomotiven der Baureihe 99.73-76 und eine der Baureihe 99.77-79. Von Zittau nach Oybin ist man 43 Minuten unterwegs, bis nach Jonsdorf 51 Minuten.

Sitzt man im Zug nach Oybin, wird nach dem Haltepunkt **Kurort Oybin Niederdorf** an der **Teufelsmühle** gehalten. Ab 1970 fuhren die Züge hier durch, erst 1991 nahm man die Haltestelle wieder in Betrieb, und zehn Jahre später bekam sie eine neue Wartehalle, die man nach den Originalplänen der alten errichtete. Wenig später taucht der Berg Oybin auf, linker Hand plätschert der Goldbach, der in Zittau in die Mandau mündet. Und dann ist die Endstation erreicht, **Kurort Oybin** (→ S. 223), das touristische Zentrum des Zittauer Gebirges. Eisenbahnfans werden im ehemaligen Güterschuppen des Bahnhofs das kleine Museum besuchen, das Interessantes aus der über 100-jährigen Geschichte der Kleinbahn vermittelt.

Wer in Bertsdorf den Zug nach Jonsdorf gewählt hat, fährt zunächst durch dichten Wald. Wenn dann die ersten Umgebindehäuser auftauchen, stoppt der Zug an der Haltestelle **Kurort Jonsdorf** mit einer hölzernen Wartehalle von 1910. Danach tauchen die Mühlsteinbrüche auf, rechts die Jonsdorfer Kirche und dann ist der **Bahnhof Kurort Jonsdorf** erreicht. Möchte man von Kurort Jonsdorf (→ S. 225) nach Kurort Oybin und ist gut zu Fuß, braucht man nicht die umständliche Bahnfahrt über Bertsdorf zu wählen: Der Wanderweg ist lediglich sechs Kilometer lang.

An der Mandau in Großschönau

Olbersdorfer See

Entstanden ist der Olbersdorfer See am Südwestrand von Zittau aus dem Tagebau Olbersdorf, aus dem von 1909 bis 1991 21,5 Millionen Tonnen Braunkohle gefördert wurden. 1999, zur 2. Sächsischen Landesgartenschau, die Zittau unter dem Motto »Landschaft nach dem Bergbau« ausrichtete, flossen viele Geldmittel, und so konnte eine ansprechende Freizeitoase entstehen. Heute wird hier gebadet und gesurft, Beachvolleyball gespielt, gewandert und geradelt.

Oderwitz

Der Ort an der B 96 lohnt einen Besuch, denn hier gibt es eine Menge zu sehen. Nicht nur Mühlenfreunde dürften am Westhang des Oderwitzer Tales die kulturgeschichtliche Rarität bewundern: drei Bockwindmühlen. Die seit 1787 nachweisbare **Berndtmühle**, die 1813 vom elf Kilometer entfernten Burkersdorf hierher versetzte **Birkmühle** und die **Neumannmühle**, die bis 1876 in Ullendorf in Böhmen stand. 1867 holten sie 18 Pferdegespanne nach Oderwitz, seitdem steht sie am Kühnelberg. Im 18. Jahrhundert soll es im Oderwitzer Raum sechs Wind- und vier Wassermühlen gegeben haben.

▶ Karte S. 213/214

Beliebt bei den Besuchern von Oderwitz (5300 Einwohner), acht Kilometer von Zittau entfernt, ist die 587 Meter lange **Rodelbahn**, auf der die Doppelsitzerschlitten mit etwa 40 Stundenkilometern zu Tal sausen. Weithin bekannt gemacht hat Oderwitz das ARD-Wetterstudio. Im **Wetterkabinett Zittauer Gebirge** als Nachfolgeeinrichtung ist viel über die Meteorologie zu erfahren. In der Kirchstraße 8 steht eine Modelleisenbahnanlage der Spurweite HO mit rund 150 Loks, 500 Wagen und etwa 400 Meter Gleisen.

Eibau

Der **Faktorenhof Eibau**, ein historischer Dreiseithof im ländlichen Barock, war das Wohnhaus eines Leinwandhändlers, Faktor genannt. Das Architekturdenkmal Faktorenhof beherbergt heute Tourist-Information, Standesamt, eine Gaststätte und das **Heimat- und Humboldtmuseum**. Es zeigt unter anderem eine Weberstube aus dem 19. Jahrhundert. Oft finden Veranstaltungen wie Kunsthandwerkermärkte statt. Eine schmale Straße führt hinauf zum **Beckenberg** (407 Meter) mit einer Berggaststätte. In den noch zahlreich vorhandenen **Umgebindehäusern** von Eibau (3000 Einwohner) saßen einst die Hausweber an ihren Webstühlen.

Großschönau

Von 1666 bis 1933 stellten die Großschönauer Damast her, ein Bildgewebe, dessen Name von der Stadt Damaskus abgeleitet ist. In keinem anderen Ort Deutschlands wurde so viel und so lange echter Damast gewebt. Mehr als 800 Webstühle standen in den Umgebindehäusern. Schon Ende des 18. Jahrhunderts gingen kostbare Bildgewebe aus Großschönau (5700 Einwohner) in den Export bis nach Übersee. Das **Deutsche Damast- und Frottiermuseum** widmet sich auch der Frottierweberei, wurde doch 1856 in Großschönau der erste Frottierhandwebstuhl Deutschlands in Betrieb genommen. Es befindet sich in einem repräsentativen Haus, das sich der Damastfabrikant David Wäntig um 1809 erbauen ließ. Da es bis 1865 mit Kupferplatten gedeckt war, wird es heute auch als Kupferhaus bezeichnet.

Unweit des Museums ist in der barocken **Dorfkirche** (1705) das Altarbild »Auferstehung« (1786) künstlerisch bedeutend. Gemalt hat es der in Großschönau 1734 geborene Johann Elisas Zeissig, der später die Zeichenschule der Meissner Porzellanmanufaktur leitete. Auf dem Friedhof erinnert ein Denkmal (1806) an den Künstler, der unter dem Namen »Schenau« bekanntgeworden ist.

Großschönau, im Tal der Mandau gelegen und vor über 700 Jahren von Siedlern aus Thüringen und Franken gegründet, hat auch hübsche Umgebindehäuser vorzuweisen.

Zittau und Umgebung

Postleitzahl: 02763, **Vorwahl**: 03583.

Tourist-Information Zittau/Tourismuszentrum Naturpark Zittauer Gebirge, Markt 1 (Rathaus), Zittau, Tel. 7976400.
www.zittau.de
www.zittauer-gebirge.com

Tourist-Information/Wetterkabinett Oderwitz, Hintere Dorfstr. 15, 02791 Oderwitz, Tel. 035842/20790. www.oderwitz.de.

Tourist-Information Spreequellland im Faktorenhof Eibau, Hauptstr. 214a, 02739 Eibau, Tel. 03576/702051. www.eibau.de
www.faktorenhof-eibau.de

Zittauer Schmalspurbahn, Bahnhofstr. 41, Tel. 540540; tägl. Dampfbetrieb von Zittau nach Oybin und Jonsdorf. Mitfahrten auf der Lok während der Hauptsaison, Sonder- und Erlebnisfahrten. www.soeg-zittau.de

Hotel Dreiländereck, Bautzner Str. 9, Tel. 5550; 45 Zi., DZ ab 95 Euro. Stilvolle, gemütliche Zimmer mitten im Stadtzentrum.
www.hotel-dle.de

Dresdner Hof, Äußere Oybiner Str. 9/12, Tel. 03583757300; 29 Zi., DZ ab 86 Euro. Familiär geführtes Hotel in der Nähe der Altstadt mit Zimmern in unterschiedlichen Stilen. Im Restaurant *Scholek* werden vor allem regionale Produkte verarbeitet (tägl. ab 16 Uhr).
www.hotel-dresdner-hof.de

Schlosshotel Althörnitz, Zittauer Str. 9, Bertsdorf-Hörnitz, Tel. 5500; 74 Zi., DZ ab 59 Euro im Anbau, ab 79 Euro im Schlossgebäude. Historisches Schloss mit modernem Anbau. Im Restaurant *Hörnitzer Schlossstube* frisch zubereitete Oberlausitzer Spezialitäten (tägl. ab 11.30 Uhr).
www.schlosshotel-althoernitz.com

Beckenbergbaude, Beckenbergstr. 5, Kottmar OT Eibau, Tel. 03586/387673; tägl. ab 17, Sa/So auch 11–14 Uhr. Biozertifizierter Berggasthof, in dem die Inhaber viel Wert auf frische saisonale und regionale Produkte legen. Auch 4 einfache Zimmer. (DZ ab 64 Euro) sind vorhanden.
www.beckenbergbaude.de

Seecamping Zittauer Gebirge, Zur Landesgartenschau 2, Olbersdorf, Tel. 696292; ganzjährig geöffnet. Weiträumig angelegte Campingoase inmitten idyllischer Landschaft am Olbersdorfer See mit 225 Stellplätzen und 14 Campinghütten mit 56 Betten.
www.seecamping-zittau.com

Historisches Wirtshaus Dornspachhaus, Bautzener Str. 2, Tel. 795883; Okt.–Juni tägl. 11.30–14 und ab 17.30, Juli–Sept. tägl. ab 11.30 Uhr. Deftiges Essen und Biere aus dem Dreiländereck im ältesten

Bürgerhaus Zittaus. Schöner Innenhof mit Säulengang. www.dornspachhaus.de
Zum alten Sack, Neustadt 47, Tel. 540459; tägl. 11–14.30 und ab 17 Uhr. Rustikales Wirtshaus im Marstall, Oberlausitzer Speisen. www.zumaltensack.de
Essbar, Neustadt 28, Tel. 7918850; tägl. ab 11 Uhr. Vom kleinen Hunger bis zum gehobenen Menü. Mittags (Mo–Fr) gibt es ein preiswertes Tagesgericht. www.essbar-zittau.de
Eibauer Brauhaus, Hauptstr. 214a, Kottmar OT Eibau, Tel. 03586/7539660; Mi–Fr 11.30–14 und ab 17, Sa/So ab 11.30 Uhr. Neben Brauspezialitäten der Eibauer Privatbrauerei wie dem Eibauer Schwarzbier gibt es in der ausgebauten Scheune des Faktorenhofes regionale und typische Brauhausgerichte sowie Steakhouse-Spezialitäten. www.brauhaus-weise.de

Konditorei und Café Liebe, Schenaustr. 11, Großschönau, Tel. 035841/38019; Mo geschl. Nettes Café mit hauseigenen Kuchen und Torten sowie Kaffeespezialitäten. Schöne Terrasse direkt am Ufer der Mandau. www.cafe-liebe.de
Otto Feinbäckerei, Hauptstr. 106, Oderwitz, Tel. 035842/2110; Mo–Sa ab 7 Uhr. Gemütliches Kaffeestüb'l, Di und Do wird im altdeutschen Holzbackofen Brot gebacken, dabei können Interessierte zuschauen.www.otto-baecker.de

Kulturhistorisches Museum Franziskanerkloster (mit Kleinem Zittauer Fastentuch), Klosterstr. 3, Tel. 554790; Di–So 10–17 Uhr. www.zittauer-fastentuecher.de
Museum Kirche zum Heiligen Kreuz – Großes Zittauer Fastentuch, Frauenstr. 23, Tel. 5008920; April–Okt. tägl. 10–17, Nov.–März Di–So 10–17 Uhr. www.zittauer-fastentuecher.de
Modelleisenbahnland Oderwitz, Kirchstr. 8, Oderwitz, Tel. 035842/26996; 11–17 Uhr lt. Terminplan im Internet. www.modelleisenbahnland-oderwitz.de
Faktorenhof Eibau mit Heimat- und Humboldtmuseum, Hauptstr. 214a, Eibau, Tel. 03576/702051; Di–Fr 10–12, 13–16.30 Uhr, Sa 13–17 Uhr. www.faktorenhof-eibau.de
Deutsches Damast- und Frottiermuseum, Schenaustr. 3, Großschönau, Tel. 035841/35469; Mai–Okt. Di–Fr 10–17, Sa/So 14–17 Uhr, Nov.–April Di–Fr 10–16, Sa/So 14–17 Uhr. www.ddfm.de

Gerhart-Hauptmann-Theater Görlitz-Zittau, Theaterring 12, Tel. 770536. Geboten werden Schauspiel, Musiktheater, Kinder- und Jugend-theater; im Sommer Bespielung der Waldbühne Jonsdorf. www.g-h-t.de
Kulturboden Hillersche Villa, Klienebergplatz 1, Tel. 77960. Soziokultur mit umfangreichem Programm in der darstellenden Kunst, Musik, Theater, Film, Literatur. www.hillerschevilla.de

Frottana Textil GmbH, Waltersdorfer Str. 54, Großschönau, Tel. 035841/8245; Mo–Fr 9–18, Sa 9–16 Uhr. Fabrikverkauf von Frottierwaren wie Handtücher, Bademäntel, Badaccessoires. Kostenlose Werksführungen jeden ersten Arbeitstag im Monat 10 Uhr (vorher anmelden!). www.frottana.de

Oberlausitzer Bergweg, Wanderweg über 113 Kilometer von Neukirch bis Zittau, in 6 Etappen zu erwandern, auch mit Gepäcktransfer. Infos Tel. 7976400. www.oberlausitzer-bergweg.de

Rund 300 Kilometer ausgeschilderte **Radwanderwege** und 14 Radwandertouren auf verkehrsarmen Straßen, Radwegen und gut befahrbaren Feld- und Waldwegen durch das Oberlausitzer Bergland, das

▶ Karte S. 214/213

Spreequellland bis zum Zittauer Gebirge. Auch Wandern ohne Gepäck möglich. Infos in den Tourist-Informationen.

Fernradwege: **Oder-Neiße-Radweg** von Zittau bis Ueckermünde am Stettiner Haff über 465 Kilometer, **Spreeradweg** vom Zittauer Gebirge bis nach Berlin über 370 Kilometer.

Stadtbad Zittau, Töpferberg 1, Tel. 79690960; tägl. zu verschiedenen Zeiten geöffnet. Historisches Bad mit Sportschwimm- Bewegungs- und Wellnessbecken, Sauna und Massageangeboten.
www.stadtbad-zittau.de

Freizeit-Oase Olbersdorfer See. Herzstück der Freizeit-Oase ist ein 60 Hektar großer Badesee mit 200 Meter langem Sandstrand, großem Wasserspielplatz, Sport- und Fitnesshalle mit Schwimmbad und Sauna (www.westparkcenter.de), Bootsverleih und Beachvolleyballanlage sowie einem Erlebnisrestaurant (www.captain-hook.de).
www.olbersdorfer-see.com

Trixi Ferienpark Zittauer Gebirge, Jonsdorfer Str. 40, Großschönau, Tel. 035841/6310; Freizeitbad tägl. geöffnet, Waldstrandbad Mai–Aug. tägl. geöffnet. Tropisches Freizeitbad mit vielen Attraktionen, Sauna-Wellness-Landschaft mit Beauty-Programm. Sport und Spiel im Freien, Kletterwald. Feriendorf mit 96 Ferienhäusern und das Hotel *Waldstrand* (30 Zi.).
www.trixi-park.de

Oberoderwitzer Rodelpark, Spitzbergstr. 4a, Oderwitz, Tel. 035842/26273; tägl. 10–18 Uhr, Juli/Aug. bis 20 Uhr. Freizeitspaß für Jung und Alt, im Sommer wie im Winter.
www.rodelbahn-sachsen.de

Kurort Oybin

Kurort Oybin (1500 Einwohner) ist das touristische Zentrum des Zittauer Gebirges. Den Ort beherrscht der **Berg Oybin** (514 Meter), ein riesiger Sandsteinfelsen, der aussieht wie ein Bienenkorb, den man mitten im Ort abgestellt hat.

Der Aufstieg zum Berg Oybin führt vorbei an der kulturhistorisch wertvollen **Bergkirche** (1707 - 1734) mit einem Rokoko-Kanzelaltar (1773). Da die Tür meist offen steht, sollte man hineinschauen und sich an den reichen Malereien an Decke und Emporen erfreuen. Die Maler, die ansonsten vermutlich für die Großschönauer Damastweberei tätig waren, verstanden es fabelhaft, auf dem Holz Marmor zu imitieren. Der Altar und die Kanzel stammen von 1773. Allgemein heißt die Kirche nur »Hochzeitskirche«, weil hier besonders viele Trauungen stattfinden. Großer Beliebtheit erfreut sich die Konzertreihe **Abendmusik bei Kerzenschein**, die zu bestimmten Terminen in den Sommermonaten zu Orgel- und Kammerkonzerten einlädt.

Anfang des 14. Jahrhunderts begann der Bau einer **Burg** auf dem Oybin, 1365 der eines **Klosters**. 1577 brannten Klosterkirche und Burg durch Blitzschlag aus und verfielen langsam. Bereits 1829 wurden die Gebäudereste der Öffentlichkeit zugänglich gemacht. Im Schiff der **Kirchenruine** finden im Sommer Konzerte statt. Sehenswert wegen seiner Lage ist der **Friedhof** von Oybin: Er wurde in den Felsen an der Klosterkirchenruine angelegt, die ältesten Grabsteine stammen aus dem 16. Jahrhundert.

Wanderungen in die Umgebung

Die Umgebung von Oybin lädt zu zahlreichen Wanderungen ein, beispielsweise zum **Töpfer** (580 Meter) mit bizarren Felsbildungen und der Berggaststätte Töpferbaude auf dem Gipfel. Hat man das Felsentor bestiegen und steht auf

Bergkirche in Oybin

der Aussichtsplattform, befindet man sich exakt 580,4 Meter über dem Meeresspiegel. Die Sandsteine in dieser Gegend, von der Natur phantasievoll geformt, nennen sich Schildkröte, Küken und Brütende Henne.

Ein anderer Wanderweg führt von Oybin zum Berg **Hochwald** (749 Meter) an der Grenze zu Tschechien. Unterwegs ist das Klopfen von Schwarz- und Buntspecht zu hören, auch der Mäusebussard kreist noch über den Felsen des Zittauer Gebirges. Vom Aussichtsturm auf dem Hochwald hat man einen weiten Blick, in der Berggaststätte bekommt man Oberlausitzer und böhmische Gerichte serviert.

Luftkurort Jonsdorf

Sommers wie winters ist Jonsdorf (1600 Einwohner) ein beliebter Ferienort. Der **Kurpark** in der Ortsmitte wirkt im Winterkleid romantisch, doch sein schönstes Gesicht zeigt er während der Rhododendronblüte.

Aus Sandstein errichtet wurde die Jonsdorfer **Kirche**, ein einfacher Barockbau von 1731 mit einer sehenswerten Innenausstattung aus der Erbauungszeit.

Herrlich ist die Wald- und Felsenkulisse der **Waldbühne**, die sich die Einwohner durch fleißige und freiwillige Arbeit ohne Bezahlung in den Jahren 1952 und 1953 schufen. Am 1. Juli 1953 fand mit der Oper »Hans Sachs«, gespielt vom Stadttheater Zittau, die festliche Einweihung statt. Heute stehen in den Sommermonaten Schauspiel, Musical und Volkskunst-Veranstaltungen auf dem Programm.

In die Tropen entführt das **Schmetterlingshaus**. Inmitten von Palmen, Efeu und Bananenstauden tummeln sich bei mehr als 25 Grad und hoher Luftfeuchtigkeit rund 300 exotische Schmetterlinge aus vier Kontinenten.

Eine historische Schauwerkstatt im 200 Jahre alten Umgebindehaus Lindenweg 9 ist die **Weberstube Jonsdorf**. Vorgeführt wird das Handspinnen, und man erfährt viel über den Flachsanbau, die Flachsaufbereitung sowie die Bauweise eines Umgebindehauses.

Die **Sparkassen Arena** ist Treffpunkt für Eisläufer, Eishockeyspieler und Kletterer, in den Sommermonaten wird sie für Musikveranstaltungen genutzt.

Die Felsen um Jonsdorf tragen Namen wie Orgel, Bernhardiner und Löwe. Beliebtes Ausflugsziel sind die **Mühlsteinbrüche**. Von 1560 bis 1922 wurde hier der harte, feinkörnige Sandstein zu Mühlsteinen mit einem Durchmesser bis 2,70 Meter gebrochen. Die schickte man in viele europäische Länder. In der Steinbruchschmiede von 1825 erfolgte das Schleifen der Werkzeuge. Am Ende des Zweiten Weltkrieges brannte das Bauwerk bis auf die Grundmauern nieder, wurde aber originalgetreu wieder aufgebaut und museal eingerichtet. Auf organisierten Wanderungen ist ein Blick in die Schmiede möglich.

Durch die **Mühlsteinbrüche** und die sich anschließende **Jonsdorfer Felsenstadt** führt ein Naturpfad mit über 70 Nummernschildchen, die auf Sehens- und Wissenswertes hinweisen. Ein wichtiger Wegbegleiter für diese Wanderung ist die Broschüre »Naturpfad durch die Mühlsteinbrüche und Felsenstadt«, die man in der Tourist-Information Jonsdorf erwerben kann.

Waltersdorf

Der Ort (1400 Einwohner) am westlichen Rand des Zittauer Gebirges gehört zu den beliebtesten Ausflugszielen. Auffallend in dem Dorf sind die formenreichen **Sandsteintürstöcke** (18./19. Jahrhundert), mit denen sich viele der etwa 200 **Umgebindehäuser** schmücken. Bis 1920 wurde in dem Ort Sandstein gebrochen. In der **Kirche** mit ihrem barocken Aussehen von 1766 befindet sich ein sehenswerter Rokoko-Orgelprospekt. Die 1615 erbaute Mittelmühle, die als Sägewerk sowie Getreidemühle mit Bäckerei diente, ist heute **Volkskunde- und Mühlenmuseum**.

Vom Parkplatz am südlichen Ortsende führen Wanderwege zum 629 Meter hohen **Sonneberg** und zur 793 Meter hohen **Lausche**, der höchsten Erhebung des Zittauer Gebirges, von der man bei guter Fernsicht sogar das Riesengebirge sehen kann. Die 1946 abgebrannte Lauscha-Baude wurde leider bis heute nicht wieder aufgebaut.

Felsentor auf dem Gipfel des Töpfers

Oybin und Umgebung

Vorwahl: 035844.

Tourist-Information Oybin, im Haus der Gastes, Hauptstr. 15, 02797 Kurort Oybin, Tel. 73311. www.oybin.com

Tourist-Information Jonsdorf, Auf der Heide 11, 02796 Kurort Jonsdorf, Tel. 70616. www.jonsdorf.de

Tourist-Information Erholungsort Waltersdorf/Naturparkhaus Zittauer Gebirge, Hauptstr. 28, 02799 Großschönau OT Waltersdorf, Tel. 035841/2146.
www.erholungsort-waltersdorf.de
www.grossschoenau.de

Oybiner Gebirgsexpress, Tel. 70783; von April/Mai bis Oktober fährt das gummibereifte Bähnlein *Oybiner Gebirgsexpress* ab Bahnhof Oybin zur Burg- und Klosteranlage Oybin (tägl.), zum Töpfer (Mi–Mo) und zum Hochwald (tägl.).
www.frank-nuhn-freizeit-und-tourismus.de

Naturparkhotel Haus Hubertus,Hubertusweg 10, Oybin, Tel. 7830; 50 Zi., DZ ab 57 Euro. Hotel am Wald, ideale Anbindung an Wanderwege. Im Restaurant regionaltypische Gerichte und Wild (Mo–Fr ab 16.30, Sa/So ab 11 Uhr).
www.naturparkhotel-oybin.de

Dammschenke, Großschönauer Str. 65, Jonsdorf, Tel. 72777; 23 Zi., DZ ab 90 Euro. Historischer Gasthof mit nostalgischen Zimmern mit viel Holz. In der Wellnesslandschaft ist Baden im Holzzuber möglich. Frisch zubereitete Gerichte im Restaurant (tägl. ab 11 Uhr).
www.dammschenke.de

Quirle-Häusl, Hauptstr. 45/51/52, Waltersdorf, Tel. 035841/606060; 21 Zi., DZ ab 79 Euro. Wohnkomfort in einem originalen Umgebindehaus. Zum Hotel gehört auch das *Märchenschlößchen*, das ehemalige *Kaiserliche Postamt*, in dem sich weitere Zimmer befinden. Restaurant mit Oberlausitzer Küche (Di, Mi, Fr–So ab 11.30, Do ab 17 Uhr). www.quirle.de

Töpferbaude, Töpferstr. 17, Oybin, Tel. 72331; April–Okt. Mi–Mo, Dez.–März Do–So ab 10 Uhr. Rustikale Gaststätte auf dem Töpfer in 580 Meter Höhe mit deftiger Hausmannskost. Zwei Ferienzimmer, Wanderunterkunft für zehn Personen.
www.toepferbaude.de

Wanderhotel Sonnebergbaude, Hauptstr. 154, Waltersdorf, Tel. 035841/3300; 17 Zi., 4 App., DZ ab 72 Euro. Wanderunterkunft in einem Umgebindehaus von 1666. Skilift an der Lausche direkt vor der Tür. Regionale Köstlichkeiten in einer ty-

Karte S. 213

pisch Oberlausitzer Gaststube (Mo–Fr ab 15, Sa/So ab 11 Uhr, Winter Mi/Do geschl.). www.sonnebergbaude.de

Hochwald-Turmbaude, Hochwaldweg 5, Oybin, Tel. 70222; Mai–Okt. tägl., Nov.–April Mi–So ab 10.30 Uhr. Baude am Fuß des Hochwaldturmes, Deftiges für Wanderer, Kaffee und Kuchen, einfache Übernachtungsmöglichkeiten.
www.hochwald-turmbaude.de

Ausflugsgaststätte Gondelfahrt, Großschönauer Str. 38, Jonsdorf, Tel. 7360; tägl. ab 11 Uhr. Seit 1890 ein beliebtes Ausflugsziel im Zittauer Gebirge mit Blick auf den Gondelteich am Nonnenfelsen. Forellen und Karpfen aus eigener Fischzucht.
www.hotel-gondelfahrt.de

Café Meier, Hauptstr. 1, Kurort Oybin, Tel. 7140. Wiener Kaffeehaus-Charme im Zittauer Gebirge. Hauseigene Konditorei.
www.hotelcafemeier.de

Burg- und Kloster Oybin, Hauptstr. 15, Tel. 7330; tägl. April–Okt. 9–18, Nov.–März 10–16 Uhr. Der Gebirgsexpress fährt halbstündlich vom Bahnhof zur Vorburg (Ostern–Okt.).
www.burgundkloster-oybin.com

Bergkirche Oybin; tägl. April–Nov. 10–17, März/Dez. 10–16 Uhr.
www.bergkirche-oybin.de

Museum zur Geschichte der Schmalspurbahn, am Bahnhof Oybin, Tel. 70446; Mai–Okt. Di–Fr 13–16, Sa/So 13–17 Uhr.

Schmetterlingshaus Jonsdorf, Zittauer Str. 24, Tel. 76420; tägl. 10–18 Uhr.
www.schmetterlingshaus.info

Weberstube Jonsdorf, Lindenweg 9, Tel. 72040; Mo 10–12, Di 10–12 und 14–17, Fr 14–18, Sa 10–12 Uhr.
www.weberstube-jonsdorf.de

Volkskunde- und Mühlenmuseum Waltersdorf, Dorfstr. 89, Tel. 035841/72872; Mi–Sa 10–12, 13.30–16.30, Mai–Okt., Weihnachten und Febr. auch So 13.30–16.30 Uhr.
www.volkskunde-muehlenmuseum.de

Jonsdorfer Sommerfestspiele, Mai-Sept., Tel. 03583/770536. Theater, Unterhaltungsprogramme, Kabarett- und Operetten-abende, Kindertheater und Konzerte auf der Jonsdorfer Waldbühne.
www.g-h-t.de

Historische Mönchszüge, Mai–Sept. auf der Burg- und Klosteranlage Oybin. Abendliche Führungen in Kostümen und bei Fackelschein. Termine unter http://moenchszug-oybin.de.

40 Kilometer gut beschilderte und gespurte **Skiwanderwege** in den Kammlagen, Skiwanderweg von Waltersdorf nach Lückendorf über 19 Kilometer, Skilifte in Waltersdorf, Oybin und Jonsdorf.

Rodelmöglichkeiten und Ausleihstationen in allen Orten.

Dichtes und gut markiertes **Wanderwegenetz** rund um Oybin und Jonsdorf. Geführte Wanderungen bietet die Tourist-Information Oybin an.

Oberlausitzer Bergweg. Auch Wandern ohne Gepäck ist möglich.
www.oberlausitzer-bergweg.de
www.zittauer-gebirge.com

Sparkassen Arena Jonsdorf, Zittauer Str. 20, Tel. 72277. Eislaufen Okt.–März, 15 Meter hohe Kletterwand, Konzerte und Veranstaltungen. www.jonsdorf.de

Felsklettern auf den 115 offiziellen Sandsteinklettergipfeln mit unterschiedlichen Schwierigkeitsgraden. Infos:
www.kletterninzittau.de
www.aktiv-touristik.de
www.kelchsteiner-oybin.de

Leipzig ist Anziehungspunkt für Freunde von Kunst und Kultur, neuerdings aber auch für Wassersportbegeisterte. Denn die von der Braunkohle hinterlassene Mondkraterlandschaft verwandelt sich in ein Seenparadies. Mit viel Romantik warten das Heideland und die Täler von Mulde und Zschopau auf. In den Burgen und Schlössern im sanften Hügelland oder auf steilen Felsvorsprüngen gibt es viel zu entdecken.

Markkleeberger Park mit Weißem Haus

LEIPZIG UND DAS HEIDE- UND BURGENLAND

Leipzig

»Mein Leipzig lob' ich mir, es ist ein Klein-Paris und bildet seine Leute.« Goethes Worte haben bis heute ihren tieferen Sinn nicht verloren. In der Blütezeit von Sachsens größter Stadt ließen sich reiche Kaufleute und Bankiers prunkvolle Häuser errichten, von denen nicht wenige heute noch das Stadtbild prägen. Leipzig (588 000 Einwohner) erlangte weithin Bedeutung als Messe- und Buchstadt. Die **Messehäuser** beeindrucken auch in unseren Tagen mit ihrer Pracht und Monumentalität. 1927, zur Blütezeit der Leipziger Mustermesse, gab es 50 Messehäuser mit Aufzügen und viel Licht.

Ab 2003 entstand der 5,3 Kilometer lange **City Tunnel**, der seit Ende 2013 den Hauptbahnhof mit dem Bayerischen Bahnhof verbindet. Die Züge rollen durch zwei Tunnelröhren mit einem Innendurchmesser von 7,90 Meter. Es wurde errechnet, dass dadurch mehr als 42,7 Millionen Pkw-Kilometer jährlich vermieden werden können und somit der Innenstadtverkehr verringert wird. Ähnliche Pläne gab es schon in der Vergangenheit. So sollten im 19. Jahrhundert der Hauptbahnhof und der Bayerische Bahnhof mit einer vielgleisigen Hochbahn verbunden werden. Anfang des 20. Jahrhunderts war eine U-Bahn in Planung, ein 600 Meter langes Teilstück eines Tunnels wurde sogar fertiggestellt.

Denkmal für Felix Mendelssohn Bartholdy

▲ Karte S. 232

Leipzig ist auch Wasserstadt, eine Feststellung, die allgemein überrascht. Nur die wenigsten wissen, dass ungefähr 300 Kilometer große und kleine Flussläufe die Stadt durchziehen, denn in den vergangenen Jahrzehnten hatte man Flüsschen und Kanäle verrohrt und somit unsichtbar gemacht.

Nach der Einheit wurde vieles wieder freigelegt. Auf einer Industriebrache am neu ausgebauten Elstermühlgraben an der Käthe-Kollwitz-Straße entstand der **Stadthafen**, von dem man über die Weiße Elster und den 3,3 Kilometer langen Karl-Heine-Kanal bis zum Lindenauer Hafen fahren kann. Der Stadthafen gilt als Tor zum Leipziger Neuseenland und macht Leipzig zur Hafenstadt. In den nächsten Jahren werden die Fließgewässer und Kanäle der Stadt mit den neuen Seen in der Umgebung verbunden. Im Westen Leipzigs, fünf Kilometer von der City entfernt, wird der **Sportboothafen Lindenau** gebaut, von dem man bald über den **Karl-Heine-Kanal** (1856–1893) ins Neuseenland schippern oder tuckern kann.

Leipzig war bereits im 13. Jahrhundert ein bedeutender Handelsplatz. Die Oster- und Michaelismärkte zogen Händler und Kunden von weither an. Aus diesen

Märkten und der erstmals 1485 durchgeführten Neujahrsmesse ging die Leipziger Messe hervor. Im 16. und 17. Jahrhundert sprach man vom »Marktplatz Europas«. Industriestadt wurde Leipzig in der zweiten Hälfte des 19. Jahrhunderts, den Ruf als Stadt der Kunst und Kultur haben wesentlich Johann Sebastian Bach und Felix Mendelssohn Bartholdy mitbegründet. Keine andere Stadt in Deutschland weist eine solch einzigartige Dichte authentischer Wohn- und Wirkungsstätten von Musikern auf. Die Leipziger haben deshalb das **Wegeleitsystem Notenspur** installiert, das auf rund 5,3 Kilometer Länge kreuz und quer durch die Stadt zu den 23 wichtigsten Wohn- und Schaffensstätten berühmter Komponisten und Musiker führt.

Als Beginn der Buchdrucker- und Buchhandelstradition kann das Jahr 1785 gelten, in dem sich Georg Joachim Göschen hier niederließ und in seiner Verlagsbuchhandlung unter anderem die Werke von Goethe, Schiller und Wieland herausgab. Zwei Daten ragen in der Geschichte Leipzigs heraus: die Völkerschlacht im Oktober 1813, die für die damalige Entwicklung Europas bedeutsam war, und die Montagsdemonstrationen im Herbst 1989. Mit dem Ruf »Wir sind das Volk« haben die Leipziger entscheidend zum Sturz des SED-Regimes beigetragen.

Die Innenstadt

Die City von Leipzig konzentriert sich auf reichlich einem Quadratkilometer. Ein Verlaufen ist nahezu ausgeschlossen, denn es gibt eine gut sichtbare Grenze, den aus Grünanlagen und mehrspurigen Straßen bestehenden Ring, der solch einprägsame Namen wie Tröndlinring, Goerdelerring, Georgiring trägt. Durch die Innenstadt fahren keine Straßenbahnen und Linienbusse, die braucht man

Das Einkaufszentrum im Hauptbahnhof

auch nicht, denn alle Sehenswürdigkeiten sind fußläufig erreichbar. Leipzig hat den Vorteil, dass man selbst bei Regen trockenen Fußes bummeln kann. Einem Labyrinth gleich verbindet ein Passagensystem Plätze und Straßen miteinander. Gebaut wurden sie einst, um während der Leipziger Messen die Waren rasch zum Zielort bringen zu können, ohne die Wagen mühselig wenden zu müssen.

■ Hauptbahnhof

Schon längst ist er nicht mehr nur das Ziel von Bahnreisenden, zum Hauptbahnhof kommt man heutzutage auch zum Shoppen und Schlemmen. Leipzigs Hauptbahnhof wurde zum Konsumtempel. Auf drei Ebenen entstand ein **Einkaufs- und Dienstleistungszentrum** mit rund 140 Geschäften und Restaurants. Trotz erheblicher Proteste von Einwohnern, Bürgerinitiativen und Parteien wurde der gewaltige, in beträchtlichen Teilen unter Denkmalschutz stehende Komplex in den 1990er Jahren zu einem sogenannten Erlebnisbahnhof mit Autoparkdeck umgestaltet.

Als der Bahnhof am 15. Dezember 1915 eröffnet wurde, war er einer der größten Personenbahnhöfe der Welt und

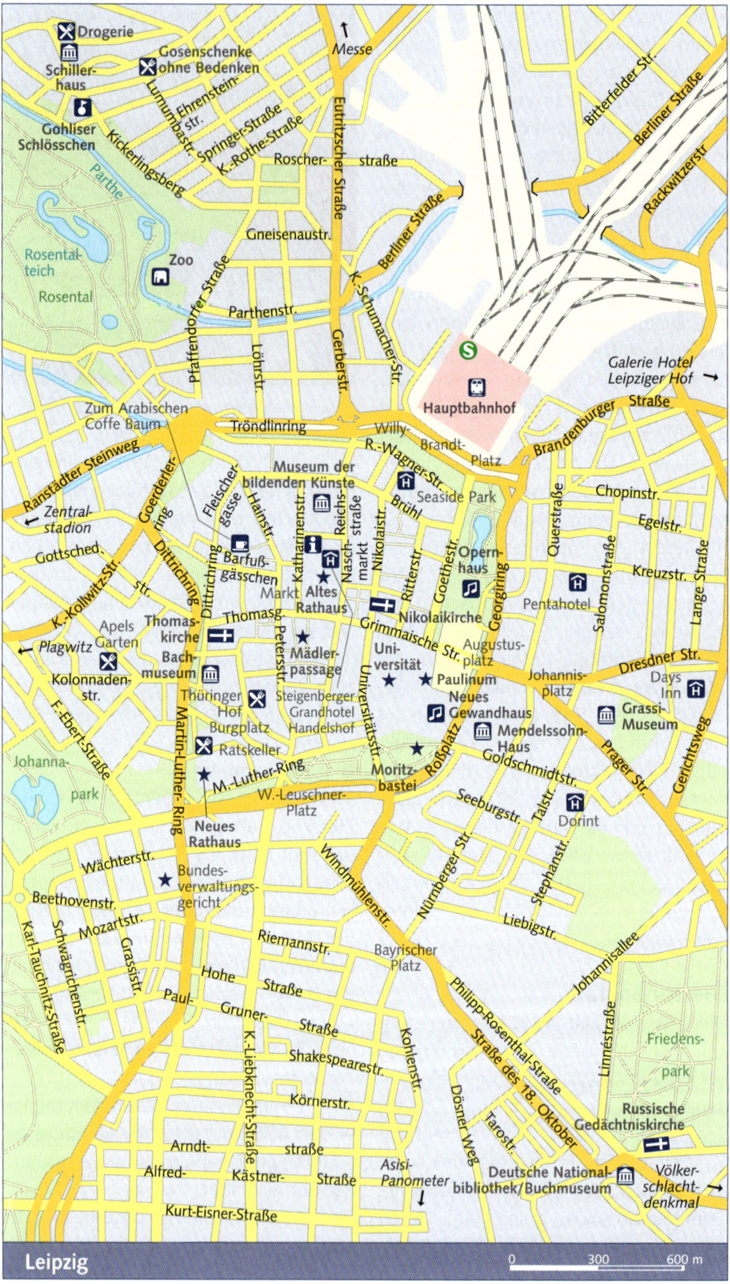
Drogerie
Schiller-
haus
Gosenschenke
ohne Bedenken
Gohliser
Schlösschen
Lumumbastr.
Ehrenstein-
str.
Springer-Straße
K.-Rothe-Straße
Kickerlingsberg
Parthe
Messe
Eutritzscher Straße
Roscher-
straße
Bitterfelder Str.
Berliner Straße
Rackwitzerstr
Rosental-
teich
Rosental
Zoo
Gneisenaustr.
Berliner Straße
Pfaffendorfer Straße
Parthenstr.
K.-Schumacher-Str.
Löhrstr.
Gerberstr.
Hauptbahnhof
Galerie Hotel
Leipziger Hof
Zum Arabischen
Coffe Baum
Tröndlinring
Willy-
Brandt-
Platz
Brandenburger
Straße
Ranstädter Steinweg
Zentral-
stadion
Goerdeler-
ring
Fleischer-
gasse
Museum der
bildenden Künste
Hainstr.
Katharinenstr.
Reichs-
straße
R.-Wagner-Str.
Seaside Park
Brühl
Chopinstr.
Egelstr.
Querstraße
Gottsched-
str.
Dittrichring
Dittrichring
Barfuß-
gässchen
Markt
Altes
Rathaus
Nasch-
markt
Nikolaistr.
Ritterstr.
Goethestr.
Opern-
haus
Salomonstraße
Kreuzstr.
Lange Straße
K.-Kollwitz-Str.
Apels
Garten
Thomas-
kirche
Thomasg.
Petersstr.
Nikolaikirche
Georgiring
Pentahotel
Plagwitz
Bach-
museum
Mädler-
passage
Grimmaische Str.
Uni-
versität
Augustus-
platz
Kolonnaden-
str.
Thüringer
Hof
Steigenberger
Grandhotel
Handelshof
Universitätsstr.
Paulinum
Neues
Gewandhaus
Johannis-
platz
Dresdner Str.
Days
Inn
Grassi-
Museum
F.-Ebert-Straße
Burgplatz
Ratskeller
Mendelssohn-
Haus
Goldschmidtstr.
Prager Str.
Gerichtsweg
Johanna-
park
M.-Luther-Ring
Moritz-
bastei
Roßplatz
W.-Leuschner-
Platz
Seeburgstr.
Talstr.
Dorint
Martin-Luther-Ring
Neues
Rathaus
Windmühlenstr.
Nürnberger Str.
Stephanstr.
Wächterstr.
Bundes-
verwaltungs-
gericht
Beethovenstr.
Mozartstr.
Liebigstr.
Karl-Tauchnitz-Straße
Schwägrichenstr.
Grassistr.
Riemannstr.
Bayrischer
Platz
Johannisallee
Hohe
Straße
Paul-
Gruner-
Straße
Philipp-Rosenthal-Straße
Linnéstraße
Friedens-
park
K.-Liebknecht-Straße
Shakespearestr.
Kohlenstr.
Straße des 18. Oktober
Körnerstr.
Dösner Weg
Tarostr.
Russische
Gedächtniskirche
Arndt-
straße
Alfred-
Kästner-
Straße
Asisi-
Panometer
Deutsche National-
bibliothek/Buchmuseum
Völker-
schlacht-
denkmal
Kurt-Eisner-Straße
Leipzig
0
300
600 m

der größte Kopfbahnhof Europas. Von 24 Bahnsteigen fuhren täglich etwa 150 000 Menschen in die umliegenden Ortschaften oder hinaus in die Welt. Auf einem Bahnhofsteil kamen einst die preußischen Linien an, auf dem anderen die sächsischen, was die beiden Eingangshallen erklärt, die so hoch wie Kathedralen sind.

Am Augustusplatz

Am Augustusplatz, einem der größten städtischen Plätze Deutschlands, erhebt sich in der Südwestecke mit 142,5 Meter Höhe und 34 Stockwerken das **City-Hochhaus** (1968 - 1973), das als aufgeschlagenes Buch gedeutet werden soll. »Weisheitszahn« sagen die Leipziger zu dem Bauwerk, aber auch »Uniriese«, weil es als Hauptgebäude der Universität entstand. Heute ist es ein Bürogebäude. Das eindrucksvolle **Neue Gewandhaus** (1977–1981) an der Südseite des Platzes ist die Heimstatt des Gewandhausorchesters, der große Saal mit der für einen Musiksaal ungewöhnlichen Form eines Amphitheaters bietet fast 2000 Besuchern Platz und gilt als einer der akustisch gelungensten Konzertsäle weltweit. Der moderne Bau ist dem renommierten Dirigenten Kurt Masur zu verdanken, der sich intensiv für einen Konzerthausneubau einsetzte, nachdem das Vorgängerhaus 1944 Opfer eines Luftangriffs geworden war. Das Gewandhausorchester zählt zu den bekanntesten Klangkörpern, Felix Mendelssohn Bartholdy führte es ab 1835 zu Weltruhm. Es ging aus der »Musikausübenden Gesellschaft« hervor, die ab 1781 im Saal der Tuchhändler spielte, dem »Gewandhaus«, das dem Orchester und seiner Spielstätte den noch heute gültigen Namen gab.

Der vor dem Gewandhaus aufgestellte **Mendebrunnen** (1883 - 1886) mit einem

Das City-Hochhaus

18 Meter hohen Obelisk trägt den Namen der Stifterin, der Kaufmannswitwe Pauline Mende. Testamentarisch hatte sie 150 000 Goldmark »zum Bau eines die Stadt verschönernden Brunnens von monumentaler Architektur auf einem freien Platz in der Nähe der inneren Promenade, vielleicht zwischen dem Museum und dem Neuen Theater« gestiftet. Das heutige mit Elbsandstein verkleidete **Opernhaus** auf der nördlichen Seite des Platzes entstand 1956 bis 1960 als erster Opernbau der DDR. Erstes Hochhaus in Leipzig war das **Krochhaus** (1927/28) an der Westseite. Der elfgeschossige kalksteinverkleidete Stahlbetonbau mit den beiden Glockenmännern wurde in Anlehnung an den Uhrturm am Marcusplatz in Venedig entworfen. Die lateinische Giebelinschrift »Omnia vincit labor« bedeutet: »Arbeit überwindet alles.« Völlig neu entstanden ist der **Universitätscampus**, der dort gebaut wurde, wo sich das im Zweiten Weltkrieg schwer beschädigte

Augusteum neben der Universitätskirche St. Pauli befand. Die über 600 Jahre alte Universität Leipzig, an der sich rund 29 000 Studenten eingeschrieben haben, ist nach Heidelberg die zweitälteste Uni Deutschlands mit durchgängigem Studienbetrieb.

Hinter dem neuen Gewandhaus und dem City-Hochhaus amüsieren sich jährlich mehr als 350 000 Besucher in den unterirdischen Gewölben der **Moritzbastei**. Einen Teil der 450 Jahre alten Kasematten legten Studenten in den 1970er Jahren frei und verwandelten sie in einen immer gut besuchten Studentenclub.

In der Nikolaikirche

Paulinum

Das Paulinum hält als Nachfolgebau die Erinnerung an die Universitätskirche St. Pauli wach. Acht Jahre nach der ursprünglichen Fertigstellung wurde im Jahr 2017 das Bauwerk am Augustusplatz endlich eingeweiht. Mit 117 Millionen Euro – mehr als das Doppelte als geplant – ist es nach dem Dresdner Residenzschloss der zweitteuerste Gebäudekomplex im Freistaat Sachsen. »Das Ding kommt weg«, soll der DDR-Staatsratsvorsitzende Walter Ulbricht einst gesagt haben und damit die Kirche zur Sprengung am 30 Mai 1968 freigegeben haben. Zur Universität war sie nach der Reformation gekommen, Luther höchstpersönlich weihte sie zur evangelischen Kirche. Die Uni nutzte die Kirche für Gottesdienste und als Aula für akademische Festakte. Die neogotische Schaufassade stammt aus dem Jahr1897. Sie war Vorbild für den modernen Entwurf »Paulinum – Aula und Universitätskirche St. Pauli«. Ein Teil der historischen Ausstattung, so ein gotischer Flügelaltar (um 1490) sowie Epitaphien, zog in den Neubau ein.

Das Paulinum

▲ Karte S. 232

Um die Nikolaikirche

Die dreischiffige Nikolaikirche, die man vom Augustusplatz über die Grimmaische Straße erreicht, besitzt seit Ende der 1980er Jahre einen über Europa hinausgehenden Ruf. Hier versammelten sich Regimekritiker der DDR zu Montagsgebeten, hier formierte sich 1989 der Widerstand gegen die SED-Diktatur. Der Schriftsteller Erich Loest hat viel davon in seinem Roman »Nikolaikirche« festgehalten, in dem er auch vom Verfall Leipzigs schreibt. Während in der Innenstadt die Messehäuser und die Bauten um den Markt in einem halbwegs guten Zustand erhalten wurden, fielen am Stadtrand manche Straßenzüge regelrecht zusammen, denn es fehlte in der DDR an Material, Technik und Bauarbeitern. Erstmals wurde die Nikolaikirche in der zweiten Hälfte des 12. Jahrhunderts erwähnt. Mit einer Gesamtlänge von 63 Metern und einer Gesamtbreite von 46 Metern ist sie Leipzigs größtes Gotteshaus. Die Innenausstattung gestaltete man 1784 bis 1797 klassizistisch um, besonders beeindrucken die als Palmbäume gestalteten Säulen. Die **Friedrich-Ladegast-Orgel** (1858–1862), die Wilhelm Sauer 1902 erneuerte und erweiterte, gehört mit 85 Registern und 6314 Pfeifen zu den größten im Osten Deutschlands. Die benachbarte, zu DDR-Zeiten marode gewordene **Alte Nikolaischule** (1568) zeigt sich nach aufwändiger Sanierung seit 1994 wieder in alter Schönheit. Die Replik einer Säule der Nikolaikirche daneben erinnert an die Ereignisse 1989. Das Messehaus **Specks Hof** gegenüber dem Haupteingang der Nikolaikirche, einst Ausstellungsort für Leder- und Schmuckwaren, entstand in drei Bauabschnitten bis 1929 mit plastisch reich ausgebildeten Fassaden und viel Skulpturenschmuck. Das zu DDR-Zeiten arg heruntergekommene Gebäude dient seit der originalgetreuen Restaurierung und Modernisierung als Geschäftshaus. Im Erdgeschoss gibt es Läden, in den oberen Etagen Büros, dazu drei glasüberdachte Lichthöfe.

Schräg gegenüber erfreut das **Riquethaus** (1908/09) das Auge, eins der zahlreichen nach dem Zusammenbruch der DDR wiederhergestellten historischen Bauwerke. Mit seinem der chinesischen Baukunst entlehnten geschweiften Dachtürmchen, zwei kupfergetriebenen Elefantenköpfen und anderen ostasiatischen Motiven gehört es zu den sehenswerten Häusern Leipzigs und das darin befindliche Café zu den beliebtesten.

■ Mädler-Passage

28 Passagen laden zum Einkaufen und Schlemmen ein. Leipzigs Innenstadt erhält durch sein einzigartiges System an Passagen und Durchgangshöfen ein besonderes Flair. Teil dieses Labyrinths ist

In der Mädler-Passage

die Mädler-Passage. Der Lederfabrikant Anton Mädler hatte sie in den Jahren 1912 bis 1914 in Auftrag gegeben. In der Mädler-Passage gelangte **Auerbachs Keller** durch Johann Wolfgang von Goethe zu Weltruhm, der die Kellerszene in seinem »Faust« in dieser Gaststätte spielen lässt. »Ich muß dich nun vor allen Dingen, in lustige Gesellschaft bringen. Damit du siehst, wie leicht sich's leben läßt«, sagt Mephisto zu Faust. Den Namen für Leipzigs Kultgaststätte kreierte Ratsherr Heinrich Stromer, der das Kellerrestaurant 1530 bis 1538 erbauen ließ und nach seiner Geburtsstadt Auerbach in der Oberpfalz benannte. Goethe, 1765 in Leipzig immatrikuliert, war Stammgast in diesem Lokal. 1827 kehrte er nochmals in »Auerbachs Keller« ein, wie eine Champagnerquittung beweist. Das historische Weinfass, das an die Faust-Legende erinnert, stand damals aber noch nicht in dem Raum.

Naschmarkt

Am Naschmarkt zeigt sich die **Alte Handelsbörse** (1678 - 1687) mit einer zweiarmigen Freitreppe als architektonische

Goethedenkmal vor der Alten Handelsbörse am Naschmarkt

Das Alte Rathaus

Barockkostbarkeit. Das Bauwerk entstand als Versammlungshaus für die Leipziger Kaufmannsgilde, später tagten in ihm die Stadtverordneten. Heute wird zu Ausstellungen und Konzerten geladen. Vor dem Bauwerk zeigt das **Goethedenkmal** (1903) von Carl Seffner den weltberühmten Dichter als Studenten. Als solcher weilte er von 1765 bis 1768 in Leipzig. An der Ostseite des Naschmarktes steht der **Handelshof** (1908/09), einst der drittgrößte Messepalast, in dem zuletzt Rundfunk- und Fernsehgeräte zu sehen waren. Das Gebäude gehört zu jenen, die bereits einer neuen Funktion zugeführt werden konnten, die Hotelkette Steigenberger hat das Haus in ein modernes Hotel verwandelt, das im April 2011 öffnete.

Markt

Der Markt ist das Herz Leipzigs, jahrhundertelang war er Mittelpunkt städtischen Lebens. Beherrscht wird er vom **Alten Rathaus** (1556) an der Ostseite,

▲ Karte S. 232

einem zweigeschossiges Langhaus mit beachtlichem Satteldach. Leipzigs Bürgermeister Hieronymus Lotter entwarf sich seinen Amtssitz selbst und ließ ihn unter seiner Leitung in nur neun Monaten bauen – Lotter war seinerzeit auch einer der angesehensten Baumeister. Was er vor mehr als 400 Jahren errichten ließ, ist heute Deutschlands ältestes Renaissancerathaus. Ein beliebtes Fotoobjekt ist der Turm mit der barocken Haube, vor allem wegen der Rathausuhr: Das zum Markt gerichtete Zifferblatt misst etwa 18 Quadratmeter, die großen Zeiger sind einen Meter lang. Eine Zugabe des 20. Jahrhunderts ist der Arkadengang mit Geschäften und Restaurants. Das Alte Rathaus beherbergt seit 1909 das **Stadtmuseum** mit der Ratsstube. Der 43 Meter lange Festsaal beeindruckt mit seiner einmaligen Galerie von Stadtrichterporträts vom 17. bis 19. Jahrhundert sowie den großformatigen Bildnissen wettinischer Landesfürsten.

Von der ebenfalls von Lotter erbauten **Alten Waage** (1553 – 1555) an der Südseite des Platzes, in deren großer ebenerdigen Halle der Zoll die Waren wog, entstand nach der Zerstörung im Zweiten Weltkrieg die Renaissancefassade wieder originalgetreu, auch die Sonnenuhr im Staffelgiebel vergaß man nicht.

Das **Königshaus** (1610) an der Nordseite ist das einzige erhaltene Barockgebäude am Markt. Es diente vor allem der sächsischen Königsfamilie als Stadtquartier, so logierte August der Starke hier, aber auch Russlands Zar Peter der Große und Preußens Friedrich der Große quartierten sich in dem Haus ein.

■ Drallewatsch

Kein Museum und kein Bauwerk ist die Sehenswürdigkeit – hinter dem sächsischen »Drallewatsch« verbirgt sich Leipzigs **Kneipenmeile**, die in keinem Reiseführer fehlt. Gegenüber dem Alten Rathaus endet oder beginnt der Drallewatsch, die durch das Barfußgässchen bis zum Neuen Rathaus führt. Hier geht es oft bis in die frühen Morgenstunden hoch her, denn eine Sperrstunde kennt Leipzig nicht. Vor allem in der warmen Jahreszeit wird die Nacht zum Tag gemacht, herrscht regelrecht Volksfeststimmung.

Immer gut besucht: die Kneipenmeile Drallewatsch

EXTRA

Die Mutter aller Messen

Auf freiem Feld entstand im Norden Leipzigs, etwa sieben Kilometer vom Zentrum entfernt, ein modernes Messegelände. Dic imposante Eingangshalle mit einer Kuppel aus 20 000 Quadratmeter Glas wurde ihr Wahrzeichen, entworfen hat sie der englische Star-Architekt Ian Ritchie. Der damalige Bundespräsident Roman Herzog sah in dem neuen Leipziger Messeplatz zur Eröffnung 1996 »ein umfassendes Dienstleistungsnetzwerk für Mittel- und Osteuropa«.
Leipzig und die Messe gehören untrennbar zusammen, vermutlich deshalb, weil die Messe seit Jahrhunderten den Puls der Stadt bestimmt. Im Mittelalter fanden sich dreimal jährlich Kaufleute zu Messen ein. 1497 bekam die Stadt das kaiserliche Messeprivileg verliehen. Dadurch war es allen anderen Städten im Umkreis von 15 deutschen Meilen (etwa 115 Kilometer) untersagt, ebenfalls Messen abzuhalten. Das ließ die Leipziger Messe aufblühen. Von hier aus nahm die Mustermesse ihren Anfang. 1870 waren bereits mehr als 100 Firmen nur mit Mustern auf der Messe vertreten, im Frühjahr 1895 fand die erste reine Mustermesse statt. Leipzig gilt als die »Mutter aller Messen«. Zur Präsentation der Waren entstanden prachtvolle Gebäude im Zentrum, das 1904 vollendete Städtische Kaufhaus war das erste. Das Logo der Leipziger Messe mit zwei übereinandergestellten M, die für Muster-Messe stehen, wurde für die Herbstmesse 1917 entworfen und rasch populär. Von der Herbstmesse 1964 an war das Messemännchen das Maskottchen der Leipziger Messe, es zeigt einen Handelsreisenden mit einem übergroßem Globuskopf.

1920 eröffnete man im Süden der Stadt große Hallen für eine Technische Mustermesse. Nach dem Zweiten Weltkrieg wurde die erste Messe bereits im Frühjahr 1946 durchgeführt, Friedenmesse genannt. Danach entwickelte sich die jeweils im Frühjahr und Herbst stattfindende Messe zu einem wichtigen Faktor im Ost-West-Handel, etwa 10 000 Aussteller aus aller Welt präsentierten ihre Produkte. Die Messe brachte internationales Flair nach Leipzig, die Geschäfte füllten sich zu Messezeiten oft mit Waren, die es sonst in der DDR gar nicht oder nur unter dem Ladentisch gab. Deshalb liebten die Leipziger ihre Messe. Die DDR-Oberen nutzten sie als wirtschaftliches und politisches Schaufenster. Westdeutsche Politiker aller Parteien gaben sich die Klinke in die Hand, drängten sich nach einem Foto mit Honecker und der SED-Spitze. Heute ist das den meisten peinlich.

1990 endete die Ära der branchenübergreifenden Universalmessen, an ihre Stelle traten Fachmessen auf dem neuen Messegelände. Die Bezeichnung »Messestadt« steht also weiterhin als Synonym für die Stadt an der Pleiße.

Das Zeichen der Leipziger Messe

■ **Museum der bildenden Künste**

3500 Gemälde, 750 Plastiken und mehr als 60 000 Zeichnungen und Grafiken von internationalem Rang besitzt das Kunstmuseum. 2004 konnte es in einen Neubau einziehen, den Kunst-Kubus zwischen Hauptbahnhof und Markt, der wegen seiner äußerlichen Nüchternheit lange umstritten war. Nach dem Zweiten Weltkrieg entwickelte sich Leipzig, vor allem durch die Hochschule für Grafik und Buchkunst, zu einem Zentrum der bildenden Kunst. Das Museum bietet logischerweise auch einen Überblick über die Kunstentwicklung in der DDR, vor allem der **Leipziger Schule**, zu deren hervorragendsten Vertretern Bernhard Heisig, Wolfgang Mattheuer und Werner Tübke gehören. Zum kostbarsten Besitz des Museums zählen **altdeutsche und altniederländische Meister** des 15. und 16. Jahrhunderts, aber auch Werke von Lucas Cranach d. Ä. sowie von Caspar David Friedrich, Karl Blechen, Adrian Ludwig Richter, Max Liebermann und Lovis Corinth. Breiten Raum haben die in Leipzig geborenen Künstler Max Klinger (1857 - 1920) sowie Max Beckmann (1884 - 1950) erhalten.

■ **Zum Arabischen Coffe Baum**

Im 1711 eröffneten »Coffe Baum«, einem der der ältesten durchgängig betriebenen Café-Restaurants Europas, wird gegenwärtig kein Kaffee ausgeschenkt. Das Gebäude wird umfassend saniert und soll 2021 wieder öffnen.

Seinen Namen bekam das Haus von dem vor rund 250 Jahren über dem Portal angebrachten Sandsteinrelief. Es zeigt einen früchtetragenden Kaffeebaum und einen darunter sitzenden Türken, dem ein Knabe ein Schälchen Kaffee reicht. Künstler und gekrönte Häupter gaben sich im Coffe Baum die Klinke in die Hand, der allerdings nie ein typisches Kaffeehaus

Portal des Arabischen Coffe Baums

war, sondern immer eine renommierte Gaststätte. Felix Mendelssohn Bartholdy kehrte hier ebenso ein wie Richard Wagner, Franz Liszt und Robert Schumann. August der Starke soll von dem getrunkenen Kaffee so entzückt gewesen sein, dass er dem Wirt überschwänglich das Privileg eines »sächsischen Hofchocolatiers« verlieh. Dass der Kurfürst hier »ä Scheelchen Heeßen« getrunken hat, konnte jedoch bis heute nicht belegt werden.

Im **Museum** im dritten Stock des Hauses wird durch 300 Jahre sächsische Kaffeegeschichte spaziert, nach der Wiedereröffnung dürften wie bisher mehr als 500 Ausstellungsstücke zu bewundern sein.

■ **An der Thomaskirche**

Johann Sebastian Bach und der Thomanerchor haben die Thomaskirche westlich vom Markt berühmt gemacht. Der international renommierte Knabenchor feierte 2012 sein 800-jähriges Bestehen, zweimal wöchentlich singt er in der Kirche. Im Chorraum des Gotteshauses fand Bach seine letzte Ruhestätte. Als er nach einem Schlaganfall starb, begrub man ihn auf dem Johannesfriedhof. Jahr-

Weithin bekannt – Leipzigs Thomaskirche

zehnte später war die letzte Ruhestätte des berühmten Komponisten verschollen, 1894 fand man sie wieder. Nach zweimaliger Umbettung kamen Bachs sterbliche Überreste 1950 aus der im Zweiten Weltkrieg zerstörten Johanniskirche hierher. Seine spätgotische Form erhielt die Thomaskirche, die beispielgebend für die obersächsischen Hallenkirchen ist, 1482 bis 1496. Als architektonische Meisterleistung der damaligen Zeit gilt das Dach über den drei Schiffen, mit einer Neigung von 62 Grad ist es das steilste Dach Leipzigs und mit einer Fläche von 2520 Quadratmeter das größte Kirchendach Sachsens. Die Ausstattung wurde immer dem jeweiligen Zeitgeschmack angepasst, deshalb ist von der barocken Ausstattung aus der Zeit von Johann Sebastian Bachs nichts mehr vorhanden. Heute zeigt sich das Innere im neogotischen Stil.

■ Bach-Museum

Johann Sebastian Bach steht 2,45 Meter groß vor der Thomaskirche. Carl Seffner hat Bach 1908 symbolisch mit nach außen gestülpter Rocktasche dargestellt. Die sich bis heute hartnäckig haltende Mär vom armen Mann stimmt jedoch nicht. Der geniale Musiker, von 1723 bis zu seinem Tod 1750 Thomaskantor, konnte sich sogar Aktien an einem Freiberger Silberbergwerk leisten, wie in alten Aufzeichnungen im Bergarchiv Freiberg unlängst herausgefunden wurde. Wer mehr über den Komponisten wissen möchte, geht in das gegenüberliegende **Bosehaus**, eines der ältesten Kaufmannshäuser der Stadt mit einer geschlossenen symmetrischen Hofanlage. Benannt ist das Haus nach dem früheren Besitzer Georg Heinrich Bose, einem Freund der Familie Bach. Es war also naheliegend, in dem Haus das Bach-Museum einzurichten. Höhepunkt der Ausstellung ist die **Schatzkammer** mit originalen Bach-Handschriften und anderen Raritäten. Fast überall in dem Haus erklingt Bachs Musik, besonders im **Hörkabinett** kann man, auf gemütlichen Sofas sitzend, in die Musik des Komponisten eintauchen.

■ Neues Rathaus

»Unser Neuschwanstein« sagen die Leipziger scherzhaft zu ihrem Neuen Rathaus (1899 – 1905) am Martin-Luther-Ring. Der wahrlich monumentale Bau mit Giebeln und Türmchen und einer Fassade aus hellgrauem Kalkstein wurde auf den Grundmauern der ehemaligen Pleißenburg erbaut. Eine doppelstöckige Brücke, im Volksmund ironisch »Beamtenlaufbahn« genannt, verbindet das Neue Rathaus mit dem angrenzenden Stadthaus (1908 – 1912). Beide Gebäude haben mehr als 800. Räume.

Außerhalb des Rings

Leipzig hat sich ab Mitte des 19. Jahrhunderts rasch ausgedehnt, so vervierfachte sich die Einwohnerzahl in den Jahren von 1871 bis 1900. Manches am Stadtrand liegende Dorf wurde eingemeindet wie beispielsweise Gohlis 1890 und **Plagwitz** 1891. Zu den Sehenswürdigkeiten außerhalb der Innenstadt gelangt man bequem mit Straßenbahn oder Bus. Manches lässt sich sogar gut zu Fuß erreichen, so das **Mendelssohn-Haus** und das **Grassi-Museum** vom Augustusplatz und der Zoologische Garten vom Hauptbahnhof aus.

■ Bundesverwaltungsgericht

Das ehemalige Reichsgericht gehört neben dem Reichstag (Bundestag) in Berlin zu den wichtigsten Monumentalbauten des wilhelminischen Kaiserreiches. Kaiser Wilhelm II. legte 1888 im Beisein des sächsischen Königs persönlich den Grundstein. International bekannt wurde

Wilhelminischer Prunkbau: das ehemalige Reichsgericht

das Reichsgericht 1933 durch den Reichstagsbrandprozess der Nationalsozialisten. Zu den damals Angeklagten gehörte der bulgarische Kommunistenführer Georgi Dimitroff, deshalb gab es zu DDR-Zeiten in dem Haus das Georgi-Dimitroff-Museum, das sich die Räumlichkeiten mit dem Museum der bildenden Künste teilte. Heute informiert das **Reichsgerichtsmuseum**, das zu den Öffnungszeiten des Gerichts kostenlos besucht werden kann, über die interessante Geschichte des Gebäudes, das jetzt das Bundesverwaltungsgericht beherbergt.

Vor dem Gericht erscheint die jahrzehntelang überbaute Pleiße wieder freigelegt. Hier ist der Eingang zum **Musikviertel**, einem auf dem Reißbrett konzipierten Wohngebiet. Allein um 1900 entstanden hier 71 Villen. Seinen Namen bekam es von den frühesten Bauten, dem **Konzerthaus des Gewandhausorchesters** und dem **Musikkonservatorium**. In dem Viertel liegen heute die **Hochschule für Musik und Theater Felix Mendelssohn Bartholdy** (1887) sowie die **Hochschule für Grafik und Buchkunst**, die 1764 als erste Hochschule für Buchwesen weltweit eröffnete.

Mendelssohn-Haus

Hier, in der Goldschmidtstraße 12, starb am 4. November 1847 im Alter von nur 38 Jahren Felix Mendelssohn Bartholdy. Ihm ist zum großen Teil der Aufstieg Leipzigs zur Musikmetropole zu danken. Mendelssohn Bartholdy entdeckte Johann Sebastian Bach wieder und war von 1835 bis zu seinem Tode 1847 Leiter des Gewandhausorchesters. Die Wohnung des Künstlers in dem spätklassizistischen Haus konnte authentisch hergestellt werden.

Am Martin-Luther-Ring, in Höhe der Thomaskirche, steht seit 2008 das **Standbild von Mendelssohn Bartholdy**. Es ist eine originalgetreue Kopie des Bronzedenkmals, das bis 1936 vor dem Gewandhaus stand. Die Nationalsozialisten ließen es entfernen, weil der Künstler Jude war.

Grassi-Museum

Östlich der Altstadt befindet sich Leipzigs Museumsinsel: ein Gebäudekomplex im Art-Déco-Stil (1925 – 1929) mit roter Görlitzer Porphyrverkleidung und markant-zackigen Pfeilern. Das Grassi-Museum vereint drei namhafte Sammlungen unter einem Dach.

▲ Karte S. 232

Museum für Angewandte Kunst: Das 1874 als Vorbildersammlung zur »Hebung des Geschmacks« gegründete Museum sammelt wertvolles Kulturgut von der Antike bis zur Gegenwart, besonders Keramik und Porzellan, Glas der verschiedensten Techniken, Gold- und Silberschmiedearbeiten, Zier- und Gebrauchszinn, Schmiedeeisen, Plastik, Möbel und Textilien.

Museum für Völkerkunde: Der Besucher unternimmt auf 4200 Quadratmetern eine Reise um die Welt. Kleidung, Waffen, Schmuck, Werkzeuge und anderes führen ihn zu anderen Völkern. Rund 185 000 Exponate besitzt das 1869 gegründete Museum, und obwohl es im Zweiten Weltkrieg einen großen Teil seiner Objekte verlor, gehört es heute zu den namhaftesten Völkerkunde-Museen Europas.

Musikinstrumentenmuseum: Rund 5000 zum Teil einmalige Musikinstrumente bewahrt das zur Universität Leipzig gehörende Museum auf. Besonders zahlreich sind italienische, deutsche und französische Instrumente aus der Zeit vom 16. bis zum 19. Jahrhundert vertreten.

Im Mendelssohn-Haus

Japanische Buddhafigur im Museum für Völkerkunde

Russische Gedächtniskirche

Weithin leuchtet die vergoldete Zwiebelkuppel der Kirche. Ikonen und Standarten, die russische Soldaten während der Völkerschlacht bei sich führten, werden in der Russischen Gedächtniskirche (1912 – 1913) in der Philipp-Rosenthal-Straße aufbewahrt. Offiziell lautet der Name: **St.-Alexej-Gedächtniskirche**. Die 18 Meter hohe Ikonostase – die Bilderwand mit der Darstellung von Heiligen – stifteten Donkosaken. Die Gedenkstätte für die 22 000 in der Völkerschlacht 1813 gefallenen russischen Soldaten befindet sich an der Rückseite der Kirche mit dem 16-seitigen Zeltdach.

Deutsche Nationalbibliothek

Aufgabe der Bibliothek ist es, alle deutschen und deutschsprachigen Publikationen ab 1913 zu sammeln und dauerhaft zu archivieren. Von jeder neuen Publikation gehen zwei Pflichtstücke an die Deutsche Nationalbibliothek. Bei der Eröffnung des repräsentativen Gebäudes 1916 meinte man, die Magazine könnten in den kommenden 200 Jahren alle Neuzugänge an deutschsprachigem

Schrifttum aufnehmen. Da hatte man aber die rasante Entwicklung völlig falsch eingeschätzt, denn schon nach 50 Jahren musste zum ersten Mal vergrößert werden, mittlerweile gibt es den vierten Erweiterungsbau. Spitzenreiter mit fast 10 000 Veröffentlichungen ist Goethe gefolgt von Jacob Grimm mit rund 6000 und Karl Marx mit fast 4500 Publikationen.

Bedingt durch die deutsche Teilung war 1947 in Frankfurt am Main eine gleichartige Einrichtung unter dem Namen Deutsche Bibliothek entstanden, nach der Einheit vereinte man beide, und 2006 erhielten sie den Namen Deutsche Nationalbibliothek. In dem Gebäude der einstigen Deutschen Bücherei befindet sich das 1884 gegründete **Deutsche Buch- und Schriftmuseum**, das sich rühmt, weltweit das älteste Museum dieser Art zu sein. Zu den Kostbarkeiten gehört ein auf Rinde geschriebenes Gebetbuch aus Sumatra (um 1800).

Panometer

Yadegar Asisi, der in Sachsen aufgewachsene Sohn persischer Eltern, fertigt die größten Panoramen der Welt. In Leipzig sind sie im denkmalgeschützten Gasometer zu sehen, in dem bis 1977 Stadtgas gespeichert wurde. Von einer Plattform in der Mitte des Raumes schaut man auf die 100 Meter langen und etwa 30 Meter hohe Fotomontagen, zu denen Licht- und Toneffekte gehören und jeweils eine Ausstellung. Was die Besucher sehen, ist atemberaubend, so das Rundbild **Titanic – Die Versprechen der Moderne**, das das 1912 im Nordatlantik versunkene Passagierschiff zeigt, heute das berühmteste Schiffswrack der Welt. Zu den bisherigen Themen gehörte das Panorama **Leipzig 1813**, das einen Blick auf die Stadt kurz nach der Völkerschlacht von 1813 bot. Der nebenstehende **Gasometer** (1884/85), ohne Dach wurde zur »Arena am Panometer«. In ihm finden Veranstaltungen unter freiem Himmel statt, aber windgeschützt durch die historischen Ziegelwände mit großen Bogenfenster-Öffnungen.

Völkerschlachtdenkmal

Die Einweihung des gigantischen Denkmals am 18. Oktober 1913 war eine pompöse Feierlichkeit. Der deutsche Kaiser sowie fast alle Landesfürsten wa-

Lesesaal der Deutschen Nationalbibliothek

Karte S. 232

ren gekommen. Das 91 Meter hohe Monument wurde zum Wahrzeichen von Leipzig. An die Gefallenen erinnern das 60 Meter lange **Relief** an der Vorderfront des Denkmals und die **Ruhmeshalle** (Krypta). 16 Krieger halten hier gesenkten Kopfes Wache für ihre ums Leben gekommenen Kameraden.

Die entscheidende Schlacht fand am 17. und 18. Oktober 1813 statt, zu der die verbündeten Monarchen Napoleon zwangen. Das Ergebnis am 18. Oktober: rund 100 000 Tote, darunter 22 000 Russen, 16 000 Preußen, 12000 Österreicher und 300 Schweden, sowie 59 000 Verletzte. Durch die Völkerschlacht 1813 – sie gilt als die erste Massenschlacht der Neuzeit – erlangte Leipzig weltgeschichtliche Bedeutung. Von der oberen Plattform des Denkmals hat man bei gutem Wetter eine herrliche Aussicht.

Das Völkerschlachtdenkmal erinnert an die große Schlacht von 1813

Zoo

Der Leipziger Zoo befindet sich gegenwärtig im Wandel. Wenn die Modernisierungen in einigen Jahren abgeschlossen sind, wird es einen Zoo geben mit Lebensräumen für die Tiere, die ihrer natürlichen Heimat weitestgehend nachempfunden sind. Bereits jetzt faszinieren die **Hochgebirgslandschaft Himalaya** mit kargen Geröllfeldern und steil aufragenden Felsformationen, die einzigartige **Menschenaffenanlage Pongoland**, die **Afrika-Savanne** und die **Tropenwelt Gondwanaland** mit der Größe von mehr als zwei Fußballfeldern, die »Eine Reise in die Urzeit« möglich macht. In Gondwanaland, dem Urkontinent, der vor Jahrmillionen alle heutigen Erdteile der Südhalbkugel und Teile Asiens vereinte, kann man unter Wasser, auf verborgenen Pfaden, über Hängebrücken oder per Bootsfahrt auf Erkundungsreise gehen und rund 140 exotische Tier- und 500 Pflanzenarten der Regenwälder Afrikas, Südamerikas und Asiens kennenlernen – bei Temperaturen von 24 bis 26 Grad Celsius und einer Luftfeuchtigkeit ab 65 Prozent

Der Leipziger Zoo gehört zu den artenreichsten der Welt. Am 9. Juni 1878 empfing er seine ersten Besucher. In der Welt berühmt ist die Löwenzucht, selbst nach Afrika hat der Leipziger Zoo schon Tiere »exportiert«. Für die vom Aussterben bedrohten Sumatra- und Sibirischen Tiger führt der Leipziger Zoo das internationale Zuchtbuch. Überregional bekannt gemacht hat den Zoo die MRD-Serie »Elefant, Tiger & Co.«, die seit 2003 immer freitags 19.50 Uhr ausgestrahlt wird, und inzwischen zahlreiche Nachahmer gefunden hat.

Gohliser Schlösschen

Beim Spaziergang durch Leipzigs Stadtteil Gohlis kann man das spätbarocke Gohliser Schlösschen (1755/56) bestaunen, einst Sommerpalais reicher Leipziger

Das Schillerhaus in Gohlis

Rats- und Kaufherrn. Das sich im städtischen Besitz befindliche Bauwerk mit Stilelementen des Barocks und Rokokos wird für musikalisch-literarische Veranstaltungen genutzt.

Schillerhaus

1840, 35 Jahre nach Schillers Tod, fand in dem 1717 erbauten Bauernhaus in Gohlis zum ersten Mal eine Schiller-Feier statt. 1856 eröffnete das Museum, damit ist es Deutschlands älteste Literaturgedenkstätte. Das Bauernhaus dürfte sich nur deshalb erhalten haben, weil in ihm im Sommer 1785 Friedrich Schiller bei seinem Verleger Georg Joachim Göschen wohnte. Schiller schrieb in dem Haus die erste Fassung des Liedes »An die Freude«, das Ludwig van Beethoven später für den Schlusschor seiner 9. Sinfonie vertonte. Er arbeitete hier auch am zweiten Akt des »Don Carlos«.

Plagwitz

Kein Leipziger Stadtteil hat sich seit der Einheit wohl so verändert wie Plagwitz: vom tristen Industriestandort zur begehrten Wohnadresse. Ab den 1880er Jahren begannen sich in Plagwitz viele Industriebetriebe anzusiedeln, die auch zu DDR-Zeiten zu den größten Arbeitgebern gehörten. Nach der Einheit wurde Plagwitz ein gespenstischer Stadtteil, Betriebe schlossen, viele Bewohner zogen weg, zurück blieben leerstehende Gebäude und Wohnungen, die zunehmend verkamen. Rund 12 000 Arbeitsplätze gingen ab 1990 verloren. Als Außenstandort der EXPO 2000 bekam Plagwitz einen wohltuenden Entwicklungsschub – Geld wurde bereitgestellt, viele denkmalgeschützte Bauwerke erhielten eine neue Funktion und ein ansprechendes Aussehen. Gaststätten zogen in historische Bauwerke, Loftwohnungen und Arztpraxen entstanden, auch Gewerbe zog ein. Alles ist auf dem 2,6 Kilometer langen **Karl-Heine-Kanal** mit dem Boot zu erkunden oder auf dem Radweg, der den Kanal begleitet. Ein pfiffiger Italiener bietet Gondelfahrten wie in Venedig an, viel preiswerter ist es jedoch, sich ein Boot auszuleihen. Man paddelt vorbei an sanierter Industriearchitektur und noch verkommenen Bauten, vorbei an einladenden Gaststätten und durch zahlreiche Brücken. 284 hat man in Leipzig gezählt, aber mit Venedig – den Vergleich ziehen die Leipziger gern – kann es nicht mithalten, dort sind es über 400 Brücken.

i Leipzig

Vorwahl: 0341.
Postleitzahl: 04109 (Zentrum).
Tourist-Information Leipzig, Katharinenstr. 8, Tel. 7104260. www.leipzig.travel, www.leipzig.de.
Die **Leipzig-Card** bietet freie Fahrt mit öffentlichen Verkehrsmitteln und Preisvorteile bei vielen touristischen Leistungen wie Stadtrundgängen, Museumsbesuchen, im Zoo und weiteren Freizeiteinrichtungen sowie in ausgewählten Geschäften. Die Tageskarte und 3-Tageskarte gelten jeweils für eine Person und kosten 12,40 bzw.

▸ Karte S. 232

24,90 Euro. Die 3-Tagesgruppenkarte für 46,40 Euro ist für Familien mit 2 Erwachsenen und 3 Kindern bis 14 Jahren attraktiv.

Steigenberger Grandhotel Handelshof, Salzgässchen 6 (am Naschmarkt), Tel. 3505810; 177 Zimmer und Suiten, DZ ab 127 Euro ohne Frühstück. Wer sich einmal etwas Besonderes leisten möchte, quartiert sich im historischen Handelshof ein. Der ist heute ein schickes, modernes Hotel mit einem Spa-Bereich auf zwei Etagen. www.steigenberger.com

Seaside Park Hotel, Richard-Wagner-Str. 7, Tel. 98520; 288 Zi., DZ ab 115 Euro ohne Frühstück. Gegenüber dem Hauptbahnhof, Innenausstattung in Art Déco, ruhigere Zimmer zum Innenhof. www.parkhotelleipzig.de

Pentahotel Leipzig, Großer Brockhaus 3, Tel. 12920; 356 Zi., DZ ab 89 Euro ohne Frühstück. Modern gestyltes (von Matteo Thun) und wohltuend anderes Hotel. Mit Schwimmbad und Fitness-Center. www.pentahotels.com/de/leipzig

Galerie Hotel Leipziger Hof, Hedwigstr. 1–3, Tel. 69740; 73 Zi., DZ ab 87 Euro. Privat- und Kunsthotel östlich vom Hauptbahnhof. In allen Zimmer hängen Originalbilder der Neuen Leipziger Schule. Wechselnde Kunstausstellungen. www.leipziger-hof.de

Dorint Hotel Leipzig, Stephanstr. 6, Tel. 97760; 174 Zi., DZ ab 80 Euro ohne Frühstück. Angenehme Zimmer, Stadtzentrum in 10 Minuten zu Fuß erreichbar. www.hotel-leipzig.dorint.com

Alt-Connewitz, Meusdorfer Str. 47a, Tel. 3013770; 35 Zi., DZ ab 85 Euro. Angenehmes Wohnen etwas außerhalb des Zentrums, aber mit guter Verkehrsanbindung. Zimmer unterschiedlicher Kategorien, familiär-freundlicher Service. Sächsische Gemütlichkeit im Restaurant. www.alt-connewitz.de

Days Inn, Gerichtsweg 12, Tel. 0800/1010880; 51 Zi., 21 Ap., DZ ab 69 Euro. Preiswertes Übernachten in geräumigen, funktional ausgestatteten Zimmer nahe der Innenstadt. Für Familien stehen Apartments mit mehreren Räumen zur Verfügung. www.dayinnleipzigcity.com

Auerbachs Keller, Grimmaische Str. 2–4, in der Mädler-Passage, Tel. 216100; tägl. ab 12 Uhr. Goethes Faust machte das Lokal bekannt, auch heute sollte jeder Tourist wenigstens hineingeschaut haben. Sächsische bodenständige Küche im Großen Keller. Weitere historische Räumlichkeiten mit dem historischen Fasskeller, dem Goethe-Keller und dem Lutherstübchen. Hausgebackenes und Kaffeespezialitäten in der Mephisto-Bar. www.auerbachs-keller-leipzig.de

Drogerie Leipzig, Schillerweg 36, Tel. 22286466; Mo–Do ab 18, Fr/Sa ab 17.30 Uhr. Früher Drogerie – daher der Name –, heute nettes Lokal mit französischem Flair. Serviert wird eine frisch zubereitete klassische Küche mit internationalen Einflüssen. www.drogerie-leipzig.net

Gosenschenke »Ohne Bedenken«, Menckestr. 5/Poetenweg 6, OT Gohlis, Tel. 5662360; April–Sept. tägl. ab 12 Uhr, Okt.–März Mo–Fr ab 16, Sa/So ab 12 Uhr. Die einzige noch existierende Schenke an historischer Stelle, in der die Gose, ein leicht säuerliches obergäriges Bier, ausgeschenkt wird. Dazu Alt-Leipziger Küche und viele Veranstaltungen. Im Sommer großer Biergarten und immer gute Stimmung. www.gosenschenke.de

Apels Garten, Kolonnadenstr. 2, Tel. 9607777; tägl. ab 11 Uhr. Traditionsreiches Restaurant, in dem sächsische Küche nach historisch überlieferten Rezepten gekocht wird. www.apels-garten.de

Thüringer Hof, Burgstr. 19, Tel. 994499; tägl. ab 11.30 Uhr. Absolut kein Widerspruch: Thüringer Gastlichkeit mitten in Sachsen. Deftige Thüringer Küche, einige vegetarische Gerichte. Thüringer Wurstspezialitäten im Glas zum Mitnehmen. www.thueringer-hof.eu

Ratskeller, Lotterstr. 1, Tel. 1234567; Mo–Sa ab 12, So ab 11 Uhr. Gastlichkeit im historischen Kellergewölbe mit sächsischer Küche. www.ratskeller-leipzig.de

Zum arabischen Coffe Baum, Fleischergasse 4, Tel. 9610061; zur Zeit geschlossen. Eines der ältesten Kaffeehäuser Deutschlands, verschiedene Restaurants von rustikal bis gehoben und Cafés sowie ein Kaffeemuseum.

Café Kandler, an der Thomaskirche, Thomaskirchhof 11, Tel. 2132181; Mo–Fr ab 10, Sa/So ab 9 Uhr. Teehaus mit einer großen Auswahl an losen Tees, Kaffeespezialitäten und feinen Patisserien wie Leipziger Lerchen. Auch Nikolaistr. 3 in Specks Hof (gegenüber Nikolaikirche). www.cafekandler.de

Kaffeehaus Riquet, Schuhmachergäßchen 1, Tel. 9610000; tägl. ab 9 Uhr. Auf zwei Etagen in einem schönen Jugendstilgebäude locken hausgemachte Torten und Kuchen. www.riquethaus.de

Nachtschwärmer kommen in Leipzig voll auf ihre Kosten. Vielgestaltig, schillernd und bunt geht es in den Bars, Kneipen und Szene-Locations zu. Ein absolutes Muss: ein Bummel über die Kneipenmeile **Drallewatsch**. In Barfußgässchen, Fleischergasse und Klostergasse reihen sich Kneipen und Restaurants mit den unterschiedlichsten Angeboten aneinander.

Stadtgeschichtliches Museum, Markt 1, im Alten Rathaus, Tel. 965130; Di–So 10–18 Uhr. www.stadtgeschichtliches-museum-leipzig.de

Museum der Bildenden Künste, Katharinenstr. 10, Tel. 216990; Di, Do–So 10–18, Mi 12–20 Uhr. www.mdbk.de

Bach-Museum, Thomaskirchhof 15/16, Tel. 9137202; Di–So 10–18 Uhr, Führungen Fr 15, So 11 Uhr. www.bachmuseumleipzig.de

Museum zum Arabischen Coffe Baum, Kleine Fleischergasse 4, Tel. 9610060; zur Zeit geschlossen.

Reichsgerichtsmuseum, im Bundesverwaltungsgericht, Simsonplatz 1, Tel. 20071000; Mo–Fr 8–16 Uhr. www.bverwg.de

Mendelssohn-Haus, Goldschmidtstr. 12, Tel. 1270294; tägl. 10–18 Uhr. Jeden So 11 Uhr Konzert im Musiksalon. www.mendelssohn-stiftung.de

Grassi-Museum, Johannisplatz 5–11; Di–So 10–18 Uhr. Im Grassi-Museum sind untergebracht: das **Museum für Völkerkunde**, Tel. 9731900, das **Museum für Angewandte Kunst**, Tel. 2229100, sowie das **Museum für Musikinstrumente**, Tel. 9730750. www.grassimuseum.de

Russische Gedächtniskirche, Philipp-Rosenthal-Str. 51a, Tel. 8781453; tägl. 10–17, Dez.–Febr. 10–16 Uhr, Pause 13.15–14 Uhr. www.russische-kirche-L.de

Deutsches Buch- und Schriftmuseum, Deutscher Platz 1, Tel. 2271324; Di–So 10–18, Do bis 20 Uhr, Dauerausstellung, Schautresor. www.d-nb.de

Panometer, Richard-Lehmann-Str. 114, Tel. 3555340; Mo–Fr 10–17, Sa/So 10–18 Uhr, Führungen 11 und 14 Uhr. www.panometer.de

Völkerschlachtdenkmal und Forum 1813, Straße des 18. Oktober 100, Tel. 2416870; tägl. April–Okt. 10–18, Nov.–März 10–16 Uhr. www.stadtgeschichtliches-museum-leipzig.de

Zoologischer Garten, Pfaffendorferstr. 29, Tel. 5933385 (Safaribüro); tägl. Mai–Sept. 9–19, April/Okt. 9–18, Nov.–März 9–17 Uhr. www.zoo-leipzig.de

Gohliser Schlösschen, Menckestr. 23, Tel. 589690; Führungen laut Kalender. Veranstaltungen, Ausstellungen, Konzerte. www.gohliser-schloss.de

▸ Karte S. 232

Gedenkstätte Museum in der Runden Ecke, Dittrichring 24, Tel. 9612443; tägl. 10–18 Uhr. www.runde-ecke-leipzig.de
Schillerhaus, Menckestr. 42, Tel. 5662170; April–Okt. Di–So 10–17, Nov.–März Mi–So 11–16 Uhr. www.stadtgeschichtliches-museum-leipzig.de
Museum für Druckkunst, Nonnenstr. 38, Tel. 231620; Mo–Fr 10–17, So 11–17 Uhr. www.druckkunst-museum.de

Neues Gewandhaus, Augustusplatz 8, Tel. 1270280. Spielstätte des Gewandhausorchesters. Es musiziert ebenfalls mit dem Thomanerchor in der Thomaskirche und zu Opernaufführungen in der Oper. www.gewandhaus.de
Oper Leipzig, Augustusplatz 12, Tel. 1261261. Oper, Operette und Ballett. www.oper-leipzig.de
Thomaskirche, Thomaskirchhof 18, Tel. 22224200. Jeden Fr 18 und Sa 15 Uhr Motettensingen (meist) mit dem weltberühmten Thomanerchor. www.thomaskirche.org
Nikolaikirche, Nikolaikirchhof 3, Tel. 9605270. Orgelkonzerte, Orgelmusiken Sa 17 Uhr, Musik und Besinnung Mi 17 Uhr. www.nikolaikirche-leipzig.de
Krystallpalast Varieté, Magazingasse 4, Tel. 140660. Varieté-Theater mit zauberhaften Programmen. www.krystallpalast.de
Leipziger Pfeffermühle, Katharinenstr. 17 (in Kretschmanns Hof), Tel. 9603196. Politisch-satirisches Kabaretttheater. www.kabarett-leipziger-pfeffermuehle.de
Academixer, Kupfergasse 2, Tel. 21787878. Aktuell-politische Programme, sächsische Mundartprogramme, literarisch-musikalische Kabarett. www.academixer.com
Moritzbastei, Kurt-Masur-Platz 1, Tel. 702590. Diskos, Ausstellungen, Lesungen, Performances. www.moritzbastei.de
Wagner-Festtage, im Mai. Veranstaltungen rund um den großen Komponisten, Konzerte, Vorträge. www.wagner-verband-leipzig.de
Leipziger Wasserfest, Mitte August. Aktivitäten und Veranstaltungen im Hafen Lindenau und an anderen Standorten in der Stadt. www.wasserfest-leipzig.de
Bachfest, im Juni. Rund 100 Konzerte, Vorträge, Open-Airs in und um Leipzig, die den großen Komponisten ehren. www.bach-leipzig.de
Weihnachtsmarkt, in der Adventszeit. Weihnachtliche Stimmung auf dem Marktplatz und den angrenzenden Straßen und Plätzen, mit Turmblasen vom Turm des Alten Rathauses und großem freistehenden Weihnachts-Erlebnis-Kalender.

Zum Shoppen ist Leipzig bestens geeignet, in den zahlreichen Passagen fanden Boutiquen und Fachgeschäfte ihr Domizil: **Hauptbahnhof-Promenaden**, www.promenaden-hauptbahnhof-leipzig.de, **Mädler-Passage**, www.maedler-passage-leipzig.de, **Königshaus-Passage**, **Messehof-Passage**, **Specks Hof & Hansahaus**, www.speckshof.de, **Barthels Hof**, www.barthelshof.de, **Marktgalerie und Breuninger**, www.leipzig-marktgalerie.de.
Antik- und Trödelmarkt, auf dem alten Messegelände, So 8–15 Uhr; auf dem Agra-Veranstaltungspark Markkleeberg nach Terminplan. www.abuha.de

Viele Infos und Tipps zum Radfahren in der Stadt und in der Umgebung finden sich auf der Website www.leipzig.travel.

Bootsverleih Herold, Antonienstr. 2, 04229 Leipzig, Tel. 4011059; April–Okt. Verleih von Ruderbooten, Kajaks, Kanadiern, Motorbooten; Wassersportschule. www.bootsbau-herold.de
Bootsverleih, Klingerweg 2, Tel. 4806545; April–Okt. Bootsverleih, Motorbootfahrten auf den Wasserstraßen Leipzigs, geführte Kanutouren. https://bootsverleih.scdhfk.de

Leipziger Neuseenland

Leipzigs Umgebung ist im Wandel. Die vom Braunkohleabbau stark geschundene Landschaft verwandelt sich in ein Seenparadies, gegenwärtig entsteht eine der größten Seenplatten Deutschlands. Die Braunkohlebagger hatten sich bis an die Stadtgrenzen herangefressen, zurück blieb eine Mondlandschaft. Die verschandelte Landschaft ist bereits heute nicht wiederzuerkennen: 20 Seen mit einer Gesamtwasserfläche von mehr als 70 Quadratkilometern entstehen zwischen Bitterfeld im Norden, zum Bundesland Sachsen-Anhalt gehörend, und Borna im Süden. Zahlreiche ehemalige Braunkohlelöcher sind bereits geflutet und begrünt. Leipziger Neuseenland sagen die Touristiker zu dieser von Menschenhand geschaffenen Landschaft. Badefreunde und Wassersportler zieht die Region mit ihren feinsandigen Stränden, Marinas, Uferpromenaden und einer der modernsten Wildwasseranlagen schon heute an.

Delitzsch

An Sehenswürdigkeiten bietet Delitzsch (25 000 Einwohner) eine gut erhaltene **Stadtbefestigung**, das spätklassizistische **Rathaus**, das **Schloss** und die mittelalterliche Stadtkirche **St. Peter und Paul**. Der dreischiffige Backsteinbau, der zu den südlichsten Beispielen norddeutscher Backsteingotik zählt, prägt mit seinen beiden Turmspitzen das Stadtbild. Die Kirche wurde 1496 nach rund 90-jähriger Bauzeit, allerdings mit mehrjährigen Unterbrechungen, fertiggestellt. Wer es einrichten kann, sollte mittags Punkt zwölf Uhr vor der Kirche stehen und zur Turmuhr schauen. Über dem Zifferblatt der Uhr sieht man Adam und Eva, pünktlich beim ersten Glockenschlag reicht Eva ihrem Adam den Apfel, er beißt mit weitaufgerissenem Munde hinein.

▸ Karte S. 251

Im Haus Kreuzgasse 10 wurde ein Museum für den Genossenschaftsbegründer Dr. Franz Hermann Schulze-Delitzsch eingerichtet, der 1808 in Delitzsch geboren wurde und bis 1862 mit Unterbrechungen in der Stadt lebte und wirkte. Auf dem Marienplatz wird er mit einem Denkmal gewürdigt. Der **Hallesche Turm** (1394 – 96) und der **Breite Turm** (14. Jahrhundert) sind Bestandteil der Reste der mittelalterlichen Stadtmauer. Höhepunkt eines Delitzsch-Besuches dürfte aber zweifelsohne das schöne **Barockschloss** sein, das im 16. Jahrhundert aus einer alten slawischen Burg als Witwensitz der Fürsten von Sachsen-Merseburg entstanden ist. Zu DDR-Zeiten war es wegen Baufälligkeit gesperrt und aus dem Gedächtnis vieler verschwunden. Seit Jahren präsentiert es sich wunderschön restauriert, eine Augenweide ist auch der wiederhergestellte barocke **Schlosspark**. Im Süden von Delitzsch entstand ein Seengebiet. Dort, wo sich ab 1980 Braunkohlebagger in die Landschaft fraßen, leuchten heute Seen. Der **Werbelinsee** ist mit 4,4 Quadratkilometern der größte, benannt nach dem gleichnamigen Dorf, das dem Braunkohleabbau weichen musste. Südlich von **Grabschützer** und **Zwochauer See**, bei Gerbisdorf, erinnert ein 17 Meter hohes **Schaufelrad** an den Bagger SRs 6300, der als größter in diesem Kohlerevier die Landschaft durchfurchte. Die Baggerschaufel wiegt 2,1 Tonnen und kann 3300 Liter fassen. Aus dem ehemaligen Tagebau Breitenfeld wurde der **Schladitzer See**, der im Jahr 2013 seine geplante Wasserfläche von 2,2 Quadratkilometer erreichte. Aber bereits seit 2003 wurde er für die touristische Nutzung freigegeben, es darf in ihm gebadet werden, und der See wurde zum Treff von Kitesurfern und Seglern.

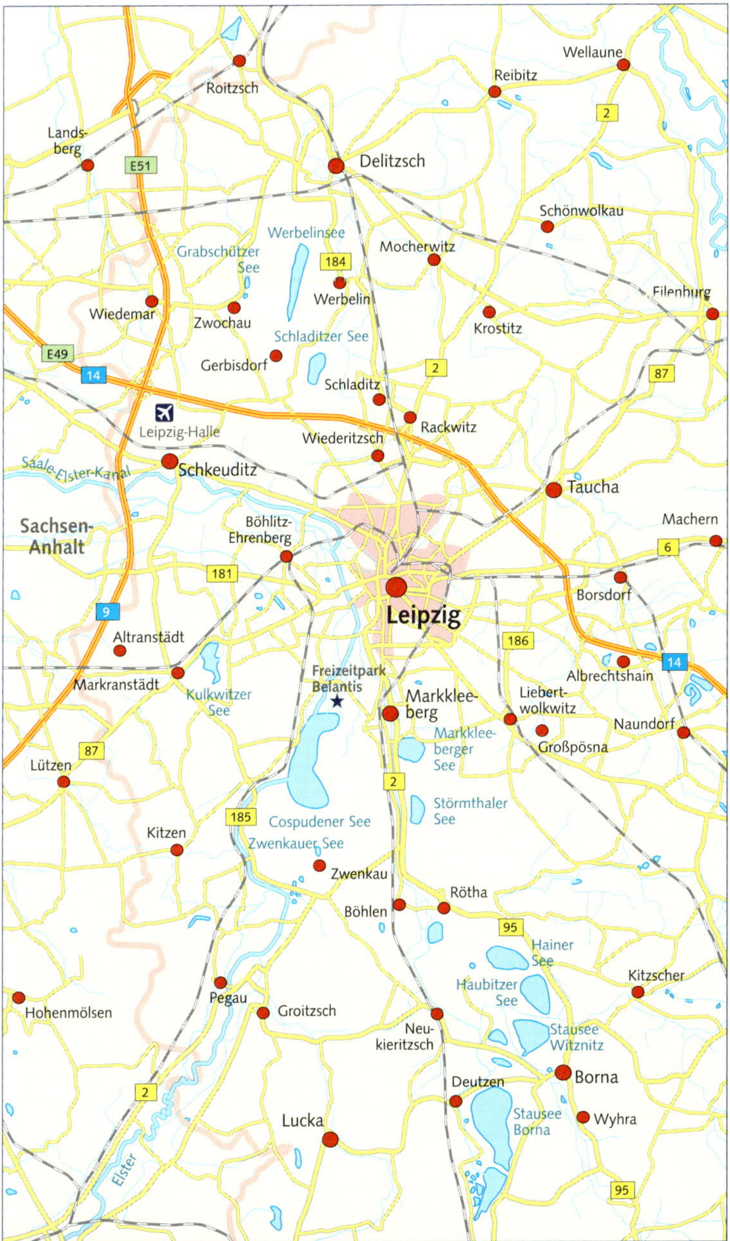

Das Leipziger Neuseenland

Kulkwitzer See

Westlich von Leipzig, am Stadtrand von Markranstädt, wird bereits seit 1973 gebadet. Am breiten Sandstrand des 1,7 Quadratkilometer großen Sees stehen Strandkörbe, Ruderboote und Wassertreter zum Mieten bereit. Mit seinem glasklaren Wasser gehört der Kulkwitzer See nicht nur zu den beliebtesten Badeseen der Region, sondern auch zu den besten Tauchgewässern Mitteldeutschlands. Eigens für Taucher entsteht ein **Unterwasser-Technik-Park**. Bislang wurden auf dem Grund des Sees ein Flugzeugrumpf und ein Schiffskörper versenkt.

Wahrzeichen des Sees, der aus zwei Braunkohlegruben entstand, aus denen man von 1864 bis 1963 das braune Gold förderte, ist **Frieda,** ein ausgedienter Saalelastkahn. In Teile zersägt kam er 1972 ans Seeufer, zusammengebaut empfing er viele Jahre als Schiffsgaststätte MS Leipzig Gäste. Nach mehreren Namenswechseln heißt das Schiff, das nach wie vor ein beliebtes Restaurant beherbergt, nunmehr wieder »Frieda«.

Altranstädt

Das **Schloss** in Altranstädt, sechs Kilometer westlich vom Kulkwitzer See, hat architektonisch nichts zu bieten. Aber in die europäische Geschichte ist es eingegangen: Der junge schwedische König Karl XII. wählte vom 21. September 1706 bis zum 1. September 1707 das Schloss, das sein heutiges Aussehen um 1620 erhielt, zu seinem Hauptquartier. Viele Diplomaten und Vertreter von Königs- und Fürstenhäusern machten ihm hier ihre Aufwartung. Am 24. September 1706 saß der schwedische Monarch Kurfürst August dem Starken gegenüber, und beide besiegelten den Frieden im Nordischen Krieg. Der Wettiner musste den Frieden mit dem Verzicht auf die polnische Königskrone erkaufen. Fast ein Jahr später, am 1. September 1707, unterzeichneten im selben Raum, der seitdem **Friedenszimmer** heißt, Karl XII. und Kaiser Joseph I. die Altranstädter Konvention. Die versprach den schlesischen Protestanten Glaubensfreiheit und den Bau von sechs Gnadenkirchen. Der Raum ist fast original erhalten, darunter der kunstvolle Tisch mit einer großen Schieferplatte und der barocke Sessel, in dem der schwedische König gesessen haben soll. Zum 200-jährigen Jubiläum 1907 wurde im Schlossinnenhof ein fünf Meter hoher Obelisk errichtet.

▸ Karte S. 251

Markkleeberg

Durch die »agra«, die großen Gartenbau- und Landwirtschaftsausstellungen von 1948 bis 2003, ist der Name Markkleeberg (23 900 Einwohner) im Osten Deutschlands bekannt. Den **agra-Landschaftspark** im englischen Stil mit dem Haupteingang an der Raschwitzer Straße ziert die neoklassizistische **Villa Weißes Haus** (1896/97), für die das Lustschloss Petit Trianon im Versailler Schlosspark als Vorbild diente. Der Park, durch den die Stadtgrenze zwischen Markkleeberg und Leipzig verläuft und in den sich nach antikem Vorbild Musen- und Antikentempel sowie die Nachbildungen barocker Plastiken kunstvoll einfügen, hält für die Besucher immer neue Bilder bereit.

Am nördlichen Rand des Cospudener Sees erstreckt sich der kleine **Kees'sche Park** mit dem imposanten neobarocken Adlertor (1885 - 1895). Bemerkenswert ist noch die **Martin-Luther-Kirche** (1717), eine barocke Saalkirche mit umlaufenden Emporen auf toskanischen Säulen. Von Wachau aus, einem Stadtteil Markkleebergs, zieht sich in südlicher Richtung nach Liebertwolkwitz und Großpösna das **Flächendenkmal Südliches Schlachtfeld Völkerschlacht 1813** mit mehreren Erinnerungsstätten hin.

Das Delitzscher Schloss

Markkleeberger See

Bis an die südöstliche Stadtgrenze von Markkleeberg hatten sich die Braunkohlebagger geschoben, 1996 war Schluss mit der Kohleförderung. In rund 60 Jahren förderte man aus dem Tagebau Espenhain 570 Millionen Tonnen Rohbraunkohle und bewegte 1,7 Milliarden Kubikmeter Abraum. Der ehemalige Tagebau Espenhain verwandelte sich in den 2,5 Quadratkilometer großen Markkleeberger See. Am 15. Juli 2006 nahm die Öffentlichkeit den See in Besitz. Hauptattraktion ist der **Kanupark**, Europas modernste künstliche Wildwassersportanlage mit einer 130 Meter langen Trainings- und einer 270 Meter langen Wettkampfstrecke. Von Mai bis Oktober kann man zuschauen, wie die Kanu-Slalom-Elite im strudelnden Wasser trainiert, sich aber auch Freizeitsportler in die Fluten stürzen, begleitet von einem erfahrenen Guide im Schlauchboot. Ein Förderband zwischen Ziel- und Startbecken transportiert die Boote, so dass nicht ausgestiegen werden muss.

Im Kanupark von Markkleeberg

▲ Karte S. 251

Dem Markkleeberger See mit Sandstränden und einem Ferienresort schließt sich südöstlich der 7,3 Quadratkilometer große Störmthaler See an, einst ebenfalls zum Tagebau Espenhain gehörend. Beide Seen wurden durch einen Kanal miteinander verbunden. Auf dem **Störmthaler See** schwimmt ein Kunstprojekt: eine Kirchturmspitze. Sie erinnert an die Dorfkirche von Magdeborn, den Ort, den 1978 der Braunkohletagebau Espenhain schluckte. Die Kunstinstallation soll stellvertretend für alle Dörfer stehen, die der Braunkohle weichen mussten. Sie ist ein Mahnmal, vor allem aber ein lebendiger Veranstaltungsort, der als Bühne für Konzerte, Lesungen und Kleinstkunstveranstaltungen dient.

In der Nähe entstand auf dem Innenkippengelände des ehemaligen Tagebaus Espenhain der **Bergbau-Technik-Park** (BTP). Kernstücke des Parks, lediglich 100 Meter von der Autobahn 38 entfernt, bilden die beiden Tagebaugroßgeräte Schaufelradbagger 1547 (etwa 1300 Tonnen, Baujahr 1985) und der Bandabsetzer 1115 (etwa 2400 Tonnen, Baujahr 1986).

Der Stopp des Braunkohleabbaus rettete auch **Schloss Güldengossa**. Das spätbarocke, von einem Park umgebene Herrenhaus (1720) verwandelte sich nach der detailgetreuen Restaurierung in ein wahres Barockjuwel, genutzt wird es für kulturelle Veranstaltungen und Events.

Cospudener See

»Cossi« sagen die Einheimischen zum Cospudener See am westlichen Stadtrand von Markkleeberg. Am 5. August 1993 begann die Flutung, am 1. Juni 2000, anlässlich der EXPO, erfolgte die Freigabe. Aus dem Tagebaurestloch Cospude war ein See mit einer Wasserfläche von 4,4 Quadratkilometern entstanden. In den Cafés an seinem Ufer erholt man

Hafen am Cospudener See

sich bei Kaffee und Kuchen, am Strand spielen Kinder. Auf dem Wasser ziehen Segelboote ihre Bahn, Surfer nutzen die guten Winde. Der 10,4 Kilometer lange asphaltierte Rundweg um den See ist bei Radlern und Inlineskatern beliebt.

Wer sich die Cospudener Küste lieber vom Wasser her anschauen möchte, begibt sich an Bord des MS Cospuden auf Rundfahrt. Der Name Cospuden kommt von der kleinen Ortschaft, die dem Braunkohletagebau zum Opfer fiel. 1990 endete der 1981 begonnene Abbau, zurückgeblieben war ein 60 Meter tiefer Krater, eine Mondlandschaft ohne Baum und Strauch. Vom 35 Meter hohen **Aussichtsturm auf der Bistumshöhe** am südwestlichen Seenzipfel bietet sich ein fantastischer Blick über das Gewässer auf die **Neue Harth** genannte Landschaft. Der Aussichtsturm ist ganzjährig bei freiem Eintritt zugänglich. Allerdings sind 180 Stufen zu bewältigen. Paddler können direkt aus dem sechs Kilometer entfernten Zentrum Leipzigs durch eine Kanalverbindung den »Cossi« erreichen.

Das südlich des Cospudener Sees gelegene Zwenkauer Tagebaurestloch wurde mit knapp zehn Quadratkilometern zum größten Gewässer im Leipziger Neuseenland. Hier wurden von 1981 bis 1999 rund 32 Millionen Tonnen Braunkohle abgebaut. Auf dem Zwenkauer See kann man heute auf dem Fahrgastschiff **Santa Barbara** auf Entdeckungsreise gehen. Geplant ist, den **Zwenkauer See** und den Cospudener See bis zum Jahr 2020 mit einem Kanal zu verbinden.

Belantis

Die meisten Besucher kreischen ausgelassen, wenn der Wagen nach einem senkrechten Anstieg vom Liftturm auf über 32 Meter im freien Fall in die Tiefe saust. Die Achterbahn **Hurrican** gehört zu den beliebtesten Attraktionen im größten Freizeitpark in den neuen Bundesländern. Mit einer Höchstgeschwindigkeit von 85 Stundenkilometern jagen die Wagen die gut einen halben Kilometer lange Strecke entlang, fünf Überschläge lassen den Puls schneller schlagen. Zwischen Cospudener See, Elsterstausee und Zwenkauer See gehen die Besucher im Vergnügungspark auf Zeitreise. Acht Themenwelten mit mehr als 60 Attraktionen und Shows sind auf gut 25 Hektar Fläche mit vier Kilometer Spazierwegen und rund 60 000 Quadratmeter Wasser entstanden. Der Eingang zum Park führt durch das himmelblaue **Schloss Belantis**, in dessen Innenhof die Gäste von Gauklern und Straßenkünstlern empfangen werden. Danach folgt im **Tal der Pharaonen** die 38 Meter hohe Pyramide, und am **Strand der Götter** flitzen Boote mit rasanter Geschwindigkeit im Kreis, um den Gott der Meere zu bezwingen. Im **Land der Grafen** sorgen vier Riesenrutschen für Gaudi, und auf der **Insel der Ritter** ist das Verlies des Grauens zu erleben. An der **Küste der Entdecker** liegt die berühmte »Santa Maria«, deren

Schiffsschaukel im Freizeitpark Belantis

▲ Karte S. 251

Schaukel bis zu 20 Meter hoch schwingt. Das **Reich der Sonnentempel**, die achte Erlebniswelt, die in die südamerikanische Mythologie entführt, wird in den nächsten Jahren weiter ausgebaut.

Borna

Nach Borna reiste im Jahr 2007 eine Kirche, die schon rund 750 Jahre alt ist. Auf Rädern kam sie im Schneckentempo angefahren, zehn Tage war sie von dem kleinen Ort Heuersdorf in das zwölf Kilometer entfernte Borna unterwegs. Die Straßen waren abgesichert wie bei einem hohen Staatsgast, nichts durfte im Weg stehen. Immerhin wurden rund 1000 Tonnen Gewicht transportiert, mit einer Länge von 14,5 Metern und einer Höhe von 19,6 Metern – eine komplette Kirche hockte auf dem Schwerlasttransporter mit 160 Rädern.

1258 wurde die kleine **Emmauskirche** erbaut, Jahrhunderte stand sie mitten in dem kleinen Heuersdorf, unter sich tausende Tonnen Braunkohle. Die Menschen in Heuersdorf kämpften mehr als ein Dutzend Jahre verzweifelt um ihren Besitz, bis zum sächsischen Verfassungsgericht klagten sie sich durch, erfolglos. Ihr Dorf ist weg, von Braunkohlenbaggern verschlungen, doch dem Gotteshaus ermöglichte man die »Flucht« ins 12 Kilometer entfernte Borna. Der Transport der 665 Tonnen schweren 14,5 Meter langen und 8.9 Meter breiten Kirche war eine technische Meisterleistung. Rund eine Woche dauerte der Transport. Seit dem 31. Oktober 2007 steht das Kirchlein jetzt als Denkmal für alle dem Braunkohleabbau zum Opfer gefallenen Orte und Kirchen in der Region. Ostern 2008 fand am neuen Standort in Borna der erste Gottesdienst statt.

Aus dem von der Kohleförderung geprägten Borna (15 800 Einwohner) – um 1800 begann die Braunkohleförderung, um 1910 ging man verstärkt zum Tagebau über – wurde nach der Einheit ein freundliches Städtchen, das zum Besuch einlädt. Vergessen sind die Zeiten, als das nahe Espenhainer Braunkohleverarbeitungswerk, eine der größten Dreckschleudern Europas, täglich mehr als vier Tonnen Schwefelwasserstoff in die Luft blies, die ungefiltert niedergingen. Als Rest der Stadtbefestigung blieb das barocke vierstöckige Reichstor (1723) stehen, heute Domizil des **Stadtmuseums**. Original erhalten hat sich in dem Tor die Wachstube für die ehemalige Bürgerfeuerwehr.

Die 1456 geweihte Stadtkirche **St. Marien** am Martin-Luther-Platz besitzt mit dem großen Schnitzaltar (1511/12) eine Kostbarkeit der Spätgotik. In der Kunstgeschichte wird er als Bornaer Altar bezeichnet, die Figuren im Mittelschrein stellen eine Meisterleistung der Bildhauerkunst dar. Wer sich den 36 Meter hohen Kirchturm genau anschaut, wird feststellen, dass er aus dem Lot geraten ist. Rund 70 Zentimeter beträgt die Schiefstellung, entstanden durch vom Bergbau verursachte Grundwasserabsenkung. Doch niemand braucht Angst zu haben, der Turm könnte ihm auf den Kopf fallen. Aufwendige Baugrundverfestigungen in den Jahren 2006 bis 2008 garantieren die Standsicherheit.

Im Ortsteil Wyhra, fünf Kilometer südlich des Stadtzentrums, lässt das **Volkskundemuseum Wyhra** das dörfliche Leben um 1900 wieder lebendig werden. In einem mehr als 250 Jahre alten, für diese Region typischen Dreiseithof am Benndorfer Weg 3 wird gezeigt, wie die Menschen auf einem Bauernhof in Nordwestsachsen lebten, auf dem Feld und im Stall arbeiteten und wie der Alltag verlief.

Das Reichstor in Borna

Leipziger Neuseenland

www.leipzigerneuseenland.de
www.leipzigseen.de

Tourist-Information Delitzsch, im Barockschloss, Schloßstr. 31, 04509 Delitzsch, Tel. 034202/67237. www.delitzsch.de.

Tourist-Information Leipziger Neuseenland und Stadt Markkleeberg, Rathausstr. 22, 04416 Markkleeberg, Tel. 0341/33796718. www.markkleeberg.de www.leipzigerneuseenland.de

Stadt- und Touristinformation Borna, Markt 2, 04552 Borna, Tel. 03433/873195. www.borna.de.

Atlanta Hotel, Südring 21, Markkleeberg, Tel. 0341/414600; 196 Zi., 70 App., DZ ab 90 Euro. Südlich von Leipzig, mitten im Einkaufs- und Gewerbepark gelegen, dennoch angenehmes Ambiente.
www.atlanta-hotel.de

Zum weißen Ross, Rossplatz 2–3, Delitzsch, Tel. 034202/7990; 58 Zi., DZ ab 75 Euro. Geschmackvolle Zimmer, gelungene Mischung aus Alt und Neu. www.hotel-zumweissenross.de

Feriendorf Seepark Auenhain, Am Feriendorf 2, Markkleeberg, Tel. 034297/98680; 32 Ferienhäuser unterschiedlicher Größe (ab 113 Euro), 12 Appartements (ab 89 Euro) oberhalb des Markkleeberger Sees, breites Freizeitangebot. Wellnesshaus *Seestern* mit Pool, Saunen und Massagebereich. Im Restaurant *Seeperle* regionale Küche (tägl. ab 12 Uhr). www.seepark-auenhain.de

Lagovida Ferienresort, Hafenstr. 1, Großpösna, Tel. 034206/7750; 36 Zi., 37 Ferienhäuser, ab 75 Euro. Moderne Hotelzimmer in der *Casa Marina*, originelle Dünen- und Hafenhäuser mit Sauna und Kamin sowie eigenem Strandzugang am Störmthaler See. Vorhanden sind auch 45 Stellflächen für Wohnmobile. Im Restaurant (Mo–Fr 12–14.30 und ab 18, Sa/So ab 12 Uhr) mit Blick auf den Hafen regionale und internationale Gerichte. www.lagovida.de

Hotel Drei Rosen, Bahnhofstr. 67, Borna, Tel. 03433/204496; 17 Zi., 2 Ap., DZ ab 69 Euro. Gründerzeitbau mit Flair in Zentrumsnähe. www.hotel-drei-rosen.de

Hotel zur Schlossmühle, An der Schlossmühle 5, Borna OT Zedtlitz, Tel. 03433/27800; 15 Zi., DZ ab 79 Euro. Idyllisch gelegene und von einem Park umgebene Jugendstilvilla. www.schlossmuehle-zedtlitz.de

Campingplatz Kulkwitzer See, Seestr. 1, Tel. 0341/710770; April–Okt. geöffnet. Zelt- und Caravanstellplätze 12 km westlich vom Stadtzentrum an einem ehemaligen Tagebausee. Auch Finnhütten, Bungalows und Ferienwohnungen werden vermietet. www.leipzigseen.de

Campingpark am Markkleeberger See, Kirschallee 1, Markkleeberg, Tel. 034297/143053. Campen am Wasser, oberhalb des Markkleeberger Sees. www.neuseenland-camping.com

Weinbeißerei, Seeblick 4, Markkleeberg, Tel. 0341/3366608; Di–Sa ab 18 Uhr. Mediterrane Küche mit Produkten der Saison und österreichische Kaffeehauskultur. In der hauseigenen Vinothek steht Wein zum Verkauf und zum Verkosten bereit. www.weinbeisserei.de

Zur Schlosswache, Schloßstr. 28, Delitzsch, Tel. 034202/35500; Mo, Do/Fr 11–14, ab 17.30, Sa/So ab 11 Uhr. Stilvolles Ambiente, internationale Küche, auch Pastagerichte. www.schlosswache-delitzsch.de

Museum im Barockschloss Delitzsch, Schloßstr. 31, Tel. 034202/67208; Di–So 10–17 Uhr. www.barockschloss-delitzsch.de

Genossenschaftsmuseum im **Schulze-Delitzsch-Haus**, Kreuzgasse 10, Delitzsch, Tel. 034202/63864, Di–Fr 14–17 Uhr.

Schloss Altranstädt, Am Schloss 2, Altranstädt, Tel. 034205/417799; April–Okt. Sa/So 14–17 Uhr. www.schloss-altranstaedt.de

Torhaus Markkleeberg, Kirchstr 40, Markkleeberg, Tel. 0341/3385776; Mo u. Fr 9–13, März–Okt. auch So 14–17 Uhr. www.torhaus-markkleeberg.de

Bergbau-Technik-Park, Am Westufer 2, Großpösna, Tel. 034297/14027; Mitte März–Mitte Nov. Mi–So 10–17 Uhr, Juli–Anf. Sept. bis 18 Uhr, Führung Sa/So 11 und 14 Uhr. www.bergbau-technik-park.de

Belantis Freizeitpark, 10 km südlich der Leipziger Innenstadt, an der A38, Zum weißen Markt 1, Leipzig, Tel. 0341/91033333; Ostern–Okt. ab 10 Uhr. Öffnungszeiten und Schließtage siehe Website. www.belantis.de

Museum der Stadt Borna, An der Mauer 2–4, Borna, Tel. 03433/27860; Di–Do

▶ Karte S. 251

10–17, Fr 10–13, Sa/So 14–17 Uhr. www.museum-borna.de

Volkskundemuseum Wyhra, Benndorfer Weg 3, Borna OT Wyhra, Tel. 03433/851071; April–Okt. Di–Fr 9–17, Sa/So 10–17 Uhr, Nov.–März Di–Fr 10–16 Uhr. www.volkskundemuseum-wyhra.de

Peter & Paul Stadtfest, Delitzsch, Tel. 034202/67113. Am Wochenende um den 29. Juni, dem Peter-und-Paul-Tag. Historisches Fest mit Mittelaltermarkt, das seit 1400 stattfindet. Höhepunkt ist der Festumzug in historischen Kostümen zur Delitzscher Geschichte. www.peterundpaul-delitzsch.de

Markranstädter Musiksommer. In den Sommermonaten Konzerte in der St. Laurentius-Kirche. www.musiksommer-markranstaedt.de

Pfarrscheune Schenkenberg, Vierzehner Reihe 2, Delitzsch OT Schenkenberg, Tel. 034202/56524. Alternatives Gemeindezentrum, regelmäßige Veranstaltungen wie Konzerte verschiedenster Genres, Kabarett, Kino und Märkte. www.pfarrscheune-schenkenberg.de

Radwege wurden um die Seen angelegt, so kann man bequem von einem zum anderen radeln, Fahrradvermietungen gibt es an jedem See. www.leipzigerneuseenland.de.

Infos zum Baden, Segeln, Surfen, Kanu- oder Wildwasserfahren im Leipziger Neuseenland: www.leipzigerneuseenland.de.

Wasserski- und Wakeboard-Anlage Kulkwitzer See, Seestr. 7, Tel. 0341/2256952; April–Okt. Für Anfänger, Profis und alle Altersstufen. www.wasserski-leipzig.de

Kanupark Markkleeberg, Wildwasserkehre 1, Tel. 034297/141291; April–Okt. tägl., Nov.–März Sa/So ab 10 Uhr. Wildwasserspaß auf Deutschlands modernster Wildwasseranlage. Es gibt Angebote für Wildwasser-Rafting, Power- und Nacht-Rafting, Wildwasser-Kajakfahren und Hydrospeed-Kurse. Und natürlich kann man der Kanu-Elite zuschauen. www.kanupark-markkleeberg.com

Surfcenter Leipzig, Hafenstr. 21, am Cospudener See, Markkleeberg, Tel. 0341/3542355; Mai–Sept. Windsurfgrundkurse und Wochenendkurse, Cat-Segeln. Verleih von Ausrüstungen und Material. www.surfcenterleipzig.de

Schiffsfahrten auf dem Markkleeberger See und auf dem Störmthaler See, April–Okt. www.personenschifffahrt-leipzig.de.

Rundfahrten auf dem Cospudener See mit der MS Cospuden, April–Dez. www.ms-cospuden.de

Pier 1 am Cospudener See, Hafenstr. 23, Markkleeberg, Tel. 0341/356510; tägl. Mai–Okt. Segelbootverleih, Verleih von Kanus, Ruderbooten und Katamaranen. www.leipzigseen.de

Tauchschule Lutz Kamski, Hafenstr. 21, Markkleeberg, Tel. 0171/3825618. Tauchkurse für Anfänger und Fortgeschrittene am Cospudener See, Verleih von Tauchausrüstung, auch Kauf möglich. www.tauchschule-kamski.de

Kletterwald Leipzig, Am See 1, Albrechtshain, Tel. 034293/44200; April–Okt. Fr 13–19, Sa/So 10–19 Uhr, Ferien tägl. Mut und Geschicklichkeit sind gefragt: Elf Parcours mit über 100 Elementen über den Baumwipfeln. www.kletterwald-leipzig.de

Delitzscher Schokoladenfabrik, Dübener Str. 33; Mo–Fr 9–18, Sa 9–14 Uhr. Fabrikverkauf für feine Schokoladen, süße Präsente und Schnäppchen. www.delitzscher.de

Heide und Wald

Die Dübener und die Dahlener Heide sowie der Wermsdorfer Wald sind stille Gegenden. Die **Dübener Heide**, ein verträumtes Fleckchen Erde, erstreckt sich zwischen dem sächsischen Bad Düben und Bad Schmiedeberg in Sachsen-Anhalt, zwischen der unteren Mulde und der mittleren Elbe. Die Tier- und Pflanzenwelt in der rund 780 Quadratkilometer großen Landschaft mit herrlichen Kiefern-, Misch- und Laubwäldern, Wiesen, kleinen Bächen und versteckten Seen ist vielgestaltig. An vielen Stellen hat der scheue Elbebiber sein Zuhause, kegelförmig abgenagte Baumstämme und Biberburgen zeigen, wo die nachtaktiven Tiere sich niedergelassen haben. Mehr als 500 Kilometer lange Wander-, Fahrrad- und Reitwege sind in der Heide ausgeschildert. Die 180 Quadratkilometer große **Dahlener Heide** mit bewaldeten Höhen, Auenwiesen und Teichen, einst königlich-sächsisches Jagdgebiet, zieht sich südlich der Gneisenaustadt Schildau hin. Der in dem Waldgebiet entspringende kleine Bach Dahle gab dem Gebiet den Namen. Die von Wurzen nach Oschatz führende B6 trennt die Dahlener Heide im Norden vom Wermsdorfer Wald im Süden. Aus diesem ragt

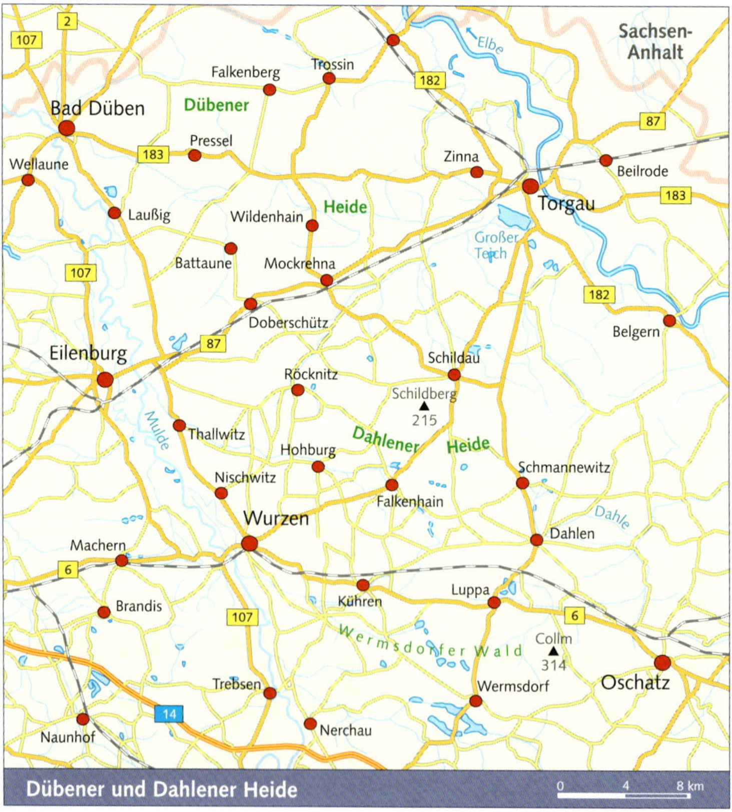

Dübener und Dahlener Heide

Burg Düben

mit 314 Metern der **Collm** heraus, den ein weithin sichtbarer Richtfunkturm (1958 - 1562) sowie der Albertturm (1854) bekrönen, von dem man bei klarer Sicht sogar das Leipziger Völkerschlachtdenkmal sieht.

Bad Düben

Ihren Namen bekam die Dübener Heide von dem Städtchen Bad Düben (8000 Einwohner), das sich seit 2004 »staatlich anerkanntes Moorheilbad« nennen darf.

Vermutlich schon in der Bronzezeit entstand auf einem Hügel inmitten dreier Bachläufe eine Befestigung, aus der sich die **Burg Düben** entwickelte. Im Jahr 981 ist sie erstmals nachgewiesen. In die Geschichtsbücher hielt sie 1532 Einzug, als auf ihr der Prozess zwischen dem Junker Günther von Zaschwitz und dem Pferdehändler Kohlhaas stattfand. Heinrich von Kleist nahm die Lebensgeschichte des Pferdehändlers, dem der Junker zwei Pferde geraubt hatte, und gestaltete sie literarisch in seiner Novelle »Michael Kohlhaas«. Gerichtsraum soll der mittlere Teil des Wartturms gewesen sein. 1631 weilte Schwedenkönig Gustav II. Adolf vor der Schlacht bei Breitenfeld auf der Dübener Burg, 1813 war sie Hauptquartier der vereinigten preußischen und russischen Truppen unter General Blücher. Am 10. Oktober 1813 kam Frankreichs Kaiser Napoleon Bonaparte mit seinem Generalstab, am Morgen des 14. Oktober verließ er die Burg früh gegen 7 Uhr mit den Plänen für die Schlacht, die zwei Tage später begann und als Leipziger Völkerschlacht in die Geschichte einging.

Mühlensammlung

In der Burg kann das **Landschaftsmuseum der Dübener Heide** besucht werden. Unweit des Burgeingangs am ehemaligen Wallgraben steht als technisches Denkmal eine **Schiffsmühle**, die einst einige Kilometer entfernt am Ufer der Mulde verankert war. Vermutlich schon vor dem Dreißigjährigen Krieg hat sie Mehl gemahlen, ihr heutiges Aussehen bekam sie 1905, 1954 stellte sie als letzte erhaltene Schiffsmühle auf deutschen Flüssen den Betrieb ein.

Bad Düben könnte sich gut und gerne Mühlenstadt nennen, denn es gibt noch vier weitere Mühlen: Die **Obermühle**, eine erstmals 1434 erwähnte Wassermühle, die den Mühlbetrieb Ende der 1940er Jahre einstellte und in der

Die Schiffsmühle in Bad Düben

Nachbarschaft, also ebenfalls unmittelbar an der Parkstraße beim Kurpark, die Dübener **Bockwindmühle**. Die wurde 1840 nördlich von Leipzig erbaut, musste aber dort der Erweiterung des Flughafens Leipzig-Halle weichen und steht seit 2006 in Düben. Im Ortsteil Tiefensee empfängt die **Bockwindmühle Sommerfeld** Besucher. 1847 wurde sie in der Gegend von Delitzsch erbaut und um 1900 an den jetzigen Standort versetzt. 1993 stillgelegt, dient sie heute als Schaumühle. Einzig die 1651/52 erbaute kurfürstliche **Amtsschneidemühle**, die heutige Stadtmühle Schüßler, Am Lauch 1, wird noch gewerblich genutzt.

Weitere Sehenswürdigkeiten

In der Stadt haben sich Fachwerkhäuser aus dem 18. und 19. Jahrhundert erhalten. Einen Blickfang bildet die **Rathausuhr** am Markt. In der warmen Jahreszeit kann man zu jeder vollen Stunde unterhalb des Zifferblattes einem »Tierkampf« zuschauen – zwei Ziegenböcke schlagen ihre Köpfe gegeneinander. Ein geschichtlicher Hintergrund ist in der Stadt nicht bekannt, also ist es offensichtlich nur ein PR-Gag. Vom Markt führt der Weg über die Mühlenstraße zur Ecke Gustav-Adolf-Straße/Friedhofstraße. Hier erinnert der **Gustav-Adolf-Stein** an das Zusammentreffen von Gustav II. Adolf von Schweden und Kurfürst Johann Georg I. von Sachsen im Dreißigjährigen Krieg am 15. September 1631. Von hier rückte die verbündete schwedisch-sächsische Armee zu ihrem Sieg bei Breitenfeld nördlich von Leipzig vor.

Die Friedhofsmauer führt zum **Pesttor**. 1577 hatte die Pest in der Stadt gewütet, es musste ein neuer Friedhof angelegt werden, und dieser bekam ein im Renaissancestil errichtetes Eingangstor aus Sandstein mit der Jahreszahl 1577, durch das die Toten getragen wurden.

▲ Karte S. 260

Weiter nördlich kommt man zum ab 1846 angelegten **Kurpark** mit schönen alten Bäumen. Dort versteckt sich der **Moorerlebnispfad**, und im Moortretbecken kann jeder die anregende Wirkung des Moores ausprobieren.

Eilenburg

Der 16 Meter hohe **Sorbenturm** auf dem Burgberg ist das älteste Bauwerk der Stadt (15 500 Einwohner), er stammt von der einstigen Burg, auf der Martin Luther mehrfach weilte. In der **Bergkirche St. Marien** hat der Reformator nachweislich dreimal gepredigt.

Das am südwestlichen Rand der Dübener Heide liegende Eilenburg erlitt am Ende des Zweiten Weltkriegs starke Zerstörungen, die das Stadtbild bis heute prägen. Das **Rathaus** mit Volutengiebeln (1544/45) wurde nach der Zerstörung im Zweiten Weltkrieg wieder aufgebaut. Dahinter erhebt sich die 1404 geweihte wuchtige **Nikolaikirche**. Der niedliche **Heinzelmännchenbrunnen** (2000) auf dem Markt wurde zum beliebten Fotomotiv. Am nahen Kornmarkt, im geschichtsträchtigen ehemaligen **Gasthof Zum roten Hirsch**, logierten fast alle sächsischen Markgrafen, Kurfürsten und

Der Heinzelmännchenbrunnen in Eilenburg

Könige. Im November 1632 war in dem stattlichen Renaissancebau der im Dreißigjährigen Krieg in Lützen gefallene Schwedenkönig Gustav II. Adolf für eine Nacht aufgebahrt. Heute befindet sich in dem Haus unter anderem das **Stadtmuseum**. Elf Museumswegweiser, **Camera Historica** genannt, zeigen an verschiedenen Stellen historische Aufnahmen von verlorengegangenen Baudenkmalen. Gewiss eine hübsche Idee, doch richtig gelöst wurde das Projekt nicht. Durch einen äußerst schmalen Spalt ist nur mühevoll zu erkennen, wie es an der jeweiligen Stelle vor dem Zweiten Weltkrieg ausgesehen hat.

Bad Düben und Umgebung

Vorwahl: 034243, **Postleitzahl**: 04849.
Touristinformation Bad Düben/Gästeinformation Naturpark Dübener Heide, Neuhofstr. 3a, Tel. 52886.
www.bad-dueben.de
www.naturpark-duebener-heide.de.
Tourist-Information Eilenburg, Torgauer Str. 40 (im Museumsshop), 04838 Eilenburg Tel. 03423/652226.
www.eilenburg.de.

Heide Spa, Bitterfelder Str. 42, Bad Düben, Tel. 33660; 98 Zi., DZ ab 136 Euro. Wellnesshotel mit großzügig geschnittenen, freundlichen Zimmern. Der Eintritt in die angeschlossene Badelandschaft und Saunawelt ist im Zimmerpreis enthalten. Der Garten der Sinne lädt zum Entspannen ein. Restaurant mit regionaler Küche (tägl. ab 11.30 Uhr).
www.heidespa.de
Hotel National, Ritterstr. 16, Bad Düben, Tel. 2869900; 31 Zi., DZ ab 74 Euro. Wohnen mitten im Stadtkern, unweit der Burg, zweckmäßige Zimmer. Im Restaurant (Mo–Fr ab 12, Sa/So ab 11 Uhr) wird sächsische Küche gereicht, Themenwochen mit saisonalen Produkten ergänzen das Angebot.
www.hotelnational.net
Burgschänke Goldener Löwe, Leipziger Str. 5, Bad Düben, Tel. 2860; Mi–Sa ab 17, So 11–14 Uhr. Historisches Gasthaus nahe der Burg, abwechslungsreiche Küche aus frischen Produkten. Auch 8 rustikal eingerichtete Zimmer (DZ ab 52 Euro).
www.burgschaenke-goldenerloewe.de

Landschaftsmuseum Dübener Heide, Neuhofstr. 3, Bad Düben, Tel. 23691; wegen Baumaßnahmen gegenwärtig geschlossen.www.museumburgdueben.de
Bergschiffmühle Bad Düben, im Burggarten, Neuhofstr. 3, Tel. 50081; April–Okt. jeden 1. Sa im Monat 14–17 Uhr, Zusatztermine im Internet.
www.heimatverein-bad-dueben.de
Stadtmuseum Eilenburg, Torgauer Str. 40, Eingang Hirschgasse, Eilenburg, Tel. 03423/652222; Di–Fr 9–12, 13–17, So 10–12, 13–17 Uhr.
www.kulturunternehmung.de

Kurhauskonzerte, Mai–Sept. im Kurpark Bad Düben, Termine in der Tourist-Info.
Stadtfest Bad Düben, Ende Mai. Abwechslungsreiches Programm mit Musik, Tanz und dem traditionellen Böllerschießen.
www.stadtfest-bad-dueben.de
Galerie Bader und Scheunentheater, Bergstr. 29a, Eilenburg, Tel. 03423/600471. Privates Theater mit einem vielfältigen Programm. www.baderscheune.de

Heide-Strauß, Bitterfelder Str. 51, Bad Düben, Tel. 49960; Hofladen März–Dez. Fr 14.30–19, Sa 10–17 Uhr. Individuelle Geschenke, Fleisch- und Wurstwaren von Strauß und Skudde sowie Produkte aus der Region. www.heide-strauss.de
Heidebrand Brennereispezialitäten, Mühldorfer Str. 1, Bad Düben OT Alaunwerk, Tel. 22375. Präsente, Verkauf und Ver-

kostung des feinen Kräuterbrandes nach einem alten Rezept. www.heidebrand.de

Zahlreiche Radwege führen durch den Naturpark Dübener Heide. Radeln kann man beispielsweise auf dem **Mühlenradweg** (30 km) oder dem **Mulderadweg**. Infos: www.bad-dueben.de.

Zahlreiche gut markierte Wander- und Rundwanderwege von 3 bis 24 km Länge laden zum Entdecken des Naturparks Dübener Heide ein, z.B. der **Lutherweg** von Bad Düben nach Kemberg über 24 km oder der **Kohlhaasweg**, ein Rundweg über 16 km. Infos: www.bad-dueben.de, www.naturpark-duebener-heide.de.

Wasserskiseilbahn, Sprottaer Landstr. 64, Eilenburg, Tel. 03423/7584458, April–Sept. tägl. ab 11 Uhr. Wasserski, Wakeboard, Bootsverleih am Kiessee. www.wasserskianlage-eilenburg.de

Heidespa, Bitterfelder Str. 42, Bad Düben, Tel. 33660; täglich 10–22 Uhr. Badelandschaft mit 25-Meter-Becken und verschiedenen Saunen, Wellness- und Beauty-Anwendungen. www.heidespa.de

Wurzen

In Wurzen (16 400 Einwohner), in dem Haus Am Crostigall 14 (1678), kam 1883 ein Hans Gustav Bötticher zur Welt (gest. 1934), der unter dem Namen **Joachim Ringelnatz** zu Ruhm gelangte. Hier soll demnächst eine literarische Gedenk- und Begegnungsstätte einziehen. Eine **Ausstellung** über den dichterischen Vater des Seemanns Kuddel Daddeldu zeigt das **Kulturhistorische Museum** im repräsentativen Renaissancehaus (17. Jahrhundert) Domgasse 2. Zu seinem 125. Geburtstag im Jahr 2008 erfüllte man Ringelnatz den Wunsch, den er in seinem Gedicht »Ehrgeiz« geäußert hat: Nach seinem Tode möge man ein Gässchen in Wurzen nach ihm benennen. Doch ob die unscheinbare Verbindungsgasse zwischen Badergraben und Badergasse nahe dem Markt den Vorstellungen des Schriftstellers und Kabarettisten entsprochen hätte, kann bezweifelt werden. Mit dem **Ringelnatzbrunnen** (1983) auf dem Markt dagegen dürfte er zufrieden sein – der ist einer der 13 Stationen des **Ringelnatz-Pfades**. An jedem Standort befindet sich eine Stele mit dem Konterfei des Dichters und einem Auszug aus einem seiner Werke. Der um 1500 erbaute **Dom St. Marien**, der auf eine romanische Kollegiatsstiftkirche zurückgeht, birgt bemerkenswerte Kunstwerke, so das Grabdenkmal (1503) für Bischof Johann VI. von Saalhausen, der 1489 seine Residenz von Meißen nach Wurzen (bis 1581) verlegt hatte, sowie die Kanzel und Kreuzigungsgruppe (1928 – 1933) von Georg Wrba. Da die Bischöfe standesgemäß residieren wollten, entstand für sie von 1491 bis 1497

Der Ringelnatzbrunnen in Wurzen

▲ Karte S. 260

nördlich des Doms das **Schloss**, in dem sich heute ein Restaurant und Hotel befinden. Ein Zeugnis der Verkehrsgeschichte ist das mit sächsisch-polnischem Doppelwappen (1734) geschmückte **Posttor** in der Straße Crostigall. Einst standen in den Pferdeställen der Poststation für die täglich sechs bis acht ankommenden und abfahrenden Kutschen etwa 20 Pferde bereit. Wurzen war nach Leipzig bis 1837/38 der erste Etappenort auf der nach Dresden führenden Poststraße.

Das Wurzener Schloss

Nischwitz

Schloss Nischwitz, drei Kilometer nordwestlich von Wurzen, ließ sich der kursächsische Minister Heinrich Graf von Brühl ab 1745 errichten, die Pläne dafür lieferte Oberlandesbaumeister Johann Christoph Knöffel. Er plante eine kleine Residenz für den Herrn Minister vor den Toren der Messestadt, entstanden ist eines der schönsten sächsischen Rokokoschlösser. Zu DDR-Zeiten nutzte man das Gebäude als Pflege- und Altenheim, heute befindet sich das Schloss in privatem Besitz. Der großzügige **Schlosspark**, der um 1850 in einen englischen Landschaftspark umgestaltet wurde und der betreten werden darf, erfreut mit wunderschönen alten Bäumen.

Machern

Die B6 führt von Wurzen in westlicher Richtung in das zehn Kilometer entfernte Machern (6600 Einwohner) mit einem der ältesten und schönsten Landschaftsgärten (1782 - 1799) Sachsens. Das dreiflügelige Schloss mit einem interessanten Treppenturm verlor durch mehrmalige Umbauten viel von seinem ursprünglichen Aussehen (16. Jahrhundert). Den romantischen **Landschaftsgarten** nach englischem Vorbild mit Ginkgo- und Tulpenbäumen schmücken verschiedene Bauwerke. Schöpfer des Landschaftsgartens, der in vielem der berühmten Anlage von Wörlitz ähnelt, ist Carl Heinrich August Graf von Lindenau (1755 - 1842). Das Schloss wird heute für kulturelle Zwecke genutzt, im Kavalierhaus befinden sich ein Hotel und Restaurant.

Hübsch hergerichtet wurde der **Schlossplatz** von Machern mit dem modernen **Historischen Brunnen** (2002) vor dem Rathaus. Eine der 31 bronzenen Ortsge-

Schloss Machern umgibt ein herrlicher Landschaftsgarten

Bildtafel am Schildbürgerwanderweg

schichtstafeln auf 18 Sandsteinblöcken zeigt Graf von Lindenau, und der Text verrät, dass er »1782 den Landschaftsgarten zu Machern anzulegen« begann.

Schildau

Berühmt ist das kleine Landstädtchen Schildau (3500 Einwohner), heute ein Ortsteil der Verwaltungsfusion Belgern-Schildau (→ S. 160). Hier kam 1760, in einem Bauernhaus aus dem 17. Jahrhundert, August Neidhardt Graf von Gneisenau zur Welt, einer der bedeutendsten Militärhistoriker Deutschlands und einer der namhaftesten Feldherrn der Befreiungskriege. Auf dem Marktplatz steht seine Büste, am Sockel sind Episoden aus seinem Leben dargestellt. Von 1952 bis 2012 führte Schildau offiziell den Beinamen »Gneisenaustadt«. Die vielzitierten Schildbürgerstreiche beruhen auf dem 1598 erschienenen Buch »Die Schildbürger«, beispielsweise der von der Kuh, die man mit einem Strick um den Hals auf eine Mauer ziehen wollte, damit sie das Gras abfressen solle. Die zwölf bekanntesten Streiche kann man auf dem **Schildbürgerwanderweg** auf Bildtafeln nachlesen. Von dem aus Natursteinen erbauten 26 Meter hohen Aussichtsturm (1936) auf dem **Schildberg** hat man einen weiten Blick über die Landschaft.

▲ Karte S. 260

Oschatz

Der fast quadratische Neumarkt von Oschatz (14 700 Einwohner) gehört zu den schönsten Marktplätzen Sachsens. Ein Schmuckstück ist der **Marktbrunnen** (1589) mit vier toskanischen Säulen, die das Postament mit einem schwarzen Löwen tragen. Das **Rathaus** (1538 – 1546) verdankt seine heutige Gestalt mit dem schlanken Turm und der prachtvollen Freitreppe um 1842 den Plänen des berühmten Gottfried Semper. Das **Alte Amtshaus**, 1616/17 im Auftrag des Kurfürsten Johann Georg I. entstanden, steht an der Nordseite.

Die breite Freitreppe rechts neben dem Rathaus führt zum Kirchplatz mit der **St.-Aegidien-Kirche** (15. Jahrhundert). Ihre beiden Türme, die nach einem Stadtbrand zwischen 1846 und 1849 im neo-

Das Rathaus von Oschatz

Schloss Hubertusburg

gotischen Stil errichtet wurden, haben eine Höhe von 75 Meter. In der Kirche finden 1100 Besucher Platz. Die Türmerwohnung war bis 1970 von der Türmerfamilie Quietzsch bewohnt. Das war für sie wahrlich kein einfaches Leben, denn alles, Wasser ebenso wie Heizmaterial und Nahrungsmittel, musste 199 Stufen nach oben transportiert werden. Von den vierzehn Kindern kamen neun in der Wohnung in luftiger Höhe zur Welt. Die Touristen heutzutage lässt der Besuch der eingerichteten Türmerwohnung und der Blick zur Dahlener Heide im Norden und zum Wermsdorfer Wald im Süden die Mühe des Aufstiegs rasch vergessen. Von der St.-Aegidien-Kirche, vorbei am Altmarkt und dem Archidiakonat mit der Elisabethkapelle (1410) wird die **Klosterkirche** (13. Jahrhundert) erreicht, das einzige stehengebliebene Bauwerk des ehemaligen Franziskanerklosters. Von der Stadtbefestigung haben sich zwei **Rundtürme** (1377, 1497) erhalten. In einen von ihnen sowie in die ehemalige Fronfeste (16. Jahrhundert) zog das **Stadt- und Waagenmuseum** mit einer in Sachsen einmaligen Waagensammlung. Denn Oschatz hat Tradition im Waagenbau, 1845 entstand hier eine der ersten Waagenfabriken Deutschlands.

Wermsdorf

»Zur besserer Bequemlichkeit Unseres Königlichen Prinzen« ließ August der Starke zwischen 1721 und 1724 bei Wermsdorf (5300 Einwohner) das **Schloss Hubertusburg** errichten. 1743 wurde es zu einer prächtigen vierflügeligen Residenz für rauschende Feste ausgebaut, die nach den Hofjagden stattfanden. Heute ist es Sachsens größtes Schloss, der einstige Prunk ist allerdings abhandengekommen. Im Siebenjährigen Krieg plünderten die Preußen die reiche Innenausstattung. Preußenkönig Friedrich II. gab im Frühjahr 1761 höchstpersönlich den Befehl dazu, als Vergeltungsmaßnahme für die teilweise Verwüstung von Schloss Charlottenburg in Berlin durch sächsische Truppen. Verschont blieb auf Bitten des Kaplans lediglich die dreigeschossige katholische **Schlosskapelle**, die die gesamte linke Hälfte des Hauptflügels einnimmt. Das Schloss, später als Gefängnis, Lazarett und Klinik genutzt, hielt in die europäische Geschichte Einzug: 1763 fanden hier die sechswöchigen Friedensverhandlungen zwischen Sachsen, Preußen und Österreich statt, in deren Ergebnis der Siebenjährige Krieg sein Ende fand. Das Schloss ist am Wochenende im Rahmen von Führungen zu besichtigen.

Wurzen, Oschatz und Umgebung

Tourist-Information Wurzen, Markt 5, 04808 Wurzen, Tel. 03425/8560400. www.tourismus-wurzen.de www.kultur-wurzen.de

Oschatz-Information, Neumarkt 2, 04758 Oschatz, Tel. 03435/970242. www.oschatz-erleben.de www.stadt-oschatz.de

Schloss Wurzen, Amtshof 2, Wurzen, Tel. 03425/853590; 14 Zi., DZ ab 89 Euro. Restaurant tägl. ab 11 Uhr. Historisches Ambiente, Speisen vom Mittelalter bis zur Gegenwart. www.schloss-wurzen.de

Schlosshotel im Kavalierhaus, Schlossplatz 1, Machern, Tel. 034292/8090; 41 Zi., DZ ab 96 Euro. Eine kleine Idylle neben Schloss und Park. Italienisches Restaurant Il Cavaliere (Mo–Fr ab 18, Sa/So ab 12 Uhr). www.schlossmachern.de

Hotel Gasthaus Zum Schwan, Sporerstr. 2, Oschatz, Tel. 03435/975300; 42 Zi., DZ ab 75 Euro. Gemütliche Gästezimmer am Markt, bodenständige Küche im Restaurant (Mo–Fr ab 17, Sa/So ab 11.30 Uhr). www.travdo-hotels.de

Gasthof und Eiscafé Zum alten Zollhaus, Schlossplatz 2a, 04827 Machern, Tel. 034292/79491; tägl. ab 11 Uhr. Das Milchhaus im ehemaligen Rittergut Machern wurde zum beliebten Restaurant, in dem es frisch zubereitete Gerichte und Eis aus eigener Herstellung gibt. Preiswerte Mittagsgerichte. www.machern-zollhaus.de

Kulturhistorisches Museum mit Ringelnatz-Ausstellung Wurzen, Domgasse 2, Tel. 03425/8560405; Mi–So 10–16 Uhr. www.kultur-wurzen.de

Dom St. Marien, Domplatz 2, Tel. 03425/905021; Ostern–Okt. Mo–Sa 10–18, So nach Gottesdienst bis 18 Uhr, Nov.–Ostern Sa/So 10 bis Einbruch der Dunkelheit. www.dom-zu-wurzen.de

Schloss Wurzen, Amtshof 2, Tel. 03425/853590; Führungen auf Anmeldung (1 Std.). www.schloss-wurzen.de

Türmerwohnung der St. Aegidienkirche, Oschatz, Tel. 03435/930936; Ostern–Dez. Di–Fr 14–17, Sa/So 11–17 Uhr. www.rettet-st-aegidien.de

Stadt- und Waagenmuseum Oschatz, Frongasse 1, Tel. 03435/920285; Di–Do 10–12.30, 13–17, Fr–So 13.30–17 Uhr.

Schildbürger- und Gneisenau-Museum, Marktstr. 14, Schildau, Tel. 034221/62231; Di–Fr 10–12, 13–16, Sa/So 13.30–16 Uhr. www.schildbuergermuseum.jimdo.de

Jagdschloss Hubertusburg, Wermsdorf, Tel. 0157/77167914; Führungen im Schloss Di–Do 14, Fr–So 11 und 14 Uhr. www.hubertusburg-wermsdorf.de

Gute Möglichkeiten für Radfahren und Wandern durch die **Dahlener Heide** und den **Wermsdorfer Wald**. Auskünfte und Karten bei den örtlichen Tourist-Informationen und auf: www.dahlener-heide.info.

Freizeit- und Erlebnisbad Dreibrücke, Leipziger Str. 1a, Wurzen, Tel. 03425/8560350; Mai–Sept. tägl. Freibad mit sechs Beckenbereichen.

Platsch Erlebnisbad Oschatz, Berufsschulstr. 20, Tel. 03435/97620; tägl. Wasser- und Saunalandschaft.

Karte S. 260

Kohrener Land

Im Kohrener Land, in dem es Flüsschen mit den putzigen Namen Katze, Maus, Ratte und Wyhra gibt, laden Wiesen, Wälder und Teiche zur Erholung ein. Bereits Anfang des 20. Jahrhunderts hatten die Leipziger und Chemnitzer diesen Landstrich entdeckt, in dem auch kulturhistorisch bedeutende Baudenkmäler stehen. Aber nach wie vor ist es eine stille Landschaft.

Kohren-Sahlis

»Seit 1500 vierzig u. acht Jahre werden hier Töpfe und Schüsseln gemacht.« Dieser Spruch steht groß am Giebel der Töpferei Arnold und ist Beweis dafür, dass Kohren-Sahlis (2600 Einwohner) eine 500-jährige Töpfertradition besitzt. Die Kohrener »versehnden ihr Geschirr, das im besten Rufe steht, auf alle Märkte der Gegend«, ist in Schumanns »Postzeitungslexikon« von 1828 zu lesen und in der »Beschreibung von Sachsen« (1797): »In Kohren werden vorzüglich gute Töpferarbeiten gemacht«. Auf das traditionsreiche Handwerk macht auf dem Marktplatz der kunstvolle **Töpferbrunnen** (1928) von Kurt Feuerriegel aufmerksam. Sechs Reliefs zeigen Arbeitsvorgänge aus dem Töpferhandwerk, auf dem achteckigen Brunnendach bietet eine Topffrau Tongeschirr feil. In einer ehemaligen Töpferwerkstatt in der Baumgartenstraße 3 entstand das **Töpfermuseum**. In der original erhaltenen Werkstatt reihen sich noch wie vor 200 Jahren die fußbetriebenen Töpferscheiben aneinander. Der Platz an der Wand gehörte dem Meister, denn von dort hatte er seine Gesellen und Lehrlinge stets im Blick. In der Ecke liegt der Ton, auf Brettern stehen zum Trocknen aufgereihte Teller, Töpfe und Schüsseln. Im südlich gelegenen Ortsteil **Rüdigsdorf** verdient ein **Pavillon** Aufmerksamkeit, in dem in den Sommermonaten Konzertmusik erklingt. Moritz von Schwind, berühmt gewordenen durch seine Fresken auf der Wartburg, versah ihn gemeinsam mit seinem Wiener Studienfreund Leopold Schulz mit dem Fresken-Zyklus »Amor und Psyche« (1838). Beide verstanden es, die flache Decke so geschickt zu bemalen, dass man glaubt, sie sei gewölbt. In dem im englischen Landschaftsstil gestalteten Park wachsen seltene Bäume, darunter Tulpenbaum und Sumpfzypresse.

Töpferbrunnen in Kohren-Salis

Gnandstein

Die Festung hoch über dem Flüsschen Wyhra ist eine **Burg** wie aus dem Bilderbuch. Sie gehört zu den am besten erhaltenen kleinen mittelalterlichen Wehr- und Wohnburgen zwischen Saale und mittlerer Elbe. Vermutlich entstand die Burg, die ihr heutiges Aussehen im 15./16. und 18./19. Jahrhundert bekam, schon vor 700 Jahren. Lange Zeit diente sie zum Schutz der von Leipzig nach Prag führenden Handelsstraße. Ein besonderes Juwel ist die spätgotische **Burgkapelle** (Ende 15. Jahrhundert) mit

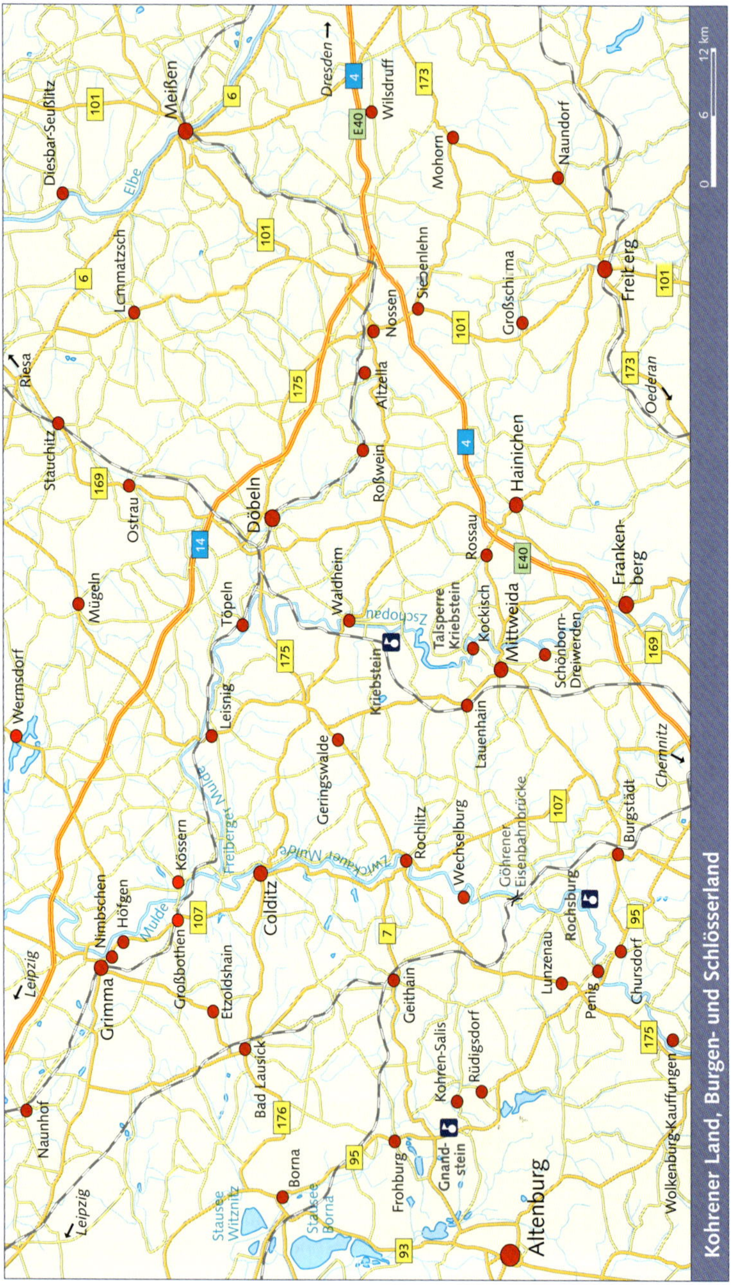
Kohrener Land, Burgen- und Schlösserland
0 6 12 km
Meißen
Diesbar-Seußlitz
Elbe
Dresden
Wilsdruff
Mohorn
Naundorf
Lommatzsch
Nossen
Altzella
Riesa
Stauchitz
Ostrau
Roßwein
Döbeln
Hainichen
Oederan
Rossau
Franken-berg
Mügeln
Töpeln
Waldheim
Zschopau
Talsperre Kriebstein
Kockisch
Mittweida
Schönborn-Dreiwerden
Wermsdorf
Leisnig
Kriebstein
Geringswalde
Lauenhain
Chemnitz
Freiberger Mulde
Kössern
Colditz
Zwickauer Mulde
Rochlitz
Wechselburg
Göhrener Eisenbahnbrücke
Burgstädt
Nimbschen
Höfgen
Mulde
Großbothen
Grimma
Leipzig
Etzoldshain
Geithain
Lunzenau
Rochsburg
Penig
Chursdorf
Naunhof
Bad Lausick
Kohren-Salis
Rüdigsdorf
Wolkenburg-Kauffungen
Borna
Frohburg
Gnand-stein
Altenburg
Stausee Witznitz
Stausee Borna
Leipzig

drei Altären (um 1501–1503) aus der Werkstatt des Riemenschneider-Schülers Peter Breuer (1472 - 1541). Die Fliesen des Fußbodens gelten als ältestes Zeugnis heimischer Töpferkunst. Beeindruckend sind die überwiegend in Sachsen gefertigten Waffen, die aus der Zeit des 15. bis 20. Jahrhunderts stammen. Die Besucher sind aufgefordert, in den ausliegenden Inventarbüchern zu stöbern und somit selbst auf Entdeckungsreise zu gehen. Die Bücher enthalten Informationen zu den einzelnen Exponaten. Vom mächtigen 33 Meter hohen **Bergfried** schaut man weit über das Kohrener Land bis nach Altenburg und Rochlitz. Der Blick in die spätgotische **Dorfkirche von Gnandstein** lohnt wegen der lebensgroßen, die einstigen Burgherren darstellenden Grabfiguren an der Chorwand, die zwischen 1461 und 1756 gefertigt wurden.

Frohburg

Das **Schloss** in der alten Töpfer- und Weberstadt Frohburg (10 300 Einwohner) entstand im 16. Jahrhundert. Die Verzierungen am vierflügeligen Bau im Stil des Klassizismus wurden Anfang des 19. Jahrhundert vorgenommen. Das **Museum** in seinen Mauern besitzt von dem in dieser Region bekannten Keramiker Kurt Feuerriegel (1880–1961) etwa 800 Arbeiten, die durch ihre Vielfalt an Formen und Farben begeistern, ferner zeigt es eine Sammlung historischen Spielzeugs, Puppen ebenso wie Kaufmannsläden und Baukästen.

Bad Lausick

Zwölf Kilometer sind es von Frohburg bis Bad Lausick (8100 Einwohner). 1820 entdeckte hier Gottlieb Friedrich Herrmann eine Mineralquelle, und der Badetrieb begann. Seit 1913 darf Lausick den Zusatz Bad führen, behandelt werden Herz- und Kreislauferkrankungen.

Burg Gnandstein

Wunderschön ist ein Spaziergang in dem um 1880 angelegten **Landschaftspark** im englischen Stil. 1995 öffnete das große **Kur- und Freizeitbad**, das etwa 10 000 Quadratmeter Wasserfläche in tropischer Atmosphäre bietet.

Das **Rathaus** datiert von 1897/98, nachdem das Vorgängergebäude abgebrannt war.

Die romanische **Kilianskirche** mit dem ortsbildprägenden Turm gibt es schon seit dem 12. Jahrhundert. Aus der Erbauungszeit stammt der Taufstein, der spätgotische Flügelaltar kam aus dem Dorf Witznitz bei Borna, das 1920 dem Braunkohletagebau weichen musste. Eine interessante Geschichte hat die Silbermannorgel (1722). Das ursprünglich für die Johanniskirche in Chemnitz gebaute Instrument verkaufte die Lausicker Gemeinde 1879 nach Auligk bei Pegau, wo es Jahrzehnte in der Dorfkirche erklang. 1955 kauften die Lausicker die Orgel zurück, restaurierten sie und bauten sie auf der eigens dafür errichteten Westempore auf.

Kohrener Land

Tourismusverein Kohrener Land, Markt 2, 04552 Borna, Tel. 03433/873195. www.kohren-information.de.
Kur- und Tourist-Information Bad Lausick, Straße der Einheit 17, 04651 Bad Lausick, Tel. 034345/52953. www.bad-lausick.de.
Tourist-und Bürgerinformation, Markt 13–15, 04654 Frohburg, Tel. 034348/8050. www.frohburg.de.

Kastanienhof, Landstr. 19, Bad Lausick OT Etzoldshain, Tel. 034345/7060; 19 Zi., DZ ab 75 Euro. Hübscher Landgasthof mit gemütlich und modern eingerichteten Zimmern. Im Restaurant (tägl. ab 11 Uhr) werden regionale Spezialitäten, Wild- und Fischgerichte serviert. www.kastanienhof-etzoldshain.de

Hudelburg, Kirschallee 1, Bad Lausick, Tel. 034345/545181; Mo, Di, Do ab 17, Fr ab 15, Sa/So ab 12 Uhr. Mittelalterliches Essen im Ambiente einer herrschaftlichen Burg. Zu bestimmten Terminen (siehe Internet) treten Spielleute mit Gesang und Spektakel auf. www.hudelburg.de
Lindenvorwerk, Linda Nr. 32, Frohburg, Tel. 034344/61285; tägl. ab 11 Uhr, Okt.-April Mo geschl. Sächsische Küche aus frischen Zutaten in der beliebten Ausflugsgaststätte am See. Bootsverleih und Minigolf. Zu besichtigen ist die einzige noch erhaltene Wassermühle im Kohrener Land (Lindigtmühle April–Okt. Sa 13–17, So 11–17 Uhr). www.lindenvorwerk.de

Töpfermuseum, Baumgartenstr. 3, Kohren-Sahlis, Tel. 034344/61547; April–Okt. Di–So 13–17 Uhr. www.frohburg.de
Hofmannsche Sammlungen, Markt 71, Kohren-Sahlis, Tel. 034344/61547; Mai–Okt. Di–So 13–17 Uhr. Kulturhistorische Sammlung aus dem Kohrener Land. www.frohburg.de
Schwind-Pavillon, Frohburg OT Rüdigsdorf Nr. 35, Tel. 034344/61547; Mai–Okt. Mi, Do, Sa/So 13–17 Uhr. www.frohburg.de
Burg Gnandstein, Burgstr. 3, Frohburg OT Gnandstein, Tel. 034344/61309; April–Anf. Nov. Di–Fr 10–17, Sa/So 10–18 Uhr, Burggarten Mai–Okt. geöffnet. www.burg-museum-gnandstein.de
Irrgarten der Sinne, Linda 33, Tel. 034344/66966; April–Anf. Nov. tägl. 10–18 Uhr. Heckenlabyrinth auf 3,5 km langen Wegen mit zahlreichen Stationen zum Riechen, Tasten, Ausprobieren. www.irrgarten-der-sinne.de
Museum im Schloss Frohburg, Florian-Geyer-Str 1, Tel. 034348/51563; Di–Fr 8.30–12, 13–16, Mai–Okt. zusätzlich Sa 14–17, So 11–17 Uhr. www.museum-schloss-frohburg.de
Kur- und Stadtmuseum Bad Lausick, Straße der Einheit 19, Tel. 034345/52971; Mi–Fr 12.30–17, Sa 13–17, So 14–17 Uhr. www.museum-bad-lausick.de

Töpferhaus Arnold, Burggasse 9, Kohren-Sahlis, Tel. 034344/61325; tägl. geöffnet. Handgetöpferte Keramik, Besichtigung der Töpferei, Töpferkurse. www.toepferhaus-arnold.de

Kur- und Freizeitbad Riff Bad Lausick, Am Riff 3, Bad Lausick, Tel. 034345/7150; Mo–Fr 10–22, Sa/So 9–22 Uhr. Freizeitbad, Sole-Außenbecken, Saunalandschaft, Wellnessangebote. www.freizeitbad-riff.de

Sommerrodelbahn Kohren-Sahlis, Am Bahndamm, Tel. 0179/4673230; Mitte Febr.–Nov. tägl. 10–17 Uhr. Auf der Rodelbahn kann man mit Geschwindigkeiten bis 40 km/h rund 500 Meter ins Tal sausen. www.sommerrodelbahn-kohren-sahlis.de

▶ Karte S. 270

Burgen- und Schlösserland

Die Täler der Zwickauer und der Freiberger Mulde sowie der Zschopau gehören zu den malerischsten Landschaften, die Sachsen vorzuweisen hat. Auf steilen Felsvorsprüngen oder sanften Hügeln stehen zahlreiche Burgen und Schlösser, in denen es viel Geschichte und Geschichten zu entdecken gibt.

Die Zwickauer und die Freiberger Mulde vereinen sich bei Colditz – im Dreieck zwischen Chemnitz, Leipzig und Dresden – zur Mulde. Die Zwickauer Mulde entspringt in den Moorflächen bei Kottenheide im Vogtland, die Freiberger Mulde oberhalb von Moldava (Moldau) in Tschechien und erreicht nach etwa fünf Kilometern das Osterzgebirge. Bei Töpeln mündet die Zschopau in die Freiberger Mulde.

Grimma

»Perle des Muldentals« nennt sich Grimma (28 500 Einwohner) gern, und das nicht zu unrecht. Die malerische denkmalgeschützte Altstadt ist liebevoll saniert, so dass es Freude macht, darin herumzuspazieren. Frei auf dem Marktplatz steht das **Renaissance-Rathaus** mit einer hübschen Freitreppe. Die erste urkundliche Erwähnung des Rathauses datiert aus dem Jahre 1292. Etwa 1360 war das zweite Rathaus vollendet, 1440 das dritte.

Im Laufe der Jahre veränderte sich das Antlitz des Bauwerkes, heute zeigt es sich nach erfolgter erneuter Renovierung wieder wie im 16. Jahrhundert.

Im Renaissancehaus Markt 11, heute **Seume-Haus** genannt, führte der Klassikerverleger Georg Joachim Göschen (1752 – 1828) ab 1797 seine Druckerei und seinen Verlag. Von Leipzig siedelte er in »eine der schönsten Gegenden der Welt«, so Göschen. Seume-Haus heißt das Gebäude deshalb, weil der weitgereiste Schriftsteller Johann Gottfried Seume (1763 – 1810) von 1797 bis 1801 als Korrektor bei Göschen arbeitete. Seume machte sich unter anderem mit »Spaziergang nach Syrakus« einen Namen, der Schilderung seiner Fußwanderung von Grimma nach Sizilien. Sein Sommerhaus bewohnte Göschen im Stadtteil Hohnstadt, Schillerstraße 25, heute ist es eine **Gedenkstätte**.

Das aus einer Burg hervorgegangene Schloss am Muldeufer, in dem 1443 der Wettiner Albrecht der Beherzte zur Welt kam, dient heute als Verwaltungssitz. Vom einstigen Augustinerkloster ist die **Klosterkirche St. Augustin** erhalten geblieben, in der Kurfürst Moritz 1550 eine Sächsische Landesschule einrichten ließ. Heute ist es das Gymnasium St. Augustin.

Die **Lange Straße** verbindet als Hauptgeschäftsstraße den Marktplatz mit dem Leipziger Platz. Die Häuser schmücken sich vielfach mit Sitznischenportalen, Erkern und Handwerkszeichen. Am Leipzi-

Das Rathaus von Grimma

ger Platz steht die **Frauenkirche** mit ihrer doppeltürmigen Westfront. Im Inneren beeindruckt ein spätgotischer Flügelaltar. Die 149 Meter lange **Brücke über die Mulde** baute von 1716 bis 1719 Zwingerbaumeister Matthäus Daniel Pöppelmann. Das Hochwasser im August 2002 zerstörte zwei Pfeiler, daraufhin musste der Mittelteil der Brücke gesprengt werden. Zehn Jahre nach der Flut wurde die wiederaufgebaute historische Brücke mit einem großen Fest wieder für Fußgänger freigegeben. Ebenfalls schwer beschädigt hatte das Hochwasser die 1924 erbaute Hängebrücke mit einer Spannweite von 80 Metern. Aber Sachsens längste Hängeseilbrücke beim **Schloss Gattersburg** überspannte schon kurz darauf wieder die Mulde und verbindet wieder das Stadtzentrum mit dem Stadtpark am östlichen Muldeufer.

Ende des 18. Jahrhunderts ließ sich Landrichter Christian Gattert ein Wohnhaus mit Türmchen errichten, das die Grimmaer rasch Gattersburg nannten. Bis 1887 entstand ein neues Haus im Stil der Neorenaissance, das den Namen Gattersburg behielt. Weil es prächtig anzuschauen ist, setzte der Volksmund noch das Wörtchen Schloss vor den Namen.

Höfgen

Am Ufer der Mulde liegt eine **Schiffsmühle** vertäut, wie sie bis Ende des 19. Jahrhunderts an vielen deutschen Flüssen schaukelten. Die in Höfgen brannte 1871 ab, originalgetreu baute man sie Anfang der 1990er Jahre nach. Wie in früheren Jahrhunderten schwimmt sie auf der Mulde, nur dass in ihr nicht mehr wie einst Korn gemahlen wird, sondern sie heute die historischen Wasseranlagen im Jutta-Park speist. Dieses Kleinod der Landschaftsgestaltung hat um 1900 Jutta Ida Gleisberg, die Gattin eines Großmüllers, anlegen lassen. Der **Bismarckturm** auf dem Beckenberg wird auch Jutta-Turm genannt, weil ihn Jutta Ida Gleisberg 1905 als Aussichtsturm errichten ließ.

Die **Wassermühle** in Höfgen klappert nur noch für Museumsbesucher. Sie besitzt ein oberschlächtiges Wasserrad: Das zum Drehen des Mühlrades notwendige Wasser wird von oben über ein Gerinne zugeführt. Die Mühle, im kursächsischen Mühlenverzeichnis von 1721 erstmals erwähnt, hat ihr Äußeres bis heute nicht verändert, im Inneren erfolgten nach 1870 Modernisierungen. Eine Kastanienallee führt zu dem zwölf Meter hohen Aussichtsturm (1905).

▲ Karte S. 270

Schiffsmühle in Höfgen

Mit einer noch von Hand betriebenen **Fähre** setzt der Fährmann in Höfgen auf das linke Muldeufer über. Dort, im nahen **Nimbschen**, überraschen von Grün umwuchert die Reste des 1536 aufgehobenen **Zisterzienser-Nonnenklosters Marienthron**. Aus diesem Kloster war 1523 Luthers spätere Frau Katharina von Bora mit weiteren acht Nonnen nach Wittenberg geflohen.

Großbothen

Sachsen hat auch einen Nobelpreisträger: den Chemiker Wilhelm Ostwald (→ S. 65). In Großbothen (1300 Einwohner), acht Kilometer von Grimma entfernt, war der Mitbegründer der physikalischen Chemie zu Hause. Seine Wohn- und Wirkungsstätte, von ihm selbst »Haus Energie« genannt, ist seit Jahrzehnten Museum, seit kurzem unter dem Namen **Wilhelm-Ostwald-Park**. Das »Haus Energie« mit der rund 25 000 Bände umfassenden Bibliothek und der Park vermitteln noch viel von der Atmosphäre aus der Zeit des Nobelpreisträgers.
Seine letzte Ruhestätte fand Ostwald in einem Steinbruch des romantisch-idyllischen Parks, der mit der Streuobstwiese ebenfalls Besuchern offen steht. Ostwald hatte sich, nachdem er seine Professur in Leipzig niedergelegt hatte, zur Forschung nach Großbothen zurückgezogen. Hier sind noch heute die »Farborgeln« mit 600 beziehungsweise 2700 Farbtönen zu sehen, die der Nobelpreisträger zur Systematisierung der Farben entwickelte. Nach seiner Farbenlehre wurde in den sächsischen Volksschulen unterrichtet, die Porzellanmanufaktur in Meißen, Textilfabrikanten und Blumenzüchter kennzeichneten die Farben in ihren Katalogen mit »Wilhelm-Ostwald-Normen«.
Ein barockes Kleinod im Muldental ist das **Jagdhaus Kössern**, zwei Kilometer von Großbothen entfernt. Um 1705

Schloss Colditz

wurde es für höfische Jagdgesellschaften erbaut, vermutlich nach Plänen des berühmten Zwingerbaumeister Matthäus Daniel Pöppelmann. Heute finden unter dem prachtvollen Deckengemälde im Festsaal Konzerte und andere Kulturveranstaltungen statt.

Colditz

Überschwänglich wird Colditz (8900 Einwohner) manchmal als »Klein-Venedig« bezeichnet, weil es sich zauberhaft in einem Talkessel der unteren Zwickauer Mulde erstreckt. Anziehungspunkt, vor allem für Engländer, ist das 30 Meter hoch über der Stadt thronende **Renaissanceschloss**, kurz »Fluchtmuseum« genannt. Das im 16. Jahrhundert errichtete Bauwerk gelangte zu zweifelhaftem Ruhm. Die Nationalsozialisten machten es 1933/34 zu einem ihrer ersten Konzentrationslager, und ab 1939 nutzten sie es als Kriegsgefangenenlager für hochrangige alliierte Offiziere, darunter der Neffe des britischen Premiers Winston Churchill. Einige von ihnen planten die Flucht. Rund 300 Versuche sind registriert, 31 waren erfolgreich. So gruben beispielsweise Franzosen einen 44 Meter langen Gang unter der Schlosskirche.

Das Museum im Schloss zeigt Dokumente aus dieser Zeit und selbstgefertigte Fluchtgegenstände, darunter ein von britischen Gefangenen gebautes Segelflugzeug. Vor allem im englischsprachigen Raum besitzt Colditz Castle einen hohen Bekanntheitsgrad, da nach dem Zweiten Weltkrieg zahlreiche Publikationen und Filme über die Colditzer Ausbruchaktionen entstanden sind. Dadurch bildete sich ein regelrechter »Colditz-Mythos« heraus, der bis heute anhält.

Das **Renaissance-Rathaus** (1650 - 1657) am langgestreckten Markt besitzt eine kleine Sehenswürdigkeit: Zwei Ziegenböcke über der Uhr, die zu jeder vollen Stunde ihre Hörner aneinander stoßen.

Der Aussichtsturm auf dem Colditzer **Töpelberg** bietet einen Blick bis zum Leipziger Völkerschlachtdenkmal, vorausgesetzt natürlich, dass auch das Wetter mitspielt. Westlich der Stadt erstrecken sich der **Colditzer** und der **Glastener Forst**.

Rochlitz

Weithin sind die beiden »Jupen« genannten vierkantigen Türme des malerischen Schlosses hoch über dem Muldetal zu erkennen. **Schloss Rochlitz**, vielfach als Witwensitz genutzt, weist neben der Meißner Albrechtsburg die bemerkenswerteste spätgotische Profanarchitektur in Sachsen auf. Einer der beiden Türme, die **Lichte Jupe**, dient als Aussichtsturm, der von 34 Meter Höhe einen weiten Blick über die Zwickauer Mulde ermöglicht. Beim Rundgang faszinieren vor allem die prachtvollen Holzdecken und Wandvertäfelungen, die in das Spätmittelalter versetzen. Interessant ist auch der Blick in die fast 100 Quadratmeter große mittelalterliche Schlossküche mit riesigem Herd und gewaltigem Rauchfang aus dem 14. Jahrhundert sowie in die um 1470 umgebaute Schlosskapelle mit ihrem imposanten Rippengewölbe. Die Dauerausstellung **Fett, einäugig, revolutionär** stellt drei heute weitgehend vergessene Wettiner vor: Markgraf Dedo den Feisten (um 1130 - 1190), Wilhelm den Einäugigen (1343 - 1407), der die Burg zum Wohnschloss umbauen ließ, und Elisabeth von Hessen (1502 - 1557), die durch Heirat Erbprinzessin von Sachsen geworden war.

Rochlitz (6000 Einwohner) im reizvollen Muldetal gehört zu den ältesten Städten Mittelsachsens. Das Wappen, das

Karte S. 270

Schloss Rochlitz

Die Hängebrücke in Rochlitz

mit Mauer und Turm die mittelalterliche Stadt symbolisiert, besteht seit 1364 unverändert. Ungewöhnlich für eine Stadt dürfte sein, dass sich vier Plätze aneinanderreihen: Den großen, überwiegend klassizistisch bebauten **Marktplatz** mit dem Rathaus (1828) und dem Brunnen (1929) von Georg Wrba, der heute den Opfern beider Weltkriege gewidmet ist, verbindet die Hauptstraße mit dem Topfmarkt. Auf dem sprudelt seit 2007 der Steinmetzbrunnen aus heimischen Porphyr von Volker Beier. Es folgt der **Kunigundenplatz** mit der Kunigundenkirche, einer spätgotischen Hallenkirche mit einem riesigen dreiflügeligen Hochaltar (1513), dem sich der **Clemens-Pfau-Platz** anschließt mit dem Porphyrbrunnen, dem Städtischen Hospital (1854) am östlichen Ende, kleinen Geschäften, einem Eiscafé und gemütlichen Gaststätten.

Vom Marktplatz führt die Muldengasse zum Mühlgraben und weiter zur **Hängebrücke** über die Zwickauer Mulde. Zwei stählerne Tragseile sorgen für ein sicheres Überqueren des Steges, der die Altstadt mit dem Ortsteil Zaßnitz verbindet. Dass es ein wenig schaukelt, lässt sich allerdings nicht vermeiden.

Ein Wanderweg führt zu dem südwestlich der Stadt gelegenen **Rochlitzer Berg** (353 Meter) mit dem 27 Meter hohem **König-Friedrich-August-Turm** (1855 - 1859) und einer Gaststätte. Der Turm wurde vollständig aus heimischem roten Porphyrtuff erbaut, auch »sächsischer Marmor« genannt, ein in Europa nur hier vorkommendes vulkanisches Gestein. Nicht nur in Rochlitz und Umgebung wurde er verarbeitet, sondern auch in Wien und Kopenhagen. In Leipzig entstand das Alte Rathaus aus Rochlitzer Porphyrtuff.

Wechselburg

Dem Flusslauf der Mulde folgend wird Wechselburg (2100 Einwohner) erreicht, neun Kilometer südlich von Rochlitz. Die katholische dreischiffige **Basilika** gehört zu den besterhaltenen romanischen Sakralbauten Deutschlands, der Lettner (um 1230 - 1235) in der dreischiffigen Pfeilerbasilika mit Skulpturen und Reliefplatten aus Rochlitzer Porphyrtuff zu den schönsten Kunstwerken des 13. Jahrhunderts im deutschsprachigen Raum.

Die Basilika von Wechselburg

Beeindruckend: die Göhrener Eisenbahnbrücke

Bekrönt wird er von einer Triumphkreuzgruppe mit überlebensgroßen Figuren aus Eichenholz. Bedeutung besitzt auch das Grabmal des Stifterpaares Markgraf Dedo (gestorben 1190) und seiner Gemahlin Mechthild. Seit 1993 beherbergen die Räume in einem Seitenflügel des Schlosses, »Kleines Schloss« genannt, das einzige Benediktinerkloster in Sachsen. Die Mönche übernahmen die Betreuung der Gäste in dem hier untergebrachten Jugend- und Familienhaus.

Auf den Grundmauern eines 1168 gegründeten Klosters entstand Mitte des 18. Jahrhunderts ein **Barockschloss**, das bis 1945 Wohnsitz der Schönburger Grafen war und später Krankenhaus. Den 18 Hektar großen Park ziert ein alter Baumbestand, die Wege führen bis ans Muldeufer. Vor allem im Frühling ist ein Spaziergang erlebnisreich, wenn tausende von Buschwindröschen ihre zarte Pracht entfalten.

Buchstäblich in den Schatten gestellt wird die katholische Basilika von der evangelischen **St.-Ottokirche** – denn deren Turm überragt alles. Das barocke Gotteshaus (1730 – 1737) am Marktplatz überrascht seine Besucher mit einer kostbaren Marmorausstattung – zumindest meint man, eine solche zu sehen. Doch für Marmor hatte die Gemeinde seinerzeit kein Geld, und so ließ man das Holz der Säulen und Emporen so bemalen, dass der Eindruck von Marmor vorgetäuscht wird. Wertvolles Ausstattungsstück ist die Schramm-Orgel von 1780/81. Johann Jacob Schramm war ein Schüler von Sachsens berühmtestem Orgelbaumeister Gottfried Silbermann.

Lunzenau

Die historische Innenstadt von Lunzenau (4500 Einwohner) mit ihren schmalen Gassen prägen vor allem Bürgerhäuser aus dem 18. und 19. Jahrhundert.

Bekannt wurde die Lunzenauer Weberstocher Sophia Sabina Apitzsch (1692 – 1752), die in Männerkleidern verkleidet als sächsischer Kronprinz reiste. Sie gefiel sich in der Rolle als Sohn August des Starken, doch der sächsische Hof fand das gar nicht spaßig. Zur Strafe musste die junge Frau 1715 in die Haftanstalt Waldheim einziehen, doch nach zwei Jahren erfolgte die Begnadigung. August der Starke soll ihr den Beinamen »Prinz Lieschen« gegeben haben. Am Geburtshaus der Apitzsch, Altenburger Straße 5, hat man eine Gedenktafel

▸ Karte S. 270

angebracht, und den Brunnen auf dem Marktplatz ziert neuerdings »Prinz Lieschen« als Brunnenfigur.

Nördlich von Lunzenau überspannt die 512 Meter lange **Göhrener Eisenbahnbrücke** das Tal der Zwickauer Mulde. Bis zu 5000 Bauarbeiter schufteten hier rund zwei Jahre lang, 340 Pferde karrten das Baumaterial heran. Durch Verfüllung der Bögen an den Brückenenden wurde der 68 Meter hohe Viadukt bei Sanierungsarbeiten (1982 – 1986) auf 381 Meter verkürzt. Die zweistöckige Brücke entstand von 1869 bis 1872 für die Eisenbahnstrecke Leipzig–Chemnitz. Zeitweise waren am Bau bis zu 5000 Arbeiter beteiligt.

Rochsburg

Einer Märchenburg gleich thront die Rochsburg auf einem 50 Meter hohen Felssporn über dem Tal der Zwickauer Mulde.

Die 15 Kilometer von Rochlitz entfernte Wehranlage, einer der bedeutendsten Adelssitze Sachsens, wurde um 1170 errichtet und Ende des 15. Jahrhunderts von dem bekannten Baumeister Arnold von Westphalen zum Wohnschloss umgebaut. Eine spätere Zugabe, am barocken Stil erkennbar, ist der Helm des 50 Meter hohen **Bergfrieds**.

In mehreren Räumen sind Möbel verschiedener Stilepochen zu sehen sowie die Ahnengalerie der Grafen von Schönburg, zu deren Besitz die Rochsburg mehr als 400 Jahre gehörte. In der **Kleinen Galerie** sind wechselnde Ausstellungen zu Kunst, Kunsthandwerk und Geschichte zu besichtigen. Empfehlenswert ist auch ein Blick in die spätgotische **Schlosskapelle St. Anna** mit einem Renaissancealtar aus Sandstein.

Ein Besuchermagnet ist die **Ausstellung Leute machen Kleider – Kostüme aus zehn Jahrhunderten**. Anhand von 52 Bekleidungsstücken von Adel, Bürgertum, Handwerker und Bauern wird die Entwicklung der Mode in Europa in den vergangenen zehn Jahrhunderten gezeigt. Bis zur Mitte des 19. Jahrhunderts fertigte man Kleidung ausschließlich in Handarbeit, erst danach erleichterte die Nähmaschine die Arbeit. Damit die Gewänder in der Ausstellung wie Originale aussehen, stellten sie mehr als 100 Frauen in Handarbeit her. Sieben Jahre haben sie dafür benötigt und rund 10 000 Kilometer Nähfaden, drei Kilometer Stoff, 500 Meter Spitze und 800 Knöpfe verbraucht.

Unterhalb der Burg schaukelt es gewaltig – beim Hotel Muldenschlösschen in der Rochsburger Muldenstraße führt eine **Hängebrücke** über die Mulde. Bereits um 1480 erwähnten die Chroniken einen einfachen »Bocksteg«, und um 1878 ist von einem schwankenden Steg die Rede, im Volksmund Schaukelbrücke genannt.

Hoch über der Hängebrücke: die Rochsburg

Die Sachsen sprechen Säggssch

Manche Wörter versteht außerhalb von Sachsen kein Mensch. Huddelei beispielsweise steht für Ärger haben und Dämmse für große Hitze. Eine Kuhbläke ist ein abgelegenes Dorf, ein Lulatsch ein langer Kerl, wenn einer druckst, dann möchte er nicht mit der Sprache heraus, wenn Kinder und Jugendliche sich zum Fußballspielen verabreden möchte, erkundigen sie sich, ob man zum Bebbl'n mitkommt, und wird etwas als babb'sch bezeichnet, dann ist es weich.

Die Sachsen gelten als gemütlich, reiselustig und redegewandt, selbst bezeichnen sie sich als fischelant, was man mit pfiffig und einfallsreich übersetzen könnte. Doch ihrer Sprache wegen werden sie oft verhöhnt. Mit Lautbildung, Wortschatz und Satzbau haben sie ihre Probleme und geben deshalb oft Anlass zu beißendem Spott. Der freundliche Singsang ihrer Mundart, das Säggssch, ist unverkennbar.

In Sachsen gibt es 21 Dialekte, am verbreitetsten sind der westerzgebirgische, der vogtländische und der Oberlausitzer Dialekt, die aber nicht mit dem verspotteten Sächsisch verwechselt werden dürfen. Das eigentliche sächsische Dialektgebiet erstreckt sich zwischen Leipzig, Chemnitz und Dresden. Hier verweichlicht man mit Vorliebe, aus dem P wird ein B, man sagt also nicht Papa, sondern Babba, die Post wird zur Bost. Erkundigen sich Kinder bei den Eltern, wie man Post schreibt, wird die Antwort lauten: Mit einem harten B. Und Butter? Mit einem weichen B.

Das T weicht im Sächsischen dem D, aus der Türe wird eine Diere. Auch das K mag man nicht, man unterscheidet es nicht vom G, deshalb wird das Kopfkissen zum Gobbgissen und der Kuchen zum Guuchen. Gern verschluckt der Sachse auch Endungen, er sagt mei anstatt mein. Vokale dehnt er, und so wird aus glauben ein glooben.

Der exotische Dialekt bereitet den Gästen manchmal Probleme. Manches Wort verstehen wahrlich nur die Einheimischen. Wer weiß außerhalb von Sachsen schon, dass hierzulande eine Horn'sche ein kleines, hässliches Zimmer ist und ein Dibbel eine große Tasse? Eine Doofe kann ein einfältiges Mädchen sein, aber auch die Taufe in der Kirche. Geld bezeichnen die Sachsen als Knete, Kartoffelpuffer als Klitscher, einen großen Mann als Lulatsch, den Säugling als Währchl und das kleine Kind ist ä Bohbl. Wer sich ungebührlich benimmt, ist ein Flähz oder Drambl, und wer etwas nicht versteht, der wird hinter der vorgehaltenen Hand als dusselig bezeichnet. Doch solange der Gast noch mit »mei Gudster« angesprochen wird, steht alles zum Besten. Wenn jemand aber absolut nichts versteht oder aus der Sicht eines Sachsen zu viel Zeit benötigt, werden sie schnell ungeduldig und laut. Dann kann man Worte wie Dussel, Nappsilze, Armleichter, Knallkopp, Nieselbriem oder gar Leckarsch zu hören bekommen. Das ist das Zeichen, dass die Geduld des Gesprächspartners am Ende ist. Anflaum'm, also beschimpfen, sollten man sich aber nicht lassen. Dazu wird es jedoch selten kommen, denn der Sachse wird aus Höflichkeit nicht sagen, was er von einem hält. Oder doch? Weil er den festen Glauben hat, man würde ihn ja doch nicht verstehen.

Sollte der Sachse mitbekommen, dass er sich getäuscht hat, wird man als Verwunderung bestimmt »ei-verbibbch« hören. Das entspricht im Hochdeutschen etwa dem erstaunten »guck'mal da!« Oder man bekommt zu hören, man sei ausgebuffd, das heißt so viel wie raffiniert sein.

Penig

Seine Sehenswürdigkeit versteckt die Stadt (9100 Einwohner) unter den Häusern und Straßen. Es ist ein im 16. Jahrhundert in die Felsen gehauenes Gangsystem auf drei Ebenen und einer Länge von rund zwei Kilometern. Bei einer Temperatur von konstant acht bis zehn Grad wurden hier Bier und Lebensmittel gelagert. Heute bezeichnet man das System als **Kellerberggänge** und machte es zum zwar beliebten, aber doch etwas ungewöhnlichen Angebot für Touristen. Der Eingang befindet sich beim **Huthaus** in der Leipziger Straße 52a.

Aus dem Altstadtkern mit mittelalterlichem Grundriss ragt die spätgotische **Stadtkirche Zu Unser Lieben Frauen auf dem Berge** (1476 – 1515) hervor, die sich mit einer farbenprächtigen Tafeldecke (1688) schmückt, die 70 Darstellungen aus dem Alten und Neuen Testament zeigt.

Zur spätromanischen **Saalkirche St. Aegidien**, die 1157 erstmals genannt wurde und somit Penigs ältestes Bauwerk ist, läuft man die Lunzenauer Straße entlang bis zur Dittmannsdorfer Straße.

Die Mulde und Penigs Stadtkirche

Der »Große Topf zu Penig«

Das stattliche Gebäude am Ende des Schlossplatzes, in dem sich Stadtbibliothek und Polizei befinden, ist das **Neue Schloss**, das sein heutiges klassizistisches Aussehen um 1790 erhielt.

Zum beliebten Fotoobjekt avancierte der wahrlich **Große Topf zu Penig** am Rand der Altstadt in der kleinen Grünanlage Chemnitzer-/Ecke Tauchaer Straße, der an die einstige Töpfertradition erinnert.

Wolkenburg-Kaufungen

Den Namen des kleinen Doppelortes sollte man sich merken, denn er dürfte bald mit einem kulturhistorisch bedeutenden Ensemble aufwarten: dem **Schloss Wolkenburg** oberhalb der Zwickauer Mulde, das in den Jahren 1694 bis 1700 aus einer Burg hervor-ging, dem im englischen Stil angelegten **Schlosspark** sowie der **St.-Mauritius-Kirche**, eine der schönsten und stilreinsten klassizistischen Dorfkirchen Sachsens. Wolkenburgs älteste Kirche, ein Rechteckbau aus der Zeit um 1400, befindet sich außerhalb des Ortes. Ende des 18. Jahrhunderts gefiel den Einwohnern plötzlich ihr Gotteshaus nicht mehr, dazu kam, dass es auch zu klein geworden war. Man sammelte fleißig Geld und ließ unterhalb des Schlosseingangs die Mauritius-Kirche erbauen. Schloss und Park zieren **Eisenkunstgussplastiken** aus dem 18. Jahrhundert, die aus der berühmten Lauchhammer Gießerei stammen. Sie stellen Meisterleistungen ihrer Zeit dar. Nach Wolkenburg sind sie gekommen, weil das Schloss bis ins 18. Jahrhundert den Lauchhammer Hüttenbesitzern gehörte, die auf Schloss Wolkenburg residierten. Nach dem Zweiten Weltkrieg versank Schloss Wolkenburg in einen Dornröschenschlaf, es verschwand regelrecht aus dem Gedächtnis der Sachsen. Es wurde zu Wohnzwecken genutzt und nur notdürftig instandgehalten. Seit einigen Jahren ist man dabei, Schloss und Park wieder herzurichten. Als Kleinod wieder entstanden sind bereits der **Festsaal** sowie die zweigeschossige **Bibliothek** mit rundem Grundriss, beide aus der Zeit um 1780 stammend. In den **Stilzimmern** geben Ausstellungen Einblick in das Wirken der Grafen von Einsiedel und dem hier 1848 geborenen Maler Fritz von Uhde.

Grimma und Umgebung

Stadtinformation Grimma, Markt 23, 04668 Grimma, Tel. 03437/9858285. www.grimma.de.

Tourist-Information Colditz, Markt 6, 04680 Colditz, Tel. 034381/43519. www.tourismus-colditz.de

Tourist-Information Rochlitzer Muldental, Burgstr. 6, 09306 Rochlitz, Tel. 03737/7863620. www.rochlitzer-muldental.de.

Eine **Fähre** für maximal 16 Personen verkehrt zwischen Höfgen und Nimbschen, Tel. 03437/915158, April–Okt. Mi–Fr 11–17, Sa/So 11–18.30 Uhr.

Hotel Kloster Nimbschen, Nimbschener Landstr. 2, Grimma OT Nimbschen, Tel. 03437/9950; 80 Zi., DZ ab 109/89 Euro. Übernachten auf historischem Boden in der restaurierten Klosteranlage mit Vier-Sterne-Komfort. Preiswertere Zimmer stehen im Gästehaus zur Verfügung. Hauseigener Bootssteg. www.kloster-nimbschen.de

Hotel Zur Lochmühle, Zur Lochmühle 64, Penig OT Tauscha, Tel. 037381/66220; 22 Zi., DZ ab 78 Euro. Eine ehemalige Papiermühle ist heute ein nettes Landhotel mitten im Grünen. Restaurant (Mo ab 17, Di–So ab 11 Uhr) mit regionaler Küche. www.zur-lochmuehle.de

Erlebnishotel Zur Schiffsmühle, Zur Schiffsmühle 2, Höfgen, Tel. 03437/76020; 35 Zi., DZ ab 95 Euro. Absolut ruhig: romantisch an der Mulde gelegenes Hotel, rustikales Restaurant mit sächsischer und internationaler Küche aus frischen Zutaten (tägl. ab 11 Uhr). www.schiffsmuehle.de

Zur Wassermühle, Höfgener Dorfstr. 10, Höfgen, Tel. 03437/917153; Di–Sa ab 11.30, So ab 11 Uhr. Traditionelle sächsische Gerichte in nostalgischem Ambiente, schöner Blick ins Muldenland. www.wassermuehle-hoefgen.de

Waldhaus, Lausicker Str. 60, Colditz, Tel. 034381/43371; So ab 11.30 Uhr. Sächsische Gastlichkeit seit 1897, regionale Küche (auch 11 Zimmer, DZ ab 69 Euro). www.waldhaus-colditz.de

Bergrestaurant Türmerhaus, auf dem Rochlitzer Berg, Tel. 03737/40706; tägl. ab 11 Uhr. Sächsische Küche mit Panoramablick. www.rochlitzerberg.com

Muldenschlösschen Rochsburg, Bahnhofstr. 2, Lunzenau OT Rochsburg, Tel. 037383/8510; Mi/Do ab 16.30, Fr ab 11.30 Sa/So ab 11 Uhr. Ruhige Lage mit Blick auf die Rochsburg, regionale und internationale Spezialitäten (auch 33 Zimmer, DZ ab 80 Euro). www.muldenschloesschen.de

▶ Karte S. 270

Museum Göschenhaus/Seume-Gedenkstätte, Schillerstr. 25, Grimma, Tel. 03437/911118; Mi–So 11–16 Uhr, nur mit Führung jeweils zur vollen Stunde zu besichtigen. www.goeschenhaus.de

Kreismuseum Grimma, Paul-Gerhardt-Str. 43, Tel. 03437/911132; Di–Fr, So 10–17 Uhr. Sammlungen von der Urgeschichte bis zur Gegenwart. www.museum-grimma.de

Museum Schiffsmühle, Zur Schiffsmühle, Höfgen, Tel. 03437/98770; April–Okt. Sa/So 12–17 Uhr.

Technische Schauanlage Wassermühle Höfgen, Dorfstr. 8, Höfgen, Tel. 03437/707572; April–Okt. Do–So 12–17 Uhr. www.wassermuehle-hoefgen.de

Museum Wilhelm-Ostwald-Park, Grimmaer Str. 25, Großbothen, Tel. 034384/7349152; Mo–Mi, Fr–So 10–17 Uhr. www.wilhelm-ostwald-park.de

Jagdhaus Kössern, Dorfstr. 1, Kössern, Tel. 034384/73931; ganzjährig Mo–Fr 9–15, Ostern–Sept. zusätzlich Sa/So 10–17 Uhr. www.jagdhaus-koessern.de

Schloss Colditz, Schlossgasse 1, Colditz, Tel. 034381/43777; tägl. April–Okt. 10–17, Nov.–März 10–16 Uhr. www.schloss-colditz.com

Schloss Rochlitz, Sörnziger Weg 2, Rochlitz, Tel. 03737/492310; Apr.–Anf. Nov. Di–Fr 10–17, Sa/So 10–18 Uhr. www.schloss-rochlitz.de

Friedrich-August-Turm, auf dem Rochlitzer Berg, Rochlitz; tägl. ab 11 Uhr (wie Bergrestaurant *Türmerhaus*).

Schloss Rochsburg, Schloßstr. 1, Lunzenau OT Rochsburg, Tel. 037383/6703; April–Okt. Di–So 10–17, Nov., Dez., Febr. u. März Di–So 10–16 Uhr. www.schloss-rochsburg.de

Basilika und Kloster Wechselburg, Markt 10, Wechselburg, Tel. 037384/80822; tägl. geöffnet außer zu den Gebetszeiten. April–Okt. Schlossparkführungen, Termine: www.wechselburg.info. www.kloster-wechselburg.de

Kellerberge Penig/Huthaus, Leipziger Str. 52a, Penig, Tel. 037381/95944; jeden 2. und 4. Sa/So im Monat und an Feiertagen 14–17 Uhr.

Schloss und Park Wolkenburg, Schloss 3, Wolkenburg, Tel. 037609/58170; Di–So 14–17 Uhr. www.schloss-wolkenburg.de

Mittelsächsischer Kultursommer, Ticket-Hotline 03737/783222; Mitte Juni–Mitte Sept. Mittelsachsen präsentiert seine kulturelle Vielfalt mit über 50 Veranstaltungen an ungewöhnlichen Orten. Infos auf: www.miskus.de

Benediktinischer Klosterladen, Markt 16, Wechselburg; Sa/So 13.15–16 Uhr. Klosterprodukte wie Kräuter und Gewürze, Tees, Liköre, Weine, Salben sowie Kunst von regionalen Künstlern.

Hofladen des Landgutes Chursdorf, Landgutweg 25, Penig OT Chursdorf, Tel. 037381/69666; Mi–Sa. Büffelprodukte wie Wurst, und Milchprodukte aus eigener Käserei, Verkostungen, Besichtigungen der Büffel und Führungen. www.landgut-chursdorf.de

Radeln am Muldeufer entlang: Verschiedene Radwege auf wenig befahrenen Straßen und Wanderwegen sind ausgeschildert, informieren kann man sich auf der Internetseite www.muldentalradweg.de.

Mittweida

Die Stadt hat sich zum wirtschaftlichen und kulturellen Zentrum (14 900 Einwohner) von Mittelsachsen aufgeschwungen. Großen Anteil daran hat gewiss die Hochschule mit rund 6000 Studenten. Das **Kunstwerk Reflect** (2007) des Chemnitzers Gregor-Torsten Kozik auf dem Marktplatz liefert einige Hochschul-Informationen. Mit Fotos werden 50 bekannte Absolventen der Bildungseinrichtung vorgestellt, die aus einem 1867

Heimatmuseum in den alten Pfarrhäusern von Mittweida

gegründeten privaten Technikum hervorging, darunter die Ingenieure August Horch und Friedrich Opel.

Den Markt ziert noch der nach dem Ersten Weltkrieg eingeweihte **Marktbrunnen** (1918) aus Rochlitzer Porphyr mit dem goldenen Friedensengel. Alles überragt die auf dem Kirchberg stehende **Stadtkirche Unser Lieben Frauen**. Nach dem Stadtbrand von 1450 als spätgotische Hallenkirche erbaut, birgt sie einen Taufstein von 1555, eine Sandsteinkanzel von 1667 und einen barocken Flügelaltar von 1661.

Ebenfalls auf dem Kirchberg befindet sich das **Stadtmuseum**, das in den alten Pfarrhäusern (1625 - 1627) ein reizvolles Domizil fand. Zum Museum gehört das benachbarte **Johannes-Schilling-Haus**, das über den in Mittweida geborenen Bildhauer (1828 - 1910) informiert. Schilling schuf als Professor der Dresdner Kunstakademie das Rietschel-Denkmal und das Denkmal für Gottfried Semper auf der Brühlschen Terrasse in Dresden. Geboren wurde er in dem Haus Rochlitzer Straße 9, das eine Gedenktafel trägt. Nahe dem Stadtmuseum steht das Haus, in dem eine Ausstellung an den Schriftsteller Erich Loest erinnert, der hier von 1933 bis 1948 gewohnt hat.

Nördlich von Mittweida zieht sich bis Waldheim das landschaftlich reizvolle **Zschopautal** hin. Der Fluss hat sich bis zu 70 Meter tief in die Hochfläche eingeschnitten und bildet eine wildromantische Landschaft. Die Zschopau entspringt am Nordhang des Fichtelbergs und mündet nach 126 Kilometern in Töpeln bei Döbeln in die Freiberger Mulde. Vom Mittweidaer Ortsteil Kockisch führt

Der Marktbrunnen in Mittweida

▲ Karte S. 270

eine 1909 erbaute und 1996 rekonstruierte **Hängebrücke** über die Zschopau in das am östlichen Ufer gelegene Liebenhain. Südöstlich von Mittweida, in Schönborn-Dreiwerden, wurde das ehemalige Silberbergwerk zum **Besucherbergwerk Alte Hoffnung Erbstollen**. 46 Meter unter Tage fährt ein Kahn durch die in Jahrhunderten entstanden Stollen von zwölf Kilometer Länge. Fast 300 Bergleute waren hier von 1831 bis 1885 waren tätig.

Burg und Talsperre Kriebstein

Die Burg Kriebstein auf steilen Felsen über der Zschopau gilt als Sachsens schönste Ritterburg. Das Bauwerk stammt aus dem 14. bis 16. Jahrhundert, wurde im 19. Jahrhundert jedoch verändert. Das **Burgmuseum** zeigt reich ausgestattete Stilzimmer von der Renaissance bis zur Neogotik. Sie demonstrieren, wie sich die Wohnkultur in den Jahrhunderten gewandelt hat. Die spätromanische **Burgkapelle** weist kulturhistorisch bedeutende Wand- und Deckenmalereien aus der Zeit um 1410 auf, die sehr gut erhalten sind. Entdeckt hat man sie bei Sicherungsarbeiten 1933, nach und nach wurde ihr Zustand besorgniserregend. Die Museumsleitung setzte sich beharrlich für die Erhaltung der Arbeiten ein, zwei Diplomarbeiten beschäftigten sich mit dem Thema. Die Hartnäckigkeit hatte Erfolg – in fünfjähriger Arbeit wurden die wertvollen Wandmalereien restauriert. Eine weitere Kostbarkeit besitzt die Burg mit dem **Kriebsteinzimmer**, einer farbig gefassten Bohlenstube aus dem 15. Jahrhundert von nur 3 mal 4,5 Meter. Die Holzbalkendecke und die drei Bohlenwände sind reich mit Rankenwerk bemalt. 1902 vermachte der damalige Burgbesitzer die drei Bohlenwände als Geschenk dem Königlichen Kunstgewerbemuseum Dresden. Glücklicherweise

An der Talsperre Kriebstein

überstanden sie dort das Bombeninferno im Februar 1945 und konnten so 1997 unversehrt wieder auf die Burg Kriebstein zurückkehren.

Etwa zwei Kilometer sind es von der Burg bis zur Staumauer der **Talsperre Kriebstein**. Das landschaftlich besonders reizvolle Gewässer entstand zwischen 1927 bis 1930 zum Hochwasserschutz. Bewaldete Hügel betten das neun Kilometer lange und maximal 400 Meter breite Gewässer tief ein, das die Zschopau staut. Von Juni bis August wird auf dem Stausee Theater gespielt. Die **Seebühne** schwimmt auf dem Wasser, die Zuschauer sitzen sicher an Land. Vor dem Theaterbesuch kann man mit einem Motorbootausflug die Talsperre erkunden oder man lotet seinen Mut und sein Können im **Kletterwald** auf sieben verschiedenen Parcours aus.

Hainichen

In der Stadt (8600 Einwohner) am Fuße des Erzgebirges und neun Kilometer von Mittweida entfernt, kam **Christian Fürchtegott Gellert** (1715 – 1769) zur Welt. Der Dichter wurde besonders durch Fabeln, Erzählungen, Lieder und Lustspiele

Das Gellert-Museum in Hainichen

bekannt. Auf dem Marktplatz wird er vor dem Rathaus mit einem **Denkmal** (1865) geehrt, der Entwurf der Bronzestatue stammt von Ernst Rietschel, dem Schöpfer des Goethe-Schiller-Denkmals in Weimar und des Lutherdenkmals in Worms. Wer mehr über Gellert wissen möchte, besucht das **Gellert-Museum** im Parkschlösschen (1851 – 1895). In Hainichen kam auch Friedrich Gottlob Keller (1816 – 1895) zur Welt. Mit seiner genialen Idee, Papier aus zerfasertem Fichtenholz herzustellen, erlangte er Berühmtheit. In der wenige Meter vom Marktplatz entfernten Mühlenstraße steht der **Keller-Brunnen** mit einer Bronzebüste (1952) des Erfinders.

Jahrhundertelang war die Handweberei der Haupterwerb der Hainichener. An diese Zeit erinnert das alte **Meisterhaus der Tuchmacherinnung** in der Straße An der Mühle 5. In dem prachtvollen Fachwerkbau (1784) hält eine **Schauwerkstatt** die Tradition der Handweberei wach. Hainichens interessanteste Sehenswürdigkeit findet sich auf dem **Rahmenberg**: die **Camera obscura** (1883). Die »dunkle Kammer«, die nach dem Prinzip des primitiven Fotoapparates »Box« arbeitet, spiegelt die Umgebung in lebendigen Bildern wider – allerdings nur bei guter Sicht! Eine zweite Einrichtung dieser Art befindet sich auf dem Berg Oybin im Zittauer Gebirge.

▶ Karte S. 270

Nossen

Auf einem Felsvorsprung über der Freiberger Mulde thront das **Renaissanceschloss**, zusammen mit der **Kirche** prägt es das Bild der Stadt (10800 Einwohner). Lange Zeit war das Schloss im Besitz der Bischöfe von Meißen und danach des Klosters Altzella. Nach der Reformation übernahm der sächsische Hof das Bauwerk. Der wusste aber offensichtlich mit ihm nichts rechtes anzufangen, ließ es immer wieder umbauen, bis im 18. Jahrhundert das Interesse völlig erlosch. Zu besichtigen sind historische Räume mit Bemalungen aus der Zeit der Renaissance, besonders interessant ist ein Blick in die historische Bibliothek, aber auch in das Muldetal. Ein weiterer Teil des Schlosses wird für Wohnzwecke genutzt.

Altzella

1175 zog Abt Heinrich mit zwölf Mönchen vom Mutterkloster Pforta bei Naumburg in das fünf Jahre zuvor ge-

Schloss Nossen

gründete Zisterzienserkloster Cella, 1540 wurde es mit der Reformation aufgelöst. Das Kloster verfiel, nachdem man die Gebäude zur Baustoffgewinnung freigegeben hatte. Ihre von 1190 bis 1381 in Cella zur letzten Ruhe gebetteten Angehörigen hatten die Wettiner völlig vergessen. Untersuchungen ab 1676 ergaben, 26 von ihnen waren in der nicht mehr vorhandenen Stiftskirche und in der Andreaskapelle begraben worden. Daraufhin entstand das 1787 fertiggestellte **Mausoleum** im klassizistischen Stil und rundherum ein romantischer **Landschaftspark**, in den die Klosterruinen einbezogen wurden. Im **Konversenhaus** befinden sich eine Sammlung von Architekturfundstücken des nicht mehr vorhandenen Klosters und eine Ausstellung zur Klosterbibliothek.

Döbeln

Am 29. März 2010 um 16.32 Uhr stand der **Döbelner Riesenstiefel** dort, wo er vorläufig bleiben wird: In der 2. Etage des Rathauses. Vorausgegangen war ein von der regionalen Presse als »Stiefelkrieg« bezeichneter Streit, der gerichtlich entschieden wurde. Der Döbelner Riesenstiefel galt mit einer Schafthöhe von 3,70 Meter und einer Sohlenlänge von 1,90 Meter lange als weltgrößter Stulpenstiefel. Gefertigt hatten ihn Döbelner Schuhmacher anlässlich des 600-jährigen Jubiläums ihrer Innung aus zehn Rinderhäuten. 1957 kam der Stiefel auf die Burg Mildenstein nach Leisnig, dort war er Besuchermagnet, und dort sollte er bleiben. Nach 53 Jahren kehrte er jedoch – gerichtlich erzwungen – nach Döbeln zurück.

Für eine Kleinstadt (24 000 Einwohner) ist das **Rathaus** mit seinem 59 Meter hohen Turm (1910 – 1912) etwas überdimensioniert (zu besichtigen während der Rathaus-Öffnungszeiten). Die spät-

Der Stiefelbrunnen in Döbeln

gotische **Nikolaikirche** (15. – 19. Jahrhundert) birgt einen sechsflügeligen elf Meter hohen Schnitzaltar (1520) mit überlebensgroßen Heiligenfiguren im Mittelschrein.

Eine ganz besondere Attraktion ist die wiederbelebte **Pferdestraßenbahn**, die zur Freude von Gästen und Einheimischen zu bestimmten Terminen durch die Straßen der Stadt zuckelt. Im Pferdebahnmuseum kann man sich über die Geschichte des historischen Gefährts informieren, das von 1892 bis 1926 als öffentliches Verkehrsmittel den Hauptbahnhof mit der Innenstadt verband. 33 Minuten benötigte die Bahn für die 2450 Meter lange Strecke. Mancher soll auf das Einsteigen verzichtet haben, weil er zu Fuß schneller am Ziel war. Im Winter waren die Plätze besonders begehrt, denn da sorgte ein Kanonenofen für erträgliche Temperaturen.

Leisnig

Hoch über dem Tal der Freiberger Mulde hockt auf einem 60 Meter hohen Porphyrfelsen die **Burg Mildenstein**, unweit des Leisniger Marktplatzes. Bis zum März

Burg Mildenstein

2010 konnte man hier den Döbelner Riesenstiefel bewundern. Jetzt hat - sehr zum Verdruss der Döbelner - Leisnig (8500 Einwohner) einen eigenen Riesenstiefel. Der schaffte es als größter Stulpenstiefel der Welt 1997 sogar ins »Guinnessbuch der Rekorde«, weil er mit einer Schafthöhe von 4,90 Meter und einer Sohlenlänge von 2,20 Meter den Döbelner Stiefel weit übertrifft. Gefertigt haben den Stiefel die beiden Leisniger Schuhmachermeister Gerthold und Neidhardt unter völliger Geheimhaltung. Damit das Unternehmen gelingen konnte, mussten sie sogar die Decke zum Obergeschoss ihrer Werkstatt durchbrechen. Einen Platz für die Stiefelpräsentation fand man auch: das Haus am Burglehn 9; 2006 öffnete es als **Stiefelmuseum**. Und da in dem Haus der Heimatmaler Karl Wagler (1887 - 1875) gelebt hatte, kamen seine bislang auf der Burg Mildenstein aufbewahrten Arbeiten ebenfalls in dieses Haus.

Die mehrfach umgebaute **Burg Mildenstein** überrascht mit Baustilen von der Romanik über Gotik und Renaissance bis zum Barock. Als Residenz wurde das Schloss jedoch nie genutzt, im 18. und 19. Jahrhundert beispielsweise befanden sich in der Burg Amtsgericht, Gefängnis und Beamtenwohnungen. Den ältesten Teil bildet der mitten im Burghof stehende 32 Meter hohe **Bergfried** (12. Jahrhundert), mit einem Durchmesser von 14 Metern und einer Mauerstärke von viereinhalb Metern ein stattliches Bauwerk. Bereits seit 1875 darf er bestiegen werden. Als ein Meisterwerk mittelalterlicher Zimmermannskunst gilt der **Kornhausboden** mit seiner tonnengewölbten hölzernen Dachkonstruktion. Im einstigen **Aktengewölbe** und in der romanischen **Burgkapelle** ist die Ausstellung **Die Botschaft der Heiligen – sakrale Plastiken aus fünf Jahrhunderten** zu sehen, die sakrale Schnitzplastik (14. - 18. Jahrhundert) aus Leisnig und Umgebung zeigt. Im Herrenhaus mit der prachtvollen Tafelstube und der Schwarzküche wird die Dauerausstellung **Der Hof der jungen Herrschaft gezeigt**.

Mittweida und Umgebung

Bürger- und Gästebüro, Markt 32, 09648 Mittweida, Tel. 03727/967350. www.mittweida.de.

Stadt Hainichen: www.hainichen.de.

Döbeln-Information, Obermarkt 1, Tel. 03431/579161. www.doebeln.de.

Gästeamt/Tourist-Information Leisnig, Kirchstr. 15, 04703 Leisnig, Tel. 034321/637090. www.leisnig.de.

Hotel Deutsches Haus, Rochlitzer Str. 5, Mittweida, Tel. 03727/961458; 23 Zi., DZ ab 80 Euro. Historisches Haus mit modernen Zimmern, W-LAN. Im Gewölberestaurant (Mo–Mi, Fr ab 11.30, Sa ab 14, So 11.30–14 Uhr) hochwertige frische Küche. www.travdo-hotels.de

Waldhaus Lauenhain, An der Talsperre 10, Mittweida OT Lauenhain, Tel. 03727/

Karte S. 270

626190; 25 Zi., DZ ab 75 Euro. Familienbetrieb, neuer Hotelanbau mit freundlichen Zimmern, im Restaurant regionale und saisonale Küche (Mo–Fr ab 17, Sa/So ab 11 Uhr).www.waldhaus-lauenhain.de

Stadtmuseum Alte Pfarrhäuser Mittweida, Kirchberg 3/5/7, Johannes-Schilling-Haus, Kirchplatz 4, und Erich-Loest-Ausstellung, Pfarrberg 12, Mittweida, Tel. 03727/3450; Di–So April–Okt. 10–17, Nov.–März 10–16 Uhr.

Besucherbergwerk Alte Hoffnung Erbstolln, Feldstr. 15, Rossau OT Schönborn, Tel. 03727/91845; März–Nov. Führungen Sa 10 und 13 Uhr.
www.schaubergwerk.de

Burg Kriebstein, Tel. 034327/9520; Febr./März Di–So 10–16, April–Okt. Di–Fr 10–17, Sa/So 10–18, Nov. Sa/So 10–16 Uhr.
www.burg-kriebstein.eu

Gellert-Museum Hainichen, Oederaner Str. 10 (im Stadtpark), Hainichen, Tel. 037207/2498; Mo–Do, So 13–17 Uhr.
www.gellert-museum.de

Camera Obscura Hainichen, Am Rahmenberg, Tel. 0152/22014986; April–Okt. tägl. 11–16 Uhr, nur bei guter Sicht.
www.hainichen.de

Tuchmacherhaus, Schauwerkstatt und Handweberei, An der Mühle 5, Hainichen, Tel. 037207/88855; Mi 9–12 Uhr und nach Vereinbarung.
www.tuchmacherhaus-hainichen.de

Schloss Nossen, Am Schloss 3, Tel. 035242/50430; April–Anf. Nov. Di–Fr 10–17, Sa/So 10–18 Uhr.
www.schloss-nossen.de

Kloster Altzella, Zellaer Str. 10, Nossen, Tel. 035242/50450; April–Anf. Nov. Di–Fr 10–17, Sa/So 10–18 Uhr.
www.kloster-altzella.de

Stadtmuseum/Kleine Galerie Döbeln, Obermarkt 1, Tel. 03431/579138; Di 10–18, Mi/Do 10–16, Fr 9–12 Uhr. Der Riesenstiefel ist Di–Fr während der Öffnungszeiten des Rathauses zu besichtigen.

Deutsches Pferdebahnmuseum Döbeln, Niederwerder 6, Tel. 03431/704208; Di–Fr 10–12, 13–17, Sa 10–12.30 Uhr. Fahrtage der Pferdebahn im Internet.
www.doebelner-pferdebahn.de

Museum Burg Mildenstein, Burglehn 6, Leisnig, Tel. 034321/625625; April–Okt. Di–Fr 10–17, Sa/So 10–18, Nov. So 10–16 Uhr.
www.burg-mildenstein.de

Stiefelmuseum mit Wagler-Galerie, Burglehn 9, Leisnig, Tel. 034321/637090 (Gästeamt); April–Okt. gerade Woche Di–Sa, ungerade Woche Mi–So 11–16 Uhr.

Mittelsächsischer Kultursommer, Ticket-Hotline 03737/783222. Dreimonatiges Festival, das mit rund 40 Veranstaltungen die Region kulturell belebt.
www.miskus.de

Talsperrenfest in Kriebstein, Ende Aug. Buntes Unterhaltungsprogramm, Bootsparade und Höhenfeuerwerk.
www.kriebsteintalsperre.de

Burg- und Altstadtfest Leisnig, Aug. Mittelalterfest in der ganzen Stadt.

Wasserskianlage Rossau, Heidelbeerweg 1, Rossau, Tel. 037207/88959; April–Okt. geöffnet. Wakeboarden und Wasserski, Kurse für Anfänger und Profis.
www.wasserski-wakeboard-rossau.de

Schiffsrundfahrten, Tel. 034327/93153; April–Okt. mehrmals tägl. einstündige Rundfahrten auf der Talsperre mit Abfahrt in Kriebstein Hafen.
www.kriebsteintalsperre.de

Kletterwald Kriebstein, An der Talsperre, Tel. 0172/5855573; April–Okt. 7 verschiedene Parcours mit 95 Kletterelementen, mitten im Wald an der Talsperre.
www.kletterwald-kriebstein.de

Im Erzgebirge mit seinem Waldreichtum wechseln weite Täler mit sanft ansteigenden Hochflächen, aus denen vereinzelt Gipfel herausragen. Rund 800 Jahre prägte der Bergbau das 130 Kilometer lange und durchschnittlich 35 Kilometer breite Gebirge, von dem 22 Objekte des montanhistorischen Erbes auf sächsischer und tschechischer Seite seit 2019 zum UNESCO-Welterbe gehören. Als Eingangstore zum Erzgebirge gelten die traditionsreichen Städte Chemnitz, Zwickau und Freiberg.

Fichtelbergbahn bei Oberwiesenthal

DAS ERZGEBIRGE

Chemnitz

Mehr als drei Jahrzehnte war der Name Chemnitz auf keiner Landkarte zu finden: 1953 hatte die SED beschlossen, die traditionsreiche Industriestadt Chemnitz in Karl-Marx-Stadt umzubenennen. 1990 entschieden sich die Einwohner in einer Volksbefragung mehrheitlich wieder für den alten Namen.
Die drittgrößte Stadt Sachsens (247 000 Einwohner) hat sich vom Industriestandort zum Verwaltungs-, Handels-, Dienstleistungs- und Kulturzentrum gewandelt. »Stadt der Moderne« lautet der offizielle Werbeslogan. Doch viele Chemnitzer, vor allem jüngere, können sich damit nicht identifizieren, wie eine Umfrage ergab. Offensichtlich vermissen sie noch vieles, was sie von einer »Stadt der Moderne« erwarten. Eins hat sich jedoch schon gewaltig verändert: Die Chemnitzer Innen-

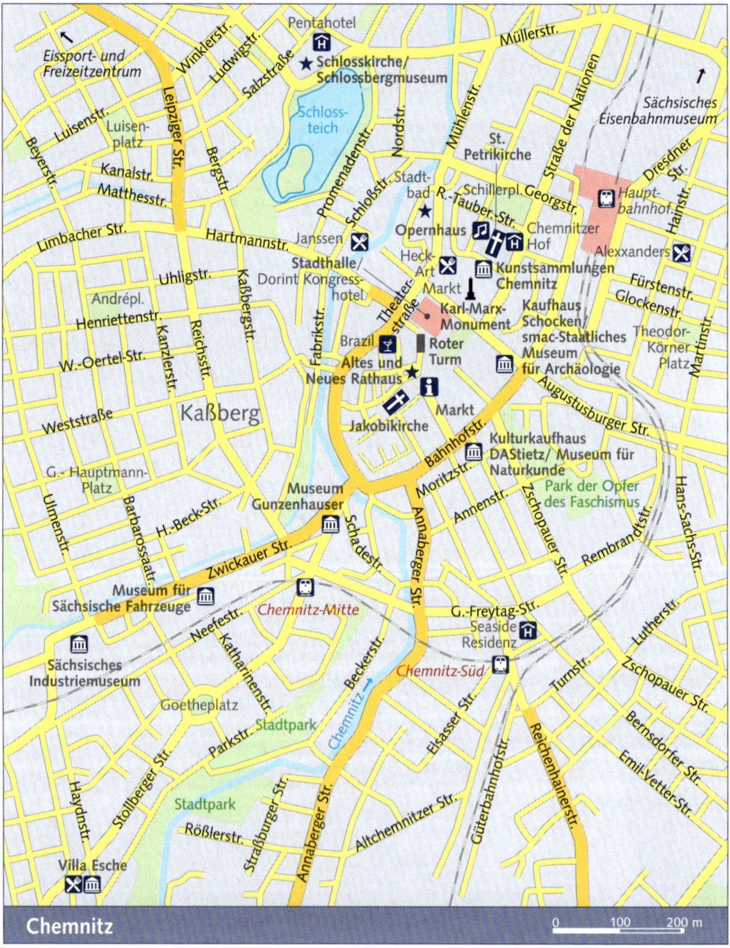

Die Stadthalle in Chemnitz

stadt, zu DDR-Zeiten mit ihren durch den Zweiten Weltkrieg geschlagenen Wunden jahrzehntelang mehr als hässlich anzuschauen, hat Flair erhalten. Namhafte Architekten wie Hans Kollhoff und Helmut Jahn haben ihre Handschrift hinterlassen. Heute lädt die City von Chemnitz mit Geschäften, Restaurants und Cafés zum Bummeln ein.

Die Stadt, die ihren Namen von dem Flüsschen Chemnitz bekam, entstand nach 1170 als Fernhandelsplatz und Kaufmannssiedlung. Zum Zentrum des obersächsischen Garn- und Leinwandhandels und der Leineweberei wurde Chemnitz ab dem 14. Jahrhundert, nach 1811 etablierte sich der Werkzeug- und Textilmaschinenbau in der Stadt. Ende des 19. Jahrhunderts war Chemnitz die Metropole des Maschinenbaus in Deutschland. Man sprach vom »deutschen Manchester«, abwertend aber auch vom »Ruß-Chemnitz«. Am Ende des Zweiten Weltkrieges vernichteten mehrere Bombenangriffe das Stadtzentrum nahezu vollständig, insgesamt wurden etwa ein Drittel aller Wohnungen zerstört. Der Wiederaufbau begann 1952, nachdem Chemnitz/Karl-Marx-Stadt zur Bezirksstadt aufgestiegen war. Doch man konzentrierte sich ausschließlich auf den Bau neuer Wohngebiete in den Randlagen und vernachlässigte das Stadtzentrum fast völlig.

Die reiche industrielle Vergangenheit hinterließ eine Menge Industriearchitektur. Dieses Erbe wird lebendig gehalten, Industriedenkmäler wurden nicht nur Museum, sie werden für Entertainment, Events, Shopping und Gastronomie genutzt wie die **Schönherr-Webstuhlfabrik**, eine Anlage von Fabrikgebäuden aus nahezu 150 Jahren, die heute viele Erlebnisse bereithält, Kunst und Kultur ebenso wie Gastronomie.

Stadtbesichtigung

In Chemnitz liegt nicht alles Sehenswerte so dicht beieinander wie in fast allen anderen sächsischen Städten, aber öffentliche Verkehrsmittel bringen einen überall hin. Die Stadtbesichtigung könnte am meistfotografierten Objekt von Chemnitz beginnen, dem riesigen **Karl-Marx-Monument**, »Nischel« genannt, wie der Sachse Kopf beziehungsweise Schädel bezeichnet. Das 11,6 Meter hohe und mehr als 40 Tonnen schwere Monument (1971), das als Symbol des 1989 gestürzten SED-Regime gilt, hat der Russe Lew Kerbel aus ukrainischem Granit geschaffen, enthüllt wurde es am 9. September 1971 vom damaligen SED-Chef Erich Honecker. An der Gebäudewand dahinter steht auf einer monumentalen Schrifttafel viersprachig der Schlusssatz aus dem Kommunistischen Manifest von Karl Marx: »Proletarier aller Länder, vereinigt euch!«.

Gegenüber dem Denkmal erhebt sich ein Bauensemble der DDR-Architektur, das 1969 bis 1975 entstandene höchste Gebäude der Stadt, das 93 Meter hohe heutige **Dorint Kongresshotel** mit der Stadthalle daneben. Der **Rote Turm** (Ende 12. Jahrhundert) ist ein Rest der Stadtbefestigung, noch bis ins 19. Jahrhundert hinein diente er als Gefängnis. Der Name kommt vom Rot des Backsteingeschosses, das Mitte des 16. Jahrhunderts aufgesetzt wurde, und von den einstigen roten Dachziegeln.

Neumarkt

Vom Karl-Marx-Denkmal führt der Weg zum Neumarkt mit Rathaus und Jakobikirche. Das **Alte Rathaus** (1496 - 1498) wurde nach seiner Zerstörung im Zweiten Weltkrieg wieder aufgebaut, wie einst steht auch wieder der fast 500 Jahre alte Turm vor der Fassade. Der östliche Gebäudeteil, das **Neue Rathaus**, entstand von 1907 bis 1911 in einer Mischung aus Spätgotik, Renaissance und Jugendstil, letzterer prägt die Innenausstattung. Jeden Mittwoch und jeden Samstag schwebt von 10 bis 10.30 Uhr und jeden Freitag von 16.30 - 17 Uhr Musik über den Markt, dann wird das aus 48 Glocken bestehende **Carillon** gespielt, das seit 1978 im Rathausturm hängt. 957 Kilogramm wiegt die größte Glocke, ihr Durchmesser beträgt 1,12 Meter. Die kleinste Glocke bringt immerhin noch 9,5 Kilogramm auf die Waage.

Die sich an das Rathaus anschließende **Jakobikirche** (1404 - 1412) ähnelt der alten Sebalduskirche zu Nürnberg. Von der Originalausstattung ist nichts mehr vorhanden, der Flügelaltar von Peter Breuer (1505) mit spätgotischen Malereien von Hans Hesse, die Sandsteintaufe (17. Jahrhundert) sowie die Kanzel (1612) standen einst in anderen Kirchen. An den Reichtum der Chemnitzer Kaufherren erinnert das Haus Markt 20 (1737 - 1741) mit einer kostbaren Barockfassade, nach dem Bauherrn **Siegertsches Haus** genannt. Neueren Datums sind das Einkaufszentrum **Galerie Roter Turm** von Hans Kollhoff, der für die Fassade mehr als 100 000 Ziegel filigran verarbeitete, und gegenüber das **Warenhaus** (2001) mit einer Glasfassade, das nach einem Entwurf des Deutsch-Amerikaners Helmut Jahn entstand.

Kaßberg

Auf zwei Quadratkilometern drängen sich westlich des Stadtzentrums pompöse Villen und Bürgerhäuser in allen Spielarten des Historismus und des Jugendstils, dar-

Am Neumarkt

▲ Karte S. 292

unter die wegen ihrer farbigen Keramikdekoration **Majolika-Häuser** (1897/98) genannten in der Barbarossastraße 48 – 52 sowie die **Hartmann-Fabrikantenvilla** (1868) in der Kaßbergstraße 36. Der Kaßberg ist eines der größten erhaltenen Gründerzeit- und Jugendstilviertel Europas, das kunsthistorisch repräsentativste Wohnquartier von Chemnitz. Wer Geld hatte, ließ sich einst in dem Nobelviertel eine pompöse Villa errichten oder mietete eine der mindestens 140 Quadratmeter großen Wohnungen. 480 historisch wertvolle, denkmalgeschützte Gebäude sind heute noch vorhanden.

Kulturkaufhaus DAStietz und Museum smac

In das einst größte und vornehmste Kaufhaus von Sachsen, Tietz (1913), zog neues Leben. Es wurde zum Kulturkaufhaus DAStietz, in dem sich Kunst, Bildung, Kultur vereinen. Besucht werden kann das **Museum für Naturkunde** mit seiner Attraktion, dem versteinerten Wald. Die verkieselten Baumstämme aus der Umgebung von Chemnitz entstanden bei einem Vulkanausbruch vor 290 Millionen Jahren. Nicht weit vom Kulturkaufhaus entfernt, an der Ecke Bahnhof-/Brückenstraße, öffnete im einst renommierten Kaufhaus Schocken das **Staatliche Museum für Archäologie** – kurz smac – genannt. Anhand von rund 6200 Exponaten wird auf drei Etagen die Entwicklung Sachsens von der Zeit der ersten Jäger und Sammler vor rund 300 000 Jahren bis zur frühen Industrialisierung präsentiert.

Museum Gunzenhauser

Im Museum Gunzenhauser kann eine der größten deutschen Sammlungen von Kunst der klassischen Moderne in Deutschland bewundert werden. Ein einmaliges Geschenk machte es möglich:

290 Millionen Jahre alt – der versteinerte Wald im Museum für Naturkunde

Der Münchener Galerist Alfred Gunzenhauser stiftete im Jahr 2003 seine private Sammlung der Stadt Chemnitz. Und so kamen rund 2500 Bilder von insgesamt 270 Künstlern des 20. Jahrhunderts nach Chemnitz, darunter 290 Arbeiten von Otto Dix. Die Stadt stellte dafür den ehemaligen Hauptsitz der Sparkasse Chemnitz zur Verfügung. Das Gebäude im Stil der Neuen Sachlichkeit war 1930 als erstes Hochhaus der Stadt eröffnet worden.

Museum für Sächsische Fahrzeuge

Bereits das Gebäude ist ein Museum: Die mehr als 120 Zweiräder und Automobile sind in den Stern-Garagen untergebracht, einer der ältesten erhaltenen deutschen Hochgaragen (1928), die seinerzeit vier Fahrstühle besaß und »Boxen sowie Unterstellräume für 300 Wagen in 6 Ge-

Im Fahrzeugmuseum: Horch von 1928

schossen« bot. Zu den Hinguckern gehören der »Püppchen« genannte Wanderer W2 mit seinen beiden hintereinander befindlichen Sitzen, 1929 in Chemnitz gebaut, sowie der DKW F2 von 1933.

Sächsisches Industriemuseum

Raritäten aus mehr als zwei Jahrhunderten Chemnitzer und sächsischer Industriegeschichte werden hier aufbewahrt. In einer denkmalgeschützten Gießereihalle aus Backstein (1896) sind Autos, Schreibmaschinen, Textilien und Kameras zu sehen, geordnet zu Themenbereichen. So werden unter »Suchen und Finden« Erfindungen und Produkte vorgestellt, die aus Sachsen kommen wie die Melitta-Filtertüten, die Trommelwaschmaschine und das Brockhaus-Lexikon. Im Bereich »Mensch und Maschine« bildet eine Schlosserei-Werkstatt die Hauptattraktion, in der transmissionsgetriebene Maschinen vorgeführt werden.

Villa Esche

Die Villa Esche ist ein Baudenkmal von europäischem Rang. Der berühmte belgische Künstler Henry van de Velde (1863 – 1957), einer der wichtigsten Wegbereiter der Moderne in Europa, schuf mit der Villa Esche sein erstes architektonisches Auftragswerk in Deutschland. Das umfasste auch alle Bereiche des Wohnumfeldes des Auftraggebers, des kunstsinnigen Textilunternehmers Herbert Esche, einem der größten Strumpffabrikanten Deutschlands.

Im Erdgeschoss blieben das **Speisezimmer** und der **Musiksalon** weitgehend original möbliert erhalten, die **Dauerausstellung** im Obergeschoss des Hauses – sowohl Museum als auch Begegnungsstätte für Wirtschaft, Kunst und Kultur – gibt im ehemaligen Schlaf-, Kinder- und Badezimmer Einblicke in das weitgefächerte Gesamtschaffen des vielseitigen Künstlers van de Velde.

Theaterplatz

Wieder zurück zum Neumarkt geht es, vorbei am Roten Turm, die Straße der Nationen entlang zum Theaterplatz, den ein architektonisch bedeutsames Ensemble umrahmt. Die Bebauung des Platzes begann mit der **St. Petrikirche** (1888) im Stil der Neogotik. Später (1906 – 1909) kamen das **Opernhaus** (bis 1924 Stadttheater) und der König-Albert-Museumsbau hinzu, die heutigen Kunstsammlungen. Das Hotel **Chemnitzer Hof** empfing 1930 die ersten Gäste.

Von Henry van de Velde geschaffen: Speisezimmer der Villa Esche

▲ Karte S. 292

Am Chemnitzer Schlossteich

Die **Kunstsammlungen Chemnitz**, die mit einer Länge von 113 Meter die Südseite des Theaterplatzes begrenzen, verfügen mit fast 70 000 Objekten über einen grandiosen Kunstbestand. Unter den Werken der Malerei, Plastik, Aquarell- und Zeichenkunst sowie Druckgrafik sind solche namhaften Künstler wie Albrecht Dürer, Anton Graff, Caspar David Friedrich, Max Klinger, Robert Sterl und Ernst Barlach vertreten. Das Museum besitzt die zweitgrößte Sammlung von Werken Karl Schmidt-Rottluffs, dem Mitbegründer der expressionistischen Künstlervereinigung »Die Brücke«.

■ Schlossbergviertel

Über den **Schillerplatz**, 1860/61 als eine der ersten gärtnerischen Anlagen von Chemnitz entstanden, geht es zur Wiege der Stadt, dem Schlossbergviertel mit dem 1493 angelegten Schlossteich, eine der zahlreichen grünen Oasen im Stadtzentrum.

Vom **Schloss** blieben lediglich zwei Flügel und die **Schlosskirche** (1499 – 1525) erhalten. Als Vorbild für den Kirchenbau diente vermutlich die Annenkirche in Annaberg. Das **Nordportal** (1504/05) der dreischiffigen Hallenkirche stellt eine künstlerische Meisterleistung von Hans Witten dar, dem bedeutendsten spätgotischen Künstler in Obersachsen. Es gilt als so wertvoll, dass man die über elf Meter hohe Pforte ins Kircheninnere an die Südseite des Langhauses umsetzte. Ebenfalls von Hans Witten stammt die 3,60 Meter hohe bemalte **Geißelsäule** (um 1505), die heute im nördlichen Querschiff steht. Zu sehen sind auch drei Gemälde aus der Werkstatt von Lucas Cranach dem Älteren (um 1515). Das **Schlossbergmuseum** spiegelt in seiner Ausstellung die Chemnitzer Stadtgeschichte wider.

■ Sächsisches Eisenbahnmuseum

Im Jahr 1902 wurde im heutigen Vorort **Hilbersdorf** Deutschlands größter Rangierbahnhof – damals Verschiebebahnhof genannt – in Betrieb genommen. Pro Tag konnten hier bis zu 3000 Güterwagen zu Zügen zusammengestellt werden, in der damaligen Zeit ein gewaltiges Unterfangen, wenn man bedenkt, dass Europas größter Rangierbahnhof Maschen südlich von Hamburg heutzutage in Spitzenzeiten täglich nur 4000 Wagen am Tag schafft. Bis 1996 war die Anlage in Betrieb, heute ist hier das Sächsische Eisenbahnmuseum untergebracht. In dem bestaunen die Besucher die gewaltigen Dampflokomotiven, nicht minder interessant sind auch die Großdiesel-, Elektro- und Rangierloks sowie die Personen- und Güterwagen.

Hohenstein-Ernstthal

Motorsportfans ist der **Sachsenring** ein Begriff. 1927 fand unter dem Namen Badberg-Viereck-Rennen die erste Veranstaltung statt, auf einem 8700 Meter langen Rundkurs quer durch die Stadt. 130 000 Zuschauer waren gekommen. Rund 400 000 versammelten sich 1950 zum ersten und einzigen gesamtdeutschen Rennen. Unvergessen bleibt auch

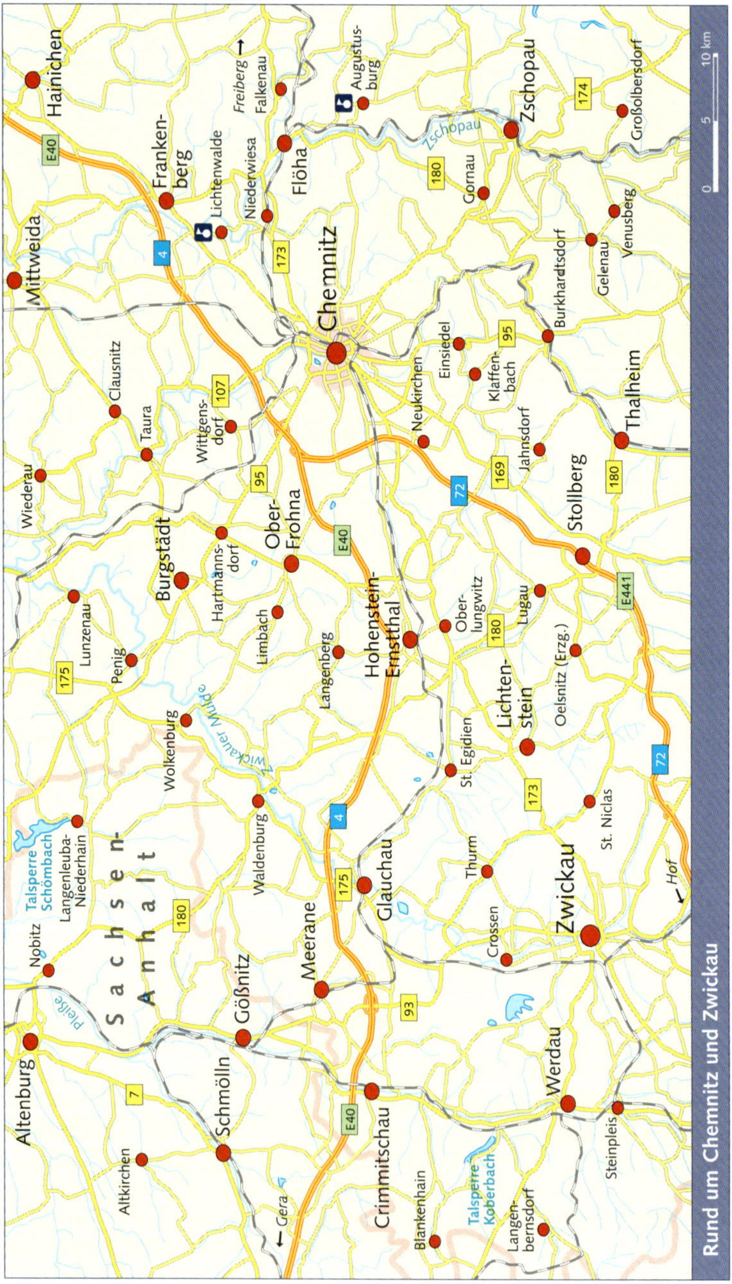

Rund um Chemnitz und Zwickau

das Jahr 1960, als auf dem Sachsenring die Radweltmeisterschaft mit dem Doppelsieg der DDR-Größen Bernhard Eckstein und Täve Schur stattfand. 1990 stellte man die Rennen ein, weil die Sicherheit von Sportlern und Zuschauern nicht mehr garantiert werden konnte. Aber der Sachsenring lebte wieder auf. Auf einem neuen, 3670 Meter langen Rundkurs mit vier Rechts- und zehn anspruchsvollen Linkskurven wird jedes Jahr im Juli der Deutsche Motorrad-Grand-Prix ausgetragen. Und wie einst sind wieder Zehntausende von Fans dabei. In erster Linie dient die Strecke jedoch dem Verkehrssicherheitstraining.

Hohenstein-Ernstthal (15 000 Einwohner) ist aber nicht nur der Sachsenring – Freunde von **Karl May** (→ S. 64) wissen, dass der berühmte Schriftsteller 1842 in dem Städtchen zur Welt kam. Das nur 4,25 Meter breite **Geburtshaus** aus dem 17. Jahrhundert in der Karl-May-Straße 54 kann besichtigt werden. In der zweiten Etage ist jene ärmliche Weberstube nachgestaltet, in der der Schöpfer von Winnetou und Old Shatterhand seine Kindheit verbrachte.

Zschopau

2013 war wieder für eine Ikone der DDR Schluss: Die Sanierung der Motorenwerke in Zschopau (9700 Einwohner) scheiterte, alle Mitarbeiter bekamen die Kündigung. Die Zschopauer DKW-Motorradwerke waren jahrzehntelang der weltweit größte Produzent von Motorrädern. Der Markenname DKW stand für Dampf-Kraft-Wagen. In den 1930er Jahren trugen die Motorräder den Namen Zschopau in alle Kontinente. Nach dem Zweiten Weltkrieg begann bereits 1946 wieder die Produktion. VEB Motorradwerk Zschopau war seit 1952 der offizielle Name, Weltruf erlangten die Motorräder jedoch unter dem Kürzel MZ.

Schloss Wildeck

Malerisch über dem Fluss erhebt sich **Schloss Wildeck**, in dem die **Motorradausstellung** die Geschichte der DKW- und MZ-Motorräder aufleben lässt. Sachsens Kurfürst Moritz ließ die aus dem 12. Jahrhundert stammende Burg Mitte des 16. Jahrhunderts in ein Jagdschloss umbauen. Die historischen Räume der Renaissance, in denen der Kurfürst wohnte, wenn er zur Bärenjagd nach Zschopau lud, sind zu besichtigen. Zu sehen ist auch die Mineralienausstellung **Erzgewölbe**. Wer noch Kondition besitzt, steigt in dem 31 Meter hohen Rundturm, der seiner vier Meter starken Mauern wegen »Dicker Heinrich« genannt wird, 144 Stufen hoch bis zur Aussichtsplattform.

Wenn schöne Melodien in der Stadt erklingen, dann stammen die vom **Glockenspiel** aus Meissener Porzellan, das im Uhrenturm des **Rathauses** hängt. Die **Martinskirche** (1494) ist wegen ihrer Barockausstattung sehenswert.

Augustusburg

Weithin sichtbar erhebt sich das **Jagd- und Lustschloss Augustusburg** auf einem 516 Meter hohen Felsen. Empfehlenswert ist es, von **Erdmannsdorf** mit der **Seilbahn** in die 500 Meter höher gelegene Stadt Augustusburg (4600 Einwohner) zu fahren. Die Strecke beträgt 1,2 Kilometer, der Höhenunterschied 168 Meter, rund acht Minuten dauert die Fahrt. Das Schloss (1568 – 1572), eine der bedeutendsten Renaissanceanlagen Deutschlands, ließ sich Kurfürst August als Jagdsitz errichten. Mit dem prunkvollen Bau, den zum Teil der Leipziger Bürgermeister Hieronymus Lotter leitete, wollte er seine Macht demonstrieren. Doch Geld war zu dieser Zeit wenig in der Schatulle, der Kurfürst hatte Probleme, die Rechnungen zu bezahlen und hielt deshalb seinen Baumeister an, mit jedem Gulden zu geizen, solange, bis die Handwerker und Maurer die Arbeit verweigerten. Baumeister Lotter griff aus Verzweiflung in seine eigene Geldbörse und verauslagte 15 000 Gulden. Den riesigen Betrag sah er niemals wieder. Als Dankeschön gab es nach Beendigung der Arbeiten die Entlassung durch den Bauherrn und ein Verbot, das Schlossgelände zu betreten.

Auf der Burg ist viel zu sehen: im Hasenhaus die **Ausstellung zur Jagd- und Schlossgeschichte** und im Herrenhaus das **Jagdtier- und Vogelkundemuseum**, das mit 48 Dioramen in die Fauna und Flora des Erzgebirges führt, ferner rund 120 in der museumseigenen Werkstatt präparierte Vögel und jagdbare Säugetiere. Im Adler- und Falkenhof erlebt man spannende Flugvorführungen von Steinadlern, Gänsegeiern und Bussarden. Das **Motorradmuseum** dokumentiert die Entwicklung des motorisierten Zweirades von den Anfängen bis zur Gegenwart. Rund 130 technisch und historische bedeutsame Zweiräder sind ausgestellt. In einem ehemaligen Stallgebäude sind **Kutschen** des 18. bis 20 Jahrhunderts zu sehen, sie vermitteln einen Eindruck davon, wie beschwerlich das Reisen vor der Erfindung von Eisenbahn und Auto war. Wer sich einer Schlossführung anschließt, lernt ehemalige kurfürstliche Räume kennen und kommt auch in die **Schlosskapelle**, eine der wenigen in Deutschland nach der Reformation noch vorhandenen Renaissancekirchen. In ihr befindet sich eine kulturhistorische Kostbarkeit: Ein 3,19 Meter hoher und 2,34 Meter breiter Altar, der am Fuß von Jesu Christi die betende kurfürstliche Familie zeigt.Den **Schlossbrunnen** trieben Zwangsarbeiter in sieben Jahren 130 Meter tief in den Felsen, seit dem Bau der städtischen Wasserleitung 1879 wird aus ihm kein Wasser mehr geschöpft. Der **Aussichtsturm** bietet nach dem Aufstieg über 130 Stufen eine herrliche Fernsicht.

▲ Karte S. 298

Lichtenwalde

Drei Kilometer von Chemnitz entfernt erhebt sich auf einem Bergsporn malerisch **Schloss Lichtenwalde**, umgeben von einem der schönsten Barockgärten Deutschlands. Als das dreiflügelige Barockschloss nach aufwendigen Sanierungsarbeiten 2010 wieder für die Öffentlichkeit öffnete und völlig neue Ausstellungen präsentierte, war die Überraschung groß.

Die Repräsentationsräume wie **Königszimmer**, **Roter Salon** und **Gräfliche Bibliothek** werden in ursprünglicher Schönheit gezeigt, ausgestattet mit Gemälden und historischen Möbeln, die Einblick in das Schlossleben vor rund 100 Jahren geben. Als Kleinod der Raumkunst gilt das **Chinesische Zimmer** mit seinen Wandvertäfelungen, in deren Füllungsfelder kolorierte Holzschnitte und Tuschzeichnungen aus China aus der Zeit um 1700 eingearbeitet sind. 1945 wurden alle Einrichtungsgegenstände geraubt, heute ist das Zimmer wieder gefüllt mit Skulpturen, Möbeln und 120 ostasiatischen Porzellanen.

Schloss Augustusburg

Schloss Lichtenwalde

Die **Schatzkammer** erlaubt eine Reise um die halbe Welt, zu sehen sind chinesisches und japanisches Porzellan, Tusch- und Seidenmalereien, Farbholzschnitte und faszinierende Skulpturen, die mehrere Sammler dem Freistaat Sachsen zur Verfügung stellten. Im Ausstellungsbereich **Den Göttern ganz nah** werden kunstvolle Gebrauchsgegenstände und Ritualgeräte aus dem Himalaja gezeigt, die zum Teil aus buddhistischen Klöstern stammen. Der Bereich **Mythos Ostasien** überrascht mit Kostbarkeiten aus China und Japan wie Perlmutt-, Lack- und Elfenbeinarbeiten sowie Bildern auf Seide- und Farbholzschnitten. **Zwischen den Welten** macht mit Geisterglaube und Ahnenkultur in Westafrika vertraut, und im Bereich **Von China nach Europa** sind Scherenschnitte aus drei Jahrhunderten zu sehen. Im Nordflügel entstand die **Galerie Junges Design**, in der Studenten des Fachbereichs Angewandte Kunst Schneeberg der Westsächsischen Hochschule Zwickau Arbeiten präsentieren. Den weitläufigen **Schlosspark** (1730 – 1737) schmücken Wasserspiele, in der warmen Jahreszeit sind seit mehr als 100 Jahren die Parkkonzerte beliebt.

In alter Pracht wiederentstanden ist auch die Schlosskapelle im Innenhof, die jedoch nur im Rahmen von Führungen zu besichtigen ist. Zum historischen Ensemble gehört ebenfalls das **Rittergut Lichtenwalde**, zu dem man auf dem historischen Pflaster der von Linden gesäumten Schlossallee kommt. Im Rittergut entstanden Wohnungen, es gibt Geschäfte, Restaurants und Cafés. Im Innenhof hat man das alte Taubenhaus wieder aufgebaut.

i Chemnitz und Umgebung

Vorwahl: 0371.
Postleitzahl: 09111 (Zentrum).
Tourist-Information Chemnitz, Markt 1, Chemnitz, Tel. 690680.
www.chemnitz-tourismus.de.
Stadt- und Regionalinformation Hohenstein-Ernstthal, Altmarkt 41, 09337 Hohenstein-Ernstthal, Tel. 03723/449400.
www.hohenstein-ernstthal.de.
Touristinformation Zschopautal, Schloss Wildeck 1, 09405 Zschopau, Tel. 03725/287287.
www.zschopau.de
Touristinformation Augustusburg, Schloßstr. 1, 09573 Augustusburg, Tel. 037291/39550.
www.augustusburg.de

Hotel Chemnitzer Hof, Theaterplatz 4, Tel. 6840; 60 Zi., DZ ab 68 Euro ohne Frühstück. Traditionshaus im Bauhaus-Stil neben der Oper, Zimmer in unterschiedlichen Kategorien. www.chemnitzer-hof.de
Pentahotel, Salzstr. 56, Tel. 33410; 226 Zi., DZ ab 73 Euro ohne Frühstück. Auf dem Schlossberg gelegenes ruhiges Hotel mit modernen Zimmern, entspannter Atmosphäre und viel Grün. www.pentahotels.com
Best Western Hotel am Schlosspark, August-Bebel-Str. 1, Niederwiesa OT Lichtenwalde, Tel. 037206/8820; 84 Zi., DZ ab 90 Euro. Vor den Toren von Chemnitz gelegenes ruhiges Hotel, aus dessen hellen Zimmern der Blick ins Grüne schweift.

Karte S. 292/298

www.hotel-lichtenwalde.de
Seaside Residenz Hotel, Bernsdorfer Str. 2, Tel. 35510; 187 Zi., DZ ab 79 Euro. Vier-Sterne-Hotel in zentraler Lage, auch Boardinghouse-Zimmer mit Kleinküche. www.residenz-hotel-chemnitz.de
Hotel Forsthaus Grüna, Rabensteiner Str. 17, Chemnitz OT Grüna, Tel. 842520; 35 Zi., DZ ab 89 Euro. Ruhiges Ambiente mit Natur vor der Haustür, geschmackvoll eingerichtete Zimmer. Beliebt sind die monatlichen Theater-Dinner, Termine im Internet.
www.forsthaus-gruena.de

Villa Esche, Parkstr. 58, Tel. 2361363; Di–Sa ab 12 Uhr. Gehobene regionale und mediterrane Küche in der Remise der von dem belgischen Architekten Henry van de Velde erbauten Jugendstilvilla. Preisgünstige Mittagskarte (Di–Fr).
www.restaurant-villaesche.de
Restaurant Janssen, Schloßstr. 12, Tel. 4590950; Mo–Sa 12–15 und ab 18 Uhr. In der rekonstruierten Janssen-Fabrik am Ufer der Chemnitz offeriert das sachlich eingerichtete Restaurant internationale, asiatisch beeinflusste und saisonal abgestimmte Gerichte. Mo–Fr 12–15 Uhr wechselndes »Fabrikessen« für 7,90 Euro. www.janssen-restaurant.de
Heck-Art, Mühlenstr 2, Tel. 6946818; Di–Sa ab 11 Uhr. Kunst und Kulinarik finden in dem Restaurant-Café in schönster Harmonie zueinander. Originale Bilder an den Wänden und mediterrane Küche. www.restaurant-heck-art.de
Alexxanders, Ludwig-Kirsch-Str. 9, Tel. 4311111; Mo–Fr 12–14 und ab 18, Sa ab 18 Uhr. Leichte deutsche Küche mit internationalen Einflüssen im modernen Restaurant. Wöchentlich wechselnde Mittagskarte. www.alexxanders.de
Restaurant Vitzthum, Schlossallee 1, Lichtenwalde, Tel. 037206/891898; Di–So ab 11 Uhr. Verschiedene Restaurants, vom *Gräflichen Speisesalon* bis zum rustikalen *Harraskeller*. Gereicht werden sächsische Klassiker, Wild- und Fischgerichte.
www.restaurant-vitzthum.de

Brazil, Innere Klosterstr. 10, Tel. 6660150; Mo–Sa ab 9, So ab 10 Uhr. Südamerikanische Bar und Restaurant über drei Etagen, frischer Kaffee und exotische Köstlichkeiten, fruchtige Cocktails. www.restaurant-brazil.de

smac – Staatliches Museum für Archäologie, Stefan-Heim-Platz 1, Tel. 9119990; Di, Do–So 11–18, Mi 14–21 Uhr.
www.smac.sachsen.de
Kunstsammlungen Chemnitz, Theaterplatz 1, Tel. 4884424; Di, Do–So 11–18, Mi 14–21 Uhr.
www.kunstsammlungen-chemnitz.de
Museum Gunzenhauser, Falkeplatz/Stollberger Str. 2, Tel. 4887024; Di, Do–So 11–18, Mi 14–21 Uhr.
www.kunstsammlungen-chemnitz.de
Henry-van-de-Velde-Museum in der Villa Esche, Parkstr. 58, Tel. 4884424; Mi, Fr–So 10–18 Uhr.
www.kunstsamlungen-chemnitz.de
Sächsisches Industriemuseum, Zwickauer Str. 119, Tel. 3676140; Di–Fr 9–17, Sa/So 10–17 Uhr.
www.saechsisches-industriemuseum.de
Museum für Sächsische Fahrzeuge, Zwickauer Str 77, Tel. 2601196; Di–So 10–17 Uhr. www.fahrzeugmuseum-chemnitz.d
Schlossbergmuseum, Schlossberg 12, Tel. 4884501; Di, Do–So 11–18, Mi 14–21 Uhr. www.schlossbergmuseum.de
Museum für Naturkunde, Moritzstr. 20 (im Kulturkaufhaus DAStietz), Tel. 4884551; Mo, Di, Do, Fr 9–17, Sa/So 10–18 Uhr. www.naturkunde-chemnitz.de
Sächsisches Eisenbahnmuseum, An der Dresdner Bahnlinie 130c, Chemnitz OT Hilbersdorf, Tel. 46400622; April–Okt. Sa/So 10–17 Uhr, Sommerferien Sachsen tägl. www.sem-chemnitz.de

Karl-May-Haus, Karl-May-Str 54, Hohenstein-Ernstthal, Tel. 03723/42159; Di–So 10–17 Uhr.

Schloss Wildeck, Motorradausstellung, Kurfürstliche Räume und Mineralienausstellung *Erzgewölbe*, Zschopau, Tel. 03725/287170, tägl. April–Okt. 10–17 Uhr, Nov.–Febr. 10–16 Uhr.

Augustusburg, Tel. 037291/38018; alle Museen tägl. April–Okt. 9.30–18, Nov.–März 10–17 Uhr, Schlossführung April–Okt. Mo–Fr 13, Sa/So 11, 13, 15 Uhr, Nov.–März Sa/So 13 Uhr.
www.die-sehenswerten-drei.de

Schloss und Park Lichtenwalde, Tel. 037206/887380. Schatzkammer und Galerie Angewandte Kunst Schneeberg; Di–So April–Okt. 10–18, Nov.–März 10–17 Uhr, Schlossführungen Mi, So 11 und 15 Uhr, Park ganzjährig 9.30–18 Uhr, Apr.–Okt. mit Eintritt.
www.die-sehenswerten-drei.de

Theater Chemnitz, Oper am Theaterplatz 2 und Schauspielhaus/Figurentheater in der Zieschestr. 28, Tel. Tickets Tel. 4000430. Hochkarätige Operninszenierungen, Konzerte der Robert-Schumann-Philharmonie, Musical, Ballettaufführungen sowie Schauspielinszenierungen.
www.theater-chemnitz.de

Das Chemnitzer Kabarett, An der Markthalle 1–3, Tel. 675090. Satire und Spaß im Kabarett-Keller der historischen Markthalle. www.das-chemnitzer-kabarett.de

Sächsisches Mozartfest; im Mai. Verschiedene Veranstaltungsorte.
www.mozart-sachsen.de

Parksommer; Mitte Juli–Mitte Aug. jeweils Di–So. Open-Air-Kulturfestival für alle Altersgruppen, Konzerte, Poetry Slams, Kinderprogramm, Yoga und Tai Chi.
www.parksommer.de

Begehungen; Mitte Aug. Kunst- und Kulturfestival aus der städtischen Alltagskultur an ungewöhnlichen Veranstaltungsorten.
www.begehungen-chemnitz.de

Tage der Industriekultur; Ende Sept. Industrie trifft Kultur, mit historischem Festumzug. www.industriekultur-chemnitz.de

Chemnitzer Nachtskaten. Rund 500 Teilnehmer rollen jeweils an einem Abend im Monat von Mai bis Sept. auf verschiedenen Strecken durch Chemnitz und das Umland. www.chemnitzer-nachtskaten.de

Weihnachtsmarkt und Bergparade; im Dez. Weihnachtsstimmung in der gesamten Innenstadt, Höhepunkt ist die Bergparade der erzgebirgischen Bergbrüderschaft am Vortag des 1. Advent.

Nach Chemnitz fährt man gern zum Shoppen. Historisches und Neues wurde in der City architektonisch geschickt verbunden zu einer beliebten Flanier- und Einkaufsmeile mit Galerien, Kaufhäusern und Boutiquen.

Stausee Rabenstein, Oberfrohnaer Str. 165, Tel. 851060, Mai–Sept. 400 Meter Strand an der »Badewanne« von Chemnitz, viele Sportmöglichkeiten.
www.stausee-rabenstein.de

Stadtbad, Mühlenstr. 27, Tel. 4885252. Traditionsreiches Hallenbad im Bauhausstil mit 25- und 50-m-Bahn sowie Saunagarten.

Eissport- und Freizeitzentrum, Wittgensdorfer Str. 2a, Tel. 3389700; Okt.–März. Eislaufen für Jedermann, außerdem viele Veranstaltungen und Eisdiskos.
www.eissportzentrum-chemnitz.de

Kletterwald Chemnitz-Rabenstein, Oberfrohnaer Str. 165, Tel. 0172/7962379; April–Okt. lt. Terminplan auf Website. Geklettert wird auf 12 Parcours mit über 120 Kletterelementen auf einer Strecke von 1500 m bis in eine Höhe von 20 m.
www.kletterwald-chemnitz.de

▶ Karte S. 292/298

Zwickau

Die viertgrößte Stadt Sachsens (91 500 Einwohner) wurde durch den Silber- und später den Steinkohlebergbau zum wirtschaftlichen und geistig-kulturellen Zentrum Westsachsens. Philipp Melanchthon, der Mitstreiter Luthers, äußerte 1548 – gewiss etwas überschwänglich: »In Kunst und Wissenschaft übertrifft Zwickau alle anderen Städte dieser Lande.«

Als »Zwiccowe« wurde die Siedlung 1118 erstmals genannt. Die Lage am Kreuzungspunkt zweier Handelsstraßen führte zu raschem Aufschwung, 1212 bereits bezeichnete sich Zwickau als Stadt. Im 15. und 16. Jahrhundert ließen vor allem Tuchmacher, Bierbrauer sowie die Erz- und Silbervorkommen im nahen Erzgebirge die Stadt wirtschaftlich aufblühen, ab 1838 erlangte Zwickau mit dem Abbau von Steinkohle erneut Bedeutung. Zu Beginn des 20. Jahrhunderts wurde Zwickau Automobilstadt: 1904 nahmen das Horch-Werk und 1909 die Audi-Werke ihre Produktion auf. Die Wagen, auf denen die legendären Rennfahrer Bernd Rosemeyer und Hans Stuck in den 1930er Jahren von Sieg zu Sieg fuhren, entstanden in Zwickau. Zu DDR-Zeiten wurde in Zwickau der Trabant gebaut. Dem dreimillionsten »Trabi« ersparte man das Schicksal auf der Halde, er kam ins **Automobilmuseum**. Dort befindet sich im Freigelände auch das **Trabant-Denkmal** (1998), das einst auf dem Georgenplatz stand.

Stadtbesichtigung

Fast alle Sehenswürdigkeiten liegen dicht beieinander. Auch das **Johannisbad**, ein wunderschönes Jugendstilbad, ist gut zu Fuß erreichbar. Das 1869 eröffnete Bad wurde in den letzten Jahren aufwendig saniert. Wer das modernisierte Ball- und Konzerthaus **Neue Welt** besuchen möchte, Sachsens schönsten und größten Terrassensaal im Jugendstil, der fährt am besten mit der Straßenbahn. Das **Horch-Museum** ist mit dem Bus zu erreichen. Sind die Beine pflastermüde, dann empfiehlt sich in der warmen Jahreszeit eine Ruhepause am **Schwanenteich**. 1473 begann man einen »Großen Teich« anzulegen, um Karpfen für die Fastenzeit zu züchten. Ab 1850 entstand um diesen Teich ein Park, in dem sich bald Schwäne niederließen, Zwickaus Wappentiere. Und so wurde aus dem Großen Teich der Schwanenteich.

Hauptmarkt

Am geräumigen Hauptmarkt dominiert das neogotische, 54 Meter lange **Rathaus** (1866/67) mit Zinnenkranz und Türmchen mit der zum Rats- und Empfangssaal umgestalteten Jakobskapelle (1473 – 1477) vom Vorgängerbau. Im **Gewandhaus** (1522 – 1525) daneben, einem für die Tuchmacherinnung erbauten zweigeschossigen Sandsteingebäude mit hohem Satteldach, finden seit 1823 Theateraufführungen statt. Die offizielle Bestimmung zum »Stadttheater« erfolgte 1883.

Im Jugendstil: das Zwickauer Johannisbad

Das **Geburtshaus Robert Schumanns** (→ S. 63) mit Mobiliar des Komponisten ist heute Museum. Mit acht Räumen ist es das größte und älteste der mittlerweile vier deutschen Schumann-Museen. Das Haus - sieben Jahre seiner Kindheit verbrachte Schumann hier - war Mitte der 1950er Jahre so baufällig geworden, dass es abgetragen werden musste. In seiner äußeren Form entstand es originalgetreu wieder.

Der 100-D-Mark-Schein zeigte Clara Schumann, geborene Wieck (1819 - 1896), eine herausragende Pianistin. Auf der Rückseite dieses Geldscheins war der Flügel zu sehen, auf dem sie als neunjähriges Mädchen ihr Debüt im Leipziger Gewandhaus gab. Diesen Flügel bewahrt das Zwickauer Schumann-Haus auf. Das Denkmal für den Komponisten, 1901 auf dem Hauptmarkt enthüllt, hat mehrfach den Standort gewechselt, gegenwärtig steht die überlebensgroße Bronzeplastik zwischen Hauptmarkt und Altem Steinweg.

Beliebter Veranstaltungsort: der Domhof

Dom St. Marien

Die St. Marienkirche, deren ältesten Teile aus dem Jahr 1336 stammen, ist der wohl reichste Bau der obersächsischen Spätgotik. Wohl deshalb wird die Kirche mit dem 87 Meter hohem Westturm respektvoll Dom genannt, obwohl Zwickau nie Bischofssitz war. Die Kirche birgt eine wertvolle Ausstattung, darunter den sieben Meter breiten und 2,5 Meter hohen **Flügelaltar** (1479) aus der Nürnberger Werkstatt von Michael Wohlgemut und die **Pietà**, das um 1502 geschaffene Hauptwerk von Peter Breuer, einem bedeutenden Bildschnitzer, der wahrscheinlich um 1472 in Zwickau geboren wurde. Erhalten geblieben sind von dem Künstler unter anderem 26 vollständige Altäre mit 146 Figuren, die aber oftmals nicht mehr in Kirchen, sondern in Museen zu sehen sind. Die **Orgel** der St. Marienkirche, von der Bautzener Firma Eule gebaut, gehört mit 77 Registern, vier Manualen und fast 6000 Pfeifen zu den größten in Deutschland.

Priesterhäuser

Am Domhof stehen die Priesterhäuser, die zu den ältesten steinernen Wohnbauten Deutschlands zählen. 1521 ist in einem Ratsprotokoll erstmals von ihnen die Rede. Damals waren es zwölf zweigeschossige Häuser, übriggeblieben sind vier davon. Die sorgfältig sanierten Häuser, deren Bausubstanz bis in das 13. Jahrhundert zurückreicht, haben bis heute ihre spätmittelalterliche Baugestalt mit den typischen steilen Satteldächern erhalten. Als **Museum** vermitteln sie Eindrücke mittelalterlicher Wohnkultur und Lebensweise der einfachen Menschen.

Kunstsammlungen / Max-Pechstein-Museum

Die Kunstsammlungen (Lessingstraße 1), von 1912 bis 1914 als König-Albert-Museum mit repräsentativem Kuppelbau und symmetrisch gestalteten Seitenflügeln errichtet, besitzen eine rei-

▸ Karte S. 298

che Plastik- und Grafiksammlung. Einen Schwerpunkt bildet die Sammlung des gebürtigen Zwickauers und »Brücke«-Künstlers Max Pechstein (1881 - 1965). Die mineralogisch-geologische Sammlung umfasst rund 16 000 Objekte. In einem Seitenflügel befindet sich die **Ratsschulbibliothek**, die rund 250 000 Handschriften und Drucke aufbewahrt. Sie wurde erstmals im Jahr 1498 erwähnt und gilt deshalb als eine der ältesten wissenschaftlichen Bibliotheken Deutschlands.

DKW F7 im August-Horch-Museum Zwickau

August-Horch-Museum

Zwickaus große Automobilgeschichte wird im Automobilmuseum August Horch in der Audistraße 7 lebendig. Eine zeitgenössische **Montagehalle**, das **Kontorgebäude** und die **Villa des großen deutschen Automobilpioniers August Horch** (→ S. 65) bilden das Technikmuseum. Zur Oldtimer-Parade sind Autos aus neun Jahrzehnten deutschen Automobilbaus angetreten: der Phaeton Horch 12 von 1911 ebenso wie die Horch Pullmann-Limousine von 1930 und natürlich der legendäre Trabant. In dem 2017 eingeweihten **Erweiterungsbau**, mit dem sich die Ausstellungsfläche von nun 6500 Quadratmetern mehr als verdoppelte, ist die originale Fertigungsanlage für die Herstellung von Duroplast für den Trabant zu sehen, ferner werden Prototypen gezeigt, die während der DDR-Zeit entwickelt wurden, aber nie in Serie gebaut werden durften.

Die Zwickauer Priesterhäuser

Die knatternde Gehhilfe

Asphaltblase, Pappe, Gehhilfe – das sind einige der »Kosenamen«, mit denen die DDR-Bürger den Kleinwagen Trabant bedacht hatten. Meist sprach man nur kurz vom Trabi. Der knatternde und stinkende Zweitakter mit der Plastekarosse wurde geliebt, beschimpft und belächelt. Jeder nahm ihn auf den Straßen wahr, denn, so hieß es: Wer schlecht hört, der riecht ihn, wer schlecht riecht, der hört ihn. Bis zu zehn Jahre und mehr musste man bis zur Auslieferung des Autos warten, Anmeldungen wurden verschenkt, verkauft oder vererbt. Selbst die Oma besaß eine, auch wenn sie nie im Besitz eines Führerscheins war. Ein gebrauchtes Auto, weil ohne Bestellung zu haben, erzielte einen wesentlich höheren Preis als ein neues. Der erste Trabant von 1957 hatte 17 PS, bis 1968 schraubte man die Leistung auf 26 PS hoch. Ersatzteile besorgte man sich meist im Tauschgeschäft. In den wenigen Geschäften kaufte man das, was gerade im Angebot war, um es später gegen das benötigte Teil einzutauschen. Hunderte von Witzen gab es über den Trabant wie diese: Warum haben die Konstrukteure die Fahrerkabine so klein gebaut? Die Antwort: Damit sich der Fahrer mit den Knien die Ohren zuhalten kann. Oder: Warum gibt es den Trabant nicht in schwarz? Die Antwort: Um ihn nicht mit einem Brikett zu verwechseln.

Genau 33 Jahre, fünf Monate und 23 Tage lang lief das Volksauto der DDR vom Band. Der letzte, es war der 3 096 099., verließ am 20. April 1991 das Zwickauer Sachsenringwerk. Er wurde nur um die Ecke gefahren – ins Automobilmuseum. Mit dem Einzug der D-Mark mochten die Ostdeutschen das Fahrzeug, das laut Werbeprospekt »viel zu bieten hat, Komfort, Platz und Zuverlässigkeit«, nicht mehr, sie griffen zu den Autos, die für sie jahrelang ein Wunschtraum aus dem West-Fernsehen gewesen waren. Heute hat der Trabant als Sammlerauto Kultstatus. 1995 standen Interessenten wie einst Schlange, um im Zwickauer Werk einen der letzten fabrikneuen 444 Trabanten zu erwerben. Sie wurden, weil eine türkische Importfirma pleitegegangen war, zurückgeholt und mit Kunstledersitzen und modernen Radios aufgemöbelt. Einen Viertaktmotor hatten sie ohnehin bereits. Noch rund 36 000 Trabanten sind in Deutschland zugelassen.

Heute nur noch selten zu sehen: der Trabant

Schloss Forderglauchau

Glauchau

Gleich mit zwei Schlössern kann Glauchau (23 100 Einwohner), 16 Kilometer von Zwickau entfernt, auftrumpfen: den zusammenhängenden Renaissanceschlössern Forder- und Hinterglauchau, die in der Oberstadt nur ein Wallgraben trennt. Im **Schloss Hinterglauchau** informiert ein Museum über die Volks- und Regionalgeschichte und den 1494 in der Stadt geborenen Wissenschaftler und Arzt Georgius Agricola. Die Kunstsammlung des Museums gehört zu den namhaftesten in Sachsen. Im **Schloss Forderglauchau** befinden sich unter anderem die Städtische Galerie und die Bibliothek.

In der barocken Stadtkirche **St. Georg** (1726 - 1728) finden regelmäßig Konzerte auf der Orgel von Gottfried Silbermann (1730) statt. Den **Markt** säumen Bürgerhäuser und das **Rathaus** (1712) mit einem dicken achteckigen Turm. Besonderes Schmuckstück auf dem Markt ist der **Bronzebrunnen** (2001), der mit seinen beweglichen Figuren die langjährige Rolle Glauchaus als Zentrum der sächsischen Textilindustrie wachhalten soll. Gespendet wurde er von dem geborenen Glauchauer Hans Lorenz, der nach 1945 im Westen Deutschlands als Textilfabrikant zu Wohlstand gekommen war. Als Wahrzeichen gilt der 46 Meter hohe, aus Elbsandstein errichtete **Bismarckturm** (1910) südöstlich der Stadt, zu dessen Aussichtsplattform 200 Stufen führen.

Waldenburg

Hinter Glauchau beginnt das sächsische Hügelland, ein wunderschönes Ensemble von Fluss, Landschaft und Architektur. Hier, im Tal der Zwickauer Mulde, liegt das alte Töpferstädtchen Waldenburg (4200 Einwohner). Die Annalen verzeichneten im Jahr 1781 44 Werkstätten, heute sind es immerhin noch sechs. Vom ansteigenden Marktplatz mit dem **Rathaus** von 1731 führt der Weg zum **Schloss** (1855 - 1859), einer historischen Vierflügelanlage mit Stilelementen der englischen Tudorgotik. Zwischen 1909 und 1912 erfolgten umfangreiche Bauarbeiten, das Schloss wurde mit den damals modernsten Errungenschaften ausgestattet: elektrischem Strom, Telefon, zentraler Dampfheizung, Warmwasser, Be- und Entlüftung, Speisenaufzug. Einst residierten im Schloss die Fürsten von Schönburg-Waldenburg. Einer von ihnen, Otto Viktor I., kaufte 1840 das 1670 begründete Naturalien- und Kuriositäten-Kabinett der Leipziger Apothekerfamilie Linck auf. Die hatte Raritäten gesammelt, die vor allem Seeleute von ihren Reisen mitbrachten, so ein Kalb mit zwei Köpfen, farbenprächtige Schmetterlinge und die gut erhaltene Mumie der Ägypterin Schep-en-Hor. Eigens für diese Schätze ließ der Fürst dem Schloss gegenüber 1844 ein **Museumsgebäude** errichten. Darin wird die Sammlung zum Teil in historischer Aufstellung gezeigt, sie umfasst rund 8000 Exponate aus dem anatomisch-medizinischen Bereich, Gesteins- und Mineralproben, Tier- und Pflanzenpräparate, physikalische Geräte und Kunstgegenstände.

Blankenhain

Ein Dorfkonsum ist zu sehen, eine Gemeindebibliothek sowie eine Land- und Zahnarztpraxis, so, wie es in den DDR-Jahrzehnten auf dem Land üblich war. Das Besondere am **Deutschen Landwirtschaftsmuseum** in dem kleinen Dorf nahe der Koberbachtalsperre ist, dass fast alle Gebäude zur originalen Dorfsubstanz gehören. Den Museums-Mittelpunkt bildet ein barockisiertes **Renaissanceschloss**. Zum Museum, rund 20 Kilometer von Zwickau entfernt, gehören 80 Gebäude und bauliche Anlagen, darunter ein Landarbeiterhaus aus den 1920er Jahren, ein Neubauernhaus von 1949 sowie Bäckerei, Schule, Windmühle und Bierbrauerei. Die Gebäude, die umfangreichen Sammlungen landwirtschaftlicher Geräte und fast 100 thematische Ausstellungen erzählen vom Leben der Dorfbevölkerung Mitteldeutschlands zwischen 1890 und 1990.

Das Schloss in Blankenhain

Karte S. 298

In der Lichtensteiner Miniwelt

Lichtenstein

Mit mehreren Museen wartet die 13 Kilometer von Zwickau entfernte Kleinstadt (11 800 Einwohner) auf. In der **Miniwelt Lichtenstein** in der Chemnitzer Straße marschiert man in kurzer Zeit durch alle 16 Bundesländer und über fünf Kontinente. Mehr als 110 Bauwerke im Maßstab 1:25 werden gezeigt, der Eiffelturm mit zwölf Metern Höhe ebenso wie die große Pyramide von Gizeh mit 84 Quadratmetern Grundfläche. Gleich nebenan bietet das Kleinplanetarium **Minikosmos** Ausflüge in unser Sternensystem. Zu sehen sind verschiedene Programme vom Weltraumflug bis zur musikalischen Vollkuppelshow.

Das **Stadtmuseum** in der Ernst-Thälmann-Straße stellt die Stadtgeschichte vor. Im **Kaffeekannenmuseum** im Ortsteil Heinrichsort stehen 3500 Exemplare aus 100 Porzellanmanufakturen. Besuchermagnet im fürstlich-schönburgischen Palais war jahrelang das **Daetz-Centrum**, benannt nach der Stifterfamilie, die auf der ganzen Welt unterwegs war und auf eigene Kosten Holzkunst kaufte. Die

Dauerausstellung **Meisterwerke in Holz** führte in die faszinierende Welt der Holzbildhauerkunst und erlangte überregionalen Ruhm. Sie musste schließen, weil sie das stark verschuldete Städtchen Lichtenstein finanziell überforderte: Für Sachsen wahrlich kein Ruhmesblatt. Es bleibt zu hoffen, dass sich Landkreis und Freistaat verantwortlich fühlen und die rund 600, teilweise überlebensgroßen Schnitzereien und filigranen Meisterwerke bald wieder besichtigt werden können.

Oelsnitz (Erzg.)

Das Städtchen (11200 Einwohner) besitzt mit dem **Bergbaumuseum** eines der größten Zeugnisse der industriellen Vergangenheit Sachsens. Der 51 Meter hohe **Förderturm** (1923) ist ein markanter Wegweiser dorthin. Im Frühjahr 2020 öffneten die ersten Teile eines völlig modernisierten Museums, das dem Besucher den Eindruck vermittelt, sich augenscheinlich in einer Schachtanlage zu befinden. Das Museum entstand auf dem Gelände des ehemaligen **Kaiserin-Augusta-Schachtes**, vor dem Zweiten Weltkrieg der modernste und leistungsfähigste des Zwickau-Oelsnitzer-Steinkohlereviers mit einem etwa 150 Kilometer langen Streckennetz. Der Schacht, zu DDR-Zeiten trug er den Namen Karl Liebknecht, wurde 1869 abgeteuft, am 31. März 1971 verließ ihn der letzte Hunt.

14 Kilometer sind es von Zwickau bis nach Oelsnitz im Erzgebirge. Den Zusatz sollte man beachten: Findet man vor Ort kein Bergbaumuseum, sondern ein Teppichmuseum, dann ist man im vogtländischen Oelsnitz gelandet.

Zwickau und Umgebung

Vorwahl: 0375.
Postleitzahl: 08056.
Tourist-Information Zwickau, Hauptstr. 6, Tel. 2713240. www.zwickautourist.de
Tourist-Information Glauchau, Markt 1, 08371 Glauchau, Tel.03763/2555. www.glauchau.de.
Tourismusamt Waldenburg/Tourismusregion Zwickau, Peniger Str. 10, 08396 Waldenburg, Tel. 037608/ 21000. www.waldenburg.de.
Weitere Informationen:
www.zeitsprungland.de
www.lichtenstein-sachsen.de
www.oelsnitz-erzgeb.de

First Inn Zwickau, Kornmarkt 9, Tel. 27920; 128 Zi., DZ ab 109 Euro. Komforthotel in der Innenstadt mit geschmackvoll eingerichteten Zimmern. www.hotel-firstinn-zwickau.de
Aparthotel 1A, Robert-Müller-Str. 1a, Tel. 275750; 14 Zi., DZ ab 77 Euro. Hotel garni unweit der Altstadt, hervorzuheben ist das liebevoll zubereitete Frühstück mit vielen selbstgemachten Produkten. www.aparthotel-1a.de
Hotel Park Eckersbach, Trillerplatz 1, Tel. 475572; 16 Zi., DZ ab 88 Euro. Historisches Haus, helle, funktional eingerichtete Nichtraucher-Zimmer. Restaurant (Mo–Sa ab 17, So 11–14 und ab 17 Uhr) mit regionaler Küche. www.parkeckersbach.de

1. Zwickauer Gasthausbrauhaus und Brennerei, Peter-Breuer-Str. 12–20, Tel. 3032032; tägl. ab 11 Uhr. Rustikales Ambiente, hausgebrautes Bier, selbstgebrannter Schnaps, deftige Speisen. Großer Biergarten, Live-Musik. www.brauhaus-zwickau.de
Restaurant & Bar No. 9, Kornmarkt 9, Tel. 2792735; tägl. ab 11 Uhr. Frische und saisonale Gerichte, umfangreiche Cocktail- und Spirituosenkarte. Frisch und abwechslungsreich präsentieren sich die »daily specials« (Tagesangebote) für 5–10 Euro. www.restaurant-no9-zwickau.de
Gasthaus 1470, Marienstr. 50, Tel. 282728; Di–Sa ab 17 Uhr. Alte Rezepte

neu interpretiert: Junge und frische Küche im ältesten Bürgerhaus Zwickaus. Die Bar im Erdgeschoss ist bekannt für ihre 60 Sorten Gin und das hauseigene Bier, das »1470er«. www.gasthaus1470.de

Robert-Schumann-Haus, Hauptmarkt 5, Tel. 215269; Di–Fr 10–17, Sa/So 13–17 Uhr. www.schumann-zwickau.de
August-Horch Museum, Audistr. 7, Tel. 2717380; Di–So 9.30–17, jeden 1. Do im Monat bis 20 Uhr. www.horch-museum.de
Priesterhäuser Zwickau, Domhof 5–8, Tel. 834551; Di–So 13–18 Uhr. www.priesterhaueser.de
Kunstsammlungen/Max-Pechstein-Museum, Lessingstr. 1, Tel. 834510; Di–So 13–18 Uhr. www.kunstsammlungen-zwickau.de
Museum und Kunstsammlungen Schloss Hinterglauchau, Glauchau, Tel. 03763/2931; Mi–So 11–17 Uhr.
Schloss Waldenburg, Peniger Str. 10, Tel. 037608/27570; Di–Fr 10–16, Sa 13–17, So 11–17 Uhr, nur geführte Schlossbesichtigungen. www.schloss-waldenburg.de
Museum – Naturalienkabinett Waldenburg, Geschwister-Scholl-Platz 1, Waldenburg, Tel. 037608/22519; April–Sept. Di–Fr 10–16, Sa/So 10–17, Okt.–März Di–So 10–16 Uhr. www.museum-waldenburg.de
Deutsches Landwirtschaftsmuseum Schloss Blankenhain, Am Schloss 9, Crimmitschau OT Blankenhain, Tel. 036608/2321; Mitte Febr.–April, Mitte Okt.–Mitte Nov. Di–So 9–17, Mai–Mitte Okt. tägl. 9–18 Uhr. www.deutsches-landwirtschaftsmuseum.de
Daetz-Centrum Lichtenstein, Schlossallee 2, Tel. 037204/585858; Fr–So 10–17 Uhr. Die Dauerausstellung ist vorübergehend geschlossen, Sonderausstellungen sind zu besichtigen. www.daetz-centrum.de
Miniwelt Sachsen, Chemnitzer Str 43, Lichtenstein, Tel. 037204/72255; April–Anf. Nov. tägl. 9–18 Uhr. www.miniwelt.de
Minikosmos, Chemnitzer Str. 43, Tel. 037204/72255; April–Nov. 11–17, Sa/So 11–18 Uhr, Weihnachts- und Winterferien geöffnet. www.minikosmos.de
Stadtmuseum Lichtenstein, Ernst-Thälmann-Str. 29, Tel. 037204/86453; So 14–17 Uhr.
1. Sächsisches Kaffeekannenmuseum, Prinz-Heinrich-Str. 35 (im Gasthaus *Zur Krone*), Lichtenstein OT Heinrichsort, Tel. 037204/87692; Sa 11–18, So 11–17 Uhr.
Bergbaumuseum Oelsnitz, Pflockenstr. 28, Tel. 037298/93940; Di–So 10–17 Uhr, Befahrungszeiten 11, 13.30 und 16 Uhr (Dauer ca. 1,5 Std.).
www.bergbaumuseum-oelsnitz.de

Theater Plauen-Zwickau, Gewandhausstr. 7, Tel. 274114647. Spielstätte des Theaters im Gewandhaus, Musiktheater, Schauspiel, Konzerte, Ballett, Puppentheater. Das Theater in der Mühle konzentriert sich ungewöhnliche Inszenierungen. www.theater-plauen-zwickau.com
Alter Gasometer, Kleine Biergasse 3, Zwickau, Tel. 2772110. Soziokulturelles Zentrum, in dem Theater, Kleinkunst, Kino und Konzerte geboten werden. www.alter-gasometer.de
Konzert- und Ballhaus Neue Welt, Leipziger Str. 182, Zwickau, Tel. 2713263. Shows, Konzerte, Tanzturniere, Bälle finden in dem Jugendstilsaal einen zauberhaften Rahmen. www.zwickautourist.de.

Zum Shoppen bietet Zwickau beste Voraussetzungen. In keiner anderen Stadt der Region gibt es so viele kleine hübsche Geschäfte, Kaufhäuser und Galerien.
Das Shopping-Center **Zwickau Arcaden** vereint mehr als 60 Geschäfte, Gaststätten und Galerien.

Johannisbad Zwickau, Johannisstr. 16, Tel. 272560; tägl. geöffnet. Ein Kleinod: Jugendstil und Neogotik treffen auf orientalische Badekultur. www.johannisbad.de

Karte S. 298

Freiberg

Freiberg (41 600 Einwohner) ist Sachsens älteste und bedeutendste Bergstadt. Rund 8000 Tonnen Silber hat man in rund 800 Jahren aus dem Freiberger Boden geholt. Das »Bergkgeschrey« lockte viele Menschen an, ab 1168 wurde genau 801 Jahre im Freiberger Revier Bergbau betrieben, 1969 schlossen die letzten Gruben.

1186 erhielt die entstandene Siedlung Stadtrecht und den Namen Freiberg, weil jeder hier am »freien Berg« schürfen durfte. Um 1535 bestanden im Freiberger Revier etwa 700 Erzgruben. In der zweiten Blüteperiode des Silberbergbaus hatte sich die Stadt zu einem bedeutenden Kunstzentrum des sächsischen Raumes entwickelt. Der erste »Bergaufzug« fand 1557 statt. Heutzutage schauen tausende von Touristen zu, wenn die Bergleute in ihrer schmucken Berufskleidung zum Bergstadtfest durch die hübsch sanierte Innenstadt von Freiberg paradieren. 1765 wurde die Bergakademie gegründet, die seitdem – heute als Technische Universität – junge Menschen in montanwissenschaftlichen Studiengängen ausbildet. Seit 2015 darf sich die Stadt deshalb offiziell als Universitätsstadt bezeichnen. Ein Name ist untrennbar mit Freiberg verbunden: **Gottfried Silbermann**. Sachsens bedeutendster Orgelbauer hatte hier seine Werkstatt und hinterließ der Stadt gleich drei seiner wundervollen Instrumente.

Stadtbesichtigung

Freibergs Straßen wurden gebaut, als es noch keine Autos und Busse gab. Deshalb wäre das Auto für die Stadtbesichtigung nur hinderlich, zu Fuß kommt man überall rasch und bequem hin. Nur wer den früheren Bergbau über und unter Tage kennenlernen möchte, der muss doch das eigene Auto oder die öffentlichen Verkehrsmittel bemühen, da diese Besichtigungsobjekte ein wenig außerhalb des Zentrums liegen.

Rund um den Obermarkt

Der Obermarkt ist einer der beeindruckendsten Marktplätze im Osten Deutschlands, hier stehen stolze Bürgerhäuser aus dem 16. und 17. Jahrhundert mit hohen Dachspeichern, die vom einstigen Reichtum zeugen. Beherrscht wird der Platz vom langgestreckten **Rathaus** (1410 – 1414) mit seinem vorgestellten viereckigen Turm. Der dekorative Renaissanceerker wurde später hinzugefügt, der Kopf im Giebeldreieck soll den Prinzenräuber Kunz von Kauffungen darstellen. Der schaut auf den Platz, auf dem er am 14. Juli 1455 um 16 Uhr mit dem Beil öffentlich enthauptet wurde. Täglich zweimal, um 11.15 und um 16.15 Uhr, spielen die Meissener Porzellanglocken

Kurfürstin Anna und Kurfürst August beim Freiberger Bergfest

Das Erzgebirge

Renaissanceerker am Rathaus

im Rathausturm das Lied »Glückauf, der Steiger kommt«.

Das stattliche **Schönlebe-Haus** mit der Nr. 1 entstand um 1630, in ihm wohnte Bürgermeister Jonas Schönlebe der Ältere, der Stifter der Bergmannskanzel des Doms. Geschichtlich interessant ist das barocke **Haus Nr. 4** (1681), in ihm trafen am 16. Mai 1812 der sächsische König Friedrich August I. und Kaiser Napoleon Bonaparte zusammen. In der Platzmitte thront der Stadtgründer Markgraf Otto I. von Meißen auf dem **Löwenbrunnen** (1898).

Das **Alnpeckhaus** an der Ecke zur Korngasse war lange Zeit im Besitz der reichsten Freiberger Familie, deren Namen es noch heute trägt. Bis zu ihrer Verlegung 1556 nach Dresden befand sich in dem Haus die Münze. Das schmale, 32 Meter hohe **Haus Nr. 17** (1530) ist einer der frühesten Renaissancebauten in Sachsen, das Portal zeigt Szenen aus der Geschichte des Bergbaus.

▸ Karte S. 315

Petrikirche

Über das Kirchgäßchen wird der Petriplatz mit der Petrikirche erreicht, die auf dem höchsten Punkt der Innenstadt steht. In dem spätbarocken Bau, in dessen 71 Meter hohem Turm das einst vor Schichtbeginn läutende Bergglöckchen hängt, erklingt eine der **Orgeln** (1733 - 1735) des berühmten Orgelbaumeisters Gottfried Silbermann. Das Instrument verfügt über 32 Register auf zwei Manualen und 1784 klingende Pfeifen. Die Sandsteinkanzel stammt aus dem Jahr 1733.

Das **Hilliger-Haus** an der Ecke zur Waisenhausstraße ist eine zwischen 1983 und 1986 errichtete Kopie des Hauses von 1555. In der Petersstraße steht der **Fortunabrunnen** (1986) vom Freiberger Künstler Bernd Göbel, der symbolhaft bedeutende Persönlichkeiten der Freiberger Geschichte zeigt. Das gegenüberliegende **Gellert-/Breithaupthaus**, ein Patrizierhaus von 1530, ist benannt nach dem Hüttenkundler Christian Ehregott Gellert, der ab 1751 darin wohnte, und dem Mineralogen Friedrich August Breithaupt, der von 1833 bis 1851 hier lebte.

Stadttheater

Vom Obermarkt führt der Weg durch die Enge Gasse zur **Nikolaikirche**, die vom 15. bis zum 18. Jahrhundert zu ihrem heutigen Aussehen gelangte und zum Stadttheater, dem ältesten Stadttheater der Welt, wie die Freiberger behaupten. 1790 wurde es von einem Privatmann in ein Wohnhaus von 1623 eingebaut, seit 1792 befindet sich das Theater in städtischem Besitz (heute Mittelsächsisches Theater). In der Theaterchronik wird besonders hervorgehoben, dass im Jahr 1800 hier die erste vollendete Oper von Carl Maria von Weber (1786 - 1826), »Das Waldmädchen«, zur Uraufführung kam, die bis auf zwei Gesangsnummern verschollen ist.

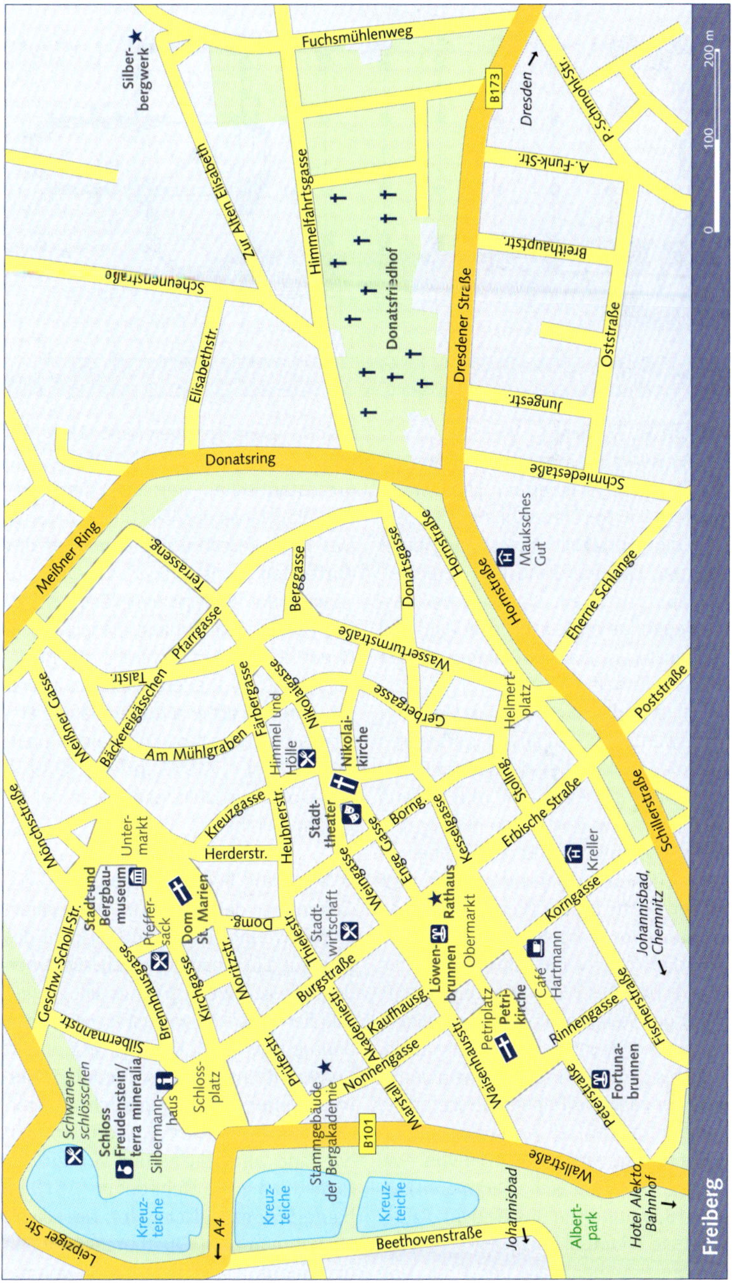
Freiberg
Leipziger Str.
A4
Kreuzteiche
Schwanenschlösschen
Schloss Freudenstein/ terra mineralia
Silbermannhaus
Schlossplatz
Silbermannstr.
Geschw.-Scholl-Str.
Brennhausgasse
Kirchgasse
Pfeffersack
Dom St. Marien
Stadt- und Bergbaumuseum
Untermarkt
Mönchsstraße
Meißner Gasse
Bäckereigässchen
Talstr.
Pfarrgasse
Terrasseng.
Meißner Ring
Am Mühlgraben
Färbergasse
Kreuzgasse
Herderstr.
Heubnerstr.
Moritzstr.
Domg.
Thielestr.
Stadtwirtschaft
Burgstraße
Prüferstr.
Stammgebäude der Bergakademie
B101
Nonnengasse
Akademiestr.
Kaufhausg.
Marstall
Wallstraße
Beethovenstraße
Johannisbad
Albertpark
Hotel Alekto, Bahnhof
Waisenhausstr.
Petriplatz
Petrikirche
Café Hartmann
Rinnengasse
Fortunabrunnen
Peterstraße
Fischerstraße
Löwenbrunnen
Rathaus
Obermarkt
Korngasse
Kreller
Johannisbad, Chemnitz
Weingasse
Stadttheater
Enge Gasse
Borng.
Kesselgasse
Erbische Straße
Stollng.
Schillerstraße
Himmel und Hölle
Nikolaigasse
Nikolaikirche
Gerbergasse
Helmertplatz
Poststraße
Wasserturmstraße
Berggasse
Donatsgasse
Hornstraße
Maukscher Gut
Eherne Schlange
Donatsring
Elisabethstr.
Scheunenstraße
Zur Alten Elisabeth
Silberbergwerk
Fuchsmühlenweg
Himmelfahrtsgasse
Donatsfriedhof
Dresdener Straße
B173
Dresden
Schmiedestraße
Jungestr.
Oststraße
Breithauptstr.
A.-Funk-Str.
P.-Schmohl-Str.
0
100
200 m

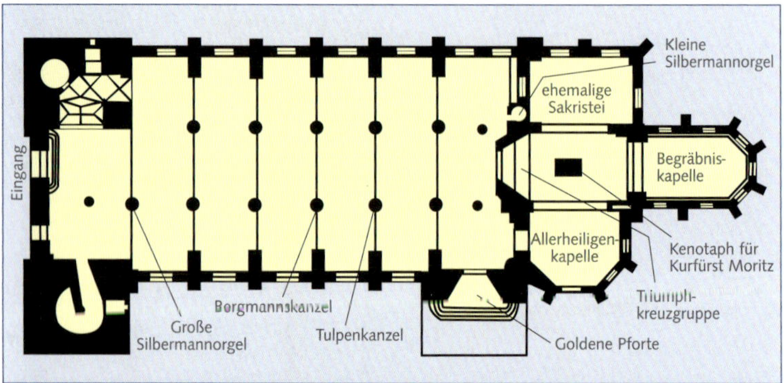

St. Marien, Freiberg

Dom St. Marien

Ein Muss in Freiberg ist der Besuch des Domes St. Marien am Untermarkt (1484 - 1501). Das schlichte Äußere lässt die prunkvolle Ausstattung nicht erahnen. Das aus Sandstein gemeißelte Hauptportal gilt als eines der besten Zeugnisse mittelalterlicher Bau- und Bildkunst (um 1230). **Goldene Pforte** wird es deshalb genannt, weil es einst mit Blattgold überzogen war. Gefertigt hat es vermutlich ein aus Niedersachsen stammender Künstler, der auch in Frankreich tätig gewesen sein muss. Denn die Figuren des Portals, so die der Marienkrönung und die Apostel, ähneln in vielem denen an französischen frühgotischen Kirchen. Zum Wertvollsten, was die Kunst der Spätgotik hinterlassen hat, gehört im Inneren die **Tulpenkanzel** (um 1510) von Hans Witten. Das eigenartige Werk der Steinmetzkunst ähnelt einem meterhohen Gebilde von Baumwurzeln, in dem sich kleine Engel tummeln und in dem der wie eine Tulpenblüte geformte Kanzelkorb ruht. Zu den bedeutenden Kunstwerken zählen auch die von zwei Bergmännern getragene **Bergmannskanzel** (1638) und die aus Eichenholz geschnitzte **Triumphkreuzgruppe** über der Empore zwischen Halle und Chor. Von Heinrich dem Frommen (gest. 1541) bis Johann Georg IV. (gest. 1694) ruhen alle protestantischen Herrscher der albertinischen Linie der Wettiner im Dom. Das reich geschmückte **Kenotaph des Kurfürsten Moritz** (1563) war das erste Freigrab der Renaissance in Sachsen. Im Dom erklingt Silbermanns bedeutendste **Orgel** (1711 - 1714), sie hat 45 Register und 2674 Pfeifen. Silbermann war 27 Jahre alt, als er mit dem Bau des Instrumentes begann. Die kleine Silbermann-Orgel (1719) kam erst 1939 in den Dom, bis dahin stand sie in der St. Johanniskirche.

Stadt-und Bergbaumuseum

Gegenüber dem Dom, im ehemaligen **Domherrenhof** (nach 1484), kann das Stadt- und Bergbaumuseum besucht werden. Die gezeigten spätmittelalterlichen sakralen Plastiken widerspiegeln die Bedeutung der Stadt in dieser Zeit als ein Kunstzentrum Sachsens. Die **Alte Superintendentur** in Richtung Kirchgasse mit ihren spätgotischen Vorhangfenstern entstand vermutlich schon vor 1500.

In der Kirchgasse steht der um 1670 erbaute **Schönbergische Hof**, der seinen Namen von dem Oberberghauptmann hat, der um 1700 das Haus bewohnte.

Schloss Freudenstein

So schön wie heute sah **Schloss Freudenstein** in seiner langen Geschichte wohl nie aus. Bewohnt hat es nur einer, Heinrich der Fromme von 1505 bis 1539. Seine Gemahlin Katharina zu Mecklenburg schenkte ihm hier sechs Kinder. Ob daher der Name Freudenstein stammt, ist nicht verbürgt. Von der einstigen Ausstattung (16. Jahrhundert) hat sich nichts erhalten, da das Bauwerk nach 1800 als Getreidelager diente.

Mit **terra mineralia** wird zu einer einzigartigen Entdeckungsreise in die Welt der Minerale eingeladen. Etwa 3500 Minerale aus der Sammlung der in Sachsen geborenen Wella-Erbin Dr. Erika Pohl-Ströher sind als Dauerleihgaben in dem Schloss zu sehen – spektakuläre und berückend schöne Zeugnisse der Erdgeschichte von fünf Kontinenten. Zu den herausragenden Exponaten gehört die 1,70 Meter hohe und 470 Kilogramm schwere Amethystdruse aus Brasilien. Im 100 Meter vom Schloss entfernten Krügerhaus zeigt das Museum in einer Dauerausstellung rund 1000 deutsche Minerale.

Der Rückweg zum Ausgangspunkt des Stadtrundgangs sollte durch die Nonnengasse erfolgen, denn da kommt man am **Stammgebäude der Bergakademie** vorbei, der ältesten montanwissenschaftlichen Hochschule der Welt. 1765 wurde sie als »Churfürstl. Sächs. Bergakademie zu Freiberg« gegründet, einige ihrer Studenten erlangten später Berühmtheit: Alexander von Humboldt, Friedrich von Hardenberg (Novalis), Theodor Körner und der preußische Staatsminister Freiherr vom und zum Stein.

Malachit-Großstufe in der terra mineralia

Freiberger Untermarkt mit Dom St. Marien

Silbermann-Haus

Vor 300 Jahren befand sich im Haus Schlossplatz 6 die Werkstatt von Gottfried Silbermann, die er von 1711 bis zu seinem Tod 1753 nutzte. Nach einer wechselvollen Geschichte und unterschiedlichen Nutzungsarten ist am authentischen Ort eine moderne Ausstellung über Sachsens bedeutendsten Orgelbauer eingezogen. Zu sehen sind eine historische **Schauwerkstatt**, ein spielbares **Orgelmodell** nach Silbermannscher Bauart sowie ein virtuelles Modell, das Technikfreaks in seine Einzelteile zerlegen können. Weiterhin gibt es Informationen über Silbermann, seine Schüler und Nachfolger, zu Technik und Funktionsweise der Instrumente sowie zur wechselvollen Ge-

Das Erzgebirge en miniature in Oederan

schichte des Silbermann-Hauses. Neben der Gottfried-Silbermann-Gesellschaft beherbergt das Haus auch die **Tourist-Information**.

Silberbergwerk Freiberg

Der Bergbau über und unter Tage ist in der **Himmelfahrt Fundgrube** am nordöstlichen Stadtrand zu entdecken, die die Technische Universität Freiberg für Lehre und Forschung nutzt. Zu ihr gehören die Schächte Reiche Zeche und Alte Elisabeth, in denen man viel über den historischen Silberbergbau lernt. In Begleitung erfahrener Bergleute geht es 150 Meter tief durch einen Teil der Gänge, die insgesamt eine Länge von 14 Kilometern haben. Im Schaudepot können rund 100 Modelle historischer Maschinen und Anlagen des Berg-Hüttenwesens betrachtet werden.

Die Tagesanlagen der **Alten Elisabeth** sind die ältesten erhaltenen Schachtgebäude des Freiberger Bergbaus mit der originalen Ausstattung im Inneren, darunter die Betstube mit Orgel.

Oederan

17 000 Quadratmeter groß ist der **Miniaturenpark Klein-Erzgebirge** im Stadtpark von Oederan (8200 Einwohner), 15 Kilometer von Freiberg entfernt. Mehr als 1300 handgeschnitzte, zum Teil bewegliche Figuren, Tiere und Eisenbahnen erfüllen das Gelände mit Leben. Die Ausstellung zeigt von Mai bis Oktober rund 200 der schönsten und historisch interessantesten Bauwerke des Erzgebirges in Miniatur, so das Freiberger Schloss mit seinen 530 Fenstern und 21 Türen und den Frohnauer Hammer, für den 4000 kleine Schindeln hergestellt werden mussten. Seit Herbst 2017 hat das Wunderland der Miniaturen mit dem bunten Schornstein »Lulatsch« des Chemnitzer Heizkraftwerkes eine weitere Attraktion. Selbst im Maßstab 1 zu 25 misst das höchste Bauwerk Sachsens noch zwölf Meter. Mit Abstand überragt »der kleine Lulatsch von Oederan« alle anderen Ausstellungstücke.

Freiberg und Umgebung

Vorwahl: 03731, **Postleitzahl**: 09599.

Tourist-Information Freiberg, Schlossplatz 6, Tel. 273664. www.freiberg-service.de

Stadtinformation Oederan, Markt 6 (im web-Museum), 09569 Oederan, Tel. 037292/27128. www.oederan.de

Hotel Alekto, Am Bahnhof 3, Tel. 7940; 52 Zi., 16 Ap.; DZ ab 100 Euro. Freibergs größtes Hotel mit modernen Vier-Sterne-Komfortzimmern auf vier Etagen eines Jugendstilgebäudes. Kulinarisches hält *Arno's Café-Bistro* bereit (Mo–Sa 6–10 und ab 17, So 7–10 und 11–14 Uhr). www.alekto.de

Hotel Kreller, Fischerstr. 5, Tel. 35900; 37 Zi., DZ ab 89 Euro. Familiengeführtes Hotel mit komfortablen Zimmern, mitten in der Altstadt. Im Restaurant regionale Küche (tägl. ab 17.30 Uhr). Die Spezialität sind Angus-Steaks vom Lavastein-Grill. www.hotel-kreller.de

Hotel Maukscher Gut, Hornstr. 20, Tel. 33978; 19 Zi., DZ ab 72 Euro. Restaurier-

▶ Karte S. 315

tes Bauerngut mit großem Gartengelände und individuell eingerichteten Zimmern. www.hotel-freiberg24.de

Himmel und Hölle, Nikolaigasse 1, Tel. 2039844; tägl. 11–14 und ab 17 Uhr. Hier wird nach der Slow-Food-Maxime gekocht: frische Produkte aus der Region im Rhythmus der Jahreszeiten. www.himmelundhoelle-freiberg.de

Schwanenschlösschen, Meißner Ring 33, Tel. 216533; tägl. ab 10 Uhr. Nachbau des historischen Lokals auf dem Kreuzteich. Gereicht werden Klassiker von gestern und heute. www.schwanenschloesschen.de

Stadtwirtschaft, Burgstr. 18, Tel. 692469; tägl. ab 11 Uhr. Pivo, Gulas, Knedlik: Das böhmische Paradies mit böhmisch-tschechischer Küche in urigem Ambiente mitten in Freiberg. www.stadtwirtschaft.de

Pfeffersack, Kirchgasse 15c, Tel. 458676; Di–So 12–15 und ab 17.30 Uhr. Rustikale Gastlichkeit im Kreuzgewölbe des Schönberger Hofes, dem Ambiente angepasste bodenständige sächsische Küche. www.historische-gastwirtschaft-pfeffersack.de

Café Hartmann, Obermarkt 1, Tel. 22807; Di–Fr 10–18, Sa 9–17, So 13–17 Uhr. Beliebtes Café. Nur hier gibt es den »Bauerhasen«, ein Gebäckstück in Hasenform aus Hefeteig mit Mandeln, Rosinen und Gewürzen. Um ihn rankt sich eine hübsche Geschichte, die dem Gebäck beigelegt ist. www.cafe-hartmann.de

Stadt- und Bergbaumuseum Freiberg, Am Dom 1, Tel. 20250; Di–So 10–17 Uhr. www.museum-freiberg.de

Mineralogische Sammlung Deutschland, im Krügerhaus; Mo–Fr 10–16, Sa/So 10–18 Uhr.

Silbermann-Haus, Schlossplatz 6, Tel. 22248; Di–So 11–17 Uhr. www.silbermann.org

Terra mineralia – Mineraliensammlung, Schlossplatz 4 (im Schloss Freudenstein), Tel. 394654; Mo–Fr 10–17, Sa/So 10–18 Uhr. www.terra-mineralia.de

Dom St. Marien, Untermarkt 1, Freiberg, Tel. 300966; Mai–Okt. Mo–Sa 10–17, So 11.30–17 Uhr, Domführung tägl. 14 Uhr, Mi 14, So 11.30 Uhr mit Orgelmusik, Nov.–April Mo–Sa 11–16, So 11.30–16 Uhr, Domführung tägl. 14, So 11.30 Uhr mit Orgelmusik. www.freiberger-dom.de

Petrikirche, Petriplatz 1, Tel. 34188; Sommerzeit Mo–Fr 11–17, Winterzeit Mo–Fr 11–16, Sa 11–13 Uhr, Mitte Dez.–Febr. geschl., Mai–Okt. Mi 12–12.30 Uhr Orgelvorspiel bei freiem Eintritt. www.petri-nikolai-freiberg.de

Silberbergwerk Freiberg, Fuchsmühlenweg 9, Tel. 395010; Führungen mit Voranmeldung Mi–So 9–17 Uhr, öffentliche Termine Mi–Fr 10.30 und 12.30 Uhr, Sa 11, 12 und 13 Uhr. www.silberbergwerk-freiberg.de

Klein-Erzgebirge Oederan, Ehrenzug 14, Tel. 037292/5990; April–Okt. tägl. 10–18 Uhr. www.klein-erzgebirge.de

Mittelsächsisches Theater Freiberg, Borngasse 1, Tel. 358235. Schauspiel, Musiktheater, Konzert. www.mittelsaechsisches-theater.de

Bergstadtfest Freiberg; letztes Juni-Wochenende. Ein Mix aus bergmännischem Brauchtum und bunter Party. www.bergstadtfest.de.

Silbermann-Tage; Anf. Sept. Orgel- und Musikfestival mit hochkarätigen Konzerten auf den Silbermann-Orgeln in Freiberg. www.silbermann.org

Johannisbad Freiberg, Johann-Sebastian-Bach-Str. 1a, Tel. 20020; Hallenbad Mo geschl., Freibad Mitte Mai–Mitte Sept., Sauna tägl. ab 10 Uhr. Lichtdurchflutete Badehalle mit Saunalandschaft, im Sommer Freibad. www.johannisbad-freiberg.de

Westerzgebirge

Das westliche Erzgebirge hat vor allem der Bergbau geprägt. Schaubergwerke, Erzwäschen sowie Museen sind allgegenwärtig und vermitteln einen Eindruck von den technischen Fähigkeiten früherer Generationen. Die knapp 250 Kilometer lange **Silberstraße**, Sachsens erste Ferienstraße, verbindet die Zentren des Silbererzbergbaus miteinander. Sie führt vom Westen des Gebirges über die Mitte und den Osten bis nach Dresden. Man lernt unterwegs auch unzählige Bauwerke in den Städten kennen, die noch heute vom einstigen Reichtum und Stolz ihrer Bauherren, aber auch vom Kunstsinn ihrer Baumeister künden. Die **Montanregion Erzgebirge** strebt den UNESCO-Welterbetitel an. Im Herbst 2017 wurde der 17 Objekte umfassende Antrag eingereicht. Wenn die Prüfung positiv ausfällt, könnte die angestrebte Aufnahme im Sommer 2019 erfolgen.

Schneeberg

Über die Goldene Höhe, die es auf 545 Meter bringt, wird Schneeberg (14 300 Einwohner) erreicht, die Weihnachtsstadt des Erzgebirges. Pünktlich am Vorabend des ersten Advents um 18 Uhr läuten die Glocken der St. Wolfgangkirche die Adventszeit ein. Von nun an leuchten die Lichter der Schwibbögen, Pyramiden und Lichtelmänner. Am zweiten Adventswochenende strömen erneut Tausende nach Schneeberg, um am »Lichtelfest« teilzunehmen. Dutzende meterhoher Pyramiden, das Turmblasen, der Weihnachtsmarkt und die Bergparade am zweiten Adventssonntag lassen das Wochenende in Schneeberg unvergesslich werden.

Den schönsten Blick auf Schneeberg hat man vom **Dr.-Köhler-Aussichtsturm** auf dem **Gleesberg** (593 Meter). Man erreicht ihn über den Stadtteil Neustädtel

Fürstenplatz in Schneeberg

▲ Karte S. 321

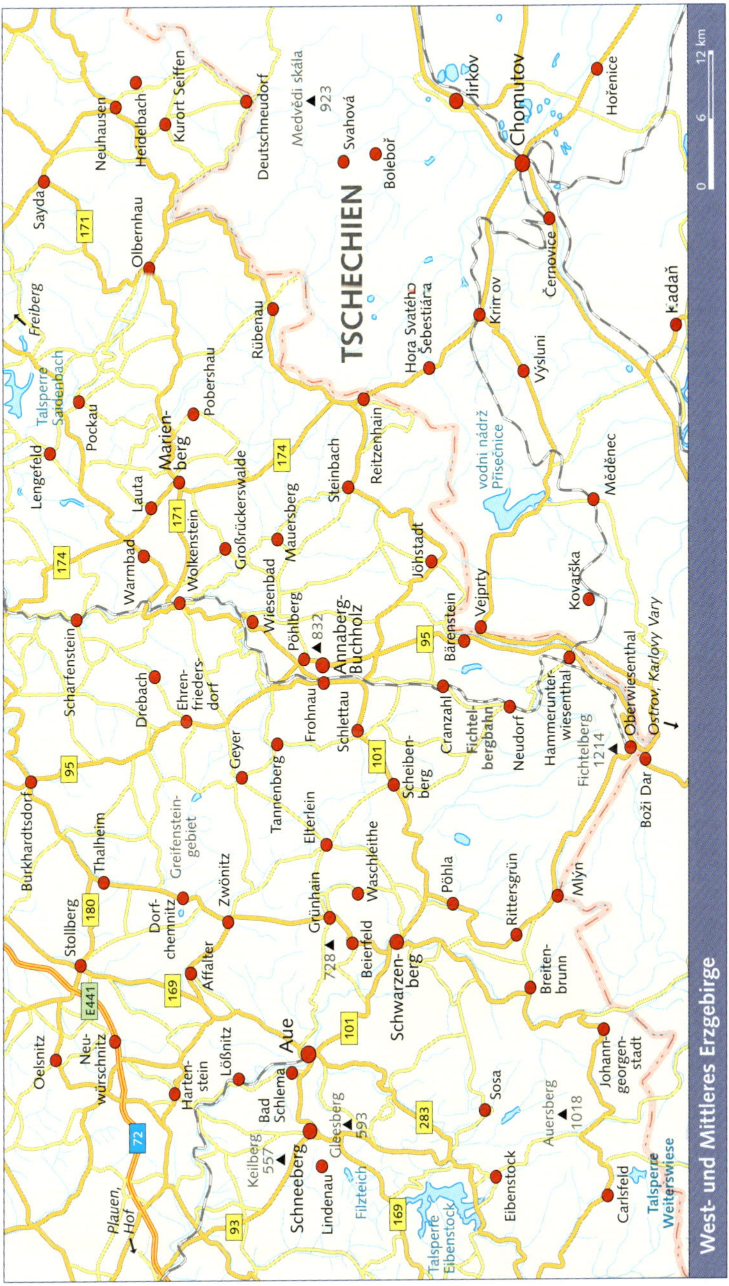
West- und Mittleres Erzgebirge
0
6
12 km
TSCHECHIEN
Sayda
Neuhausen
Heidelbach
Kurort Seiffen
Deutschneudorf
Medvědí skála
923
Svahová
Boleboř
Jirkov
Chomutov
Hořenice
Olbernhau
171
Freiberg
Talsperre Saidenbach
Rübenau
Pobershau
Hora Svatého Šebestiá a
Krim ov
Černovice
Kadaň
Výsluní
Lengefeld
Pockau
Marien-
berg
Lauta
174
Großrückerswalde
Steinbach
Reitzenhain
vodní nádrž Přisečnice
Měděnec
Warmbad
Wolkenstein
Mauersberg
Jöhstadt
Scharfenstein
Wiesenbad
Pöhlberg
832
Annaberg-
Buchholz
95
Bärenstein
Vejprty
Kovarška
Oberwiesenthal
Ostrov, Karlovy Vary
Drebach
Ehren-
frieders-
dorf
Frohnau
Schlettau
Cranzahl
Fichtel-
bergbahn
Neudorf
Hammerunter-
wiesenthal
Fichtelberg
1214
Boži Dar
Burkhardtsdorf
Geyer
Tannenberg
101
Scheiben-
berg
Thalheim
Greifenstein-
gebiet
Elterlein
Waschleithe
Pöhla
Rittersgrün
Mlýn
Stollberg
180
Dorf-
chemnitz
Zwönitz
Grünhain
728
Beierfeld
Schwarzen-
berg
Breiten-
brunn
Oelsnitz
Neu-
würschnitz
E441
169
Affalter
Lößnitz
Harten-
stein
Aue
Bad
Schlema
Johann-
georgen-
stadt
72
Gleesberg
593
283
Sosa
Auersberg
1018
Keilberg
557
Schneeberg
Lindenau
Filzteich
Eibenstock
Carlsfeld
Talsperre Weiterswiese
Plauen,
Hof
93
Talsperre Eibenstock

und biegt von der Kobaltstraße in die östlich abzweigende Gleesbergstraße ein. Nicht minder beeindruckend ist der Blick vom **Fürst-Bismarck-Turm**, der seit 1893 auf dem **Keilberg** (557 Meter) nördlich von Schneeberg steht.

Markt

Der Schneeberger Marktplatz stellt ein im Erzgebirge einmaliges Ensemble im Stil des Hochbarock dar, die Häuser entstanden planmäßig nach dem verheerenden Stadtbrand von 1719. Das **Rathaus** an der Nordseite erhielt sein neogotisches Aussehen jedoch erst 1851/52. Geschichtsinteressierte sollten das Sandsteinrelief über dem Portal betrachten, das die Geschichte vom ersten Silberfund erzählt. Dreimal am Tag (von Ende März bis Anfang Januar täglich um 11.30, 14.30 und 17.30 Uhr) erklingt vom Rathausturm Musik, die vom Glockenspiel aus Meissener Porzellan kommt.

Detail eines Weihnachtsbergs

▲ Karte S. 321

St. Wolfgangkirche

Bergmannsdom sagt der Volksmund zur mächtigen spätgotischen St. Wolfgangkirche (1515 – 1540), weil sie vom Reichtum kündigt, den die Silberfunde der 1470 gegründeten Stadt bescherten. Mit 60 Meter Länge, 27 Meter Breite und 20 Meter Höhe gehört sie zu den größten Hallenkirchen Sachsens. Ihr größter Schatz, elf Tafeln des großen **Reformationsaltars** (1539) von Lucas Cranach dem Älteren, konnte aus der kurz vor Ende des Zweiten Weltkrieges von Tieffliegern in Brand geschossenen Kirche gerettet werden. Nach der Restaurierung nahm der Altar 1996 wieder seinen angestammten Platz in dem Gotteshaus ein.

Museum für bergmännische Volkskunst

Das Museum befindet sich in einem der schönsten Bürgerhäuser der alten Bergstadt, dem 1725 erbauten **Borthenreuter-Haus**. Es beeindruckt mit einer umfangreichen Sammlung von Weihnachts- und Heimatbergen, Bergwerksanlagen und Pyramiden. Zu den Raritäten in der Ausstellung zählen **Buckelbergwerke**. So werden hölzerne Kästen genannt, die auf dem Rücken (Buckel) getragen wurden und in denen eine unterirdische Bergwerksanlage im Schnitt eingebaut ist. Mit solchen geschnitzten Buckelbergwerken zogen arbeitsunfähig gewordene Bergleute einst auf Weihnachts- und Jahrmärkte, um sich einige Pfennige zu verdienen. Sie gaben mit den kleinen Kunstwerken Einblick in die schwere Arbeit des Bergmannes unter Tage. Eine aus Rollen, Hebeln und Drähten bestehende Mechanik setzt Figuren und Hunte in Bewegung. Für den **Großen Weihnachtsberg & Bibel in Bildern** mit rund 200 Figuren brauchte der Schneeberger Bergverein 28 Jahre. Das Kunstwerk misst 10,7 Meter in der Länge und

Musikbrunnen und Kurpark in Bad Schlema

2,5 Meter in der Breite, um ihn einst in das Museum zu bringen, musste er wegen seiner Größe aufwändig in Einzelteile zerlegt werden.

Bergbaulehrpfad

Der 8,5 Kilometer lange Bergbaulehrpfad verbindet 24 markante bergbauliche Denkmäler Schneebergs. In der Lindenauer Straße am **Siebenschlehener Pochwerk** (1753), einer funktionstüchtigen Erzaufbereitungsanlage, beginnt der Lehrpfad, der auch zum Filzteich (1483 - 1485) führt, dessen Wasser bis 1932 dem Betrieb bergbaulicher Anlagen diente. Goethe schrieb nach seinem Besuch in Schneeberg 1786: »Der große **Filzteich** ist deshalb so genannt, weil seine Südseite an ein Terrain anstößt, das aus Granitverwitterung besteht und mit Torf, welches von dem Volke Filz genannt wird, bedeckt ist.«

Am 23 Hektar großen Filzteich tummeln sich an warmen Sommertagen Hunderte auf der Liegewiese und im Wasser, es wird gesurft und gerudert, für Badespaß sorgt eine 85 Meter lange Wasserrutsche.

Bad Schlema

Der Kurort ist wieder auferstanden! Seit dem 18. Januar 2005 darf Schlema das Wort Bad vor den Ortsnamen setzen. Bad Schlema (4900 Einwohner) ist ein staatlich anerkanntes Radonheilbad. Vor dem Zweiten Weltkrieg war Schlema einer der bekanntesten Kurorte Deutschlands, denn hier gab es die stärksten radonhaltigen Quellen der Welt. Der berühmte Schauspieler Gert Fröbe (1913 - 1988), 1913 im 25 Kilometer entfernten Zwickauer Stadtteil Planitz geboren, schrieb in seinen Memoiren, er sei als Kind fast völlig gelähmt gewesen, seine Mutter habe ihn in das Radiumbad gebracht und »nach zwölf Bädern war ich gesund.« Der 1914 begonnene Kurbetrieb mit Gästen aus aller Welt endete jäh nach dem zweiten Weltkrieg - der Uranbergbau der Sowjets zerstörte die Kureinrichtungen, der gesamte Ortskern verschwand. Nach der Einheit Deutschlands erlebte Schlema seine Wiedergeburt als Kurort. Neu entstanden sind der **Kurpark** sowie das **Kurmittelhaus** mit Saunalandschaft und dem Gesundheitsbad.

EXTRA

Tragödien unter Tage

Das Leben des Bergmanns war hart und gefährlich. Zu den schlimmsten Katastrophen gehört die im Wismut-Schacht 250. Sabotage! So hieß es kurz nach Bekanntwerden des Unglücks, das sich in der Nacht vom 15. zum 16. Juli 1955 in Niederschlema ereignete. 33 Bergleute fanden den Tod.

Sabotageakte waren im Uranbergbau der damaligen Zeit in der Tat keine Seltenheit. Die Kumpel waren ein zusammengewürfelter Haufen, der vielfach aus Abenteurern und Umsiedlern bestand, auch ehemalige KZ-Aufseher und Ritterkreuzträger waren darunter, die sich unter Tage verbergen wollten. Willige Handlanger für Sabotage waren leicht zu finden. Doch diesmal konnte kein Beweis für eine Brandstiftung festgestellt werden. Dennoch nutzte die DDR-Propaganda den Tod der 33 Bergleute schamlos aus und verbreitete die Mär, der Klassengegner habe hier wieder einmal zugeschlagen.

Erst nach dem Ende der DDR kam ans Tageslicht, wie es im Bergbau des deutsch-sowjetischen Gemeinschaftsbetriebes Wismut in den ersten Jahren zuging: Fahrlässigkeit und Vernachlässigung der elementarsten Sicherheitsvorkehrungen waren an der Tagesordnung. Es existierte keine Feuerwehr für Untertage, Feuerlöscher funktionierten wegen Überlagerung nicht, Unwissenheit und Unfehlbarkeitsdenken dominierten. So fuhren nach dem Unglück der Leiter des Grubenrettungswesens, ein Mitarbeiter des gewerkschaftlichen Kreisvorstandes und ein Reviersteiger ohne Rettungsgeräte in den Schacht – und fanden im tückischen Kohlenmonoxid (CO) den Tod. Dennoch konnten fünf Kumpel nach 58 Stunden ohne Nahrung und Wasser gerettet werden. Nach diesem Grubenbrand erarbeitete man endlich Havariepläne für alle Schächte, erhielt jeder Kumpel ein CO-absorbierendes persönliches Rettungsgerät.

Am 22. Februar 2010 läuteten in den Morgenstunden in Zwickau alle Kirchenglocken, sie sollten an das größte Bergwerksunglück in der DDR erinnern. Vor genau 50 Jahren war es im früheren VEB Steinkohlenwerk Karl Marx kurz nach 8 Uhr zu einer verheerenden Schlagwetter- (austretendes Methangas) und Kohlenstaubexplosion gekommen. 174 Berglaute waren mehr als 1000 Meter tief durch den Brand eingeschlossen. Rettungskräfte eilten aus allen Revieren der DDR und auch aus der benachbarten Tschechoslowakei herbei. Dennoch verloren bei dem Unglück 123 Bergleute ihr Leben.

So gut wie nichts ist von den Tragödien in den vergangenen Jahrhunderten bekannt. Eine Ausnahme bildet die furchtbare Schlagwetterexplosion, die sich am 2. August 1859 im Freitaler Steinkohlengebiet in zwei miteinander verbundenen Schächten ereignete und bei der 276 Bergleute im Alter von 15 bis 65 Jahren den Tod fanden. Auf einer Schiefertafel hatte der Bergmann Carl Hanisch aus Niederhäslich mit Kreide die Abschiedsworte geschrieben: »... Starben durch Erschlagen, Erstickung, Verbrennen.«

Das erste Unglück in einem Bergwerk des Erzgebirges verzeichnet die Chronik unter der Jahreszahl 1573. Im Bergwerk Wilder Mann in Brand-Erbisdorf soll es einen Wassereinbruch gegeben haben, der acht Todesopfer forderte. Hätte man alle Katastrophen aufgezeichnet, die sich in der 800-jährigen sächsischen Bergwerksgeschichte ereigneten, müssten die Kirchenglocken wohl Tag und Nacht läuten.

Hartenstein

Die Geschichte vom Prinzenraub kennt in Sachsen jedes Kind. Die Prinzenhöhle, ein ehemaliger Bergbaustollen in Hartenstein (4700 Einwohner), spielt dabei eine große Rolle. In der Höhle wurde Prinz Ernst, einer der beiden Söhne Kurfürst Friedrichs II., drei Tage lang gefangen gehalten. Aus Rache für die ausgebliebene Entschädigung für seine in einem Bruderkrieg zerstörten Güter entführte Ritter Kunz von Kauffungen in der Nacht vom 7. zum 8. Juli 1455 den vierzehnjährigen Prinzen Ernst und den zwölfjährigen Prinzen Albrecht aus dem Altenburger Schloss. Mit Erpressung wollte er seine angeblichen Rechte beim Kurfürsten durchsetzen. Die Entführer trennen sich, Ritter Kunz wurde mit dem Prinzen Albrecht nahe der Grenze zu Böhmen erkannt und festgenommen, die anderen verbargen sich mit Prinz Ernst bei Hartenstein in der Höhle. Nachdem der Kurfürst Straffreiheit zugesichert hatte, ließ man den Prinzen frei. Die Entführer wurden dennoch hart bestraft. Auf dem Freiberger Marktplatz richtete man Ritter Kunz von Kauffungen am 14. Juli 1455 hin.

Beide Prinzen überstanden das Ereignis unversehrt, genau 30 Jahre später begründeten sie die ernestinische und albertinische Linie des Hauses Wettin.

Die Geschichte dieses Kriminalfalls wird im **Museum Burg Stein** erzählt, das sich in der turmbekrönten Oberburg befindet. Neben der Burg Stein gibt es noch die

Burg Stein

Ruine Burg Hartenstein. Die musste im 16. Jahrhundert einen fast völligen Umbau über sich ergehen lassen und wurde am Ende des Zweiten Weltkrieges fast vollständig zerstört.

Das **Denkmal** mitten auf dem Marktplatz in Hartenstein erinnert an den 1609 in Hartenstein geborenen bedeutenden Barockdichter und Arzt **Paul Fleming**, dessen Geburtshaus in der nach ihm benannten Straße zwischen Markt und Kirche steht. Fleming, 1640 in Hamburg verstorben, schrieb vor allem Liebesgedichte und Vaterlandslieder sowie geistliche Gesänge.

Schneeberg und Umgebung

Tourist-Information Schneeberg, Markt 6, 08289 Schneeberg, Tel. 03772/20314. www.schneeberg.de.

Gästeinformation Bad Schlema, Richard-Friedrich-Str. 18, 08301 Bad Schlema, Tel. 03772/380450. www.kurort-schlema.de www.fvv-schlema.de.

Hartenstein: www.stadt-hartenstein.de

Hotel Büttner, Markt 3, Schneeberg, Tel. 03772/3530; 12 Zi., DZ ab 89 Euro. Hotel garni, individuell eingerichtete Zimmer in einem Barockhaus, Familienbetrieb. www.hotel-buettner.de

Hotel Blauer Engel, Altmarkt 1, Aue, Tel. 03771/5920; 49 Zi., DZ ab 117 Euro. Traditionshaus im Stadtzentrum mit gemütlichen Zimmern und dem Wellnessbe-

reich *Kaskade* mit Sauna, Dampfbad sowie Behandlungsangeboten. Restaurants *St. Andreas* mit feiner Gourmetküche und *Tausendgüldenstube* mit traditioneller sächsischer Küche (Di–Sa ab 17 Uhr). Zum Haus gehört noch der Brauereigasthof *Lotters Wirtschaft*, in dem kellertrübes »Lotter« gebraut wird (Mo–Fr, So 11–14 und ab 17, Sa ab 17 Uhr). Ein kleines Biermuseum über die Geschichte der Braukunst gibt es auch.
www.hotel-blauerengel.de

Kurhotel Bad Schlema, Markus-Semmler-Str. 73, Bad Schlema, Tel. 03771/215000; 47 Zi., DZ ab 84 Euro. Ruhige, großzügig geschnittene Zimmer, teilweise mit Blick auf Musikbrunnen und Kurpark.
www.kurhotel-bad-schlema.de

Romantik Hotel Jagdhaus Waldidyll, Talstr. 1, Hartenstein, Tel. 037605/840; 28 Zi., DZ ab 125 Euro. Zimmer im warmem Neuengland-Landhausstil, separates Badehaus mit Sauna, Dampfbad und kleiner Beauty-Farm. Restaurants *Feengarten* und *Jägerstube* mit feiner regionaler und saisonaler Küche.
(Di–Do ab 14, Fr–So ab 12 Uhr).
www.romantikhotel-waldidyll.de

Campingplatz Lindenau, Am Forstteich 2, Schneeberg OT Lindenau, Tel. 03772/28102. An einem malerischen See inmitten der Natur an der Silberstraße.
www.campingplatz-lindenau.de

Museum für bergmännische Volkskunst, Obere Zobelgasse 1, Schneeberg, Tel. 03772/22446; Di–So 10–17 Uhr.
www.museum-schneeberg.de

Technisches Museum Siebenschlehener Pochwerk, Lindenauer Str. 22, Schneeberg OT Neustädtel, Tel. 03772/22636; Ostern–Okt. Do–Sa 10–16 Uhr, Führungen und geführte Wanderungen auf dem Bergbaulehrpfad finden täglich nach Anmeldung statt. www.museum-schneeberg.de

Museum Uranbergbau, Bergstr. 22, Bad Schlema, Tel. 03771/290211; Mo–Do 9–17, Sa/So 10–17 Uhr.
www.uranerzbergbau.de

Museum Burg Stein, Hartenstein, Tel. 037605/6296; Führungen Mo–Mi, Sa/So 10, 11, 13, 14, 15, 16 Uhr, April–Okt. letzte Führung 16, Nov., Febr., März letzte Führung 15 Uhr.www.burg-stein.de

Vorschläge für Wandermöglichkeiten, Informationen über markierte Wanderwege kann man im Internet nachsehen oder in den jeweiligen Touristinformationen erfragen, diese halten auch Kartenmaterial bereit.

Kulturzentrum Goldne Sonne, Fürstenplatz 5, Schneeberg, Tel. 03772/370911. Kulturelles Zentrum der Stadt mit vielen Veranstaltungen, es werden auch Handwerkskurse für Klöppeln, Töpfern und Schnitzen angeboten.
www.goldne-sonne.de

Bergstreittag, am 22. Juni in Schneeberg. Traditioneller Festtag mit Bergparade, Berggottesdienst und bergmännischen Führungen.

Lichtelfest, am zweiten Advent-Wochenende in Schneeberg. Weihnachtliches Brauchtum mit vielen Veranstaltungen und Handwerksvorführungen.

Gesundheitsbad Actinon, Richard-Friedrich-Boulevard 7, Bad Schlema, Tel. 03771/215500; tägl. 9–23 Uhr. Schwimmbad mit Radon- und solehaltigem Wasser, Sauna und Wellnessbehandlungen. www.kur-schlema.de

Strandbad Filzteich, Schneeberg, Tel. 03772/22460, Mai–Mitte Sept. Baden in Sachsens ältester Talsperre, auch Ruderbootverleih.

▶ Karte S. 321

Schwarzenberg

Auf einem mächtigen schwarzen Felsen erheben sich **Schloss und Kirche St. Georgen**, heute die Wahrzeichen von Schwarzenberg (17200 Einwohner). Als auf dem Felsmassiv mit seinen romantischen Gassen kein Platz mehr war, dehnte sich der Ort auf die Berge der Umgebung und in das Tal des Schwarzwassers aus. Ein Bummel durch die erstmals 1282 als Swartzenberg urkundlich erwähnte Stadt kann recht anstrengend werden, denn es sind Höhenunterschiede bis zu 170 Meter zu bewältigen. Neuerdings verbindet ein **Schrägaufzug** den Parkplatz am Hammerweg mit der denkmalgeschützten Altstadt.

International bekannt machte die Erzgebirgsstadt Stefan Heym (1913 - 2001) mit seinem Roman »Schwarzenberg« (1984). Der Landkreis Schwarzenberg war 1945 als einziger in Deutschland rund sechs Wochen lang unbesetzt geblieben, die Alliierten hatten den Kreis schlichtweg vergessen. Antifaschisten besetzten am 11. Mai das Schwarzenberger Rathaus, sie kümmerten sich um die Versorgung, um das Lebensnotwendigste, damit nicht Chaos ausbrach. Erst am 24. Juni 1945 rückte die Armee der östlichen Siegermacht in das Kreisgebiet ein. Diese Zeit verarbeitete Heym, der 1945 als Sergeant der US-Army deutschen Boden betreten hatte, in seinem Roman. Der Schriftsteller gehörte zu den Kritikern des DDR-Regimes, was zum Ausschluss aus dem Schriftstellerverband führte. Sein Roman »Schwarzenberg« konnte - wie auch andere - nur im Westen Deutschlands veröffentlicht werden. Seit 2010 steht in der umgestalteten Grünanlage am Rathaus eine Metallplastik, die an Stefan Heym, seinen Roman und die Akteure der Wochen im Mai/Juni 1945 erinnert.

Sehenswertes

Das Schloss und die St. Georgenkirche sind die markantesten Bauwerke der Stadt. Das neugestaltete **Schlossmuseum Perla Castrum** informiert vor allem über die Geschichte des Bergbaus im Westerzgebirge, aber auch über die Spitzenklöppelei. Die **Kirche** (1690 - 1699) neben dem Schloss besitzt keine Strebepfeiler, den gesamten Kirchenraum überspannt eine freitragende hölzerne Decke mit reichem Schnitzdekor. Die barocke Innenausstattung, die zum Teil

Schloss Schwarzenberg

Auf dem Lehrpfad Alte Eisenbahn

aus der Erbauungszeit stammt, gehört zu den reichsten im Erzgebirge.
Am **Aussichtspunkt Totensteinkanzel** soll der Kampf des Ritters Sankt Georg mit dem Lindwurm stattgefunden haben, so erzählt die Legende. Der Ritter ist auch im Stadtwappen von Schwarzenberg zu sehen, erstmals tauchte er auf einem Siegel von 1483 auf, das im Zwickauer Ratsarchiv aufbewahrt wird. Zwischen Oberer und Unterer Schlossgasse hängen **37 Glocken aus Meissener Porzellan**. Täglich um 9, 11, 14 und 17 Uhr – von einer Winterpause abgesehen – öffnen sich die Türen und fünf bis zehn Minuten lang erklingt Musik, etwa »Der Vugelbeerbaam«. Zwischen den Ortsteilen Neuwelt und Sachsenfeld führt eine 25 Meter lange überdachte **Holzkastenbrücke** (1832) über den Bach Schwarzwasser.
Eisenbahnfreunde richteten im ehemaligen Lokschuppen (um 1890) auf dem Bahnbetriebsgelände ein **Eisenbahnmuseum** ein. Zu sehen sind Dampflokomotiven, Speicher- und Dieselloks sowie Personen- und Güterwagen. An die Schwarzenberger Eisenbahngeschichte erinnert der **Lehrpfad Alte Eisenbahn**. Etwa zwei Stunden ist man auf ihm im Stadtgebiet unterwegs.

▶ Karte S. 321

Waschleithe

Ein Teil des Erzgebirges ist hier in Miniaturausgabe zu sehen. Etwa 90 markante Bauwerke sind unter freiem Himmel im Maßstab 1:40 in der **Miniaturschauanlage Heimatecke** am Seifenbach aufgestellt. Bewegliche Szenen geben Einblick in den Alltag früherer Zeiten.
Am Fürstenberg erwartet das **Schaubergwerk Herkules-Frisch-Glück** Besucher. Der Einstieg erfolgt über 250 Stufen, der Rückweg führt durch einen 500 Meter langen Stollen. Von 1705 bis 1921 wurden in der Grube Silber, Eisen und zuletzt Marmor abgebaut. Die **Ruine der Oswaldskirche**, einst die Wallfahrtskapelle des Klosters Grünhain, begrüßt am Ortseingang.
Im zwei Kilometer entfernten **Grünhain**, auf halbem Weg zwischen Schwarzenberg und Zwönitz, sind die Reste des ab 1536 verfallenen **Klosters Grünhain** zu sehen, zu der das turmartige Torgebäude und die fast zwei Kilometer lange Klostermauer gehören. Auf dem nahen **Spiegelwald** (728 Meter) steht der **König-Albert-Turm**, zu dessen Aussichtsplattform in 32 Meter Höhe ein Lift fährt. Wer möchte, kann auch die 180 Stufen nach oben klettern.

Miniaturanlage Heimateck

Pöhla

Im **Besucherbergwerk Zinnkammern Pöhla** tauchen die Besucher gefahrlos in die Welt der Kumpel ein. Rund um das Dorf wurde vom 17. bis zum 20. Jahrhundert nach Zinn, Eisen, Silber, Blei, Kupfer und Uran gegraben. Eine dieser Gruben, in der bis 1991 Zinn gefördert wurde, ist touristisch erschlossen. Mannschaftstransportwagen bringen die Besucher auf einer 3000 Meter langen Strecke zu den bis zu zwölf Meter hohen und etwa zehn Meter breiten Zinnkammern, den größten in Europa.

Pferdegöpel in Johanngeorgenstadt

Rittersgrün

Für Eisenbahn-Fans ein Muss: Das Bahnhofsgelände des Dorfes mit Empfangsgebäude und Lokschuppen wurde zum **Schmalspur-Eisenbahn-Museum**. Unter den rund drei Dutzend originalen Fahrzeugen sind eine 1912 in Chemnitz gebaute Schmalspurbahn-Lokomotive, Schmalspurwagen von Ende des 19. Jahrhunderts und der Kaiserliche Postwagen Nr. 1700, der von 1892 bis 1916 die Post in diese Gegend brachte. Zum ersten Mal dampfte 1889 eine Kleinbahn von Grünstädtel in das 9,4 Kilometer entfernte Oberrittersgrün. Die Höchstgeschwindigkeit auf der Schmalspurstrecke von 750 Millimeter betrug 15 km/h. Am 25. September 1971 fuhr der letzte Zug in den Bahnhof ein, das Schnaufen der Lokomotive und das Rattern der Wagen wurden auf Kassette festgehalten, sie liefern dem Museumsbesucher heute eine authentische Geräuschkulisse.

Johanngeorgenstadt

Eine von 1671 bis 1958 betriebene Silbererzgrube ist heute das **Schaubergwerk Glöck'l.** Zu ebener Erde führt der Weg in den 200 Meter langen Stollen. Wiedererstanden als bergbautechnisches Denkmal ist der Pferdegöpel der »Neu Leipziger Glück Fundgrube« in der Schwefelwerkstraße/Ecke Auenstraße. In dem 1798 erbauten und 1948 abgerissenen **Pferdegöpel** mussten zwei Pferde zwölfmal eine 8,5 Meter hohe Spindel um ihre Achse drehen, um 0,5 Tonnen Gestein aus etwa 140 Meter Tiefe zu fördern.

»Stadt des Schwibbogens« nennt sich Johanngeorgenstadt (4200 Einwohner) gern, denn vor rund 260 Jahren soll hier der erste Schwibbogen, ein bogenförmiger Weihnachtsleuchter mit geschnitzten Bergmannsmotiven, hergestellt worden sein. Seitdem leuchten zur Weihnachtszeit Tausende Schwibbögen in den Fenstern, und seit 2012 schmückt sich die Stadt mit dem – wie sie stolz verkündet – größten freistehenden **Schwibbogen** der Welt. Der Riesenbogen ist 25 Meter breit und die Kerzen ragen 14,5 Meter auf. 700 Tonnen Stahlbeton und 15 Tonnen Edelstahl wurden zur Herstellung benötigt. Ein weiterer Hingucker ist die **Riesenpyramide** mit 26 Meter Höhe und einer Flügelspannweite von 11 Metern. Das aus sieben Stadtteilen bestehende Städtchen hat auch als Wintersportort Tradition. 1929 fand auf der ersten deutschen Großschanze der erste Wettkampf statt. Die 36 Kilometer lange **Erzgebirgs-Kammloipe** vom vogtländischen Schöneck bis ins erzgebirgische Johanngeorgenstadt gehört zu den schönsten und schneesichersten Loipen Deutschlands, das Prädikat »Exzellente Loipe« bestätigt das. Einen 1220 Meter langen Rundkurs hat die **Sommer-Roller- und Skatingbahn**.

Naturfreunde werden sich das 29 Hektar große **Hochmoor Kleiner Kranichsee** zwei Kilometer südwestlich der Stadt nicht entgehen lassen. Über das bis nach Tschechien reichende Moor, das schon seit 1928 unter Naturschutz steht, führt ein Knüppeldamm, der an einem hölzernen Aussichtsturm endet.

Carlsfeld

Im westlichsten Ferienort des Erzgebirges (700 Einwohner) steht in der Ortsmitte Sachsens ältester Zentralbau, die **Trinitatiskirche**. Der 1648 bis 1688 errichtete sakrale Rundbau, von einem reichen Hammerwerksbesitzer gestiftet, hat einen achteckigen Außen- und einen viereckigen Innengrundriss. Der schöne Kanzelaltar stammt aus der Erbauungszeit. Die Carlsfelder Kirche dürfte als Vorbild für andere Zentralkirchenbauten in Sachsen wie die Frauenkirche zu Dresden und die Kirchen in Schmiedeberg, Klingenthal und Seiffen gedient haben. Vermutet wird, dass George Bähr, der Erbauer der Dresdner Frauenkirche, als junger Zimmergeselle am Carlsfelder Gotteshaus mitgearbeitet hat.

Die sich südlich erstreckende **Talsperre Weiterswiese** (1927 – 1929) dient der Trinkwasserversorgung. Das 37 Hektar umfassende **Hochmoor Großer Kranichsee** mit Moortümpeln steht unter Naturschutz, der größere Teil liegt auf tschechischem Gebiet. Zwischen Johanngeorgenstadt und Carlsfeld erhebt sich der **Auersberg**, mit 1018 Meter nach dem Fichtelberg und dem Brocken der dritt-

▸ Karte S. 321

Aussichtsturm auf dem Auersberg

höchste Berg Ostdeutschlands. Wer den 18 Meter hohen Aussichtsturm auf dem mit Fichten bewaldeten Berg erklimmt, wird mit einem schönen Rundblick belohnt. Den ersten Turm auf dem Berg ließ bereits Kurfürst Johann Georg I. vor rund 300 Jahren errichten, der heutige aus Stein stammt aus dem Jahr 1907.

Eibenstock

Einer Clara Angermann haben die Eibenstocker viel zu verdanken. 1775 legte sie den Grundstein für die Tambourierstickerei. Das war die Fähigkeit, Stickereien auf einem rahmengespannten Gewebe, meist Tüll, anzubringen. Die nahezu unbekannte Tambourierstickerei war für Eibenstock im 19. und Anfang des 20. Jahrhunderts so charakteristisch wie das Klöppeln im übrigen Erzgebirge. Im **Stickereimuseum** in der Bürgermeister-Hesse-Straße wird darüber ausführlich informiert, auch Schauvorführungen finden statt. Das

Stadtbild Eibenstocks (7700 Einwohner) prägen der Turm des **Jugendstil-Rathauses** (1907) und der 64,5 Meter hohe Turm der neoromanischen **Kirche** (1864 - 1868).

Einer der Wanderwege führt von Eibenstock in nördliche Richtung zur gleichnamigen, etwa sieben Kilometer langen und mehr als zwei Kilometer breiten **Talsperre** (1978–1984), dem größten Trinkwasserstaubecken Sachsens. Wer die Talsperre umwandert hat, kann sich rühmen, fast 30 Kilometer zurückgelegt zu haben. Die Staumauer ist 305 Meter lang und 65 Meter hoch.

Auf dem kleinen **Berg Bühl** (652 Meter) weihte man 2008 einen 34 Meter hohen Aussichtsturm mit 168 Stufen ein.

Schwarzenberg und Umgebung

Schwarzenberg-Information, Oberes Tor 5, 08340 Schwarzenberg, Tel. 03774/22540. www.schwarzenberg.de.

Tourist-Information Johanngeorgenstadt, Eibenstocker Str. 67, 08349 Johanngeorgenstadt, Tel. 03773/888222. www.johanngeorgenstadt.de.

Tourist-Service-Center Eibenstock, Dr.-Leidholdt-Str. 2, 08309 Eibenstock, Tel. 037752/2244.
www.eibenstock.de.

Neustädter Hof, Grünhainer Str. 24, Schwarzenberg, Tel. 03774/1250; 77 Zi., DZ ab 110 Euro. Anspruchsvolles traditionelles Haus mit hellen, freundlichen Zimmern, Restaurant (tägl. ab 11 Uhr) mit einheimischer und internationaler Küche.
www.neustaedterhof.de

Landhotel Rittersgrün, Karlsbader Str. 23, Breitenbrunn OT Rittersgrün, Tel. 037757/1880; 28 Zi., DZ ab 120 Euro. Erzgebirgische Gastlichkeit im Landhotel, mit Gesundheits- und Wellnessbereich und Restaurant, in dem frische regionale und internationale Spezialitäten serviert werden (tägl. ab 11.30 Uhr).
www.landhotel-rittersgruen.de

Alte Schleiferei, Schulstr. 8, Breitenbrunn OT Erlabrunn, Tel. 03773/88050; 36 Zi., DZ ab 92 Euro. Gemütliche Zimmer am Fuße des Auerbergs, kleine Spa-Oase mit Sauna, Bade- und Beautyanwendungen. Brauereigasthaus im erzgebirgischen Stil (tägl. ab 11 Uhr).
www.hotel-alte-schleiferei.de

Spiegelwaldbaude, Alte Bernsbacher Str. 1, Grünhain-Beierfeld, Tel. 03774/509199; Di–So ab 11 Uhr. Gemütlich, beim König-Albert-Turm.
www.spiegelwaldbaude.de

Perla Castrum – Museum Schloss Schwarzenberg, Obere Schloßstr. 36, Tel. 03774/23389, Di–So 10–16 Uhr.
www.perlacastrum.de

Eisenbahnmuseum Schwarzenberg, Schneeberger Str. 60, Tel. 0173/7862248, April–Mitte Dez. Sa/So 10–14 Uhr. www.vse-eisenbahnmuseum-schwarzenberg.de

Heimatecke am Seifenbach, Talstr. 22, Waschleithe, Tel. 03774/22901; April–Okt. tägl. 10–18 Uhr. www.heimatecke.de

Lehr- und Schaubergwerk Herkules-Frisch-Glück, Am Fürstenberg 6, Waschleithe, Tel. 03774/24252; Di–So Führungen 13, 14, 15 Uhr.
www.schaubergwerk-waschleithe.de

König-Albert-Turm, Alte Bernsbacher Str. 1, Grünhain-Beierfeld, Tel. 03774/640744; Di–So April–Sept. 10–18, Okt.–März 10–17 Uhr. www.spiegelwald.de

Besucherbergwerk Zinnkammern Pöhla, Luchsbachtal 19, Tel. 03774/81078; Führungen (2,5 Stunden, Mindestalter 6 Jahre) tägl. 10 und 14 Uhr.
www.zinnkammern.de

Sächsisches Schmalspurbahnmuseum Rittersgrün, Kirchstr. 4 (Bahnhofsgelände), Breitenbrunn OT Rittersgrün, Tel. 037757/7440; Di–So 10–16 Uhr.
www.schmalspurmuseum.de

Schaubergwerk Frisch Glück Glöck'l, Wittigsthalstr. 13–15, Johanngeorgenstadt, Tel. 03773/882140; Führungen Di–So 10.30, 12, 13.30, 15, Di–Fr auch 9 Uhr. www.frisch-glueck.de

Pferdegöpel, Zum Pferdegöpel 1, Johanngeorgenstadt, Tel. 03773/883168; Vorführungen Di–Do, Sa/So 10, 11, 13, 14, 15 und 16 Uhr. www.pferdegoepel.de

Stickereimuseum Eibenstock, Bürgermeister-Hesse-Str. 7/9, Tel. 037752/2141; Di–So 10–12, 13–17 Uhr. www.stickereimuseum.de

Waldbühne Schwarzenberg, Am Rockelmann, Tel. 03733/1407132. Freilichtbühne für Theateraufführungen und Konzerte. www.waldbuehne-schwarzenberg.de

Altstadt- und Edelweiß-Fest, 3. August-Wochenende. Stadtfest in Schwarzenberg, Ritter Georg und Burgfräulein Edelweiß laden ein.

Badegärten Eibenstock, Am Bühl 3, Tel. 037752/5070; tägl. 10–22 Uhr. 25-m-Becken mit Panoramablick. Die Saunalandschaft bietet eine Reise durch die Saunakulturen der Welt. www.badegaerten.de

Skiarena am Adlerfelsen, Bergstr. 7, Eibenstock, Tel. 0172/7536970. Skiarena mit Allwetter-Bobbahn, Snow-Fun-Park für Snowboarder, Rodelhang, gespurten Loipen, Skischule, Skiverleih. Im Sommer Bobbahn. www.skiarena-eibenstock.de

Blick auf die Talsperre Eibenstock

Karte S. 321

Mittleres Erzgebirge

Im Sommer tummeln sich in der abwechslungsreichen Landschaft Wanderer und Radfahrer, im Winter Skifahrer und Snowboarder. Bereits im 18. Jahrhundert, so berichten zeitgenössische Chroniken, banden sich bei hohem Schnee Einheimische kleine Bretter unter die Schuhe, um schneller voranzukommen. Heute ist diese Region des Erzgebirges, vor allem durch den Wintersportort Oberwiesenthal, über die Landesgrenzen hinaus bekannt. Langeweile kennt der Gast in dieser Region nicht. Mit Schutzhelm und Gummistiefeln ausgestattet geht es unter Tage, um zu erleben, wie schwer die Arbeit der Kumpel tief in der Erde war. Viele der Wanderwege führen auch zu den höchsten Erhebungen. Auf denen steht oftmals ein Aussichtsturm, von dem man sich schon vorab aus der Ferne sein nächstes Wanderziel anschauen kann.

Annaberg-Buchholz

Die beiden durch den Silberbergbau entstandenen und von ihm geprägten Städte erstrecken sich beiderseits des Sehmatals: Annaberg und Buchholz, die man 1949 vereinte. Die Blütezeit des Bergbaus hat eindrucksvolle Bauwerke hinterlassen, rings um die St. Annenkirche lässt sich die Zeit des »großen Bergkgeschreys«, die Jahre der reichen Silberfunde, noch gut erkennen.

Mit Annabergs Geschichte verknüpft sind auch Rechenmeister Adam Ries, das Spitzenklöppeln und das Posamentieren. Die Geschichte Annabergs beginnt mit Silbererzfunden am Schreckenberg bei Frohnau. Die auf herzogliche Anordnung entstandene »Neustadt am Schreckenberg« bekam 1501 den Namen St. Annaberg. Wenige Jahre später war Annaberg mit 12 000 Einwohnern größer als Leipzig und eine der reichsten Städte Deutschlands. Zwischen 1492 und 1545, der Blütezeit des Annaberger Bergbaus, arbeiteten hier bis zu 3000 Bergleute. An der 1509 erlassenen Bergordnung orientierte sich der gesamte deutsche Bergbau. Als letzte stellte 1892 die Himmelfahrt-Fundgrube den Betrieb ein.

Jährlich am zweiten Samstag nach Pfingsten beginnt die Annaberger Kät, das älteste und größte Volksfest des Erzgebirges, das eine Woche dauert. Ein wohl einmaliges Ereignis dürfte die jährliche Große Bergparade am vierten Advent sein. Etwa 1200 Trachtenträger der sächsischen Bergknapp- und -brüderschaften vereinen sich zu einer beeindruckenden Parade. Mit dem großen Bergkonzert vor der St. Annenkirche endet die Ver-

Blick auf Annaberg-Buchholz und den Aussichtsturm Pöhlberg

anstaltung. Die Hochfläche über der Stadt (20 500 Einwohner) beherrscht der **Pöhlberg** (832 Meter) mit einem 32 Meter hohen Aussichtsturm. Die zum Naturdenkmal erklärten Basaltsäulen am Westhang werden ihrer Form wegen volkstümlich als **Butterfässer** bezeichnet.

Marktplatz

Die gute Stube der Stadt ist der 90 mal 100 Meter große Marktplatz, den Häuser aus dem 18. und 19. Jahrhundert mit meist steilen Satteldächern umgeben. Die Nordseite beherrscht das nach einem Stadtrand 1731 bis 1751 erbaute **Rathaus**. Schräg gegenüber, an der Ecke zum Benediktplatz, steht die **Bergkirche St. Marien**, die sich aus einer Knappschaftskapelle entwickelte, in der sich die Bergleute vor der Schicht zum Gebet versammelten. Sein heutiges Aussehen bekam das Gotteshaus 1688. Geschichtsträchtig ist auch das Haus **Markt Nr. 13** von 1507, in dem der kurfürstliche Berg- und Münzmeister wohnte.

St. Annenkirche

Die Große Kirchgasse führt vom Markt zur St. Annenkirche (1499 - 1525), einem Meisterwerk der spätgotischen Ar-

Prachtvoller Kirchenbau – die St. Annenkirche in Annaberg-Buchholz

Buckelbergwerk in der Manufaktur der Träume

chitektur. Das aus heimischem Gneis erbaute unverputzte Gotteshaus besitzt eine prachtvolle Innenausstattung. Die **Schöne Tür** (1512) im nördlichen Seitenschiff stammt von Hans Witten, den sieben Meter hohen **Hauptaltar** (1522) - ein bedeutendes Werk der deutschen Frührenaissance - fertigte der Augsburger Meister Adolf Dauer. Der spätgotische **Bergaltar** (1521) gehört zu den vier Nebenaltären, die die radikale Bilderstürmerei in der Zeit der Reformation überstanden. Er zeigt auf der Rückseite vier Bildtafeln von Hans Hesse, die vom mittelalterlichen Bergbau erzählen. Es sind beeindruckende Geschichtsdokumente. Die 100 Steinreliefs für die Emporenbrüstungen - auf den meisten sind Themen aus dem Neuen Testament dargestellt - fertigte von 1520 bis 1522 der Freiberger Bildhauer Franz Maidburg mit seinen Mitarbeitern. Der 78,6 Meter hohe **Turm** der Kirche bildet eine markante Stadtdominante. Er bietet einen

▶ Karte S. 321

traumhaften Blick auf die Altstadt und das Erzgebirge, der besonders reizvoll ist, wenn die Stadt im weihnachtlichen Lichterglanz schwelgt.

Erzgebirgsmuseum

Gegenüber der Annenkirche, in der Großen Kirchgasse 16, informiert das 1887 gegründete Erzgebirgsmuseum über Landschaft, Bergbau, Stadtgeschichte und Volkskunst im Erzgebirge. Als besonders wertvoll gilt das aus der Kirche zu Arnsfeld stammende Altargemälde **Tafel mit den drei Heiligen** von Hans Hesse von 1524. Das Museum besitzt den vermutlich ältesten **Klöppelsack** des Erzgebirges, Anfang des 18. Jahrhunderts wurde er gefertigt. Zum Klöppeln gehörten einst sogenannte Klippelflaschen, die so auf den Tisch gestellt wurden, dass sie das Licht der Öllampe gebündelt von links auf die Klöppelsäcke warfen. Um 1870 fand man ein in einer Klöppelstube aufgenommenes Foto, das die Flaschen zeigte. Eine Zeitschrift veröffentlichte das Bild, und in der Tat fand sich auf einem Dachboden noch eine Klippelflasche, die nun im Museum zu sehen ist.

Ein touristisches Highlight besonderer Art befindet sich im Innenhof des Erzgebirgsmuseums. Hier, mitten im Stadtzentrum, kann man unter Tage gehen. 1993 wurde bei Probebohrungen ein 500 Jahre altes bislang unbekanntes Silberbergwerk entdeckt, das heute als **Besucherbergwerk Im Gößner** in die Zeit des Mittelalters führt. Der Rundgang unter Tage hat eine Länge von etwa 260 Metern, die Höhenunterschiede von 24 Metern werden auf Strahltreppen bewältigt.

Manufaktur der Träume

Volkskultur in ihrer ganzen Vielfalt wird in der Museumsgasse 1 präsentiert. Ein geschichtsträchtiger Altbau, ein Neubau und das Kulturzentrum Erzhammer wurden zu einem museal-touristischen Gesamtkomplex vereinigt, der Ende 2010 eröffnet wurde. Zu sehen sind Objekte aus dem Erzgebirge, aber auch aus Thüringen, Böhmen und dem Vogtland, vornehmlich **Spielzeug** und **Weihnachtsgegenstände**. Die Sammlung mit rund 1500 Objekten aus drei Jahrhunderten ist eine der größten und vielseitigsten ihrer Art im deutschsprachigen Raum, zusammengetragen und Annaberg-Buchholz zur Verfügung gestellt von Dr. Erika Pohl-Ströher, deren Vorfahren aus dem Erzgebirge stammen.

4000 Kilometer ausgeschilderte Wanderwege führen durch das Erzgebirge

EXTRA

Filigrane Kostbarkeiten

Geschickte Hände lassen die Klöppel tanzen, Fäden werden gedreht, gekreuzt und verknüpft. Heraus kommen filigrane Kostbarkeiten. Für die Decke eines großen Wohnzimmertisches benötigt eine versierte Handklöpplerin etwa 600 Stunden. Geklöppelt wird nach dem sogenannten Klöppelbrief, einem Pappstück oder festem Papierstreifen, auf dem das Muster durch Punkte vorgegeben ist. Der Klöppelbrief wird auf dem Sack befestigt, in die Punkte steckt die Klöpplerin Stecknadeln, die als Klöppelhilfe die Fäden halten, bis sie verfestigt worden sind. Je nachdem, was geklöppelt wird, sind 20 bis 100 hölzerne Klöppel erforderlich, etwa 11 bis 13 Zentimeter lange Kegel, die vom Drechsler kommen.

Klöppelsack aus dem frühen 18. Jahrhundert

Als Mutter der erzgebirgischen Spitzenklöppelei nennt man gern Barbara Uthmann, die 1514 in Elterlein geboren wurde und 1575 in Annaberg starb. Ihr Grabdenkmal auf dem Annaberger Trinitatisfriedhof trägt die Inschrift: »Sie ward durch das im Jahre 1561 von ihr erfundene Spitzenklöppeln die Wohltäterin des Erzgebirges«. In Wirklichkeit erfand die Witwe eines reichen Bergherrn und Mutter von zwölf Kindern weder das Klöppeln noch kann sie als Wohltäterin bezeichnet werden. In Europa ist vermutlich zuerst in Italien geklöppelt worden. Im 16. Jahrhundert breitete sich das Klöppeln im Erzgebirge, in Schlesien, Bayern und im Harz aus.

Kurz vor Ostern 1561 soll die Uthmann zum ersten Mal mit einem Planwagen zur Leipziger Messe gefahren sein, vollbeladen mit Handklöppelspitze. Die Frau, die bei Adam Ries genaues Rechnen lernte, nutzte nach dem Niedergang des Bergbaus als geschäftstüchtige Verlegerin die Not der Menschen aus und ließ sie für wenig Geld für sich klöppeln. 1571 beschäftigte sie mehr als 900 Klöpplerinnen. In Annaberg-Buchholz und ihrer Geburtsstadt Elterlein wird die Uthmann, die wohl bedeutendste Verlegerpersönlichkeit ihrer Zeit im Erzgebirge, auf dem Marktplatz mit einem Denkmal geehrt.

Auch heute noch beliebt: Klöppeln

Ab der Wende vom 17. zum 18. Jahrhundert saßen im Erzgebirge tausende Frauen, Mädchen, Kinder und auch Männer am Klöppelsack, den sie mit Haferstroh oder Sägespänen selbst stopften. Oft kam ein großer Stein hinein, um dem Sack eine feste Lage zu geben. In der zweiten Hälfte des 19. Jahrhunderts verdrängte die billigere Maschinenspitze das Handklöppeln. Heute wird im Erzgebirge noch aus Freude am Gestalten geklöppelt.

Adam-Ries-Museum

Die Redewendung »Das macht nach Adam Ries ...« wird heute noch oft verwendet, wenn einer meint, richtig gerechnet zu haben. Ries verstand es, die Rechenkunst so aufzubereiten und zu vereinfachen, dass sie auch der »gemeynen man« anwenden konnte. Das hat den Rechenmeister (→ S. 59) unsterblich gemacht. In seinem ehemaligen Wohnhaus Johannisgasse 23 wird **Adam Ries** geehrt. Die meiste Zeit seines Lebens, über 30 Jahre bis zu seinem Tod 1559, verbrachte er in Annaberg als Bergschreiber und Leiter der Rechenschule.

Höhenmessgerät im Adam-Ries-Museum

Katharinenkirche

Die Kirche (16./19. Jahrhundert) im Stadtteil Buchholz (16./19. Jahrhundert) brannte bei einem Luftangriff im Februar 1945 aus, nur die Umfassungsmauern blieben stehen. Bis 1975 entstand sie in schlichter Form wieder. Das **Denkmal für Friedrich den Weisen** (1901) auf dem Rathausplatz in Buchholz wäre fast abhandengekommen. Im Ersten Weltkrieg sollte die Bronzestatue des Stadtgründers eingeschmolzen werden, der Stadtrat brachte jedoch den Mut auf, die Herausgabe zu verweigern. Und so schaut der Kurfürst noch heute in der Tracht der damaligen Zeit voller Würde auf die an ihm vorbeieilenden Menschen.

Frohnau

In Frohnau fauchen wie in alten Zeiten mächtige Blasebälge, rumpeln riesige Wasserräder und pochen dröhnend drei schwere Eisenhämmer in dem dunklen Innenraum. 1904 endete die Produktion des mit 36 000 Holzschindeln gedeckten **Frohnauer Hammerwerks**, danach wurde es als technisches Museum öffentlich zugänglich gemacht. Einst entstanden in dem Hammerwerk Sensen, Beile, Äxte sowie Beschläge für Grubenhunte und Eisenteile für maschinelle Anlagen der damaligen Zeit. Im Herrenhaus (1697) kann die Wohnung des letzten Hammerherrn besichtigt werden. Nach über 200 Jahren gelang es dort, eine fest verschlossene Truhe zu öffnen. Darin lag unter anderem das Tagebuch Nr. 5, in dem der Hammerherr anno 1761 die Geschenke für einen seiner Söhne notiert hatte: 28 Gulden für ein goldenes Halsband und 10 Gulden für einen Schlitten mit Schellengeläut – ein Hammergeselle musste für diese Geldsumme rund anderthalb Jahre arbeiten.

Der Besuch des ehemaligen Bergwerks **Markus-Röhling-Stolln** in Frohnau beginnt mit einer Fahrt der Grubenbahn

Besucher im Markus-Röhling-Stollen

Die »Orgelpfeifen«

630 Meter in den Berg. Die einstündige Führung vermittelt ein anschauliches Bild von der schweren Arbeit des Bergmanns in früheren Zeiten.

Schlettau

Die Herstellung von Posamenten war im Erzgebirge weit verbreitet. Bänder, Borten, Fransen, Quasten und Litzen waren vielfach gefragt. So wie einst in vielen Häusern rattert es heute in der **Schauwerkstatt im Schloss Schlettau**, das vom 16. bis zum 18. Jahrhundert als kurfürstlich-königlicher Jagdsitz diente. Viele der historischen Maschinen sind voll funktionsfähig. Die Ausstellung zeigt unter anderen den Arbeits- und Wohnraum einer Posamentiererfamilie aus der Mitte des 19. Jahrhunderts.

In einigen Orten des Erzgebirges wurden und werden Kräuterschnäpse gebrannt, so auch in der kleinen Stadt Schlettau (2500 Einwohner). Deshalb ist im Schloss auch eine **Kräuterlikörwerkstatt** vorhanden. Besucher können unter Anleitung ihren Kräuterlikör selbst herstellen, zur Auswahl stehen mehr als 50 Kräuteressenzen, den Alkohol- und Zuckergehalt bestimmt jeder individuell.

▸ Karte S. 321

Scheibenberg

Orgelpfeifen nennt der Volksmund die Basaltsäulen am 807 Meter hohen Scheibenberg. denn die bis zu 40 Meter hohen senkrecht stehenden Säulen ähneln einer Orgel. Unterhalb der jederzeit zugänglichen Felsformation informiert ein **Basalt-Lehrpfad** über das geologische Naturdenkmal, das aus abgekühlter, erstarrter Lava entstand. Auf den Berggipfel setze man einen Aussichtsturm (1994), dessen achteckige Form den Basaltsäulen nachempfunden wurde. Der Gipfel kann erwandert werden, ist aber ebenso bequem mit dem Auto erreichbar.

Ehrenfriedersdorf

Die Zinngrube am Sauberg wurde **Schaubergwerk**. Die Seilfahrt in eines der ältesten Bergwerke Europas führt bis zu 100 Meter in die Tiefe. Im dazugehörenden **Mineralogischen Museum** funkeln Mineralien aus Ehrenfriedersdorf (4900 Einwohner), von denen viele als Souvenir gekauft werden können.

Bereits um 1240 begann man in dieser Gegend nach Zinn zu graben, 1990 endete der Bergbau. Das **Oswald-Barthel-Denkmal** erinnert an die »lange Schicht«

Aufführung im Naturtheater Greifensteine

Herrenhaus und Schloss Schlettau

des Bergmanns Barthel, der 1508 verschüttet und 60 Jahre später unverwest ausgegraben wurde. Pfarrer Raute, der die Grabrede hielt, soll den Annalen nach gesagt haben: »Heute begrab ich einen, der 35 Jahre vor meiner Geburt gestorben ist.« Das Denkmal für Barthel war 1928 aufgestellt worden, doch bei einem mächtigen Erdrutsch 1985 verschwand es auf Nimmerwiedersehen in der Tiefe. 2001 weihte man ein neues Denkmal ein, das jedoch nicht mehr nur an Oswald Barthel erinnert, sondern an alle 156 Bergleute, die im Ehrenfriedersdorfer Revier tödlich verunglückten.

Greifensteingebiet

Westlich von Ehrenfriedersdorf hält das Greifensteingebiet viel Sehenswertes bereit, so sieben stark zerklüftete Granitfelsen inmitten ausgedehnter Wälder. Vom 30 Meter hohen **Aussichtsfelsen** besteht ein herrlicher Blick auch auf den **Greifenbachstauweiher**, von den Einheimischen Geyerscher- oder Dammteich genannt. Der 23 Hektar große Waldsee, der heute Badevergnügen bietet, wurde bereits um 1350 künstlich angelegt und versorgte den Zinnbergbau der Gegend mit Wasser. Die **Naturbühne** mit ihren 1200 Sitzplätzen wird regelmäßig vom Eduard-von-Winterstein-Theater Annaberg-Buchholz bespielt. Aufführungen vor der einmaligen Kulisse der Granitfelsen bleiben lange in Erinnerung. In der Stülpner-Höhle soll sich Karl Stülpner, der »Robin Hood des Erzgebirges« verborgen haben. Am Aufgang zum Aussichtsfelsen befindet sich das **Berghaus**, in dem die Tourist-Information über die Region informiert.

Geyer

Von Ehrenfriedersdorf und dem Greifensteingebiet sind es nur wenige Kilometer bis Geyer (3700 Einwohner), einer mit dem Bergbau gewachsenen Stadt. Im 42 Meter hohen Wachturm (14. Jahrhundert) vor der **Laurentiuskirche** informiert das **Turmmuseum** auf sieben Stockwerken über die Bergbau- und Stadtgeschichte und das Leben der ehemaligen Türmerfamilie. Mit dem Niedergang des Bergbaus wandten sich viele Einwohner der Posamentenherstellung zu. In den Wohn- und Arbeitsstuben, wie im Museum eine eingerichtet ist, standen etwa 150 Posamentenstühle. Im obersten Ausstellungsraum geben die Schnitzer der Stadt Einblick in ihr Können. Durch die kleinen Fenster dieses Raumes bietet sich ein schöner Rundblick auf die alte Bergstadt. In Geyer hat in den vergangenen Jahrhunderten mehrfach die Erde gebebt, wenn riesige Weitungen des Zinnbergwerkes am Geyersberg einstürzten. Letztmalig kam es am 11. Mai 1803 zu einem gewaltigen Zusammensturz – zurück blieb ein 50 bis 60 Meter tiefer Einbruchkrater von 200 mal 250 Meter, **Pinge** (auch Binge) genannt. Zwei der damals verschütteten Bergleute ruhen noch heute unter den Gesteinsmassen.

Drebach

Tausende von »nackten Jungfern« locken im März und April viele Besucher nach Drebach. »Nackte Jungfern« nennt der Volksmund blau-violette Krokusse, die auf den Wiesen nördlich des kleinen Dorfes blühen. Ohne viel Grün, also jungfräulich, sprießen die Blüten aus dem Boden. Die ersten Exemplare pflanzte Ende des 17. Jahrhunderts Pfarrer David Rebentrost, der auch als Arzt tätig war und sich einen Pflanzengarten angelegt hatte. Rebentrost soll Kurfürst Johann Georg II. medizinisch geholfen haben, und zum Dank durfte er eine Krokuszwiebel aus dem Großen Garten in Dresden entnehmen, so wird erzählt. In Drebach allerdings ist das Pflücken der Frühlingsboten verboten, die Wiesen sind als Flächennaturdenkmal geschützt, sie dürfen erst im Sommer gemäht werden und das Weiden von Tieren ist verboten.

Drebach (5500 Einwohner) besitzt ein mit modernsten Geräten ausgestattetes **Planetarium** mit einem 50-Zentimeter-Spiegelteleskop in der Beobachtungskuppel.

i Annaberg-Buchholz und Umgebung

Vorwahl: 03733.

Postleitzahl: 09456.

Tourist-Information Annaberg-Buchholz, Buchholzer Str. 2, Tel. 03733/19433. www.annaberg-buchholz.de

Touristinformation Greifensteine, Greifensteinstr. 44, Ehrenfriedersdorf, Tel. 037346/6870. www.zwoenitztal-greifensteine.de

Tourist-Information Geyer, Altmarkt 1, Geyer, Tel. 037345/10521. www.stadt-geyer.de

Hotel Wilder Mann, Markt 13, Tel. 1440; 71 Zi., DZ ab 79 Euro. Traditionshotel im historischen Stadtkern in einem der ältesten Bürgerhäuser der Stadt. Im Restaurant *Silberbaum* mit internationalen und regionalen Gerichten (tägl. ab 18, Sa/So und Dez. tägl. auch 12–14.30 Uhr). www.hotel-wildermann.de

Landhotel Forsthaus, Schneeberger Str. 22, Tel. 69010; 14 Zi., DZ ab 90 Euro. Am Rand der Stadt gelegenes Haus, umgeben von der Natur, mit individuellen Zimmern. Mit Restaurant, die Kräuter kommen aus dem Forsthaus-Garten (Di–Fr ab 17, Sa/So ab 11.30 Uhr). www.forsthaus-annaberg.de

Landhotel Zum Hammer, Untere Dorfstr. 21, Tannenberg, Tel. 52951; 18 Zi., DZ ab 79 Euro. Familiengeführtes Landhotel mit behaglich eingerichteten Zimmer, 5 Kilometer von Annaberg-Buchholz entfernt. Erzgebirgisches Restaurant (Mo–Fr ab 15, Sa/So ab 11.30 Uhr). www.zumhammer.de

Panorama-Restaurant Pöhlberg, Tel. 18320; tägl. ab 11 Uhr. Ausflugsgaststätte in 832 Meter Höhe mit feinbürgerlicher und original erzgebirgischer Küche sowie Wildspezialitäten. www.berghotel-poehlberg.de

Ratskeller Zum Neinerlaa, Markt 1, Tel. 679409; Di–Sa ab 11.30 Uhr, So 11.30–14.30 Uhr, im Dez. auch Mo geöffnet. Gemütliche Atmosphäre im erzgebirgischen Erlebnisgasthof, in dem typisch erzgebirgische Gerichte serviert werden wie das »Neinerlaa«, das Weihnachtsessen der

Karte S. 321

Erzgebirger, bestehend aus neun verschiedenen Speisen (Nov.-Jan.)
www.zum-neinerlaa.de
Gaststätte Frohnauer Hammer, Sehmatalstr. 3, Frohnau, Tel. 429444; Di–So ab 11 Uhr. Historische Gaststube mit typisch erzgebirgischer Hausmannsküche.
www.frohnauer-hammer.de

St.-Annenkirche, Große Kirchgasse, Tel. 4269922; April–Dez. Mo–Sa 10–17, So 12–17, Jan.-März Mo–Sa 11–16, So 12–16 Uhr, Führungen April–Dez. Mo–Sa 10, 11, 14, 15, So 12, 14, 15 Uhr. Turm: Mai–Okt. Mo–Sa 10–17, So 13.30–17, Advent Sa 15–18.30, So 15–17 Uhr.
www.annenkirche.de
Bergkirche St. Marien, am Markt, Tel. 23190; tägl. 11–17 Uhr.
Erzgebirgsmuseum mit Silberbergwerk Im Gößner, Große Kirchgasse 16, Annaberg-Buchholz, Tel. 23497; Di–So 10–17 Uhr, Bergwerksführungen Di–Fr 12, 15, Sa/So 11, 12.30, 14, 15.30 Uhr. www.annaberg-buchholz.de/erzgebirgsmuseum
Manufaktur der Träume, Buchholzer Str. 2, Tel. 425284; tägl. 10–18 Uhr.
www.manufaktur-der-traeume.de
Adam-Ries-Museum, Johannisgasse 23, Tel. 22186; Di–Do 9–16, Fr 10–16, Sa/So 12–16 Uhr. www.adam-ries-museum.de
Museum Frohnauer Hammer, Sehmatalstr. 3, Frohnau, Tel. 22000; tägl. 9–12, 13–16 Uhr, Führung jeweils zur vollen Stunde. www.annaberg-buchholz.de/frohnauer-hammer
Besucherbergwerk Markus-Röhling-Stolln, Sehmatalstr. 15, Frohnau, Tel. 52979; tägl. ab 9.30 Uhr, erste Führung 10, letzte Führung 16 Uhr (ca. 1 Std.).
www.roehling-stolln.de
Schloss Schlettau, Schlossplatz 8, Schlettau, Tel. 66019; Di–So10–17 Uhr, jeden 1. So im Monat 14–16 Uhr Schauvorführungen der Posamentenschauwerkstatt.
www.schloss-schlettau.de
Schaubergwerk und Mineralogisches Museum Zinngrube Ehrenfriedersdorf, Am Sauberg 1, Ehrenfriedersdorf, Tel. 037341/2557; Erlebnisführungen 2,5 Std. (Mindestalter 10 Jahre) Di–So 10 und 14 Uhr, Touristikführung 1,5 Std. (Mindestalter 6 Jahre) Sa, So, Schulferien 11, 13, 15 Uhr. Mineralogisches Museum Di–So 10–16 Uhr. www.zinngrube.de
Turmmuseum Geyer, Am Lotterhof 10, Geyer, Tel. 037346/1244; Di–Fr 10–15, Sa 10–16 Uhr. www.stadt-geyer.de
Zeiss-Planetarium und Raumfahrtausstellung, Milchstr. 1, Drebach, Tel. 037341/7435. Kinder-, Familien- und Erwachsenenprogramme laut Terminplan sowie Beobachtungsabende.
www.planetarium-erzgebirge.de

Eduard-von-Winterstein-Theater Annaberg-Buchholz, Bambergstr. 9, Tel. 1407131. Musiktheater und Schauspiel.
www.winterstein-theater.de
Annaberger Kät, eine Woche beginnend am zweiten Samstag nach Pfingsten. Größtes Volksfest im Erzgebirge seit fast 500 Jahren.
Große Bergparade, am vierten Advent, farbenfrohe Präsentation der sächsischen Bergknapp- und Brüderschaften mit 1200 Trachtenträgern aus ganz Sachsen und den Bergbauregionen aus ganz Deutschland. Großes Bergkonzert vor der St. Annenkirche.
Greifenstein Festspiele, Tel. 1407131. Juni–Aug., Schauspiel, Musical, Operette und Kindertheater auf der malerischen Felsenbühne. www.naturtheater-greifensteine.de
Thermalbad Wiesenbad, Freiberger Str. 33, Tel. 5040; Mo/Fr ab 14, Di–Do ab 16, Sa/So ab 9 Uhr. Therme *Miriquidi* mit Sauna, Dampfgrotte und Lichttherapie, Gesundheits-, Präventions- und Wellnessangeboten.www.wiesenbad.de

Freizeitbad Greifensteine, Badstr. 2, Geyer, Tel. 037346/106100; So–Do 10–20, Fr/Sa 10–22 Uhr. Mit Wellenbad, Wildwasserkanal, Kinderbadebereich,

Saunalandschaft sowie Wellness- und Beautybehandlungen.
www.freizeitbad-greifensteine.de

Erlebniskletterwald Greifensteine, Greifensteinstr. 44a, Ehrenfriedersdorf, Tel. 037346/69467; April–Nov. Fr 13–19, Sa/So 10–19, Juli/Aug. und in den Schulferien in Sachsen tägl. 10–19 Uhr. Klettern und Hangeln auf 9 Parcours mit 72 Elementen und in teilweise 13 Meter Höhe.
www.kletterwald-greifensteine.de

Kurort Oberwiesenthal

Aus Oberwiesenthal (2200 Einwohner), mit 914 Meter über NN Deutschlands höchstgelegene Stadt, kommen zahlreiche Olympiasieger, Welt- und Europameister, unter anderem im Biathlon, Skisprung und Langlauf. Der bekannteste ist Skisprung-Olympiasieger und Weltmeister Jens Weißflog (→ S. 66). Seinen Sprunganzug, in dem er 1994 Doppelolympiasieger im Skispringen wurde, zeigt die Ausstellung *Gipfelstürmer – Ein Thal erobert die Welt* im **Museum im Wiesenthaler K3**.

Auf der **Neuen Fichtelbergschanze**, einer zwischen 2001 und 2003 veränderten Stahlkonstruktion, erbaut von 1972 bis 1974, können die Springer Weiten bis zu 110 Meter erreichen.

Die **Fichtelberg-Schwebebahn** (1924), die älteste Seilschwebebahn in Deutschland, bringt die meisten Besucher auf den mit 1215 Metern höchsten Berg der neuen Bundesländer. Sie benötigt für die 1175 Meter lange Strecke 3,5 Minuten und legt einen Höhenunterschied von 303 Metern zurück. In Spitzenzeiten rollen die Gondeln, die 45 Personen fassen, bis zu 100-mal am Tag auf den Berg und zurück ins Tal. Der vom Stadtrat beschlossene Neubau einer Bahn konnte wegen fehlender Gelder nicht realisiert werden, deshalb erfolgte im Jahr 2012 eine Generalsanierung. Seit 1999 verkehrt auch ein **Vierer-Sessellift**, die Fahrt dauert zehn Minuten.

Auf dem Fichtelberg thront ein 31 Meter hoher **Aussichtsturm.** Mitunter gibt es einzigartige Fernsichten – bis zum 180 Kilometer entfernten Inselsberg in Thüringen oder zur 200 Kilometer entfernten Schneekoppe im Riesengebirge. Die **Wetterwarte** auf dem Fichtelberg arbeitet seit 1916, der Pflanzengarten wurde ein Jahr später angelegt.

Mit dem 1889 eröffneten **Fichtelberghaus** begann der Tourismus auf dem Berg. Das Haus brannte im Winter 1963 völlig aus, aber bereits 1967 konnte ein Neubau eingeweiht werden.

Oberwiesenthal im Winter

Karte S. 321

EXTRA

Fichtelbergbahn – mit Dampf in die Berge

Nach Oberwiesenthal mit der Dampfeisenbahn zu fahren, ist ein besonderes Vergnügen. Es ist eine Reise voller Nostalgie. Wer die gesamte Strecke in einem der Oldtimerzüge zurücklegen möchte, muss etwa eine Stunde einplanen, denn das Tempo ist gemächlich, höchstens 25 Stundenkilometer beträgt die Geschwindigkeit mit der Fichtelbergbahn. Blumenpflücken während der Fahrt sei jedoch verboten, so heißt es.

Abfahrt ist in **Cranzahl**. Das hat als Sehenswürdigkeit die Himmelfahrtskirche vorzuweisen, die 1910 auf den Grundmauern des Vorgängerbaus von 1556 entstand. Im Inneren verdienen der von Peter Breuer geschnitzte Altar (1514) und der Taufstein (1557) Beachtung. In Cranzahl besteht Anschluss an die Normalspurstrecke der Erzgebirgsbahn Chemnitz – Annaberg-Buchholz – Bärenstein – Vejprty (Tschechien). Südöstlich von Cranzahl erhebt sich der **Bärenstein** (896 Meter). Zu dessen Füßen erstreckt sich eine kleine, in Waldhöhen eingebettete, nur 30 Hektar große Trinkwassertalsperre (1948 – 1951). Der Bärenstein mit Aussichtsturm und Berghotel gab dem sich etwa drei Kilometer an der Grenze zu Tschechien hinziehenden Ort den Namen; auf der anderen Seite des Pöhlbaches (tschechisch Pólava) liegt die Stadt Vejprty (Weipert).

Die Kleinbahn schnauft weiter zum Haltepunkt **Unterneudorf**, von dort weiter zum Bahnhof von **Neudorf**, einem von bewaldeten Bergen umgebenen langgestrecktem Dorf, in dessen Kirche (1599) eine schöne Kassettendecke fasziniert. Die Fahrt in Neudorf zu unterbrechen lohnt auch wegen der Schauwerkstatt des Neudorfer Räucherkerzenherstellers »Zum Weihrichkarzl« und dem Suppenmuseum. Das obere Erzgebirge gilt als das Land der Suppen, und so war es naheliegend, ein kleines Museum einzurichten, in dem sich alles um die Suppe dreht. In den Gaststätten des Ortes kann reichlich gesuppt werden, und zur Kirmes im Oktober gehört ein Suppenkochwettbewerb.

Am südlichen Ortsausgang von Neudorf liegt der Haltepunkt **Vierenstraße**. Von dem zuckelt das Bähnle weiter nach **Kretscham-Rothensehma**. Kretscham geht auf ein bereits im 16. Jahrhundert erwähntes Gasthaus zurück. Der Name ist slawischen Ursprungs, er bedeutet Dorfschenke oder Gasthaus, was vermuten lässt, dass das Erzgebirge auch von Sorben besiedelt wurde. Bei Niederschlag trifft die Bahn auf die Bundesstraße 95 und biegt danach ins Pöhlbachtal ein. Mit Volldampf geht es nun unmittelbar an der Grenze zu Tschechien entlang.

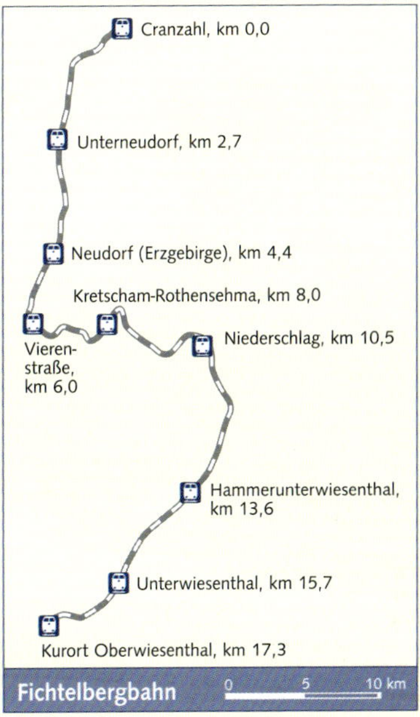

Fast parallel zur Fichtelbergbahn verläuft der **Erlebnispfad Bimmelbahn**, 21 Kilometer ist er lang. Geübte Wanderer benötigen bis zum Fuß des Fichtelbergs etwa fünf Stunden – in der schneefreien Zeit von Mitte April bis Anfang November.

Die Fichtelbergbahn sollte das obere Erzgebirge erschließen. Die ersten Überlegungen zum Bau gab es um 1870. Den Weg frei machte die 1884 beschlossene »Hohe Verordnung des Königlichen Finanzministeriums in Dresden«. Doch die Bauarbeiten in dem unwegsamen Gelände waren aufwändig, erst am 20. Juli 1897 konnte der erste Zug auf den 750 Millimeter breiten Gleisen fahren. Statistisch war man offensichtlich auch damals schon auf der Höhe der Zeit, denn es ist exakt verzeichnet, dass in den reichlich fünf Monaten bis zum Jahresende 1897 61 756 Personen und 57 Hunde die neue Kleinbahnstrecke nutzten. Für Eisenbahnfreaks interessant: Die rund zwei Dutzend heute auf der Strecke rollenden Wagen wurden zwischen 1908 und 1932 in den Waggonfabriken Bautzen und Werdau gebaut. Die älteste Lok vom Typ Altbau-VII K hat rund 600 PS. Sie gehört zur Baureihe 99.73–76, die in den Jahren 1928 bis 1932 in der Sächsischen Maschinenfabrik Chemnitz gefertigt wurden. Befeuert werden die Dampflokomotiven ausschließlich mit Steinkohle.

Berge und Wälder, Wiesen und Felder begleiten die weitere Fahrt der Bahn, »Huckelkuchen« sagen die Einheimischen zu dieser Landschaft. Bei **Hammerunterwiesenthal** ragen einige Abraumhalden auf, die der nach dem Zweiten Weltkrieg betriebene Uranbergbau hinterlassen hat.

Wenn nach dem Haltepunkt **Unterwiesenthal** der Zug über den 110 Meter langen und 23 Meter hohen **Stahlgitterviadukt Hüttenbach** rollt – die letzte und größte der sechs Brücken der Strecke – ist nach 17,35 Kilometer und genau 60 Minuten das Ziel greifbar nah, der rechts auftauchende Fichtelberg verrät es: **Kurort Oberwiesenthal**. Wer hier aussteigt, steht genau 893,962 Meter über dem Meeresspiegel.

Die Fichtelbergbahn

Oberwiesenthal und Umgebung

Vorwahl: 037348, **Postleitzahl**: 09484.
Gästeinformation/Touristinformation Kurort Oberwiesenthal, im Wiesenthaler K3, Karlsbader Str. 3, Tel. 155050. www.oberwiesenthal.de.
Gästebüro/Infopavillon Bärenstein, Grenzstr. 10, 09471 Bärenstein, Tel. 037347/914900. www.baerenstein-erzgebirge.de.

Fichtelbergbahn, Bahnhofstr. 7, Tel. 1510. Dampfbetriebene Schmalspurbahn, verkehrt täglich zwischen Oberwiesenthal und Cranzahl, Sonderzüge mit Rahmenprogramm zu festen Terminen. www.fichtelbergbahn.de

Fichtelberg-Schwebebahn, Talstation Vierenstr. 10, Tel. 12761; tägl. 9–17 Uhr. www.fichtelberg-ski.de
Vierer-Sesselbahn, Vierenstr. 3b, Tel. 20266; Fahrbetrieb tägl. 9–16.30 Uhr. Bei ungünstiger Witterung eingeschränkter Fahrbetrieb. www.vierersesselbahn.de

Relaxhotel Sachsenbaude, Fichtelbergstr. 4, Tel. 1390; 31 Zi., DZ ab 88 Euro. Gastlichkeit auf dem Fichtelberg, Wellnessbereich mit Pool, Sauna und Whirlpool, Massagen und Beauty-Behandlungen. Traditionelle Küche und feine Schmankerl im Restaurant (Mo–Fr ab 11.30, Sa/So ab 11 Uhr). www.sachsenbaude.de
Best Western Ahorn Hotel, Vierenstr. 18, Tel. 14380; 172 Zi., DZ ab 98 Euro. Am Fuße des Fichtelbergs gelegenes 4-Sterne-Hotel mit Blick auf die Berge und den Speichersee, das sich als »Erwachsenenhotel« (14 Jahre +) für den Urlaub mal ohne Kinder klassifiziert. In der »Erzgebirgsstube« wird typische regionale Küche serviert (tägl. ab 17 Uhr). www.ahorn-hotels.de
Jens Weißflog Appartementhotel, Emil-Riedel-Str. 50, Tel. 100; 18 App., Appartement für 2 Personen ab 99 Euro. Im 2 km vom Ortskern entfernten Hotel von Skisprung-Olympiasieger Jens Weißflog findet der Gast Ruhe und Entspannung und vor der Haustür viele Möglichkeiten zum Aktiv-Sein. Restaurant mit Wintergarten, regionale Küche und internationale Gerichte aus bekannten Skisprungorten (tägl. ab 11 Uhr). www.jens-weissflog.de
Zum alten Brauhaus, Brauhausstr. 2, Tel. 8688, tägl. ab 11 Uhr. Rustikaler Gasthof, gutbürgerliche Küche und Spezialitäten aus dem Erzgebirge. Auch 19 Zimmer (DZ ab 79 Euro). www.hotel-zum-alten-brauhaus.de
Unterkunftshaus auf dem Bärenstein, Bergstr. 18, Bärenstein, Tel. 037347/1334; 26 Zi., DZ ab 65 Euro. Einfache Zimmer in 898 m Höhe auf dem Bärenstein. Restaurant tägl. ab 11 Uhr.www.unterkunftshaus-auf-dem-baerenstein
Gasthof Rotes Haus, Neudorfer Str. 29, Hammerunterwiesenthal, Tel. 8577; Mo–Sa ab 17, So ab 11 Uhr. Erzgebirgische Spezialitäten in der gemütlichen Gaststube. www.pension-rotes-haus.de

Café König, Brauhausstr. 6, Tel. 037348/8218; tägl. geöffnet. Torten, Kuchen, Stollen und Eis aus eigener Konditorei, verschiedene Kaffeespezialitäten. www.pension-cafe-koenig.de
Café Reichel, Niederschlag 10B, Bärenstein, Tel. 037347/1252; tägl. ab 11 Uhr. Gebäck und Konditoreiwaren aus eigener Herstellung. www.cafe-gaestehaus-reichel.de

Museum im Wiesenthaler K3, Karlsbader Str. 3, Tel. 155050; tägl. 9.30–17 Uhr.
Meeresaquarium am Fichtelberg, Vierenstr. 11a (im Sportcenter am Fichtelberg), Tel. 0172/7809551; tägl. 10–18 Uhr. www.meeresaquarium-oberwiesenthal.de
Räuchermannmuseum in der Erlebniswelt Alte Färberei, Dorfstr. 44, Sehmatal OT Cranzahl, Tel. 037342/7603; März–

Aug. Mo–Sa 10–16, So 13.30–16, Sept.–Febr. Mo–Sa 10–17, So 13.30–17 Uhr. www.raachermannlmuseum.de

Neudorfer Suppenmuseum, Karlsbader Str. 164, Sehmatal OT Neudorf, Tel. 037342/16045; Mo–Sa 10.30–15.30, So 11–15 Uhr. www.suppenmuseum-neudorf.de

Schauwerkstatt Zum Weihrichkarzl, Karlsbader Str. 189, Sehmatal OT Neudorf, Tel. 037342/149390; Mo–Sa 10.30–15.30, So 11–15 Uhr. www.weihrichkarzl.de

Kunstgewerbe Taulin, Annaberger Str. 50, Tel. 7001. Erzgebirgische Holzkunst. Schauwerkstatt, Führungen auf Anmeldung. www.taulin.de

Wiesenthaler Klöppelstub, Markt 10, Tel. 23261. Verkauf von feiner Klöppelspitze, Schauklöppeln und Klöppelkurse. www.kloeppelstub.de

Ideales Wandergebiet mit 173 Kilometern ausgeschilderten Wanderwegen, die nach erfolgreichen Sportlern benannt sind. Infos und Karten in der Tourist-Information oder im Internet.

165 Kilometer ausgeschildertes Radwander- und Mountainbike-Wegenetz rund um Oberwiesenthal.

Ski- und Sport Kowarik, Breite Gasse 4, Tel. 8305. Geführte Mountainbike-Touren und Schnuppertouren mit Guide, Verleih und Service. www.ski-und-sport.de

Oberwiesenthal ist ein ideales Gebiet für Skifahrer, es gibt 8 km präparierte Pisten auf 10 Abfahrten, mit 6 Liftanlagen, sowie ein 75 km langes Loipen- und Skiwanderwegenetz.

In der **Sparkassen-Skiarena** mit Standard-Laufstrecken von 1,3 bis 7,5 Kilometer Länge, Staffelgarten sowie Biathlonstrecken mit Schießanlage finden spannende Wettkämpfe statt. Gleichzeitig bildet die Arena den Ausgangspunkt für die Touristenloipen rund um den Fichtelberg. Weiterhin gibt es einen **Snowpark** mit Halfpipe. Infos unter www.fichtelberg-ski.de.

Vereinigte Skischule Oberwiesenthal, Vierenstr. 10a, Tel. 8619. Kurse in allen Schneesportarten und für alle Altersgruppen, außerdem Skiverleih. Sommerprogramme unter www.fichtelchen.de. www.skischule-oberwiesenthal.de

Fly-Line, Vierenstr. 18, Tel. 20266; Mai–Okt. 9–16.30 Uhr. Frei an einem Seilgerät hängend geht es 1500 m den Fichtelberg hinab.

Sommerrodelbahn, Vierenstr. 3c/10a (an der Talstation zur Schwebebahn), Tel. 8338; tägl. 10–18 Uhr. Die Bahn ist 550 Meter lang, mit neun Steilkurven und sechs Bögen. www.sommerrodelspass.de

Monsterroller, K1 Sporthotel, Vierenstr. 14, Tel. 037348/232374; Mai-Okt. Spaß für die ganze Familie: Mit breitbereiften Rollern den Fichtelberg hinuntersausen (Höhenunterschied 38,5 Meter). www.monsterroller.info

Marienberg

Karte S. 321

Wer auf der B171 aus Richtung Zöblitz kommt, sieht rechts einen **Gedenkstein** an jener Stelle, an der 1519 der erste Stollen in dieser Gegend in den Berg führte. Der Gedenkstein besteht aus Marienberger Gneis, jenem Gestein, durch das die Bergleute Jahrhunderte mühevoll ihre Stollen und Strecken trieben. Am Marienberg hatte man seinerzeit eine ergiebige Silberader entdeckt, aus allen Richtungen strömten die Menschen herbei. Herzog Heinrich ließ für die Bergleute eine Siedlung namens Marienberg anlegen. Am 27. April 1521 unterzeichnete er die Gründungsurkunde. Marienberg (17 000 Einwohner) entstand als symmetrische Anlage. Seit 1561 war die

Stadt von einer wehrhaften, zwei Meter starken Mauer mit fünf Toren und vier runden Ecktürmen umgeben. Etwa 50 Meter der mittelalterlichen **Stadtmauer** haben sich am **Zschopauer Tor** (1541 - 1566) erhalten. Der Bergbau endete 1954 nach 423 Jahren.

Marktplatz

Der Marktplatz, mit 130 mal 130 Metern der größte Sachsens, liegt inmitten eines rechtwinkligen Straßennetzes. Von einem Sockel aus schwedischem Granit schaut überlebensgroß in Bronze gegossen (1900) der Stadtgründer Heinrich der Fromme dem Markttreiben zu. Die Bibel zu seinen Füßen soll an die 1539 von ihm in Sachsen eingeführte Reformation erinnern. Das **Rathaus** mit einem großartigen Renaissanceportal und einer Sonnenuhr wurde von 1537 bis 1541 erbaut, die **Marienkirche** als letzte der obersächsischen Hallenkirchen 1557 bis 1564. Pate standen die Stadtkirchen von Annaberg und Pirna. Die Ausstattung des Gotteshauses stammt aus verschiedenen Epochen. Die Orgel (1872 - 1879) ist mit 3157 Pfeifen und 51 Registern die größte im Erzgebirge.

Pferdegöpel in Marienberg

Marienbergs Marktplatz

Pferdegöpel

Der nachgebaute Pferdegöpel auf dem Gelände des ehemaligen Rudolphschachts im Ortsteil Lauta hält die Erinnerung an den Marienberger Bergbau wach. Hier lernt man den Aufbau und die Arbeitsweise der von Pferden angetriebenen historischen Förderanlage kennen, die von 1836 bis 1877 in Betrieb war. Höhepunkt sind die Vorführungen mit Pferden. Besucher können auch 40 Meter in das alte **Bergwerk** hinabsteigen, allerdings sollte man über eine gute Kondition verfügen, denn der Abstieg erfolgt auf Leitern.

Museum sächsisch-böhmisches Erzgebirge

In den viergeschossigen Getreidespeicher (1806 - 1809) am Stadtrand, seit Jahrzehnten als **Bergmagazin** bekannt, zog nach der Sanierung das Museum sächsisch-böhmisches Erzgebirge. Gezeigt wird die Ausstellung **Erzgebirge - Biografie einer Region**. Zweisprachig führt sie die Besucher auf eine grenzüberschreitende Reise durch das sächsische und böhmische Erzgebirge, um mit Alltagsleben und Volkskultur der hier ansässigen Bevölkerung bekannt zu machen. Einen Schwerpunkt bildet der Abschnitt »Deut-

Im Zschopautal

sche und Tschechen – Biografie einer Nachbarschaft«, der die politische Geschichte des 20. Jahrhunderts dokumentiert, die in den Regionen beiderseits der Grenze bis heute ihre Spuren hinterlassen hat. Erinnert wird auch an den erzgebirgischen Wildschütz Karl Stülpner, von dem das Museum originale Gegenstände besitzt. Stülpner war der Robin Hood des Erzgebirges, der »Sohn der Wälder«, wie die Einheimischen den Wildschütz gern nennen, der den Reichen nahm und den Armen gab (→ S. 62).

Wolkenstein

Goethe, der zwischen 1785 und 1813 das Erzgebirge mehrmals besuchte, meinte: »Das Tal der Zschopau zwischen Wolkenstein und Kriebstein ist eine der schönsten Landschaften in Deutschland, die ich kennengelernt habe.« »Wolkensteiner Schweiz« darf sich deshalb die Gegend nördlich der Kleinstadt (4000 Einwohner) nennen, in der auf einem 80 Meter aufragendem Gneisfelsen **Schloss Wolkenstein** steht. Der Ort, sieben Kilometer westlich von Marienberg, gehört zu den ältesten Siedlungen im oberen Erzgebirge. 1241 tauchte er zum ersten Mal in einer Urkunde auf. Im Schloss, das aus einer um 1200 erbauten Burg hervorging, werden die Ausstellungen **Land der Amethyste** und **Gerichtsbarkeit im Mittelalter** gezeigt.

Die Thermalheilquelle im Ortsteil Warmbad ist die wärmste Sachsens. Bereits im 14. Jahrhundert war die heilende Wirkung des 32 bis 34 Grad Celsius warmen Wassers bekannt, das heute in der **Silber-Therme** den Gästen eine vitalisierende Wirkung bereitet.

■ Preßnitztalbahn

Im Tal der Preßnitz fuhr von 1892 bis 1984 die Preßnitztalbahn zwischen Wolkenstein und Jöhstadt auf einer Strecke von 23 Kilometer. Eine Interessengemeinschaft hat den oberen Abschnitt der Strecke zwischen Steinbach und Jöhstadt als Museumsbahn wiederbelebt, gefahren wird von Mai bis Oktober an den Wochenenden und zu Feiertagen.

Scharfenstein

Die Burg Scharfenstein, am rechten Zschopau-Ufer auf einem 34 Meter hohen Bergsporn stehend, gehört zu den schönsten Burgen Sachsens. Karl Stülpner – oder Stülpner Karl, wie er meist genannt wird – hat sie am 12. Oktober

Burg Scharfenstein

▲ Karte S. 321

Heute technische Schauanlage: das Kalkwerk Lengefeld

1795 belagert und den damaligen Besitzern, der Adelsfamilie Einsiedel, einen gehörigen Schrecken eingejagt. Mit dem **Weihnachts- und Spielzeugmuseum**, dem **Burg- und Stülpner-Museum**, der **Volkskunst-Ausstellung**, in der alle Exponate ausprobiert werden dürfen, sowie den vielen Angeboten für Kinder definiert sich die Burg als echte Familienburg. Scharfenstein (1000 Einwohner) ist der Geburtsort von **Karl Stülpner** (→ S. 62). An der Stelle, wo sich sein Geburtshaus befand, steht ein **Gedenkstein**. Das Sterbehaus Karl-Stülpner-Weg 12 trägt eine Gedenktafel. Das **Grab** des Wildschützen befindet sich auf dem Friedhof im benachbarten Großolbersdorf.

Pobershau

»Alpendorf des Erzgebirges« nennt sich Pobershau (1700 Einwohner) gern, was aber doch etwas übertrieben sein dürfte. Reizvoll gelegen ist es auf jeden Fall. Um 1525 begann der Bergbau; um zu sehen, was davon übriggeblieben ist, zieht es seit Jahrzehnten Touristen ins **Schaubergwerk Tiefer Molchner Stolln**. Die Besucher lernen verschiedene Abbaumethoden sowie die schwere Arbeit der Bergknappen und Bergzimmerer kennen. Der Bergbau endete in Pobershau bereits 1869. Das attraktive **Ausstellungshaus Böttcherfabrik** beherbergt die Gemäldegalerie »Max Christoph«, die Werkzeugbau-Werkstatt »Wittig-Fabrik« und eine kleine Landwirtschaftsausstellung.

Lengefeld

Das älteste und besterhaltene Kalkwerk des Erzgebirges befindet sich in dem etwa zehn Kilometer von Marienberg entfernten Lengefeld. 1549 wurde es erstmals erwähnt. Vier 1975 stillgelegte pyramidenförmige beziehungsweise zylindrische Brennöfen aus dem 19. Jahrhundert, die Kalkmühle sowie die Waschkaue wurden zur **Technischen Schauanlage Kalkwerk Lengefeld**. Hier erfährt man, wie schwer die Arbeit der Kalkbrenner in den vergangenen Jahrhunderten war. In den feuchten Stollen des Lengefelder Kalkwerkes hatten die Nationalsozialisten am Ende des Zweiten Weltkrieges über 170 wertvolle Gemälde der Dresdner Galerie Alte Meister ausgelagert. Von hier aus wurden sie als Siegesbeute in die Sowjetunion gebracht, kehrten aber 1956 fast alle zurück.

Marienberg und Umgebung

Tourist-Info Marienberg, Markt 1, 09496 Marienberg, Tel. 03735/60227-0, www.marienberg.de.
Gästebüro im Schloss Wolkenstein, Schlossplatz 1, 09429 Wolkenstein, Tel. 037369/87123. www.stadt-wolkenstein.de
Gästebüro Pobershau, RS Dorfstr. 68 (im Haus des Gastes), 09496 Pobershau, Tel. 03735/23436. www.pobershau.de

Preßnitztalbahn von Wolkenstein nach Jöhstadt; Fahrten mit Dampflok Sa/So von Mai bis Okt., einzelne Fahrten auch an Feiertagen und im Winterhalbjahr, Termine im Internet.
www.pressnitztalbahn.de

Hotel Weißes Roß, Annaberger Str. 12, Marienberg, Tel. 03735/68000; 50 Zi., DZ ab 79 Euro. Komfortable Zimmer in unterschiedlichen Kategorien. Gediegenes Ambiente im eleganten Restaurant *Rote Stube*, im rustikalen Gewölbekeller *Roßtunnel* (tägl. ab 11.30 Uhr) vor allem bodenständige Küche. An Werktagen gibt es ein Mittagsgericht für 4,50 Euro.
www.weisses-ross.com
Berghotel Drei Brüder Höhe, Drei Brüder Höhe 1, Marienberg OT Lauta, Tel. 03735/6000; 36 Zi., DZ ab 75 Euro. Etwas außerhalb idyllisch im Wald gelegenes Landhotel. www.drei-brueder-hoehe.de
Hotel und Restaurant Waldmühle, Badstr. 18, Wolkenstein OT Warmbad, Tel. 037369/1390; 29 Zi., DZ ab 92 Euro. Waldrandlage, Zimmer unterschiedlicher Kategorie, teilweise mit Balkon. Rustikal-gemütliches Restaurant (Mo–Fr ab 17, Sa/So ab 11.30 Uhr).
www.waldmuehle-erzgebirge.de
Flair Hotel Schwarzbeerschänke, Amtsseite Hinterer Grund 2, Pobershau, Tel. 03735/91910; 35 Zi., DZ ab 86 Euro. Familienfreundliches Hotel mitten in der Natur, modern eingerichtete Zimmer teilweise mit Balkon und Terrasse. Wellnessbereich mit Saunalandschaft und Schwimmbad. Der erzgebirgischen Tradition verpflichtetes Restaurant (Mo ab 17, Di–So ab 11 Uhr).
www.schwarzbeerschaenke.de
Landgasthof Wemmer, Marienberger Str. 171, Großrückerswalde, Tel. 66080; 30 Zi., DZ ab 80 Euro. 5 Kilometer von Marienberg entfernt, ländliches Anwesen mit gemütlichen Zimmern.
www.landgasthof-wemmer.de

Huthaus zum Molchner Stolln, Amtsseite-Dorfstr. 69, Pobershau, Tel. 03735/669922; Sa–Do ab 11 Uhr. Deftige Hausmannskost, erzgebirgische Spezialitäten im traditionell eingerichteten Restaurant neben dem Besucherbergwerk.
www.huthaus-pobershau.eu

Pferdegöpel auf dem Rudolphschacht, Lautaer Hauptstr. 12, Marienberg OT Lauta, Tel. 03735/608968; Di–So 10.30–16.30, Führungen Di–Fr 13, 14.30, Sa/So 11, 13, 14.30 Uhr, Führungen mit Pferden Sa, So 13, 14.30 Uhr.
Museum sächsisch-böhmisches Erzgebirge, im Bergmagazin, Am Kaiserteich 3, Marienberg, Tel. 03735/66812910; Di–So 10–16 Uhr.
Schloss Wolkenstein, Schlossplatz 1, Wolkenstein, Tel. 037369/87123; Di–So 10–17 Uhr. Schlossführung So 10.30 Uhr.
www.stadt-wolkenstein.de
Burg Scharfenstein, Schlossberg 1, Scharfenstein, Tel. 03725/70720; Di–So April–Okt. 10–17.30, Nov.–März 10–17 Uhr.
www.die-sehenswerten-drei.de
Schaubergwerk Molchner Stolln, Amtsseite Dorfstr. 67, Pobershau, Tel. 03735/62522; Di–So 10–16 Uhr, Führungen 10, 11.30, 13, 14.30 und 16 Uhr.
www.molchner-stolln.de
Technische Schauanlage Kalkwerk Lengefeld, Kalkwerk 4a, Pockau-Lengefeld, Tel. 037367/2274; April/Mai, Sept./

▶ Karte S. 321

Okt. Mi–So 10–16, Juni–Aug. Di–So 10–17 Uhr.
www.kalkwerk-lengefeld.de

Ausstellungszentrum Böttcherfabrik, RS Dorfstr. 112, Pobershau, Tel. 660162, Fr–So 13–17 Uhr.

Erlebnisbad Aqua Marien, Am Lautengrund 5, Marienberg, Tel. 03735/68080; tägl. 10–22 Uhr. Badelandschaft mit Wellen- und Solebecken und Saunalandschaft, großer Wellnessbereich.
www.aquamarien.de

Silber-Therme Warmbad, Am Kurpark 3, Wolkenstein OT Warmbad, Tel. 037369/15115; tägl. 9–22 Uhr. Zwei Innen- und ein Außenbecken, sechs verschiedene Saunen, Wellness-Bereich *Jungbrunnen* mit vielen Angeboten. www.warmbad.de

Lama-Ranch Pobershau, Hinterer Grund 17 b, Pobershau, Tel. 03735/23586. Wanderungen mit Lamas, von Schnuppertouren (1–2 Std.) bis Tagestouren (5–7 Std). www.lama-ranch.de

Kletterwelt Erzgebirge, Marienberger Str. 36, Pockau, Tel. 03735/66020; Di–Do 17–21, Fr 14–21, Sa/So 13–21 Uhr. Indoor-Kletterhalle mit verschiedenen Kletterbereichen; Klettergrundkurse für Anfänger ab 7 Jahre und Frauenklettern.
www.kletterwelt-erzgebirge.de

Kurort Seiffen

In Seiffen ist das ganze Jahr über Weihnachten. Tausende von Pyramiden, Schwibbögen und Nussknackern strahlen einen in den Dutzenden von Werkstätten an. Seiffen (2300 Einwohner) ist das bekannteste Spielzeugdorf im Erzgebirge. Der Niedergang des Bergbaus im mittleren Erzgebirge vor 300 Jahren zwang viele Kumpel, sich nach neuem Broterwerb umzusehen. Zahlreiche von ihnen begannen, aus dem Holz der Wälder Teller und andere Gebrauchsgegenstände zu drechseln, erstmals schob sie 1699 ein Johann Friedrich Hiemann auf einem Schubkarren nach Leipzig zur Messe. Ab Mitte des 18. Jahrhunderts verdrängte dann das Spielzeug immer mehr die Gebrauchsgegenstände.

Zwischen Kurort Seiffen und Neuhausen erhebt sich die kahle Kuppe des **Schwartenberges** (789 Meter), von den Einheimischen kurz »de Schwart« genannt.

Weihnachtliches gibt es in Seiffen das ganze Jahr über

Spielzeugmuseum

Die große, durch zwei Stockwerke des Spielzeugmuseums aufragende Weihnachtspyramide hat eine Höhe von 6,30 Meter. In der Ausstellungf für erzgebirgisches Spielzeug und erzgebirgische Volkskunst erfreuen unzählige Pyramiden, Hängeleuchter, Räuchermännchen und Nussknacker das Auge. Die ältesten Exponate stammen aus der Zeit um 1800.

Erzgebirgisches Freilichtmuseum

Das Drehen von Reifen ist nur im Seiffener Spielzeugwarengebiet zu Hause. Am Ortsausgang in Richtung Deutscheinsiedel wird es im Erzgebirgischen Freilichtmuseum vorgeführt, das mit der Alltagskultur im mittleren Erzgebirge am Ende des 19. Jahrhunderts vertraut macht. Der Reifendreher zaubert aus einer Holzscheibe einen Reifen mit Vertiefungen und Erhöhungen, der nicht erkennen lässt, was seine Phantasie erdacht hat. Erst wenn er den Reifen mit Hammer und einem scharfen Messer spaltet, ist das Profil der Tiere im Querformat sichtbar. Bis zu 60 kleine Tiere entspringen einem solchen Reifen als Rohlinge. Die beschnitzt und bemalt man, Ohren, Schwanz und andere Einzelteile werden angeleimt.

Zur Blütezeit dieser Handwerkskunst Ende des 19., Anfang des 20. Jahrhunderts reisten jährlich zehntausende von hölzernen Spieltieren von Seiffen aus in die Welt. Sorgsam achteten die Seiffener einst darauf, dass diese Kunstform des Drechselns ihr Geheimnis blieb. Dennoch gelang es 1922 dem japanischen Kunstgewerbeprofessor Joichi Kogure, zwei Reifendreherwerkstätten zu besichtigen und für 50 Reichsmark sogar einen Reifen zu erwerben. Diesen Reifen nach Tokio zu tragen, war dem Japaner allerdings nicht vergönnt. Kaum wieder auf der Straße, musste er ihn zurückgeben. Im Bericht der Landeskriminalpolizei Dresden heißt es hierzu, dass der Herr aus Tokio »in einer Art und Weise die verschiedensten Spielwarenbetriebe besucht hat, die keinen Zweifel läßt, daß sich Kogure in dem dortigen Bezirk lediglich zu dem Zwecke aufgehalten hat, um Wirtschaftsspionage zu betreiben.« Seit diesem Vorfall befanden sich an den Türen der Reifendreherwerkstätten Schilder mit der Aufschrift »Zutritt für Fremde verboten«, ein Zusatz zum Innungsstatut verbot das öffentliche Vorführen.

Holztiere aus der Reifendreherei

Das Reifendrehen wird auch in der **Schauwerkstatt** der Seiffener Volkskunst e.G. in der Bahnhofstraße 12 gezeigt.

Bergkirche

Für den achteckigen Zentralbau (1776–1779) diente vermutlich die Dresdner Frauenkirche als Vorbild. Besonders stimmungsvoll ist ein Besuch, wenn die schönen vier Glasleuchter aus dem 17. bis 19. Jahrhundert im Kerzenglanz erstrahlen und die 1873 erbaute Orgel erklingt. Oberhalb der Kirche, an der Deutschneudorfer Straße, beginnt der **Historische Bergbausteg**, der zu 20 Stätten des einstigen Bergbaus führt. An allen Objekten sind Beschreibungen angebracht, für die Begehung sollten etwa 90 Minuten eingeplant werden.

▸ Karte S. 321

Olbernhau

Auf dem größten der drei zentnerschweren Hämmer der Olbernhauer Saigerhütte soll sich 1712 Russlands Zar Peter I. bei einem Ritt vergnügt haben, erzählt die Legende. Heute ist die **Saigerhütte Grünthal** (1537) – auch Lange Hütte genannt – ein technisches Denkmal. In ihr wurde das im Bergbau geförderte Silber und Kupfer »gesaigert«, das heißt, von anderen Metallen gereinigt. In ihrer Größe und erhaltenen Substanz ist die aus 22 historischen Bauten bestehende Anlage als Denkmal der Buntmetallurgie einmalig in Europa.

Grünthaler Dachkupfer ziert weit über 400 Profan- und Sakralbauten in mehreren Ländern, darunter die Dächer der Dome in Wien, Krakau und Magdeburg. Verarbeitet wurde das Kupfer zu Platten, Kesseln und Pfannen in dem erhalten gebliebenen Hammerwerk aus dem 17. Jahrhundert.

»Stadt der sieben Täler« wird Olbernhau (11 700 Einwohner) wegen seiner reizvollen Seitentäler gern genannt. Einblick in die regionale Natur und Geschichte gibt das **Museum Olbernhau**, das sich in einem Teil des ehemaligen Rittergutes (1654) am Markt befindet.

Familien zieht es ins **Stockhausen Spielzeugland**, hier können die Kinder auf drei Etagen toben, durch die Röhrenrutsche sausen und mit der Holzeisenbahn spielen.

Neuhausen

4,9 Millimeter misst der kleinste Nussknacker im **Nussknackermuseum** in Neuhausen (2700 Einwohner). Er ist voll funktionsfähig, aber dennoch nur ein Schauobjekt, denn für ihn gibt es keine

Hämmer der Saigerhütte Grünthal

passenden Nüsse. Begrüßt werden die Museumsbesucher von einem 5,87 Meter großen Nussknacker. Im Museum sind insgesamt mehr als 5000 Exemplare aus 30 Ländern zu sehen.

Das **Technische Museum Alte Stuhlfabrik**, ebenfalls in der Bahnhofstraße 20, zeigt den Werdegang vom Brett bis zum fertigen Stuhl. Das **Glashüttenmuseum** des Erzgebirges in der Freiberger Straße hat unter anderem das Modell einer spätmittelalterlichen Glashütte ausgestellt. Das reizvolle **Schloss Purschenstein**, das nach einem Brand 1989 viele Jahre trist vor sich hindöste, wurde zu einem schicken Schlosshotel.

Mit einer Besonderheit wartet der Ortsteil **Cämmerswalde** auf: Hier stehen eine IL-14, ein Jagdjet MIG 21 und ein Hubschrauber MI-2 zur Besichtigung bereit. Die Parkeisenbahn fährt rund um die Flugzeuge.

Im Nussknackermuseum

Kurort Seiffen und Umgebung

Vorwahl: 037362.

Postleitzahl: 09548.

Tourist-Information Seiffen, Hauptstr. 73 (im Spielzeugmuseum), 09548 Seiffen, Tel. 037362/8438. www.seiffen.de

Tourist-Information Olbernhau, Grünthaler Str. 20, 09526 Olbernhau, Tel. 037360/689866. www.olbernhau.de

Touristinformation Neuhausen, Bahnhofstr. 12, 09544 Neuhausen, Tel. 037361/159777. www.neuhausen-erzgebirge.de

Panorama Berghotel Wettiner Höhe, Jahnstr. 23, Kurort Seiffen, Tel. 037362/1400; 63 Zi., DZ ab 84 Euro. Der Name sagt es schon: Von den meisten Zimmern hat man einen wunderschönen Rundblick in die bergige Landschaft. Im Restaurant werden feine erzgebirgisch-sächsische Küche und internationale Spezialitäten serviert (tägl. ab 12 Uhr). www.wettiner-hoehe.de

Hotel Saigerhütte, In der Hütte 4 und 9, Olbernhau, Tel. 037360/7870; 31 Zi., DZ ab 90 Euro. In der Saigerhütte ist alles historisch: Wohlfühlen kann man sich in den traditionsreichen Gebäuden *Hüttenschänke* und *Haus des Anrichters*. In der *Hüttenschänke* kommen regionale und saisonale Köstlichkeiten auf den Tisch (tägl. ab 11 Uhr). www.saigerhuette.de

Schlosshotel Purschenstein, Purschenstein 1, Neuhausen, Tel. 037361/14080; 50 Zi., DZ ab 99 Euro. Eine schöne Verbindung von altem Stil und modernem Komfort in einem Märchenschloss. Im Keller ist der Wellnessbereich mit Swimmingpool untergebracht. Die Remise wurde zum Restaurant, im Sommer schmeckt der Kaffee auch auf der Terrasse (tägl. ab 15, Sa/So auch 12–14 Uhr). www.purschenstein.de

Hotel Dachsbaude und Kammbaude, Neuhausen/Erzg. OT Heidelbach, Tel. 037361/

▶ Karte S. 321

14690; 31 Zi., DZ ab 78 Euro. Familiär geführte Häuser zwischen Seiffen und Neuhausen auf dem Kamm des Erzgebirges, ruhig und ortsfern gelegen, Wander- und Radwege ab Haus. Rustikales Restaurant mit regionaler Küche (tägl. ab 11.30 Uhr). www.hotel-dachsbaude.de

Ferienpark Seiffen, Deutschneudorfer Str. 57, Tel. 037362/150. 17 moderne 1- bis 4-Raum-Apartments und ein Campingplatz mit 124 Stellplätzen. www.ferienpark-seiffen.de

Erzgebirgisches Spielzeugmuseum Seiffen, Hauptstr. 73, Tel. 037362/17019; tägl. 10–17 Uhr. www.spielzeugmuseum-seiffen.de

Erzgebirgisches Freilichtmuseum Seiffen, Hauptstr. 203, Tel. 037362/8388; April–Okt. tägl. 10–17, Nov.–März 10–16 Uhr, Mittagspause Reifendreher 12–13 Uhr.

Schauwerkstatt der traditionellen Handwerkstechniken Seiffen, Bahnhofstr. 12, Tel. 037362/7740; Schauwerkstatt Mo–Fr 10–16 Uhr, in der Adventszeit auch am Wochenende Vorführungen, Laden Mo–Fr 10–17, Sa/So 10–16 Uhr. www.schauwerkstatt.de

Bergkirche Seiffen, Mo–Sa 11–15, So 13–15 Uhr, kleine Führung mit Orgelspiel Mo–Sa 12 Uhr. www.bergkirche.seiffen.de

Museum Saigerhütte mit Kupferhammer, In der Hütte 10, Olbernhau, Tel. 037360/73367; Febr.–Dez. Di–So 9.30–16.30 Uhr, Führungen Kupferhammer März–Dez. Di–So 9.30, 10.30, 11.30, 13, 14, 15, 16 Uhr. www.olbernhau.de

Museum Olbernhau, Markt 7, Olbernhau, Tel. 037360/72180; Di–Sa 10.30–16.30, So 12–16.30 Uhr. www.museum-olbernhau.de

Erzgebirgisches Glashüttenmuseum, Freiberger Str. 10, Neuhausen, Tel. 037361/50999, Mi–Fr 10–12, 13–16, Sa/So 13–16.30 Uhr.

Nussknacker-Museum und Technisches Museum Alte Stuhlfabrik, Bahnhofstr. 20–24, Neuhausen, Tel. 037361/4161; Mo–Fr 9–18, Sa/So 9–17 Uhr. www.nussknackermuseum-neuhausen.de

Flugzeugmuseum, Hauptstr. 104 b, Neuhausen OT Cämmerswalde, Tel. 037327/7386; Mi–So ab 9 Uhr. www.gaststaetteamflugzeug.de

In Seiffen wird das ganze Jahr über die originale **erzgebirgische Schnitzereikunst** angeboten. Die Werkstätten und Geschäfte haben jeden Tag geöffnet. In den Schauwerkstätten kann man zusehen, wie die beliebten Holzfiguren und -schnitzereien entstehen.

Kleine und Große Bergparade, im Dezember. Aufzug der Berg- und Hüttenknappschaft aus Seiffen und Trachtenträgern aus dem Erzgebirge.

Seiffener Weihnachtsmarkt, im Dez.. Strahlende Lichter und weihnachtlicher Glanz im ganzen Ort: Weihnachtsausstellungen, Hutzennachmittage, Advents- und Weihnachtsmusiken, Orgelmusik in der Kirche.

Sommerrodelbahn Seiffen, Bahnhofstr. 18b, Tel. 037362/7179; Mitte April –Okt. tägl. 10–18 Uhr. Auf 733 Meter Länge bietet die Bahn 9 Steilkurven und einen Riesenjump. www.seiroba.de

Alpaka-Ranch, Am Schindelberg 6, Kurort Seiffen, Tel. 037362/8537. Ein besonderes Erlebnis: Trekkingtouren von 45 Min. bis zwei Stunden mit Alpakas. www.alpakaranch-seiffen.de

Spielzeugland Stockhausen, In der Hütte 8, Olbernhau, Tel. 037360/79950; Mai–Sept. Mo, Do–So 12–18, Okt.–April Mo, Do, Fr 12–18, Sa/So 10–18 Uhr. www.stockhausen-spielzeugland.de

Osterzgebirge

Das Osterzgebirge ist ebenfalls eine alte Bergbaugegend, Museen und Schaubergwerke halten die Tradition wach und geben Einblick in das frühere Leben der unter Tage arbeitenden Menschen. Typisch für den östlichen Teil des Erzgebirges sind kleine Städte und langgestreckte Waldhufendörfer in den Tälern. Von denen ziehen sich die Felder mit eingestreuten Waldstücken die flachen Bergrücken hinauf. Mit 905 Metern ist der **Kahleberg** die höchste Erhebung des Osterzgebirges auf deutschem Gebiet. Und wie überall im Erzgebirge ist es hier besonders zur Weihnachtszeit schön, wenn die Fenster mit Schwibbögen illuminiert sind und auf den Markt- und Dorfplätzen die Lichter der Pyramiden funkeln.

Dippoldiswalde

Dippoldiswalde (14500 Einwohner) heißt in dieser Gegend nur kurz »Dipps«. Einst soll es hier 122 Bergbaugruben gegeben haben, doch die Ergiebigkeit war gering: 1864 kam der Bergbau zum Erliegen. Den Markt beherrscht das **Rathaus** mit einem breiten Renaissancegiebel von 1540. Die dreischiffige **Stadtkirche** stammt im Wesentlichen aus dem 15. Jahrhundert. Nicht vergessen sollte man, im Inneren nach oben zur hölzernen Kassettendecke zu schauen: Die 33 von Hans Panitz geschaffenen Bilder (1640 – 1642) sind sehenswert, aber auch das Kreuzigungsgemälde des Altaraufsatzes von Johann Fink. Die turmlose **Nikolaikirche** (um 1230) besitzt noch etwas von der Bemalung aus dem 13. und 14. Jahrhundert, große Teile des Flügelaltars stammen aus dem frühen 16. Jahrhundert.

Dippoldiswalde war ab dem Mittelalter ein Zentrum der Gerberei, 1824 bestanden noch 14 Werkstätten. Eine von ihnen, die **Ulbrichsche Lohgerberei** in der heutigen Freiberger Straße 18, wurde zur musealen Schauanlage. Von 1750 bis 1920 verwandelten sich in der Gerberei tierische Häute in Leder. Zu den ausgestellten Dokumenten gehört das Statut der Lohgerberinnung von 1885, dessen Paragraph 47 bestimmt: »Den Lehrlingen der Innungsmeister ist der Besuch von Schank- und öffentlichen Lokalen, sofern derselbe nicht in Begleitung erwachsener Angehöriger stattfindet, untersagt.«

Im Lohgerbermuseum Dippoldiswalde

▲ Karte S. 357

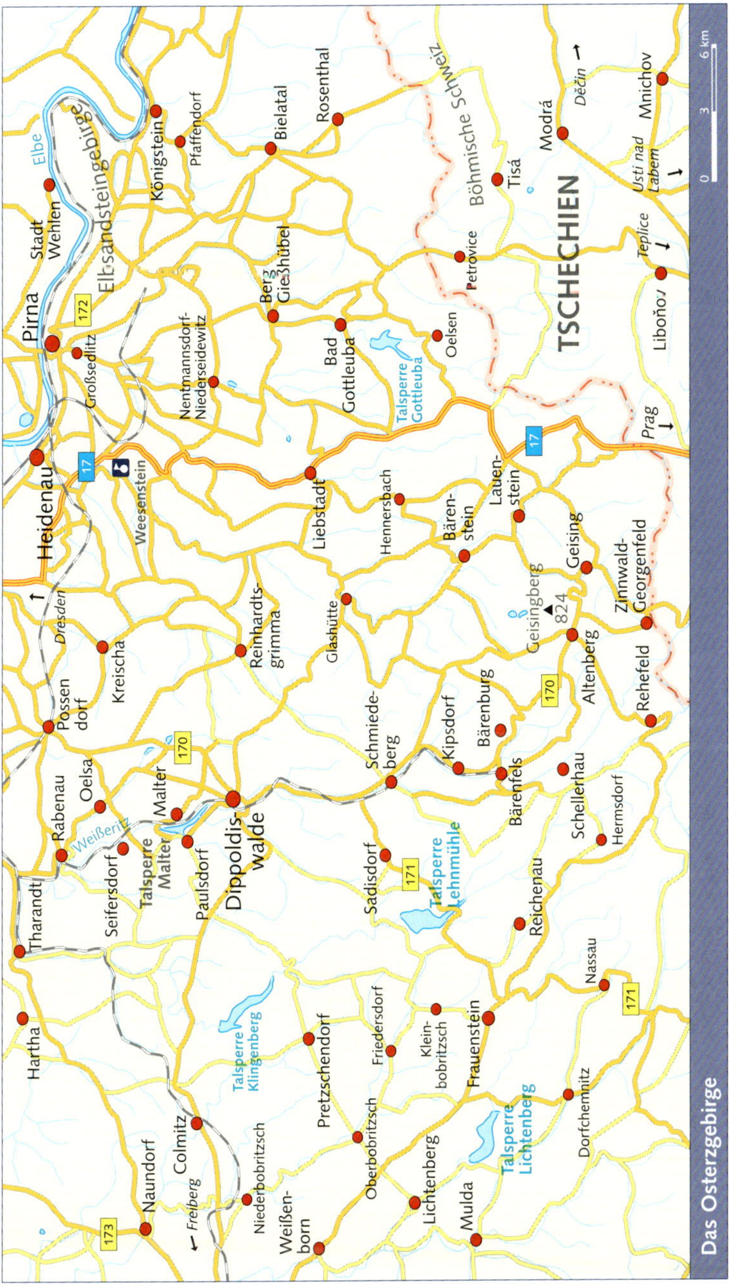
Das Osterzgebirge
Pirna
Stadt Wehlen
Elbe
Elbsandsteingebirge
Königstein
Pfaffendorf
Bielatal
Rosenthal
Böhmische Schweiz
Tisá
Modrá
Děčín
Mnichov
Ústí nad Labem
Teplice
Libouchec
TSCHECHIEN
Petrovice
Oelsen
Berg Gießhübel
Bad Gottleuba
Talsperre Gottleuba
Großsedlitz
Nentmannsdorf-Niederseidewitz
Heidenau
Weesenstein
Liebstadt
Hennersbach
Bärenstein
Lauenstein
Geising
Zinnwald-Georgenfeld
Prag
Dresden
Kreischa
Possendorf
Reinhardtsgrimma
Glashütte
Geisingberg
824
Altenberg
Rehefeld
Bärenburg
Kipsdorf
Schmiedeberg
Bärenfels
Schellerhau
Hermsdorf
Rabenau
Oelsa
Malter
Weißeritz
Talsperre Malter
Seifersdorf
Paulsdorf
Dippoldiswalde
Sadisdorf
Talsperre Lehnmühle
Reichenau
Tharandt
Hartha
Talsperre Klingenberg
Pretzschendorf
Friedersdorf
Kleinbobritzsch
Frauenstein
Nassau
Naundorf
Colmitz
Freiberg
Niederbobritzsch
Weißenborn
Oberbobritzsch
Lichtenberg
Talsperre Lichtenberg
Mulda
Dorfchemnitz
17
170
171
172
173
0 3 6 km

EXTRA

Weißeritztalbahn – mit dem Oldtimer ins Osterzgebirge

Am 12. August 2002 kam für Deutschlands älteste planmäßig verkehrende Schmalspurbahn ein jähes Ende. Die Flut des sogenannten Jahrhunderthochwassers zerstörte die Gleisanlagen schwer, der Wagenpark blieb glücklicherweise unbeschädigt. Die Weißeritztalbahn musste den Betrieb einstellen. Nach aufwendigen Arbeiten konnte am 13. Dezember 2008 der erste 15 Kilometer lange Teilabschnitt von Freital-Hainsberg nach Dippoldiswalde wieder in Betrieb genommen werden. Drei Brücken mussten neu gebaut und 19 saniert werden, mehr als 8000 Tonnen Gleisschotter waren erforderlich, 69 Stützmauern wurden instandgesetzt und drei Bahnübergänge neu errichtet. Auf dem zweiten Streckenabschnitt bis Kurort Kipsdorf fuhr am 17. Juni 2017 erstmals wieder ein Zug. Die Fahrzeit für die gesamte Strecke beträgt 86 Minuten, die Züge erreichen eine Höchstgeschwindigkeit von 30 Stundenkilometer.

In **Freital-Hainsberg**, das an der Normalspurstrecke Dresden – Chemnitz der Deutschen Bahn liegt, beginnt die Schmalspurstrecke. Unmittelbar hinter dem Bahnhof überquert der Zug die Wilde und die Rote Weißeritz. Hinter dem ersten Haltepunkt **Freital-Coßmannsdorf** zwängt sich das Bähnel in den romantischen, etwa fünf Kilometer langen **Rabenauer Grund**, ein bis zu 80 Meter tief in die Felsen geschnittenes Kerbtal. Der schmale Fußweg durch den Grund besteht seit 1834, bevor er angelegt werden konnte, mussten Freiberger Bergleute anrücken und Felsen sprengen, die den Weg versperrten. Nach **Rabenau**, dem traditionsreichen Städtchen im Sitzmöbelbau, sowie den Dörfern **Spechtritz** und **Seifersdorf** wird **Malter** erreicht. Das Dorf gab der zwischen 1909 und 1913 erbauten Talsperre den Namen, die das Wasser der Roten Weißeritz staut. Am Ostufer der Talsperre Malter entlang dampft der Oldtimer weiter nach **Dippoldiswalde**. Über die Entstehung des Namens Dippoldiswalde berichtet eine Legende: Ein böhmischer Prinz soll von einem Eremiten mit Namen Dietpold oder Dippold aufgenommen und getauft worden sein. Der Prinz war über diesen Aufenthalt so glücklich, dass er Jahre später an dieser Stelle eine Siedlung gründete und sie nach dem Eremiten benannte.

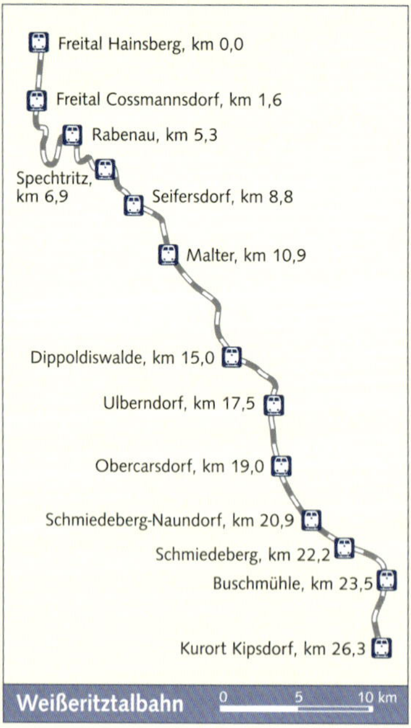

Zunächst war der Bau einer normalspurigen Bahn angedacht, doch das Vorhaben scheiterte rasch, denn der Rabenauer Grund war dafür einfach zu eng. Deshalb verlegte man Schmalspurgleise von 750 Millimeter Breite. Eröffnet wurde der erste Abschnitt der Strecke am 1. November 1882, die Züge fuhren bis

Die Weißeritztalbahn

Schmiedeberg. Auf der Verlängerung bis Kurort Kipsdorf dampfte zum ersten Mal am 3. September 1893 ein Zug. Die Fahrgastzahlen stiegen von Jahr zu Jahr, 1932 bis 1935 erweiterte man deshalb den Bahnhof Kipsdorf. Doch das war nicht so einfach, mehr als 40 000 Kubikmeter Fels mussten gesprengt werden. Die heutigen Lokomotiven der Weißeritztalbahn wurden 1929 in Chemnitz gebaut und stammen aus der Baureihe 99.73–76, die Waggons aus den Jahren 1911 bis 1930. Die Bahn verbindet die beliebten Ausflugsziele Rabenauer Grund, Talsperre Malter und das östliche Erzgebirge um Bärenfels und Altenberg. Die 26,3 Kilometer lange Strecke mit ihren 34 Brücken ist wohl die romantischste in Sachsen. Die Züge haben einen Höhenunterschied von 351 Meter zu überwinden, die größte Steigung beträgt 1:33.

Vor jedem Wegübergang bimmelt die Bahn, und die Lok hüllt die Wagen in Dampf. Nach **Ulberndorf** und **Obercarsdorf** erreicht man **Schmiedeberg**, in dem eine der schönsten Kleinkirchen Sachsens steht: die Dreifaltigkeitskirche (1713–1716). Der barocke Zentralbau über dem Grundriss eines Kreuzes stammt von George Bähr, dem Schöpfer der Frauenkirche in Dresden, die Sandsteintaufe im Inneren schuf der Dresdner Hofbildhauer Benjamin Thomae.

In Schmiedeberg rollt der Zug über einen 191 Meter langen und 10 Meter hohen Steinviadukt von 1915. Danach geht es steil bergauf zum schön gelegenen Kurort **Kipsdorf** zu Füßen des Hohen Brandes (650 Meter) und der Tellkoppe (758 Meter). Hier ist Endstation.

Im Uhrenmuseum Glashütte

Talsperre Malter

Die Talsperre hat sich zu einem beliebten Erholungsgebiet im Osterzgebirge entwickelt. Nach einem verheerenden Hochwasser 1897 begann 1909 der Bau der Talsperre, 1913 war sie fertiggestellt. Die drei **Strandbäder** in Paulsdorf, Seifersdorf und Malter versprechen Badespaß, Boote können ausgeliehen werden, auf den Campingplätzen in Paulsdorf und Malter stehen Wohnwagen zum Mieten bereit. In der kalten Jahreszeit erholt man sich im **Erlebnis-Hallenbad** in Paulsdorf.

Schloss Kuckuckstein

Glashütte

In Glashütte entsteht Luxus: In dem kleinen Ort (6800 Einwohner) zehn Kilometer von Dippoldiswalde entfernt werden die teuersten und kompliziertesten Uhren Deutschlands hergestellt. Ein nobles Stück für 100 000 Euro ist keine Seltenheit. »Glashütte Original« – hier können Besucher hinter Glasscheiben die Produktion miterleben – sowie »A. Lange & Söhne« sind die Avantgarde der Uhrenherstellung. Fast jedes Teil wird in den Werkstätten selbst gefertigt, das beginnt beim Zahnrädchen und endet bei den Schräubchen. 6000 bis maximal 8000 Uhren verlassen jährlich die Werkstätten. Auch zu DDR-Zeiten entstanden in Glashütte Uhren, es war jedoch Massenware, die Uhren galten als reine Gebrauchsgegenstände. 1845 begründete ein Ferdinand Adolf Lange im Auftrag der sächsischen Landesregierung in dem Ort die Uhrenherstellung. Als Dank für seine Leistung stellte die Stadt 1895 im Stadtzentrum ein Denkmal für Lange auf. Was lag näher, als in Glashütte ein **Uhrenmuseum** einzurichten. Zu sehen sind mehr als 400 Glashütter Taschen- und Armbanduhren aus verschiedenen Epochen. Auf die Uhrenindustrie weist das Ziffernblatt im Stadt-

▸ Karte S. 357

wappen hin, Schlägel und Eisen auf den früher bedeutenden Bergbau in Glashütte und Umgebung.

Ein Ort der Kultur ist der Glashütter Ortsteil **Reinhardtsgrimma**. In den Festsaal des Barockschlosses, das heute eine Bildungsstätte beherbergt, wird zu Konzerten geladen, ebenso wie in die Kirche, deren Silbermannorgel durch ihren bezaubernd schönen, weichen warmen Klang fasziniert.

Liebstadt

Von Glashütte sind es lediglich drei Kilometer bis Liebstadt (1300 Einwohner), in dem sich der mittelalterliche Stadtkern auf kleiner Fläche drängt. Anziehungspunkt ist das am Berghang erbaute malerische **Schloss Kuckuckstein**, das sich heute in Privatbesitz befindet.

In der im Wesentlichen spätgotischen Burganlage warten unter anderem der Rittersaal und das Jagdzimmer auf Besucher. Es gibt auch ein Napoleon-Zimmer, denn der berühmte Franzose hielt sich am 9. September 1813 hier auf.

Gegenüber dem Schloss steht die spätgotische **Kirche** mit schönem Sterngewölbe.

Frauenstein

Das kleine adrette Städtchen (3000 Einwohner) kam durch den berühmtesten sächsischen Orgelbaumeister Gottfried Silbermann zu Ehren: Im Ortsteil Kleinbobritzsch wurde er 1683 im Haus Dorfstraße 4 geboren, in der Hayngasse 102 verbrachte er seine Jugendjahre. Verständlich, dass die Stadt ein **Gottfried-Silbermann-Museum** besitzt. Seit 1994 ist ein Nachbau jener Orgel zu sehen, die Silbermann für die Kirche im sächsischen Etzdorf fertigte und die sich seit 1939 in der Krypta des Bremer Doms befindet.

Am Markt von Frauenstein

Den touristischen Anziehungspunkt von Frauenstein bildet Sachsens größte mittelalterliche **Burgruine**. Die im 13. Jahrhundert erstmals erwähnte Burg, lange Zeit Grenzburg der Markgrafen zu Meißen, wurde beim großen Stadtbrand 1728 zerstört.

Dippoldiswalde und Umgebung

Stadtverwaltung/Tourist-Information Dippoldiswalde, Markt 2, 01744 Dippoldiswalde, Tel. 03504/64990.
www.dippoldiswalde.de
www.erzgebirge-tourismus.de

Tourismusbüro Glashütte, Schulstr. 4a, 01768 Glashütte, Tel. 035053/329829.
www.glashuette-sachs.de.

Stadtinformation Frauenstein, Am Schloss 3 (im Gottfried-Silbermann-Museum), 09623 Frauenstein, Tel. 037326/1224.
www.frauenstein-erzgebirge.de.

Weißeritztalbahn, Infos über IG Weißeritztalbahn e. V., Dresdner Str. 280, Freital, Tel. 0351/6412701. Fahrschein- und Souvenirverkauf bei der Agentur im Bahnhof Freital-Hainsberg.
www.weisseritztalbahn.com

Landhaus Heidehof, Hohe Str. 2, Dippoldiswalde, Tel. 64870; 34 Zi., DZ ab 85 Euro. Landhotel mit gemütlich eingerichteten Zimmern und guter, der sächsischen Tradition verpflichteten Küche (tägl. ab 11 Uhr). www.landhaus-heidehof.de

Hotel Goldener Stern, Markt 22, Frauenstein, Tel. 037326/1221; 25 Zi., DZ/F ab 110 Euro. Familiengeführtes Hotel mitten im Städtchen. Die Zimmer sind mit Naturholzmöbeln eingerichtet; Sauna und Wellnessangebote. Im Restaurant feine erzgebirgische Küche (Mo–Mi ab 17, Do–So ab 11 Uhr).
www.goldener-stern frauenstein.de

Flair- und Berghotel Talblick, Alte Straße 144, Rechenberg-Bienenmühle OT Holzhau, Tel. 037327/838290; 26 Zi. DZ ab 99 Euro. Drei-Sterne-Komfort im ruhigen Ferienort, individuell eingerichtete Zimmer in verschiedenen Kategorien. Frische Erzgebirgsküche im rustikalen Restaurant *Barbarins* (Mo–Sa ab 15, So ab 12 Uhr). www.talblick.de

Landhotel Altes Zollhaus, Altenberger Str. 7, Hermsdorf/Erzg. OT Neuhermsdorf, Tel. 035057/540; 41 Zi., DZ ab 69 Euro. Mitten im Grünen, die Zimmer sind im Landhausstil gestaltet und mit Werken internationaler Künstler ausgestattet. Weiterhin drei Restaurants (Mo–Fr 12–14.30 und ab 18, Sa/So ab 12 Uhr), Wellnesslandschaft und Yogakurse.
www.landhotel-altes-zollhaus.com

Campingplätze direkt an der Talsperre stehen in Paulsdorf und Malter zur Verfügung, für Dauercamper und Gäste, auch Wohnwagen zum Mieten, Tel. 612169.
www.erlebnis-talsperre.de.

Lohgerber-, Stadt- und Kreismuseum Dippoldiswalde, Freiberger Str. 18, Tel. 03504/612418; Di–Fr 10–17, Sa/So 13–17 Uhr, Nov./Dez. Di–Fr 10–17, Sa/So 10–18 Uhr, 2020 geschlossen.
www.lohgerbermuseum.de

Deutsches Uhrenmuseum Glashütte, Schillerstr. 3a, Tel. 035053/46283; tägl. 10–17 Uhr.
www.uhrenmuseum-glashuette.com

▶ Karte S. 357

Schloss Kuckuckstein, Liebstadt, Tel. 035025/12770. Lesungen, Konzerte, Theater, Ausstellungen, Führungen auf Anfrage.
www.schloss-kuckuckstein.de

Gottfried-Silbermann-Museum, Am Schloss 3, Frauenstein, Tel. 1224; Di–So 10–16 Uhr, die **Burgruine** ist Mai–Okt. zu besichtigen. Regelmäßig finden Orgelkonzerte auf der Silbermann-Orgel statt.
www.silbermann-museum.de

Kammermusik- und Orgelkonzerte im Festsaal des Barockschlosses Reinhardtsgrimma sowie in der Dorfkirche Reinhardtsgrimma auf der Silbermann-Orgel.
www.reinhardtsgrimma.hiller-musik.de.

Die gesamte Region um **Dippoldiswalde** bietet gute Wandermöglichkeiten. In den Tourist-Informationen liegen Vorschläge für Wandertouren bereit.

In Frauenstein lädt der Themenrundweg **Silbermanns Wirkungsstätten** mit zwei Etappen von 4,4 km Länge und 15,6 km Länge zu Entdeckungen rund um den berühmten Orgelbaumeister Gottfried Silbermann ein. Mehrere Wandertouren sind in der Umgebung von Glashütte ausgeschildert und mit Infotafeln versehen.

Talsperre Malter, Tel. 03504/612169. Von Mitte Mai bis Mitte September haben die Strandbäder in Paulsdorf, Seifersdorf und Malter geöffnet; auch Ruderbootfahren, Surfen und Angeln sind möglich.
www.erlebnis-talsperre.de

Erlebnisbad Talsperre Malter, Am Bad 1A, Paulsdorf, Tel. 03504/613385; Di–Fr, So ab 10, Sa ab 13 Uhr, in den Schulferien auch Mo. 25-m-Schwimmbad, Erlebnisbecken mit Sprudelliegen, Massagedüsen, 44-m-Wasserrutsche und Saunalandschaft. www.erlebnisbad-talsperre.de

Altenberg

Seit Jahrhunderten zieht die Stadt (2000 Einwohner) Menschen an. Einst waren es die Schätze in der Erde, die lockten, weil sie Arbeit und Brot versprachen, heute kommen Touristen, um sich anzuschauen, was vom Bergbau übriggeblieben ist. Bereits um 1400 hat man hier durch Auswaschen Zinn gewonnen, in den Jahren nach dem Zweiten Weltkrieg gab es erneut eine Blütezeit, an die die Anlagen des **Arno-Lippmann-Schachtes** erinnern. Doch 1991 war es vorbei, der Zinnabbau wurde eingestellt, die Kosten lagen bedeutend höher als die Erträge. Zur Erinnerung an die einst glorreiche Zeit steht ein **Hunt als Denkmal** vor dem Rathaus. Erinnerung an den Bergbau sind auch der Kleine und der bereits 1553 angelegte Große Galgenteich. Heute wird auf dem **Großen Galgenteich** gerudert, im **Kleinen Galgenteich** mit sehr sauberem Wasser bildet eine 50 Meter lange Wasserrutsche die Attraktion.

Nordöstlich der Stadt ragt der **Geisingberg** (824 Meter) aus der Landschaft, der die tollste Fernsicht ins Osterzgebirge bietet.

Der letzte Hunt von Altenberg

Die Pinge von Altenberg

Bergbaumuseum

Interessante Einblicke in den Bergbau gewährt das Bergbaumuseum. In ihm lässt sich der Weg des Zinns vom Roherz bis zum Fertigprodukt verfolgen. Im Neubeschert-Glück-Stollen, einem etwa 200 Meter langem **Schaustollen**, lernen die Besucher die Technologie des Auffahrens und des Ausbaus von Strecken kennen. Einblick in die frühere Erzaufbereitung gibt es nebenan in der historischen **Zinnwäsche**, die bereits im 16. Jahrhundert an dieser Stelle das Erz aus dem Gestein herauslöste. Allein schon wegen ihrer gebietstypischen Architektur gehört sie zu den wertvollsten technischen Kulturdenkmalen des Erzgebirgsraumes.

Pinge

Zu ihrer größten Sehenswürdigkeit kam die in eine sanfte Talmulde eingebettete Stadt durch eine Katastrophe: In den frühen Morgenstunden des 24. Januar 1620 weckte ein gewaltiges Getöse die Menschen, die Erde bebte, Häuser stürzten ein. »Vier Zechen und ein Schacht verfielen und des Bergschmieds Wohnhaus versank«, war in der »Nachricht von der Bergstadt Altenberg« aus dem Jahre 1747 zu lesen, die auch meldete: »Die meisten Bergleute sind glücklich gerettet worden, obschon sie zum Teil drei Tage und Nächte lang ohne Speise in der Tiefe ausharren mussten.« Mehr als 200 Jahre lang war die Landschaft durch den Bergbau planlos unterhöhlt worden, was letztlich zu dem Zusammenbruch führte. Es entstand ein mächtiger Krater mit bis zu 120 Meter abfallenden Felswänden und einem Durchmesser von 450 Meter, bergmännisch Pinge genannt. Eine größere Pinge gibt es in ganz Europa nicht. Ein Blick in die Tiefe ist nur im Rahmen einer geführten Bergbauwanderung von einem nicht öffentlich zugänglichen Aussichtspodest möglich.

Rennschlitten- und Bobbahn

Sylke Otto, die in Oberwiesenthal die Sportschule besuchte und als erfolgreichste Rennrodlerin aller Zeiten gilt, jagte oft auf der Altenberger Renn- und Bobbahn zu Tal, die mit zu den modernsten und anspruchsvollsten Anlagen gehört. Die Sportler erreichen eine Geschwindigkeit von bis zu 140 Stundenkilometern. Die 1413 Meter lange Bahn ist Austragungsort großer internationaler Wettkämpfe. Zu den letzten Höhepunkten gehörte die Bob- und Skele-

Altenberger Rennschlitten- und Bobbahn

▲ Karte S. 357

Im Botanischen Garten Schellerhau

ton-Weltmeisterschaft im Februar 2020 vor tausenden von Zuschauern. Auch als Gast kann man sich dem Nervenkitzel aussetzen – an Bord eines Viererbobs, gesteuert von einem erfahrenen Piloten und Bremser. In der warmen Jahreszeit fährt der Bob statt auf Kufen auf Rädern.

Schellerhau

Die **Dorfkirche** (1591–1593) in dem fünf Kilometer von Altenberg entfernten Ferienort (450 Einwohner) gehört zu den Schmuckstücken der Region, ihre farbige Ausmalung ist mehr als 300 Jahre alt. Den Namen des Künstlers verzeichnet keine Chronik, denn ein Pfarrhausbrand vernichtete 1717 alle Akten. Das Geläut der Kirche besteht aus drei Glocken: Eine 1543 gegossene, die von Kurfürst August als Geschenk kam, eine zweite, die im Zweiten Weltkrieg eingeschmolzen werden sollte, aber nach Kriegsende in Hamburg aufgefunden wurde und zurückkehrte, und eine dritte, die sich die Gemeinde 1965 kaufte. Eine bewegte Geschichte haben auch die beiden Bergmannsleuchter auf dem Altar: Sie kamen 1685 als Geschenk in die Kirche, 1813 raubten sie durchziehende französische Soldaten, genau 100 Jahre später tauchten die Leuchter in Köln wieder auf, doch erst 1940 war die Gemeinde nach einer Geldsammlung in der Lage, die beiden Leuchter zurückzukaufen.

Mehr als 1400 Pflanzen der Erzgebirgsflora und der Mittel- und Hochgebirge Europas, Nordamerikas, Asiens und aus dem Kaukasus wachsen in dem 1906 angelegten **Botanischen Garten**. Von verschiedenen Punkten bieten sich herrliche Ausblicke über den von Frühjahr bis in den Herbst üppigen Blütenflor in die Landschaft des Osterzgebirges. Der **Klangerlebnispfad** führt zu neun stationären Musikinstrumenten, die zum Spielen und Experimentieren einladen.

Geising

Im **Wildpark Osterzgebirge** im Geisinger Ortsteil Hartmannmühle tummeln sich Dam-, Rot-, Muffel- und Rehwild, Luchs, Waschbär und Wildkatze. Im Streichelgehege leben Ziegen und Schafe, im gläsernen Bienenstock herrscht an warmen Sommertagen emsiges Treiben.

Bei Wanderern beliebt ist die Bergbaude auf der 785 Meter hohen **Kohlhaukuppe**. Vom gebührenpflichtigen Parkplatz am Hüttenteich in Geising (1200 Einwohner) führen zwei gut markierte Wanderwege zum Gipfel.

Lauenstein

Nach Lauenstein (500 Einwohner) fährt man, um das malerisch über dem Müglitztal liegende **Renaissanceschloss** zu besuchen. Das entstand Mitte des 16. Jahrhunderts neben der nur noch als Ruine vorhandenen Burg. Beim Rundgang lernt man den festlichen Wappen- und Vogelsaal kennen, der eine einzigartige, prachtvolle Stuckdecke aus dem Jahre 1609 besitzt, sowie die Schlosskapelle, in der um 1600 geschaffene Porträtplastiken stehen. Arrestzellen und eine Wächterstube erinnern an das 1853 im

Schloss Lauenstein

Schloss eingerichtete Königliche Amtsgericht Lauenstein und den Strafvollzug in jener Zeit. Zu sehen sind unter anderem Ausstellungen zu Leben und Werk von George Bähr, dem Erbauer der Dresdner Frauenkirche, der 1666 in Fürstenwalde bei Lauenstein geboren wurde und in Lauenstein seine Kindheit verbrachte, sowie zur Geschichte der Postmeilensäulen. Im **Barock- und Kräutergarten** wachsen erzgebirgstypische Nutz- und Zierpflanzen, darunter Engelwurz, der für Kräuterliköre verwendet wird, sowie die schon seit der Antike als Heilpflanze bekannte Minze.

In der spätgotischen **Stadtkirche** (15./16. Jahrhundert) steht ein prachtvoller Altar aus Sandstein mit hervorragend gearbeiteten Säulen, Reliefbildern und Freiplastiken des Pirnaer Bildhauers Michael Schwenke, der auch Kanzel und Taufstein schuf. In der sich an den Chor anschließenden Bünauschen Grabkapelle mit einer üppigen Stuckdecke befindet sich ein neun Meter hohes und fünf Meter breites Epitaph (1594) für die Schlossbesitzerfamilie, das vor allem aus Sandstein besteht. Wahrzeichen der Stadt ist der **Falknerbrunnen** (1912) vor dem Schlosseingang auf dem Markt.

Zinnwald-Georgenfeld

Von einer bis 1919 betriebenen Zinnerzgrube kann das **Huthaus** besichtigt werden, in dem die Bergleute ihre Werkzeuge aufbewahrten und in dem sie sich vor und nach ihrer Schicht versammelten. 500 Meter weiter beginnt die Führung in den Tiefen-Bünau-Stollen des **Besucherbergwerks Vereinigt Zwitterfeld zu Zinnwald**, der beeindruckend Einblick in die Arbeit unter Tage gibt. Etwa anderthalb Stunden dauert die Befahrung, 2,8 Kilometer werden dabei zurückgelegt.

Vom unter Naturschutz stehenden **Georgenfelder Hochmoor** liegt der größte Teil auf tschechischem Gebiet. Das Hochmoor, in dem seltene Pflanzen wachsen, ist auf einem 1200 Meter langen Knüppeldamm gut begehbar.

Georgenfelder Hochmoor

Altenberg und Umgebung

Vorwahl: 035056.
Postleitzahl: 01773.
Tourist-Info-Büro Altenberg, Am Bahnhof 1, Tel. 23993.
www.altenberg.de
Ortsverwaltung Geising, Hauptstr. 25, 01778 Geising, Tel.3890.
www.geising.de.

Hotel Ladenmühle, Bielatalstr. 1, Altenberg OT Hirschsprung, Tel. 3450; 46 Zi., DZ ab 74 Euro. Idyllisch im Bielatal gelegen, familiäre Atmosphäre. Restaurant (tägl. ab 11.30 Uhr) mit regionaler Küche.
www.ladenmuehle.de

Hotel Zum Bären, Talblick 6, Altenberg OT Oberbärenburg, Tel. 035052/610; 37 Zi., DZ ab 94 Euro. Gut ausgestattetes Ferienhotel mit Schwimmbad und Sauna. Regionales Restaurant (tägl. ab 11.30 Uhr). www.zum-baeren.de

Hotel Lugsteinhof, Neugeorgenfeld 36, Zinnwald-Georgenfeld, Tel. 3650; 100 Zi., DZ ab 78 Euro. In fast 900 Meter Höhe auf dem Kamm des Osterzgebirges erwarten den Gast angenehme Zimmer und viele Freizeitangebote wie Schwimmbad, Blockhaussauna, Fahrradverleih.
www.lugsteinhof.de

Bergbaude Geisingberg, auf dem Geisingberg, Tel. 35555; Fr–Di 10–16, April–Sept. bis 18 Uhr. Inmitten des Naturschutzgebietes preiswert essen und danach den wunderbaren Ausblick vom Louisenturm genießen.
www.geisingberg.de

Bergbaude Kohlhaukuppe, Kohlhaukuppe Nr. 1, Geising, Tel. 31395; Mi–So 11–17 Uhr. Gemütliche Baude, die Spezialität sind Knoblauchgerichte. Vom Turm herrliches Panorama.
www.kohlhaukuppe.de

Waldschänke Altes Raupennest, Raupennestweg 5, Altenberg, Tel. 32303; Mi–So ab 11 Uhr. Traditionsgaststätte in ruhiger Waldlage. Es werden ergebirgische Hutz'n-Nachmittage durchgeführt.
www.altesraupennest.de

▸ Karte S. 357

Gasthof Bärenfels, Alte Böhmische Str. 1, Kurort Bärenfels, Tel. 035052/2280; Do-Di ab 11 Uhr. Gesund und schmackhaft: Bio- und Spezialitätenküche, vielfach Produkte aus der Region.
www.gasthof-baerenfels.de
Wirtshaus Anno 1497, Hauptstr. 2, Geising, Tel. 22772; Mi–So ab 11 Uhr. Ältestes Haus von Geising, umrankt von Sagen und Legenden. www.anno-dazumahl.de

Bergbaumuseum Altenberg, Mühlenstr. 2, Tel. 31703; Mo–Do, Sa/So 10–16 Uhr. Pingenführungen Mai–Okt. Mi 13.30 Uhr ab Bahnhofsvorplatz.
www.bergbaumuseum-altenberg.de
Botanischer Garten Schellerhau, Tel. 035052/767938; witterungsabhängig Mai–Okt. tägl. 9–17 Uhr.
www.botanischer-garten-schellerhau.de
Wildpark Osterzgebirge, Dresdner Str. 37, Geising, Tel. 035054/33334; tägl. Sommerzeit 10–18, Winterzeit 10–16 Uhr. www.wildpark-osterzgebirge.de
Osterzgebirgsmuseum Schloss Lauenstein, Tel. 035054/25402; Di–So 10–16.30 Uhr, Nov.–März Burgruine, Kräutergarten und Gefängnis nicht zugänglich, Falknervorführungen Di–So April–Okt. 11, 13, 15 Uhr, Dez.–März Di–So 11 Uhr (Tel. 035054/25166).
www.schloss-lauenstein.de
www.falknerei-schloss-lauenstein.de
Besucherbergwerk Vereinigt Zwitterfeld zu Zinnwald, Goetheweg 8, Tel. 31344; Mi–Sa 10–15 Uhr, Führungen von ca. 1,5 Std.
www.besucherbergwerk-zinnwald.de
Naturschutzgebiet Georgenfelder Hochmoor, Zinnwald-Georgenfeld, Tel. 35355; witterungsabhängig Ostern–Okt. tägl. 9–17 Uhr.
Meissener Glockenspiel im Kurpark Bärenfels; tägl. 9–17 Uhr (Sommer bis 18 Uhr), April–Okt. bis 16 Uhr jeweils zur vollen Stunde mit unterschiedlichen Melodien.
www.glockenspiel-baerenfels.de

Gut ausgebautes Wander- und Radwanderwegenetz. Geführte Wander- und Radtouren, Kräuterwanderungen und Waldbegehungen, Informationen im Touristinfo-Büro.

Lauensteiner Kulturtage; letztes Wochenende im Aug., Musik und Theater.
www.lauensteiner-kulturtage.de

Altenberger Kräuterlikörfabrik, Rathausstr. 27, Tel. 32305; Betriebsbesichtigungen mit Verkostung Do 16 Uhr. Verkauf von hauseigenen Spirituosen, handgefertigten Trüffeln und Pralinen, Tee und Zubehör, Wein und Sekt.
www.altenberger-kraeuterlikoer.de

Johannesbad Raupennest, Rehefelder Str. 18, Altenberg, Tel. 300; Mo–Fr 12–21, Sa/So 9–21 Uhr. Weitläufige Bäder- und Saunalandschaft. www.raupennest.de

Schlepp- und Sessellifte in Altenberg, Geising, Oberbärenburg, Rehefeld und Schellerhau, fast 80 km gespurte Loipen und Skiwanderwege, Rodelmöglichkeiten, Snowtubing, Skischulen. Schneetelefon: 34239.

Sommerrodelbahn, Am Lifthang 3, Altenberg, Tel. 35385; April–Okt. tägl. 10–17 Uhr. Rund 1000 Meter lang, Höhenunterschied 70 Meter.
www.sommerrodelbahn-altenberg.de
Sommerbob- und Gästebob-Fahren, Altenberg, Tel. 35120; Mai–Sept. und Nov.–Feb. Im Viererbob (mit einem erfahrenen Piloten!) auf der Rennschlitten- und Bobbahn mit elf Kurven und einem Höhenunterschied von 100 Metern hinuntersausen; im Sommerbob auf Rädern.
www.wia-altenberg.de

Tiefe Täler haben die Weiße Elster und etliche Nebenflüsse in die wellige Hochfläche des sächsischen Vogtlandes geschnitten, das sich zwischen Frankenwald, Fichtelgebirge und Erzgebirge erstreckt. Im Musikwinkel klingt es aus vielen Häusern und Museen. Wer sich beim Wandern oder Radeln übernommen hat, fährt weiter in den südlichsten Zipfel von Sachsen und holt sich in den dortigen Staatsbädern neue Kraft.

Vogtland-Landschaft bei Erlbach

DAS VOGTLAND

Das Vogtland-Zentrum

Muntere Bäche, liebliche Täler und dunkle Wälder, dazwischen kleine Städte mit romantischen Burgen und stille Dörfer mit schlichten Kirchen und Fachwerkhäusern: Das Vogtland gehört zu den unspektakulären Landstrichen Deutschlands. Doch es hat seinen eigenen Reiz, denn es bietet auf engem Raum eine Vielzahl von Eindrücken und geschichtlichen Zeugnissen. Das Vogtland ist ein Gebiet mit wechselnden Grenzen. Für knapp 100 Jahre gehörten im 14. Jahrhundert auch das Regnitzland um Hof und die böhmische Region um Asch dazu. Seinen Namen erhielt die Region von königlichen Beamten, den Reichsvögten, die über umfangreiche Macht verfügten. Sie kamen aus dem heute zu Thüringen gehörenden Weida und wählten Plauen zu ihrem Hauptsitz. Seine politische Selbstständigkeit verlor es in der zweiten Hälfte des 16. Jahrhunderts. 1602 wurde der kursächsische »Vogtländische Kreis« mit Plauen als Kreisstadt gebildet. Diese Region, die südwestlichste Ecke von Sachsen, gilt heute noch als das Kerngebiet des Vogtlandes. Als Landschaftsbezeichnung hat sich der Name aber auch für das schon lange zu Thüringen gehörende Gebiet um Greiz erhalten.

Die Vogtländer sind, fragt man sie danach, keine Sachsen, sondern eben Vogtländer. Zahlreiche Häuser ihrer Heimat sind mit Schiefer verkleidet. Fruchtschiefer nannten Bauern das blaugraue Gestein, das sie erstmals Ende des 18. Jahrhunderts auf ihren Wiesen bei Theuma brachen und für den eigenen Hausbau und Sockelverblendungen nutzten. Der Theumaer Fruchtschiefer mit seiner blaugrauen Farbe, dem silbrig seidenen Glanz und schwarzen Einlagerungen gehört zu den härtesten und auch zu den schönsten Vorkommen in Europa.

▸ Karte S. 371

Plauen

Zentrum des Vogtlandes ist das landschaftlich schön gelegene Plauen. Zu internationalem Ruf kam die Stadt an der Weißen Elster Ende des 19. Jahrhunderts durch die Spitzenproduktion. Auch heute noch sind Plauener Spitzen begehrt. Stadtrecht besitzt Plauen seit mindestens 1224, damals war der Ort ein von einer Mauer umgebenes Geviert von etwa 300 mal 350 Meter. Durch die günstige Verkehrslage entwickelte sich die Stadt wirtschaftlich rasch, ab 1602 bildete sie das Zentrum des Vogtländischen Kreises. Im 18. Jahrhundert breitete sich von Plauen die Baumwollweberei im Vogtland aus. Die Erfindung der maschinengestickten Tüllspitzen um 1880 verschaffte Plauen Weltruf, die feine Qualität der Erzeugnisse sprach sich rasch herum. Durch die wirtschaftliche Entwicklung stieg die Einwohnerzahl rasant: Von 13 000 im Jahr 1850 erhöhte sie sich auf 128 000 im Jahr 1912. Doch die Zeiten, in denen Tausende in dieser Branche tätig waren, sind vorbei. Heute produzieren nur noch einige kleinere Betriebe, und die Einwohnerzahl beträgt gerade mal 65 000.

Vom Bahnhof zieht sich die Bahnhofstraße hinunter ins Syratal zum Altmarkt, vorbei am weißen, runden **Nonnenturm** (13. Jahrhundert), einem Rest der mittelalterlichen Stadtbefestigung. Von der Burg der Vögte am Hang des Elster- und Syratales ist nicht mehr viel zu sehen. Die Reste wurden teilweise in das barocke **Malzhaus** (1727 – 1730) einbezogen, das als Kultur- und Kommunikationszentrum dient.

Am südlichen Rand von Plauen erhebt sich der **Kemmler** (507 Meter) mit der 18 Meter hohen Bismarcksäule. Von deren Aussichtsplattform, zu der 84 Stufen führen, genießt man einen herrlichen Blick.

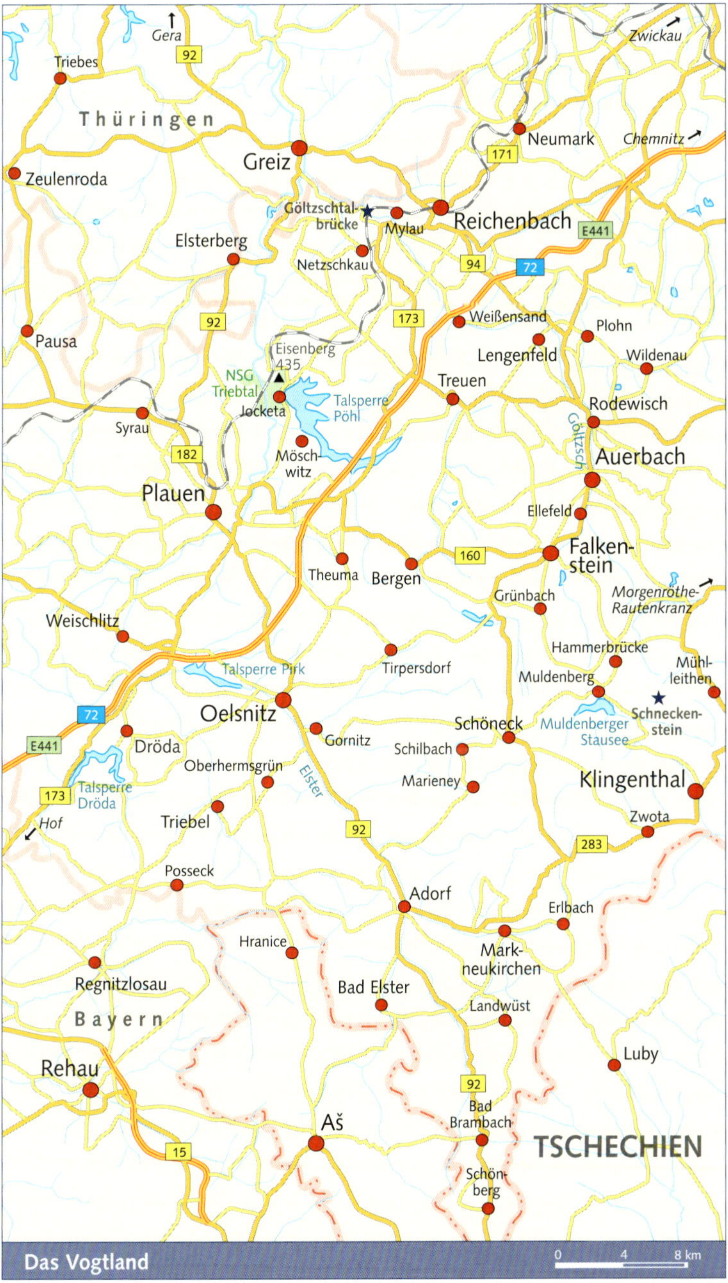

Das Vogtland

Das Alte Rathaus in Plauen

Altmarkt

Wahrzeichen Plauens ist das **Alte Rathaus** (16. Jahrhundert), dessen dekorativer Renaissancegiebel mit der Kunstuhr zu den schönsten in Sachsen zählt. Er entstand um 1550. Vor der Kunstuhr sollte man etwas verweilen: Zwischen den Löwen, die die Viertelstunde anschlagen, zeigt eine Kugel die Mondphasen. Beim Stundenschlag bewegen sich zwei Männer beiderseits des Hauptzifferblattes, der linke Mann hebt seinen Stab, der rechte wackelt mit dem Bart. Rings um den Markt drängen sich schöne alte Bürgerhäuser, neueren Datums ist lediglich der **König-Albert-Brunnen** vom Bildhauer Norbert Marten, der seit 2007 das Stadtbild bereichert. Neben dem Alten Rathaus steht das **Neue Rathaus** (1912–1922) mit einem 64 Meter hohen Turm, der begehbar ist.

Plauener Spitzenmuseum

In einen Teil des Alten Rathauses zog das Spitzenmuseum. Es zeigt textile Kostbarkeiten der Spitzen- und Stickereibranche aus Vergangenheit und Gegenwart. Zur Weltausstellung 1900 in Paris bekam Plauener Spitze den Grand Prix, das war die Eintrittskarte für den Einzug auf den noblen Märkten der Welt. Bewundern können Besucher etwa ein Kleid aus schwarzer Plauener Tüllspitze. Das wurde zum Wiener Opernball 2013 zur schönsten Robe gekürt, getragen hat es Topmodel Franziska Knuppe.

▸ Karte S. 371

Vogtlandmuseum

Die drei stattlichen Patrizierhäuser (18. Jahrhundert) Nobelstraße 9–13 in der Nähe des Altmarktes zeugen von dem einstigen Wohlstand der Baumwollhändler. In diesen drei Häusern befindet sich das Vogtlandmuseum mit einem zauberhaften **Festsaal** (1887–1889) im Louis-seize-Stil. Er schmückt sich mit kostbarer Stuckornamentik und Wandfeldern mit sinnbildlicher Darstellung der zwölf Monate. Klassizistische **Stilzimmer** zeigen eindrucksvoll die Wohnarchitektur des Bürgertums um 1800. Sie kontrastieren mit den **Bauernstuben**, in denen Möbel aus dem 17. bis 19. Jahrhundert stehen. Ins Nachbarhaus zog die **Galerie e. o. plauen**, in der der Karikaturist Erich Ohser (1903–1944) gewürdigt wird. Er gelangte mit den Bildgeschichten »Vater und Sohn« zu Ruhm.

Unter der Erde

Mitten in Plauens Zentrum geht es ab in die Tiefe. In das **Alaunbergwerk Ewiges Leben** steigt man heute aus Wissbegierde und um zu erfahren, wie die Bergleute vor Jahrhunderten schuften mussten. Der Bergbau begann hier 1542, 1826 war Schluss. Das »Mundloch«, wie der Einstieg bergmännisch genannt wird, befindet sich links vom Haupteingang der »Kolonnaden« auf der Reichsstraße. Plauen hat ein weiteres Besichtigungsobjekt unter der Erde: den Luftschutzbunker in der Syrastraße. Zudem hatte man ab 1940 die Bierkeller des Restau-

Im Vogtlandmuseum

rants Meyerhof umgebaut. Plauen war im Zweiten Weltkrieg als Rüstungshochburg wiederholt das Ziel alliierter Bombenangriffe, die rund 75 Prozent der Gebäude zerstörten. Heute ist der Bunker das **Luftschutzmuseum Meyerhof**.

Schaustickerei Plauener Spitze

In dem 1902 eingeweihten Stickereigebäude am Obstgartenweg 1 vermitteln Schauvorführungen auf historischen Stickmaschinen einen lebendigen Eindruck von der Herstellung Plauener Spitzen. Im **Museumsshop** gibt es aktuelle Spitzenerzeugnisse zu kaufen, aber auch schöne Repliken. Die handwerklichen Traditionen und auch das künstlerische Brauchtum pflegen die Plauener auch beim jährlich im Juni stattfindenden Spitzenfest.

Kirchen

Am Johanniskirchplatz ragt die spätgotische **St. Johanniskirche** mit ihren beiden 52 Meter hohen Türmen auf. 1122 hat sie der Naumburger Bischof Dietrich geweiht, somit zählt das Gotteshaus zu den ältesten Kirchen Sachsens. Die Kirche beherbergt beachtliche Schnitz- und Steinmetzarbeiten, darunter eine barocke Holzkanzel aus der Görlitzer Nikolaikirche, einen Taufstein (um 1520) und ein gotisches Kruzifix.

Mit dem Bau der **Lutherkirche** am Unteren Graben wurde 1693 begonnen. Doch es ging recht schleppend voran, denn auch damals gab es das heute zur Genüge bekannte Problem: Geldmangel. Deshalb konnte die Kirche erst nach 29 Jahren Bauzeit geweiht werden. Die Lutherkirche mit ihrem achteckigen Grundriss ist eine der ersten Zentralkirchen im sächsischen Raum. Der vierflügelige Schnitzaltar (1490) gehört zu den bedeutendsten Werken seiner Art in Sachsen, bis 1722 befand sich das reichgeschmückte Holzbildwerk in der Leipziger Thomaskirche.

Plauens größte Kirche ist mit 1200 Plätzen die von 1895 bis 1897 errichtete **Pauluskirche** an der Kaiserstraße mit einer schlichten Inneneinrichtung.

Brücken

Von der Johanniskirche läuft man zur Syrastraße, und schon gelangt man zur **Alten Elsterbrücke**, einer der ältesten steinernen Straßenbrücken Deutschlands. 1244 wurde sie erstmals erwähnt. Goethe fuhr über diese Brücke, als er 1795

In der Schaustickerei

Die steinerne Elsterbrücke in Plauen

in die böhmischen Bäder reiste, 1812 und 1813 rollte über sie die Kutsche von Kaiser Napoleon Bonaparte, der mit kleinem Gefolge in der Stadt logierte. Am südlichen Ende der Brücke steht eine **Postmeilensäule**. Es ist nicht mehr das Original, das wurde um 1850 entfernt wie auch das Brückentor. Die nachgebildete Distanzsäule mit den Initialen des Kurfürsten entstand aus Rochlitzer Porphyr, sie soll an die einstige Bedeutung der Brücke für den Handel erinnern.

Noch eine Brücke in Plauen ist erwähnenswert: die das Syratal überspannende **Friedensbrücke**. Mit 90 Meter Spannweite, 21 Meter Höhe und einer Breite von 17 Metern galt sie in der Erbauungszeit als technische Meisterleistung. Zur Einweihung im August 1905 war sogar Sachsens König angereist. Als Baumaterial wurde Fruchtschiefer aus dem vogtländischen Theuma verwendet.

Unterhalb der Brücke, in der **Freizeitanlage im Syratal**, zuckelt eine Elektrolok mit bunten Wagen über einen 1000 Meter langen zweischleifigen Rundkurs. Der Fahrbetrieb der Parkeisenbahn mit einer Spurweite von 600 Millimetern wird außer dem Lokführer und dem Bahnhofsleiter von Kindern und Jugendlichen durchgeführt.

▲ Karte S. 371

Pausa-Mühltroff

Durch Pausa (5200 Einwohner) verläuft die Erdachse – das behaupten jedenfalls die Einwohner des Doppelstädtchens beharrlich. Wer es nicht glaubt, der kann zu den Öffnungszeiten in den Ratauskeller gehen, wo er durch den »Schmiernippel« auf das Ende der rotierenden Erdachse schauen kann. Die Legende vom Mittelpunkt der Erde wurde verbreitet und lockt bis in unsere Tage Touristen an. PR-Arbeit beherrschten die Stadtväter schon vor Jahrzehnten, denn bereits 1934 ließen sie auf dem Dach des Rathauses einen 1200 Kilogramm schweren **Riesenglobus** mit dem Text »Mittelpunkt der Erde« anbringen. Der Globus ist nachts beleuchtet und dreht sich in gut fünf Minuten einmal um seine Achse.

Syrau

Kalkstein in wunderlichen Formen bietet die **Syrauer Drachenhöhle**. Das unterirdische Labyrinth wurde 1928 durch Zufall entdeckt: Einem Steinbrucharbeiter war der Meißel in eine Spalte gerutscht, als die erweitert wurde, sahen die Arbeiter staunend einen großen Hohlraum. Wasser löste vor über 300 Millionen Jahren entstanden Kalkstein auf, es bildeten sich Hohlräume mit wunderschön geformten

Stalagmiten und Stalaktiten. Besonders sehenswert ist die sogenannte **Gardine**, ein 250 Zentimeter langer und 100 Zentimeter breiter zartgemusterter Sintervorhang in der **Walhalla**, dem größten Hohlraum der Höhle. In den Sommermonaten begeistert die Gäste zu den Führungen eine Lasershow. Wer die Höhle besucht, sollte gut zu Fuß sein, insgesamt sind bei dem 350 Meter langen Rundgang 330 Stufen zu steigen. Der unterirdische Ausflug dauert etwa 40 Minuten.

Am Rand der Gemeinde Syrau (1600 Einwohner) steht die einzige erhalten gebliebene **Windmühle** im südwestlichen Sachsen. In der 1887 erbauten Holländerwindmühle wurde bis 1929 Getreide gemahlen, heute ist sie ein technisches Museum.

Riesenglobus auf dem Rathaus von Pausa

Oelsnitz/Vogtl.

Die Stadt (10 700 Einwohner) in einem Talkessel der Weißen Elster trägt offiziell den abgekürzten Zusatz: Vogtl., um sie von der rund 100 Kilometer entfernten gleichnamigen sächsischen Stadt im Erzgebirge zu unterscheiden. Am Marktplatz dominiert das nach dem Stadtbrand 1859 erbaute **Rathaus**, nicht zu übersehen sind die beiden 70 Meter hohen Türme der nahen **Jakobikirche** (16. Jahrhundert). 1888 wurde die barocke Einrichtung durch eine neugotische ersetzt. Der Taufstein (1833) in dem Gotteshaus hat einen berühmten Schöpfer: Ernst Rietschel, von dem viele bedeutende Denkmale in deutschen Städten stammen.

Oelsnitz kam über die Vogtlandgrenzen hinaus zu Ruhm – einige Jahrzehnte war die Stadt der größte Teppichproduzent Deutschlands. 1880 begann es mit der Firma Koch & te Kock, zu DDR-Zeiten firmierten alle Teppichwebereien

Schloss Voigtsberg

unter dem Namen VEB Halbmondteppich, nach der Einheit behielt man den eingeführten Namen bei, allerdings etwas abgeändert: Halbmond Teppichwerke GmbH. Über diese interessante Geschichte informiert das **Teppichmuseum im Schloss Voigtsberg**, einem steinernen Klotz am Stadtrand, dessen älteste Teile von Anfang des 13. Jahrhunderts stammen.

Talsperre Pirk

Ein Schild weist in Oelsnitz/Vogtl. den Weg zur 152 Hektar großen Talsperre Pirk (1935 – 1939), einem vier Kilometer langen und etwa 500 Meter breiten Gewässer, das durch den Stau der Weißen Elster entstand. Die 254 Kilometer lange Weiße Elster entspringt in Tschechien und mündet in Halle in die Saale. Die Talsperre, die der Brauchwasserversorgung, der Energieerzeugung und dem Hochwasserschutz dient, wird vielseitig für die Erholung genutzt. Es wird gebadet, gesegelt, gesurft, gerudert und geangelt.

Die Staumauer ist 257 Meter lang und 24,5 Meter hoch.

Das Vogtland-Zentrum

Tourist-Information Plauen, Unterer Graben 1 (im Neuen Rathaus), 08523 Plauen, Tel. 03741/2911027. www.plauen.de.

Stadtverwaltung Pausa-Mühltroff, Neumarkt 1 (OT Pausa), 07952 Pausa-Mühltroff, Tel. 037432/60340. www.stadt-pausa-muehltroff.de.

Kultur- und Tourismusinformation Oelsnitz, Grabenstr. 31 (im Zoephelschen Haus), 08606 Oelsnitz/Vogtl., Tel. 037421/20785. www.oelsnitz.de.

Naherholung Talsperre Pirk GmbH, Am Strand 4, 08606 Oelsnitz OT Taltitz, Tel. 037421/23547. www.naherholung-talsperrepirk.de.

Mit dem **Vreizeitnetz Vogtland** kommen Gäste am Wochenende und an Feiertagen bequem ins Obere Vogtland. Drei überregionale Buslinien – **Vitaltour**, **Aktivtour** und **Elstertour**– sowie eine **Linie im Saisonverkehr zur Talsperre Pöhl** stehen zur Verfügung. Auf der Linie **V-200 Höhentour** können ein Fahrrad oder ein Paar Ski kostenlos mitgenommen werden. **Vreizeitnetz Vogtland**, Tel. 03744/19449. www.vogtlandauskunft.de/vreizeitnetz.

Best Western Hotel Am Straßberger Tor, Straßberger Str. 37–41, Plauen, Tel. 03741/28700; 62 Zi., DZ ab 89 Euro. Moderne großzügige Zimmer, wechselnde Kunstausstellungen im Foyer. Im Restaurant mediterran-leichte und vogtländisch-deftige Küche (tägl. ab 18 Uhr). www.strassberger-tor.bestwestern.de

Parkhotel, Rädelstr. 18, Plauen, Tel. 03741/20060; 19 Zi., DZ ab 93 Euro. Sanierte Jugendstilvilla mit individuellen Zimmern, familiär geführt. Im Restaurant werden frisch zubereitete Speisen serviert (tägl. ab 18 Uhr). www.parkhotel-plauen.de

Dormero am Theater, Theaterstr. 7, Plauen, Tel. 03741/1210; 118 Zi., DZ ab 89 Euro ohne Frühstück. Hotelneubau in der Innenstadt, die Zimmer sind in modernem Design und mit warmen Farben gestaltet. Im Restaurant *Zum roten Eichhörnchen* moderne bayerische und klassische Küche (tägl. ab 18 Uhr). www.dormero-plauen.de

Altes Handelshaus, Straßberger Str. 17, Plauen, Tel. 03741/149699; 8 Zi., DZ ab 89 Euro. Romantische Pension mit historisch möblierten Zimmern. Essen im barocken Gewölbe des historischen Handelshauses (seit 1789), im Sommer im Hofgarten (tägl. ab 11 Uhr). www.altes-handelshaus.de

Touristenzeltplatz Talsperre Pirk, Am Strand 4, Oelsnitz OT Taltitz, Tel. 037421/23547; Mitte April–Mitte Okt. 60 Stellplätze für Zelte, Wohnwagen und Wohn-

Karte S. 371

mobile. Viele Wassersportmöglichkeiten, Start- und Landeplatz für Motorgleitschirmflieger. www.naherholung-talsperre-pirk.de

Gastwirtschaft Matsch, Nobelstr. 1-5, Plauen, Tel. 03741/204807; tägl. ab 7 Uhr. Plauens älteste Gastwirtschaft. Spezialität des Hauses sind vogtländische Bambes – frisch gebratene Kartoffel-Reibekuchen. Auch 11 Pensionszimmer (DZ ab 68 Euro ohne Frühstück). www.matsch-plauen.jimdo.com

Altdeutsche Bierstube, Feldstr. 9, Oelsnitz, Tel. 037421/22248; tägl. ab 11 Uhr. Urige Bierstube mit gutbürgerlicher Küche und vogtländischer Gemütlichkeit. Auch 21 modern ausgestattete Zimmer (DZ ab 72 Euro). www.altdeutschebierstube.de

Vogtlandmuseum Plauen, Nobelstr. 7-13, Tel. 03741/2912410; Di-So 11-17 Uhr. www.plauen.de

Rathausturm; Mai-Okt. Di und Do 10 Uhr ab Tourist-Information.

Erich-Ohser-Haus – Galerie e.o.plauen und Archiv, Nobelstr. 7-13, Tel. 03741/29132344; Di-So 11-17 Uhr. www.e.o.plauen.de

Plauener Spitzenmuseum, Unterer Graben 1, Plauen, Tel. 03741/222355; Di-Fr 10-17, Sa/So 10-16 Uhr. www.plauen.de

Schaustickerei, Obstgartenweg 1, Plauen, Tel. 03741/443187; Mo-Sa 10-17 Uhr. www.schaustickerei-plauen.de

Alaunbergwerk Ewiges Leben, Plauen, Reichsstr. 9, Tel. 03741/529426. Führungen (1 Std., telefonische Vorbestellung). www.alaunbergwerk-plauen.de

Luftschutzmuseum Meyerhof, Schlosshang, Syrastraße, Plauen, Tel. 03741/529426; Öffnung auf telefonische Vorbestellung. www.alaunbergwerk-plauen.de

Drachenhöhle Syrau, Tel. 037431/3735; April-Okt. tägl. 9.30-17, Nov./Febr./März 10-16 Uhr. www.drachenhoehle.de

Windmühle Syrau, Fröbersgrüner Str., Tel. 037431/3735; Ostern, Mai-3. Okt. Di-So 11-16 Uhr. www.syrau.de

Teppichmuseum auf Schloss Voigtsberg, Schloßstr. 32, Oelsnitz/Vogtl., Tel. 037421/729484; Di-So 11-17 Uhr. www.schloss-voigtsberg.de

Theater Plauen-Zwickau/Vogtlandtheater Plauen, Theaterplatz, Ticket-Tel. 03741/28134847. Musiktheater, Schauspiel, Konzerte, Ballett und Puppentheater. www.theater-plauen-zwickau.de

Malzhaus, Alter Teich 7-9, Plauen, Tel. 03741/153214. Musik- und Veranstaltungshaus, auch Kino, Kabarett, Lesungen, Vorträge. www.malzhaus.de

Plauener Spitzenfest, Mitte Juni. Volksfest mit Wahl der Spitzenkönigin. www.plauener-spitzenfest.de

Betriebsverkauf Plauener Spitze, Annenstr. 9, Plauen, Tel. 03741/222554; Mo-Fr 9-17 Uhr. Tischwäsche, Gardinen, Blusen, teilweise bis zu 40 Prozent Ersparnis. Mit Schaustickerei. www.plauener-spitze.org

Der **Elster-Radweg** ist von der Quelle bis zur Mündung etwa 240 km lang, die Teilstrecke im Vogtland beträgt rund 70 km und tangiert die Orte Bad Elster, Adorf, Oelsnitz, Plauen, Elsterberg. Information zum unter www.elsterradweg.de.

Freizeitanlage Syratal, Hainstr. 1,Plauen, Tel. 03741/422861; April-Okt. Di-Fr 14-18, Sa/So 13-18, Juni-Aug. Sa/So 10-19 Uhr, in den sächsischen Schulferien täglich ab 10 Uhr. Für Familien: Minicar-Parcours (Miniautos mit 4,5 PS), Parkeisenbahn mit 600 mm Spurweite, Minigolf, Streichelgehege. www.freizeitanlage-plauen.de

Falknerei Herrmann, Pfaffengutstr. 4, Plauen, Tel. 0174/9147124; Flugvorführungen Di-So 15 Uhr. www.falknerei-herrmann.de

Vogtländische Schweiz

Schöne, hügelige oder bergige Landschaften werden fast überall Schweiz genannt, die Gegend nördlich von Plauen mit den engen schluchtenartigen Tälern der Trieb und der Weißen Elster ist ein solch schönes Gebiet und heißt deshalb Vogtländische Schweiz. Besonders reizvoll präsentiert sich das **Steinicht**, ein von hohen Felsen umrahmtes Stück des Elstertales. Mitten im idyllischen Ferienzentrum Vogtländische Schweiz glitzert die **Talsperre Pöhl**, gerne auch als Vogtlandmeer bezeichnet.

Talsperre Pöhl

Segler, Surfer, Ruderer, Schwimmer und Angler strömen in der warmen Jahreszeit zu Tausenden hierher – die Talsperre Pöhl gehört zu den beliebten Erholungsgebieten des Freistaates. Seinen Namen bekam der zwischen 1958 und 1964 geflutete Stausee von dem Dorf Pöhl, dessen Reste auf dem Grund der Talsperre liegen. Wer auf den **Julius-Mosen-Turm** (1879) auf dem 435 Meter hohen **Eisenberg** steigt, schaut weit über die Talsperre, deren Wasser eine imponierende 59 Meter hohe und 312 Meter lange Mauer staut.

Staumauer der Talsperre Pöhl

Das 27 Kilometer lange buchtenreiche Ufer des Stausees ist teilweise bewaldet und fällt vielfach steil ab, es ist überall frei zugänglich. Motorboote dürfen nicht fahren, nur Fahrgastschiffe tuckern auf dem See entlang. Die Wasserfläche und die Ufer beleben viele Sumpf- und Wasservögel, so Graureiher, Kormorane, Haubentaucher und Trauerenten.

Naturschutzgebiet Triebtal

Naturfreunde sind immer wieder aufs Neue entzückt: Über die Steine plätschert das Wasser der Weißen Elster, Eisvögel schießen durch das schmale Tal, eine dunkelbraune Wasseramsel jagt Insekten. Das Triebtal gehört mit seinen Stromschnellen und felsigen, waldbestandenen Hängen zu den schönsten Flusstälern Sachsens. Am Ende des Tales, dort, wo die Trieb in die Weiße Elster mündet, schwingt sich die **Elstertalbrücke** über das Flusstal. Einst war der 281 Meter lange und 69 Meter hohe Viadukt die zweithöchste Eisenbahnbrücke der Welt, über die nach fünfjähriger Bauzeit 1851 die erste Dampflok schnaufte. Das Naturschutzgebiet Triebtal erstreckt sich zwischen der Staumauer der Talsperre Pöhl und den Orten Jocketa und Möschwitz.

Elsterberg

Im weiten Talkessel der Weißen Elster liegt Elsterberg (4200 Einwohner) mit der größten **Burgruine** des Vogtlandes. 1,5 Hektar bebaute Fläche nimmt sie ein.

▸ Karte S. 371

Von dem spätromanischen Bauwerk (vor 1225), das vermutlich aus einem Wachtturm hervorging, blieben Teile des Palas und die Wehrmauern mit drei Türmen erhalten. Nach mehreren Besitzerwechseln und Vernachlässigung war sie bereits um 1750 nicht mehr bewohnbar, nach dem großen Stadtbrand 1840 holten sich viele Elsterberger Bürger billiges Baumaterial von der Burg. Das Gelände ist jederzeit frei zugänglich. Die Stadt Elsterberg, erstmals 1354 genannt, entwickelte sich um die unterhalb der Burg errichtete **Laurentiuskirche**, die ihr heutiges Aussehen nach dem letzten großen Stadtbrand 1840 bekam.

Burgruine Elsterberg

Vogtländische Schweiz

Tourist-Information Talsperre Pöhl, Hauptstraße 38, 08543 Pöhl OT Möschwitz, Tel. 037439/45050. www.talsperre-poehl.de

Stadtverwaltung Elsterberg, Marktplatz 1, 07985 Elsterberg, Tel. 036621/8810. www.elsterberg.de.

Vreizeitnetz Vogtland → S. 376

Landhotel Alt Jocketa, Dorfaue 1, Pöhl OT Jocketa, Tel. 037439/6254; 26 Zi., DZ ab 86 Euro. Farbenfrohe Zimmer, vogtländische Gastfreundschaft. Frisch zubereitete regionale Spezialitäten im Restaurant (Mo/Di ab 17, Do–So ab 11 Uhr). www.landhotel-altjocketa.de

Pfaffenmühle, Pfaffenmühlenweg 18, Jößnitz, Tel. 03741/525772; Fr–Mi ab 10 Uhr. Beliebte Ausflugsgaststätte im Tal des Kaltenbaches. Auch 3 Zimmer (DZ ab 64 Euro). www.pfaffenmühle.de

Knüpfers Restauration, Hauptstr. 7, Thoßfell, Tel. 03741/416110; Mi–Sa 11–14 und ab 16.30, So ab 11 Uhr. Bodenständige, regional geprägte Küche in einem der ältesten Häuser des Ortes. Auch 6 Zimmer (DZ ab 65 Euro). www.knuepfers-restauration.de

Campingplatz Gunzenberg, Hauptstr. 38, Pöhl OT Möschwitz; April–Okt., 4-Sterne-Platz für Wohnwagen, Wohnmobil oder Zelt. Beliebt sind die ECLU-Campinghütten in S und L für bis zu 4 Personen. Informationen gibt es bei der Tourist-Information. www.talsperre-poehl.de

Ruinenfest, Elsterberg, Anfang Juli. Mittelalterliches Spektakel mit Handwerkerpräsentationen, Kulinaria, Schaustellern, Feuerkünstlern.

Rund 100 km markierte Wanderwege rund um die Talsperre Pöhl laden zum Wandern ein, der **Talsperrenrundweg** führt über 20 Kilometer, Infos in der Tourist-Information.

Wassersportsaison an der Talsperre Pöhl Ende April–Anf. Okt.

Badestellen rund um die Talsperre in Jocketa, Schlosshalbinsel, Gansgrün, Voigtsgrün, Gunzenberg und am Wassersportzentrum in der Nähe der Anlegestelle für Fahrgastschiffe.

FKK-Strand in Helmsgrün.

Surf- und Katamaran-Segelschule Papa Jo, Schlosshalbinsel, Talsperre Pöhl, Tel. 0172/9019751. www.papabetz.de

Golfanlage Talsperre Pöhl, Voigtsgrüner Str. 20, Pöhl OT Möschwitz, Tel. 037439/44535; 9-Loch-Platz, Driving-Ranch mit zum Teil überdachten Abschlagplätzen sowie ein 3-Loch-Kurzplatz. www.golfanlage-talsperre-poehl.de

Von April bis Oktober werden einstündige **Schiffsrundfahrten** auf der Talsperre Pöhl mit den Motorschiffen *Pöhl* und *Plauen* angeboten, auch Abend- und Sonderfahrten nach Anmeldung. Die Anlegestelle befindet sich in der Nähe der Staumauer, Tel. 037439/45060.

Bootsverleih am Kletterwald Pöhl (Tel. 0173/6855171) und auf der Schlosshalbinsel (Tel. 0162/2668084). Verleih von Ruderbooten, Kajaks und Tretboote.

Angelmöglichkeiten in der Talsperre Pöhl, Tages- und Wochenkarten bei der Tourist-Information.

Kletterwald Pöhl, unweit der Sperrmauer, Tel. 0173/6855171; Juni–Aug. tägl. 10–19 Uhr, Di, Fr–So Mai 10–19, Sept. 11–19, Okt. 11–18 Uhr. Spaß und Action an 123 Kletterelementen. www.kletterwald.de

Freizeit- und Erlebnisgarten Pöhl, Pöhler Str. 49, Pöhl OT Jocketa, Tel. 037439/44959; Mo–Fr ab 11, Sa/So ab 10 Uhr. Auf 12 Bahnen kann Minigolf gespielt werden, weiterhin Wassermatschanlage und viele Spielmöglichkeiten.

Im Tal der Göltzsch

Die Göltzsch, ein etwa 40 Kilometer langer Nebenfluss der Weißen Elster, entspringt in einem Hochmoorgebiet zwischen den Orten Muldenberg und Hammerbrücke. Im Quellgebiet liegen die **Rissfälle**, die einzigen Wasserfälle des Vogtlandes, wie die Einheimischen behaupten. Um Enttäuschungen vorzubeugen: Was man hier als Wasserfall bezeichnet, ist nichts anderes als ein Bach, der ein starkes Gefälle herunterrauscht. Die Göltzsch fließt zunächst durch das Dorf Grünbach und weiter durch die Orte Falkenstein/Vogtl., Ellefeld, Auerbach/Vogtl. und Rodewisch nach Lengenfeld. Beim Ort Weißensand überquert die Bundesautobahn 72 das Göltzschtal. Nach Mylau und Netzschkau bildet die Göltzsch die Landesgrenze zwischen Sachsen und Thüringen. In diesem Bereich befindet sich auch die **Göltzschtalbrücke**.

▸ Karte S. 371

Auerbach

Im 19. Jahrhundert trug Auerbach (19 000 Einwohner) den Beinamen »Pechstadt«. Nicht etwa, weil den Einwohnern das Glück versagt blieb, sondern weil es im Auerbacher Wald etwa 40 Pechhütten gab, in der Stadt fand die staatliche Pechauktion statt. Wahrzeichen von Auerbach wurde aber kein Zeugnis dieses alten Handwerks, sondern der mit seinem roten Dach weithin sichtbare 43,9 Meter hohe **Schlossturm**, der Rest einer mittelalterlichen Burg. Die fiel 1757 einem Stadtbrand zum Opfer und wurde danach nicht wieder aufgebaut. Zum Schlossturm kommen noch der Turm der katholischen **Kirche Zum Heiligen Kreuz** und der Turm der evangelischen neogotischen Kirche **St. Laurentius** (1834 – 1839) an der Ostseite des Altmarkes. »Eigentlich könnten wir uns

Moosmänner im Heimatmuseum Falkenstein

Vier-Türme-Stadt nennen«, meinen die Auerbacher. Aber weil der Turm der Nicolaikirche in der »Skyline« nicht sichtbar ist, spricht man bescheiden nur von der Drei-Türme-Stadt. Die mehrfach umgebaute **Nicolaikirche** in der Rodewischer Straße nennt sich seit 1992 **Göltzschtalgalerie Nicolaikirche**. Als Kunst-Kirche wartet sie mit einem breit gefächerten Kulturangebot auf: Ausstellungen zeitgenössischer Kunst werden gezeigt, Kammermusikabende finden statt, Kabarett- und Theatergruppen treten auf, es wird außerdem zu Vorträgen und Lesungen geladen.

Falkenstein

Ellefeld verbindet nahtlos Auerbach mit Falkenstein (8300 Einwohner), das ein Stadtbrand 1859 total vernichtete. Die 1869 eingeweihte **Stadtkirche** mit einem 72 Meter hohen Turm entstand nach einem Entwurf des Semperschülers Christian Friedrich Arnold. Das **Heimatmuseum** im ehemaligen schlichten Schloss besitzt die größte **Moosmännersammlung** im Vogtland. Der Muestmoa, wie der Falkensteiner sagt, steht in der Weihnachtszeit als Symbol des Guten in vielen vogtländischen Stuben. Weitere Anziehungspunkte im Museum sind Heimatberge mit mechanischen Figuren, ein vogtländisches Bauernzimmer sowie die astronomische Kunstuhr, die der Falkensteiner Friedrich Paul Fetzer von 1895 bis 1923 fertigte. Die etwa drei Meter hohe Uhr ist unter anderem mit dem Umlauf der Jünger, den Mondphasen, einem Kalendarium und der Zeitangabe ausgestattet. Neben dem Museum ragt der Schlossfelsen auf, ein kleiner Aussichtspunkt mit Blick auf die Stadt. Einem Bergsee ähnelt die nordwärts von Falkenstein zwischen 1971 und 1974 erbaute Talsperre, in der in der warmen Jahreszeit gern gebadet wird. Andere nehmen sich ein Ruderboot und genießen die Ruhe auf dem Wasser. Nur Angler werden enttäuscht, denn in dem sauren Wasser leben fast keine Fische.

Rodewisch

Überregionalen Ruf besitzen die **Schulsternwarte** und das **Planetarium Sigmund Jähn** auf der Rützengrüner Höhe. Von sich reden machte die Schulsternwarte 1957 durch die Beobachtung des Sputnik 1. Die Ergebnisse schickte man selbstbewusst an das Rechenzentrum Kosmos nach Moskau und staunte nicht schlecht, als am 31. Oktober 1957 eine telegrafische Antwort in dem Vogt-

Die Schlossinsel Rodewisch

landstädtchen (6500 Einwohner) eintraf. Von da an gehörte die Schulsternwarte zum Internationalen Beobachtungsnetz, das die gesamte Erde umspannte. Bis in die 1980er Jahre nahmen die Lehrer und Schüler etwa 100 000 Satellitenbahnenvermessungen vor. Heute bekommen die Besucher bei Führungen durch das Planetarium den Sternenhimmel erklärt und können an verschiedenen Teleskopen die Vielfalt der kosmischen Objekte beobachten.

Auf der **Schlossinsel** sind die restaurierten Grundmauern einer mittelalterlichen Wehranlage aus dem frühen 13. Jahrhundert zu sehen. Grabungsfunde aus dem »festen Hus Göltzsch«, wie man die Wehranlage in alten Dokumenten bezeichnet, sind im benachbarten Museum Göltzsch zu sehen. Weithin bekannt wurde das Museum durch seine jährlichen Weihnachtsausstellungen. Historisches Spielzeug, Schnitzarbeiten und mechanische Modellanlagen ziehen viele Besucher an.

Lengenfeld

Die B94 führt nach Lengenfeld (7300 Einwohner). Das Färberhandwerkerhaus (um 1799) in der Hauptstraße 57 nahm das Stadtmuseum auf. Die 1438 erstmals genannte Klopfermühle (Zwickauer Straße 29) ist die letzte von einst 45 Mühlen an der Göltzsch, die noch mit Wasserkraft arbeitet. In der zur Besichtigung offen stehenden Mühle wird Mehl aus Roggen und Weizen gemahlen, im dazugehörenden kleinen Naturkostladen stehen eigene Erzeugnisse sowie weitere Naturprodukte zum Verkauf.

Ein beliebter Freizeitpark entstand im Ortsteil **Plohn**. Seine Geschichte ist eine der wenigen Erfolgsstorys von Einheimischen nach der Einheit: Der arbeitslos gewordene Amfried Völkel machte sich mit der Gaststätte Forellenhof selbständig, 1996 eröffnete er einen kleinen Märchenwald, später kamen Achterbahn, eine große Wildwasserbahn und vieles mehr hinzu. Weit über eine Viertelmillion Besucher zählt der **Freizeitpark Plohn** heute jährlich! Sie sausen die Achterbahn »El Toro« mit bis zu 75 Stundenkilometer hinunter, machen eine Floßfahrt durch die Plohner Urzeit, liefern sich mit Kanonenbooten im »Donoland« lustige Wasserschlachten, sind von der Wildwasserbahn begeistert und lassen sich im Märchenwald in die Welt der Grimmschen Märchen entführen.

Wildwasserrafting im Freizeitpark Plohn

▶ Karte S. 371

EXTRA

Pech aus Pfannen

Im Stadtpark von Schöneck liegt einer der für das Vogtland typischen Griebenherde, auch Pechpfannen genannt. Er erinnert an die vom 15. bis Ende des 19. Jahrhundert in dieser Region weit verbreitete Pechsiederei. Mit diesen quadratischen und kesselförmig ausgemeißelten Steinen mit einer Seitenlänge von meist 80 Zentimeter stellten die Bauern das für den Hausgebrauch benötigte Schwarzpech her, wegen seines üblen Geruchs »Stänker« genannt. Sie verrührten es im Verhältnis 4 zu 1 mit Leinöl, was vorzügliche Schmiere für hölzerne Wagenachsen ergab. Oder sie mischten Kräuter darunter und nutzten das Pech als Heilsalbe für das Klauenvieh.

Fast immer bestehen die Steine aus Granit, da sie starker Hitze standhalten mussten. Meist fanden sie vor Bauernhäusern ihren Platz. Über die bis zu 30 Zentimeter große Vertiefung des Steins wurde verharztes, aufgespaltenes Kiefernholz meilerartig aufgeschichtet. Damit es nicht schnell verbrannte, sondern durch Schwelung langsam verkohlte, deckte man es mit Rasenstücken ab. Durch das Bodenloch tropfte das Pech in das untergestellte Gefäß.

Griebenherde heißen die Steine deshalb, weil die kleinen Holzstücke als Grieben bezeichnet werden. Viele dieser Griebenherde verschwanden in den vergangenen 100 Jahren, sie wurden zum Hausbau verwendet oder vernichtet. Mancher verschollene Griebenherd konnte in jüngster Zeit jedoch wieder aufgespürt werden und wurde als schmückendes Geschichtsdokument im öffentlichen Raum aufgestellt. Einer von ihnen befindet sich seit Frühjahr 2011 im »Garten der Zeitzeugen« am Auerbacher Museum. Über das Alter des aus Reumtengrün stammenden Steins ist nichts bekannt, allerdings erzählt man sich, dass er noch bis nach dem Zweiten Weltkrieg in Gebrauch gewesen sei.

Pech wurde im Vogtland vom 15. bis zum Ende des 19. Jahrhunderts professionell buchstäblich an allen Ecken und Enden gesotten, wie der Vogtländer zum Sieden sagt. Allein im Wald von Schöneck waren es um 1850 jährlich 200 Tonnen. Die rund 40 Pechhütten im Auerbacher Wald brachten der Stadt den Beinamen »Pechstadt« ein. Pech benötigte die Elektro- und Bürstenindustrie, Schusterhanf machte man damit steif, Lager- und Transportfässer wurden mit Pech abgedichtet.

In Eich, einem kleinen Dorf bei Auerbach, wurde von 1795 bis vor wenigen Jahrzehnten in dem Familienbetrieb Piering Pech gekocht, gesiedet und destilliert. Heute hat das jahrhundertealte Handwerk der Pechsiederei keine wirtschaftliche Bedeutung mehr. Auch die Pechsiederei Eich musste ihr Produktionsprofil verändern. Doch bei Handwerkerfesten und mit einer kleinen Ausstellung auf dem Betriebsgelände wird die Erinnerung an das alte Handwerk wach gehalten.

Pechpfanne

Reichenbach

In der zweitgrößten Vogtlandstadt (18 800 Einwohner) kam **Friederike Caroline Neuber** als Caroline Weißenborn (1697–1760) zur Welt, respektvoll »die Neuberin« genannt. 1725 gründete sie eine eigene Theatertruppe, verbannte den Hanswurst, die populäre bäuerliche Figur, von der Bühne und brachte Stücke zur Aufführung, die Themen des Bürgertums behandelten. Den Schauspielern, bis dahin als sittenloses Gesindel verrufen, verhalf sie zu einem anerkannten Berufsstand. Die Neuberin bildete sie künstlerisch aus, zahlte ihnen feste Gehälter. Nach ihr haben die Reichenbacher das **Museum** am Johannisplatz 3 benannt. In dem würdigt eine Ausstellung die Wegbereiterin für ein bürgerliches deutsches Nationaltheater. Den Namen der Theaterreformerin trägt auch Reichenbachs größtes Veranstaltungshaus in der Weinholdstraße.

In der **Peter-Paul-Kirche** am Kirchplatz, die nach einem Brand 1722 ihr heutiges Aussehen bekam, erklingt eine Orgel (1725) aus der Werkstatt des berühmten Gottfried Silbermann, in der **Trinitatiskirche** (1733) am Postplatz steht als kostbarstes Ausstattungsstück ein spätgotischer Flügelaltar.

Wer das Wahrzeichen von Reichenbach sehen möchte, läuft oder fährt die Zwickauer Straße entlang. Dort steht rechter Hand der 28 Meter hohe **Wasserturm** (1926), der seinen Bauhaus-Einfluss nicht verleugnen kann. Für vier Funktionen hatte der Architekt den Wasserturm projektiert: Wasserspeicher, Gaststätte, Jugendherberge, Aussichtsturm. Heute dient er nur noch als Gaststätte und Aussichtsturm.

Reichenbach richtete 2009 die 5. Sächsische Landesgartenschau aus, was der Stadt gut getan hat. So wandelte sich ein 14 Hektar großes ungenutztes Industriegelände in ein Gartenparadies, ein Jahr später als **Park der Generationen** wieder eröffnet. In ihm kann man joggen, walken, Rad fahren oder auch nur spazierengehen. Der Zutritt ist kostenlos, auch das WLAN.

Im Ortsteil Mühlwand werden im **Besucherbergwerk Alaunpark** unterirdische Rundgänge angeboten. In dem wurde von 1691 bis 1826 Alaunschiefer abgebaut, ein schwarzes Gestein, aus dem man Alaun gewann, ein seinerzeit geschätztes schwefelsaures Salz.

▸ Karte S. 371

Mylau

Die neogotische **Stadtkirche** mit ihrem 72 Meter hohen Turm sowie die **Burg Mylau** bilden ein schönes Bauensemble. Vom Markt in Mylau (2600 Einwohner) führt ein kurzer Anstieg hinauf zur Burg. Vor dem Eingang sollte man innehalten und sich vorstellen, wie 1367 der deutsche Kaiser und König von Böhmen Karl IV. angeritten kam und mit großem Pomp empfangen wurde. Der verlieh damals Mylau das Stadtrecht. Die Stadtvä-

Aussichtsturm auf dem Kuhberg bei Mylau

Wunder aus Ziegelsteinen – die Göltzschtalbrücke

ter dankten es ihm, aber offensichtlich erst mit einigen Jahrhunderten Verspätung: Sie ließen ein Stadtwappen gestalten, das den Kaiser zeigt. Seit etwa 1725 ist es bekannt.

Die Burg hat allen Stürmen der Zeit getrotzt und ist gut erhalten. Ende des 19. Jahrhunderts kaufte sie die Stadt, ließ Veränderungen im Stil des Historismus vornehmen und brachte Rathaus sowie Museum darin unter. Ältester Bauteil ist der 27 Meter hohe **Bergfried** mit 2,5 Meter starken Mauern. Das **Museum** besitzt die größte Naturkundesammlung des Vogtlandes mit einem historischen Naturalienkabinett. In dem steht als wertvollstes Tierpräparat ein 1,75 Meter hoher und 2,70 Meter langer Wisent, ein Geschenk des letzten russischen Zaren Nikolaus II. Der vogtländische Naturkunde- und Altertumsverein hatte den russischen Monarchen darum gebeten und war 1910 sehr überrascht, als eine große Transportkiste aus St. Petersburg mit dem Präparat eintraf. Repräsentativer Raum ist der Ratssaal (1896), für den der Festsaal auf der Wartburg bei Eisenach Pate stand. Die **Stadtkirche** ist für viele das Ziel wegen der Silbermannorgel.

Göltzschtalbrücke

Das achte Weltwunder wurde die Göltzschtalbrücke lange Zeit genannt. 26 Millionen Ziegel hat man von 1846 bis 1851 vermauert. Kühn schwingt sich das imposante 78 Meter hohe, zwischen neun und 23 Metern breite sowie 574 Meter lange Bauwerk über das weite Tal der Göltzsch. Mit ihren zu vier Geschossen aneinandergereihten Bögen erinnert der Viadukt an die alten römischen Wasserleitungsbrücken. Die für die Strecke Leipzig – Reichenbach – Plauen – Hof erbaute Brücke war einst die höchste der Welt, über die eine Eisenbahn fuhr. Heute ist sie immerhin noch die größte aus Ziegelsteinen erbaute Brücke. Die Berechnungen für den Bau lieferte Johann Andreas Schubert, der Konstrukteur der ersten deutschen Lokomotive »Saxonia«, geboren im vogtländischen Wernesgrün. Durchschnittlich etwa 770 Menschen waren an dem Bau beteiligt, die Arbeitszeit betrug bis zu 14 Stunden täglich, dafür gab es 14 Groschen, die reichten für zwei Brote und ein Stück Butter. Insgesamt ereigneten sich rund 1300 Unfälle, bei denen 31 Arbeiter ums Leben kamen.

Im Tal der Göltzsch

Touristinformation Auerbach, Schloßstr. 10, 08209 Auerbach, Tel. 03744/81450. www.erholung-vogtland.de
Stadt Falkenstein, Willy-Rudert-Platz, 08223 Falkenstein, Tel. 03745/7410. www.stadt-falkenstein.de
Stadt Rodewisch, Wernesgrüner Str. 32, 08228 Rodewisch, Tel. 03744/36810. www.rodewisch.de
Tourist-Information Lengenfeld, Hauptstr. 57 (im Stadtmuseum), 08485 Lengenfeld, Tel. 037606/32178. www.stadt-lengenfeld.de.
Stadtverwaltung Reichenbach, Markt 1, 08468 Reichenbach, Tel. 03765/5240. www.reichenbach-vogtland.de.
Fremdenverkehrsverein Nördliches Vogtland, Weinholdstr. 7 (im Neuberinhaus), 03765 Reichenbach, Tel. 03765/6119926. www.goeltzschtalbruecke.info

Vreizeitnetz Vogtland → S. 376.

Waldhotel Zöbischhaus, Waldhofstr. 23, Auerbach, Tel. 03744/224521; 18 Zi., DZ ab 55 Euro. Ruhige und gemütliche Zimmer mit Blick zum Wald. Rustikales Restaurant mit vogtländischer Küche (tägl. 11–14 und ab 17 Uhr). www.waldhotel-zoebischhaus.com
Hotel Lengenfelder Hof, Auerbacher Str. 2, Lengenfeld, Tel. 037606/8770; 40 Zi., DZ ab 68 Euro. Hotel mit funktional ausgestatteten Zimmern und einer kleinen Sauna, Restaurant mit vogtländischer und internationaler Küche (Mo ab 18, Di–Sa 11–14 und ab 18, So 11–14 Uhr), im Café schmeckt der hausgebackene Kuchen. www.hotel-lengenfelder-hof.de
Meister Bär Hotel, Goethestr. 28, Reichenbach, Tel. 03765/7800; 30 Zi., DZ ab 99 Euro. Ferienhotel inmitten eines schönen Gartens in zentraler Lage. Ruhige Zimmer, kleine Badewelt mit Sauna und Massageangeboten. Im Restaurant (Mo–Sa ab 17 Uhr) vogtländische und mediterrane Küche. www.mb-hotel.de

Restaurant Renoir, Schönheider Str. 235, Auerbach OT Schnarrtanne, Tel. 03744/215119; Mi–Sa ab 18, Sa/So 11.30–14 Uhr. Gehobene, französisch inspirierte und frisch zubereitete Küche in edlem Ambiente. Kochkurse und Eventmenüs. www.restaurant-renoir.de

Stadtmuseum Auerbach, Nicolaistr. 51, Tel. 03744/835513; Di–So 13–17.30 Uhr, Nov. geschl. Ausstellung zur Burg- und Stadtgeschichte, jeden Di und Do Nachmittag Schauklöppeln.
Heimatmuseum Falkenstein, Schlossplatz 1, Tel. 03745/759785; Sa/So 14–17 Uhr. www.museum-falkenstein.de
Schulsternwarte und Planetarium Sigmund Jähn, Rützengrüner Str. 41a, Rodewisch, Tel. 03744/32313. Planetariumsvorführungen mit wechselnden Themen (Terminplan: Internet), Abendbeobachtungen am Fernrohr bei klarem Himmel Okt.–März Fr 20 Uhr. www.sternwarte-rodewisch.de
Museum Göltzsch, im Renaissance-Schlösschen, Schloßstr. 2, Rodewisch, Tel. 03744/33186; Di–Do, Sa/So 10–12, 13–16.30 Uhr.
Stadtmuseum Lengenfeld, Hauptstr. 57, Tel. 037606/32178; So 14–17 Uhr.
Klopfermühle mit Mühlenmuseum Lengenfeld, Zwickauer Str. 29, Tel. 037606/2622. Besichtigung nach Voranmeldung möglich, Mühlen-Naturkostladen Mo–Fr 9–18, Sa 9–12 Uhr. www.klopfermuehle.de
Feuerwehrmuseum Lengenfeld, Poststr. 39, Tel. 037606/2610; jeden ersten So im Monat 15–17 Uhr. www.feuerwehrmuseum-lengenfeld.de
Freizeit- und Märchenpark Plohn, Rodewischer Str. 21, Lengenfeld OT Plohn,

▶ Karte S. 371

Tel. 037606/34163; Mitte April–Anf. Nov. tägl. 10–17, Juli/Aug. bis 18 Uhr. www.freizeitpark-plohn.de

Neuberinmuseum Reichenbach, Johannisplatz 3, Tel. 03765/21131; Di–Fr 10–16, So 13–16 Uhr.

Besucherbergwerk Alaunwerk Mühlwand, Reichenbach OT Mühlwand, Tel. 03765/521898; Führungen Sa/So 13–16 Uhr. www.alaunwerk.de

Burg Mylau, Tel. 03765/3822352; Di–Do u. Sa/So 11–17 Uhr. www.burgmylau.de

Neuberin-Haus, Weinholdstr. 7, Reichenbach, Tel. 03765/12188. Veranstaltungs- und Konzerthaus. www.neuberinhaus.de

Vogtland-Philharmonie Greiz/Reichenbach, Weinholdstr. 7, Reichenbach, Tel. 03765/13470. Spielstätte ist das Neuberinhaus.www.vogtland-philharmonie.de

Göltzschtalgalerie-Nicolaikirche Auerbach, Alte Rodewischer Str. 2, Tel. 03744/211815; Mi–Fr 11–18, Sa/So 14–18 Uhr. Ausstellungen, Kreativangebote und Veranstaltungen. www.goeltzschtalgalerie-nicolaikirche.de

Vogtland Panorama Weg, 225 Kilometer langer Qualitätswanderweg, der in 12 Tagesetappen von 12 bis 24 Kilometern gut zu bewältigen ist. Ausgangs- und Endpunkt ist die Göltzschtalbrücke, von dort geht es über die im thüringischen Vogtland gelegene Stadt Greiz zur Talsperre Pöhl, nach Plauen, weiter zu den Staatsbädern Bad Elster und Bad Brambach sowie den Musikwinkel, bis sich im Göltzschtal der Kreis schließt. Auch Wandern mit Gepäcktransfer möglich. Infos unter Tel. 03744/188860. www.vogtland-tourismus.de.

Tolle Fotomotive sind garantiert, wenn Züge über die **Göltzschtalbrücke** fahren www.goeltzschtalbruecke.info.

Kletterpark Grünheide, Rautenkranzer Str. 5, Auerbach OT Grünheide, Tel. 0175/6027706; Di–So 11–17 Uhr. Spaß, Abenteuer und Action mitten im Wald, 55 Kletterelemente auf 5 verschiedenen Parcours. Für den besonderen Kick: Flying Fox – zwei Seilbahnfahrten von 400 m Länge und einer Höhe von 22 m. www.waldpark.de

Holzachterbahn im Freizeitpark Plohn

Im Musikwinkel

Zwischen Schöneck, Markneukirchen und Klingenthal klingt und singt es das ganze Jahr. Seit mehr als vier Jahrhunderten werden im sächsischen Vogtland und im angrenzenden Nordwestböhmen Musikinstrumente gefertigt. In der zweiten Hälfte des 19. Jahrhunderts war die Region ein Weltzentrum des Musikinstrumentenbaus, vor der Weltwirtschaftskrise in den 1920er Jahren kam mehr als die Hälfte aller in der Welt gehandelten Musikinstrumente aus dem vogtländischen Winkel. Die USA richteten in Markneukirchen sogar eine Zweigstelle ihres Konsulats ein. Zum Musikwinkel werden rund anderthalb Dutzend Ortschaften gezählt. Der »Vogtländische Musikinstrumentenbau Markneukirchen und Umgebung« steht auf der deutschen Liste des Nationalen Immateriellen Kulturerbes und strebt an, auf die der UNESCO zu gelangen.

Klingenthal

Akkordeons aus Klingenthal (9000 Einwohner) reisen seit dem 19. Jahrhundert in die Welt. In der Markneukirchner Straße steht die älteste **Akkordeonfabrik** der Welt, 1852 wurde sie als Manufaktur gegründet. In dem großen Gebäude werden die berühmten »Weltmeister«-Instrumente gefertigt, die mittlerweile Kultstatus genießen. Zu DDR-Zeiten waren das manchmal über 100 000 Stück im Jahr, die in viele Länder exportiert wurden, vor allem nach Osteuropa, wo das Akkordeonspiel sogar an Hochschulen gelehrt wird. Nach der Einheit gab es mehrere Eigentümer des Werkes, die aber alle »mehr geplündert als produziert haben«, sagen die Klingenthaler. Nach der Insolvenz des Unternehmens 2015 geht es seit Oktober 2017 mit einer neuen Manufaktur unter dem Namen »Weltmeister Akkordeon Manufaktur« und einem Investor aus Sachsen weiter. Der will alle Mitarbeiter weiterbeschäftigen und wieder Handzuginstrumentenmacher ausbilden.

▶ Karte S. 371

Klingenthal ist aber auch Wintersportort. Angefangen hat es 1886 mit dem Lehrer Beck. Der erschien mit einem Prospekt aus Norwegen beim Stellmacher, um sich ein Paar der schmalen Bretter anfertigen zu lassen. Einige Jahre später war in der »Klingenthaler Zeitung« vom 22. Januar 1895 zu lesen: »Der Briefträger, welcher die Strecke Schöneck–Schilbach–Marieney besorgt, hat sich mit Schneeschuhen versehen und diese Art der Postbeförderung als außerordentlich fördernd bezeichnet.« 1907 sollen die ersten Skiläufer aus Plauen im benachbarten Mühlleithen aufgetaucht sein, zwei Jahre später gründete man den Wintersportverein Klingenthal. Später errangen zahlreiche Sportler aus Klingenthal und Umgebung Weltmeistertitel und Olympiamedaillen, darunter Harry Glaß, der von den Olympischen Spielen 1956 in Cortina d'Ampezzo mit einer Bronzemedaille ins Vogtland zurückkehrte.

Die Vogtland-Arena

■ **Musik- und Wintersportmuseum**

Wer sich über die Geschichte des Musikinstrumentenbaus und die des Wintersports in Klingenthal informieren möchte, besucht das Museum in der Schloßstraße 3a. Hier erfährt man, dass um 1925 jährlich bis zu 35 Millionen Mundharmonikas und rund eine Million Handharmonikas in Klingenthal gefertigt wurden, dass mehr als 20 Medaillengewinner bei Olympischen Winterspielen und Weltmeisterschaften aus dem Klingenthaler Skigebiet kommen und dass von der legendären Klingenthaler Aschberg-Sprungschanze der Olympiasieger von 1960, Helmut Recknagel, 1964 seinen letzten Sprung absolvierte. 1990 musste die Aschberg-Schanze wegen Baufälligkeit gesprengt werden, im Winter 2005/06 konnte man mit der Vogtland-Arena endlich eine neue einweihen.

■ **Kirche**

Wertvollstes Baudenkmal der Stadt ist die **Kirche Zum Friedefürsten** (1737). Das Gotteshaus wurde als barocker Zentralbau auf achteckigem Grundriss errichtet, nach der Frauenkirche in Dresden ist es Sachsens zweitgrößte Rundkirche.

■ **Vogtland-Arena**

Die futuristisch anmutende Sparkasse Vogtland-Arena gilt als Europas modernste Großschanze. Viersitzige achterbahnähnliche Wagen bringen Sportler und Besucher auf einer 800 Meter langen Strecke vorbei am Kampfrichtergebäude und dem Schanzentisch zur **Aussichtskanzel**. Die dient den Athleten während der Wettkämpfe als Wärmeraum. Die Arena ist nicht nur Austragungsort packender Wettkämpfe im Winter und Sommer, hier finden auch kulturelle Großveranstaltungen statt. Die 32 Meter hohe freischwebende Aussichtskanzel steht außerhalb von Wettkämpfen Besuchern offen, und wer Glück hat, kann international bekannte Skispringer beim Training beobachten.

Am Aschberg

■ **Aschberg**

Eine nicht minder schöne Aussicht hat man vom 32 Meter hohen **Aussichtsturm Otto Hermann Böhm** (1999) auf dem Aschberg, dem populärsten aller vogtländischen Berge (Zutritt über ein Drehkreuz durch Münzeinwurf). Warum ausgerechnet er mit seinen 936 Metern der Landschaft um Klingenthal seinen Namen gab, vermag niemand zu sagen. Der Kiel überragt den Aschberg um sieben Meter, der benachbarte **Große Rammelsberg** misst sogar 27 Meter mehr, doch der höchste ist der **Schneehübel** mit 972 Metern. Höchstgelegenes Gebäude auf dem Aschberg, dessen Gipfel sich auf tschechischem Gebiet befindet (Name dort: Kamenáč), ist die Jugendherberge.

Schneckenstein

23,4 Meter hoch ragt der Schneckenstein auf, Europas größter freistehender Topasfelsen. Zwischen 1734 und 1800 verlor er durch den Abbau von Topas zwei Drittel seiner ursprünglichen Größe. Die schönsten der weingelb gefärbten Edelsteine zieren die Krone der englischen Königin und funkeln im Grünen Gewölbe zu Dresden. Immer wieder war der zum Naturdenkmal erklärte Felsen das Ziel von Hobbymineralogen, die in der Dunkelheit kamen, um Topase zu plündern. Deshalb war der Schneckenstein zu DDR-Zeiten eingezäunt und durfte nicht betreten werden. Eingezäunt ist er auch heute wieder, aber für Besucher zugänglich.

In der Nähe des Schneckensteins öffnete die 1965 geschlossene Grube Tannenberg als **Besucherbergwerk**. In der einstündigen Besichtigung kommt man auch zu einem 50 Meter hohen und 60 Meter langen Hohlraum mit einem etwa 80 Meter tiefen See. Zum Ende des Zweiten Weltkrieges wurde der Zinnabbau eingestellt, 1946 begannen die Sowjets mit dem Uranbergbau. Insgesamt bauten sie im Schneckenstein-gebiet in fünf großen Schächten Uran ab. In den 1950er Jahren waren bis zu 6000 Menschen in den Bergwerken dieses Gebietes beschäftigt.

Morgenröthe-Rautenkranz

1978 startete das sowjetische Raumschiff »Sojus 29« in den Weltraum, an Bord waren der Russe Waleri Bykowski und als erster Deutscher der Vogtländer Sigmund Jähn.

In dessen Geburtsort Morgenröthe-Rautenkranz entstand folgerichtig die **Deutsche Raumfahrtausstellung**. Im Ausstellungsreich der bemannten Raumfahrt erfährt man besonders viel über den Flug des Vogtländers, der sieben Tage, 20 Stunden, 49 Minuten und vier Sekunden dauerte. Insgesamt 125 Mal umkreiste Jähn die Erde. Fast alle deutschen, aber auch viele russische und amerikanische Kosmonauten und Astronauten haben durch das Überlassen persönlicher Gegenstände die Ausstellung bereichert.

▲ Karte S. 371

Der Schneckenstein

Schöneck

Balkon des Vogtlandes wird Schöneck (3300 Einwohner) gern genannt, die mit 700 bis 800 Meter höchstgelegene Stadt des Vogtlandes. Vom Aussichtsfelsen **Alter Söll** (734 Meter), im Stadtzentrum zwischen Kirche und Rathaus gelegen, überschaut man etwa 2000 Quadratkilometer. Hier kann man sich sein nächstes Ziel aussuchen, 120 Kilometer lange Wanderwege führen in das waldreiche Umland.

Das letzte Brauhaus des Städtchens in der Klingerstraße 17 wurde zum **Museum Zur Brauschänke**. In der 1967 stillgelegten Brauerei sind Sudkessel, Maischbottich und Kühlschiff noch im Original vorhanden. Direkt neben dem IFA-Ferienpark kann man im Kletter- und Seilbahnwald wie Tarzan von Baum zu Baum schwingen, über wackelnde Brücken steigen oder an Seilen Hindernisse überwinden.

Markneukirchen

In der von waldreichen Bergen umrahmten Stadt (7900 Einwohner) werden seit über 300 Jahren Musikinstrumente hergestellt.

Prachtvolle, mit Säulen und Erkern verzierte Villen sind Zeugen für den Wohlstand der einstigen Verleger und Fabrikanten. Den hatten sie um 1900 mit der Herstellung und dem Handel mit Musikinstrumenten erreicht. »Fortschicker« hießen die Verleger im Volksmund, weil sie die Instrumente hinaus in die Welt schickten.

Die Geigenbauer können auf die längste Geschichte zurückblicken, deshalb wohl waren sie es, die zum 650-jährigen Stadtjubiläum 2010 auf sich aufmerksam machten: Sie fertigen eine Riesengeige, die mit 4,16 Meter mehr als doppelt so groß wie ein Kontrabass ist. Das spielfähige Instrument, das im Gerber-Hans-Haus bewundert werden kann, entstand aus Fichte, Ahorn und Ebenholz. In der modernen **Musikhalle** (1994/95), die 900 Gästen Platz bietet, musizieren das ganze Jahr über Orchester und Musikgruppen.

Wer von oben auf Markneukirchen schauen möchte, der steigt auf den Aussichtsturm **Bismarcksäule** auf dem **Oberen Berg** (620 Meter).

Musikinstrumentenmuseum

Mehr als 3000 Instrumente aus aller Welt besitzt das Musikinstrumentenmuseum im Paulus-Schlössel, einem spätbarocken Bürgerhaus (1784–1789). Zu den Kostbarkeiten gehört ein Clavichord (um 1750) von Gottfried Silbermann. Eigenartig ist die Geschichte des 180 Zentimeter großen Pianoakkordeons mit 128 Tasten und 360 Bässen: Die sechs Tanzgirls der englischen Gruppe »Doorlay« schickten es im Sommer 1939 zur Reparatur, der Ausbruch des Zweiten Weltkriegs verhinderte wohl die Abholung des Instruments. Ausgesprochene Raritäten sind eine Trompete von zwölf Zentimeter Länge und Miniaturgeigen, von denen mehrere auf einer Handfläche Platz haben. Damit wollten die Musikinstrumentenbauer handwerkliches Geschick unter Beweis stellen.

Im angeschlossenen **Gerber-Hans-Haus** gegenüber dem Musikinstrumentenmuseum, einem um 1700 im Fachwerkstil erbauten Gebäude, zeigt das Museum eine Zupfinstrumentenbauer-, eine Bogenmacher- und eine Holzblas-instrumentenmacherwerkstatt sowie das Handelskontor der 1834 gegründeten Exportfirma G. A. Pfretzschner, die auf dem Oberen Markt residierte. Der letzte Inhaber schenkte das Kontor seiner Heimatstadt mit der Auflage, es der Öffentlichkeit zugänglich zu machen.

Blickfang in dem Haus sind jedoch zwei zum 650-jährigen Stadtjubiläum gefertigte Rieseninstrumente: Eine 2,05 Meter hohe und 50 Kilogramm schwere Riesentuba, deren Rohrlänge rund elf Meter beträgt sowie eine 4,27 Meter lange und 130 Kilogramm schwere Riesengeige, die den Einzug ins Guinnessbuch der Rekorde schaffte. Zum Spielen der Geige werden drei Musiker benötigt, allein zwei, um den 5,22 Meter langen und 14,7 Kilogramm schweren Bogen zu führen.

Die Riesengeige von Markneukirchen

EXTRA

Klangholz-Künstler

Geigenbauer

Vor dem Musikinstrumentenmuseum in Markneukirchen steht die Bronzeplastik eines Geigenbauers (1970) – weil es Geigenbauer waren, die den weltweiten Ruf des vogtländischen Musikwinkels begründeten. Zwölf von ihnen schlossen sich zur »ehrbaren Zunft der Geigenmacher zu Neukirchen« zusammen. Der Artikelbrief, den die kurfürstlich-sächsische Kanzlei zu Moritzburg bei Dresden am 6. März 1677 bestätigte, gilt als die Geburtsurkunde des Musikinstrumentenbaus im Vogtland. Wie geschickt ihre Finger sind, belegten die Geigenbauer mit Minigeigen, mit denen man sogar spielen kann. Mehrere von ihnen haben auf einer Handfläche Platz. Aus den Anfangsjahren der Geigenherstellung stammt ein Instrument, das bereits 1712 entstand. Diese Kostbarkeit besitzt das Musikinstrumentenmuseum Markneukirchen. Seit jener Zeit blieben die Geigenbauerwerkstätten im Wesentlichen unverändert. Auch wenn manche Maschine den Geigenbauern heutzutage Handgriffe und Zeit spart, hochwertige Künstlerinstrumente entstehen nach wie vor in traditioneller handwerklicher Tätigkeit.

Geigenbauer sind mehr als Handwerker, sie sind wahre Künstler. Besondere Sorgfalt ist für das Ausarbeiten des Geigenbodens und der Decke erforderlich. Seit Stradivaris Zeiten, dem großen italienischen Geigenbauer vom Anfang des 18. Jahrhunderts, werden für die Decke Fichte und für Boden und Zargen Ahorn verwendet. Es muss gut abgelagertes Holz sein. Manche Geigenbauer unserer Tage verarbeiten noch Holz, das der Großvater vor rund 100 Jahren hat schlagen lassen. Es ist besonderes Holz – »Klangholz« sagen die Musikinstrumentenbauer dazu. Dieses für den Geigenbau notwendige Holz liefern nur wenige gut gewachsene Fichten. Sie müssen unter anderem gleichmäßige, möglichst enge Jahresringe und Astquirle mit einem Abstand von mindestens 40 Zentimeter haben, damit sich eine Geigendecke herausschneiden lässt. Klangholz ist nur von Fichten zu erwarten, die in Gebirgslagen über 600 Meter langsam gewachsen sind und mindestens 120 Jahre zählen. Das Gespür für gutes Klangholz ist Teil der jahrhundertelangen Erfahrungen, die im vogtländischen Geigenbau von Generation zu Generation weitergegeben werden. Deshalb sind Geigen aus dem Vogtland auch in unseren Tagen gefragt, denn es sind Spitzeninstrumente, die von Solisten in zahlreichen Ländern gespielt werden.

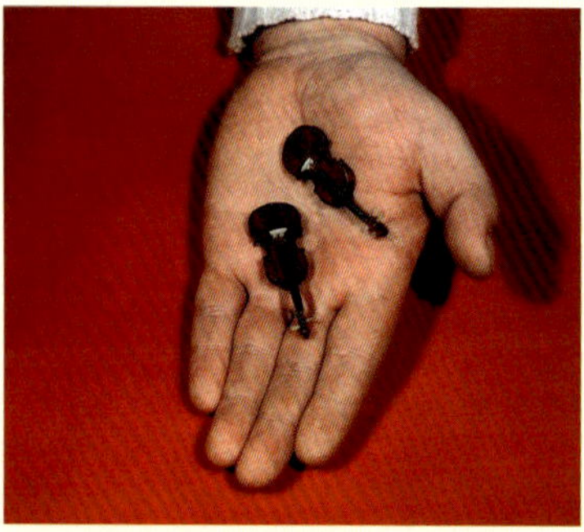

Minigeigen aus Markneukirchen

Adorf

Vogtlands Bäche, vor allem die Weiße Elster, waren reich an Flussperlmuscheln. Deshalb widmet sich das **Museum im Freiberger Tor** von Adorf (51 00 Einwohner) den Themen Perlenfischerei und Perlmuttverarbeitung. Hier erfährt man, dass es nur den kurfürstlichen Perlenfischern gestattet war, Perlen zu entnehmen. Das Privileg des ersten kursächsischen Perlenfischers verlieh Kurfürst Johann Georg I. 1621 dem Oelsnitzer Moritz Schmerler. Gewissenhaft wie die Sachsen sind, ist alles in den Annalen aufgezeichnet. Darin liest man, dass zwischen 1719 und 1814 in der Weißen Elster 11 268 Perlen gefunden und an den Hof nach Dresden geliefert wurden. Die Erträge gingen zurück, als die Industrie sich ausdehnte und ihre Abwässer in das bislang klare Wasser der Weißen Elster leitete. Verschmutztes Wasser mögen Flussperlmuscheln gar nicht.

Vom Museum ist es nicht weit bis zum über 200 Meter langen **Marktplatz**. Der **Euregio-Brunnen** (1999) weist auf die drei Regionen Böhmen, Bayern und Sachsen hin, aus denen auch der Granit für den Brunnen stammt.

Am Marktplatzende steht die **Michaeliskirche**, das vierte Gotteshaus seit der Stadtgründung im 13. Jahrhundert. Ihr heutiges Aussehen im Jugendstil bekam die Kirche nach dem Stadtbrand von 1904.

Das Freiberger Tor in Adorf

Wer wenig Zeit mitbringt, aber möglichst viele der vogtländischen Sehenswürdigkeiten kennenlernen möchte, besucht vor dem Ortsausgang Richtung Bad Elster die **Miniaturschauanlage Klein Vogtland**. Mehr als 50 der bedeutendsten Bauwerke des Vogtlandes sind hier aufgebaut. Auf dem gleichen Gelände befindet sich der **Botanische Garten** mit rund 11 000 Pflanzen.

Im Musikwinkel

Tourist-Information Klingenthal/Zwota, Schloßstr. 3, 08248 Klingenthal, Tel. 037467/64832.
www.klingenthal.de.

Tourist-Information Morgenröthe-Rautenkranz, Bahnhofstr. 4, 08262 Muldenhammer OT Morgenröthe-Rautenkranz, Tel. 037465/2538.
www.morgenröthe-rautenkranz.com
www.muldenhammer.com.

Tourismusbüro Schöneck, Hohe Reuth 9, 08261 Schöneck, Tel. 037464/330011.
www.schoeneck.eu.

Tourismusbüro Markneukirchen, Trobitzschen 14, 08258 Markneukirchen, Tel. 037422/40775.
www.markneukirchen.de.

Touristinfo Adorf, Freiberger Str. 8 (im Freiberger Tor), 08626 Adorf, Tel. 037423/2247. www.adorf-vogtland.de.

Vreizeitnetz Vogtland → S. 376.

Waldhotel Vogtland, Floßgrabenweg 1, Klingenthal OT Mühlleithen, Tel. 037465/

4560; 43 Zi., DZ ab 74 Euro. Mitten im Wald, idealer Ausgangspunkt für Ski-, Wander- und Biketouren. Saunalandschaft und Massagen.
www.waldhotel-vogtland.de

IFA Schöneck Hotel und Ferienpark, Hohe Reuth, Schöneck/Vogtland, Tel. 037464/30; 337 Zimmer und Ferienwohnungen, DZ ab 90 Euro. In Höhenlage von 800 Metern auf dem »Balkon des Vogtlandes« gelegen. Erlebnisbad mit Lagunen- und Wellenbad, Rutschen und Sauna sowie Wellnessbereich. Viele Freizeiteinrichtungen wie Pisten, Loipen, Wanderwege, Kletterwald gleich am Hotel.
www.ifa-ferienpark-vogtland.de

Gasthaus zur alten Schule, Schulgasse 4, Klingenthal, Tel. 037467/26872; Mo ab 17, Di/Mi, Fr–So ab 11 Uhr. Urig gemütlich in der ehemaligen Schule, die als Blockbohlenhaus um 1630 errichtet wurde. Zum Ambiente passend wird deftige vogtländische Küche gereicht.
www.alte-schule-klingenthal.de

Zur Brauschänke, Klingerstr. 17, Schöneck, Tel. 037464/88232; Fr–Mi 11–14 und ab 17 Uhr. Im Gewölbekeller der alten Brauerei gibt es herzhafte vogtländische Küche Im Sudhaus kleines Museum zur Brauereigeschichte.
www.schoeneck-pension.de

Berggasthof Heiterer Blick, Oberer Berg 54, Markneukirchen, Tel. 037422/2695; Mo/Di, Do/Fr ab 12, Sa/So ab 11 Uhr. Einheimische saisongerechte Küche, weiter Blick über die Landschaft. Auch 7 gemütliche Zimmer (DZ ab 74 Euro).
www.heiterer-blick.de

Musik- und Wintersportmuseum Klingenthal, Schloßstr. 3, Tel. 037467/64827; Di–Fr 10–16, Sa/So 13–17 Uhr.

Harmonika-Museum Zwota, Kirchstr. 2, Zwota, Tel. 037467/22262; Di–Do 10–16, jeden 1. Sa im Monat 14–17 Uhr.
www.harmonikamuseum-zwota.de

Besucherbergwerk Grube Tannenberg, Zum Schneckenstein 42, Tannenbergsthal OT Schneckenstein, Tel. 037465/41993; Führungen Di–So 10, 11.30, 13, 14.30 Uhr. www.schneckenstein.de

Deutsche Raumfahrtausstellung, Bahnhofstr. 4, Muldenhammer/OT Morgenröthe-Rautenkranz, Tel. 037465/2538; tägl. 10–17 Uhr.
www.deutsche-raumfahrtausstellung.de

Musikinstrumenten-Museum Markneukirchen, Bienengarten 2 (im Paulus-Schlössel), Tel. 037422/2018; Di–So April–Okt. 10–17, Nov.–März 10–16 Uhr.
www.museum-markneukirchen.de

Der gläserne Bauernhof Markneukirchen, Breitenfelder Straße 40, Markneukirchen OT Siebenbrunn, Tel. 037422/74859; tägl. ab 9 Uhr. Natur erleben auf dem Bauernhof, Tiere streicheln, bei der Arbeit zuschauen. Mit Kräutergarten, Feuchtbiotopen, verschiedenen Lehrpfaden, Fischverkauf.
www.glaeserner-bauernhof.de

Perlmutter- und Heimatmuseum Adorf, Freiberger Tor, Freiberger Str. 8, Adorf, Tel. 037423/2247; Febr.–Nov. Di–Fr 9–12, 13–17, Sa 10–12, 13–16, So 13–16 Uhr.
www.museum-adorf.de

Miniaturschauanlage Klein-Vogtland und Botanischer Garten Adorf, Waldbadstraße, Adorf, Tel. 037423/ 48060; April–Okt. tägl. 10–18 Uhr.
www.klein-vogtland.de
www.botanischer-garten-adorf.de

Musikhalle Markneukirchen, An der Musikhalle 16, Tickets Tel. 037422/40775. Das Konzerthaus bietet ein breites kulturelles Spektrum, von Klassik über Oper, Operette, Ballett, Volkstheater und Jazz bis zu Tanzbällen und Shows.
www.musikhalle-markneukirchen.de

Internationaler Akkordeon-Wettbewerb/ Musiktage Klingenthal, Anf. Mai. Renommierter Wettbewerb der Akkordeon- und

▶ Karte S. 371

Bandoneonspieler, mit zahlreichen Konzerten als Rahmenprogramm.
www.accordion-competition.de

Instrumentalwettbewerb Markneukirchen, im Mai, Tickets Tel. 037422/40775. Im jährlichen Wechsel stehen (je zwei) Streich- und Blasinstrumente im Mittelpunkt des Wettbewerbs für Nachwuchsmusiker.
www.instrumental-competition.de

Der Musiker-Laden, Schillerstr. 2, Markneukirchen, Tel. 037422/40565. Verkauf von Musikinstrumenten aller Art und Zubehör für Anfänger, Fortgeschrittene und Profimusiker. www.musiker-laden.de

70 Kilometer markierte Wanderwege erschließen dem Wanderer die Umgebung Markneukirchens.

Der Qualitätsweg **Höhensteig-Rundweg** um Klingenthal verläuft über 50 Kilometer in durchschnittlichen Wanderhöhen von 800 und 900 Metern.120 Kilometer Wanderwege sind rund um Schöneck ausgeschildert. Infos erteilen die örtlichen Tourismusbüros.

Der recht anspruchsvolle **Musikantenradweg** mit einer Länge von 115 Kilometer führt durch den idyllischen »Musikwinkel«, meist über Wald- und Feldwege sowie wenig befahrene Straßen.

Bike-Welt Schöneck, 130 Kilometer ausgewiesene Radtouren rund um Schöneck, 6 Touren von leicht bis schwierig von 16 bis 29 Kilometer Länge, Bikepark mit 5 Downhill-Strecken. Mai–Okt.
www.bikewelt-schoeneck.de.

Aqua World & Wellness Schöneck, im IFA Schöneck Hotel und Ferienpark Vogtland, Mo–Fr 13–20, Sa/So 10–20 Uhr. Erlebnisbad mit Lagunen- und Wellenbad, beheiztes Freibad, Rutschen und Saunalandschaft.
www.ifa-schoeneck-hotel.com

Die verschneiten Wälder des Oberen Vogtlandes sind bestens geeignet für Skiwanderungen und Langlauf mit Anschlussloipen in die nähere und weitere Umgebung.

Skiwelt Schöneck, Tel. 037464/330011. Beste Bedingungen für ein perfektes Wintersportvergnügen: Pisten in unterschiedlichen Schwierigkeitsgraden, präparierte Loipen, Skischaukel mit Vierer-Sessellift und Doppelschlepplift. Schneetelefon 037464/82000. www.schoeneck.eu

Die **Kammloipe** über 36 Kilometer von Schöneck über Klingenthal/Mühlleithen Carlsfeld bis ins erzgebirgische Johanngeorgenstadt zählt zu den schönsten und schneesichersten Loipen Deutschlands.
www.kammloipe.com.

Vogtland-Arena, Floßgrabenweg 1, Klingenthal, Tel. 037467/280860; tägl. 10–17 Uhr, Nov.–Jan. 10–16 Uhr. Besichtigungen mit Auffahrt zum Schanzentisch mit der Erlebnisbahn, Schanzenführungen oder Audioguide, Skisprung-Events und Shows.
www.vogtland-arena.de

Sommerrodelbahn Mühlleithen, direkt an der B283, Tel. 037465/409977; Mo–Fr 13–17, Sa/So und während der Schulferien in Sachsen, Thüringen und Bayern 10–17 Uhr. 800 Meter Länge, rund 45 Meter Höhendifferenz und 12 Kurven und Schikanen.

Kletter- und Seilbahnwald Schöneck, Hohe Reuth 5, neben IFA Ferienpark Schöneck, Tel. 0162/7448655; Juli–Aug. tägl., April–Juni, Sept./Okt. Di, Fr–So und in den Schulferien tägl. 10–19 Uhr. Kletterparcours zwischen den Wipfeln von Fichten, mit 45 Elementen in unterschiedlichen Schwierigkeitsgraden.
www.kletterwald.de

Das Bäderdreieck

Wie ein Dreieck schiebt sich die südwestlichste Spitze Sachsens in das böhmische Land. Die beiden traditionsreichen Staatsbäder Elster und Brambach haben diese abgelegene Ecke als »Bäderdreieck« bekannt gemacht. Naturmoor, Mineralheilwasser und Sole sind die natürlichen, vor Ort vorkommenden Heilmittel. Sachsens Könige kurten hier gern, unzählige Kranke erhielten Linderung oder sogar Heilung. Doch schon lange fährt man nicht mehr nur zur Kur nach Bad Elster und Bad Brambach. Beide Orte sind auch beliebte Urlaubsziele, und nach Bad Elster kommen auch viele Kulturreisende, denn der Ort zeichnet sich durch ein besonders umfangreiches, qualitätsvolles Veranstaltungsangebot aus.

Bad Elster

Am 25. Juni 1848 wurde in Bad Elster (3700 Einwohner) die erste Badesaison eröffnet. Lange Zeit vermutete man, Goethe habe beim Schreiben der Brunnenszene in seinem Epos »Hermann und Dorothea« die Moritzquelle in Elster vor Augen gehabt. Goethe weilte zwar im nahen Adorf, doch Elster besuchte er nicht. Das hat aber dem Ruhm des Bades keinen Abbruch getan. Der Mittelbau des **Albert-Bades**, das die Bade- und Kurmittelabteilungen sowie die Sauna beherbergt, bekam sein heutiges Aussehen 1927, das alte Badehaus von 1852 blieb erhalten und wurde einbezogen. Vorhanden ist noch die Königliche Badezelle. Eine Augenweide ist vor allem der Flügel C, in dessen Treppenhalle Pfeiler und Säulen mit Meissener Jugendstilkacheln verziert sind. Prachtvoll zeigt sich auch die Kuppel der Eingangshalle zum Flügel G. Zum Highlight wurde die 2016 eröffnete **Soletherme**. Das aus 1200 Meter Tiefe kommende Wasser bietet »Schweben wie im Toten Meer«. Der **Badeplatz** mit Kolonnaden, Marienquelle und Badecafé ist 1933/34 neu gestaltet worden. In der ehemaligen Salzquelle, der heutigen Kunst-Wandelhalle, zeigt das **Sächsische Bademuseum** die Ausstellung »Vom Weberdorf zum Weltbad«.

Das Kurhaus in Bad Elster

Karte S. 371

Im Bademuseum

An sieben historischen, in Parklandschaften eingefügten Veranstaltungsorten treffen sich die Gäste, **Festspielmeile der kurzen Wege** genannt: einem großen Konzertsaal im Königlichen Kurhaus (1895), dem benachbarten 1914 von Sachsens König Friedrich August II. eingeweihten König-Albert-Theater sowie der Kunst-Wandelhalle. Dazu kommen drei Musikpavillons und das Naturtheater. Kurmusik gibt es in Elster bereits seit 1817. »Was das Wasser für den Leib, soll die Musik für die Seele tun«: Mit diesen Worten begründete man damals die Musik im Rahmen des sich langsam herausbildenden Badebetriebes. Für die anfänglich sieben Musiker war das Musizieren ein willkommener Nebenverdienst, ganzjährig wird Kurmusik in Bad Elster seit 1952 gespielt.

Landwüst

Das **Vogtländische Bauernmuseum** in Landwüst, zehn Kilometer von Bad Elster entfernt, hat das Dorf überregional bekannt gemacht. Zentrum des Freilichtmuseums bildet das Wohnstallhaus von 1782 mit einem besonders schönen Egerländer Fachwerkgiebel. Beim Betreten der Blockstube im Erdgeschoss hat man den Eindruck, die bäuerliche Familie habe den Raum nur für wenige Minuten verlassen: Die Holzpantinen stehen unter der Ofenbank, der Vogelbauer hängt an der Decke, die Schulmappe liegt in der Ecke, neben dem Ofen ist Brennholz geschichtet. Ein aus Tirpersdorf umgesetztes Gutsarbeiterhaus aus der Zeit vor 1830, mehrere Scheunen sowie ein aus Obersohl stammendes Wohnstallhaus gehören ebenfalls zum Museumsensemble. Über 12 000 Sachzeugen geben einen interessanten und lehrreichen Einblick in die Arbeits- und Lebensweise der vogtländischen Landbevölkerung von Anfang des 19. Jahrhunderts bis in die erste Hälfte des 20. Jahrhunderts. Interessant sind auch die original eingerichteten und zum Teil noch funktionstüchtigen Werkstätten, die vom oft lebensnotwendigen Nebenerwerb der Bauern erzählten, denn der karge vogtländische Boden ließ nicht allzu viel üppig sprießen. Am Rand von Landwüst,

Bauernstube im Museum Landwüst

100 Meter oberhalb der Kirche, erhebt sich der kahle Bergrücken mit dem Namen **Wirtsberg**. Die 664 Meter hohe Kuppe bekrönen eine Vermessungssäule der Sächsischen Landesvermessung (1876) und ein Aussichtspavillon (1993).

Bad Brambach

Als 1912 in Bad Brambach (1900 Einwohner) neue Quellen entdeckt wurden, begann neben der Mineralwasserproduktion ein ganzjähriger Kurbetrieb. Von 1945 bis 1957 nutzte die Sowjetarmee das Bad als Sanatorium, in dieser Zeit wurde die **Eisenquelle** mit Marmor aus Hitlers Reichskanzlei in Berlin neu gefasst. Insgesamt stehen dem Kurgast für Trink- oder Badekuren sechs Heilquellen zur Verfügung, darunter die stärkste Radonquelle der Welt! Das Edelgas Radon kommt in Europa nur an wenigen Stellen vor. Ein Bad im Radonwasser verschafft Linderung bei Beschwerden des Bewegungsapparates und des Herz-Kreislaufsystems, es regt auch die Selbstheilungskräfte an.

Der 16 Hektar große **Kurpark**, dessen Entstehung bis ins Jahr 1892 zurückreicht, geht in den anschließenden Wald über, der an die Tschechische Republik grenzt. Das Herzstück des Kurparks bildet die **Festhalle** mit dem Schwanenteich.

Aussichtsturm auf dem Kapellenberg

Schönberg

Südlichster Ort Sachsens ist Schönberg mit dem **Kapellenberg** (759 Meter), dessen Aussichtsturm weite Blicke ins Land erlaubt. Das kleine **Schloss** (15. Jahrhundert) mit achteckigem Wachturm am nördlichen Ortsausgang schmücken reizvolle Renaissance- und Barock-Stuckdecken, Kreuzgewölbe und Wandmalereien. Zur Anlage gehören das drei-geschossige Herrenhaus und der **Gutspächterhof Schönberger Säuerling**, die südlichste vogtländische Mineralquelle.

i Bäderdreieck

Tourist-Information Bad Elster, Königliches Kurhaus, Badstr. 25, 08645 Bad Elster, Tel. 037437/53900. www.badelster.de. www.chursaechsische.de. www.saechsische-staatsbaeder.de.

Tourist-Information Bad Brambach, Badstr. 47, 08648 Bad Brambach, Tel. 037438/88100. www.badbrambach.de. www.saechsische-staatsbaeder.de.

Vreizeitnetz Vogtland → S. 376.

Hotel König Albert, Carl-August-Klingner-Str. 1, Tel. 037437/5400; 108 Zi., DZ ab 156 Euro. Modern eingerichtete, großzügige Zimmer in freundlichen Farbtönen. Über den Bademantelgang sind die Soletherme mit Saunawelt sowie weiter über den Skywalk das historische Albert-Bad zu erreichen. Restaurant mit feiner Küche (tägl. ab 11 Uhr). Jeden So um 11.30–14 Uhr gibt es den Genießer-Brunch mit Live-Musik.
www.hotelkoenigalbert.de

▶ Karte S. 371

Parkhotel Helene, Parkstr. 33, Bad Elster, Tel. 500; 25 Zi., DZ ab 84 Euro. Individueller Charme eines kleinen familiengeführten Hotels, Wellness- und Beauty-Angebote. In *Alberts Parkrestaurant* gibt es frische einheimische Küche mit Produkten vorrangig aus der Region (Mo–Mi, Fr 17–20.30, Sa 11–20.30, So 11–14 Uhr).
www.parkhotel-helene.de

Kurhotel Goldner Anker, Walter-Rathenau-Str. 9, Tel. 037437/5580; 23 Zi., DZ ab 95 Euro. Familiengeführtes Haus am Louisa-See. Terrassenrestaurant (tägl. ab 11 Uhr), Gesundheitsangebote.
www.anker-badelster.de

Santé Royale Hotel- und Gesundheitsresort, Badstr. 45, Bad Brambach, Tel. 037438/2100; 100 Zi., DZ ab 121 Euro. Wohnen und genießen mitten in der 25 Hektar großen historischen Kuranlage. Bademantelgang zur Bade- und Saunalandschaft, Ayurveda Spa. Verschiedene Restaurants (tägl. ab 11 Uhr).
www.sante-royale.de

Parkhotel, Oberreuther Str. 3a, Bad Brambach, Tel. 037438/2160; 18 Zi., DZ ab 66 Euro. Mitten im Kurpark gelegen, familiär geführt, viele Zimmer verfügen über einen Balkon. Im Restaurant *Vogtland* abwechslungsreiche vogtländische Küche (Mo/Di ab 14, Mi–So ab 11.30 Uhr).
www.parkhotel-badbrambach.de

Café Restaurant Waldquelle, Carl-August-Klingner-Str. 5, Bad Elster, Tel. 037437/534520; Mi–So ab 11 Uhr. Inmitten der Natur in der Nähe des Naturtheaters werden kulinarische Spezialitäten aus der Landhausküche angeboten.
www.waldquelle-badelster.de

Schlosscafé Schönberg, im Schloss Schönberg, Tel. 037438/219985; Sa/So 14–17.30 Uhr. Kleines Café im Schlossambiente, im Sommer auch im Café-Garten.
www.schloss-schoenberg.info

Sächsisches Bademuseum Bad Elster, Badstr. 6 (in der Kunstwandelhalle), Tel. 037437/53900; Mi–Fr 14–17.30, Sa/So 9.30–12, 14–17.30 Uhr.
www.saechsisches-bademuseum.de

Vogtländisches Bauernmuseum/Freilichtmuseum Landwüst, Rohrbacher Str. 4, 08258 Landwüst, Tel. 037422/2136; April–Nov. Di–So 10–17, Dez.–März Sa/So 10–16 Uhr. www.museum-landwuest.de

Schloss Schönberg, Schlossplatz 1, Tel. 037438/219985; Schlossführung jeden So 14 Uhr, Jan./Febr. geschlossen. Regelmäßig Ausstellungen und Konzerte.
www.schloss-schoenberg.info

Königliches Kurhaus Bad Elster, König Albert Theater Bad Elster, Chursächsische Philharmonie, Kunstwandelhalle, Musikpavillons, Naturtheater an der Waldquelle (Mai–Sept.), **Festhalle Bad Brambach**, ganzjährig Veranstaltungen unterschiedlichster Art, Tickets bei der Chursächsischen Veranstaltungs GmbH, Tel. 037437/53900. www.chursaechsische.de

Chursächsischer Sommer/Sächsisch-Böhmisches Kulturfestival, Mai–Okt. Über 180 Musikveranstaltungen.

Chursächsische Festspiele, Sept. Musiktheater, Schauspiel, Konzerte und Kunst.

Chursächsische Winterträume, Ende Nov.–Anfang Jan. Konzerte, Ballett und vieles mehr zur vierten Jahreszeit.

Soletherme & Saunawelt Bad Elster, Badstr. 6, Tel. 037437/71111; Soletherme So–Do 9–21, Fr/Sa 9–22 Uhr, Saunawelt ab 10 Uhr. Auf 4500 m² Fläche in zwei Etagen können Gäste entspannen: im Salzsee mit 15-prozentiger Sole, im Licht- und Klangbad mit 10-prozentiger Sole und im vogtländischen Hutz'nbad mit 6-prozentiger Sole. Weiterhin gibt es fünf verschiedene Innen- und Außensaunen.
www.saechsische-staatsbaeder.de

Bade- und Saunalandschaft im historischen Albertbad, Badstr. 6, Bad Elster, Tel. 037437/71111; Öffnungszeiten wie Soletherme. Moor- und Mineralheilbad mit Innen- und Außenschwimmbecken, Strömungskanal, Sprudelbänken, Dampfbad, drei verschieden temperierten Saunen und Wellnessleistungen.
www.saechsische-staatsbaeder.de

Bade- und Saunalandschaft Bad Brambach, im Kurpark, Bad Brambach, Tel. 037438/88111; geöffnet wie Soletherme. Radon-Mineralheilbad mit 25-Meter-Schwimmbecken, Außenbecken mit 32-Grad Wassertemperatur, drei Saunen sowie gemütliches Saunadorf im Freien mit Blick in den historischen Kurpark.
www.saechsische-staatsbaeder.de

Typische Landschaft im Vogtland: bei Schönberg

▲ Karte S. 371

Reisetipps von A bis Z

Anreise mit dem Auto

Das Straßennetz ist dicht, jeder Ort mit dem Pkw zu erreichen. Auch das Autobahnnetz ist gut, so dass aus allen Teilen Deutschlands sowie aus dem Ausland die Anreise bequem möglich ist.

Die A4 quert Sachsen von West nach Ost, die A13 von Nord nach Süd, die A17 führt von Dresden nach Prag, die A14 vom Dreieck Nossen (nahe Dresden) über Leipzig nach Halle (Saale). Die A72 von Chemnitz nach Leipzig befindet sich in Bau. Der letzte rund 17 Kilometer lange Bauabschnitt von Borna bis zur Anbindung an die A38 im Leipziger Süden ist für das Jahr 2020 geplant.

Anreise mit der Bahn

IC-/ICE-Verbindungen der Deutschen Bahn führen nur noch nach Leipzig und Dresden. Innerhalb Sachsens ist das Regionalbahnnetz dicht, wenngleich – wie überall in Deutschland – es durch Streckenstilllegungen großmaschiger wird. Auskunft: Telefon 0800/1507090. www.bahn.de

Vier dampfbetriebene **Kleinbahnstrecken** von 750 mm Spurweite haben im Personenverkehr noch Bedeutung:

Die **Lößnitzgrundbahn** (→ S. 120) von Radebeul Ost über Moritzburg nach Radeburg: Länge 16,5 Kilometer, Fahrdauer 51 Minuten, Anschluss an die Normalspur in Radebeul Ost. Auskunft: Tel. 035207/89290. www.loessnitzgrundbahn.de.

Die **Zittauer Schmalspurbahn** (→ S. 218) dampft von Zittau nach Luftkurort Jonsdorf und Kurort Oybin, in Bertsdorf teilt sich die insgesamt 16,1 Kilometer lange Strecke. Die Fahrt dauert etwa 50 Minuten, Anschluss an die Normalspur in Zittau. Auskunft: Tel. 03583/540540. www.zittauer-schmalspurbahn.de.

Die **Weißeritztalbahn** (auch Osterzgebirgsbahn genannt, → S. 358) von Freital-Hainsberg über Dippoldiswalde nach Kurort Kipsdorf: Länge 26,3 Kilometer, Fahrdauer für die gesamte Strecke 86 Minuten. Anschluss an die Normalspur in Frei-tal-Hainsberg. Auskunft: Tel. 0351/6412701. www.weisseritztalbahn.com.

Die **Fichtelbergbahn** (→ S. 343) fährt von Cranzahl nach Oberwiesenthal: Länge 17,3 Kilometer, Fahrdauer für die gesamte Strecke etwa 55 Minuten, in der Hauptsaison sechs Fahrten in beide Richtungen, Anschluss an die Normalspur in Cranzahl. Auskunft: 037348/1510. www.fichtelbergbahn.de.

In Dresden und Leipzig sind von der City Ausflugsziele und umliegende Städte wie Radebeul und Meißen von Dresden aus und Halle von Leipzig aus schnell mit der S-Bahn erreichbar. **Straßenbahnen** verkehren in den Städten Chemnitz, Dresden, Görlitz, Leipzig, Plauen und Zwickau.

Anreise mit dem Flugzeug

Sachsens internationale Flughäfen befinden sich in Dresden und Leipzig/Halle, beide sind gut in das deutsche und europäische Flugnetz eingebunden.

Der **Dresdner Flughafen Klotzsche** liegt etwa neun Kilometer nördlich des Stadtzentrums. Die S-Bahn-Linie S2 verbindet den Flughafen mit den Bahnhöfen Dresden-Neustadt und Dresden-Hauptbahnhof. Die Fahrzeit bis zum Hauptbahnhof beträgt 21 Minuten. Auskunft: Tel. 0351/8813360. www.dresden-airport.de

Die Fichtelbergbahn

Der **Flughafen Leipzig/Halle** liegt in Schkeuditz in der Nähe des gleichnamigen Autobahnkreuzes. Vom Flughafenbahnhof verkehren Nahverkehrszüge zum Leipziger Hauptbahnhof, die Fahrzeit beträgt 14 Minuten. Auskunft: Tel. 0341/2241155. www.leipzig-halle-airport.de.

Anreise mit dem Fernbus

Fernbusse fahren von München, Stuttgart, Berlin, Hamburg, Köln, Düsseldorf, Hannover, Frankfurt und anderen deutschen Städten in die sächsischen Metropolen Dresden, Leipzig, Chemnitz oder Zwickau. Die Busse sind vor allem beliebt wegen ihres Komforts und der günstigen Preisen. Infos: www.busliniensuche.de.

Auskunft

Die in den Informationskästen dieses Reiseführers genannten Tourist-Informationen und Kurverwaltungen haben ganzjährig montags bis freitags geöffnet, in den Sommermonaten – zumindest in größeren Orten – meist auch am Wochenende. Prospekte werden kostenlos verschickt, fast immer liegt jedoch ein Überweisungsträger bei mit der freundlichen Bitte, sich an den Unkosten zu beteiligen.

Tourismus Marketing Gesellschaft Sachsen mbH
Bautzner Str. 45/47
01099 Dresden
Tel. 0351/491700
www.sachsen-tourismus.de

Tourismusverband Erzgebirge e. V.
Adam-Ries-Str. 16
09456 Annaberg-Buchholz
Tel. 03733/18800-0
www.tourismus-erzgebirge.de

Tourismusverband Sächsisches Burgen- und Heideland e. V.
Niedermarkt 1
04736 Waldheim
Tel. 034327/966-0
www.saechsisches-burgenland.de

Tourismusverband Sächsisches Elbland e. V.
Dresdner Str. 7
01662 Meißen
Tel. 03521/76350
www.dresden-elbland.de

Tourismusverband Sächsische Schweiz
Bahnhofstr. 21
01796 Pirna
Tel. 03501/470147
www.saechsische-schweiz.de

Tourismusverband Vogtland e. V.
Göltzschtalstr. 16
08209 Auerbach
Tel. 03744/1888-60
www.vogtland-tourismus.de

Marketing-Gesellschaft Oberlausitz-Niederschlesien mbH
Humboldtstr. 25
02625 Bautzen
Tel. 03591/4877-0
www.oberlausitz.com

Sächsischer Heilbäderverband e. V.
Messering 8, Haus F
01067 Dresden
Tel. 0351/897593-0
www.kursachsen.de

Baden

Als Badereviere beliebt sind die Talsperren **Bautzen**, **Malter**, **Pöhl** und **Pirk**, der **Greifenbach-Stauweiher** bei Ehrenfriedersdorf/Geyer und der **Filzteich** bei Schneeberg. Viele Stauseen dienen der Trinkwasserversorgung und sind für Wassersport und Badefreuden gesperrt.

Standseilbahn zur Augustusburg

Fasanenschlösschen in Moritzburg

Viele neue Bademöglichkeiten sind an den Seen im **Leipziger Neuseenland** und im **Lausitzer Seenland** entstanden oder im Entstehen. Viele Ferienorte haben ihre Freibäder modernisiert, zum Teil mit langen Rutschen ausgestattet, die viel Badespaß bieten.

Bergbahnen

Fichtelberg-Schwebebahn: Die älteste, 1924 eröffnete Kabinen-Pendelbahn Deutschlands überwindet eine Höhe von 303 Metern. Für die 1173 Meter lange Strecke werden acht Minuten benötigt. Die Talstation liegt fünf Minuten zu Fuß vom Schmalspurbahnhof Oberwiesenthal entfernt, die Bergstation in 1214 Meter Höhe auf dem Fichtelberg. Auskunft: Tel. 03734/12761. → S. 342.
www.fichtelberg-schwebebahn.de

Standseilbahn Augustusburg: Die 1911 eröffnete Bahn hat eine Streckenlänge von 1200 Metern, die in acht Minuten bewältigt werden. Die Talstation befindet sich gegenüber dem Bahnhof Erdmannsdorf, die 168 Meter höher gelegene Bergstation am Fuße des Schlossberges der Stadt Augustusburg. Tel. 037291/20265. → S. 299. http://dsb.vms.de.

Dresdner Standseilbahn: Die 1895 eröffnete Bahn ist die letzte ihrer Art in Europa. Die Talstation befindet sich am Körnerplatz im Stadtteil Loschwitz, die Bergstation in der Bergstraße auf dem Weißen Hirsch. Drei Minuten braucht die Bahn für die 547 Meter mit einem Höhenunterschied von 95 Metern. 1993/94 wurde die Standseilbahn umfassend modernisiert, seitdem verkehren die Wagen ohne Personal. Tel. 0351/8571011. → S. 105. www.dvb.de.

Dresdner Bergschwebebahn: Für die 274 Meter mit einem Höhenunterschied von 84 Metern von der Talstation an der Pillnitzer Landstraße bis zur Loschwitzhöhe benötigt die älteste Bergschwebebahn der Welt drei Minuten. Die umfassend sanierte Bahn steht unter Denkmalschutz. Auskunft: Tel. 0351/8571011. → S. 105.
www.dvb.de

Burgen und Schlösser

Über 1000 Burgen und Schlösser kann Sachsen vorweisen – eine imponierende Zahl! In viele von ihnen zogen Museen, so in Augustusburg, Meißen, Moritzburg, Rochlitz, Schwarzenberg, Stolpen, Torgau. Hinter den dicken Mauern werden oft Kunstschätze von internationaler Bedeutung präsentiert, wie in der Albrechtsburg von Meißen. Die Burgruinen – so in Elsterberg und Tharandt – sind fast immer ohne zeitliche Begrenzung zugänglich, über die Öffnungszeiten der museal genutzten Rittersitze und Schlösser geben die Tourist-Informationen Auskunft.

Feiertage

Neujahr, Karfreitag, Ostermontag, 1. Mai (Tag der Arbeit), Himmelfahrt, Pfingstmontag, 3. Oktober (Tag der Deutschen Einheit), 31. Oktober (Reformationstag), Buß- und Bettag, 1. und 2. Weihnachtsfeiertag.

Grenze

Seit Dezember 2007 gibt es an den Übergängen zu Tschechien und Polen keine Passkontrollen mehr, die Grenze kann überall und jederzeit überschritten werden. Dennoch sollte man stets ein Ausweisdokument bei sich führen. Beide Länder gehören zum Bereich des Schengener Abkommens.

Internet/WLAN

Kostenfreies WLAN im öffentlichen Raum ist noch die Ausnahme, die größeren Hotels bieten allerdings in ihren Häusern oft freies WLAN an, ebenso zahlreiche Restaurants und Cafés. In einigen entlegenen Ecken des Erzgebirges und des Oberlausitzer Berglandes ist mit Funklöchern zu rechnen.

Kirchen

Im Sommer erklingen in zahlreichen Kirchen die berühmten Silbermannorgeln. In der Kreuzkirche in Dresden ist der traditionsreiche Kreuzchor zu hören, in der Thomaskirche zu Leipzig der nicht minder bekannte Thomanerchor. In der kleinen barocken Bergkirche von Oybin wird im Sommer zu Abendmusik bei Kerzenschein geladen. Eine Besonderheit stellt der Petridom in Bautzen dar, den seit der Reformation Protestanten und Katholiken gemeinsam für Gottesdienste nutzen. Die katholischen Kirchen sind meist ständig geöffnet, in evangelischen – das ist der überwiegende Teil im Land – hat man oft nur zu den Gottesdiensten Zutritt. Im Sommer stehen aber auch hier, vor allem in größeren Städten und Touristenzentren, die Türen offen. Wenn nicht, ist man im Pfarramt fast immer bereit, die Kirchentür für Besucher zu öffnen.

In der Frauenkirche in Dresden

Kletterer in der Sächsischen Schweiz

Klettern

Bei Kletterern ist die Sächsische Schweiz beliebt. Über 1000 freistehende Felsen mit etwa 14 000 Aufstiegen in verschiedenen Schwierigkeitsgraden bieten viele Herausforderungen. Geklettert wird nach den 1913 aufgestellten »Sächsischen Kletterregeln«. Die verbieten Hilfsmittel wie Magnesia oder ähnliche chemische Mittel sowie Klemmkeile. Geklettert werden darf nur an freistehenden Felsen, Kletterverbot besteht an nassen und feuchten Felsen. Auch das Zittauer Gebirge sowie das Greifensteingebiet werden von Kletterfreaks gern besucht.

Kuren

In Sachsen wird schon seit langer Zeit gekurt, Sachsens Könige blieben meist im eigenen Land, sie fuhren nach Bad Elster, das heute neben Bad Brambach, Bad Düben, Bad Gottleuba, Bad Lausick, Bad Muskau, Bad Schandau und Berggießhübel zu den anerkannten Kurorten gehört. Behandelt werden nahezu alle Leiden. Auskunft: Tel. 0351/8975930. www.kursachsen.de.

Kurtaxe

In vielen Ferienorten wird bei der Anmeldung in der Unterkunft Kurtaxe kassiert, Kinder sind meist davon befreit. Beim Vorzeigen der Kurkarte werden oft Preisermäßigungen gewährt.

Medizinische Versorgung

Wo sich der nächste Arzt oder das nächste Krankenhaus befindet, weiß man in den Tourist-Informationen, auch ist es an den Rezeptionen der Hotels oder Campingplätze zu erfahren. Die lokalen Zeitungen veröffentlichen regelmäßig die Adressen von Ärzten, die außerhalb der üblichen Sprechstunden dienstbereit sind. Apotheken sind flächendeckend vorhanden.

Mietfahrzeuge

Von den großen Autovermietungen sind vertreten:
Avis Autovermietung
Tel. 069/50070020
www.avis.de
Hertz Autovermietung
Tel. 01806/333535 (kostenpflichtig)
www.hertz.de
Europcar
Tel. 040/520188000
www.europcar.de
World of TUI Cars
Tel. 0511/5678918
www.tuicars.com
Sixt AG
Tel. 089/66060060
www.sixt.de.

Mobilitätseingeschränkt

Im gesamten Bundesland gibt es Hotels und Pensionen für Menschen mit Behinderungen, auch immer mehr Freizeiteinrichtungen sind für mobilitätseingeschränkte Menschen geeignet. Bei der Tourismus Marketing Gesellschaft Sachsen mbH kann die Broschüre **Sachsen barrierefrei** kostenlos bestellt werden: Tel. 0351/491700.
Auf der Website www.sachsen-tourismus.de sind auf einer Karte alle barrierefreien Unterkünfte sowie barrierefreie Kultur-, Freizeit- und Aktivangebote verzeichnet.

Museen und Gedenkstätten

Mit mehr als 400 Museen gehört Sachsen zu den museumsreichsten Bundesländern. In **Dresden** reiht sich ein Kunsttempel an den anderen, aber auch **Leipzig** kann kostbare Sammlungen vorweisen. Technisch Interessierte dürften nach **Chemnitz** fahren. In vielen Regionen darf in die ehemaligen Wohn- oder Arbeitsstätten großer Geister geschaut werden: In **Zwickau** kann den Spuren von Robert Schumann und August Horch, in **Leipzig** den von Bach und Mendelssohn-Bartholdy und in **Hohenstein-Ernstthal** und **Rabebeul** denen von Karl May gefolgt werden. Zwischen **Dresden** und der **Sächsischen Schweiz** bieten sich Besuche im Richard-Wagner-Museum und im Carl-Maria-von-Weber-Museum an. Besonders viele technische Museen gibt es im **Erzgebirge**. Einblicke in die einstige schwere Arbeit unter Tage bieten zahlreiche Schaubergwerke. Für Untertageführungen wird Schutzbekleidung gestellt, das Mindestalter für die Teilnahme an Führungen beträgt oft zehn oder zwölf Jahre. Bei den Schaubergwerken sollte man sich vorher nach den Führungszeiten erkundigen, um längere Wartezeiten zu vermeiden.
Die Museen haben meist am Montag geschlossen, der letzte Einlass erfolgt oft 30 Minuten vor der angegebenen Uhrzeit, auf dem Lande gibt es vielfach eine Mittagspause. Nicht wenige Museen ermöglichen nach Voranmeldung Besuche auch außerhalb der Öffnungszeit. Auskunft: Tel. 0351/49143800.
www.sachsens-museen-entdecken.de.

Im Sächsischen Industriemuseum in Chemnitz

Pannenhilfe

ADAC-Pannenhilfe: Rund um die Uhr Tel. 01802/222222 (kostenpflichtig). Mobilfunk-Teilnehmer wählen (ohne Vorwahl) 222222.

ACE Euro-Notruf: 0711/530343536.

Parken

Parkhäuser sind in allen größeren Städten vorhanden. Wer die Gebühr für das Parkhaus sparen möchte und auch nicht darauf erpicht ist, ewig lange nach einem gebührenfreien Parkplatz zu suchen, sollte das Auto möglichst am Stadtrand abstellen und mit öffentlichen Verkehrsmitteln weiterfahren. Die Hotels haben fast alle eigene Parkplätze, die Neubauten in den Stadtzentren oftmals Tiefgaragen.

Post

Die Postämter in kleinen Städten und in Gemeinden haben oft nur stundenweise geöffnet. Vielfach übernehmen auch Zeitungsläden oder andere Geschäfte Postdienstleistungen.

Radfahren

Sachsen ist als Radfahrland beliebt, auch, weil das Netz an Radwanderwegen gut ausgebaut ist. Allein in der Region Oberlausitz-Niederschlesien haben die Radwege eine Länge von mehr als 3000 Kilometern. Mit Mountainbikes lassen sich auch die höchsten Berge des Erzgebirges und des Zittauer Gebirges bezwingen. Fahrräder stehen in den meisten Ferienorten zum Mieten bereit.

Radler in der Oberlausitz

Einer der schönsten und beliebtesten Radwege ist der 860 Kilometer lange **Elberadweg**, von dem 180 Kilometer durch Sachsen führen. Der Schwierigkeitsgrad ist leicht, Gepäcktransfer bieten mehrere Unternehmen an. Wer sich mehr zutraut und über die entsprechende Kondition verfügt, startet die **Kammtour Erzgebirge-Vogtland**, die 115 Kilometer auf sächsischem Gebiet verläuft. Sie führt entlang der sächsisch-böhmischen Grenze auf idyllischen Waldwegen. Von November bis April sind einige Strecken nur Skiwanderern zugänglich, Gepäcktransfer wird auch angeboten.

Reiten

Immer mehr Menschen finden Freude daran, mit 1 PS die Landschaft zu erkunden. Mehr als 30 Reiterhöfe dürfen das Qualitätssiegel »Sachsen mit Pferd« tragen. Das Reitwegenetz wird immer weiter ausgebaut, gegenwärtig gibt es 6800 km Reitwege. Auskunft: Tel. 0351/491700. www.sachsen-tourismus.de.

Restaurants und Cafés

Das gastronomische Angebot reicht von schicken, stylischen Restaurants bis zu rustikalen Ausflugslokalen, in denen man auch mit Radlerhosen, Wanderschuhen und Rucksack gern gesehen ist. Eine kulinarische Wüste ist Sachsen nicht mehr, was man bei einem Blick in die namhaften Restaurantführer feststellt. Vielfach wird sächsische Küche angeboten, weil sie von der Mehrzahl der Gäste gewünscht wird. Beachtet werden sollte: Essens- und Öffnungszeiten sind häufig nicht identisch, die Küche schließt oft früher. Über die Ruhetage, die vor allem in den Feriengebieten jahreszeitlich differieren, informieren die Tourist-Informationen.

Rundfunk und Fernsehen

Der **Mitteldeutsche Rundfunk** (MDR) hat seinen Sitz in Leipzig und produziert für die drei Länder Sachsen, Sachsen-Anhalt und Thüringen ein Fernsehprogramm sowie die sechs Hörfunkprogramme MDR 1 Radio Sachsen, MDR Figaro, Jump, MDR Info, MDR Sputnik und MDR Klassik über UKW, Satellit oder via Internet. Das Angebot an kommerziellen und nicht-kommerziellen privaten Hörfunk- und Fernsehangeboten ist vielfältig. Es gibt mehr als 22 lokale und regionale Hörfunkveranstalter sowie etwa 60 Fernsehveranstalter.

Souvenirs

Die Palette ist umfangreich: **Blaudruck** aus der Lausitz oder von Hand geformte **keramische Gegenstände** aus einem der traditionsreichen Töpferorte. Etwas Besonderes hat hier die Oberlausitz mit der Schwämmeltechnik zu bieten. Das Dekor wird nicht mit dem Pinsel, sondern mit kleinen Schwämmen aufgetragen.

An erster Stelle aller sächsischen Souvenirs rangieren handgefertigte **Lichterengel**, **Schwibbögen**, **Nussknacker** und **Räuchermännchen** aus dem Erzgebirge. Die Auswahl ist riesengroß. Gefragt sind ebenfalls **Klöppeldecken** aus dem Erzgebirge, für die meist tiefer in die Geldbörse gegriffen werden muss. Wer weiß, dass eine versierte Klöpplerin rund 600 Stunden am Klöppelsack sitzt, bis sie eine Decke für den Wohnzimmertisch fertig hat, wird den verlangten Preis ohne Murren zahlen. Was in Plauen an **Spitze** angeboten wird, das ist wirklich die echte Plauener. Wer gut bei Kasse ist, wird aus dem reichen Sortiment der **Porzellanmanufaktur Meissen** wählen.

Beliebte Mitbringsel sind ebenfalls wunderschön dekorierte und bemalte **sorbische Ostereier**. Das Verzieren von Eiern hat sich zum Kunsthandwerk entwickelt, mit einfachen Werkzeugen sowie Wachs und Farben verwandeln sich die Eier in kleine Kunstwerke.

Mitbringsel anderer Art sind **Pulsnitzer Pfefferkuchen**, in denen sich jedoch kein

Lausitzer Keramik

Körnchen Pfeffer befindet. Den Geschmack verfeinern vielmehr Gewürze wie Zimt, Vanille, Muskat und Nelken. **Dresdner Christstollen** oder **Kräuterlikör** aus Altenberg, Oybin, Lauterbach oder Bockau sind ebenso beliebt wie **Meißner Wein**. Musikfreunde dürften zu **CDs** mit Aufnahmen des Kreuzchors aus Dresden oder des Thomanerchors aus Leipzig greifen, Volksmusikfans wählen dagegen eher die Kultband »De Randfichten« aus dem Erzgebirge. Die Auswahl an **Bildbänden** ist beachtlich.

Tageszeitungen

In Chemnitz und Umgebung erscheint die auflagenstärkste deutsche Regionalzeitung, die **Freie Presse** (verkaufte Auflage rund 230 000). In Dresden und Umgebung ist es die **Sächsische Zeitung** (196 000). Die **Dresdner Neuesten Nachrichten** (17 000), die **Torgauer Zeitung** (7500) und die **Muldentalzeitung** (18 000) übernehmen den überregionalen Teil von der **Leipziger Volkszeitung** (156 000).

Die einzige Tageszeitung in sorbischer Sprache, **Serbske Nowiny** (1500), kommt in Bautzen heraus. In Plauen erscheint der **Vogtland-Anzeiger** (4000), der nach einigen Turbulenzen nunmehr zur Freien Presse gehört. In Dresden und in Chemnitz gibt es im Straßenverkauf die **Morgenpost** (54000), die ihren Hauptteil vom Berliner Kurier bezieht und mit der Bild-Zeitung konkurriert.

Theater

Kleine und große Bühnen erwarten ihre Gäste, den Höhepunkt eines Theaterbesuches bildet die **Semperoper** in Dresden, aber auch die **Opernhäuser** in **Leipzig** und **Chemnitz** sowie die **Staatsoperette** in Dresden warten mit hohem Niveau auf. Anspruchsvolles Theater bieten auch die **Schauspielhäuser** in **Dresden**, **Leipzig** und **Chemnitz**. Das **Theater Zwickau/Plauen** bespielt die Bühnen in Zwickau und Plauen, das **Mittelsächsische Theater** die in Freiberg und Döbeln. Das **Gerhart-Hauptmann-Theater Görlitz-Zittau** bietet Schauspiel, Musiktheater sowie Tanz und ist Heimstatt der **Neuen Lausitzer Philharmonie**.

In Dresden wird sogar auf einem Elbschiff gespielt, der **Theaterkahn Dresdner Brettl** bietet Kabarett, Musik und Literatur. Der 1912 erbaute 70 Meter lange Kahn liegt am Elbufer vor Anker. In Bautzen gibt es mit dem **Deutsch-Sorbischen Volkstheater** die einzige zweisprachige Bühne in Deutschland. In den großen Städten bieten kleine Alternativtheater Experimentelles an.

Zu den schönsten **Naturbühnen** gehören die Felsenbühne Rathen, die Oberlausitzer Waldbühne in Luftkurort Jonsdorf und das Greifensteintheater im Erzgebirge, in dem das Eduard-von-Winterstein-Theater aus Annaberg-Buchholz – Teil der Erzgebirgischen Theater und Orchester GmbH – gastiert. Die politischen **Kabaretts** Herkuleskeule in Dresden sowie Pfeffermühle und academixer in Leipzig sind nach wie vor gute Adressen.

Übernachten

Hotels/Pensionen: Das Hotelangebot reicht von Luxus bis einfach. Fast alle Hotels und Pensionen wurden nach der Einheit restauriert und modernisiert. Sachsen Hotellerie gehörte lange Zeit zur modernsten in Deutschland, doch mittlerweile sind nicht wenige Häuser in die Jahre gekommen und eine Renovierung und Modernisierung wäre dringend angesagt. Wer die höheren Preise in den Zentren der großen Städte nicht zahlen will oder kann, sollte in die Umgebung ausweichen. Dort wohnt man oft keinesfalls schlechter als in der City, aber preiswerter und meist auch ruhiger. Unbedingt sollte man sich nach Sonderangeboten erkundigen. Schlecht stehen allerdings die Chancen, wenn ein Kongress

Hotel in Höfgen

Wanderweg im Obererzgebirge

oder eine große Veranstaltung stattfindet und zu den Feiertagen.
Haustiere sind nicht in jedem Quartier erwünscht. Um sich Ärger zu ersparen, empfiehlt es sich, vor der Anreise anzufragen.
Jugendherbergen: Preisgünstige Übernachtungsmöglichkeiten bieten Jugendherbergen. Wer an ihre Tür klopfen möchte, muss einen gültigen Ausweis des Deutschen Jugendherbergswerkes (DJH) für Junioren (bis 26 Jahre) oder Senioren (ab 27 Jahre) vorweisen. Jugendherbergen gibt es in Sachsen in allen Regionen. Auskunft: Tel. 0800/6200400. www.jugendherberge-sachsen.de
Privatunterkunft: Privatquartiere werden in allen Städten und Ferienorten angeboten. Sie sind bedeutend preiswerter als Hotels und Pensionen. Mancher nimmt sich auch ein Privatquartier, weil er so die Einheimischen besser kennenlernt. Die Zimmer, Ferienwohnungen und Ferienhäuser sind fast alle in den letzten Jahren modernisiert worden. Wenn an den Häusern keine Schilder »Zimmer zu vermieten« angebracht sind, erteilen die Tourist-Informationen oder Kurverwaltungen Auskunft oder nehmen sogar die Buchung vor.
Camping: Sachsen ist als Campingland beliebt, auch, weil mancher schlichte Platz zu einer komfortablen Freizeitanlage wurde. Am beliebtesten sind die Anlagen in der Oberlausitz und in der Sächsischen Schweiz. Auskunft: Tel. 03574/4675176. www.camping-in-sachsen.de

Telefon

Sachsen besitzt, wie alle östlichen Bundesländer, eins der modernsten Telefonnetze Deutschlands. Fast alle Hotelzimmer haben Telefon. In den wenigen öffentlichen Telefonzellen gibt es meist Kartentelefone – doch wer nutzt die heutzutage noch? Handybesitzer haben nur kleine Funklöcher zu beklagen, so in einigen Bereichen des Erzgebirges und der Sächsischen Schweiz.

Wandern

Die Wanderwege sind in allen touristischen Regionen gut markiert, das Netz der Gaststätten verhältnismäßig dicht. Man sollte sich allerdings vorher nach den Ruhetagen erkundigen, um nicht vor verschlossenen Türen zu stehen.
Der **Oberlausitzer Bergweg**, einer der beliebtesten Wanderwege, führt auf einer Länge von 118 Kilometern durch das Oberlausitzer Bergland, er beginnt in Neukirch und endet in Zittau. Die Tourist-Informationen bieten oft organisierte Wanderungen an, dort sind meist auch Wanderkarten zu haben, auf jeden Fall aber in den örtlichen Buchhandlungen. Die beste Wanderzeit ist von Ende Mai bis Anfang Oktober.

Wassersport

Flüsse wie Elbe, Mulde und Zschopau, Talsperren und viele Teiche bieten Wassersportfreunden zahlreiche Möglichkeiten, die vom Surfen, Segeln und Angeln über Kanufahren bis Baden und Schwimmen reichen. Im Leipziger Neuseenland und im Lausitzer Seenland haben sich mehrere der aus Braunkohletagebauen entstanden Seen zu Wassersportparadiesen entwickelt.

Wetter

Sachsen weist, bedingt durch die unterschiedlichen Höhen, vielfach extremes Klima auf. Während auf dem Fichtelberg im Mai oft noch Schnee liegt, blühen im warmen Elbtal längst die Bäume. Die höchste Tagestemperatur Sachsens wurde mit 39,0 Grad Celsius am 20. April 1943 in Dresden gemessen, die tiefste mit minus 35,5 Grad Celsius am 1. Februar 1956 in Marienberg. Die höchste Lufttemperatur auf dem Fichtelberg betrug 30,6 Grad Celsius (am 7. Juli 1957), die niedrigste Minus 30,4 Grad Celsius (am 9. Februar 1956), die größte Schneehöhe 335 Zentimeter (am 24. und 29. März 1944). Frostfreie Tage gibt es in Oberwiesenthal lediglich 137, wenige hundert Meter weiter auf dem Fichtelberg sogar nur 117. In den höheren Lagen ändert sich das Wetter innerhalb kurzer Zeit, Nebel oder Sturm ziehen rasch auf.

Wintersport

Auf den Kammlagen bestehen in normalen Wintern von Ende November bis in den März hinein gute Schneeverhältnisse. Zentren des Wintersports sind im Erzgebirge Altenberg, Carlsfeld, Holzhau, Jöhstadt, Johanngeorgenstadt und Kurort Oberwiesenthal, im Vogtland Klingenthal-Mühlleiten sowie Schöneck, im Zittauer Gebirge Kurort Oybin und Luftkurort Jonsdorf. Gespurte Loipen und präparierte Pisten stehen zur Verfügung, Skischulen und Skiausleihen sind in den Wintersportorten vorhanden, insgesamt gibt es über 100 Schlepplifte. Einen Pisten- und Loipenplan für das Fichtelberggebiet hält die Kurverwaltung Oberwiesenthal kostenlos bereit.

Zu den besonders schönen Langlaufstrecken gehört die Erzgebirgs-Kammloipe, die auf einer Länge von 36 Kilometern das Vogtland mit dem westlichen Erzgebirge verbindet. Sie beginnt in Schöneck am Parkplatz beim IFA-Ferienpark Hohe Reuth und verläuft über Mühlleithen und Carlsfeld nach Johanngeorgenstadt, wo sie an der Waldpension Am Schwefelbach endet. Die mit blauen Schildern markierte Kammloipe führt überwiegend durch dichte Nadelwälder und ist somit weitestgehend windgeschützt. Die Anschlussloipen sind an orangefarbenen Schildern zu erkennen. Ein Plan mit dem Verlauf der Kammloipe, Skiwanderwegen und zahlreichen Hinweisen liegt kostenlos in Informationsstellen und Hotels aus. Highlights für Sportler – und für Touristen zum Zuschauen – sind in Altenberg die Rennschlitten- und Bobbahn sowie die Sprungschanzen in Oberwiesenthal und Klingenthal.

Langläufer in Oberwiesenthal

Glossar

Abteufen Einen Schacht senkrecht nach unten bauen.
Barock Stil der europäischen Kunst von etwa 1600 bis 1750, typisch ist die Fülle bewegter, ineinander greifender Formen.
Benediktiner Der älteste Orden der katholischen Kirche. Benannt wurde er nach dem heiligen Benedikt, der von etwa 480 bis 550 nördlich von Rom lebte.
Bergfried Turm der mittelalterlichen Burg, diente der Beobachtung und der letzten Zuflucht der Burgbewohner bei Belagerungen.
Chor Altarraum einer Kirche, der Geistlichkeit vorbehalten; liegt einige Stufen höher als der Gemeinderaum, in der Regel im Osten, weil nach der damaligen Vorstellung die Heilige Stadt Jerusalem im Osten liegt.
Drallewatsch Sächsischer Begriff, bedeutet: ausgehen, von Kneipe zu Kneipe schlendern.
Epitaph Grabdenkmal für einen Verstorbenen an einer Kirchenwand oder einem Pfeiler mit Inschriften, Bildern und Skulpturen.
Fahren Das Fortbewegen des Bergmanns unter Tage.
Faktor Leinwandhändler, die den Hauswebern die Rohstoffe lieferten und deren Erzeugnisse vertrieben.
Findling Mächtige Steinblöcke, die die Eiszeiten aus Skandinavien mitgebracht haben.
Gezäh Arbeitswerkzeug des Bergmanns.
Gotik Stil der europäischen mittelalterlichen Baukunst, im deutschen Raum etwa 1230 bis 1500. Gotische Bauten sind durch plastisch gegliederte Bauformen gekennzeichnet.
Herkomer Fahrt 1905 erstmals durchgeführtes Autorennen, benannt nach seinem Initiator, dem deutsch-englischen Porträtmaler Hubert von Herkomer, gilt als die erste Tourenwagen-Rallye der Welt.
Historismus Vereint die verschiedensten Kunst- und Baustile vergangener Epochen mit Auffassungen der eigenen Zeit.
Hunt Förderwagen unter Tage.
Huthaus Zentrales Verwaltungsgebäude eines Bergwerks, auch Materiallager, Gezähkammer, Werkstatt.
Jugendstil Deutsche Bezeichnung für einen Stil der europäischen Kunst von etwa 1895 bis 1905. Typisch sind florale und geometrische Ornamente, geschwungene Linien und flächenhafte Malerei.
Kaue Wasch- und Umkleideraum.
Klassizismus Stil der europäischen Kunst von etwa 1770 bis 1830. Der Klassizismus lehnte sich an die einfachen Formen der antiken Bauwerke an.
Knappe Bergmann.
Louis-seize Stil des französischen Rokoko mit klassizistischen Einschlägen unter König Ludwig XVI. von etwa 1760 bis 1792.
Mausoleum Bezeichnung für monumentalen Grabbau; der Name kommt vom Grabmal des Königs Mausolos II. (um 360 vor Christus) im kleinasiatischen Halikarnassos.
Neogotik Wiederaufnahme gotischer Formen im 19. Jahrhundert.
Pinge (auch Binge) Durch Grubeneinsturz entstandener Trichter.
Rautenspitzbiber Halbrund geformter Dachziegel, erinnert in der Form an den Schwanz des Bibers.
Renaissance Stil der europäischen Kunst, die in der Architektur die Formensprache der Antike wiederbelebte, im deutschen Raum vorherrschend etwa 1500 bis 1650.
Romanik Stil der europäischen frühmittelalterlichen Baukunst, verbindet römische, fränkisch-karolinische und arabische Bauformen, erkennbar am typischen Rundbogen, in Deutschland etwa von 1000 bis 1250.
Sakral Geheiligt, geweiht, den Gottesdienst betreffend.
Seccomalerei (Sekkomalerei) Trockenmalerei, die nicht auf den frischen, feuchten Kalkputz, sondern auf das schon trockene Mauerwerk aufgebracht wird.
SED Sozialistische Einheitspartei, 1946 in der Sowjetischen Besatzungszone aus der Zwangsvereinigung der KPD mit der SPD entstanden. War laut Verfassung die führende Kraft in der DDR.
Stalagmit Vom Höhlenboden in die Höhe wachsender Tropfstein.

Stalaktit Von der Höhlendecke herabwachsender Tropfstein.

Stapelrecht Vorüberziehende Kaufleute wurden gezwungen, ihre Waren für eine bestimmte Zeit in der Stadt zum Verkauf auszustellen.

Steiger Aufsichtsbeamter im Bergbau.

Tambouriernadel Eine Nadel mit einem feinen Häkchen am Ende.

Teufe Abstand von der Tagesoberfläche bis zum untersten Gang.

VEB Zu DDR-Zeiten Abkürzung für »Volkseigener Betrieb«.

Wetter Die Luft in der Grube.

Zeche Bergwerk.

Zisterzienser Mönchsorden 1098 in Citeaux in Burgund gegründet. Die Mitglieder des Ordens hatten körperliche Arbeit zu leisten, es war verboten, Abgaben von Bauern zu erheben. Die Konversen, die nicht Mönche werden konnten, verrichteten die schwere Arbeit.

Sibermannorgel im Freiberger Dom

Literaturhinweise

Wer sich umfangreicher mit Sachsen – vor allem mit bestimmten Regionen oder Themen – beschäftigen möchte, dem steht eine große Literaturauswahl zur Verfügung. Manche Titel sind nicht mehr im Handel zu erwerben, meist können sie aber über die Fernleihe durch öffentliche Bibliotheken bestellt oder antiquarisch erworben werden.

Belletristik

Böhnke, Gunter: 50 einfache Dinge, die Sie über Sachsen wissen sollten, Westend 2012. Wissenswertes, Bemerkenswertes und immer Humorvolles und Amüsantes über Sachsen und dessen Bewohner.

Brežan, Jurij: Krabat oder die Bewahrung der Welt, Domowina Verlag 1993. Menschen auf der Suche nach Glück, Hoffnung und Wahrheit.

Bräunig, Werner: Rummelplatz, Aufbau Verlag, 2007. Hauptschauplatz des Romans – der in der DDR nicht erscheinen durfte – ist der Uranbergbaubetrieb Wismut.

Ebert, Sabine: Das Geheimnis der Hebamme, Die Spur der Hebamme, Die Entscheidung der Hebamme, Der Fluch der Hebamme, Der Traum der Hebamme, Droemer-Knaur 2006–2011. Spannung und Sachsens Geschichte: Unterhaltsame Lektüre garantieren die fünf dicken Wälzer der Hebammen-Saga. Die Zeit des Beginns des Silbererzbergbaus rund um Freiberg bildet den historischen Hintergrund für das opulente Historiendrama.

Ebert, Sabine: Blut und Silber, Droemer-Knaur 2010. Die Nachfahren der Hebamme Marthe stehen rund 100 Jahre später im Mittelpunkt des Bestsellers um die reiche Silberstadt Freiberg.

Ebert, Sabine: 1813 – Kriegsfeuer, Droemer-Knaur 2013. Ein Stück sächsische Geschichte wird im Historienroman um Napoleon und die Preußen während der Völkerschlacht in Leipzig 1813 lebendig.

Focken, Robert: Arnulf. Das Schwert der Sachsen, Heyne Verlag 2017. Der Autor führt in die Zeit der Sachsenkriege von 772 bis etwa 804 nach Christi.

Günther, Ralf: Die türkische Mätresse, List 2014. Der historische Roman schildert die Liebschaft von August dem Starken mit der aus der Türkei verschleppten Fatima.

Heym, Stefan: Schwarzenberg, btb Verlag 2004. Der Roman über die ersten Wochen nach Ende des Zweiten Weltkrieges in Schwarzenberg basiert auf einem realen Hintergrund.

Kästner, Erich: Als ich ein kleiner Junge war, Atrium Verlag 2011. Die Kindheitserinnerungen des Schriftstellers in seiner Heimatstadt Dresden.

Körner, Matthias: Tödliches Wasser, Gustav Kiepenheuer Verlag 2003. Auseinandersetzungen zwischen Gegnern und Befürwortern des Braunkohlebergbaus.

Loest, Erich: Nikolaikirche, Deutscher Taschenbuch Verlag 1997. Ein Roman über die Lebenswelt in der Endphase der DDR.

Preußler, Otfried, Krabat, Thienemann Verlag, 1980. Spannendes Kinder- und Jugendbuch um den sorbischen Zauberkünstler Krabat.

Sturm, Andreas M.: Albträume, Edition Krimi 2016. Ein Dresden-Krimi, in dem ein unbarmherziger Mörder die Ermittlerin Karin Wolf mit ihrem Team fordert.

Tellkamp, Uwe: Der Turm, Suhrkamp 2008. Das Leben und Handeln der Bewohner eines Dresdener Villenviertels in den späten 1980er Jahren der DDR.

Vesper, Guntram: Frohburg, Schöffling & Co. 2016. Deutsche Geschichte spiegelt das autobiografische Mammutwerk des in Frohburg geborenen und aufgewachsenen Autors.

Sachbücher

Ardenne, Manfred von: Erinnerungen, fortgeschrieben. Droste Verlag 1997. In seiner Autobiographie beschreibt der Wissenschaftler sein Forscherleben im Jahrhundert des wissenschaftlichen und politischen Wandels.

Blaschke, Karlheinz: Geschichte Sachsens im Mittelalter, Verlag C. H. Beck 1990. Die Geschichte der Territorien, die als Sachsens mittelalterliche Vorgänger gelten.

Böhner, Regina: Der sächsische Prinzenraub, Chemnitzer Verlag und Druck 1993. Ein historisches Ereignis der sächsisch-thüringischen Geschichte.

Czok, Karl: August der Starke und seine Zeit: Kurfürst von Sachsen, König in Polen, Piper 2010. Ein Porträt des sächsischen Herrschers.

Delling, Ingeborg: Holundersuppe und saure Schwamme. Chemnitzer Verlag und Druck 1993. Das kleine Kochbuch der Erzgebirgler und Vogtländer.

Ellrich, Hartmut: Dresden 1933–1945, Chr. Links Verlag 2008. Hitlers Pläne für die Umgestaltung Dresdens und die Hinterlassenschaften der NS-Herrschaft.

Frenzel, Alfons: Osterreiten, Domowina Verlag 2005. Reich illustriertes Büchlein über den alten sorbischen Volksbrauch.

Kletterer an den Greifensteinen

Georgi, Christoph: Fichtelberggebiet, VEB F. A. Brockhaus Verlag 1975. Bild-Text-Buch rund um den höchsten Berg Sachsens.

Hoffmann, Gabriele: Constantia von Cosel und August der Starke, Bastei Lübbe 1988. Doppelbiografie über den sächsischen Kurfürsten und seine Mätresse.

Jesse, Eckhard/Schubert, Thomas (Hrsg.): Zwischen Konfrontation und Konzession, Chr. Links Verlag 2010. Bürgerrechtler, Repräsentanten des untergegangenen DDR-Systems und Wissenschaftler erinnern an die Voraussetzungen, den Verlauf und die Folgen der »friedlichen Revolution« sowie die der deutschen Einheit in Sachsen.

Löffler, Fritz: Das alte Dresden, E. A. Seemann 1999. Standardwerk zur Baugeschichte Dresdens.

Nicolai, Thomas: Sächsisch für Anfänger, Berlin und München, 2012. Witziges und Wissenswertes zum sächsischen Dialekt, für jeden Besucher empfehlenswert.

Nitzschke, Katrin (Hrsg.): Dresden. Ein Reise-Lesebuch, Insel Verlag 2003. Die Stadtgeschichte in literarischen Texten.

Schreiber, Hermann: August der Starke, Bechtermünz Verlag 1997. Biographie über den berühmtesten Wettiner.

Stumpf, Wolfgang/Weiß Norbert: Sächsische populäre Irrtümer, be.bra Verlag 2009. Was man über Sachsen und seine Bewohner unbedingt wissen sollte.

Tellkamp, Uwe: Die Schwebebahn. Dresdner Erkundungen, Insel Taschenbuch 2012. Viele Geschichten des in Dresden geborenen und wieder hier lebenden Autors fügen sich zu einem Mosaik der Elbestadt.

Wurlitzer, Bernd: Vogtland, VEB F. A. Brockhaus Verlag 1983. Bild-Text-Buch über die südwestlichste Landschaft Sachsens.

Wurlitzer, Bernd: Historische Werkstätten, Verlag Die Wirtschaft 1989. Das Klöppeln wird ebenso vorgestellt wie die Blaudruckerei und das Reifendrehen. Das Buch mit 306 teilweise ganzseitigen Fotos des Autors wurde als »Kompendium des Handwerks« im Osten Deutschlands bezeichnet.

Sachsen im Internet

Allgemeines

www.sachsen.de
Alles über den Freistaat.
www.sachsendigital.de
Das Portal zu Geschichte, Kultur und Landeskunde.
www.sorben.sachsen.de
Fast alles über die Sorben.
www.bergbautradition-sachsen.de
Sächsischer Landesverband der Bergmanns-, Hütten- und Knappenvereine e.V.
www.weinbauverband-sachsen.de
www.elbland.de/saechsische-weinstrasse
Alles rund um Wein und Weinbau.
www.mdr.de/sachsen
Der Mitteldeutsche Rundfunk.
www.polizei.sachsen.de/de/vwdmeldungen.asp
www.verkehrsinformation.de
Verkehrshinweise.

Tourismus

www.sachsen-tourismus.de
Sachsen touristisch.
www.freizeitstars.de/bundesland/sachsen/ziele
Angebote für Familien.
www.landurlaub-sachsen.de
Urlaub auf dem Land.
www.erzgebirge-tourismus.de
www.sachsisches-burgenland.de
www.elbland.de
www.saechsische-schweiz.de
www.vogtland-tourismus.de
www.oberlausitz.com
www.tourismus-nordsachsen.de
Touristische Informationen über die einzelnen Ferienregionen.

Kultur

www.kulturland.sachsen.de
Die kulturellen Angebote im Freistaat.
www.sachsens-museen.de
Die Museen in Sachsen.
www.schloesserland-sachsen.de
Schlösser, Burgen und Gärten.
http://sachsen-net.com/freizeit
Veranstaltungskalender für Sachsen.
www.diekunstzumleben.com
Der Verband Erzgebirgischer Kunsthandwerker und Spielzeughersteller.
www.montanregion-erzgebirge.de
Alles zum Welterbe Erzgebirge/Krušnohoří.

Naturschutz

www.nabu-sachsen.de
Naturschutzbund in Sachsen.
www.nationalpark-saechsische-schweiz.de
www.naturpark-erzgebirge-vogtland.de
www.naturpark-duebener-heide.com
www.naturpark-zittauer-gebirge.de
www.biosphaerenreservat-oberlausitz.de
www.muskauer-faltenbogen.de

Radfahren, Wandern, Klettern

www.radverkehr.sachsen.de
www.adfc-sachsen.de
www.elberadweg.de
www.radwandern-oberlausitz.de
www.spreeradweg.de
www.oder-neisse-radweg.de
www.elsterradweg.de
www.radregion-erzgebirge.de
www.kammweg.de
Wanderweg durch Erzgebirge und Vogtland.
www.malerweg.de
Wanderweg durch die Sächsische Schweiz.
www.dav-chemnitz.de/klettern-in-sachsen.html
Wissenswertes und Aktuelles zum Klettern in Sachsen.

Die Autoren

Kerstin Sucher (www.tourismus-journalisten.de) in Mittweida (Sachsen) geboren und in Meißen aufgewachsen. Das Studium an der Universität Leipzig beendete sie als Diplom-Sprachmittler. Nach mehrjährigen Auslandsaufenthalten in Algerien und Tunesien war sie rund ein Dutzend Jahre in der Kulturstadt Weimar für das touristische Auslandsmarketing zuständig und bereiste die Welt von London über Paris bis Tokio. Heute lebt sie als freischaffende Reisejournalistin in Berlin und arbeitet mit Bernd Wurlitzer zusammen, mit dem sie zahlreiche Reiseführer über Städte und Regionen im Osten Deutschlands geschrieben hat. Im Trescher-Verlag ist von beiden »Ostseeküste Mecklenburg-Vorpommern« und »Mecklenburgische Seenplatte« erschienen.

Kerstin Sucher

Bernd Wurlitzer (www.tourismus-journalisten.de) in Zwickau geboren, Lehre als Großhandelskaufmann, danach in Berlin Redakteur, Ressortleiter und Mitglied der Redaktionsleitung einer Wochenzeitung für Handel und Gastronomie, im Fernstudium Journalistik und später Foto-Design. Seine kunstgeschichtlichen und länderkundlichen Bild- und Textbücher sowie Reiseführer – unter anderem über Polen, Zypern, Jemen – erlebten mehr als 300 Ausgaben und Auflagen. Als freier Journalist ist Wurlitzer seit Jahrzehnten überwiegend auf den Gebieten Tourismus, Hotellerie und Gastronomie tätig, seit der Einheit auch Reiseführer über die neuen deutschen Bundesländer und die angrenzenden Regionen Polens und Tschechiens.

Bernd Wurlitzer

Danksagung

Dieser Reiseführer ist eine Neufassung des Goldstadt-Reiseführers »Sachsen«. Unser Dank gilt den Touristikern, die uns mit Hinweisen unterstützt haben, der Landesvertretung des Freistaates Sachsen beim Bund, die uns zu vielen Veranstaltungen eingeladen hat, sowie all jenen, die uns gute Bilder zur Verfügung gestellt haben.

A

B

Kartenregister

Bildnachweis

Titelbild: HaniPhoto/shutterstock
Alle Bilder von Kerstin Sucher und Bernd Wurlitzer außer:
August-Horch-Museum Zwickau: S. 65u.
Benediktinerkloster Wechselburg: 277u.
Burg Mildenstein: S. 288 (A. Engel)
Burg Stolpen: S. 60o, S. 60u.
Deutsche Nationalbibliothek: S. 244 (Klaus D. Sonntag)
Dresdner Molkerei Gebrüder Pfund: S. 103
Förderverein Schloss Schlettau: S. 339 (H. Schmidt)
Freizeitpark Plohn GmbH: S. 382, 387
Gästeinformation Oberwiesenthal: S. 410
Gläserne Manufaktur Dresden: S. 31
Grulich, Corinna: S. 82, 84
Heinz, Marlis: S. 416
Hygiene-Museum Dresden: S. 32, S. 99
Klein-Erzgebirge Oederan: S. 318. (C. Drichelt)
Klosterpark Altzella/Nossen: S. 286u.
Kretzschmar, Holger: S. 29
Landesbühnen Sachsen: vordere Umschlagklappe
Lausitzer und Mitteldeutsche Bergbau-Verwaltungsgesellschaft
mbH: S. 25, 208 (beide P. Radke)
Marketing-Gesellschaft Oberlausitz/Niederschlesien:
S. 69, 162/163, 180u. (R. Ledschbor), 182, 406 (G. Hanke)
Messe Leipzig: S. 33
Meissner Porzellanmanufaktur: S. 43, 58 (K. Tänzer), 150
Museum Energiefabrik Knappenrode: S. 167. (W. Wittchen)
Nationalarchiv USA: S. 156
Riesa Information: S. 153
Sächsische Dampfschiffahrt: 92, 104 (2)
Semperoper Dresden: S. 44, 54, 55 (alle M. Creutziger), 89
Schloss Weesenstein: S. 130

SDG Sächsische Dampfeisenbahngesellschaft mbH: S. 120, S. 344 (J. Klose), 359 (K.Schmidt) 401
Stadt Annaberg-Buchholz: S. 333, 334u.
Stadt Bautzen: S. 188, 190
Stadt Borna: S. 257
Stadt Chemnitz: S. 297
Stadt Döbeln: S. 287
Stadt Freiberg: S. 313 (Wegelt), 317o. (Wolfgang Thieme), 317u.
Stadt Görlitz: S. 204 (A. Römisch), 206, 207o. (R. Schäfer), 207u. (S. Wenzel)
Stadt Kamenz: S. 75, 178
Stadt Marienberg: S. 347o. (Aerobild 2000-04509)
Stadt Pausa: S. 375,
Stadt Pirna: S. 127
Stadt Plauen: 373 (2)
Stadt Schneeberg: S. 320 (Goldene Sonne)
Stadt Schwarzenberg: S. 328o.
Stadt Zittau: S. 215 (R. E. Pech)
Stadt Zwickau: S. 305, S. 306
Städtische Museen Zittau: S. 216u. (Jürgen Matschie)
Sucher, Romy: S. 106
TG Silbernes Erzgebirge: S. 24, 360o., 365
TV Erzgebirge: S. 409, 40, 301, 325, 329, 330, 332, 335, 337u., 342, 347u, 349, 348o., 360u., 364o., 366, 402, 412
TV Leipziger Neuseenland: S. 26, 255
TV Sächsische Schweiz: S. 134 (H. Bowank), 404o. (S. Richter)
TV Vogtland: S. 368/369, 375, 381u.
Tourist. Gebietsgemeinschaft Naturpark Zittauer Gebirge/Oberlausitz e.V.: S. 195, 226 (alle R. E. Pech)
Touristinformation Ehrenfriedersdorf: S. 338u., 414
Tourismusmarketinggesellschaft Sachsen: S. 12 (Dittrich), 53, 74, 276 (Lohse), 385 (Lohse), 78/79, 129, 159, 205u.
Via Sacra: 216o. (Abegg-Stiftung)
Zoo Dresden: S. 99
Wikimedia: S. 61
Wikipedia: S. 27, 46, 50, 63 u., 246, 299 (H. Gräbner),
Wintersport Altenberg GmbH: S. 30, 364u.
Winzergenossenschaft Meißen: S. 71
Archiv Wurlitzer: S. 59, 62u., 63o.
Archiv Jens Weißflog: S. 66

Die idealen Begleiter für Ihre Ausflüge im Freistaat Sachsen
neu
Schöne Heimat
RADWANDER- und WANDERKARTE
Südraum Leipzig
Leipziger Neuseenland
Ausflüge zwischen Markranstädt, Zeitz, Lucka, Frohburg, Naunhof und Bad Lausick
wetterfest reißfest!
1:50 000
mit Neuseenland-Radroute
Dr. Barthel Verlag
neu
Schöne Heimat
GROSSE RADWANDER- und WANDERKARTE
Naturpark Dübener Heide
und Umgebung
Ausflüge zwischen Oranienbaum-Wörlitz, Jessen, Torgau, Bitterfeld-Wolfen, Prettin, Delitzsch und Bad Düben
1:50 000
Dr. Barthel Verlag
neu
Schöne Heimat
RADWANDER- und WANDERKARTE
Lausitzer Seenland
Senftenberg Hoyerswerda
und Umgebung
Ausflüge zwischen Ruhland, Schwarzheide, Welzow, Spremberg, Wittichenau und der Königsbrücker Heide
1:50 000
mit neuem Knotenpunktsystem
Dr. Barthel Verlag
neu
Schöne Heimat
RADWANDER- und WANDERKARTE
Wälder um Zwickau Werdau und Greiz
und Umgebung
Ausflüge zwischen Berga an der Elster, Neukirchen, Mülsen, Elsterberg, Reichenbach i.V. und Kirchberg
1:35 000
Radtourenvorschläge mit Entfernungsangaben Viele Tipps zu Sehenswürdigkeiten
Dr. Barthel Verlag
neu
Schöne Heimat
GROSSE WANDER- und RADWANDERKARTE
Sächsisch-Böhmische Schweiz
Ausflüge zwischen Lohmen, Stolpen, Sebnitz, Rosenthal-Bielatal, Hinterhermsdorf und dem Khaatal
1:50 000
mit Forststeig
Dr. Barthel Verlag
neu
Schöne Heimat
GROSSE RADWANDER- und WANDERKARTE
Görlitz, Löbau Reichenbach/O.L.
und Umgebung
Ausflüge zwischen Weißenberg, Niesky, Cunewalde, Bernstadt auf dem Eigen und den Königshainer Bergen
1:35 000
Radtourenvorschläge mit Entfernungsangaben Viele Tipps zu Sehenswürdigkeiten
Dr. Barthel Verlag
neu
Schöne Heimat
WANDER-, SKI- und RADWANDERKARTE
Vogtländische Musikregion
mit Stadtplan Klingenthal
Ausflüge zwischen Oelsnitz, Adorf, Hammerbrücke, Markneukirchen, Erlbach, Klingenthal, Falkenstein, Schöneck, Morgenröthe-Rautenkranz und Kraslice
1:35 000
mit zertifiziertem Kammweg
Dr. Barthel Verlag
neu
Schöne Heimat
GROSSE WANDER-, SKI- und RADWANDERKARTE
Ober-Erzgebirge
Radeln und Wandern zwischen Marienberg, Crottendorf, Annaberg-Buchholz, Wolkenstein, Schlettau, Bärenstein, Kurort Oberwiesenthal, Drebach und den Greifensteinen
1:35 000
mit zertifiziertem Kammweg
Dr. Barthel Verlag
neu
Schöne Heimat
WANDER-, SKI- und RADWANDERKARTE
Zittauer Gebirge
Kurort Oybin Kurort Jonsdorf
und Umgebung
Ausflüge zwischen Zittau, Hainewalde, Großschönau, Krompach und Varnsdorf
Maßstab 1:20 000
1:20 000
Radtourenvorschläge mit Entfernungsangaben Viele Tipps zu Sehenswürdigkeiten
Dr. Barthel Verlag
... mehr unter
www.Verlag-Dr-Barthel.de